116

Zürcher Studien zum öffentlichen Recht

Herausgegeben im Auftrag der Rechtswissenschaftlichen Fakultät der Universität Zürich von W. Haller, T. Jaag, A. Kölz, G. Müller, H. Rausch, M. Reich, D. Thürer und B. Weber-Dürler

Michèle Hubmann Trächsel

Die Koordination von Bewilligungsverfahren für Bauten und Anlagen im Kanton Zürich

Schulthess Polygraphischer Verlag
Zürich

Zürcher Studien zum öffentlichen Recht

Diese Reihe setzt zusammen mit den
Zürcher Studien zum Privatrecht
Zürcher Studien zum Strafrecht
Zürcher Studien zum Verfahrensrecht
Zürcher Studien zur Rechtsgeschichte
Zürcher Studien zur Rechts- und Staatsphilosophie
die Zürcher Beiträge zur Rechtswissenschaft fort.

Abdruck der
der Rechtswissenschaftlichen Fakultät
der Universität Zürich vorgelegten Dissertation

© Schulthess Polygraphischer Verlag AG, Zürich 1995
ISBN 3 7255 3309 1
Druck: Huber Druck AG, Entlebuch

*meinen Eltern
und
Markus*

DANK

Herzlich danken möchte ich allen, die mich bei meiner Doktorarbeit unterstützt haben.

Ganz besonderer Dank gebührt Herrn Prof. Dr. Alfred Kölz, der meine Arbeit betreut und mir volle Freiheit in der Bearbeitung des Themas gewährt hat. Vor allem aber weiss ich seinen mich stets motivierenden persönlichen Einsatz zu schätzen.

Besten Dank auch Herrn Rechtsanwalt lic.iur. Daniel Kuster, juristischer Sekretär bei den Baurekurskommissionen des Kantons Zürich, der meine Arbeit in seiner Freizeit grammatikalisch und juristisch unter die Lupe genommen hat und mit Freude deren Entwicklung mitverfolgt hat.

Mein Dank gilt schliesslich auch den zahlreichen gesprächsbereiten Verwaltungsbehörden des Kantons Zürich, die sich die Zeit genommen haben, mir wichtige Hintergrundinformationen zu vermitteln.

Neuhausen am Rheinfall, im Januar 1995

Inhaltsübersicht

I. Teil:
Koordination - Sachzwang und Herausforderung

§ 1 Ausgangslage 3
§ 2 Koordination und ihre Entwicklung im Rechtsalltag 7

II. Teil:
Der organisations- und verfahrensrechtliche Ansatz

§ 3 Koordination gestützt auf die Organisationsordnung 21
§ 4 Koordination gestützt auf die Verfahrensordnung 45
§ 5 Kritische Würdigung:
    Der Ansatz des kooperativen und informellen Verwaltungshandelns 122

III. Teil:
Der Sachgebietsansatz

§ 6 Raumplanung 143
§ 7 Umweltschutz 174
§ 8 Natur- und Heimatschutz 210
§ 9 Waldrecht 222
§ 10 Wasserwirtschaft 236
§ 11 Fischerei 263
§ 12 Zivilschutzrechtliche Anforderungen an Bauten und Anlagen 268
§ 13 Arbeitsschutzrecht 272
§ 14 Privatrecht 280

INHALTSVERZEICHNIS

Inhaltsübersicht	V
Literaturverzeichnis	XIX
Abkürzungsverzeichnis	XLIII

I. TEIL: KOORDINATION - SACHZWANG UND HERAUSFORDERUNG

§ 1 AUSGANGSLAGE

1. Allgemeine Bewilligungspflicht für Bauten und Anlagen 3

2. Komplexitätsfaktoren für Bewilligungsverfahren
   für Bauten und Anlagen 4
   2.1. Spezielle baurechtliche Bewilligungsverfahren 4
       2.1.1. Eigenständige bundesrechtliche
       Bewilligungsverfahren 4
       2.1.2. Ergänzende Bewilligungsverfahren 4
   2.2. Örtliche Baubehörde und spezialisierte Fachverwaltung 4
   2.3. Bundesstaatliche Aufgabenverteilung 5

3. Koordinationsbedarf 5

§ 2 KOORDINATION UND IHRE ENTWICKLUNG IM RECHTSALLTAG

1. Bundesgerichtlicher Koordinationsbegriff 7
   1.1. Materielle Koordination 7
   1.2. Formelle Koordination 8

2. Wissenschaftliche Aufarbeitung 10
   2.1. Materielle Koordination 10
       2.1.1. Zweck 10
       2.1.2. Arten materieller Koordination 10
       2.1.3. Interessenabwägung 12
       2.1.4. Fazit 13
   2.2. Formelle Koordination 13
       2.2.1. Zweck 14

2.2.2. Anforderungen an die formelle Koordination 14
    a) Umfassende Informationsgrundlage 14
    b) Unabhängige Interessenabwägung 15
    c) Koordinationsverfahren 15
    d) Entscheideröffnung 15
    e) Rechtsmittelverfahren.. 16
2.2.3. Ansatz der formellen Koordination in zeitlicher Hinsicht... 16
    a) Fortlaufende Koordination bei teilweise bereits vorliegenden Bewilligungen 16
    b) Fortlaufende Koordination bei teilweise noch ausstehenden Bewilligungen 17
    c) Gleichzeitige Koordination................................... 17
2.3. Adressat der Koordination... 18

II. TEIL: DER ORGANISATIONS- UND VERFAHRENSRECHTLICHE ANSATZ

§ 3 KOORDINATION GESTÜTZT AUF DIE ORGANISATIONSORDNUNG

1. Einheit der Verwaltung - Pluralität der Verwaltung 21
2. Zuständigkeiten und Organisation... 26
   2.1. Organisatorische Koordination zwischen den Gemeinden............. 26
     2.1.1. Zweckverband 26
     2.1.2. Anschlussvertrag 27
   2.2. Organisatorische Koordination bei verschiedenen sachlichen Zuständigkeiten 28
     2.2.1. Auf kantonaler Ebene 28
     2.2.2. Auf Gemeindeebene 31
       a) Allgemeines.. 31
       b) Örtliche Baubehörde als Koordinationsbehörde 32
3. Aufsichtsrechtlich bedingte Koordinationsinstrumente 34
   3.1. Kompetenz aus dem Aufsichtsrecht und der Dienstgewalt............. 34
   3.2. Mittel der Aufsichts- und Dienstgewalt....................................... 35
     3.2.1. Generelle Dienstanweisungen............................. 35
     3.2.2. Richtlinien und Normalien................................. 36
     3.2.3. Meldepflichten 36
     3.2.4. Weiterleitungs- und Überweisungspflicht 37
4. Amtshilfe 37
   4.1. Begriff.. 37
   4.2. Innenhilfe 38
   4.3. Hilfeleistungen mit Aussenwirkungen 38
5. Informelle Zusammenarbeit 39
6. Kritische Würdigung 39
   6.1. Allgemeines.. 39

6.2.	Massgebliche Organisationskriterien	40
	6.2.1. Politische Organisationskriterien	40
	6.2.2. Betriebswirtschaftliche Organisationskriterien	41
	6.2.3. Rechtliche Organisationskriterien	42
6.3.	Zweckmässige Organisation und Führung	43

§ 4 KOORDINATION GESTÜTZT AUF DIE VERFAHRENSORDNUNG

1. Verfahrensmaximen 45
   1.1. Ermittlung des Sachverhaltes von Amtes wegen 45
   1.2. Einheit des Baugesuches und der Baubewilligung 46
   1.3. Verständigungsprinzip 48
   1.4. Eventualmaxime 51
   1.5. Verfahrensökonomie 51
   1.6. Koordinationsmodelle 53
      1.6.1. Zur Problematik 53
      1.6.2. Separationsmodell 54
      1.6.3. Konzentrationsmodell 54
      1.6.4. Modell der materiellen Verfahrenskoordination 58
      1.6.5. Zur bisherigen Entwicklung 58
   1.7. Grundsatz der Frühkoordination 59

2. Koordination im erstinstanzlichen Bewilligungsverfahren 60
   2.1. Verfahrensablauf im allgemeinen 60
   2.2. Baugesuch 61
   2.3. Vorprüfung 62
   2.4. Bekanntmachung des Baugesuches 64
   2.5. Koordinationsverfahren und Prüfung des Baugesuches 66
      2.5.1. Koordinationsbehörde 66
      2.5.2. Koordinationsverfahren 67
         a) Ablauf im allgemeinen 67
         b) Bindung an die im Koordinationsverfahren
            abgegebenen Stellungnahmen 68
         c) Mitberichtsverfahren bei
            Meinungsverschiedenheiten 69
         d) "Killerentscheid" 70
         e) Behandlungsfristen 70
      2.5.3. Rechtsstellung der Verfahrensbeteiligten 71
   2.6. Eröffnung des Bewilligungsentscheides 72
      2.6.1 Entscheideröffnung 72
      2.6.2. Rechtsmittelbelehrung 74
   2.7. Bauausführung und Baukontrolle 74
   2.8. Besonderheiten bei Massenverfahren 75
   2.9. Koordination von Bewilligungsverfahren für Strassen-
        und Wasserbauprojekte mit dem Enteigungsverfahren 76

3. Koordination durch Vorentscheide 77
   3.1. Begriff und Bedeutung 77
   3.2. Formelle Voraussetzungen 78
   3.3. Materielle Voraussetzungen 79
   3.4. Wirkungen des Vorentscheides 81

4. Koordination durch Vorfrageentscheide 82
   4.1. Begriff 82
   4.2. Zuständigkeit 82
   4.3. Erkennung der Vorfrage 83
      4.3.1 Fälle mit gleichen tatsächlichen Grundlagen in
            verschiedenen rechtlichen Problemkreisen 83
      4.3.2. Verwendung gleicher Ausdrücke in verschiedenen
            Gesetzen bzw. Rechtsgebieten 83
      4.3.3. Tatbestandswirkung eines der Rechtsanwendung
            vorangegangenen Entscheides 85
      4.3.4. (Rechts-)Gestaltungsakte 85
      4.3.5. Individuell-konkreter Rechtsanwendungsakt im
            Vollstreckungsverfahren 86
   4.4. Anerkennung des Vorfrageentscheides 86
   4.5. Bindung an den Vorfrageentscheid 88
      4.5.1. Bindung an Zivilentscheide 89
      4.5.2. Bindung an Strafentscheide 90
      4.5.3. Bindung an Verwaltungsentscheide 90

5. Koordination durch Teilentscheide 92
   5.1. Begriff 92
   5.2. Anfechtbarkeit von Teilentscheiden 93
   5.3. Koordinationsrechtliche Bedeutung von Teilentscheiden 93

6. Koordinationsrechtlicher Ausblick für nichtstreitige
   Verwaltungsverfahren im Kanton Zürich 93
   6.1. Eignung des Verwaltungsrechtspflegegesetzes
        als gesetzliche Grundlage 94
   6.2. Koordinations- und Kooperationspflicht 94
   6.3. Koordinationsverfahren und -behörde 94

7. Koordination im Rechtsmittelverfahren 95
   7.1. Zur Problematik 95
   7.2. Rechtsmittelkoordination
        gemäss den Koordinationsmodellen 96
      7.2.1. Separationsmodell 96
      7.2.2. Konzentrationsmodell 97
      7.2.3. Modell der materiellen Verfahrenskoordination 98
   7.3. Zur Rechtsmittelkoordination auf Bundesebene 99
      7.3.1. Allgemeines 99
      7.3.2. Die Handhabung von Rechtsmittelkonkurrenzen 99
      7.3.3. Fortbildung der Rechtsprechung 101

XI

   7.3.4. Ausblick auf eine Vereinheitlichung der
      Rechtsmittelordnung auf Bundesebene 103
      a) Forderung nach einem einheitlichen
        Bundesrechtsmittel 103
      b) Anforderungen durch die EMRK 105
      c) Behördenbeschwerde 108
      d) Ideelle Verbandsbeschwerde 109
 7.4. Zur Rechtsmittelkoordination im Kanton Zürich 112
   7.4.1. Allgemeines 112
   7.4.2. Bereits bestehende koordinationsrechtliche Institute
      der zürcherischen Rechtsmittelordnung 113
      a) Beiladung 113
      b) Rückweisung 116
      c) Behördenbeschwerde 117
      d) Ideelle Verbandsbeschwerde 117
      e) Urteilsbegründung 118
   7.4.3. Ausblick auf eine Vereinheitlichung
      der zürcherischen Rechtsmittelordnung 119

§ 5 KRITISCHE WÜRDIGUNG: DER ANSATZ DES KOOPERATIVEN UND INFORMELLEN VERWALTUNGSHANDELNS

1. Kooperatives Erarbeiten von Verwaltungsentscheiden
 zwischen Staat und Bürger 122
 1.1. Ausgangslage 122
 1.2. Raum für Verhandlungslösungen 123
 1.3. Voraussetzungen und Grenzen
   für Verhandlungslösungen 126
   1.3.1. Gesetzmässigkeit 126
   1.3.2. Rechtsgleichheit 127
   1.3.3. Interessenabwägung 128
   1.3.4. Verhältnismässigkeit 129
   1.3.5. Vertrauensschutz 129
 1.4. Verhältnis zwischen Verfügung und Verwaltungsvertrag ... 130
 1.5. Verhältnis zwischen Verständigung und Handlungsform ... 131
 1.6. Zu einzelnen Verhandlungselementen
   im Planungs- und Baugesetz 132
   1.6.1. Wiedererwägung 132
   1.6.2. Privater Gestaltungsplan (§§ 85 ff. PBG) 132
   1.6.3. Ausarbeitung des Quartierplanes
      durch die Grundeigentümer (§ 160a PBG) 133
   1.6.4. Schutzvertrag (§ 205 lit. d PBG) 134
   1.6.5. Nachbarliche Vereinbarung eines Näherbaurechts
      (§ 270 Abs. 3 PBG) 135

2. Negotiation und Mediation 135

3. Informelles Verwaltungshandeln 137

III. Teil:
Der Sachgebietsansatz

§ 6 RAUMPLANUNG

1. Öffentliche Aufgabe und Zweck...143
   1.1. Allgemeines...143
   1.2. Baurecht und Raumplanung...144
   1.3. Umweltschutz und Raumplanung......................................145
   1.4. Natur- und Heimatschutz und Raumplanung............................146
   1.5. Waldrecht und Raumplanung..147
   1.6. Gewässerschutz und Raumplanung....................................147

2. Zur Kompetenzausscheidung zwischen Bund und Kantonen.................148

3. Koordinationsrelevante Vorschriften des Raumplanungsrechts.............149
   3.1. Interessenabwägung..149
   3.2. Kooperativer Föderalismus im Bereich der Raumplanung..............151
      3.2.1. Organisation..151
      3.2.2. Zusammenarbeit..153
   3.3. Koordinationsrelevante planerische Anforderungen
        an Bauten und Anlagen...153
      3.3.1. Stufe Richtplanung..154
         a) Bereichsplanung..154
         b) Standortplanung..154
         c) Richtplanfestsetzung bzw. -anpassung.........................155
         d) Genehmigung..156
         e) Mitwirkung und Rechtsschutz..................................157
      3.3.2. Stufe Nutzungsplanung.......................................158
         a) Allgemeines..158
         b) Standortsicherung..158
         c) Nutzungsplanfestsetzung......................................159
         d) Genehmigung..160
         e) Mitwirkung und Rechtsschutz..................................160
      3.3.3. Stufe Bewilligungsverfahren.................................161

4. Blick auf die Revision des Raumplanungsgesetzes.......................162
   4.1. Allgemeines..162
   4.2. Grundsatz der Koordinationspflicht.................................163
   4.3. Koordinationsbehörde...164
   4.4. Verfahrenskoordination und materielle Koordination.................164
   4.5. Koordinationsmängel..166

5. Kritische Würdigung...168
   5.1. Allgemeines..168
   5.2. Gezielte Mitwirkung..169
   5.3. Vermehrt Verhandlungslösungen.....................................171

§ 7 UMWELTSCHUTZ

1. Öffentliche Aufgabe und Zweck 174
   1.1. Allgemeines 174
   1.2. Raumplanung und Umweltschutz 174
   1.3. Natur- und Heimatschutz und Umweltschutz 175
   1.4. Waldrecht und Umweltschutz 175
   1.5. Gewässerschutz und Umweltschutz 175
   1.6. Fischereirecht und Umweltschutz 176
   1.7. Arbeitsgesetzgebung und Umweltschutz 176

2. Zur Kompetenzausscheidung zwischen Bund und Kantonen 176

3. Koordinationsrelevante Vorschriften des Umweltschutzrechts ... 180
   3.1. Kooperativer Föderalismus im Umweltschutzrecht 180
       3.1.1. Organisation 180
       3.1.2. Kooperationsprinzip 180
       3.1.3. Rücksichtnahmepflicht 181
       3.1.4. Information und Beratung 182
   3.2. Raumplanerische Koordinationsinstrumente
        im Umweltschutz 182
   3.3. Umweltverträglichkeitsprüfung 184
       3.3.1. Öffentliche Aufgabe und Zweck 184
       3.3.2. Beurteilungsspielraum im Rahmen der
              Umweltverträglichkeitsprüfung 186
       3.3.3. Kooperation im Rahmen der
              Umweltverträglichkeitsprüfung 187
       3.3.4. Integration der Umweltverträglichkeitsprüfung
              in vorgegebene Verfahren 188
              a) Allgemeines 188
              b) Horizontale Integration der
                 Umweltverträglichkeitsprüfung
                 durch das massgebliche Verfahren 188
              c) Horizontale Integration der
                 Umweltverträglichkeitsprüfung im Falle
                 mehrerer paralleler Bewilligungsverfahren 189
              d) Verhältnis zwischen der
                 Umweltverträglichkeitsprüfung
                 und der Raumplanung 192
              e) Vertikale Integration der
                 Umweltverträglichkeitsprüfung 195
       3.3.5. Umweltverträglichkeitsprüfung
              gemäss zürcherischem Recht 196
   3.4. Katastrophenschutz 199
       3.4.1. Öffentliche Aufgabe und Zweck 199
       3.4.2. Kompetenzausscheidung im Bereich des
              Katastrophenschutzes 199
       3.4.3. Beurteilungsspielräume im Katastrophenschutz 200
       3.4.4. Kooperativer Föderalismus im Bereich des
              Katastrophenschutzes 200

3.4.5. Verfahrenskoordination und Katastrophenschutz............201
    a) In der Raumplanung 201
    b) Im Rahmen der
       Umweltverträglichkeitsprüfung............................202
3.4.6. Katastrophenschutz gemäss zürcherischem Recht............202

4. Kritische Würdigung..205
   4.1. Allgemeines..205
   4.2. Zur Umweltverträglichkeitsprüfung................................206
   4.3. Zum Katastrophenschutz...208

§ 8 NATUR- UND HEIMATSCHUTZ

1. Öffentliche Aufgabe und Zweck..210

2. Zur Kompetenzausscheidung zwischen Bund und Kantonen................211

3. Koordinationsrelevante Vorschriften
im Natur- und Heimatschutz..212
   3.1. Interessenabwägungen zum Schutz
       der einheimischen Fauna und Flora................................212
   3.2. Kooperativer Föderalismus im Bereich des
       Natur- und Heimatschutzes..213
       3.2.1. Organisation...214
       3.2.2. Anhörungsrechte der Kantone 215
       3.2.3. Zusammenarbeit bei der Subventionierung...........215
       3.2.4. Informationspflicht des Bundes
            gegenüber den Beschwerdeberechtigten.......................216
   3.3. Ausnahmebewilligungsverfahren
       gemäss Art. 22 Abs. 2 und 3 NHG...................................216
   3.4. Koordinationsnormen im zürcherischen Natur- und
       Heimatschutzrecht 217
       3.4.1. Organisation...217
       3.4.2. Provokationsverfahren des zürcherischen Natur-
            und Heimatschutzrechts.....................................217

4. Kritische Würdigung..219
   4.1. Zu den Interessenabwägungen.......................................219
   4.2. Zur Kooperation 220
   4.3. Zur verfahrensrechtlichen Koordination 220

§ 9 WALDRECHT

1. Öffentliche Aufgabe und Zweck..222

2. Zur Kompetenzausscheidung zwischen Bund und Kantonen................223

3. Koordinationsrelevante Vorschriften für Bauten und Anlagen
im Wald...224
3.1. Interessenabwägung gemäss Art. 5 WaG...............................224
3.2. Kooperativer Föderalismus im Bereich des Waldrechts...........225
3.3. Koordination der einzelnen Bewilligungsverfahren 226
    3.3.1. Koordination bei rein forstlichen Bauten und Anlagen
    im Wald...226
    3.3.2. Koordination von Rodungs- und
    Baubewilligungsverfahren
    für nichtforstliche Bauten und Anlagen im Wald 227
    3.3.3. Einbezug von Wald in Nutzungspläne 228
    3.3.4. Abgrenzung von Wald und Bauzonen 229
3.4. Rechtsmittelkoordination im Waldrecht 229
3.5. Koordinationsnormen im zürcherischen Waldrecht..................230
    3.5.1. Kantonaler Waldbegriff...230
    3.5.2. Raumplanerische Koordinationsinstrumente im
    Waldrecht..230
    3.5.3. Organisation...231
    3.5.4. Verfahrensrechtliche Besonderheiten........................232

4. Kritische Würdigung...233
4.1. Zur Interessenabwägung..233
4.2. Zur Kooperation 233
4.3. Zur verfahrensrechtlichen Koordination 233

§ 10 WASSERWIRTSCHAFT

1. Öffentliche Aufgabe und Zweck im allgemeinen 236

2. Gewässerschutz 237
2.1. Öffentliche Aufgabe und Zweck 237
2.2. Zur Kompetenzausscheidung zwischen
Bund und Kantonen..238
2.3. Koordinationsrelevante Vorschriften für Bauten und Anlagen
in gewässerschutzrechtlicher Hinsicht....................................239
    2.3.1. Interessenabwägung für Wasserentnahmen gemäss
    Art. 33 GSchG..239
    2.3.2. Kooperativer Föderalismus im Bereich des
    Gewässerschutzes..240
        a) Allgemeiner Koordinationsauftrag 240
        b) Organisation...240
        c) Anhörungsrechte der betroffenen Kantone und
        Behörden..241
        d) Zusammenarbeit bei interkantonalen
        Gewässern 241
        e) Information und Beratung.....................................242
        f) Grundlagenbeschaffung und Förderung
        des Gewässerschutzes...242
2.4. Koordinationsnormen im zürcherischen Gewässerschutz 242
    2.4.1. Organisation...242
    2.4.2. Verfahrensrechtliche Besonderheiten........................243
        a) Bau- und gewässerschutzrechtliche
        Bewilligungen 243

　　　　　　b) Bewilligungsverfahren für Tankanlagen und
　　　　　　　　Gebindelager 245
　　　　　　c) Rechtsmittelverfahren 245
　　2.5. Kritische Würdigung 245
　　　　2.5.1. Zur Interessenabwägung 245
　　　　2.5.2. Zur Kooperation 246
　　　　2.5.3. Zur verfahrensrechtlichen Koordination 246

3. Wassernutzung und Wasserbaurecht 247
　　3.1. Wassernutzung 247
　　　　3.1.1. Öffentliche Aufgabe und Zweck 247
　　　　3.1.2. Zur Kompetenzausscheidung zwischen Bund und
　　　　　　　Kantonen 247
　　　　3.1.3. Koordinationsrelevante Vorschriften für Bauten und
　　　　　　　Anlagen zur Nutzbarmachung der Wasserkräfte 248
　　　　　　a) Interessenabwägung 248
　　　　　　b) Kooperativer Föderalismus auf dem Gebiete der
　　　　　　　　Wassernutzung 249
　　　　　　c) Verfahrensrechtliche Koordinationsnormen 250
　　　　　　d) Koordination im Rechtsmittelverfahren 251
　　　　　　e) Ausblick auf die koordinationsrelevanten
　　　　　　　　Änderungen des Wassernutzungsgesetzes 252
　　　　3.1.4. Koordinationsnormen im zürcherischen Recht 252
　　　　　　a) Interessenabwägung 252
　　　　　　b) Organisation 253
　　　　　　c) Verfahrensrechtliche Koordination 254
　　　　　　d) Koordination im Rechtsmittelverfahren 254
　　3.2. Wasserbaurecht 255
　　　　3.2.1. Hochwasserschutz 255
　　　　　　a) Öffentliche Aufgabe und Zweck 255
　　　　　　b) Zur Kompetenzausscheidung zwischen
　　　　　　　　Bund und Kantonen 255
　　　　　　c) Koordinationsrelevante bundesrechtliche
　　　　　　　　Vorschriften betreffend den
　　　　　　　　Hochwasserschutz 256
　　　　　　d) Koordinationsrelevante Vorschriften betreffend
　　　　　　　　den Hochwasserschutz im Kanton Zürich 257
　　　　3.2.2. Übriges Wasserbaurecht 258
　　　　　　a) Zur Kompetenzausscheidung zwischen
　　　　　　　　Bund und Kantonen 258
　　　　　　b) Zuständigkeit und Verfahren im Bund 259
　　　　　　c) Koordinationsrelevante Wasserbauvorschriften
　　　　　　　　im Kanton Zürich 260
　　3.3. Kritische Würdigung der koordinationsrechtlichen Lage
　　　　im Bereich der Wassernutzung und des Wasserbaus 261
　　　　3.3.1. Zur Interessenabwägung 261
　　　　3.3.2. Zur Kooperation 261
　　　　3.3.3. Zur verfahrensrechtlichen Koordination 261

§ 11 FISCHEREI

1. Öffentliche Aufgabe und Zweck 263

2. Zur Kompetenzausscheidung zwischen Bund und Kantonen 263

3. Koordinationsrelevante Vorschriften im Fischereirecht..................264
   3.1. Interessenabwägung gemäss Art. 9 f. FG............................264
   3.2. Bewilligungspflicht für technische Eingriffe
        gemäss Art. 8 FG..265
   3.3. Koordination im Rechtsmittelverfahren.............................265
   3.4. Koordinationsnormen im Fischereirecht
        des Kantons Zürich..266
        3.4.1. Organisation..266
        3.4.2. Verfahrensrechtliche Besonderheiten.........................266

4. Kritische Würdigung...267

§ 12 ZIVILSCHUTZRECHTLICHE ANFORDERUNGEN AN BAUTEN UND ANLAGEN

1. Öffentliche Aufgabe und Zweck..268

2. Zur Kompetenzausscheidung zwischen Bund und Kantonen..............268

3. Koordinationsrelevante Vorschriften für Bauten und Anlagen
   in zivilschutzrechtlicher Hinsicht...269
   3.1. Organisation und Aufsicht..269
   3.2. Bewilligungsverfahren gemäss Art. 13 BMG..........................269
   3.3. Rechtsmittel...270
   3.4. Koordinationsnormen im zürcherischen Zivilschutzrecht............270
        3.4.1. Zuständigkeit...270
        3.4.2. Bewilligungsverfahren.......................................271

4. Kritische Würdigung...271

§ 13 ARBEITSSCHUTZRECHT

1. Öffentliche Aufgabe und Zweck..272

2. Zur Kompetenzausscheidung zwischen Bund und Kantonen..............272

3. Koordinationsrelevante Vorschriften im Arbeitsschutzrecht.................274
   3.1. Kooperativer Föderalismus im Arbeitsschutzrecht...................274
   3.2. Arbeitschutzrechtliche Plangenehmigung und
        Betriebsbewilligung...276
        3.2.1. Allgemeines...276
        3.2.2. Plangenehmigung..276
        3.2.3. Betriebsbewilligung...277
        3.2.4. Nachträglich festgestellte Mängel...........................277
        3.2.5. Rechtsmittel..278

4. Kritische Würdigung...278

§ 14 PRIVATRECHT

1. Traditionelle Abgrenzung zwischen Privatrecht und öffentlichem Recht 280

2. Privatrecht in Ergänzung zu öffentlichrechtlichen Regelungen 281
   2.1. Privatrechtliche Bauvorschriften 281
   2.2. Öffentliches Baurecht in Abhängigkeit von privatrechtlichen Abreden 282

3. Privatrecht im Widerspruch zu öffentlichrechtlichen Regelungen 283
   3.1. Nutzungsordnungsbehindernde Servituten 283
   3.2. Durchsetzung der Nutzungsordnung gegenüber mietrechtlichen Erstreckungsvergleichen 283

4. Kritische Würdigung 285

Sachregister 289

LITERATURVERZEICHNIS*

Aemisegger Heinz
(unter Mitarbeit von
Stüdeli R. und Röthlisberger R.), Leitfaden zum Raumplanungsgesetz, VLP-Schriftenfolge Nr. 26, Bern 1980
zitiert: *Aemisegger*, VLP-Schriftenfolge Nr. 26

– Planungsgrundsätze, in: Das Bundesgesetz über die Raumplanung, Berner Tage für die juristische Praxis 1980, Bern 1980, S. 81 ff.
zitiert: *Aemisegger*, Planungsgrundsätze

– Rechtliche Grundsätze bei Planungs- und Bauverfahren, in: Sonderheft: Grundsatzfragen des Bau- und Planungsrechts, VLP-Schriftenfolge Nr. 44, Bern 1987, S. 3 ff.
zitiert: *Aemisegger*, VLP-Schriftenfolge Nr. 44

– Zu den bundesrechtlichen Rechtsmitteln im Raumplanungs- und Umweltschutzrecht, in: Verfassungsrechtsprechung und Verwaltungsrechtsprechung (Sammlung von Beiträgen veröffentlicht von der I. öffentlichrechtlichen Abteilung des schweizerischen Bundesgerichts), Zürich 1992, S. 113 ff.
zitiert: *Aemisegger*, Zu den bundesrechtlichen Rechtsmitteln in Planungs- und Umweltschutzrecht

– Verfahrensvereinfachung und Verfahrensbeschleunigung: Möglichkeiten und Grenzen im föderalistischen Rechtsstaat, 1. Diskussionsvotum, in: Raumplanung vor neuen Herausforderungen, VLP-Schriftenfolge Nr. 61, Bern 1994, S. 81 ff.
zitiert: *Aemisegger*, VLP-Schriftenfolge Nr. 61

Aemisegger Heinz/
Wetzel T., Wald und Raumplanung, VLP-Schriftenfolge Nr. 38, Bern 1985

Alb Hermann/
Loretan Theo, Planerische Sicherung von Standorten für Abfallanlagen. Ein Handbuch des BUWAL und des BRP, Bern 1992

Ballenegger Jacques, Le droit de recours des organisations de protection de l'environnement, URP 6/1992, 217 f.

Bandli Christoph, Kommentar zum Umweltschutzgesetz, hrsg. von Alfred Kölz und Hans Ulrich Müller-Stahel, Art. 24, Zürich 1988
zitiert: *Bandli*, Kommentar USG

---

* Die aktuelle Literatur und Rechtsprechung fanden bis Ende Dezember 1994 Berücksichtigung mit Ausnahme der Habilitationsschrift von *Regula Kägi-Diener*, Entscheidfindung in komplexen Verwaltungsverhältnissen, Basel/Frankfurt a.M. 1994, die kurz vor der Drucklegung dieser Arbeit erschien und deshalb nicht mehr verarbeitet werden konnte.

Bandli Christoph, Zur raumplanerischen Koordinationspflicht, BR 1989/1, 60 ff.
zitiert: *Bandli*, BR 1989/1

Barthe Caroline, Zur Informationstätigkeit der Verwaltung unter besonderer Berücksichtigung des Umweltschutzgesetzes des Bundes, Diss. Basel 1993

Baschung Marius, Zum neuen Raumplanungsgesetz, ZBl 80/1979, 389 ff.

Beratergruppe Marti, Vereinfachung, Beschleunigung und Koordination der Bewilligungsverfahren für Bauten und Anlagen (Vorschläge für die Revision des Raumplanungsgesetzes), EJPD/BRP Bern 1993
zitiert: *Beratergruppe Marti*, Revisionsvorschläge RPG

- Vereinfachung, Beschleunigung und Koordination der Bewilligungsverfahren für Bauten und Anlagen (Anregungen für Gesetzgebung und Praxis in den Kantonen), EJPD/BRP Bern 1993
zitiert: *Beratergruppe Marti*, Empfehlungen

Bertossa Francesco D. A., Der Beurteilungsspielraum. Zur richterlichen Kontrolle von Ermessen und unbestimmten Gesetzesbegriffen im Verwaltungsrecht, Diss. Bern 1984

Bianchi François, Pollution atmosphérique et droit privé, Diss. Lausanne 1989

Bigler F. Walter, Kommentar zum Arbeitsgesetz (Bundesgesetz über die Arbeit in Industrie, Gewerbe und Handel), 3. Aufl., Bern 1986
zitiert: *Bigler*, Kommentar ArG

Bischofberger Pius, Durchsetzung und Fortbildung betriebswirtschaftlicher Erkenntnisse in der öffentlichen Verwaltung, Diss. St. Gallen, St. Gallen/Zürich 1964
zitiert: *Bischofberger*, Diss.

- Neuorientierung der öffentlichen Verwaltung, ZBl 70/1969, 457 ff.
zitiert: *Bischofberger*, ZBl 70/1969

- Regierungs- und Verwaltungsreform in der Schweiz. Stand und Chancen, SJPW 17/1977, 33 ff.
zitiert: *Bischofberger*, SJPW 17/1977

Bloetzer Gotthard, Die Oberaufsicht des Bundes über die Forstpolizei nach schweizerischem Bundesstaatsrecht, Diss. Zürich 1978

Bloetzer Gotthard/
Munz Robert, Walderhaltungsgebot und Rodungsbewilligung, ZBl 73/1972, 428 ff.

Blumenstein Ernst, Das Verständigungsprinzip in der Steuerveranlagung, ASA 17/1948 und 1949, 1 ff.

Bopp Th., Zur neuen Waldgesetzgebung (im Zusammenhang mit der Rodung zur Schaffung von Bauland), ZBJV 129/1993, 397 ff.

Bovay Benoît,	Le permis de construire en droit vaudois, Diss. Lausanne 1986
Brandt Eric,	Les plans, in: L'aménagement du territoire en droit fédéral et cantonal (Travaux de la Journée d'étude organisée par le Centre du droit de l'entreprise le 12 octobre 1989 à l'Université de Lausanne), Lausanne 1990, S. 17 ff.
BRP,	Vereinfachung, Beschleunigung und Koordination der Bewilligungsverfahren - Revision des Raumplanungsgesetzes, Erläuternder Bericht, Bern (undatiert) zitiert: *BRP*, Erläuternder Bericht und Vernehmlassungsentwurf
Brühwiler-Frésey Lukas S.,	Verfügung, Vertrag, Realakt und andere verwaltungsrechtliche Handlungssysteme. Eine Untersuchung über ihr gegenseitiges Verhältnis, Diss. Bern 1984
Bruhin Urs,	Planänderung im Raumplanungsrecht, Diss. Zürich 1975
Brunner Ursula,	Kommentar zum Umweltschutzgesetz, hrsg. von Alfred Kölz und Hans Ulrich Müller-Stahel, Art. 36 bis 48, Zürich 1986/1987/1993 zitiert: *Brunner*, Kommentar USG
Brunschwiler Carl Hans,	Wie die Verwaltungsgerichtsbeschwerde die Funktion der staatsrechtlichen Beschwerde übernimmt, in: Mélanges Robert Patry, Lausanne 1988, S. 267 ff.
Brunschwiler Carl Hans/ Kuttler Alfred,	Kann die Schweiz beim angestrebten Standard des Verfahrensschutzes nach der EMRK standhalten?, in: Verfahrensgarantien im Bereich des öffentlichen Rechts, Schriften des österreichischen Instituts für Menschenrechte, Bd. 1, Kehl a.Rh./Strassburg/Arlington 1989, S. 126 ff. und S. 130 ff.
Bryde Brun-Otto,	Die Einheit der Verwaltung als Rechtsproblem, VVDStRL Heft 46, Berlin/New York 1988, S. 181 ff.
Bühlmann Lukas,	Zur Bedeutung des neuen Waldgesetzes für die Raumplanung, Information der Dokumentation der VLP, Dezember 1992, 1 ff.
Bullinger Martin,	Zur Notwendigkeit funktionalen Umdenkens des öffentlichen und privaten Vertragsrechts im leistungsintensiven Gemeinwesen, in: Gedächtnisschrift Hans Peters, Heidelberg/New York 1967, S. 667 ff.
Bussmann Werner,	Gewässerschutz und kooperativer Föderalismus in der Schweiz, Bern 1981
BUWAL,	Handbuch Umweltverträglichkeitsprüfung UVP. Richtlinien für die Ausarbeitung von Berichten zur Umweltverträglichkeitsprüfung gemäss Umweltschutzgesetz vom 7. Oktober 1987, Bern 1990 zitiert: *Handbuch UVP*

BUWAL,	Handbuch I zur Störfallverordnung, Richtlinien für Betriebe mit Stoffen, Erzeugnissen oder Sonderabfällen, Bern 1991 zitiert: *Handbuch I StFV*
-	Handbuch II zur Störfallverordnung, Richtlinien für Betriebe mit Mikroorganismen, Bern 1992 zitiert: *Handbuch II StFV*
-	Handbuch III zur Störfallverordnung, Richtlinien für Verkehrswege, Bern 1992 zitiert: *Handbuch III StFV*
-	Deregulierung der Entscheidverfahren: Umweltverträgliche Lösungen, Bericht zuhanden der VKB-Projektorganisation "Koordination der Entscheidverfahren", Bern (undatiert) zitiert: *BUWAL*, Deregulierung der Entscheidverfahren
BUWAL/Eidgenössische Forstdirektion,	Neue Wege der forstlichen Planung, Tangens 1/1994 zitiert: *BUWAL*, Tangens 1/1994
Dilger Peter,	Raumplanungsrecht der Schweiz. Handbuch für die Baurechts- und Verwaltungspraxis, Zürich 1982
Direktion der öffentlichen Bauten des Kantons Zürich,	Die Umweltschutz-Fachverwaltung stellt sich vor, Sonderausgabe KAUZ 3/1991, Nr. 1, 4 f.
Druey Jean Nicolas,	Interessenabwägung - eine Methode?, in: Beiträge zur Methode des Rechts, St. Galler Festgabe zum Schweizerischen Juristentag 1981, Bern/Stuttgart 1981, S. 131 ff.
Duerst Peter,	Anwendung der UVPV aus der Sicht des Bundes, URP 3/1989, 119 ff.
Durband Federico,	Bauten und Anlagen im Wald in der Praxis des Bundesgerichts, Infoheft RP 1993/1, 25 f.
Eichenberger Kurt,	Um die Einheit der kantonalen Verwaltung (1967), in: Der Staat der Gegenwart. Ausgewählte Schriften von Kurt Eichenberger, Basel/Frankfurt a.M. 1980, S. 363 ff.
EJPD/BRP,	Erläuterungen zum Bundesgesetz über die Raumplanung, Bern 1981 zitiert: *EJPD/BRP*, Erläuterungen RPG
Eschmann Stephan,	Der Gestaltungsplan nach zürcherischem Recht, Diss. Zürich 1984
Estermann Joseph,	Das demokratische Gemeinwesen und die Raumplanung, in: Raumplanung vor neuen Herausforderungen, VLP-Schriftenfolge Nr. 61, Bern 1994, S. 54 ff.
Fischli Ernst,	Fragen des Baubewilligungsverfahrens, ZBGR 1970, 129 ff.

Fischli Ernst,	Die Akteneinsicht im Verwaltungsprozess, in: Mélanges Henri Zwahlen, Lausanne 1977, S. 279 ff.
Fleiner-Gerster Thomas,	Grundzüge des allgemeinen und schweizerischen Verwaltungsrechts, Zürich 1977 zitiert: *Fleiner-Gerster*, Grundzüge
-	Probleme des öffentlichrechtlichen Vertrags in der Leistungsverwaltung, ZBl 90/1989, 185 ff. zitiert: *Fleiner-Gerster*, ZBl 90/1989
-	Neue Entwicklung im Beamtenrecht, in: Effizienz und öffentliches Dienstrecht - Versuch einer kritischen Bilanz, SGVW 12/1990, 1 ff. zitiert: *Fleiner-Gerster*, SGVW 12/1990
-	Kommentar zur Bundesverfassung der Schweizerischen Eidgenossenschaft vom 20. Mai 1874, hrsg. von Jean François Aubert, Kurt Eichenberger, Jörg Paul Müller, René A. Rhinow und Dietrich Schindler, zu Art. 24sexies, Art. 24septies und Art. 25 BV, Bern/Zürich/Basel 1989, 1988 und 1989 zitiert: *Fleiner-Gerster*, Kommentar BV
Flückiger Alexandre,	L'application des techniques informatiques de gestion de projets aux procédures administratives complexes: une réponse à l'obligation de coordination des décisions et à la maîtrise des délais, (Maschinenschrift), Lausanne 1992 zitiert: *Alexandre Flückiger*
Flückiger H.,	Grundsätzliche Überlegungen zum Verhältnis zwischen Raumplanung und Umweltschutz, in: Brennende Fragen zum Thema Ortsplanung, Baubewilligungspraxis und Umweltschutz, VLP-Schriftenfolge Nr. 42, Bern 1986, S. 72 ff. zitiert: *Flückiger*, VLP-Schriftenfolge Nr. 42
Freiburghaus Dieter,	Die Modernisierung der Verwaltung, in: Von der Vollzugsbürokratie zum politischen Management, Schriftenreihe SGVW 11/1989, S. 11 ff.
Frey Bruno S.,	Ökonomie ist Sozialwissenschaft. Die Anwendung der Ökonomie auf neue Gebiete, München 1990
Fries H.,	Die Suche nach Deponiestandorten, Informationsblatt RPG-NO Nr. 4/1991, 10 ff.
Fritzsche Christoph/ Bösch Peter,	Zürcher Planungs- und Baurecht (Eine Einführung in das zürcherische Planungs- und Baurecht, mit Einschluss des baulichen Energie- und Umweltschutzrechtes), Wädenswil 1992
Funk Walter,	Übersicht zum Vollzug der Störfallverordnung im Kanton Zürich, KAUZ 3/1991, Nr. 2, 5 ff.

Furrer Christian,	Bundesrat und Bundesverwaltung. Ihre Organisation und Geschäftsführung nach dem Verwaltungsorganisationsgesetz, Bern 1986
Gadola Attilio R.,	Beteiligung ideeller Verbände am Verfahren vor den unteren Instanzen - Pflicht oder blosse Obliegenheit, ZBl 93/1992, 97 ff.
Giesser Eugen H.,	Die Zusammenarbeit zwischen Bund und Kantonen im Bereich der Verwaltung nach schweizerischem Recht mit rechtsvergleichenden Ausblicken zur Bundesrepublik Deutschland und den Vereinigten Staaten, Diss. Basel 1976
Gisler Max,	Baubewilligung und Baubewilligungsverfahren, insbesondere in den Kantonen Basel-Stadt und Basel-Landschaft, Diss. Basel, Diessenhofen 1977
Glavas Kreso,	Das Verhältnis von privatem und öffentlichem Nachbarrecht (insbesondere Immissionsrechtsschutz im Planungs- und Baubewilligungsverfahren), Diss. Freiburg 1984
Gottschall Walter/ Herczog Andreas/ Hubeli Ernst/ Steiger Martin,	Verhältnis zwischen Raumplanung und Umweltverträglichkeitsprüfung, BUWAL/BRP Bern 1991 zitiert: *Gottschall et al.*
Gueng Urs,	Zur Tragweite des Feststellungsanspruchs gemäss Art. 25 VwG, SJZ 67/1971, 369 ff.
Gundelfinger Daniel Elias,	Das Arbeitsgesetz und die Verwaltungsrechtspflege im Bund und im Kanton Zürich, Diss. Zürich 1983
Gygi Fritz,	Bundesverwaltungsrechtspflege, Bern 1979 zitiert: *Gygi*, Bundesverwaltungsrechtspflege
-	Wirtschaftsverfassungsrecht, Bern 1981 zitiert: *Gygi*, Wirtschaftsverfassungsrecht
-	Zur Rechtsbeständigkeit von Verwaltungsverfügungen, ZBl 83/1982, 149 ff. zitiert: *Gygi*, ZBl 83/1982
Gstrein Hans,	Das Kreisschreiben als Mittel der Bundesaufsicht, Diss. Zürich 1948
Hablützel Peter,	Plädoyer für eine sinnvolle Verwaltungspolitik, in: Anreizsysteme im öffentlichen Bereich, Schriftenreihe SGVW 16/1991, 139 ff.
Häfelin Ulrich,	Der kooperative Föderalismus in der Schweiz, ZSR NF 50/II (1969) 549 ff.

Häfelin Ulrich/Haller Walter,	Schweizerisches Bundesstaatsrecht. Ein Grundriss, 3. Aufl., Zürich 1993
Häfelin Ulrich/Müller Georg,	Grundriss des allgemeinen Verwaltungsrechts, 2. Aufl., Zürich 1993
Haefliger Arthur,	Die Europäische Menschrechtskonvention und die Schweiz, Bern 1993 zitiert: *Haefliger*, EMRK und Schweiz
-	Neuere Entscheide zur Europäischen Menschenrechtskonvention, in: Festschrift zum 60. Geburtstag von Bundesrat Arnold Koller, Bern 1993 zitiert: *Haefliger*, FS Arnold Koller
Hafner Felix,	Öffentlicher Dienst im Wandel (Stellung und Funktion des öffentlichen Dienstverhältnisses im demokratisch-pluralistischen Gemeinwesen), ZBl 93/1992, 481 ff.
Hainard Paul,	Wandlungen im Arbeitsfeld der Bausekretäre, ZBl 85/1984, 337 ff.
Haller Walter,	Das rechtliche Gehör bei der Festsetzung von Raumplänen, in: Aktuelle Probleme des Staats- und Verwaltungsrechts, Festschrift für Otto K. Kaufmann, Bern/Stuttgart 1989, S. 367 ff. zitiert: *Haller*, FS Kaufmann
Haller Walter/Karlen Peter,	Raumplanungs- und Baurecht, 2. Aufl., Zürich 1992
Häner Isabelle,	Öffentlichkeit und Verwaltung, Diss. Zürich 1990
Hänni D.,	La coordination entre les cantons, in: La dynamique fédéraliste en Suisse, Schriftenreihe SGVW 10/1989, 91 ff.
Hangartner Yvo,	Die Kompetenzverteilung zwischen Bund und Kantonen, Bern/Frankfurt a.M. 1974
Haverkate Görg,	Die Einheit der Verwaltung als Rechtsproblem, in: VVDStRL Heft 46, Berlin/New York 1988, S. 217 ff.
Henneke Hans-Günter,	Informelles Verwaltungsverhandeln im Wirtschaftsverwaltungs- und Umweltrecht, NuR 13/1991, 267 ff.
Hofer Jürg,	Zuckerbrot und Peitsche? Welche Instrumente stehen dem Kanton für die Verwirklichung des Umweltschutzes zur Verfügung?, URP 6/12992, 41 ff.
Hoffmann-Riem Wolfgang,	Konfliktmittler in Verwaltungsverhandlungen, Heidelberg 1989 zitiert: *Hoffmann-Riem*

Hoffmann-Riem Wolfgang,	Verhandlungslösungen und Mittlereinsatz im Bereich der Verwaltung: Eine vergleichende Erläuterung, in: Konfliktbewältigung durch Verhandlungen (Bd. I: Informelle und mittlerunterstützte Verhandlungen in Verwaltungsverfahren), Baden-Baden 1990, S. 13 ff. zitiert: *Hoffmann-Riem*, Verhandlungslösungen
Hofmeister Albert E.,	Einführung in die Tagungsproblematik, in: Anreissysteme im öffentlichen Bereich, Schriftenreihe SGVW 16/1991, 1 ff.
Honegger Jürg,	Schadenersatz und Baueinsprache, Diss. Zürich 1969
Huber Felix,	Die Beiladung insbesondere im Zürcher Baubewilligungsverfahren, ZBl 90/1989, 233 ff. zitiert: *Felix Huber*, ZBl 90/1989
Huber Karl,	Koordination als Begriff des Bundesrechts, in: Mélanges Henri Zwahlen, Lausanne 1977, 323 ff. zitiert: *Karl Huber*
Hubmann Heinrich,	Wertung und Abwägung im Recht, Köln u.a. 1977 zitiert: *Heinrich Hubmann*
Hubmann Michèle,	Die Durchsetzung des Wohnanteilplans gegenüber mietrechtlichen Erstreckungsvergleichen, ZBl 94/1993, 298 ff. zitiert: *Michèle Hubmann*, ZBl 94/1993
Hug Walther et al.,	Kommentar zum Arbeitsgesetz, Bern 1971 zitiert: *Hug et al.*, Kommentar ArG
Huser Meinrad,	Informations- und Mitwirkungspflicht nach Art. 4 Raumplanungsgesetz, Infoheft RP 1993/3-4, 10 ff.
Imboden Max,	Bundesrecht bricht kantonales Recht, Diss. Zürich 1940
Imboden Max/ Rhinow René A.,	Schweizerische Verwaltungsrechtsprechung, Band I und II, 6. Aufl., Basel/Frankfurt a.M. 1986 zitiert: *Imboden/Rhinow*, Bd. I bzw. Bd. II
Imholz Robert,	Die Zuständigkeiten des Bundes auf dem Gebiete des Natur- und Heimatschutzrechtes, ORL-Schriftenreihe Nr. 25, Diss. Zürich 1975
Iselin Georg,	Die eidgenössische Gewässerschutzgesetzgebung als Instrument der Raumplanung, ZBl 75/1974, 426 ff. zitiert: *Iselin*, ZBl 75/1974
-,	Kantonales Einführungsrecht zur UVP, URP 3/1989, 185 ff. zitiert: *Iselin*, URP 3/1989
Jaag Tobias,	Die Abgrenzung zwischen Rechtssatz und Einzelakt, Zürich 1985 zitiert: *Jaag*

Jaag Tobias,	Der Massnahmenplan gemäss Art. 31 der Luftreinhalte-Verordnung, URP 4/1990, 132 ff. zitiert: *Jaag*, URP 4/1990
Jagmetti Riccardo,	Die Raumplanung als Umweltgestaltung, in: Schweizerisches Umweltschutzrecht, Zürich 1973, S. 91 ff. zitiert: *Jagmetti*, Die Raumplanung als Umweltgestaltung
-	Kommentar zur Bundesverfassung der Schweizerischen Eidgenossenschaft vom 20. Mai 1874, hrsg. von Jean François Aubert, Kurt Eichenberger, Jörg Paul Müller, René A. Rhinow und Dietrich Schindler, zu Art. 22quater und Art. 24, Bern/Zürich/Basel 1988 und 1992 zitiert: *Jagmetti*, Kommentar BV
Jaisli Urs,	Katastrophenschutz nach "Schweizerhalle" unter besonderer Berücksichtigung des Risikomanagements im Kanton Basel-Landschaft, Diss. Basel 1990
Jaissle Stefan M.,	Der dynamische Waldbegriff und die Raumplanung. Eine Darstellung der Waldgesetzgebung unter raumplanungsrechtlichen Aspekten, Diss. Zürich 1994
Jarass Hans D.,	Die Abgrenzung parallel erforderlicher Anlagegenehmigungen - Für eine Konzentration von Genehmigungen, DöV 1978, 21 ff. zitiert: *Jarass*, DöV 1978
-	Konkurrenz, Konzentration und Bindungswirkung von Genehmigungen. Probleme und Lösungen am Beispiel der baulichen Anlagen, Berlin 1984 zitiert: *Jarass*
Jenni Hans-Peter,	Vor lauter Bäumen den Wald noch sehen: Ein Wegweiser durch die neue Waldgesetzgebung, Schriftenreihe Umwelt Nr. 210, BUWAL Bern 1993
Jenny Kurt,	Öffentliche Verwaltungen im Zeitalter des Leistungsstaates, BJM 1991, 113 ff.
Jungo Pierre-André,	Die Umweltverträglichkeitsprüfung als neues Institut des Verwaltungsrechts, Diss. Freiburg 1987
Kägi-Diener Regula,	Justiz und Verwaltung aus der Sicht des Problems der Bindung des ordentlichen Richters an Verwaltungsakte, Diss. Zürich 1978
Kälin Walter/ Müller Markus	Vom ungeklärten Verhältnis zwischen Verwaltungsgerichtsbeschwerde und staatsrechtlicher Beschwerde, ZBl 94/1993, 433 ff.
Känzig Ernst/ Behnisch Urs R.,	Die direkte Bundessteuer, 2. Aufl., Basel 1992

Kappeler Rudolf,	Zur Problematik des baurechtlichen Vorentscheides ohne vorherige Ausschreibung, ZBl 95/1994, 72 ff.
Karlen Peter,	Planungspflicht und Grenzen der Raumplanung, ZBJV 130/1994, 117 ff.
Keeney Ralph L./ Renn Ortwin/ von Winterfeldt D./ Kotte Ulrich,	Die Wertbaumanalyse. Entscheidungshilfe für die Politik, München 1984 zitiert: *Keeney et al.*
Keiser Andreas,	Öffentlichkeit im Verfahren vor dem Zürcher Verwaltungsgericht, ZBl 95/1994, 1 ff.
Keller Beat,	Die raumplanerische Verträglichkeitsprüfung (RVP). Ein Diskussionsbeitrag, ZBl 89/1988, 437 ff. zitiert: *Beat Keller*, ZBl 89/1988
Keller Helene,	Umwelt und Verfassung. Eine Darstellung des kantonalen Umweltverfassungsrechts, Diss. Zürich 1993 zitiert: *Helene Keller*
Keller Helen,	Einfachere Verfahren ohne Abstriche am Umweltschutz, plädoyer 11/1993, Nr. 4, 24 ff. zitiert: *Helen Keller*, plädoyer 11/1993, Nr. 4
Keller Martin,	Aufgabenverteilung und Aufgabenkoordination im Landschaftsschutz, Diss. Bern 1977 zitiert: *Martin Keller*
Keller Peter M.,	Rechtliche Aspekte der neuen Waldgesetzgebung, AJP 2/1993, 144 ff. zitiert: *Peter M. Keller*, AJP 2/1993
-,	Koordination zwischen Bund und Kantonen, URP 5/1991, 258 ff. zitiert: *Peter M. Keller*, URP 5/1991
Klöti Ulrich,	Fragen der Koordination im Bunde, VP 29/1975, Heft 4, 15 ff.
Klöti Ulrich/Nüssli Kurt,	Koordination des Umweltschutzes in der Bundesverwaltung, SJPW 21/1981, 153 ff.
Klötzli Frank,	Ökologie in der Orts- und Regionalplanung, DISP Nrn. 59 und 60/1980, S. 53 ff.
Knapp Blaise,	Les procédures administratives complexes, AJP 1/1992, 839 ff.

Knöpfel Peter/ Rey Michel,	Konfliktminderung durch Verhandlung: Das Beispiel des Verfahrens zur Suche eines Standorts für eine Sondermülldeponie in der Suisse Romande, in: Konfliktbewältigung durch Verhandlungen (Bd. II: Konfliktmittlung in Verwaltungsverfahren), Baden-Baden 1990, S. 257 ff.
Kölz Alfred,	Prozessmaximen im schweizerischen Verwaltungsprozess, Diss. Zürich 1973 zitiert: *Kölz*, Prozessmaximen
-	Vollzug des Bundesverwaltungsrechts und Behördenbeschwerde, ZBl 75/1976, 361 ff. zitiert: *Kölz*, ZBl 75/1976
-	Kommentar zum Verwaltungsrechtspflegegesetz des Kantons Zürich, Zürich 1978 zitiert: *Kölz*, Kommentar VRG
-	Intertemporales Verwaltungsrecht, ZSR NF 102/II (1983) 101 ff. zitiert: *Kölz*, ZSR NF 102/II (1983)
-	Die Vertretung des öffentlichen Interesses in der Verwaltungsrechtspflege, ZBl 86/1985, 49 ff. zitiert: *Kölz*, ZBl 86/1985
Kölz Alfred/Keller Helen,	Koordination umweltrelevanter Bewilligungsverfahren als Rechtsproblem, URP 4/1990, 385 ff.
Kölz Alfred/Häner Isabelle,	Verwaltungsverfahren und Verwaltungsrechtspflege des Bundes mit einem Grundriss der Verwaltungsrechtspflege des Kantons Zürich, Zürich 1993
Koordinationsstelle für Umweltschutz des Kantons Zürich (KofU),	Umweltschutzfachstellen im Kanton Zürich, Ausgabe 1992
Koordinationsstelle für Störfallvorsorge (KSF),	Bewertung von Risiken stationärer und mobiler Gefahrenpotentiale mit Stoffen, Erzeugnissen und Sonderabfällen. Grundsätze, Verfahren und Kriterien, (Diskussionsgrundlage/Entwurf), Zürich 1993
Krayenbühl Bernard,	Participation et collaboration dans l'établissement des plans d'aménagement du territoire, ZBl 80/1979, 395 ff.
Kull Erich,	Die Revision des PBG und ihr Vollzug auf kantonaler und kommunaler Ebene, Informationsblatt RPG-NO Nr. 4/1991, 27 ff.
Kunig Philip,	Alternativen zum einseitig-hoheitlichen Verwaltungshandeln, in: Konfliktbewältigung durch Verhandlungen (Bd. I: Informelle und mittlerunterstützte Verhandlungen in Verwaltungsverfahren), Baden-Baden 1990, S. 43 ff.

Kuttler Alfred,	Zur Problematik der gemischt-rechtlichen Normen im Baurecht, ZBl 67/1966, 265 ff. zitiert: *Kuttler*, ZBl 67/1966
-	Umweltschutz und Raumplanung. Zusammenhänge im Licht der neueren bundesgerichtlichen Rechtsprechung, ZBl 89/1988, 238 ff. zitiert: *Kuttler*, ZBl 89/1988
-	Umweltschutz und Raumplanung, VLP-Schriftenfolge Nr. 54, Bern 1990, S. 1 ff. zitiert: *Kuttler*, VLP-Schriftenfolge Nr. 54
-	Orientierungspunkte zur Revision des Zürcher Planungs- und Baugesetzes, ZBl 91/1990, 289 ff. zitiert: *Kuttler*, ZBl 91/1990
Leemann Hans Rudolf,	Der Gemeinderatsschreiber als Koordinator, VP 26/1972, 212 ff.
Leimbacher Jörg/ Saladin Peter,	Katastrophenschutz: Schutz vor Schädigungen oder Schutz vor Risiken? Elemente zum Verständnis von Art. 10 USG, BUWAL Bern 1990
Lendi Martin,	Die Bedeutung der kommenden Raumplanungsgesetzgebung für den Umweltschutz, in: Schweizerisches Umweltschutzrecht, Zürich 1973, S. 125 ff. zitiert: *Lendi*, Die Bedeutung der kommenden Raumplanungsgesetzgebung für den Umweltschutz
-	Koordination staatlicher Aufgabenplanung, DISP Nr. 37/1975, S. 37 ff. zitiert: *Lendi*, DISP Nr. 37/1975
-	Planungsrecht und Eigentum, Schweizerischer Juristenverein 1976/1, 1 ff. zitiert: *Lendi*, Planungsrecht und Eigentum
-	Raumordnung und Umweltschutz, in: Recht und Politik der Raumplanung, ORL-Schriftenreihe Nr. 31, Zürich 1984, S. 247 ff. zitiert: *Lendi*, ORL-Schriftenreihe Nr. 31
-	Die Umweltverträglichkeitsprüfung nach schweizerischem Recht, in: Die Umweltverträglichkeitsprüfung, Linz 1985, S. 97 ff. zitiert: *Lendi*, Umweltverträglichkeitsprüfung
-	Die Bedeutung der Rechtsprechung für die Raumplanung, in: Aktuelle Probleme des Staats- und Verwaltungsrechts, Festschrift für Otto K. Kaufmann, Bern/Stuttgart 1989, S. 295 ff. zitiert: *Lendi*, FS Kaufmann

Lendi Martin,	Die Wiederentdeckung der Einheit der Rechtsordnung - eine Antwort auf die Problemkomplexität, in: Freiheit und Zwang. Rechtliche, wirtschaftliche und gesellschaftliche Aspekte, Festschrift zum 60. Geburtstag von Professor Dr.iur. Dr.phil. Hans Giger, Bern 1989, S. 407 ff. zitiert: *Lendi*, Einheit der Rechtsordnung
-	Kommentar zur Bundesverfassung der schweizerischen Eidgenossenschaft vom 20. Mai 1874, hrsg. von Jean François Aubert, Kurt Eichenberger, Jörg Paul Müller, René A. Rhinow und Dietrich Schindler, Bern/Zürich/Basel 1987, zu Art. 24ter zitiert: *Lendi*, Kommentar BV, Art. 24ter
-	Die Raumplanung als Vorsorge im Umweltschutz, Informationsblatt RPG-NO Nr. 3/1992, S. 5 ff. zitiert: *Lendi*, Informationsblatt RPG-NO 3/1992
Lendi Martin/ Elsasser Hans,	Raumplanung in der Schweiz. Eine Einführung, 3. Aufl., Zürich 1991
Leutenegger Paul B.,	Das formelle Baurecht der Schweiz (Bewilligung, Einsprache und Rechtsmittel im Baurecht der Schweiz), 1. Aufl., Schriftenreihe Wohnungsbau FKW+DW Nr. 18d, Bern 1974 zitiert: *Leutenegger*, 1. Aufl.
-	Das formelle Baurecht der Schweiz (Bewilligung, Einsprache und Rechtsmittel im Baurecht der Schweiz), 2. Aufl., Schriftenreihe Wohnungsbau Fkw + Dw Nr. 18d, Bern 1978 zitiert: *Leutenegger*
Liver Peter,	Privates und öffentliches Baurecht, in: Berner Tage für die juristische Praxis 1968: Rechtliche Probleme des Bauens, Bern 1969, S. 9 ff.
Loretan Theo,	Die Umweltverträglichkeitsprüfung. Ihre Ausgestaltung im Bundesgesetz über den Umweltschutz, mit Hinweisen auf das amerikanische und deutsche Recht, Diss. Zürich 1986 zitiert: *Loretan*
-	Die Koordination der Verfahren mit besonderer Berücksichtigung der Planung von Abfallanlagen, Informationsblatt RPG-NO Nr. 3/1992, 33 ff. zitiert: *Loretan*, Informationsblatt RPG-NO 3/1992
Mächler August,	Rahmengesetzgebung als Instrument der Aufgabenteilung, Diss. Zürich 1987
Macheret Augustin,	La loi fédérale sur l'aménagement du territoire, in: L'homme dans son environnement, Freiburg 1980, S. 73 ff.

Mäder Christian,	Das Baubewilligungsverfahren. Eine Darstellung unter besonderer Berücksichtigung des zürcherischen Rechts und der neueren zürcherischen Rechtsprechung, Diss. Zürich 1991 zitiert: *Christian Mäder*
Mäder Hans,	Grundriss der bundesstaatlichen Kompetenzordnung unter besonderer Berücksichtigung des Umweltschutzrechts, Diss. Basel 1983 zitiert: *Hans Mäder*
Maegli Rolf,	Gesetzmässigkeit im kooperativen Verwaltungshandeln, URP 4/1990, 265 ff. zitiert: *Maegli*, URP 4/1990
-	Konfliktbewältigung durch Verhandlungen. Werkstattbericht aus dem Kanton Solothurn, URP 6/1992, 192 ff. zitiert: *Maegli*, URP 6/1992
Margulies Hans-Peter,	Tragen die kantonalen Verwaltungsstrukturen den Anforderungen des Umweltschutzes Rechnung?, VP 35/1980, Heft 10, 21 ff. zitiert: *Margulies*, VP 35/1980, Heft 10
-	Umweltverträglichkeitsprüfung - Tendenz eindeutig zunehmend, KAUZ 1/1989, Nr. 1, 4 ff. zitiert: *Margulies*, KAUZ 1/1989, Nr. 1
Marti Arnold,	Die Koordination der Bewilligungsverfahren für Bauten und Anlagen nach dem Bau-, Planungs- und Umweltrecht, Informationsblatt RPG-NO Nrn. 1und 2/1989, S. 41 ff. zitiert: *Marti*, Informationsblatt RPG-NO 1 und 2/1989
-	Verfahrensrechtliche Möglichkeiten der Koordination bei der ersten Instanz, URP 5/1991, 226 ff. zitiert: *Marti*, URP 5/1991
-	Verfahrensvereinfachung und Verfahrensbeschleunigung: Möglichkeiten und Grenzen im föderalistischen Rechtsstaat, in: Raumplanung vor neuen Herausforderungen, VLP-Schriftenfolge Nr. 61, Bern 1994, S. 62 ff. zitiert: *Marti*, VLP-Schriftenfolge Nr. 61
-	Bewilligung von Bauten und Anlagen - Koordination oder Konzentration der Verfahren?, AJP 3/1994 (Sonderdruck 12/94), 1535 ff. zitiert: *Marti*, AJP 3/1994 (Sonderdruck 12/94)
Masshardt Heinz,	Kommentar zur direkten Bundessteuer, 2. Aufl., Zürich 1985 zitiert: *Masshardt*
Matter F.,	Kommentar zum Umweltschutzgesetz, hrsg. von Alfred Kölz und Hans Ulrich Müller-Stahel, zu Art. 49 bis 59 USG, Zürich 1986/1988 zitiert: *Matter*, Kommentar USG

Matter Rudolf,	Umweltverträglichkeitsprüfung im Baubewilligungsverfahren, BR 1987/4, 75 ff. zitiert: *Matter*, BR 1987/4
-	Forstwesen und Raumplanung. Konkurrenz oder Koordination?, ZBl 88/1987, 97 ff. zitiert: *Matter*, ZBl 88/1987
Maurer Jakob,	Richtplanung (Methodische Überlegungen zur Richtplanung gemäss dem schweizerischen Bundesgesetz über die Raumplanung), ORL-Schriftenreihe Nr. 35, Zürich 1985
Meier-Hayoz Arthur/ Forstmoser Peter,	Grundriss des Schweizerischen Gesellschaftsrechts, 7. Aufl. (mit neuem Aktienrecht), Bern 1993
Meyer Lorenz,	Denkmalpflege und Raumplanung, BR 1989/1, 4 ff. zitiert: *Meyer*, BR 1989/1
-	Das Beschwerderecht von Vereinigungen; Auswirkungen auf das kantonale Verfahren, in: Verfassungsrechtsprechung und Verwaltungsrechtsprechung (Sammlung von Beiträgen veröffentlicht von der I. öffentlichrechtlichen Abteilung des schweizerischen Bundesgerichts), Zürich 1992, S. 167 ff. zitiert: *Meyer*, Das Beschwerderecht von Vereinigungen
Meylan Jacques-Henri,	La coordination formelle, in: Droit de l'environnement: Mise en oeuvre et coordination, Basel/Frankfurt a.M. 1992, S. 179 ff.
Moor Pierre,	Esquisse d'un droit des organisations administratives, ZBl 75/1974, 49 ff. zitiert: *Moor*, ZBl 75/1974
-	Droit administratif, Band I: Les fondements généraux, Bern 1988 zitiert: *Moor*, Bd. I
-	Droit administratif, Band II: Les actes administratifs et leur contrôle, Bern 1991 zitiert: *Moor*, Bd. II
-	Les voies de droit fédérales dans l'aménagement du territoire, in: L'aménagement du territoire en droit fédéral et cantonal (Travaux de la Journée d'étude organisée par le Centre du Droit de l'entreprise le 12 octobre 1989 à l'Université de Lausanne), Lausanne 1990, S. 163 ff. zitiert: *Moor*, Les voies de droit fédérales dans l'aménagement du territoire
-	Problèmes d'organisation et de procédure, URP 6/1992, 309 ff. zitiert: *Moor*, URP 6/1992

Morand Charles-Albert,	La coordination materielle: De la pesée des intérêts à l'écologisation du droit, URP 5/1991, 201 f. zitiert: *Morand*, URP 5/1991
-	La coordination matérielle des décisions: Espoir ultime de systématisation du droit des politiques publiques, in: Droit de l'environnement: Mise en oeuvre et coordination, Basel/Frankfurt a.M. 1992, S. 167 ff. zitiert: *Morand*, coordination matérielle
Müller-Stahel Hans-Ulrich/ Rausch Heribert,	Der Umweltschutzartikel der Bundesverfassung, ZSR NF 94/I (1975) 35 ff.
Müller Hans-Ulrich,	Einführung in das Umweltschutzgesetz, Separatdruck aus dem Kommentar zum Umweltschutzgesetz, Zürich 1992 zitiert: *Hans-Ulrich Müller*
Müller Georg,	Interessenabwägung im Verwaltungsrecht, ZBl 73/1972, 337 ff. zitiert: *Georg Müller*, ZBl 73/1972
-	Kommentar zur Bundesverfassung der Schweizerischen Eidgenossenschaft vom 29. Mai 1874, hrsg. von Jean François Aubert, Kurt Eichenberger, Jörg Paul Müller, René A. Rhinow und Dietrich Schindler, zu Art. 4 BV, Bern/Zürich/Basel 1987 zitiert: *Georg Müller*, Kommentar BV
-	Motive, Methoden und Massstäbe für Strukturreformen öffentlicher Verwaltungen, in: Aktuelle Probleme des Staats- und Verwaltungsrechts, Festschrift für Otto K. Kaufmann, Bern/Stuttgart 1989, S. 401 ff. zitiert: *Georg Müller*, Strukturreformen öffentlicher Verwaltungen
-	Bericht über die Ergebnisse der Gruppenarbeit vom 7. Juli 1991 der Tagung der Vereinigung für Umweltrecht vom 6./7. Juli 1991 betreffend die Koordination umweltrelevanter Verfahren, URP 5/1991, 307 ff. zitiert: *Georg Müller*, URP 5/1991
Müller Peter,	Begriffsbrevier zum Planungs- und Baugesetz, Wirtschaftsbulletin 15 der Zürcher Kantonalbank, Zürich 1976 zitiert: *Peter Müller*, Begriffsbrevier PBG, (Stichwort)
-	Aktuelle Fragen des eidgenössischen und kantonalen Raumplanungsrechts, ZBl 84/1983, 193 ff. zitiert: *Peter Müller*, ZBl 84/1983
Munz Robert,	Natur- und Heimatschutz als Aufgabe der Kantone, Basel 1970 zitiert: *Munz*

Munz Robert,	Landschaftsschutzrecht, in: Schweizerisches Umweltschutzrecht, Zürich 1973, S. 7 ff. zitiert: *Munz*, Landschaftsschutzrecht
-	Landschaftsschutz als Gegenstand des Bundesrechts, ZBl 87/1986, 1 ff. zitiert: *Munz*, ZBl 87/1986
Natsch Walther Johannes,	Instrumente der Regionalplanung unter besonderer Berücksichtigung des zürcherischen Rechts, Diss. Zürich 1964
Neeracher Jürg O.,	Neu geordnete Vollzugsorganisation im Kanton Zürich, KAUZ 3/1991, Nr. 2, 23 ff.
Nicole Yves,	L'étude d'impact dans le système fédéraliste Suisse, Diss. Lausanne 1991
Oberforstamt des Kantons Zürich,	Leitbild des Forstdienstes, Zürich 1992
Oehen F.,	Moderne Führungsgrundsätze in der öffentlichen Verwaltung, ZBl 70/1969, 33 ff.
Oertel Lutz,	Koordination als Kommunikation und Herrschaft, SJPW 13/1973, 163 ff.
Pestalozza Christian,	Kollisionsrechtliche Aspekte der Unterscheidung von öffentlichem Recht und Privatrecht (Öffentliches Recht als zwingendes Sonderrecht für den Staat), DöV 1974, 188 ff.
Petitpierre-Sauvain Anne,	Concours d'autorisations pour les projets de nature à affecter l'environnement, BR 1989/4, 87 ff. zitiert: *Petitpierre-Sauvain*, BR 1989/4
-	L'application coordonnée de législations sectorielles: une introduction, in: Droit de l'environnement: Mise en oeuvre et coordination, Basel/Frankfurt a.M. 1992, S. 155 ff. zitiert: *Petitpierre-Sauvain*
Pfisterer Thomas,	Die Vorschriften über einen minimalen Wohnanteil in Kerngebieten und Wohn-Gewerbezonen, vorab im Kanton Aargau, in: Mélanges Henri Zwahlen, Lausanne 1977, S. 459 ff. zitiert: *Pfisterer*, Mélanges Henri Zwahlen
-	Einordnung und Gehalt des kantonalen Richtplanes nach Bundesrecht, in: Festschrift für den Aargauischen Juristenverein 1936-1986, Aarau 1986, S. 257 ff. zitiert: *Pfisterer*, Richtplan
-	Beschleunigung von Bau- und Raumplanungsverfahren - Neuordnung im Kanton Aargau, in: Aktuelle Probleme des privaten und öffentlichen Baurechts, St. Gallen 1994, S. 339 ff. zitiert: *Pfisterer*, Beschleunigung von Bau- und Raumplanungsverfahren

Plattner-Steinmann Roland,	Tatsächliches Verwaltungshandeln, Diss. Zürich 1990
Poledna Tomas,	Praxis zur Europäischen Menschenrechtskonvention (EMRK) aus schweizerischer Sicht, Zürich 1993 zitiert: *Poledna*
-	Staatliche Bewilligungen und Konzessionen, Bern 1994 zitiert: *Poledna*, Staatliche Bewilligungen
Porchet Jean-Pierre,	Motivierung der Anlageninhaber zur Störfallvorsorge, URP 6/1992, 468 ff.
Portmann Theo,	Öffentliches Bundes-, Kantons- und Gemeindebaurecht, das 15 Kurortsgemeinden Graubündens prägt, Diss. Freiburg 1977
Reimann August/ Zuppinger Ferdinand/ Schärrer Erwin,	Kommentar zum Zürcher Steuergesetz, Bern 1969 zitiert: *Reimann/Zuppinger/Schärrer*
Renn Ortwin,	Die Bedeutung der Kommunikation und Mediation bei der Entscheidung über Risiken, URP 6/1992, 275 ff.
Rausch Heribert,	Kommentar zum Umweltschutzgesetz, hrsg. von Alfred Kölz und Hans Ulrich Müller-Stahel, Art. 1 bis 9 und 63 bis 67, Zürich 1985/1986/1989 zitiert: *Rausch*, Kommentar USG
-	Die Umweltschutzgesetzgebung - Aufgabe, geltendes Recht und Konzepte (1977), in: Studien zum Umweltrecht, unveränderter Nachdruck, Zürich 1992, S. 1 ff. zitiert: *Rausch*, Umweltschutzgesetzgebung
Recordon Luc,	Verfahrensvereinfachung und Verfahrensbeschleunigung: Möglichkeiten und Grenzen im föderalistischen Rechtsstaat, 2. Diskussionsvotum in: Raumplanung vor neuen Herausforderungen, VLP-Schriftenfolge Nr. 61, Bern 1994, S. 88 ff. zitiert: *Recordon*, VLP-Schriftenfolge Nr. 61
Recordon Luc/ Brandt Eric,	Quelques exemples de mesures cantonales déstinées à assurer la coordination formelle, in: droit de l'environnement: mise en oeuvre et coordination, Basel/Frankfurt a.M. 1992, S. 197 ff.
Rehbinder Manfred,	Schweizerisches Arbeitsrecht, 11. Aufl., Bern 1993
Reinhardt Klaus,	Über Amtsgeheimnis und Amtshilfe in kantonalen Verwaltungssachen, in: Festgabe Alfred Rötheli zum 65. Geburtstag, Solothurn 1990, S. 527 ff.
Rey Heinz,	Dienstbarkeiten und Grundlasten, Lieferung 1: Systematischer Teil und Art. 730/731 ZGB, 2. Aufl., Bern 1981 zitiert: *Rey*, Berner Kommentar

Richli Paul,	Zu den Gründen, Möglichkeiten und Grenzen für Verhandlungselemente im öffentlichen Recht, ZBl 92/1991, 381 ff.
Rickli Peter,	Die Einigung zwischen Behörde und Privaten im Steuerrecht, Diss. Basel 1987, Basel/Frankfurt a.M. 1987
Riemer Hans Michael,	Die beschränkten dinglichen Rechte, Grundriss des schweizerischen Sachenrechts, Bd. II, Bern 1986
Riva Enrico,	Die Beschwerdebefugnis der Natur- und Heimatschutzvereinigungen im schweizerischen Recht, Diss. Bern 1980
Rhinow René A.,	Vom Ermessen im Verwaltungsrecht, recht 1/1983, 41 ff. und 83 ff. zitiert: *Rhinow*, recht 1/1983
Rhinow René A.,	Verfügung, Verwaltungsvertrag und privatrechtlicher Vertrag, in: Privatrecht - öffentliches Recht - Strafrecht, Festgabe zum schweizerischen Juristentag 1985, Basel/Frankfurt a.M. 1985, S. 295 ff. zitiert: *Rhinow*, Festgabe 1985
Rhinow René A./ Krähenmann Beat,	Schweizerische Verwaltungsrechtsprechung, Ergänzungsband, Basel/Frankfurt a.M. 1990
Rouiller Claude,	La protection juridique en matière d'aménagement du territoire par la combinaison des art. 6 par. 1 CEDH, 33 LAT et 98a OJ: complémentarité ou plénitude, SJZ 90/1994, 21 ff.
Rosenstock Peter,	Mitbestimmung in der Raumplanung, ZBl 74/1973, 99 ff.
Rückwardt Bernd,	Koordination des Verwaltungshandelns, Berlin 1978
Saladin Peter,	Das Verwaltungsverfahrensrecht des Bundes, Basel/Stuttgart 1979 zitiert: *Saladin*, Verwaltungsverfahrensrecht des Bundes
-	Kommentar zur Bundesverfassung der schweizerischen Eidgenossenschaft vom 29. Mai 1874, hrsg. von Jean François Aubert, Kurt Eichenberger, Jörg Paul Müller, René A. Rhinow und Dietrich Schindler, zu Art. 2 UeB, Bern/Zürich/Basel 1986 zitiert: *Saladin*, Kommentar BV, Art. 2 UeB
-	Zur Aufgabenverteilung zwischen Bund und Kantonen im Umweltschutzrecht, in: Im Dienst an der Gemeinschaft, Festschrift für Dietrich Schindler zum 65. Geburtstag, Basel/Frankfurt a.M. 1989, S. 759 ff. zitiert: *Saladin*, FS Schindler
-	Koordination im Rechtsmittelverfahren, URP 5/1991, 276 ff. zitiert: *Saladin*, URP 5/1991

Saladin Peter,	Kantonales Umweltschutzrecht im Netz des Bundesrechts, URP 7/1993, 1 ff. zitiert: *Saladin*, URP 7/1993
Sauvant Jean-Marc,	Das Mitberichtsverfahren innerhalb der Bundesverwaltung, VP 26/1972, 37 ff.
Schärer Werner,	Zur Problematik der Waldfeststellung in der schweizerischen Forstgesetzgebung, ZBl 87/1986, 436 ff.
Schindler Dietrich,	Rechtsfragen des Gewässerschutzes in der Schweiz, ZSR NF 84/II (1965) 379 ff.
Schmidt-Assmann Eberhard,	Konfliktmittlung in der Dogmatik des deutschen Verwaltungsrechts, in: Konfliktbewältigung durch Verhandlungen (Bd. II: Konfliktmittlung im Verwaltungsverfahren), Baden-Baden 1990, S. 9 ff.
Schläpfer Kaspar,	Die Erhaltung von Wohnraum nach den Vorschriften von Stadt und Kanton Zürich, Diss. Zürich 1977
Schmuckli Thomas,	Die Fairness in der Verwaltungsrechtspflege. Art. 6 Ziff. 1 EMRK und die Anwendung auf die Verwaltungsrechtspflege des Bundes, Freiburg 1990
Schrade André,	Umweltverträglichkeitsprüfung und Katastrophenschutz, URP 3/1989, 211 ff. zitiert: *Schrade*, URP 3/1989
-	Vollzug der Störfallverordnung im Zusammenhang mit UVP-Verfahren, URP 6/1992, 458 ff. zitiert: *Schrade*, URP 6/1992
Schürmann Leo,	Art. 24septies BV und die geplante Ausführungsgesetzgebung, in: Schweizerisches Umweltschutzrecht, Zürich 1973, S. 505 ff. zitiert: *Schürmann*, Art. 24septies BV und die geplante Ausführungsgesetzgebung
-	Planungs- und Baurecht, 2. Aufl., Bern 1984 zitiert: *Schürmann*, 2. Aufl.
Schumacher Peter,	Die kantonalen Wohnraumerhaltungsgesetze. Gesetze über Abbruch, Zweckänderung und Umbau von Wohnbauten, Diss. Basel 1990
Schuppert Gunnar Folke,	Konfliktmittlung bei Verhandlungen und Verwaltungsverfahren, in: Konfliktbewältigung durch Verhandlungen (Bd. II: Konfliktmittlung in Verwaltungsverfahren), Baden-Baden 1990, S. 29 ff.
Schwarzenbach Hans Rudolf,	Grundriss des allgemeinen Verwaltungsrechts, 8. überarbeitete Aufl., Bern 1980

Schweizer Rainer J.,	Auf dem Weg zu einem schweizerischen Verwaltungsverfahrens- und Verwaltungsprozessrecht, ZBl 91/1990, 193 ff.
Schwere Josef,	Das Baubewilligungsverfahren nach aargauischem Recht, Diss. Freiburg 1971
Seiler Hansjörg,	Staats- und verwaltungsrechtliche Fragen der Bewertung technischer Risiken, insbesondere am Beispiel des Vollzugs von Artikel 10 Umweltschutzgesetz, ZBJV 130/1994, 1 ff.
Sieber Liliane,	Grundsätzliches zur Störfallverordnung, ZUP 1/1994 Nr. 1, 17 ff.
Simon Jürg Walter,	Amtshilfe. Allgemeine Verpflichtungen, Schranken und Grundsätze, Diss. Bern 1991
Sonanini Vera,	Das neue Waldgesetz und die Raumplanung, BR 1992/4, 83 ff.
Spahn Jürg,	Die Bindung des Bundes an das kantonale und kommunale Baupolizeirecht sowie an die eidgenössischen Vorschriften im Bereich der Raumplanung, EJPD Bern 1977
Spühler Karl,	Der Rechtsschutz von Privaten und Gemeinden im Raumplanungsrecht, ZBl 90/1989, 97 ff. zitiert: *Spühler*, ZBl 90/1989
-	Aktuelle Rechtsfragen zum zürcherischen Bau- und Planungsrecht aus der Sicht des Bundesgerichts, ZBl 94/1993, 109 ff. zitiert: *Spühler*, ZBl 94/1993
Stampfli Kurt,	Rechtliche Probleme allgemeiner Dienstanweisungen, Freiburg 1982
Steinberg Rudolf,	Kritik von Verhandlungslösungen, insbesondere von mittlerunterstützten Entscheidungen, in: Konfliktbewältigung durch Verhandlungslösungen (Bd. I: Informelle und mittlerunterstützte Verhandlungen in Verwaltungsverfahren), Baden-Baden 1990, S. 295 ff.
Sträuli Hans/ Messmer Georg,	Kommentar zur zürcherischen Zivilprozessordnung, 2. Aufl., Zürich 1982 zitiert: *Sträuli/Messmer*
Struck Gerhard,	Interessenabwägung als Methode, in: Dogmatik und Methode, Josef Esser zum 65. Geburtstag, Kronburg/Ts. 1975, S. 171 ff.
Sulliger-Jaccottet Violaine,	Permis de construire et protection des eaux contre la pollution, Diss. Lausanne 1980
Tanquerel Thierry,	La participation de la population à l'aménagement du territoire, Diss. Genf 1987, Lausanne 1988

Tanquerel Thierry/ Zimmermann Robert,	Les recours, in: Droit de l'environnement: mise en oeuvre et coordination, Basel/Frankfurt a.M. 1992, S. 117 ff.
Thalmann H.R.,	Kommentar zum Zürcher Gemeindegesetz, 2. Aufl., Wädenswil 1991 zitiert: *Thalmann*, Kommentar GG
Thürer Daniel,	Europäische Menschenrechtskonvention und schweizerisches Verwaltungsverfahren, ZBl 87/1986, 241 ff.
Timmermann Manfred/ Berchtold Dorothée,	Betriebswirtschaftslehre der öffentlichen Verwaltung, ZBl 83/1982, 473 ff.
Trachsler Heinz,	Kaum Zeitverluste durch die UVP, wenn ..., KAUZ 1/1989, Nr. 1, 7 ff.
Treiber Hubert,	Über mittlerunterstützte Verhandlungen bei umstrittenen Standortentscheidungen, in: Konfliktbewältigung durch Verhandlungen (Bd. I: Informelle und mittlerunterstützte Verhandlungen in Verwaltungsverfahren), Baden-Baden 1990, S. 267 ff.
Trösch Andreas,	Kommentar zu Umweltschutzgesetz, hrsg. von Alfred Kölz und Hans Ulrich Müller-Stahel, Art. 10, Zürich 1992 zitiert: *Trösch*, Kommentar USG
Trüeb Hans Rudolf,	Rechtsschutz gegen Luftverunreinigung und Lärm (Das Beschwerdeverfahren bei Errichtung und Sanierung ortsfester Anlagen im Geltungsbereich des Umweltschutzgesetzes), Diss. Zürich 1990
Tschannen Pierre,	Der Richtplan und die Abstimmung raumwirksamer Aufgaben, Diss. Bern 1986
Vallender Klaus A.,	Unbestimmter Rechtsbegriff und Ermessen, in: Mélanges André Grisel, Neuchâtel 1983, S. 819 ff. zitiert: *Vallender*, Unbestimmter Rechtsbegriff und Ermessen
-	Tendenzen im Umweltrecht, AJP 1/1992, 1073 ff. zitiert: *Vallender*, AJP 1/1992
Villiger Mark E.,	Handbuch der Europäischen Menschenrechtskonvention (EMRK). Unter besonderer Berücksichtigung der schweizerischen Rechtslage, Zürich 1993
Vogel Daniel,	Pflicht zur räumlichen Planung von Abfalldeponien gemäss Art. 31 Abs. 4 USG unter besonderer Berücksichtigung des Zürcher Rechts, Diss. Zürich 1990
Vollenweider Walter,	Einige Fragen aus dem Baurecht, ZBl 69/1968, 113 ff.

von der Groeben Klaus,	Institutionelle und personelle Voraussetzungen für eine koordinierte Verwaltungsarbeit in der Bundesrepublik Deutschland, VP 26/1972, 205 ff.
Wädensweiler Jürg,	Der Rechtsschutz im Planungs- und Baugesetz (PBG) des Kantons Zürich, Diss. Zürich 1987
Wagner Michael A.,	Die Genehmigung umweltrelevanter Vorhaben in parallelen und konzentrierten Verfahren, Berlin 1987
Walder-Bohner Hans Ulrich,	Zivilprozessrecht, 3. Aufl., Zürich 1983 sowie Supplement, Zürich 1991
Wallimann Bruno,	VKB-Projekt 2 - Vereinfachte Entscheidverfahren: Ja, aber nicht auf Kosten der Umwelt, BUWAL-Bulletin Umweltschutz 1/1994, 3 ff.
Walser Caroline,	Rechtliche Voraussetzungen der koordinierenden Raumplanung, Diss. Zürich 1984
Weber-Dürler Beatrice,	Vertrauensschutz im öffentlichen Recht, Basel/Frankfurt a.M. 1983 zitiert: *Weber-Dürler*, Vertrauensschutz
-	Verwaltungsökonomie und Praktikabilität im Rechtsstaat, ZBl 87/1986, 193 ff. zitiert: *Weber-Dürler*, ZBl 87/1986
Wemegah Monica,	Administration fédérale et aménagement du territoire. La coordination de l'aménagement du territoire au niveau de la Confédération, Diss. Genf 1977, St. Saphorin 1979
Werner David,	Probleme der Grundsatzgesetzgebung des Bundes auf dem Gebiet der Raumplanung, Diss. Zürich 1975
Widmer Peter,	Normkonkurrenz und Kompetenzkonkurrenz im schweizerischen Bundesstaatsrecht, Diss. Zürich 1966
Wildhaber Luzius,	"Civil Rights" nach Art. 6 Ziff. 1 EMRK, in: Festgabe zum Schweizerischen Juristentag 1985, Privatrecht - Öffentliches Recht - Strafrecht, Basel/Frankfurt a.M., S. 469 ff.
Wolf Robert,	Zum Verhältnis von UVP und Nutzungsplanung, URP 6/1992, 133 ff.
Wolf Robert/Kull Erich,	Das revidierte Planungs- und Baugesetz (PBG) des Kantons Zürich, VLP-Schriftenfolge Nr. 58, Bern 1992
Wolfer Robert,	Die verwaltungsrechtliche Baueinsprache des Dritten nach zürcherischem Recht, Diss. Zürich 1970
Wullschleger Stephan,	Das Beschwerderecht der ideellen Verbände und das Erfordernis der formellen Beschwer, ZBl 94/1993, 359 ff.

Wurzburger Alain,	De quelques incidences de la loi fédérale sur la protection de l'environnement sur le droit privé, in: Verfassungsrechtsprechung und Verwaltungsrechtsprechung (Sammlung von Beiträgen veröffentlicht von der I. öffentlichrechtlichen Abteilung des schweizerischen Bundesgerichts), Zürich 1992, S. 183 ff.
Zäch Christoph,	Kommentar zum Umweltschutzgesetz, hrsg. von Alfred Kölz und Hans Ulrich Müller-Stahel, Art. 19 bis 23, Zürich 1988 zitiert: *Christoph Zäch*, Kommentar USG
Zäch Roger,	Bestimmtere und unbestimmtere Formulierung von Tatbestand und Rechtsfolge: Konsequenzen für die Rechtsanwendung, in: Beiträge zur Methode des Rechts, St. Galler Festgabe zum Schweizerischen Juristentag 1981, Bern/Stuttgart 1981, S. 271 ff. zitiert: *Roger Zäch*
Zaugg Aldo,	Kommentar zum Baugesetz des Kantons Bern vom 9. Juni 1985, 2. Aufl., Bern 1994 zitiert: *Zaugg*
Zimmerli Ulrich,	Der Grundsatz der Verhältnismässigkeit im öffentlichen Recht, ZSR NF 97/II (1978) 1 ff. zitiert: *Zimmerli*, ZSR NF 97/II (1978)
Zimmerli Ulrich/ Scheidegger Stephan (unter Mitarbeit von Sonanini Vera),	Verbesserung der Koordination der Entscheidverfahren für bodenbezogene Grossprojekte, Machbarkeitsstudie im Auftrag der Verwaltungskontrolle des Bundesrates, Bern 1993 zitiert: *Zimmerli/Scheidegger*
Zimmerlin Erich,	Die Rechtsnatur der Pläne, ZBl 81/1980, 383 zitiert: *Zimmerlin*, ZBl 81/1980
-	Baugesetz des Kantons Aargau vom 2. Februar 1971, Kommentar, 2. Aufl., Aarau 1985 zitiert: *Zimmerlin*
Zwahlen Henri,	Le contrat de droit administratif, ZSR NF 77/II (1958) 461a ff.

Abkürzungsverzeichnis

a...	alt ...
a.a.O.	am angeführten Ort
ABl	Amtsblatt des Kantons Zürich
AbtretungsG	Gesetz betreffend die Abtretung von Privatrechten vom 30. November 1879 (GS 781)
Abs.	Absatz
ABV	Verordnung über die nähere Umschreibung der Begriffe und Inhalte der baurechtlichen Institute sowie über die Mess- und Berechnungsweisen vom 22. Juni 1977; allgemeine Bauverordnung (GS 700.2)
AG	Arbeitsgruppe
AGSchV	Allgemeine Gewässerschutzverordnung vom 19. Juni 1972 (SR 814.201)
AGW	Amt für Gewässerschutz und Wasserbau des Kantons Zürich
AJP	Aktuelle Juristische Praxis
AK	Archäologiekommission des Kantons Zürich
A.M./a.M.	anderer Meinung
Anm.	Anmerkung
ArG	Bundesgesetz über die Arbeit in Industrie, Gewerbe und Handel vom 13. März 1964; Arbeitsgesetz (SR 822.11)
ArGV 1	Verordnung 1 zum Bundesgesetz über die Arbeit in Industrie, Gewerbe und Handel vom 14. Januar 1966; allgemeine Verordnung (SR 822.111)
ArGV 2	Verordnung 2 zum Bundesgesetz über die Arbeit in Industrie, Gewerbe und Handel vom 14. Januar 1966 (SR 822.112)
ArGV 3	Verordnung 3 zum Bundesgesetz über die Arbeit in Industrie, Gewerbe und Handel vom 18. August 1993; Gesundheitsvorsorge (SR 822.113)
ArGVVO	Verordnung zum Arbeitsgesetz vom 27. Januar 1966 (GS 822.1)
ARP	Amt für Raumplanung des Kantons Zürich
Art.	Artikel
ASA	Archiv für schweizerisches Abgaberecht
ATAL	Amt für technische Anlagen und Lufthygiene des Kantons Zürich
Aufl.	Auflage
BAK	Bundesamt für Kultur
BAV	Bundesamt für Verkehr
BBl	Bundesblatt
BBV	Verordnung über den baulichen Brandschutz vom 27. Juni 1979 (GS 861.13)
Bd.	Band
BD	Baudirektion des Kantons Zürich (Abkürzung für Direktion der öffentlichen Bauten des Kantons Zürich)
BEZ	Baurechtsentscheide Kanton Zürich. Entscheide von Verwaltungsgericht, Regierungsrat und Baurekurskommissionen
BGE	Bundesgerichtsentscheid
BIGA	Bundesamt für Industrie, Gewerbe und Arbeit
BJM	Basler Juristische Mitteilungen
BMG	Bundesgesetz über die baulichen Massnahmen im Zivilschutz vom 4. Oktober 1963; Schutzbautengesetz (SR 520.2)
BMV	Verordnung über die baulichen Massnahmen im Zivilschutz vom 27. November 1973; Schutzbautenverordnung (SR 520.21)

BR	Baurecht (Zeitschrift)
BRKE	Entscheid der Baurekurskommission des Kantons Zürich (Die nachfolgende römische Ziffer I bis IV bezeichnet die entscheidende Kommission.)
BRP	Bundesamt für Raumplanung
BRV	Verordnung über die Organisation und den Geschäftsgang der Baurekurskommissionen vom 20. Juli 1977 (GS 700.7)
BSG	Bundesgesetz über die Binnenschiffahrt vom 3. Oktober 1975; Binnenschiffahrtsgesetz (SR 747.201)
BSV	Verordnung über die Schiffahrt auf schweizerischen Gewässern vom 8. November 1978; Binnenschiffahrtsverordnung (SR 747.201.1)
BUWAL	Bundesamt für Umwelt, Wald und Landschaft (vor 1989: Bundesamt für Umweltschutz [BUS])
BV	Bundesverfassung der Schweizerischen Eidgenossenschaft vom 29. Mai 1874 (SR 101)
BVV	Verordnung über das baurechtliche Verfahren vom 19. April 1978; Bauverfahrensverordnung (GS 700.6)
bzw.	beziehungsweise
d.h.	das heisst
DISP	Dokumente und Informationen zur Schweizerischen Orts-, Regional- und Landesplanung
DöV	Die öffentliche Verwaltung
...-E	Entwurf
E.	Erwägung
EAWAG	Eidgenössische Anstalt für Wasserversorgung, Abwasserreinigung und Gewässerschutz
EDA	Eidgenössisches Departement des Äussern
EDI	Eidgenössisches Departement des Innern
EG zum BSG	Einführungsgesetz zum Bundesgesetz über die Binnenschiffahrt vom 2. September 1979 (GS 747.1)
EG zum GSchG	Einführungsgesetz zum Gewässerschutzgesetz vom 8. Dezember 1974 (GS 711.1)
EG zum ZGB	Einführungsgesetz zum Zivilgesetzbuch vom 2. April 1911 (GS 230)
Einführungsbestimmungen UVP	Einführungsbestimmungen für die Durchführung der Umweltverträglichkeitsprüfung vom 12. April 1989 (GS 710.5)
EJPD	Eidgenössisches Justiz- und Polizeidepartement
EKD	Eidgenössische Kommission für Denkmalpflege
EMRK	Konvention des Europarates zum Schutz der Menschenrechte und Grundfreiheiten vom 4. November 1950 (für die Schweiz in Kraft getreten am 28. November 1974; SR 0.101)
ENHK	Eidgenössische Natur- und Heimatschutzkommission
EntG	Bundesgesetz über die Enteignung vom 20. Juni 1930; Enteignungsgesetz (SR 711)
et al.	et alii (und andere)
EVD	Eidgenössisches Volkswirtschaftsdepartement
EVED	Eidgenössisches Verkehrs- und Energiewirtschaftsdepartement
f./ff.	folgende
FFG	Gesetz über die Feuerpolizei und das Feuerwehrwesen vom 24. September 1978 (GS 861.1)
FG	Bundesgesetz über die Fischerei vom 21. Juni 1991 (SR 923.0)
FG ZH	Gesetz über die Fischerei vom 5. Dezember 1976 (GS 923.1)

FV ZH	Verordnung über die Fischerei vom 14. September 1977 (GS 923.11)
FPolV	(altrechliche) Verordnung betreffend die eidgenössische Oberaufsicht über die Forstpolizei vom 1. Oktober 1965; Forstpolizeiverordnung (SR 921.01)
ForstG	Gesetz betreffend das Forstwesen vom 28. Juli 1907 (GS 921.1)
FS	Festschrift
GG	Gesetz über das Gemeindewesen vom 6. Juni 1926; Gemeindegesetz (GS 131.1)
Gl.M./gl.M.	gleicher Meinung
GS	Zürcher Gesetzessammlung 1981
GSchG	Bundesgesetz über den Gewässerschutz vom 24. Januar 1991 (SR 814.20)
GSchV	Verordnung über den Gewässerschutz vom 22. Januar 1977 (GS 711.11)
GVG	Gerichtsverfassungsgesetz vom 13. Juni 1976 (GS 211.1)
GVZ	Gebäudeversicherung des Kantons Zürich
hrsg./Hrsg.	herausgegeben bzw. Herausgeber
Infoheft RP	Informationshefte Raumplanung (EJPD/BRP)
i.S.v.	in Sinne von
i.w.S.	im weiteren Sinne
IVkFG	Informationstagung für die Vorsteher kantonaler Fachstellen für Gewässerschutz
i.V.m.	in Verbindung mit
JSG	Bundesgesetz über die Jagd und den Schutz wildlebender Säugetiere und Vögel vom 20. Juni 1986 (SR 922.0)
KaPo	Kantonspolizei Zürich
KAUZ	Kanton - Umwelt - Zürich (Informations-Bulletin der Umweltschutzfachverwaltung des Kantons Zürich); siehe ab Juni 1994 ZUP
KDK	Denkmalpflegekommission des Kantons Zürich
KIGA	Amt für Industrie, Gewerbe und Arbeit des Kantons Zürich
KofU	Koordinationsstelle für Umweltschutz des Kantons Zürich
KonfliktG	Gesetz über die Konflikte vom 23. Juni 1831 (GS 175.1)
KSF	Koordinationsstelle für Störfallvorsorge des Kantons Zürich
KV	Verfassung des Kantons Zürich vom 18. April 1869; KV (GS 101)
KW	Kilowatt
l	Liter
lit.	litera
LGVE	Luzerner Gerichts- und Verwaltungsentscheide
LRV	Luftreinhalte-Verordnung vom 16. Dezember 1985 (SR 814.318.142.1)
LSV	Lärmschutz-Verordnung vom 15. Dezember 1986 (SR 814.41)
LwG	Bundesgesetz über die Förderung der Landwirtschaft und die Erhaltung des Bauernstandes vom 3. Oktober 1951; Landwirtschaftsgesetz (SR 910.1)
m	Meter
min	Minute/n
MW	Megawatt
N.	Note
NF	Neue Folge
NHG	Bundesgesetz über den Natur- und Heimatschutz vom 1. Juli 1966 (SR 451)
NHK	Natur- und Heimatschutzkommission des Kantons Zürich

NHV	Verordnung über den Natur- und Heimatschutz vom 16. Januar 1991 (SR 451.1)
NHV ZH	Verordnung über den Natur- und Heimatschutz und über kommunale Erholungsflächen des Kantons Zürich vom 20. Juli 1977; Natur- und Heimatschutzverordnung des Kantons Zürich (GS 702.11)
Nr./Nrn.	Nummer/Nummern
NSG	Bundesgesetz über die Nationalstrassen vom 8. März 1960 (SR 725.11)
NuR	Natur und Recht
NZZ	Neue Zürcher Zeitung
OG	Bundesgesetz über die Organisation der Bundesrechtspflege vom 16. Dezember 1943 (SR 173.110)
OG RR	Gesetz betreffend die Organisation und die Geschäftsordnung des Regierungsrates und seiner Direktionen vom 26. Februar 1899 (GS 172.1)
OR	Bundesgesetz betreffend die Ergänzung des Schweizerischen Zivilgesetzbuches (Fünfter Teil: Obligationenrecht) vom 30. März 1911 (SR 220)
ORL	Institut für Orts-, Regional- und Landesplanung an der Eidgenössischen Technischen Hochschule Zürich
PBG	Gesetz über die Raumplanung und das öffentliche Baurecht vom 7. September 1975; Planungs- und Baugesetz (GS 700.1)
Pra	Praxis des Bundesgerichts
RB	Rechenschaftsberichte des Verwaltungsgerichtes des Kantons Zürich
recht	Zeitschrift für juristische Ausbildung und Praxis
resp.	respektive
RLG	Bundesgesetz über Rohrleitungensanlagen zur Beförderung flüssiger oder gasförmiger Brenn- und Treibstoffe vom 4. Oktober 1963; Rohrleitungsgesetz (SR 746.1)
RRB	Beschluss des Regierungsrates des Kantons Zürich
RPG	Bundesgesetz über die Raumplanung vom 22. Juni 1979 (SR 700)
RPG-NO	Raumplanungsgruppe Nordostschweiz
RPV	Verordnung über die Raumplanung vom 2. Oktober 1989 (SR 700.1)
RVP	Raumverträglichkeitsprüfung
Rz.	Randziffer
SchlB	Schlussbestimmung/en
SGVW	Schweizerische Gesellschaft für Verwaltungswissenschaften
SIA	Schweizerischer Ingenieur- und Architektenverband
SJPW	Schweizerisches Jahrbuch für politische Wissenschaft
SNV	Schweizerische Normenvereinigung
SR	Systematische Sammlung des Bundesrechts
StaPo	Stadtpolizei
StFV	Verordnung über den Schutz vor Störfällen vom 27. Februar 1991; Störfallverordnung (SR 814.012)
StrassenAV	Verordnung über den Abstand von Mauern, Einfriedigungen und Pflanzen von Strassen vom 12. Februar 1986; Strassenabstandsverordnung (GS 700.4)
StoV	Verordnung über umweltgefährdende Stoffe vom 9. Juni 1986; Stoffverordnung (SR 814.013)
SuG	Bundesgesetz über Finanzhilfen und Abgeltungen vom 5. Oktober 1990; Subventionsgesetz (SR 616.1)

SUVA	Schweizerische Unfallversicherungsanstalt
TA	Tiefbauamt des Kantons Zürich
TVA	Technische Verordnung über Abfälle vom 10. Dezember 1990 (SR 814.015)
UeB	Übergangsbestimmungen
u.a.	unter anderem
u.a.m.	und andere mehr
URP	Umweltrecht in der Praxis
USG	Bundesgesetz über den Umweltschutz vom 7. Oktober 1983 (SR 814.01)
usw.	und so weiter
UVB	Umweltverträglichkeitsbericht
UVP	Umweltverträglichkeitsprüfung
UVPV	Verordnung über die Umweltverträglichkeitsprüfung vom 19. Oktober 1988 (SR 814.011)
vgl.	vergleiche
VB	Verwaltungsbeschwerde-Entscheid des Verwaltungsgerichtes des Kantons Zürich (Bei den bis Ende 1987 gefällten Urteilen erfolgt die Jahreszahl der Prozessnummer. Ab 1988 geht die abgekürzte Jahreszahl voran.)
VBUO	Verordnung über die Bezeichnung der beschwerdeberechtigten Umweltschutzorganisationen vom 27. Juni 1990 (SR 814.016)
VKB	Verwaltungskontrolle des Bundesrates
VkGL	Vereinigung kantonaler Gewässerschutzlimnologen
VLP	Vereinigung für Landesplanung
Vorbem.	Vorbemerkung/en
VP	Verwaltungspraxis
VSA	Verband Schweizerischer Abwasserfachleute
VSS	Verband Schweizerischer Strassenfachleute
VSBO	Verordnung über Schadstoffe im Boden vom 9. Juni 1986 (SR 814.12)
VUR	Vereinigung für Umweltrecht
VVDStRL	Veröffentlichungen der Vereinigung der deutschen Staatsrechtslehrer
VVS	Verordnung über den Verkehr mit Sonderabfällen vom 12. November 1986 (SR 814.014)
VV zur StFV	Verordnung über den Vollzug der Störfallverordnung vom 27. Mai 1992; Vollziehungsverordnung zur StFV (GS 710.6)
VWF	Verordnung zum Schutze der Gewässer gegen Verunreinigung durch wassergefährdende Flüssigkeiten vom 19. Juni 1972 (SR 814.226.21)
VwOG	Bundesgesetz über die Organisation und die Geschäftsführung des Bundesrates und der Bundesverwaltung vom 19. September 1978; Verwaltungsorganisationsgesetz (SR 172.010)
VwVG	Bundesgesetz über das Verwaltungsverfahren vom 20. Dezember 1968 (SR 172.021)
WaG	Bundesgesetz über die Walderhaltung und den Schutz vor Naturereignissen vom 4. Oktober 1991; Waldgesetz (SR 921.0)
WaldbautenV	Verordnung über Bauten im Wald vom 12. Juli 1962 (GS 921.35)
WaV	Verordnung über den Wald vom 30. November 1992; Waldverordnung (SR 921.01)
WBG	Bundesgesetz über den Wasserbau vom 21. Juni 1991 (SR 721.100)

WBV	Verordnung über den Wasserbau vom 2. November 1994; Wasserbauverordnung (SR 721.100.1)
WBPG	Bundesgesetz über die Wasserbaupolizei vom 22. Juni 1877 (SR 721.10)
WNG-E	Entwurf zu einem Wassernutzungsgesetz
WRG	Bundesgesetz über die Nutzbarmachung der Wasserkräfte vom 22. Dezember 1916 (SR 721.80)
WWG	Wasserwirtschaftsgesetz vom 2. Juni 1991 (GS 724.11)
z.B.	zum Beispiel
ZBl	Schweizerisches Zentralblatt für Staats- und Verwaltungsrecht (vor 1989: Schweizerisches Zentralblatt für Staats- und Gemeindeverwaltung)
ZBGR	Schweizerische Zeitschrift für Beurkundungs- und Grundbuchwesen
ZBJV	Zeitschrift des bernischen Juristenvereins
ZGB	Schweizerisches Zivilgesetzbuch vom 10. Dezember 1907 (SR 210)
ZGN	Normalien des Regierungsrates des Kantons Zürich über die Anforderungen an Zugänge vom 9. Dezember 1987; Zugangsnormalien (GS 700.5)
ZH	Zürich
Ziff.	Ziffer/n
ZivilschutzV	Verordnung über den Zivilschutz vom 17. Dezember 1980 (GS 521)
ZOB	Zentralstelle für Organisationsfragen der Bundesverwaltung
ZPO	Zivilprozessordnung vom 13. Juni 1976 (GS 271)
ZR	Blätter für Zürcherische Rechtsprechung
ZSR	Zeitschrift für Schweizerisches Recht
ZUP	Zürcher Umweltpraxis; siehe vor Juni 1994 KAUZ

I. Teil

Koordination - Sachzwang und Herausforderung

Seit Jahren ist der Ruf nach Beschleunigung, Vereinfachung und qualitativer Verbesserung der Bewilligungsverfahren für Bauten und Anlagen vernehmbar - heute wird nüchtern die Komplexität der Bewilligungsverfahren für Bauten und Anlagen festgestellt[1]. Regelmässig sind für einfache Bauvorhaben mehrteilige oder gar mehrspurige Verfahren vor verschiedenen Behörden erforderlich. Diese Unübersichtlichkeit wird zudem noch verschärft, wenn aus einem eng fallbezogenen Regelungsbedürfnis heraus punktuelle Änderungen des massgeblichen Rechts durchgeführt werden[2]. Folglich müssen im Bewilligungsalltag der gesuchstellende Bauherr wie auch die Bewilligungsbehörden sehr hohe Anforderungen erfüllen. Während die Verwaltung neben einer grossen Geschäftslast über schwierige, zeitintensive Problemstellungen klagt, stellen sich für den Gesuchsteller heikle und wirtschaftlich unter Umständen folgenschwere Fragen. Von der umfassenden und taktisch effizientesten Gesuchstellung bis zum Vorliegen der rechtskräftigen Bewilligungsentscheide wirkt jede nicht routinemässig und speditiv beantwortbare Problemstellung verfahrensverlängernd und kostensteigernd[3].

---

[1] *Lendi*, Einheit der Rechtsordnung, S. 413 f.; *Marti*, Informationsblatt RPG-NO 1 und 2/1989, S. 41, auch zum Folgenden

[2] Erinnert sei in diesem Zusammenhang an die Änderung von Ziff. 1.2.2 Anhang zur BVV, wonach die Volkswirtschaftsdirektion des Kantons Zürich für die Bewilligung von Anlagen in Betrieben unabhängig ihrer Unterstellung unter das Arbeitsgesetz in bezug auf ihre Übereinstimmung mit den Vorschriften über die Luftreinhaltung und den Lärmschutz (ausgenommen in den Städten Zürich und Winterthur) als sachlich zuständig erklärt worden ist. Nach Auffassung des verordnungsgebenden Regierungsrates sind die zu lösenden Sach- und Rechtsfragen bereits bei kleinen Betrieben sehr komplex (RRB Nr. 2975/1990). Da viele Gemeinden diesbezüglich aufgrund der wenigen zu beurteilenden Betriebe nicht genügend Erfahrung entwickeln könnten, bedürfe die sachgerechte und einheitliche Rechtsanwendung der umfassenden kantonalen Zuständigkeit. Vgl. auch BRKE III Nrn. 281 und 282/1991 = BEZ 1992 Nr. 6 betreffend eine Abstellplatzanlage für 34 Personenwagen auf einem Industrieareal.

[3] Siehe eindrücklich zum Problem der Bauverteuerung *Leutenegger*, 1. Aufl., S. 195 ff.

§ 1 AUSGANGSLAGE

1. Allgemeine Bewilligungspflicht für Bauten und Anlagen

Art. 22 Abs. 1 RPG erklärt "Bauten und Anlagen" für bewilligungspflichtig. Was der zürcherische Gesetzgeber unter diesen bundesrechtlichen Bewilligungsobjekten versteht, führt er in § 309 Abs. 1 PBG aus. Der Regierungsrat des Kantons Zürich seinerseits umschreibt den Begriff der Bauten und Anlagen im Sinne des Planungs- und Baugesetzes folgendermassen (§ 1 Abs. 1 ABV):

"Bauten und Anlagen im Sinne des Planungs- und Baugesetzes sind:
a) Bauten, die im Boden eingelassen oder mit einer gewissen Ortsbezogenheit darauf stehend ihrem Umfang nach geeignet sind, die Umgebung durch Luft- und Lichtverdrängung, Überlagerung einer freien Bodenfläche oder durch sonstige Einwirkungen zu beeinflussen;
b) alle planungs- und baurechtlich bedeutsamen Veränderungen von Grundstücken oder deren Nutzung."

In § 1 Abs. 2 ABV wird im übrigen eine nicht abschliessende Liste der gängigsten Bauten und Anlagen aufgezählt[4].

Mit der Bewilligungspflicht für Bauten und Anlagen untersteht ein baurechtlich bedeutsamer Sachverhalt mindestens im Umfang von Art. 22 Abs. 1 RPG einem baurechtlichen Bewilligungsverfahren unter Vorbehalt der übrigen Voraussetzungen des Bundesrechts und des kantonalen Rechts (Art. 22 Abs. 3 RPG). Weitere Mindestanforderungen stellt der Gesetzgeber im Zusammenhang mit den Ausnahmebewilligungstatbeständen: Art. 23 RPG verpflichtet die Kantone, Ausnahmen innerhalb der Bauzonen zu regeln, und Art. 24 statuiert die Mindestanforderungen an Bauten und Anlagen ausserhalb der Bauzonen.

Schliesslich werden Bauvorhaben im baurechtlichen Bewilligungsverfahren grundsätzlich auch auf ihre Vereinbarkeit mit den umweltschutzrechtlichen Vorschriften geprüft; nur soweit das Umweltschutzgesetz bei der Bewilligung von Bauten und Anlagen durch die Spezialgesetzgebung dem kantonalen Vollzug entzogen wird, muss es vom Bund vollzogen werden[5].

---

[4] Vgl. *EJPD/BRP*, Erläuterungen RPG, Art. 22 N. 6; BGE 113 Ib 315 f.; *Christian Mäder*, N. 181 bis 202 zur Bewilligungspraxis im Kanton Zürich

[5] Nach der Auffassung des Bundesgesetzgebers bettet sich das Umweltschutzrecht in die bestehenden Verfahrensstrukturen ein; *Christian Mäder*, N. 574; *Loretan*, S. 91; *Rausch*, Kommentar USG, Art. 9 N. 11 und 151 ff.

2. Komplexitätsfaktoren für Bewilligungsverfahren für Bauten und Anlagen

2.1. Spezielle baurechtliche Bewilligungsverfahren[6]

2.1.1. Eigenständige bundesrechtliche Bewilligungsverfahren

Spezielle Bauvorhaben werden mitunter eigenständigen spezialgesetzlichen Bewilligungsverfahren des Bundes unterworfen. Dazu gehören etwa Eisenbahnbauten und -anlagen, Nationalstrassen mit Nebenanlagen, Bauten und Anlagen des Luftverkehrs, der PTT, von Militär und Zivilschutz, Atomkraftwerke, industrielle Bauten und Anlagen, Bauvorhaben der Schiffahrt, Luftseilbahnen und Aufzüge, Rohrleitungsanlagen und bestimmte Wasserbauten[7].

2.1.2. Ergänzende Bewilligungsverfahren

Neben diesen überwiegend bundesrechtlich normierten baurechtlichen Tatbeständen bestehen Spezialbewilligungen, welche die ordentliche Baubewilligung ergänzen. Solche Spezialbewilligungen ergehen in einem separaten Verfahren, für welches eine eigens bezeichnete Behörde sachlich zuständig ist. Die vom ordentlichen Baubewilligungsverfahren getrennte Durchführung ergibt sich aus der Spezialisierung der Fachverwaltung, die fraglichen Vorhaben unter einem besonderen - meistens technischen - Gesichtspunkt zu prüfen. Dazu gehören namentlich die gewässerschutzrechtlichen, forstpolizeilichen, zivilschutzrechtlichen, arbeitsschutzrechtlichen und feuerpolizeilichen Bewilligungsverfahren[8].

2.2. Örtliche Baubehörde und spezialisierte Fachverwaltung

Zur Differenzierung des anwendbaren Rechts gesellt sich als weiterer, die Übersicht der allgemeinen Rechtslage erschwerender Umstand die Zusammenarbeit zwischen der ordentlichen Baubehörde und der spezialisierten Fachverwaltung[9]. Diese ergibt sich aus der den Kantonen vorbehaltenen Zuständigkeits- und Verfahrenshoheit in bezug auf die jeweilige öffentliche Aufgabe[10]. Unter Umständen werden die neben den allgemeinbaurechtlichen Aufgaben bestehenden spezialbaurechtlichen in den einzelnen Gemeinwesen verschiedenen Verwaltungseinheiten zugewiesen. Abgesehen von der aufsichtsrechtlichen Weisungsbefugnis der übergeordneten In-

---

[6] Vgl. auch die Einteilung gemäss den Kriterien von *Bovay*, S. 42 ff. in Anlehnung an *Spahn*, S. 63 ff. sowie *Schwere*, S. 40 ff.; vgl. auch *Lendi*, Einheit der Rechtsordnung, S. 410 f.
[7] *Christian Mäder*, N. 48 ff. mit Hinweis auf die einschlägige Bundesgesetzgebung; *Haller/Karlen*, N. 695 ff.
[8] *Christian Mäder*, N. 538 sowie N. 546 bis 578; *Haller/Karlen*, N. 570; *Bovay*, S. 101 ff.

stanz sind die zuständigen Verwaltungseinheiten beim Aufgabenvollzug selbständig. Die Erfüllung des gesetzlichen Auftrages durch die verschiedenen Verwaltungseinheiten bringt folglich zahlreiche Berührungspunkte innerhalb der Verwaltung.

Über Baugesuche entscheidet im Kanton Zürich unter Vorbehalt einer anderen Regelung gestützt auf § 318 PBG die kommunale Baubehörde. Abweichende Zuständigkeitsregelungen sind im Anhang zur Bauverfahrensverordnung vom 19. April 1978 geregelt. Ergibt sich aus der Zuständigkeitsordnung, dass mehrere Instanzen für das gleiche Vorhaben zuständig sind, so treffen sie, wo keine Reihenfolge vorgeschrieben ist, ihren Entscheid unabhängig voneinander, aber unter gegenseitiger schriftlicher Mitteilung. Die örtliche Baubehörde ist von den anderen Instanzen vor deren Entscheid anzuhören (§ 319 Abs. 2 PBG). Sofern das Baugesuch den anderen zuständigen Instanzen nicht bereits vom Gesuchsteller unterbreitet worden ist, überweist die kommunale Bewilligungsbehörde dieses nach ihrem Entscheid von sich aus (§ 319 Abs. 3 PBG). Bei der Suche nach Lösungen interdisziplinärer Probleme stellt sich die Frage, inwiefern die problemanalytisch organisierte Verwaltung überhaupt in der Lage ist, ganzheitliche Lösungen zu gewährleisten.

2.3. Bundesstaatliche Aufgabenverteilung

Die Komplexität der Verfahrensstrukturen wird ausserdem durch die bundesstaatliche Aufgabenverteilung zwischen den verschiedenen Gemeinwesen erhöht[11]. Je nach öffentlicher Aufgabe werden der Bund oder die Kantone, allenfalls beide Gemeinwesen parallel mit der Aufgabenerfüllung beauftragt. Das Zusammenwirken zwischen den Gemeinwesen verschiedener Ebenen wird namentlich mit den Möglichkeiten des vertikalen kooperativen Föderalismus erreicht[12].

3. Koordinationsbedarf

Die verschiedenen für die Durchführung eines Bauvorhabens erforderlichen Bewilligungsverfahren sind vor den jeweils sachlich zuständigen Behörden der fraglichen Gemeinwesen zu durchlaufen. Da zwischen Bewilligungsverfahren regelmässig zahlreiche Verflechtungen tatsächlicher und rechtlicher Natur bestehen, genügt die arbeitsteilige Durchführung der einzelnen Verfahren nicht. Um bei der rechtlichen Würdigung interdisziplinärer Sachverhalte wider-

---

9   *Morand*, coordination matérielle, S. 169
10 Im Bereich des öffentlichen Baurechts ergibt sie sich aus Art. 25 Abs. 1 RPG.
11 *Morand*, coordination matérielle, S. 169
12 *Häfelin/Haller*, N. 459 ff. (insbesondere N. 468 ff.)

sprüchliche Entscheide zu vermeiden, muss der Koordination des Verfahrenssystems Rechnung getragen werden[13]. Dabei sind folgende koordinationsbedürftige Tatbestände zu unterscheiden[14]:

- Das Projekt wird in bezug auf dessen Vereinbarkeit mit der Rechtsordnung neben den allgemeinen baurechtlichen Fragen unter den weiteren speziellen Gesichtspunkten separat gewürdigt. In diesem Fall stehen die selbständigen Entscheide verschiedener Verwaltungseinheiten zur Koordination an.
- Es kommt aber auch vor, dass eine Behörde mehrere Bewilligungen gestuft in mehrere Teilentscheide zu treffen hat. Hier müssen die Entscheide einer einzelnen Verwaltungseinheit aufeinander abgestimmt werden.
- Holt die zuständige Bewilligungsbehörde für eine Projektbeurteilung Stellungnahmen, Amtsberichte oder Gutachten anderer Verwaltungseinheiten ein, so sind im Verlauf eines Verwaltungsverfahrens Entscheidungsbeiträge zu koordinieren.
- Schliesslich gilt es regelmässig mehrere Entscheidungsaspekte gegeneinander abzuwägen, selbst dann, wenn organisations- und verfahrensrechtlich keine Spezialisierung vorliegt.

Mit dem strukturellen Ausbau der Verwaltungsorganisation steigt der Koordinationsbedarf. "Je stärker administrative Entscheidungsprozesse aufgegliedert sind, desto notwendiger sind integrierende und koordinierende Mechanismen, um die Einheit der Verwaltung im funktionellen Sinne herzustellen."[15] Das Umfeld der Verwaltung, die Aufgaben und das Personal der Verwaltung und die zur Erfüllung der Aufgaben zur Verfügung stehende Technologie beeinflussen gesamthaft die Struktur sowie die Art und Weise der Aufgabenerfüllung durch die Verwaltung. Je nach der graduellen Dominanz dieser Faktoren sind in den einzelnen Verwaltungseinheiten verschiedene Koordinationsmechanismen einzusetzen, um abgestimmte Lösungen zu erreichen.

---

13 *Rückwardt*, S. 51; *Wagner*, S. 127
14 *Wagner*, S. 127 f.
15 *Wagner*, S. 127

§ 2 Koordinationsbegriff und seine Entwicklung im Rechtsalltag

1. Bundesgerichtlicher Koordinationsbegriff

Die bundesgerichtliche Rechtsprechung unterscheidet zwischen der materiellen Koordination, welche die Übereinstimmung der verschiedenen anwendbaren Rechtsgebiete im Sachentscheid gewährleisten soll und der formellen Koordination, womit die verfahrensrechtliche Abstimmung der für die Bewilligungserteilung notwendigen Verfahren sichergestellt wird.

1.1. Materielle Koordination

Etwa im Entscheid BGE 117 Ib 28 ff., insbesondere 30 f. (Parabolantenne Samnaun) fasst das Bundesgericht seine Rechtsprechung zur materiellen Koordination wie folgt zusammen:

"Der Lebensraum ist eine Einheit. Deshalb sind die betreffenden Regelungen koordiniert anzuwenden (...). Sind für die Verwirklichung eines Projektes verschiedene materiellrechtliche Vorschriften anzuwenden und besteht zwischen diesen Vorschriften ein derart enger Sachzusammenhang, dass sie nicht getrennt und unabhängig voneinander angewendet werden dürfen, so muss diese Rechtsanwendung von Verfassungs- und Bundesrechts wegen materiell koordiniert werden (...). Es gilt Lösungen zu finden, bei denen alle Regelungen möglichst gleichzeitig und vollumfänglich zum Zuge kommen und das Ergebnis gesamthaft sinnvoll ist. Diese Gesamtbeurteilung wird in materieller Hinsicht durch die Anwendung einer Norm, die eine umfassende Interessenabwägung vorschreibt, gewährleistet (...). Formell setzt die Gesamtbeurteilung voraus, dass diese Interessenabwägung durch die nämliche Behörde vorgenommen wird (...)."

Der jüngste Stand in der Rechtsprechung zur materiellen Koordination baut auf den Ergebnissen der bundesgerichtlichen Entscheide BGE 116 Ib 50 ff. (Deponie Chrüzlen), 114 Ib 224 ff. (Rebbergmelioration Salgesch) und 115 Ib 472 ff. (2. Etappe Thursanierung/Steinegg bis Gütighausen) auf. Das Bundesgericht erkennt in den besagten Fällen den engen Sachzusammenhang unter den anwendbaren Normen der verschiedenen massgeblichen Regelungsbereiche als Auslöser des Koordinationsbedarfes. Die materielle Koordination fordert die Würdigung des betroffenen Vorhabens unter Beachtung sämtlicher, die adäquate Problemlösung beeinflussenden Umstände sowie die Berücksichtigung aller anwendbaren Vorschriften. Die gegenseitige Abstimmung und der damit einzunehmende wertende Positionsbezug im Hinblick auf eine vertretbare einzelfallgerechte Problembeantwortung erfolgt methodisch durch eine Interessenabwägung.

1.2. Formelle Koordination

Die verfahrensmässige Koordination gestützt auf die Grundsatzkompetenz des Bundes im Bereich der Raumplanung entwickelte sich nur zögernd[16]. Das Bundesgericht sah im Entscheid BGE 104 Ia 181 (Zonenplan Parpan) einen Verstoss gegen Art. 4 BV, als der bündnerische Gesetzgeber für die Anfechtung kantonaler Nutzungspläne eine Zuständigkeitsaufsplitterung im Rechtsmittelverfahren vorsah. Zudem stand weder der Regierung noch dem Verwaltungsgericht die umfassende Kognition zu. Das Bundesgericht beurteilte die materiellrechtliche Überprüfung der Planung durch die Gabelung des Rechtsmittelzuges als erschwert. Bei der Abklärung der Frage, ob die einem Eigentümer auferlegte Nutzungsbeschränkung gegen Art. 22ter BV verstosse, seien sämtliche für und gegen die angefochtene Zoneneinteilung sprechenden Umstände zu berücksichtigen. Dies bedinge eine umfassende Würdigung sämtlicher betroffener privater und öffentlicher Interessen, die sinnvollerweise nur in einem Entscheid getroffen werden könne.

Mit dem Entscheid BGE 107 Ib 151 ff., 153 (Kraftwerke Ilanz AG[17]) beurteilte das Bundesgericht die einheitliche Bewilligungserteilung im Hinblick auf mehrere einzuholende Bewilligungen nach Bundesrecht als zulässig.

Mit dem Entscheid BGE 112 Ib 120 E. 4 (Kiesgrube Wahlern) verdeutlichte das Bundesgericht das formelle Koordinationsgebot für die Ausnahmebewilligung für Bauten und Anlagen ausserhalb der Bauzonen gestützt auf Art. 24 RPG. Die Interessenabwägung i.S.v. Art. 24 Abs. 1 lit. b RPG hat nach Auffassung des Bundesgerichtes durch die gleiche Behörde zu erfolgen. Zwangsläufig fordert diese Auslegung der raumplanerischen Koordinationspflicht die Kantone zur Sicherstellung einer sachlich zuständigen Bewilligungsinstanz auf.

Auch bei der materiellen Koordination mehrerer bundesrechtlicher Bewilligungen verlangte das Bundesgericht eine umfassende Interessenabwägung (BGE 112 Ib 433 E. 5.b, Val Müstair).

BGE 111 Ib 308 ff., 311 (Niederglatt/SG) forderte in einem weiteren Schritt die umfassende Interessenabwägung in einem einzigen Verfahren. Dies bedingt, dass alle massgeblichen Interessen in einem möglichst frühen Verfahrensstadium erkannt und gegeneinander abgewogen werden. Daraufhin entwickelte sich die Rechtsprechung nicht einheitlich. Die Forderung nach einer umfassenden Interessenabwägung einander - teilweise gar antinomisch - gegenüberstehender Ziele in einem möglichst frühen Verfahrensstadium ist an sich ein Zielkonflikt, der grundsätzlich unlösbar, immerhin jedoch optimierbar ist. Dies stellte das Bundesgericht in BGE 113 Ib 225 ff., insbesondere 234 (Kiesgrube Lommiswil) fest und

---

[16] Vgl. zur Entwicklung der Rechtsprechung bezüglich die formelle Koordination *Kölz/Keller*, URP 4/1990, 388 ff.
[17] Dieser Entscheid wurde mit BGE 112 Ib 416 E. 3 und 112 Ib 431 E. 4.c bestätigt.

beurteilte den Zielkonflikt bei einem einheitlichen, jedoch mehrstufigen Verfahren grundsätzlich als durch die erste Instanz lösbar.

Mit dem Entscheid BGE 114 Ib 224 ff. (Rebbergmelioration Salgesch)[18] fasste das Bundesgericht das Koordinationsgebot folgendermassen zusammen:

"Im übrigen muss einmal mehr betont werden, dass bei Unternehmen, die mehrere Gesetzgebungen betreffen, eben von Anfang an zu koordinieren ist. Von Beginn an kann erwogen werden, was für Bewilligungen, Zustimmungen usw. erforderlich sind. Die entsprechenden Verfahren können dann unverzüglich und möglichst frühzeitig, allenfalls gar gleichzeitig eingeleitet werden."

Mit dem Entscheid BGE 114 Ib 353 E. 4 (Parkhaus Herrenacker) prägte das Bundesgericht den Begriff des "engen Sachzusammenhanges" anhand derjenigen Rechtsmittelordnungen, welche die Beschwerde an das kantonale Verwaltungsgericht gegenüber ordentlichen Bundesrechtsmitteln als subsidiär betrachten[19]. Sind bundesrechtliche und kantonale Bewilligungsverfahren sowie die anschliessenden Rechtsmittelverfahren aufeinander abzustimmen, so greifen nach bundesgerichtlicher Auffassung regelmässig eidgenössisches und kantonales Recht ineinander. Ein ausreichender Rechtsschutz könne aber nur durch eine umfassende Prüfung sichergestellt werden. Begnüge sich aber eine Rechtsmittelinstanz trotz engen Sachzusammenhanges zwischen dem Bundesrecht und dem kantonalen Recht nur mit der Überprüfung der kantonalen Vorschriften, so erschwere sie die Durchsetzung des Bundesrechts wesentlich und verletze Art. 4 BV.

Beim bisher umstrittensten Entscheid BGE 116 Ib 50 ff. (Deponie Chrüzlen) macht das Bundesgericht für umweltrelevante Vorhaben einen Koordinationsbedarf auf drei Ebenen deutlich: in der Raumplanung, bei der Bewilligung von Einzelprojekten und im Rechtsmittelverfahren. Es formulierte klare Direktiven, wie die kantonalen Verfahrens- und Rechtsmittelordnungen das Koordinationsgebot einzuhalten haben. Dabei hielt das Bundesgericht folgende Grundsätze fest:
- Voraussetzung einer inhaltlichen Abstimmung ist zum einen, dass für die Durchführung eines Bauvorhabens materiellrechtliche Vorschriften aus verschiedenen Regelungsbereichen anwendbar sind. Zum anderen bedürfen die massgeblichen Normen eines derart engen sachlichen Zusammenhanges, dass sie nicht unabhängig voneinander angewendet werden können.
- Am besten wird die materielle Koordination erreicht, wenn ein einziger Entscheidungsträger zuständig ist. Sind erstinstanzlich jedoch verschiedene Behörden zuständig, so sind die einzelnen Entscheide so abzustimmen, dass ein qualitativ ebenbürtiges Ergebnis erzielt wird.

---

[18] Vgl. die Kommentierungen dieses Entscheides von *Bandli*, BR 1989/3, 60 ff. und *Petitpierre-Sauvain*, BR 1989/4, 87 ff.
[19] So denn auch im Kanton Zürich gemäss § 49 VRG

- Sind verschiedene kantonale und allenfalls kommunale Behörden zuständig, so sind die erstinstanzlichen Verfahren materiell zu koordinieren; verfahrensmässig müssen die verschiedenen getrennt erlassenen Entscheide in einem einheitlichen Rechtsmittelverfahren angefochten werden können. Am besten wird dies durch eine gesamthafte und zusammengefasst erfolgende Entscheideröffnung durch die erstinstanzliche Behörde im Leitverfahren bzw. im massgeblichen Verfahren gewährleistet.

2. Wissenschaftliche Aufarbeitung

2.1. Materielle Koordination

2.1.1. Zweck

Das Problem der materiellen Koordination entsteht durch das Vorhandensein einer Vielzahl von durch ein Bauvorhaben betroffenen Verwaltungsaufgaben, die nach eigenen Gesichtspunkten entschieden werden. Rechtlich wird unter der Koordination die Abstimmung mehrerer Rechtsnormen im Hinblick auf die Sicherung des zwischen ihnen bestehenden Zusammenhangs verstanden. Die Entscheide, die in Anwendung von Normen verschiedener Gesetzeswerke ergehen, dürfen nicht widersprüchlich sein. Um die verschiedenen anwendbaren Rechtsnormen in einer gesamtheitlichen Betrachtung zu verbinden, bedarf es einer umfassenden Interessenabwägung, welche entweder von einer einzigen Behörde vorgenommen wird oder von mehreren Verwaltungseinheiten im gegenseitigen Einvernehmen. Der Interessenausgleich soll die inhaltliche Abstimmung der materiell in Konflikt stehenden Interessen gewährleisten. Dabei stehen sich regelmässig nicht mehr allein zwei Positionen - nämlich diejenige des Gesuchstellers und der zuständigen Verwaltungsbehörde - gegenüber, vielmehr liegen regelmässig multipolare Strukturen bezüglich der Verfahrensbeteiligten und der betroffenen öffentlichen Interessen vor[20].

2.1.2. Arten materieller Koordination

In einfacheren Fällen lässt sich die Abstimmung aufgrund der allgemeinen verwaltungsrechtlichen Grundsätze lösen. In diesem Zusammenhang ist der Grundsatz der Einheit der Rechtsordnung, die Verbote widersprüchlichen Verhaltens und der Vereitelung des Bundesrechts sowie

---

[20] *Morand*, coordination matérielle, S. 171; *Morand*, URP 5/1991, 202; *Moor*, Bd. II., 2.2.1.3 (insbesondere S. 133 und 134); *Haller/Karlen*, N. 843 ff.; *Zimmerli/Scheidegger*, S. 9; *Kölz/Keller*, URP 4/1990, 397; *Loretan*, S. 194

die Vorrangigkeit höheren, spezielleren und jüngeren Rechts hervorzuheben. Sobald aber ein raum- und umweltrelevantes Vorhaben auf seine Rechtmässigkeit hin zu überprüfen ist, nimmt die Problematik ein besonderes Ausmass an. Insbesondere ändert sich die Problemstellung: Raumplanungsrecht und Umweltschutzrecht i.w.S. rufen durch die existentiellen Forderungen nach haushälterischer Bodennutzung und Erhaltung der natürlichen Umwelt des Menschen nach einer ganzheitlichen Anwendung einer Vielzahl sektorieller Regelungen[21].

Gemäss Morand[22] erreicht die Rechtsanwendung dabei verschiedene Komplexitätsstufen, die folglich eine graduell unterschiedliche Koordination erforderlich machen[23]:
- Auf einer ersten Stufe mit verhältnismässig geringem Sachzusammenhang zwischen den verschiedenen anwendbaren Normen seien die Voraussetzungen jeder anwendbaren eidgenössischen und kantonalen Vorschrift zu berücksichtigen. In diesen Fällen genüge es, eine vernünftige chronologische Ordnung festzulegen, gemäss welcher die verschiedenen Verfahren abgewickelt werden können. Im Einvernehmen zwischen den verantwortlichen Behörden wacht jede einzelne über das jeweilige Verfahren[24]. Ein gewisser Koordinationsbedarf könne sich auch daraus ergeben, dass sich die fraglichen Vorschriften verschiedener Regelungsbereiche gegenseitig bedingen. Das ist etwa dann der Fall, wenn eine bau- und eine umweltschutzrechtliche Norm einen bestimmten Sachverhalt nur in einem bestimmten Umfang abdecken; ausserhalb dieses Bereichs mag zwar die eine oder die andere Vorschrift erfüllt sein, aber nicht beide gleichzeitig[25].
- Auf einer zweiten Komplexitätsstufe erfolge bereits eine qualifizierte inhaltliche Abstimmung: Einerseits legten finale Programme Gegenstände und Mittel fest, anderseits stehe den zuständigen Behörden für den Programmvollzug ein weiter Beurteilungsspielraum zu. In diesen Fällen sei stets eine umfassende Interessenabwägung vorzunehmen. Meylan[26] formuliert noch konziser, indem er das Erfordernis der Interessenabwägung unmittelbar mit dem Bedarf nach materieller Koordination gleichsetzt: "La pesée globale des intérêts n'est pas autre chose qu'une coordination matérielle au plus haut degré de l'ensemble des dispositions applicable à un seul et même objet." Vorgesehen sind solche Abwägungsklauseln insbesondere in Art. 24 RPG und Art. 3 Abs. 1 lit. c RPV, aber auch in Art. 25 Abs. 2 aFG und Art. 39 WRG[27].

---

[21] *Morand* (coordination matérielle, S. 171; vgl. auch in URP 5/1991, 202) spricht von einer eigentlichen "Trichterwirkung" des Raumplanungs- und Umweltschutzrechts.
[22] coordination matérielle, S. 172 ff.
[23] Vgl. auch *Meylan*, S. 182; BGE 116 Ib 314, 114 Ib 230; 113 Ib 152 ff.
[24] *Meylan*, S. 182
Das Bundesgericht geht auf dieser materiellen Koordinationsstufe vom sogenannten Abstimmungsgebot aus (BGE 116 Ib 314).
[25] *Morand* (a.a.O.) nennt das Beispiel des Höherbaus eines Kamins. So mag dieser zwar in umweltschutzrechtlicher Hinsicht rechtmässig sein, nicht aber in baurechtlicher, da bestehende Bauhöhenvorschriften nicht eingehalten werden.
[26] S. 186
[27] *Meylan*, S. 184 ff. (insbesondere S. 186)

- Schliesslich werde eine dritte Stufe erreicht, wenn mehrere finale Erlasse bei der rechtlichen Würdigung in Betracht gezogen werden müssten, und jede für sich eine umfassende Interessenabwägung bedinge. Zu denken sei etwa an eine Konzession für die Nutzung von Wasserkraft in Verbindung mit einer Ausnahmebewilligung für Bauten und Anlagen ausserhalb der Bauzonen. Das Bundesgericht spricht in diesen Fällen von einer Koordination höchsten Grades[28]. Hier genügen die Möglichkeiten der formellen Koordination nicht mehr; gemäss der bundesgerichtlichen Rechtsprechung bedarf es der Bestimmung einer massgeblichen Behörde, welche die inhaltliche Abstimmung im Rahmen eines sogenannten Leitverfahrens sicherstellt[29].

2.1.3. Interessenabwägung

Die Interessenabwägung ist eine entscheidende und gefährliche Phase für die Entscheidfindung. Nach heutiger Auffassung bestehen für die Erfüllung staatlicher Aufgaben keine verfassungsrechtlichen Präferenzen. Vielmehr ist vom Grundsatz der Gleichrangigkeit der Verfassungsnormen auszugehen[30]. Folglich müssen einzelfallweise sektorielle und spezielle öffentliche Interessen gegeneinander abgewogen werden. Lendi[31] sieht in der subjektiven Gewichtung die generell-abstrakte Ordnung ersetzt und damit das Legalitätsprinzip relativiert. Entsprechend selten sind normative Hinweise, wie umfassende Interessenabwägungen vorzunehmen sind. Schützt die Rechtsordnung bestimmte Werte, so sind diese nicht ein für alle Mal festgelegt. Sie entwickeln sich im Verlauf der Rechtsanwendung weiter, wobei sie an Bedeutung sowohl gewinnen als auch verlieren können. Zeitlich bestimmte Wertauffassungen lassen sich auch der Rechtsprechung entnehmen, woraus sich aufgrund der punktuellen gerichtlichen Kontrolle allenfalls nur ein weitmaschiges Wertungsnetz ergibt. Insgesamt steht jedoch fest, dass es der Rechtsordnung und der Rechtsanwendung nicht möglich ist, genaue Anleitungen für Interessenabwägungen zu liefern. Es versteht sich von selbst, dass diese einzelfallweise vorzunehmen sind. Den verantwortlichen Behörden verbleibt regelmässig ein weiter durch die massgeblichen gesetzlichen Grundlagen begrenzter Beurteilungsspielraum[32]. Im Hinblick auf die Entscheidfindung obliegt es den Behörden zumindest vertretbare Entscheide zu fällen. Verschiedentlich versuchten einzelne Autoren die Interessenabwägung als Methode der Rechtsfindung einzureihen[33]; andere sehen in der Interessenabwägung "nicht mehr als ein beliebiges Urteil nach Bil-

---

[28] BGE 113 Ib 152 ff., 114 Ib 230
[29] Vgl. auch *Meylan*, S. 188 f.
[30] *Helene Keller*, S. 251 f.
[31] Einheit der Rechtsordnung, S. 424 f.
[32] *Häfelin/Müller*, N. 473 ff.; *Moor*, Bd. I, 5.1 (S. 333 ff.)
[33] Siehe die Aufsätze von *Heinrich Hubmann*, in: Wertung und Abwägung im Recht; *Häfelin*, Interessenabwägung, S. 585 ff.; *Tschannen*, N. 422; *Helene Keller*, S. 241 ff.

ligkeit" von grundlegender politischer Bedeutung[34]. Letzteres Merkmal tritt namentlich dann in den Vordergrund, wenn allgemeine öffentliche Interessen gegeneinander abzuwägen sind[35].

2.1.4. Fazit

Abschliessend ist festzustellen, dass die Rechtsanwendung der verschiedenen aufgabenbezogenen und damit sektoriellen Erlasse durch verschiedene Behörden eine umfassend ganzheitliche Aufgabenerfüllung im Sinne der Einheit der Rechtsordnung und des Verbots des widersprüchlichen Verhaltens i.S.v. Art. 4 BV nicht von sich aus gewährleistet. Die inhaltliche Abstimmung der für die Durchführung eines Bauvorhabens erforderlichen Bewilligungsentscheide ist demnach darauf ausgerichtet, die Zusammenhänge der einzelnen Regelungsbereiche wiederherzustellen. Dabei steht die Suche nach der Ganzheitlichkeit im Mittelpunkt. Die umfassende Interessenabwägung darf, so das Bundesgericht im Entscheid BGE 114 Ib 230, nicht durch die historische Aufteilung in verschiedene Bewilligungsverfahren verhindert werden. Daneben ist sowohl das Planungs- wie das Umweltschutzrecht durch eine Vielzahl von offenen Rechtsnormen und unbestimmten Rechtsbegriffen gekennzeichnet. Einerseits muss die Entscheidfindung auf die allseitige Lösungsoptimierung ausgerichtet werden, gibt es bei offenen Normprogrammen doch keine einzig richtige Lösung; andererseits muss sich die Verwaltungstätigkeit den Variablen einer rollenden Planung und den sich verändernden Umweltphänomenen anpassen lernen[36].

Die Grundlagen ganzheitlicher Problemlösung im Zusammenhang mit der Durchführung von Bauten und Anlagen liegen zweifellos in einer richtungsweisenden Richt- und Nutzungsplanung. Die Planung schafft die Voraussetzungen im Hinblick auf die konkrete Projektrealisierung. Neben planungs- und öffentlich baurechtlichen Vorschriften wird das konkrete Vorhaben durch umweltschutzrechtliche Bestimmungen i.w.S. konditioniert. Endlich schliesst sich der Kreis durch die Kontrolle aller raum- und umweltbedeutsamen Auswirkungen mit ihren allfälligen Synergieeffekten.

2.2. Formelle Koordination

Die angestrebte inhaltliche Abstimmung der für die Projektverwirklichung erforderlichen Bewilligungsentscheide kann nur erreicht werden, wenn auch verfahrensmässig koordiniert wird. Materielle und formelle Koordination sind offensichtlich eng miteinander verbunden und dienen letztlich der Vorausehbarkeit und Einheit der Rechtsordnung und der korrekten Rechtsanwendung.

---

34 *Druey*, S. 148; *Struck*, S. 171 ff.
35 *Georg Müller*, ZBl 73/1972, 351
36 *Morand*, URP 5/1991, 221 f. und 222 ff.

2.2.1. Zweck

Neben der Anwendung einer Vielzahl massgeblicher Vorschriften verschiedener aufgabenbezogener Erlasse besteht regelmässig eine Vielzahl von Bewilligungsverfahren vor verschiedenen Behörden mitunter verschiedener Gemeinwesen. Unter formeller Koordination wird die verfahrensmässige Abstimmung der verschiedenen Bewilligungsverfahren verstanden[37].

Offensichtlich ergibt sich die Erforderlichkeit der formellen Koordination aus jener der materiellen Koordination heraus, stützen sich doch beide notwendigerweise auf dieselben rechtlichen Grundlagen[38].

2.2.2. Anforderungen an die formelle Koordination

Um die inhaltliche Abstimmung der für ein Vorhaben erforderlichen Bewilligungsentscheide verfahrensmässig zu gewährleisten, ist in erster Linie die Art und Weise der umfassenden Interessenabwägung zu regeln. Demnach ist es unzulässig, wenn die durch die jeweils für einen bestimmten Aufgabenbereich zuständigen Behörden die Interessenabwägung nur unter den für sie erforderlichen Gesichtspunkten vornehmen. Gerade diese sektorielle Problemsicht muss durch eine umfassende Interessenabwägung überwunden werden.

a)   Umfassende Informationsgrundlage

Eine umfassende Interessenabwägung bedarf einer umfassenden Informationsgrundlage[39]. Um folglich sämtliche Aspekte beurteilen zu können, müssen sich alle betroffenen Behörden aus der ihnen aufgabenbezogen auferlegten Sicht heraus zum geplanten Projekt äussern können. Umfangmässig müssen die betroffenen Behörden so genau Stellung nehmen, dass der massgebliche Sachverhalt entscheidungsreif vorliegt. Umgekehrt haben sich die betroffenen Behörden nicht über sämtliche Einzelheiten auszusprechen, wenn der ausstehende Entscheid nicht grundsätzlich in Frage gestellt ist[40]. In zeitlicher Hinsicht sind die betroffenen Behörden zweifellos vor der Interessenabwägung zu begrüssen. Grundsätzlich ist in diesem Zusammenhang die Möglichkeit eines verfahrensleitenden Entscheides im fraglichen Verfahrensstadium wie auch die formlose vorherige Stellungnahme denkbar. Letztere hat in Art. 21 Abs. 3 UVPV eine ausdrückliche Regelung gefunden: Die betroffene Bewilligungsbehörde, die ihre Stellungnahme

---

[37] *Meylan*, S. 180; *Haller/Karlen*, N. 844 und N. 847 ff.; *Moor*, Bd. II, S. 129 f.; *Zimmerli/Scheidegger*, S. 9; *Kölz/Keller*, URP 4/1990, 397; *Loretan*, S. 194
[38] *Meylan*, S. 183
[39] Vgl. zu den nachfolgenden Ausführungen *Meylan*, S. 187 f.
In der Praxis gilt es, den Tendenzen und Bestreben eingeschränkter Koordination das Modell vollständiger Koordination als Massstab und Ansporn gegenüberzustellen; *Oertel*, SJPW 13/1973, 169 ff. und 176 f.
[40] BGE 112 Ib 121 f.

abgegeben hat, bleibt daran gebunden - ausser es ergeben sich in einem späteren Zeitpunkt des Verfahrens neue Tatsachen[41].

b) **Unabhängige Interessenabwägung**
Weiter muss die umfassende Interessenabwägung der materiellen Koordination unabhängig erfolgen[42]. Folglich darf der Interessenausgleich nicht durch die für die Durchführung des geplanten Vorhabens erforderlichen Entscheide vorgegeben sein. Es wird vorausgesetzt, dass die Interessenabwägung in einem verhältnismässig frühen Verfahrensstadium vorgenommen wird[43] und dass sämtliche sektoriellen Entscheide zeitlich nicht vor der umfassenden Interessenabwägung getroffen werden bzw. nicht in Kraft treten dürfen[44].

c) **Koordinationsverfahren**
Wie bereits angetönt, ziehen Bewilligungsentscheide in Anwendung von Erlassen, die je eine umfassende Interessenabwägung verlangen, besondere Anforderungen im Bereich der formellen Koordination nach sich, zumal doch die verschiedenen Bewilligungsentscheide wechselseitig voneinander abhängig sind. Das Koordinationsverfahren hat widersprüchliche Entscheide zu verhindern. Der für das Koordinationsverfahren verantwortlichen Behörde obliegt dessen Leitung: Sie hat die Drehscheibenfunktion, die Positionsbezüge aller anderen Behörden zu verlangen, Ergänzungen und allfällige Verbesserungen von Stellungnahmen zu veranlassen und die Aufgabe, die allenfalls konfligierenden Interessen einer umfassenden Abwägung zuzuführen.

d) **Entscheideröffnung**
Verfahrensmässige Koordination erfordert zumindest eine gemeinsame Eröffnung sämtlicher für das nachgesuchte Vorhaben erforderlichen Bewilligungsentscheide, gegebenenfalls in einem Gesamtentscheid[45]. Dieses formell koordinationsrechtliche Gebot erleidet in jenen Fällen eine Ausnahme, bei denen unter allen für das fragliche Projekt erforderlichen Bewilligungen wenigstens eine in den Zuständigkeitsbereich einer Bundesbehörde fällt. Hier gilt es zu beachten, dass die zuständige Bundesbehörde angemessen in den Ablauf der kantonalen Bewilligungsverfahren beteiligt wird und sämtliche Bewilligungsentscheide zumindest gleichzeitig eröffnet werden[46].

---

41 Vgl. auch *Wagner*, S. 218 f. und *Rückwardt*, S. 87
42 *Meylan*, S. 188
43 Art. 5 Abs. 3 UVPV; *Wagner*, S. 145
44 Art. 21 Abs. 2 UVPV
    Diese letzte Voraussetzung zielt auch auf eine gesamthafte Eröffnung sämtlicher Bewilligungsentscheide ab.
45 *Meylan*, S. 182 f. und 188
46 BGE 116 Ib 58 f., 116 Ib 328 f.

e) **Formelle Koordination im Rechtsmittelverfahren**

Gegen die einheitlich und gleichzeitig zugestellten Bewilligungsentscheide muss auf kantonaler Ebene ein einziger Rechtsmittelweg vorgesehen werden. Die Rechtsmittelinstanz soll für die Gesamtheit der sich stellenden Fragen mit umfassender Prüfungsbefugnis ausgestattet sein[47].

2.2.3. Ansatz der formellen Koordination in zeitlicher Hinsicht

Zwischen den für ein Vorhaben erforderlichen Bewilligungen kommt es zwangsläufig zu zeitlichen Verschiebungen. Von einem bestimmten Verfahren aus betrachtet, finden sich zwei Ausgangslagen: Entweder liegen bereits weitere Bewilligungsentscheide vor oder sie stehen noch aus. Je nach dem stellt sich die Frage nach allenfalls bestehenden Bindungswirkungen oder ob die noch ausstehenden Bewilligungsbereiche bereits vorweg zu berücksichtigen sind[48].

a) **Fortlaufende Koordination bei teilweise bereits vorliegenden Bewilligungen**

Von fortlaufender Koordination ist die Rede, wenn ein früherer Bewilligungsentscheid eine der Bedingungen eines späteren Entscheides darstellt[49]. Es stellt sich die Vorfrage, inwieweit bereits vorliegende Bewilligungsentscheide rechtsverbindlich sind bzw. ob die bereits vorliegenden Bewilligungen im Rahmen des zweiten Verfahrens überprüft werden können. Vorliegend sind nicht die Ausführungen über die Bindung an verwaltungsrechtliche Vorfrageentscheide vorwegzunehmen[50]: Grundsätzlich ist jedoch festzuhalten, dass es sich dabei um eine Art nachträglicher Koordination handelt, welche die Analyse des jeweiligen Kompetenzbereiches erfordert. Die spätere Bewilligungsbehörde muss sich mit der Ausübung ihrer eigenen Zuständigkeit begnügen.

Zu Recht weist Moor[51] auf die diesbezüglichen Schwierigkeiten hin: Die gegenseitige Abgrenzung der Befugnisse sei nicht gerade einfach. Im Gleichgewicht der Interessen habe die zweite Bewilligungsbehörde die tatsächliche Interessengewichtung der ersten zu berücksichtigen und ihre eigene davon zu unterscheiden. Regelmässig neige sie denn auch dazu, ihre Erfahrungen und Erkenntnisse mit dem ersten Entscheid zu vergleichen. Schliesslich erlaube die Folge der einzelnen Bewilligungsverfahren nicht immer, auf den ersten zurückkommen und diesen anpassen zu können.

Um diese Schwierigkeiten zu mildern, kann das Verfahren mehrstufig ausgestaltet werden. Dieses Vorgehen findet sich namentlich im Zusammenhang mit der Nutzungsplanung, mit

---

[47] *Meylan*, S. 183; BGE 114 Ib 352 f., 116 Ib 57 f., 181, 328
[48] Ähnlich *Wagner*, S. 190
[49] *Moor*, Bd. II, S. 130 ff., auch zum Folgenden; *Wagner*, S. 190 f.
[50] Siehe unter § 4, 4.
[51] Bd. II, S. 131

der die Nutzung bestimmter Grundstücke bei der Zonenfestsetzung abgestimmt werden kann. Demgegenüber handelt es sich bei der noch früheren Richtplanung um eine antizipierte Koordination. Sie qualifiziert sich in dem Sinne als vorgreifend, als sie die künftigen raumwirksamen Tätigkeiten vorherzusehen und aufeinander abzustimmen hat[52].

Aber auch chronologisch mehrstufige Verfahren lösen die Problematik fortfolgender verfahrensmässiger Abstimmung nicht, sondern schieben diese nur auf. Vor allem die am Schluss zum Zuge kommenden Behörden finden ihre Grenzen in den Lösungen vorausgegangener Verfahrensstufen[53].

b) Fortlaufende Koordination bei teilweise noch ausstehenden Bewilligungen

Grundsätzlich ist davon auszugehen, dass jede Behörde nachgesuchte Bewilligungen im Bereich ihrer jeweiligen sachlichen Zuständigkeit zu erteilen hat. Die Kompetenzordnung bedingt demnach die sogenannte Verfahrensseparation[54]. Da sich die strikte Zuordnung der jeweiligen Bewilligungsaspekte nicht immer mit der gewünschten Stringenz bewerkstelligen lässt, finden sich häufig Vorbehalte zugunsten noch ausstehender Bewilligungsentscheide wie etwa in § 319 Abs. 2 PBG. Dabei wird jedoch ausser acht gelassen, dass gerade die konsequente Handhabung der Verfahrensseparation es nicht zulässt, Nebenbestimmungen zur Sicherstellung der massgeblichen anwendbaren Vorschriften noch ausstehender Bewilligungen zu verwenden[55].

Diese Nachteile können mit der Beteiligung weiter zuständiger Bewilligungsbehörden gemildert werden, indem mittels verwaltungsinterner Zusammenarbeit die jeweiligen Kompetenzbereiche der betroffenen Behörden gegeneinander abgegrenzt werden können[56].

Um die Koordination im erstinstanzlichen Verfahren jedoch umfassend gewährleisten zu können, müssen sämtliche Bewilligungen kantonaler und eidgenössischer Behörden für die Erteilung der kommunalen baurechtlichen Bewilligung vorausgesetzt werden[57].

c) Gleichzeitige Koordination

Als wesentlich besser beurteilt Moor[58] die gleichzeitige Koordination. Hier gilt es zuerst die gegenseitigen Zuständigkeiten ausfindig zu machen und gegeneinander abzugrenzen. Diese sind in zusammenhängende Folgen einzuordnen. Der Verfahrensablauf setzt Kontakte zwischen den betroffenen Behörden voraus, die sich gegenseitig über ihre Vorkehren informieren und über

---

[52] *Moor*, Bd. II, S. 131
[53] *Moor*, Bd. II, S. 131, siehe den Hinweis auf die Planung und Durchführung von Nationalstrassen
[54] *Wagner*, S. 196 f.; *Jarass*, S. 81 f. mit Hinweis auf die Praxis des Bayerischen Verwaltungsgerichtshofes in BayVBl 1978, 179 und BayVBl 1976, 368 f.
[55] *Kölz/Keller*, URP 4/1990, 410; *Kuttler*, ZBl 91/1990, 302 f.; *Wagner*, S. 198
[56] *Wagner*, S. 200 f.
[57] *Kölz/Keller*, URP 4/1990, 411
[58] Er spricht diesbezüglich von der "coordination concomitante"; Bd. II, 131 und 132

ihre Auffassungen in der Sache Stellung nehmen. Hier kann zunächst vorentscheidweise die Rechtmässigkeit eines Vorhabens festgestellt werden unter dem Vorbehalt, dass nicht eine andere Behörde dem geplanten Vorhaben ein endgültiges Hindernis für dessen Durchführung feststellt[59].

2.3. Adressat der Koordination

Die materielle Koordination obliegt von Amtes wegen der Verwaltung selber. Es ist deshalb erforderlich, dass die Führung solcher Geschäfte einer bestimmten erstinstanzlichen Behörde zugewiesen wird. Es ist unvermeidbar, jene Behörde mit der Wahrnehmung der Koordinationsaufgabe zu betrauen, welche über die weiteste und umfassendste Zuständigkeit in der Tatsachenwürdigung und Gesetzesanwendung verfügt[60].

---

[59] Vgl. in dieser Hinsicht auch BGE 116 Ib 329
[60] *Moor*, Bd. II, S. 133

II. Teil

Der organisations- und verfahrensrechtliche Ansatz

Sowohl die organisationsrechtlichen als auch die verfahrensrechtlichen Koordinationsinstrumente machen die Abstimmung von Bewilligungsverfahren für Bauten und Anlagen möglich, ohne diese jedoch zu gewährleisten. Mit andern Worten: Organisations- und Verfahrensnormen streben bloss die formelle Koordination an. Auf den Inhalt der einzelnen Geschäfte nehmen sie keinen Einfluss. Sie sind regelmässig darauf ausgerichtet, Widersprüche zwischen den massgeblichen Beurteilungsgrundlagen zu vermeiden[1].

Während der organisationsrechtliche Koordinationsauftrag gestützt auf die massgebliche Kompetenzordnung die zweckmässige Aufgabenteilung und das zielorientierte Zusammenarbeiten der einzelnen Behörden beabsichtigt oder diese gar zur Koordination bestimmter Aufgaben verpflichtet, zeigen die verfahrensrechtlichen Koordinationsinstrumente dem Gesuchsteller und den zuständigen Behörden, auf welche Weise und mit welchen Mitteln der massgebliche Sachverhalt möglichst ganzheitlich beurteilt werden kann.

---

[1] *Karl Huber*, S. 325

§ 3 Koordination gestützt auf die Organisationsordnung

1. Einheit der Verwaltung - Pluralität der Verwaltung

Bis auf den heutigen Tag prägen zwei gegensätzliche Modelle die Vorstellung über die Verwaltung. Einer ersten Gruppe von Autoren zufolge ist die Einheit der Verwaltung, die sich in den Grundsätzen der Hierarchie innerhalb des Verwaltungsapparates, der Staatsaufsicht gegenüber dezentralisierten Verwaltungsträgern sowie der Trennung von Verwaltung und gesellschaftlichen Kräften ausdrückt, letzten Endes die Auswirkung der umfassenden Staatsgewalt[2]; mehr noch: Die Verwaltung ist gemäss dem Gewaltenteilungsmodell selbst Staatsgewalt. Sie bilde in ihrer Gesamtheit eine Funktions-, Kompetenz- und Organisationseinheit. Innerhalb der Verwaltung ordne sich die Stellung der einzelnen Verwaltungseinheiten durch einen hierarchischen Stufenbau, in dem jeder Verwaltungseinheit ihr eigener Zuständigkeits- und Geschäftsbereich zugeordnet sei. Dieser Stufenbau bringe den sogenannten Dienstweg mit sich. Die Zuständigkeitsordnung und die Aufgabenverteilung stellten die Rechtmässigkeit, Zweckmässigkeit und Leistungsfähigkeit der Verwaltung sicher[3]. Auf jeder Ebene des Gemeinwesens übernehme das Exekutivkollegium, welches für die Verwaltungstätigkeit auch die rechtliche und politische Verantwortung trage, die anfallenden Führungs- und Zusammenarbeitsaufgaben.

Das Gegenkonzept, welches von der Pluralität der Verwaltung ausgeht, erhebt demgegenüber die Forderung nach Kooperation zwischen den Verwaltungseinheiten sowie zwischen der Verwaltung und dem Bürger. Es verlangt überdies die Mitwirkung gesellschaftlicher Kräfte bei der Erfüllung der Verwaltungsaufgaben. Demnach ist die Verwaltung eine lebendige Vielfalt kooperierender Verwaltungseinheiten[4]. Dieses Konzept beanstandet im einzelnen das fehlende Zusammenwirken zwischen den Verwaltungseinheiten mit sachverbundenen Zuständigkeits- und Geschäftsbereichen. Meist fehle eine integrierende Führung sogar gänzlich. So zeige sich beispielsweise die Bewilligungspraxis solcher Verwaltungseinheiten als höchst uneinheitlich, weil zum einen die Zuständigkeiten gesplittet seien und zum anderen die Geschäfte aufgrund unterschiedlicher Grundlagen erledigt würden (z.B. aufgrund uneinheitlicher Massstäbe für Ermessensentscheide). Oftmals werde in verwandten Zuständigkeits- und Geschäftsbereichen der Bedarf Zusammenzuwirken nicht erkannt bzw. nicht gelöst, sodass sowohl der Private als

---

[2] *Haverkate*, S. 218 f.
[3] Die Ziele der Organisation und Leitung der Verwaltung werden in Art. 44 VwOG formuliert.
[4] *Bryde*, S. 205; *Haverkate*, S. 219 ff.

auch die betroffene kommunale Behörde einer verwirrenden Anzahl zuständiger Verwaltungseinheiten auf kantonaler und eidgenössischer Ebene gegenüberstünden und allenfalls gar widersprüchlichen Entscheidungen ausgesetzt seien. Zudem sei zu beobachten, dass die Schaffung spezialisierter Verwaltungseinheiten mit dem wachsenden Bedürfnis fachlich ausgewiesener Entscheidungen sukzessiv und relativ zufällig voranschreite. Oftmals würden solche Verwaltungseinheiten, die ihre Entstehung oft einer brisanten politisch-gesellschaftlichen Aktualität verdankten, ohne weiteres in die bestehende Verwaltungsorganisation eingefügt. Im Gesamtzusammenhang entstehe mangels grundlegender neuer Prioritätensetzung ein Bild der Unausgeglichenheit[5].

Unabhängig von jedem Rechtsstreit über das richtige bzw. bessere Modell[6] ist festzuhalten, dass zum einen die sachgerechte Erfüllung von öffentlichen Aufgaben das Zusammenwirken zwischen Verwaltungseinheiten bzw. zwischen Verwaltung und privaten Rechtssubjekten zugunsten des Bürgers erforderlich machen kann. So darf der Gesuchsteller eines Bauvorhabens darauf vertrauen, dass verschiedene materiellrechtliche Vorschriften mit engem Sachzusammenhang nicht getrennt und unabhängig voneinander angewendet werden. Für den Gesetzgeber kann sich somit das Gebot zur Herstellung der Einheit der Verwaltung zugunsten des Bürgers im Hinblick auf die Verwaltungsorganisation, das Verwaltungsverfahren und den Rechtsschutz ergeben[7]. Zum andern gibt es schutzwürdige Interessen des Bürgers, die einem Zusammenwirken zwischen Verwaltungseinheiten entgegenstehen; zu denken ist etwa an den Datenverkehr. Hier hat der Bürger ein Interesse daran, dass ein Zusammenwirken verschiedener Verwaltungseinheiten bzw. zwischen der Verwaltung und privaten Rechtssubjekten von Gesetzes wegen unterbleibt[8]. Entscheidungstheoretisch ist folgendes zu bedenken: Einerseits ist die Entscheidungsfähigkeit der Verwaltung besser gewährleistet, wenn das Verfahren bei einer Behörde bleibt und andere Beteiligte lediglich über Anhörungs- und Beratungsrechte verfügen. Hier kann der Entscheid aufgrund der Sachverhaltsbeurteilung durch eine sachlich zuständige Behörde ergehen. Anderseits sind die auf verschiedene Zuständigkeiten verteilte Sachkompetenz und die Betreuung der verschiedenen Geschäftsbereiche besser sichergestellt, wenn Zustimmungs- und Mitentscheidungsrechte bestehen[9].

Im vorliegenden Zusammenhang interessieren vor allem die verwaltungsorganisatorischen Aspekte für eine Zusammenarbeit zwischen Verwaltungseinheiten. Die Aufgabenverteilung innerhalb der Verwaltung findet ihre Grenze in der Komplexität der Verwaltungsaufgaben,

---

[5] *Eichenberger*, S. 363 und 368 ff.
[6] Man erinnere sich an einen vergleichbaren privatrechtlichen Zwist im Zusammenhang mit der Fiktions- und Realitätstheorie bei der juristischen Person. Vgl. die zusammenfassende Darstellung bei *Meier-Hayoz/ Forstmoser*, § 2 N. 9 ff.
[7] *Haverkate*, S. 243 ff.
[8] *Haverkate*, S. 246 f.
[9] *Bryde*, S. 208 ff.

die sich insbesondere in der sachlichen Einheit interdisziplinärer Aufgabenbereiche bemerkbar macht. Zwangsläufig kommt die Verwaltung im Hinblick auf die effiziente Aufgabenerfüllung nicht darum herum, die einzelnen Verwaltungseinheiten zusammenarbeiten zu lassen und in ihrem Handeln aufeinander abzustimmen, eben zu koordinieren[10]. Koordination zwischen Behörden, welche die gleichen Anliegen verfechten, bezeichnen Klöti/Nüssli[11] aufgrund der gleichgerichteten Interessenlage als Koordination bei grundsätzlichem Konsens, eine solche zwischen Behörden mit gegenläufigen Interessen als Koordination bei grundsätzlichem Konflikt. Oertel[12] hebt diesbezüglich als Hauptzweck der Koordination das Bestreben hervor, im Auseinanderstrebenden und im Verstreuten vereinende Elemente aufzuspüren und zusammenzufassen, ohne aber Gegensätze völlig einzuebnen oder Widersprüchliches gänzlich auszuschalten. Solange diese Abstimmung zwischen den einzelnen hierarchisch gleichgestellten Behörden durch informelle Anfragen ohne institutionelle Vorkehren funktioniert, ist die Rede von Selbstkoordination, initiativer oder auch informeller Koordination[13] sowie von freiwilliger Koordination[14]; hier wird auf eine Institutionalisierung verzichtet. Erst dann, wenn in der Abstimmung zwischen Verwaltungseinheiten Probleme entstehen, entwickelt sich ein eigentlicher Koordinationsbedarf. Je nach dem im Vordergrund stehenden Koordinationskriterium lassen sich gemäss Klöti/Nüssli folgende Koordinationsformen in organisationsrechtlicher Hinsicht unterscheiden:

- Während die vertikale Koordination dem klassischen Dienstweg folgt und bei Meinungsverschiedenheiten zwischen zwei gleichgestellten Amtsstellen die diensthöhere entscheidet, erfolgt bei der horizontalen Koordination zwischen hierarchisch gleichgestellten Amtsstellen die Abstimmung ohne Einwirkung der übergeordneten Behörde (auch sogenannte ungesteuerte Koordination).
- Bei der bi- und multilateralen Koordination lassen sich quantitativ verschieden viele beteiligte Behörden unterscheiden. Bei der bilateralen Koordination sind zwei Behörden und bei der multilateralen mehr als zwei involviert.
- Bei der internen Koordination sind ausschliesslich Angehörige der betreffenden Behörde beteiligt; bei der externen Koordination werden auch Dritte beigezogen.

Der Koordinationsbedarf kann verschiedene organisatorische Ursachen haben: Sie können im Fehlen zweckmässiger institutioneller Strukturen für schwierige Fragen bei der Aufgabenerfüllung liegen, aber auch in der mangelnden Bereitschaft zur Suche ganzheitlicher Lösungen. Auf einen einfachen Nenner gebracht, lässt sich feststellen: "Je stärker die Organisation ...

---

10 *Bischofberger*, ZBl 70/1969, 457 ff., 461 f.
11 *Klöti/Nüssli*, SJPW 21/1981, 153 ff., 155
12 SJPW 13/1973, 166
13 *Klöti*, VP 1975/4, 15; *Furrer*, Art. 53 N. 1 f.; *Klöti/Nüssli*, SJPW 21/1981, 156 f., vgl. auch nachfolgend zu den verschiedenen Koordinationsformen
14 *Karl Huber*, S. 335

differenziert ist, desto grösser wird der Koordinationsbedarf."[15] Mit dem offensichtlichen Wandel der hoheitlichen Verwaltung zu einer Leistungsverwaltung erwacht das Bedürfnis nach Kooperation, welche die vorhandenen Möglichkeiten der Verwaltungsorganisation optimieren soll[16]. Wichtigste Voraussetzung für eine effiziente Zusammenarbeit ist die Kommunikation[17].

Zur Erläuterung sei auf die organisationsrechtlichen Koordinationsnormen des eidgenössischen Verwaltungsorganisationsgesetzes hingewiesen, in denen sich der klassische Stufenbau der Verwaltungshierarchie eindrücklich widerspiegelt[18]: Gemäss Art. 3 Abs. 1 lit. c VwOG hat der Bundesrat bei seinen Regierungsobliegenheiten die Koordination auf Regierungsebene sicherzustellen[19]. Bei der Leitung der Bundesverwaltung sorgt er für die Koordination auf allen Ebenen sowie zwischen der Bundesverwaltung und andern Trägern von Verwaltungsaufgaben (Art. 4 Abs. 2 VwOG)[20]. Der Bundesrat kann Stabsstellen bestellen; sie erfüllen u.a. Koordinationsaufgaben (Art. 37 VwOG)[21]. Als allgemeine in die Verwaltung eingebettete Stabsstelle dient dem Bundesrat die Bundeskanzlei (Art. 38 VwOG). Deren Vorsteher, der Bundeskanzler, unterstützt und entlastet den Bundesrat und den Bundespräsidenten bei der Amtsführung. Gestützt auf Art. 35 lit. e VwOG erlässt er Weisungen über die Vorbereitung der dem Bundesrat zu unterbreitenden Geschäfte, koordiniert diese und leitet das Mitberichtsverfahren[22]. Doch auch die Organisation zur Erfüllung von Koordinationsaufgaben zeigt unverkennbare Spezialisierungstendenzen: Da die Koordinationsaufgabe nicht alleine durch den Bundesrat und seine allgemeinen Stäbe bewältigt werden kann, hat der Bundesrat eigene Koordinationsämter geschaffen (Art. 55 VwOG). Mit der Absicht, nur einen bestimmten Aspekt für die gesamte Verwaltung zu koordinieren, hat er beispielsweise die Zentralstelle für Organisationsfragen der Bundesverwaltung (ZOB)[23] und das Personalamt bestellt. Demgegenüber wurden aber auch Koordinationsämter geschaffen, die auf das gesamte Handeln der einzelnen Verwaltungseinheiten aus einem bestimmten Blickwinkel einwirken und dieses mitgestalten; dazu gehören etwa die Justizabteilung und die Finanzverwaltung[24]. Die Generalsekretariate der Departemente ihrerseits koordinieren gestützt auf Art. 50 Abs. 1 lit. a VwOG als allgemeine Stabsstellen innerhalb des eigenen Departementes und zwischen den Departementen[25]. Die

---

15 *Klöti*, VP 29/1975, Heft 4, 18; *von der Groeben*, VP 26/1972, 205 ff.
16 *Hafner*, ZBL 93/1992, 481 ff., 482 und 502
17 *Oertel*, SJPW 13/1973, 167 f.
18 Vgl. *Furrer*, insbesondere: Art. 3 N. 3, Art. 49/50 N. 2, Art. 53 N. 1 f., Art. 55 N. 1 f.
19 *Furrer*, Art. 3 N. 3
20 *Furrer*, Art. 4 N. 1
21 *Furrer*, Vorbem. zu Art. 37-41 N. 1 ff. und Art. 37 N. 2
22 *Furrer*, Art. 35 N. 15 ff. und Art. 54 N. 1 ff.
23 Vgl. ausführlich die Darstellung der ZOB bei *Bischofberger*, Diss., S. 179 ff.
24 *Karl Huber*, S. 328 ff. und *Klöti*, VP 29/1975, Heft 4, 18 ff.
25 *Furrer*, Art. 50 N. 2
   Im Zusammenhang mit der hängigen Regierungsreform hat es der Bundesrat vorgezogen, auf die Generalsekretariate als administrativ koordinierende Organe nicht zu verzichten und dafür den Departementschefs sämtliche Einsatzvarianten für seine Staatssekretäte offenzuhalten. Letztere können somit als Titular-

Vorsteher der Gruppen und Ämter sind schliesslich gemäss Art. 47 Abs. 1 lit. d VwOG insbesondere auch für die Koordination in ihrem Zuständigkeitsbereich verantwortlich. Im weiteren werden Departementen und Ämtern nach Bedarf Kommissionen mit Fachleuten bestellt (Art. 52 VwOG). Verschiedene Konferenzen[26] fördern die Zusammenarbeit in der Bundesverwaltung.

Koordination im Sinne des Verwaltungsorganisationsgesetzes beruht demnach auf einem rein organisatorischen Ansatz. Im Gegensatz zur Aufsichts- und Dienstgewalt, welche die Abstimmung der vertikal zueinander stehenden Behörden gewährleistet, sind Berührungen und Überschneidungen von Geschäften im Geschäfts- und Zuständigkeitskreis mehrerer Verwaltungseinheiten im horizontalen Verhältnis durch Koordinationsnormen zu regeln[27]. Wo denn das Bundesrecht den Begriff der Koordination - insbesondere ohne Bezeichnung konkreter Koordinationsinstrumentarien - verwendet, lässt sich regelmässig eine Pflicht zur Zusammenarbeit, zur Kooperation ableiten. Organisationsrechtliche Koordination bedeutet demnach nichts anderes als Zusammenarbeit bzw. Kooperation. Dabei stehen sich die zusammenarbeitenden Verwaltungseinheiten innerhalb ihrer Koordinationseinheit gleichberechtigt gegenüber. Die Aufgabe der Koordinationsorgane als Verbindungsglieder zwischen den einzelnen Verwaltungseinheiten liegt in der Optimierung ihrer jeweiligen Aufgabenerfüllung[28]. Zusammenarbeit ist nur aufgrund gegenseitiger Information möglich. Mittel des Informationsaustausches sind auf Bundesebene namentlich gegenseitige Orientierungen, Konferenzen[29] und Absprachen.

Nachfolgend gilt es die Organisationsstrukturen der Planungs-, Bau- und Umweltschutzverwaltung im Kanton Zürich und die Instrumentarien der organisationsrechtlichen Koordination zur Erläuterung kurz darzustellen.

Staatssekretäre eingesetzt werden (z.B. der Chef der politischen Direktion im EDA und Bundesamt für Aussenwirtschaft im EVD), als Gruppenchef (z.B. bei der Gruppe für Wissenschaft und Forschung im EDI) oder als Departementschef mit weitgehenden Stellvertretungskompetenzen gegenüber dem Parlament, der Öffentlichkeit und ausländischen Regierungen); vgl. NZZ vom 14. Mai 1993, Nr. 110, S. 21 und vom 5./6. November 1994, Nr. 259, S. 13

Bei der sogenannten "Regierungsreform 93" handelt es sich um eine erste Reformphase innerhalb einer weitergehenden Staatsreform, die eine entsprechende Verfassungsänderung bedingt; NZZ vom 8. Juni 1993, Nr. 129, S. 21.

Vgl. im weiteren kritisch *Alois Riklin*, Wirkliche Regierungsreform statt Scheinreform, NZZ vom 20. Juli 1993, Nr. 165, S. 15; NZZ vom 20. August 1993, Nr. 192, S. 17; NZZ vom 24. August 1993, Nr. 195, S. 16; NZZ vom 3. Februar 1994, Nr. 28, S. 23; aber auch umfassender *Leonhard Neidhart*, Neuer Anlauf zur eidgenössischen Staatsreform - aber wie?, NZZ vom 4. Februar 1994, S. 23 und *Daniel Thürer*, Aspekte einer zukunftsorientierten Staatsreform, NZZ vom 10. März 1994, Nr. 58, S. 23; NZZ vom 25. November 1994, Nr. 276, S. 13

[26] Z.B. die Generalsekretärenkonferenz gemäss Art. 56 VwOG und die Konferenz der Informationschefs gemäss Art. 57 VwOG

[27] *Simon*, S. 63 f.

[28] In diesem Sinn vgl. *Karl Huber*, S. 335 f., *Klöti*, VP 29/1975, Heft 4, 15 ff. (insbesondere 16 und 17 ff.) sowie *Simon*, S. 44 f.

[29] *Klöti*, VP 29/1975, Heft 4, 22, Anm. 26

2. Zuständigkeiten und Organisation

Bewilligungsentscheide für nachgesuchte Bauten und Anlagen sind von den örtlich, sachlich und funktionell zuständigen Behörden zu treffen.

2.1. Organisatorische Koordination zwischen den Gemeinden

Nicht immer genügen die kleinen Organisationseinheiten der Gemeinden zur Lösung komplexer raumbezogener und umweltrelevanter Vorhaben[30]. Die sachbezogene Zusammenarbeit zwischen den Gemeinden erscheint immer häufiger als wünschenswert[31]. Das Gemeindegesetz regelt als Formen der Zusammenarbeit den Zweckverband (§ 7 GG) und die Aufgabenübertragung (§ 16 GG). Die zürcherische Praxis kennt zudem auch den sogenannten Anschlussvertrag als Spielart des öffentlichrechtlichen Vertrages. Im vorliegenden Zusammenhang interessieren vor allem der Zweckverband und der Anschlussvertrag.

2.1.1. Zweckverband

Die Zunahme der Gemeindeaufgaben hat in den letzten Jahrzehnten zur vertieften Ausgestaltung des Zweckverbandsrechtes geführt[32]. Der Zweckverband versteht sich als "Zusammenschluss selbständig bleibender Gemeinden zu einer öffentlichrechtlichen Körperschaft mit eigenen Organen zur gemeinsamen Erfüllung bestimmter, einzelner Gemeindeaufgaben"[33]. Dabei handelt es sich um ein Instrument für die Erfüllung einzelner sachlich begrenzter öffentlicher Aufgaben[34].

Die Rechtsgrundlage findet sich in Art. 47bis KV und § 7 GG. Mit Änderung des Planungs- und Baugesetzes vom 1. September 1991 verzichtete der Gesetzgeber mit der ersatzlosen Streichung von § 14 betreffend die Verbandordnung auf Angaben über den Mindestinhalt einer Zweckverbandsabrede. Gemäss § 12 PBG schliessen sich die Gemeinden zur Mitwirkung an der überkommunalen Planung zu sogenannten Planungsverbänden zusammen. Soweit erforderlich - insbesondere zur Koordination überkommunaler Planungsaufgaben - erarbeiten die regionalen Planungsverbände gestützt auf § 13 PBG die Grundlagen und Ziele der räumlichen

---

30   Eine ausdrückliche Ausnahme bildet da die Stadt Zürich, der gemäss § 12 Abs. 1 Satz 2 PBG die gleiche Stellung wie ein regionaler Planungsverband zukommt.
31   *Häfelin/Müller*, N. 1152 ff.; *Thalmann*, Kommentar GG, § 7 N. 1.
32   Z.B. im Zusammenhang mit der Regionalplanung und der Abwasserreinigung
33   *Thalmann*, Kommentar GG, § 7 N. 4.2
34   Das zürcherische Recht kennt den Regionalverband im Gegensatz zu anderen Kantonen nicht. Dieser charakterisiert sich als öffentlichrechtliche Körperschaft und räumt den Stimmbürgern in Verbandsangelegenheiten ein direktes Mitwirkungsrecht ein. Da zürcherische Zweckverbände jedoch nicht auf einen einzigen Zweck zu beschränken sind und direkte Mitwirkungsrechte ohne weiteres geregelt werden können, besteht die Möglichkeit einer weitgehenden Anpassungsmöglichkeit.

Entwicklung ihres Gebietes und behandeln die Vorlagen zu den regionalen Richtplänen aufgrund von Initiativen, von Anträgen ihres Vorstandes oder der Baudirektion. In der Verbandordnung können die Gemeinden den Planungsverbänden weitere Aufgabenbereiche übertragen (Abs. 2). Gestützt auf § 13 Abs. 3 PBG steht den Planungsverbänden vor der Festsetzung oder der Änderung von überkommunalen Nutzungszonen und Schutzverordnungen ein Anhörungsrecht bei der Baudirektion zu[35].

2.1.2. Anschlussvertrag

Beim Anschlussvertrag handelt es sich um eine einfache Form der rein rechtsgeschäftlichen Zusammenarbeit zwischen Gemeinden[36]. Gegenüber dem Zweckverband entsteht nämlich "kein rechtlich verselbständigter Träger mit Rechtspersönlichkeit und selbständig handelnden Organen"[37]. Einerseits wird somit mittels einfacher Zusammenarbeit die Erfüllung öffentlicher Aufgaben ermöglicht, andererseits geniesst die angeschlossene Gemeinde, die nicht mehr Aufgabenträger ist, bei der Aufgabenerfüllung kein direktes Mitspracherecht. Als Haupterscheinungsformen interessieren die Aufgabenübernahme durch die Trägergemeinden, die Mitbenützung von Einrichtungen der Trägergemeinden und die Erstellung und Betreibung gemeinsamer Einrichtungen[38]. Wie beim Zweckverband kann jede kommunale Aufgabe Gegenstand eines Anschlussvertrages sein. Häufig kommen sie vor im Zusammenhang mit Anlagen der Wasserversorgung und -verteilung und der Mitbenützung von Abfalldeponien, öffentlichen Sportanlagen, Altersheimen usw. durch die benachbarte Gemeinde. Als Vertragspartner kommen in erster Linie Gemeinden in Frage, aber auch der Kanton, Zweckverbände sowie Korporationen und Verbandspersonen des öffentlichen und privaten Rechts[39].

---

[35] Im übrigen ist für spezielle Fragen im Zusammenhang mit dem Zweckverband auf die praxisbezogenen Ausführungen Thalmanns zu verweisen:
Thalmann, Kommentar GG, betreffend die Mitglieder des Zweckverbandes (§ 7 N. 4.4), im Zusammenhang mit der Mitgliedschaft ausserkantonaler Gemeinden (§ 7 N. 4.5), die freiwillige Bildung des Zweckverbandes (§ 7 N. 4.7.1), den Verbandsvertrag (§ 7 N. 4.8), die Mindestorganisation eines Zweckverbandes (§ 131), den Austritt und die Auflösung eines Zweckverbandes (§ 7 N. 4.12) sowie den Rechtsschutz (§ 7 N. 3.11).
[36] Diesbezüglich ist denn auch die Rede von koordinationsrechtlichen Verträgen. Vgl. *Häfelin/Müller*, N. 853 ff.; *Imboden/Rhinow*, Bd. I, Nr. 46 B.I.b
[37] *Häfelin/Müller*, N. 1157 ff.; *Thalmann*, Kommentar GG, § 7 N. 3
[38] Regelmässig liegt hier die Rechtsform der einfachen Gesellschaft vor gemäss Art. 530 ff. OR per analogiam; *Thalmann*, § 7 N. 3.2
[39] Für Einzelheiten ist im weiteren auf die Ausführungen *Thalmanns* (Kommentar GG, § 7 N. 3) zu verweisen.

2.2. Organisatorische Koordination bei verschiedenen sachlichen Zuständigkeiten

2.2.1. Auf kantonaler Ebene

Gemäss § 2 lit. a PBG ist der Gesamtregierungsrat zuständig zum Erlass der gesetzlich vorgesehenen Vollziehungsbestimmungen[40], zur Festsetzung der vom Staat aufzustellenden Richtpläne[41], zur Oberaufsicht über das gesamte Planungs- und Bauwesen sowie zum präventiv aufsichtsrechtlichen Entscheid über genehmigungsbedürftige Erlasse und Verfügungen[42]. § 2 lit. b PBG delegiert die folgenden Kompetenzen an die Baudirektion: die Festsetzung der vom Staat aufzustellenden Nutzungspläne[43], die Festsetzung von Planungszonen[44] sowie die Aufsicht über die Gemeinden in den vom Planungs- und Baugesetz geordneten Sachbereichen. § 35 OG RR zählt die Geschäfte auf, für welche die Baudirektion gegenüber dem Regierungsrat zur Berichterstattung verpflichtet ist und ihr ein Antragsrecht zukommt. Praxisgemäss arbeitet die Baudirektion die Entscheidanträge zuhanden des Regierungsrates aus. § 36 OG RR enumeriert die Geschäfte zur selbständigen Erledigung durch die Baudirektion. Organisatorisch umfasst die Baudirektion das Tiefbauamt (TA), das Amt für Gewässerschutz und Wasserbau (AGW), das Hochbauamt, das Amt für technische Anlagen und Lufthygiene (ATAL) und das Amt für Raumplanung (ARP). Als Stabsstelle dient dem Baudirektor das Direktionssekretariat bestehend aus der Rechtsabteilung, der Koordinationsstelle für Umweltschutz (KofU) und dem Rechnungssekretariat[45].

Die allgemeine Zuständigkeit der kommunalen Baubehörde gestützt auf § 318 PBG erfährt verschiedene Ausnahmen (vgl. § 16 ff. BVV). So unterscheidet der Anhang zur BVV zwischen der unmittelbaren und der mittelbaren kantonalen Zuständigkeit. Während der Kanton

---

[40] Verordnungen gestützt auf § 359 PBG sowie Richtlinien und Normalien gemäss § 360 PBG
[41] Regionale Richtpläne gemäss § 32 Abs. 2 PBG
[42] Dazu gehören die Genehmigungen:
- des kommunalen Richtplanes (§ 32 Abs. 3 PBG)
- der kommunalen Bau- und Zonenordnung (§ 89 PBG) sowie der Ausführungsverordnungen
- von kommunalen Sonderbauvorschriften (§ 89 PBG)
- von kommunalen Gestaltungsplänen (§ 89 PBG)
- des kommunalen Erschliessungsplanes (§ 95 PBG)
- von kommunalen Bau- und Niveaulinienplänen (§ 109 PBG)
- von Ski- und Schlittellinien (§§ 113 Abs. 2 i.V.m. 109 PBG)
- von Werkplänen (§ 115 Abs. 2 PBG)
- von Quartierplänen (§§ 149 Abs. 1 und 159 Abs. 1 PBG)
- von Betrieben mit Schwertransporten (§ 227 Abs. 2 PBG)
- von Hochhäusern (§ 285 Abs. 1 PBG).
[43] Etwa kantonale und regionale Landwirtschaftszonen gemäss § 36 PBG, kantonale und regionale Freihaltezonen gemäss § 39 PBG sowie kantonale und regionale Gestaltungspläne für Materialgewinnung und -ablagerung gemäss § 44a PBG
[44] Vgl. § 346 Abs. 2 PBG
[45] *Staatskanzlei des Kantons Zürich*, Staatskalender des Kantons Zürich 1991/92

im Fall der unmittelbaren Zuständigkeit Bewilligungsbehörde ist (§ 16 BVV i.V.m. Ziff. 1 Anhang zur BVV), wird mit der mittelbaren Zuständigkeit die Entscheidungsbefugnis der örtlichen Baubehörde eingeschränkt (§ 17 BVV). Dabei kann deren Entscheid über ein vorgängiges Meldeverfahren bei einer kantonalen Instanz unterstellt[46] oder direkt der Genehmigung durch eine kantonale Instanz unterworfen werden. Umfasst die kantonale Bewilligung bzw. Genehmigung inhaltlich das gesamte Vorhaben, so handelt es sich um eine abschliessende kantonale Zuständigkeit. Betrifft sie nur einen Teil der zu prüfenden Bewilligung, so liegt eine teilweise Genehmigungskompetenz vor. Gestützt auf § 5 PBG werden genehmigungsbedürftige Erlasse und Verfügungen auf ihre Rechtmässigkeit, Zweckmässigkeit und Angemessenheit überprüft. Mit ihrer konstitutiven Rechtsnatur haben Genehmigungen rechtsbegründende Wirkung und sind folglich Gültigkeitserfordernis.

Weitere kantonale Zuständigkeiten sind im übrigen gestützt auf die Spezialgesetzgebung zu berücksichtigen, welche baurechtliche Spezialbewilligungen vorsieht[47]. Diese Bewilligungen gehen nicht von der örtlichen Baubehörde aus; sie sind jedoch für die Erstellung einer Baute oder Anlage zwingend erforderlich (z.B. gewässerschutzrechtliche Bewilligungen). Der Umfang solcher Spezialbewilligungen hängt von der Natur des Projektes ab und wird im baurechtlichen Entscheid der ordentlichen Baubehörde vorbehalten[48]. Eine weitere zuständigkeitsmässige Besonderheit stellt die Integration von bedeutenderen feuerpolizeilichen Nebenbestimmungen in die Baubewilligung der ordentlichen Baubehörde dar, die ihrerseits einer klaren gesetzlichen Grundlage bedürfen[49]. Gemäss § 7 Abs. 1 FFG i.V.m. § 45 BBV hat die Gebäudeversicherung des Kantons Zürich nach der Vorprüfung durch die örtliche Baubehörde bei gewissen Gebäudekategorien Brandschutzmassnahmen im Baubewilligungsverfahren festzusetzen. Diese Anordnungen sind Teil der Baubewilligung[50]; Vollzugsbehörde ist grundsätzlich die Feuerpolizei (§ 7 Abs. 2 FFG)[51].

---

[46] Das Meldeverfahren ist in § 18 BVV geregelt. Dabei hat die kommunale Baubehörde das Vorhaben der bezeichneten Meldestelle unter schriftlicher Mitteilung an den Gesuchsteller Kenntnis zu geben. Gestützt auf den Antrag der Meldestelle kann die zuständige Direktion das Bauvorhaben ihrer Genehmigung unterstellen. Diesen Unterstellungsentscheid hat die Direktion innert 30 Tagen vorzunehmen. Bei Genehmigungsverzicht bzw. im Falle dessen Ausbleibens innert der 30tägigen Frist behandelt die kommunale Baubehörde das Gesuch abschliessend.
[47] Siehe für diese Spezialbewilligungsverfahren *Christian Mäder*, N. 371 und 546 ff.
[48] *Christian Mäder*, N. 457
[49] *Christian Mäder*, N. 372 und 542
[50] *Christian Mäder*, N. 568 (insbesondere Fussnote 19 mit Hinweisen auf die Praxis)
[51] *Gisler* (S. 165 ff. und 168 f.) spricht in diesem Zusammenhang von "verwaltungsgebundenen Regelungsakten", die zustandekommen, "indem mehrere einander gleichgeordnete oder auf verschiedenen Stufen der Hierarchie stehende Behörden sich an einem Gesamtentscheid betätigen, sei ihre Mitwirkung mitbestimmend oder erfolge sie nur als Anhörung." Gesamtentscheide seien erstrebenswert, weil es kaum je genüge, eine bauliche Anlage nur auf ihre Übereinstimmung mit dem materiellen Baurecht zu überprüfen.

Im Bereich des Umweltschutzes wird im Kanton Zürich auf eine dezentrale Verwaltungsorganisation abgestellt[52]. Die Idee der Zusammenfassung jener Ämter und Fachstellen, die Aufgaben des Umweltschutzes erfüllen, zu einer eigenen Umweltschutzdirektion wurde verworfen. Dies aus folgenden Gründen: Beim Umweltschutz handle es sich um eine klassische Querschnittaufgabe. Konzeptionell baue das Umweltschutzgesetz auf der geltenden Rechtsordnung und den bestehenden Verwaltungsstrukturen auf. Folglich habe das Umweltschutzrecht diese bestehenden rechtlichen und administrativen Grundlagen zu ergänzen, soweit dies erforderlich sei. Die Hauptaufgaben der rund 50 kantonalen Verwaltungseinheiten, die grösstenteils zwar wesentliche Beiträge an den Umweltschutz leisten, erfüllten in erster Linie Aufgaben, die in einem anderen Sachzusammenhang stünden. Organisatorisch seien sie an ihre übergeordnete Verwaltungseinheit gebunden. Erschwerend komme hinzu, dass die Vielzahl der mitwirkenden Verwaltungseinheiten und ihre jeweiligen Geschäftsabläufe auch keine verbindlichen Gemeinsamkeiten zeigten. Eine eigens strukturierte Umweltschutzfachverwaltung - etwa unter der Führung einer eigenen kantonalen Umweltschutzdirektion - erweise sich der Natur der zu erfüllenden Querschnittaufgabe entsprechend als unfruchtbar. Die Koordinationsvorteile, die demnach mit einer Zusammenfassung der Umweltschutzaufgaben für einen koordinierten Umweltschutz gewonnen würden, brächten zwingend Koordinationsaufgaben in anderen öffentlichen Aufgabenbereichen.

Innerhalb der kantonalen Verwaltungsorganisation des Kantons Zürich fällt in jüngster Zeit die administrative Verstärkung durch Stabsstellen mit Koordinationsfunktionen im Bereich des Umweltschutzrechts auf[53]. Im vorliegenden Zusammenhang sei nur so viel bemerkt, dass mit der Einführung der Umweltverträglichkeitsprüfung die vormals umfassende Selbständigkeit der Gemeinden insofern eingeschränkt worden ist, als der kantonalen Umweltschutzfachverwaltung im baurechtlichen Verfahren gestützt auf Art. 13 UVPV entscheidvorbereitende Funktionen zugebilligt wurden. Die Entscheidungsbefugnis der kommunalen Behörden an sich wurde jedoch nicht eingeschränkt. Um den zeitlich und sachlich reibungslosen Verfahrensablauf der Umweltverträglichkeitsprüfung sicherstellen zu können sowie aus Gründen der Rechtsgleichheit und Rechtssicherheit, kommen der Koordinationsstelle für Umweltschutz mit der Leitung des Mitberichtsverfahrens und dem Antragsrecht an die entscheidende Behörde verfahrensleitende Funktionen zu.

---

[52] Bericht und Antrag des Regierungsrates an den Kantonsrat zum Postulat Nr. 2209 betreffend Schaffung effizienter Verwaltungsstrukturen für die Erfüllung von Umweltschutzaufgaben vom 9. September 1987, Vorlage 2851, ABl 1987, S. 1385 ff.
[53] Vgl. unter § 7, 3.3.5.

2.2.2. Auf Gemeindeebene

a) Allgemeines

Im Kanton Zürich finden sich grundsätzlich zwei Hauptformen von Amtsträgerschaften für die Besorgung der Bauverwaltung, nämlich: der Gemeinderat als kommunale Gesamtexekutivbehörde und die spezialisierte kommunale Baukommission[54]. Ist der Gemeinderat die zuständige Behörde, so entscheidet grundsätzlich dessen Mehrheit. Gestützt auf § 56 GG können die Gemeinden unter dem Vorsitz eines Gemeinderatsmitgliedes auch eine Baukommission mit selbständigen Verwaltungsbefugnissen konstituieren. Ist die Baukommission unselbständig, weil ihr lediglich beratende Funktionen zukommen, so behandelt sie die Baugesuche bis zur Entscheidungsreife. Ihr Aufgabenbereich endet mit dem Stellen des Antrages auf Bewilligung bzw. auf Verweigerung des Vorhabens.

Die Aufgabenfülle und die Komplexität der Materie haben eine eigene Bauverwaltung entstehen lassen. Während nur noch in kleinen Gemeinden der Gemeindeschreiber[55] die Bauverwaltung alleine besorgt, wird mit dem Einsatz eines Bausekretärs ein erster einfacher Spezialisierungsgrad erreicht. Grössere Gemeinden bewältigen die Bauverwaltung mit eigenen Bauämtern. Namentlich in der Stadt Zürich steht der Bausektion II des Stadtrates von Zürich als Baukommission mit selbständigen Verwaltungsbefugnissen ein spezialisierter Verwaltungsapparat zur Verfügung. Die Bausektion II entscheidet aufgrund der Anträge verschiedener mitwirkender städtischer Amtsstellen[56]. Für komplexe Sach- und Rechtsfragen ziehen namentlich kleinere, nicht spezialisierte Gemeinden Fachleute zur Beratung und zur Begutachtung bei[57].

Auf kommunaler Ebene sind die Zuständigkeiten und Aufgabenkreise demnach übersichtlich und klar geregelt: Entweder entscheidet der Gemeinderat als kommunales Gesamtexekutivorgan oder eine eigens spezialisierte Baukommission unter dem Vorsitz eines Gemeindevorstandes[58]. Der Bauverwaltung kommt gegenüber diesen beiden Formen von Amtsträgerschaften nur ein Antragsrecht zu. In der Sache widersprüchliche Anträge der Bauverwaltung oder aber auch beigezogener externer Fachleute bzw. Fachstellen hat die entscheidungsbefugte Amtsträgerschaft mittels Interessenabwägung zu lösen.

---

54 *Christian Mäder*, N. 133 bis 135, auch für Einzelheiten
55 *Leemann*, VP 26/1972, 212 ff.; vgl. auch *Hainard*, ZBl 85/1984, 337 ff.
56 *Christian Mäder*, vgl. die Aufzählung der Amtsstellen in Fussnote 24 zu N. 135
57 *Häfelin/Müller*, N. 1002 ff.
58 Aber auch im kommunalen Bereich zeigen sich zunehmend komplexere Zuständigkeiten. So sind gemäss der Verordnung über die Erhaltung des Baumbestandes in der Stadt Zürich vom 17. Mai 1992 Bewilligungsgesuche betreffend die Beseitigung von Bäumen und den eingreifenden Rückschnitt von Kronen und Wurzeln im Zusammenhang mit bewilligungspflichtigen Bauvorhaben der Baupolizei einzureichen (Art. 6 Abs. 3) und durch die Bausektion II des Stadtrates zu entscheiden (Art. 7 Abs. 1). Entsprechende Gesuche ausserhalb von Baubewilligungsverfahren sind demgegenüber beim Gartenbauamt einzureichen (Art. 6 Abs. 4) und durch den Vorstand des Bauamtes I zu entscheiden (Art. 7 Abs. 2).

BRKE I Nr. 58/1993
Ein illustratives Beispiel für ungenügende Erkennung an sich klarer Zuständigkeiten und organisatorischer Fehlkoordination zulasten der Bauherrschaft liegt dem folgenden Rekursverfahren bei der Baurekurskommission I zugrunde: Vorentscheidweise suchte die Bauherrschaft Z-AG bei der Bausektion der Gemeinde Sch. um den teilweisen Ausbau einer weder inventarisierten noch formell unter Schutz gestellten Werk- und Lagerhalle nach. Unter der Anordnung feuerpolizeilicher und denkmalpflegerischer Nebenbestimmungen wurde der Hallenausbau in Aussicht gestellt. Im Rekursverfahren machte die Bauherrschaft Z-AG insbesondere geltend, die angeordneten feuerpolizeilichen Auflagen widersprächen allfälligen denkmalpflegerischen Anliegen. Im Zusammenhang mit einem von der Z-AG alternativ nachgesuchten Abbruchgesuch in bezug auf die Werk- und Lagerhalle gelangte die Bausektion der Gemeinde Sch. an die Denkmalpflege-Kommission des Kantons Zürich (KDK) und ersuchte um Stellungnahme betreffend die Aufnahme der Halle ins Inventar der kommunalen und regionalen Schutzobjekte sowie in bezug auf die feuerpolizeilichen Auflagen für den Hallenausbau. Noch vor Eingang des KDK-Gutachtens bewilligte die kommunale Baubehörde vorentscheidweise auch das Abbruchgesuch.

Anlässlich des Delegationsaugenscheines der Baurekurskommission I wurde insbesondere die Unsicherheit der Gemeinde Sch. hinsichtlich der Stellung und Beurteilung sowie der möglichen Auswirkungen des KDK-Gutachtens deutlich. Gemäss § 4 Abs. 2 Reglement für die Sachverständigenkommissionen vom 31. August 1977 (GS 702.111) i.V.m. § 216 PBG können die Gemeinden bei der Baudirektion zu Fragen kommunaler Bedeutung um eine fakultative Begutachtung durch die kantonale Denkmalpflege-Kommission nachsuchen. Im kommunalen Zuständigkeitsbereich in Natur- und Heimatschutzsachen steht die KDK den Gemeinden demnach als beratende Fachstelle zur Verfügung. Ein nachgesuchtes Gutachten ist im Bewilligungsverfahren als Beweismittel frei zu würdigen[59]. (Allenfalls hätte vorliegend die Würdigung des KDK-Gutachtens zu den bereits vorentscheidweise auferlegten feuerpolizeilichen Nebenbestimmungen die Frage eines allfälligen Vorentscheidwiderrufes betreffend den Hallenausbau aufzuwerfen vermögen.) Das überstürzte kommunale Vorgehen lässt sich wohl einzig aus den sich in langen Vorbesprechungen mit der Bauherrschaft, der feuerpolizeilichen Abteilung der kantonalen Gebäudeversicherung und der kommunalen Denkmalschutzfachstelle abzeichnenden Interessenkonflikten und der sich daraus ergebenden - nicht einmal besonders qualifizierten - Komplexität des Geschäftes erklären. Schlechthin unverständlich ist das kommunale Vorgehen im Hinblick darauf, dass sich die Gemeinde Sch. über den potentiell lediglich kommunalen Umfang des Schutzobjektes klar gewesen ist und vorentscheidweise grundsätzlich den Interessen eines optimierten Brandschutzes sowohl im Bewilligungs- als auch im Rekursverfahren den Vorrang zugestanden hat. Abgesehen von der wirtschaftlichen Ineffizienz solchen Verwaltungshandelns geht es nicht an, bezüglich unmissverständlichen und klar gestellten Vorentscheidfragen der Bauherrschaft mit vagen Nebenbestimmungen ein Hintertürchen offen zu halten.

b) **Örtliche Baubehörde als Koordinationsbehörde**

§ 312 PBG schliesslich, wonach Baugesuche ohne Rücksicht auf die sachliche Zuständigkeit stets bei der örtlichen Baubehörde einzureichen sind, auch wenn sie gleichzeitig weiteren Instanzen unterbreitet werden, legt den eigentlichen Grundstein für eine umfassende organisatorische Koordination bei der kommunalen Baubehörde. Die Vorprüfung (§ 313 PBG) und die Bekanntmachung (§ 314 PBG) fallen ebenfalls in ihren Aufgabenkreis. Deren eigentlich koordinierende Funktion als Ort der Gesuchseinreichung sowie die damit verbundenen Vorteile für die Gesuchsteller werden erst in jüngster Zeit zwar zum Teil erkannt, aber nicht konsequent

---

[59] Gesetzt den Fall, ein Bauvorhaben betreffe möglicherweise ein potentielles Schutzobjekt von überkommunaler Bedeutung, so wäre gemäss § 3 des besagten Reglementes eine obligatorische Begutachtung zu veranlassen; zuständig für allfällige Schutzmassnahmen wäre gemäss § 211 Abs. 1 PBG die Baudirektion.

ausgeschöpft. Zur Erläuterung werden nachfolgend typische Beispiele fehlerhafter Erkennung dieser Koordinationsfunktion vorgestellt:

BRKE IV Nr. 109/1992
Die Pfadfinderabteilung H. reichte beim Gemeinderat R. ein Gesuch für die Wiedererrichtung der abgebrannten Pfadihütte in den alten Ausmassen, neu mit einem WC-Häuschen in der kantonalen Landwirtschaftszone ein. In der Folge unterbreitete die örtliche Baubehörde R. das Geschäft zur Erteilung der gewässerschutzrechtlichen Bewilligung der WC-Anlage gemäss § 20 EG zum GSchG dem Amt für Gewässerschutz und Wasserbau (AGW) und zur Erteilung der Ausnahmebewilligung gemäss Art. 24 RPG der Baudirektion (BD) ein. Beide kantonalen Instanzen erteilten die nachgesuchten Bewilligungen. Auch die örtliche Baubehörde erteilte die erforderliche baupolizeiliche Bewilligung und erklärte die Bewilligungen des AGW und der BD zu integrierten Bestandteilen des kommunalen Bauentscheides. Sämtliche Entscheide wurden den Verfahrensbeteiligten zugestellt.
 Der Nachbarrekurs zeigte beachtliche verfahrensrechtliche Unsicherheiten auf: Zum einen teilte zwar die Baudirektion ihre Ausnahmebewilligung u.a. "dem Gemeinderat R. für sich und zuhanden der Gesuchstellerin H. sowie Dritter, die den baurechtlichen Entscheid verlangt hatten" zu und eröffnete die Rekursmöglichkeit an den Regierungsrat. Das AGW indessen stellte seinen gewässerschutzrechtlichen Entscheid den Adressaten direkt zu mit der Rechtsmittelbelehrung des Rekurses an die BD. Mit der Integration dieser Entscheide in die kommunale Baubewilligung wurden die Unsicherheiten geradezu programmiert: So war die Baurekurskommission IV für Behandlung der rekursweise geltendgemachten Argumentation gegen die Ausnahmebewilligung gemäss Art. 24 RPG nicht zuständig. Es erging ein Nichteintretensentscheid und das Geschäft wurde der Baudirektion zur Behandlung überwiesen. (Keine Probleme verursachte im vorliegenden Fall glücklicherweise die doppelte Zustellung des gewässerschutzrechtlichen Entscheides.)
 In koordinationsrechtlicher Hinsicht wäre es wünschenswert, dass die erforderlichen Bewilligungen gemeinsam und gleichzeitig eröffnet und zugestellt würden (vgl. diesbezüglich nachfolgend unter § 4, 2.6.2.).

BRKE III Nr. 221/1992
Besteht für die Bewilligung eines Provisoriums ausserhalb der Bauzone gestützt auf Ziff. 1.4 lit. a Anhang zur BVV die unmittelbare Zuständigkeit des Kantons, hat die kommunale Baubehörde ein Gesuch betreffend die Verlängerung des Provisoriums weiterzuleiten.
Hier wirkt die örtliche Baubehörde als Schaltstelle, ohne dass ihr selber eine Entscheidungsbefugnis zustünde.

Uneinheitlich zeigt sich beispielsweise auch die Praxis der kommunalen Baubehörden im Zusammenhang mit Vorentscheidgesuchen, welche die Zuständigkeit verschiedener Behörden beschlägt:

BRKE IV Nr. 54/1992 und BRKE IV Nr. 122/1992
Während einzelne Gemeinden den sie betreffenden Fragenkreis beantworten und zuständigkeitsüberschreitende Vorentscheidfragen an die jeweils kompetente Behörde gestützt auf § 5 Abs. 2 VRG überweisen (BRKE IV Nr. 54/1992), lassen andere Gemeinden in ihren Zuständigkeitsbereich fallende Vorentscheidfragen einfach unbeantwortet (BRKE IV Nr. 195/1992).
 Gestützt darauf, dass ein Vorentscheidverfahren dem Gesuchsteller eine Klärung der Rechtslage ermöglicht, bevor die Aufwände und Kosten einer Detailplanung erwachsen und dieses sich in keiner Weise von einem ordentlichen Baubewilligungsverfahren unterscheidet, ist die örtliche Baubehörde auch hier Ort der Gesuchseinreichung im Sinne von § 312 PBG.

3. Aufsichtsrechtlich bedingte Koordinationsinstrumente

3.1. Kompetenz aus dem Aufsichtsrecht und der Dienstgewalt

Das föderalistisch bestimmte Verhältnis zwischen dem Bund und den Kantonen wird insbesondere durch die sogenannte Oberaufsicht geprägt. Auf unterer staatsrechtlicher Ebene besteht - mit Ausnahme des Geltungsbereiches der Gemeindeautonomie - ein bedingt vergleichbares mittelbares Aufsichtsverhältnis zwischen dem Kanton und den Gemeinden. So ist der Kanton dazu berechtigt und verpflichtet zu überprüfen, ob die Gemeinden ihre Aufgaben verfassungs- und gesetzeskonform erfüllen[60]. In Ausnahme zur allgemeinen zweistufigen Aufsichtsorganisation im Kanton Zürich (Bezirksrat und Direktion des Innern, §§ 141 Abs. 1 und 147 GG) ist gestützt auf § 2 lit. b PBG in den vom Planungs- und Baugesetz erfassten Sachbereichen die Baudirektion einzige Aufsichtsinstanz. In baurechtsverwandten Sachbereichen kann es zu Kompetenzkonflikten kommen[61]. Mittel der Oberaufsicht sind die allgemeinen Dienstanweisungen. Die staatsrechtliche Kompetenzverteilung zwischen den verschiedenen Gemeinwesen gilt es grundsätzlich zu beachten; ausnahmsweise - etwa in Fällen besonderer Dringlichkeit, wenn das Vorgehen auf dem Weg über die Oberaufsicht sich als zu langwierig erweist - soll, ja muss die unmittelbare Ausübung der Staatsgewalt gewährleistet sein. Regelmässig handelt es sich dabei um konkrete Einzelfälle. Die unmittelbare Weisungsbefugnis bedarf einer ausdrücklichen gesetzlichen Regelung[62].

Aufsichts- und Dienstgewalt kommen durch verschiedene Rechte des übergeordneten Gemeinwesens bzw. der diensthöheren Behörde gegenüber dem unterstellten Gemeinwesen resp. der unterstellten Verwaltungseinheit zum Ausdruck. In Wechselwirkung dazu stehen entsprechende Pflichten der unterstellten Gemeinwesen bzw. Amtsstellen gegenüber der Aufsichtsbehörde bzw. übergeordneten Dienststelle. Aufsichts- und Dienstgewalt regeln demnach das vertikale Verhältnis zwischen hierarchisch nicht gleichgestellten Behörden. Den Anspruch auf Hilfeleistungen kann das übergeordnete Gemeinwesen bzw. die diensthöhere Verwaltungseinheit[63] durch Regelung der Modalitäten festhalten und damit auch gleichzeitig die vertikale Koordination sicherstellen.

Die Mittel der Aufsichts- und Dienstgewalt der kommunalen und kantonalen Bauverwaltung im Kanton Zürich werden nicht eigens statuiert[64]. Es sind die allgemeinen aufsichtsrecht-

---

60 *Häfelin/Müller*, N. 1139 ff.
61 Z.B. RRB Nr. 3706/1983 = BEZ 1983 Nr. 40
62 *Stampfli*, S. 70 ff.
63 *Simon*, S. 42 betreffend Hilfeleistungen aus dem Aufsichtsverhältnis in Abgrenzung zur Amtshilfe
64 *Karl Huber* (334 f.) nennt als Mittel der Bundesaufsicht mit Koordinationsfunktionen: Berichterstattungspflicht, Auskunftspflicht, Genehmigung kantonaler Ausführungserlasse, Genehmigung von Plänen und

lichen Instrumentarien zu beachten, wie sie in §§ 142 ff. GG aufgezählt sind. Zu unterscheiden sind präventive (generelle Weisungen, Auskünfte, Genehmigungen, Melde- und Informationspflichten), kontrollierende (Berichterstattungen, Visitationen, Einsichtsrechte), korrigierende (konkrete Weisungen, Ersatzvornahmen) und repressive (Ordnungsstrafen, Strafanzeigen) Aufsichtsmittel. Die Mittel sind verhältnismässig einzusetzen. Vorliegend interessieren insbesondere:

3.2. Mittel der Aufsichts- und Dienstgewalt

3.2.1. Generelle Dienstanweisungen

Terminologisch werden für generell-abstrakte Erlasse einer übergeordneten Behörde zuhanden einer bzw. mehrerer ihr unterstellter Behörden unterschiedliche Begriffe verwendet. Häufig ist die Rede von "generellen (Dienstan-)Weisungen" und "Kreisschreiben". Dabei dürften die generellen Dienstanweisungen, die sich an die der erlassenden Behörde untergeordnete Behörde richtet und als Anleitung zum Erlassvollzug dient, funktionell den Kreisschreiben entsprechen. Stampfli[65] unterscheidet drei Hauptarten allgemeiner Dienstanweisungen: organisatorische[66], solche, welche die Rechtsstellung der Beamten betreffen sowie verhaltenslenkende. Zu den verhaltenslenkenden lassen sich die meisten allgemeinen Dienstanweisungen zählen. Zum einen regeln sie den verwaltungsinternen Dienstbetrieb[67]; zum andern handelt es sich um generelle Dienstanweisungen mit faktischen Aussenwirkungen wie etwa gesetzesunabhängige Dienstanweisungen[68], Vorschriften konkretisierende bzw. den Vollzug erläuternde Dienstanweisungen, eigentliche Auslegungsrichtlinien sowie Ermessensrichtlinien. Sofern sich die allgemeinen Dienstanweisungen allein an untergeordnete Behörden richten, handelt es sich um Verwaltungsverordnungen[69]. Problematisch sind diejenigen Dienstanweisungen, die gegenüber dem Bürger Rechtswirkungen entfalten. Sie verletzen den Grundsatz der Gesetzmässigkeit der Verwaltung

---

Konzepten, Bedingungen und Auflagen bei der Genehmigung von Beitragsgesuchen, Ausführungsbestimmungen des Bundes, Weisungen des Bundes an die Kantone und die Ersatzvornahme.

[65] *Stampfli*, S. 98 ff., vgl. auch die Zusammenfassung S. 123 f.
[66] Vgl. etwa die erwähnten konstituierenden Beschlüsse des Regierungsrates des Kantons Zürich betreffend die Organisation der Koordinationsstelle für Umweltschutz (KofU) als Drehscheibe der Umweltschutzfachverwaltung
[67] *Häfelin/Müller*, N. 96 ff.; *Gstrein*, zum instruktionellen Kreisschreiben vgl. S. 78 ff.
Zur Erläuterung seien etwa die Grundsätze für das Rekursverfahren vor dem Regierungsrat vom 5. Januar 1983 mit Änderungen vom 13. August und 19. November 1986 erwähnt: Nach einheitlichen Gesichtspunkten werden hier die grundlegenden Kriterien beim Eingang von Rekursgeschäften im allgemeinen, der Vorprüfung, der Kosten, für prozessleitende Massnahmen, für das Vernehmlassungs- und das Beweisverfahren, für das rechtliche Gehör, für die Parteientschädigung, für die Antragstellung und den Rekursentscheid sowie die Abschreibung des Rekursverfahrens und schliesslich für die Stellung von Wiedererwägungsgesuchen dargelegt.
[68] Diese regeln die Voraussetzungen und die Durchführung eines bestimmten behördlichen Geschäftsganges.
[69] *Häfelin/Müller*, N. 96 ff.

und stellen damit auch den Rechtsschutz des Bürgers in Frage. Gemäss der zürcherischen Praxis darf die Verwaltung eine Verfügung nicht allein auf eine Verwaltungsverordnung abstützen. Das Verwaltungsgericht praktiziert den sogenannten Durchgriff, d.h., es ist stets zu prüfen, ob der Rechtsanwendungsakt mit dem Gesetz oder der Verfassung vereinbar ist[70]. Dienstanweisungen mit Aussenwirkungen unterliegen im übrigen von Amtes wegen sowohl im Rekurs- als auch im Beschwerdeverfahren der akzessorischen Normenkontrolle[71].

3.2.2. Richtlinien und Normalien

§ 360 PBG ernennt im weiteren "Richtlinien" und "Normalien" zu Vollzugsbestimmungen. So erteilt z.B. § 237 Abs. 2 PBG ausdrücklich den Auftrag, Normalien über die Anforderungen im Hinblick auf die Verkehrssicherheit von Zufahrten zu statuieren[72]. Die Zugangsnormalien unterscheiden je nach der zu erbringenden Erschliessungsleistung verschiedene Zufahrtstypen. Unter dem Aspekt der Verkehrssicherheit werden die gerade noch verantwortbaren minimalen Querprofile anhand des erfahrungsgemäss massgeblichen Begegnungsfalles festgehalten. Bei den Richtlinien und Normalien im Sinne von § 360 PBG handelt es sich um Rechtsverordnungen, stipulieren sie doch für Regelfälle gestützt auf Erfahrungswerte und technische Gesetzmässigkeiten zweckmässige und für den Gesuchsteller verbindliche Bestimmungen. Sieht § 360 Abs. 3 PBG vor, dass von Richtlinien und Normalien "nur aus wichtigen Gründen" abgewichen werden darf, so handelt es sich dabei um die gesetzliche Grundlage für Ausnahmebewilligungen. Deren Voraussetzungen sind in den Richtlinien und Normalien entsprechend auszuführen. So kann beispielsweise gemäss § 11 ZGN bei Vorliegen besonderer tatsächlicher Voraussetzungen unter dem Vorbehalt einer Notzufahrt von den erforderlichen Querprofilen abgewichen werden.

3.2.3. Meldepflichten

Ebenfalls aufsichtsrechtlich motiviert ist das bereits erwähnte Meldeverfahren gemäss § 18 BVV i.V.m. Ziff. 2.2 Anhang zur BVV. Diese Verfahrensart verpflichtet die kommunale Baubehörde die im Anhang zur BVV bezeichneten kantonalen Meldestellen über die abschliessend aufgezählten, meldepflichtigen Vorhaben ins Bild zu setzen. In der Folge obliegt es der bezeichneten Direktion zu entscheiden, ob sie das Bauvorhaben ihrer Genehmigung unterstellen will oder nicht. Offensichtlich geniesst die mittelbar zuständige Direktion beim Meldeverfahren ge-

---

70 *Kölz*, Kommentar VRG, § 19 N. 48 und § 50 N. 157 ff. (insbesondere N. 160); *Stampfli*, S. 208 ff.
71 *Kölz*, Kommentar VRG, § 20 N. 18 ff. und § 50 N. 144 ff. und N. 160; *Stampfli*, S. 211 ff.
72 Betreffend Zufahrten hat der Regierungsrat letztmals am 9. Dezember 1987 die sogenannten Zugangsnormalien erlassen.

mäss § 18 BVV einen Informationsanspruch, dem seitens der örtlichen Baubehörde eine Informationspflicht gegenübersteht.

3.2.4. Weiterleitungs- und Überweisungspflicht

Ein besonderes Kommunikationsrecht statuiert § 5 Abs. 2 VRG, wonach eine unzuständige Verwaltungsbehörde von Amtes wegen und in der Regel unter Benachrichtigung des Absenders verpflichtet ist, die Eingabe an die zuständige Verwaltungsbehörde weiterzuleiten. Regelmässig stellt die angegangene Behörde mit einem weiterziehbaren Nichteintretensentscheid ihre Unzuständigkeit fest und überweist das Geschäft an die zuständige Behörde. Nicht selten geschieht dies im Zusammenhang mit geänderten bzw. neu geschaffenen Zuständigkeiten[73].

4. Amtshilfe

4.1. Begriff

Während die Amtshilfe im weiteren Sinne auch die Zusammenarbeit zwischen Behörden und Hilfeleistungen im Aufsichtsverhältnis umfasst, handelt es sich bei der Amtshilfe im engeren Sinne um "die gegenseitige Unterstützung von Verwaltungseinheiten bei deren Aufgabenerfüllung durch verfahrensrechtlich nicht geregelte Hilfeleistungen im Rahmen des erstinstanzlichen Verwaltungsverfahrens"[74]. Damit zeigt sich der enge Zusammenhang zwischen der Amtshilfe und der bestehenden Verwaltungsorganisation: Die Amtshilfe stellt im beschriebenen Umfang die Zusammenarbeit einzelner Verwaltungseinheiten sicher und dient letztlich der Einheit der Verwaltung. Allerdings nur subsidiär: Sie greift nämlich erst in jenen Fällen, bei denen zum einen keine adäquate organisationsrechtliche Ordnung besteht und zum andern der Geschäftsverkehr zwischen Verwaltungseinheiten im horizontalen Berührungsbereich aufgrund organisatorischer Unzulänglichkeiten nicht durch Kooperationsnormen sichergestellt ist[75]. Folglich werden Amtshilfeleistungen auf Ersuchen einer betroffenen Behörde im Einzelfall erbracht. Weiter müssen sie verhältnismässig sein[76]. Amtshilfe findet ihre Grenzen im Geschäfts- und Zuständigkeitsbereich der hilfeleistenden Behörde[77], grundsätzlich auch im Amtsgeheimnis und der beamtenrechtlichen Schweigepflicht und schliesslich in besonderen gesetzlichen Geheimhal-

---

[73] So z.B. BRKE III Nrn. 281 und 282/1991 = BEZ 1992 Nr. 6
[74] *Simon*, S. 142
[75] *Simon*, S. 66 f.
[76] *Simon*, S. 68
[77] *Simon*, S. 63

tungspflichten[78]. Je nach Intensität, mit welcher der Bürger in seinen Rechten und Pflichten betroffen wird, lassen sich in den vorliegend interessierenden Sachgebieten zwei Arten von Amtshilfeleistungen unterscheiden[79]:

4.2. Innenhilfe

Um Innenhilfe handelt es sich bei jenen Hilfeleistungen, die nur den verwaltungsinternen Arbeitsablauf und organisatorische Anfragen betreffen. Dazu gehören z.B. jene Verwaltungsverordnungen, die keine die Rechtsstellung des Bürgers betreffenden Vorgänge enthalten wie beispielsweise das Merkblatt der Volkswirtschaftsdirektion zur Bewilligungspraxis bei Um- und Anbauten innerhalb des gesetzlichen Waldabstandes vom November 1987[80]. Reine Innenhilfe ist auch das Einholen eines Gutachtens seitens der erstinstanzlichen Bewilligungsinstanz zu einer bestimmten Rechtsfrage ohne konkreten Fallbezug. Ebenso gehören im weiteren fallunabhängige allgemeine Anfragen und Auskünfte z.B. zu Verfahrensabläufen darunter.

4.3. Hilfeleistungen mit Aussenwirkungen

Zu den generell-abstrakten Amtshilfeleistungen mit Aussenwirkungen gehören all jene Verwaltungsverordnungen, welche die Rechte und Pflichten des Bürgers beeinflussen. Individuellkonkrete Hilfeleistungen mit Aussenwirkungen sind fallbezogene Anfragen und Auskünfte sowie Amtsberichte. Aus dem strikten Stufenbau der Verwaltung folgt konsequenterweise die Pflicht zum Einholen von Auskünften über den Dienstweg. Sowohl im Verwaltungsrechtspflegegesetz als auch grundsätzlich in den spezielleren bauverfahrensrechtlichen Erlassen[81] fehlt eine ausdrückliche gesetzliche Grundlage für das Einholen bzw. Erstatten von Amtsberichten. Die zürcherische Praxis, die diesbezüglich auf Gewohnheitsrecht abstellt, geht davon aus, dass eine Behörde einer andern bei der Erfüllung ihrer Aufgaben im öffentlichen Interesse Amtsberichte erstattet. Dabei wird regelmässig nicht der formelle Dienstweg eingeschlagen; vielmehr wendet sich die auskunftsuchende Behörde direkt an diejenige Behörde, von welcher sie Aus-

---

78 *Simon*, S. 72 ff.; *Reinhardt*, S. 527 ff.
79 *Simon* (S. 48) unterscheidet - mit Hinweis auf den rein theoretischen Wert seiner Systematisierung - als dritte Art von Amtshilfeleistungen die sogenannte Informationshilfe. Damit sind jene Hilfeleistungen gemeint, die gezielt Informationen über bestimmte oder bestimmbare Personen vermitteln sollen. Im Zusammenhang mit der vorliegenden Untersuchung dürfte Informationshilfe einzig bei der Störfallvorsorge eine gewisse Bedeutung geniessen. Im Katastrophenschutz spielt nämlich die Kenntnis der Vollzugsbehörden über die potentiellen und allenfalls tatsächlichen Störfallverursacher eine zentrale Rolle. Da die Informationshilfe als Unterart von Hilfeleistungen mit Aussenwirkungen betrachtet werden kann und demnach ohne praktische Bedeutung ist, kann auf eine weitere Differenzierung verzichtet werden.
80 Dieses Merkblatt bezieht sich noch auf die mittlerweile revidierten Art. 25 Abs. 1 Satz 2 und Art. 29 FPolV.
81 Mit Ausnahme der kantonalen Natur- und Heimatschutzkommissionen; vgl. insbesondere die Ausführungen unter § 8, 3.4.1.

künfte einholen möchte[82]. Abgesehen davon, dass diesbezüglich kaum Rechtsstreitigkeiten entstehen, rechtfertigt sich diese Praxis deshalb, weil Konflikte von der gemeinsamen Aufsichtsbehörde zu entscheiden sind[83]. Einfache Auskünfte werden oftmals telefonisch erteilt und von der auskunftsuchenden Behörde als Aktennotiz im Protokoll festgehalten[84].

5. Informelle Zusammenarbeit

Als bedeutsam wird in koordinationsrechtlicher Hinsicht auch die informelle Zusammenarbeit zwischen Verwaltungseinheiten beurteilt[85]. Mittlerweilen sehr zahlreich findet sie in Form von regelmässigen Zusammenkünften zwischen Behördemitgliedern und Chefbeamten sämtlicher Ebenen des Gemeinwesens statt[86]. Daneben tagen Verbände von Angestellten der Verwaltung[87] und private Fachorganisationen[88].

6. Kritische Würdigung

6.1. Allgemeines

Heute sieht sich die Verwaltung aufgrund der Ansprüche einer pluralistischen Gesellschaft einer Vielzahl von Aufgaben gegenübergestellt. In zusehends verstärktem Masse stellen neben klassischen Polizeiaufgaben Querschnittaufgaben wie die Raumplanung und der Umweltschutz i.w.S. neue Anforderungen. Die einst hoheitliche Ausgestaltung der Verwaltung und ihrer Organisation hat dem Einzelnen als Non Profit-Institution mehr und mehr Dienstleistungen zu erfüllen, Existenzgrundlagen sicherzustellen und muss so immer stärker umfassende Problemlösungen bereithalten. Seitens der Bürgerschaft wird Effizienz, Rationalität sowie politisch neutrale und sachgerechte Aufgabenerfüllung erwartet. Demgegenüber wird ein verantwortungsbewusst vorgenommener rechtsstaatlicher Vollzug durch die Verwaltung verlangt. Solchen An-

---

[82] *Simon*, S. 42 f.
[83] *Kölz*, Kommentar VRG, § 7 N. 31
[84] So hätte die örtliche Baubehörde beim Oberforstamt des Kantons Zürich telefonisch Auskünfte über das Vorgehen in bezug auf die allfällige Waldgefährdung einer Zufahrt im Waldabstandsbereich einholen können (BRKE III Nr. 203/1991 E. 5.f bestätigt mit VB 91/0154 E. 3).
[85] *Karl Huber*, S. 332 f. und 337; *Thalmann*, Kommentar GG, § 7 N. 2.3
[86] Auf Bundesebene ist beispielsweise die Generalsekretärenkonferenz zu erwähnen. Interdepartemental werden ausschliesslich mit Vertretern von Verwaltungseinheiten sogenannte Koordinationsausschüsse, Konferenzen und Arbeitsgruppen durchgeführt. Die ebenfalls interdepartemental tätigen Studien- und Expertenkommissionen bestehen demgegenüber aus Vertretern der Verwaltung sowie Wirtschaft und Forschung.
[87] Z.B. der Verein zürcherischer Gemeindeschreiber und Verwaltungsbeamter und die Schweizerische Bausekretärenkonferenz
[88] Z.B. die Vereinigung für Landesplanung (VLP) und die Vereinigung für Umweltrecht (VUR)

sprüchen vermag ein autoritäres Auftreten der Verwaltung nicht mehr zu genügen. Aus der Sicht der Verwaltungsorganisation ist nach Möglichkeiten zu suchen, wie die Mängel einer arbeitsteiligen Problemanalyse der jeweils sachlich zuständigen Fachverwaltungseinheiten im Hinblick auf die umfassende Abwägung konkurrierender Interessen namentlich betreffend ein raum- bzw. umweltrelevantes Vorhaben überwunden werden können. Um diese Anforderung zu erfüllen, bedarf es der Zusammenarbeit zwischen den fraglichen Verwaltungseinheiten (Kooperation). Der organisationsrechtliche kooperative Ansatz der Koordination innerhalb der Verwaltungsstrukturen eines Gemeinwesens[89] konzentriert sich im wesentlichen auf die Suche einvernehmlicher Lösungen oder tragbarer Kompromisse[90]. Lässt sich jedoch verwaltungsintern kein Konsens erarbeiten, so finden die Koordinationsbemühungen ihre Grenze in der gesetzlich gegebenen Zuständigkeitsordnung.

6.2. Massgebliche Organisationskriterien

Die Organisation der öffentlichen Verwaltung wird durch verschiedene Kriterien bestimmt: politische, betriebswirtschaftliche und rechtliche. Die verwaltungswissenschaftliche Forschung steht heute erst noch am Anfang. Insbesondere wird im Hinblick auf die zweckmässige Erfassung der staatlichen Tätigkeiten und die effiziente Erfüllung öffentlicher Aufgaben versucht, eine Verbindung zwischen betriebs- und rechtswissenschaftlichen Aspekten herbeizuführen[91].

6.2.1. Politische Organisationskriterien

Ansatzpunkt für politische Aspekte der Organisationsstruktur ist das öffentliche Interesse an der Erfüllung bzw. Ausübung einer bestimmten Staatsaufgabe. Eine brisante Sachlage im Blickfeld der öffentlichen Meinung vermag ohne weiteres verwaltungsstrukturelle Anforderungen zu beeinflussen. Zu erinnern ist in diesem Zusammenhang etwa an den Chemieunfall von Schweizerhalle. Infolge der politischen Dringlichkeit war es nicht nur möglich, auf Bundesebene die materiellen Grundlagen einer Störfallordnung innert nützlicher Frist zu schaffen, sondern auch un-

---

89 Die Kooperation zwischen den Verwaltungseinheiten der verschiedenen Gemeinwesen ist eine Frage des kooperativen Föderalismus und betrifft je nach den einzelfallweise betroffenen öffentlichen Aufgaben unterschiedliche Verwaltungsstrukturen. Im Zusammenhang mit der Koordination zwischen verschiedenen Gemeinwesen ist folglich ausdrücklich auf die jeweiligen Besonderheiten zu verweisen. Auch dort findet die Kooperation ihre Grenzen bei den jeweiligen sachlichen Zuständigkeiten der Gemeinwesen.
90 Vgl. zum Ganzen die Hinweise bei *Hafner*, ZBl 93/1992, 481 ff.; *Fleiner-Gerster*, SGVW 12/1990, 12 f.; *Klöti/Nüssli*, SJPW 21/1981, 153 ff.; siehe auch *Moor*, ZBl 75/1974, 49 ff. und *Oehen*, ZBl 70/1969, 33 ff.
91 *Bischofberger*, SJPW 17/1977, 37 ff.; *Georg Müller*, Strukturreformen öffentlicher Verwaltungen, S. 411 ff., auch zum Folgenden

verzüglich den Aufbau einer kantonalen Katastrophenschutzverwaltung an die Hand zu nehmen[92].

6.2.2. Betriebswirtschaftliche Organisationskriterien

Die Verwaltungsökonomie gehört heute zweifellos zu den Grundanforderungen einer modernen Verwaltungsorganisation[93]. Grundsätzlich hat die öffentliche Verwaltung ihre Aufgaben auch nach betriebswirtschaftlichen Leistungsanforderungen zu erfüllen[94]. Dabei geht es nicht um ein Gewinnstreben. Die betriebswirtschaftliche Problemstellung im Bereich der öffentlichen Verwaltung reduziert sich aus Gründen der Rechtsstaatlichkeit auf die Aufwandseite. Es gilt die Differenz zwischen dem Aufwandminimum und dem effektiven Aufwand möglichst klein zu halten. Erst für den Fall, dass verschiedene Aufwandkombinationen möglich sind, ist eine vergleichende Wirtschaftlichkeitsrechnung zweckmässig.

Besondere betriebliche Aspekte einer jeden Organisation sind die konkrete Struktur und die einzelnen Arbeitsabläufe: Die zu erfüllenden Aufgaben bilden die Grundlage der organisatorischen Gliederung. Je nach der Grösse des Gemeinwesens stellen sich an die Verwaltungsgliederung unterschiedliche Anforderungen[95]. Zwangsläufig bedingt durch die spezialisierte Aufgabenteilung bedürfen die einzelnen Arbeitsabläufe, also diejenigen "Tätigkeiten, welche auf die Erfüllung einer Aufgabe ausgerichtet sind"[96], der Koordination. In diesem Sinn versteht sich das Problem der Koordination folglich "als Wesensmerkmal jeder Organisation"[97]. Das Zusammenwirken der einzelnen Verwaltungseinheiten wird betriebswirtschaftlich durch die verschiedenen Organisationsformen[98] angegangen und sicherzustellen versucht. Es werden die Linienorganisation[99], die Stab-Linienorganisation[100] sowie die funktionale Organisation[101] unterschieden.

---

[92] *Georg Müller*, Strukturreformen öffentlicher Verwaltungen, S. 413 (insbesondere Fussnote 62 betreffend die Schaffung von Umweltdepartementen)
Vgl. im Zusammenhang mit den Neuerungen infolge des Störfalles von Schweizerhalle die Disseration von *Jaisli*

[93] *Weber-Dürler*, ZBl 87/1986, 199

[94] Es versteht sich von selbst, dass die privatwirtschaftlichen Regeln nicht ohne Anpassungen auf die Verwaltungsorganisation übertragen werden kann; vgl. auch die Ausführungen von *Moor*, ZBl 75/1974, 51 ff.
Vgl. auch für die folgenden Ausführungen *Bischofberger* (Diss., S. 24 f.) und die kritische Analyse ausgewählter Literatur von *Timmermann/Berchtold*, ZBl 83/1982, 473 ff.

[95] Vgl. zur bestehenden Verwaltungsorganisation die vorstehenden Ausführungen unter 1.2.

[96] *Bischofberger*, Diss., S. 64

[97] *Bischofberger*, Diss., S. 59

[98] *Bischofberger*, Diss., S. 59 ff.

[99] Hierbei handelt es sich um den klassischen Dienstweg von der untergebenen Dienststelle an die nächst höhere vorgesetzte Behörde.

[100] Bei dieser Organisationsform wirken die Stabsstellen gegenüber einer oder mehreren Verwaltungseinheiten beratend.

[101] In einer funktional organisierten Verwaltung besteht kein allgemeiner, einheitlicher Befehlsweg. Im Gegensatz zum herkömmlichen Weisungsrecht, das nur in der vertikalen direkten Linie ausgeübt werden kann,

In koordinationsrechtlicher Hinsicht hebt die verwaltungswissenschaftliche Literatur folgende betriebswirtschaftliche Grundsätze der Organisation privater Unternehmen hervor: Zum einen hat im Hinblick auf die optimale Koordination innerhalb einer Verwaltungseinheit und auf eine erleichterte sachpolitische Darstellung ein sachlicher Zusammenhang der zu erfüllenden Aufgaben zu bestehen. Es haben insbesondere ähnliche Zielsetzungen, Arbeitsmethoden, wissensmässige Voraussetzungen, sachliche Entwicklungen, Adressatenkreise usw. vorzuliegen[102]. Um Konfliktmöglichkeiten und Koordinationsbedürfnisse in Grenzen zu halten, sind zum andern die in einer Sache zuständigen Verwaltungseinheiten zahlenmässig zu begrenzen[103]. Verwaltungsorganisatorisch bedeutet Koordination vermehrt Zuständigkeitskonzentration, wodurch zweifellos zentralistische Tendenzen beschworen werden. Im Gegensatz zur privatwirtschaftlichen Tendenz Koordinationsprobleme unter Umständen zu vermeiden, indem sie diese ausschaltet, selbst wenn dadurch Duplizitäten aufgebaut werden müssen[104], sind hier der Verwaltungsorganisation insofern Grenzen gesetzt, als es widersprüchliche Entscheidungen zum voraus zu verhindern gilt.

6.2.3. Rechtliche Organisationskriterien

Die Verwaltungsbehörden haben die ihnen gesetzlich zur Erfüllung zugewiesenen Staatsaufgaben nach demokratischen und rechtsstaatlichen Grundsätzen zu erfüllen. Die eigentliche Verwaltungstätigkeit muss über eine klare Kompetenzordnung an Staatsorgane und Verwaltungseinheiten zurechenbar, anfechtbar und überprüfbar gemacht werden. Damit steht einerseits eine organisatorische Zuordnung von öffentlichen Aufgaben in Verbindung (Einheit der Verwaltung), anderseits die Verhinderung von Machtkonzentrationen innerhalb der Verwaltung (Gewaltenteilungsprinzip). Die rechtliche Bedeutung einer öffentlichen Aufgabe orientiert sich in erster Linie nach dem öffentlichen Interesse an deren Erfüllung. Wichtig sind schliesslich auch demokratische Aspekte wie Mitwirkungsrechte des Bürgers und das Postulat der Bürgernähe[105].

---

wird ohne Kompetenzkonflikte fachliches Zusammenwirken ermöglicht, indem von einer Verwaltungseinheit in Erfüllung der ihr zugewiesenen öffentlichen Aufgabe verbindliche Weisungen an eine andere Stelle ergehen können.
In diesem Zusammenhang ist das von *Karl Huber* (S. 326 und 328 ff.) erwähnte fachtechnische Weisungsrecht zu sehen. Solche Verwaltungseinheiten sind ihrer vorgesetzten Behörde gegenüber nur administrativ unterstellt. In fachtechnischen Angelegenheiten hingegen arbeiten sie selbständig, unabhängig und weisungsfrei. Die funktionale Organisationsform eignet sich gerade für sogenannte Koordinationsämter, welche im Dienst der Einheit der Verwaltung stehen.

102 *Georg Müller*, Strukturreformen öffentlicher Verwaltungen, S. 409
103 *Georg Müller*, Strukturreformen öffentlicher Verwaltungen, S. 410; *Oehen*, ZBl 70/1969, 34 f.
104 Vgl. *Armin Seiler*, "Führung 2000" - Mythos oder Wirklichkeit? (Das Umfeld verlangt neue Gewichtungen), NZZ vom 11. Oktober 1993, Nr. 236, Beilage Betriebswirtschaft, B1
105 *Georg Müller*, Strukturreformen öffentlicher Verwaltungen, S. 411 ff.; *Jenny*, BJM 1991, 113 ff.

6.3. Zweckmässige Organisation und Führung

Je nach Art und Zustand der betreffenden Verwaltungsstruktur sind die genannten Kriterien unterschiedlich zu gewichten. Im Hinblick auf eine optimale Organisationsstruktur der fraglichen Fachverwaltung ist immer wieder eine Standortbestimmung von Nöten. Es muss klar sein, wo die betreffende Verwaltungseinheit im Komplex der Gesamtaufgaben einzuordnen und in welche sachlichen und funktionalen Zusammenhänge sie zu stellen ist[106]. Interdisziplinäre Zusammenhänge müssen von der Verwaltung für die Erfüllung der jeweils massgebenden öffentlichen Aufgaben erkannt[107] und mit abgestimmten Verfahrensschritten zweckmässig und effizient gewährleistet werden[108]. Gerade angesichts der Bemühungen, die anfallenden Vollzugsaufgaben quantitativ und qualitativ erfolgreich zu bewältigen, erscheint eine gemeinsame Aufgabenerfüllung als erforderlich (Kooperation). Diese wird über eine verbesserte Zusammenarbeit der Verwaltung im Innen- wie im Aussenverhältnis möglich[109]. Ansatzpunkte hiefür sind ein gleichberechtigtes, partnerschaftliches Zusammenwirken, die Bereitschaft zur Kommunikation[110] sowie die Konfliktfähigkeit der Beteiligten.

In jüngster Zeit fordert die Verwaltungswissenschaft eine Neuorientierung der öffentlichen Verwaltung[111]. Um die Steuerung der gesellschaftlichen Entwicklung bei ihrem schnellen Wandel, zunehmender internationaler Verflechtung, verstärkt polarisierten Interessen und knappen personellen und finanziellen Ressourcen sicherzustellen, wird die Ausrichtung auf die Ergebnisse, Leistungen und Wirkungen der Verwaltungstätigkeit (Output) hervorgehoben. Inputfragen wie z.B. das zur Verfügung stehende Budget oder die rechtsstaatlichen Rahmenbedingungen sind unter Berücksichtigung des zweckmässigen Outputs Aufmerksamkeit und Beachtung zu schenken[112].

Die Forderung nach Koordination ist organisatorisch betrachtet zudem ein Führungsproblem[113]. Auszugehen ist bezüglich der Organisation der behördlichen Arbeit bisher von einem

---

106 *Georg Müller*, Strukturreformen öffentlicher Verwaltungen, S. 406; *Moor*, ZBl 75/1974, 58 ff.
107 *Bischofberger*, ZBl 70/1969. 462 ff.
108 *Freiburghaus*, S. 22 f.
109 *Freiburghaus*, S. 19 ff.
110 Entweder wird die Funktionslogik des anderen Systems teilweise oder ganz adaptiert, oder es wird ein vermittelndes System mit Anteilen beider Funktionslogiken erstellt (sogenannte Interfaces). Es versteht sich von selbst, dass damit lediglich die Voraussetzungen zur Kommunikation bereitgestellt werden. Die Verständigung an sich ist Sache der betroffenen Verwaltungseinheiten.
111 *Hablützel*, S. 144
112 Siehe in diesem Zusammenhang das Nationale Forschungsprogramm Nr. 27 "Wirksamkeit staatlichen Handelns"
In diesem Zusammenhang ist auf den Ansatz der ökonomischen Sicht des Rechts zu verweisen. Dabei wird nicht nur analysiert, welche Auswirkungen bestimmte Normen auf das gesellschaftliche Geschehen ausüben, sondern auch wie das Recht entsteht und wie es zur Erreichung bestimmter Ziele beschaffen sein sollte. Siehe insbesondere *Frey*, S. 17 und S. 18 f. (mit Hinweisen auf die amerikanische und deutsche Literatur).
113 So bereits *Bischofberger*, SJPW 17/1977, 41 und 44 f.

autoritären Führungsstil, wobei lediglich Arbeit, nicht aber Verantwortung delegiert wird. Die Verwaltungsarbeit wird gestützt auf die Verwaltungshierarchie zugeteilt. Verhaltens- und Vorgehensregeln werden in Verwaltungsverordnungen geregelt, deren Grundlagen sich nicht im Gesetz, vielmehr in der Verwaltungshierarchie und im Sonderstatusverhältnis des einzelnen Beamten gegenüber dem Gemeinwesen finden. Innovative Verwaltungsführung soll vor allem Führungslernprozesse ermöglichen sowie Einsatzfreude und Leistungsbereitschaft im Hinblick auf die Zufriedenheit am Arbeitsplatz wecken. Um den koordinationsrechtlichen Anforderungen auch durch eine zweckmässige Führung nachzukommen, versteht es sich von selbst, dass die anspruchsvolle und immer wieder individuelle Wege erfordernde Koordinationsarbeit der Verantwortung der Fachverwaltung bzw. spezialisierter Beamten übergeben werden soll. Je mehr die Motivation der einzelnen Sachbearbeiter zur Problemlösung auf individueller Wertschätzung beruht, umso anforderungsgerechter und effizienter erfüllen diese die übertragenen Arbeiten[114].

---

114 Vgl. zu diesen Ausführungen *Oehen*, ZBl 70/1969, 35 ff.; *Moor*, ZBl 75/1974, 60 ff. sowie *Hablützel*, S. 146 f.; *Hofmeister*, S. 8
Vgl. in diesem Zusammenhang auch die Rahmenbedingungen des menschlichen Handelns gemäss dem ökonomischen Verhaltensmodell von *Frey*, S. 4 ff.

§ 4 KOORDINATION GESTÜTZT AUF DIE VERFAHRENSORDNUNG

Eine eng mit dem Organisationsrecht der Verwaltung verknüpfte Aufgabe des Verfahrensrechts besteht darin, diejenigen Institute zu bezeichnen, die den Verfahrensbeteiligten innerhalb der organisationsrechtlichen Rahmenbedingungen zur Verfügung stehen, um zu den erforderlichen Bewilligungsentscheiden zu kommen.

1. Verfahrensmaximen

Nachfolgend werden die Verfahrensmaximen im Rahmen ihrer allenfalls koordinationsrelevanten Bedeutung untersucht.

1.1. Ermittlung des Sachverhaltes von Amtes wegen

Gemäss der Untersuchungsmaxime im Sinne von § 7 Abs. 1 VRG ist für die Beschaffung des entscheidrelevanten Sachverhaltes - unter allfälliger Mitwirkung der privaten Verfahrensbeteiligten (§ 7 Abs. 2 VRG) - die entscheidende Behörde verantwortlich[115]. Dazu gehört auch die Ermittlung aller für ein Vorhaben erforderlichen Bewilligungen[116]. Der Untersuchungsgrundsatz gilt im Baubewilligungsverfahren jedoch nicht uneingeschränkt. Da es dem Bauherrn obliegt, den Bewilligungsgegenstand zu bestimmen[117], betrifft der Untersuchungsgrundsatz nur den objektiv rechtserheblichen Sachverhalt. Die Sachverhaltsabklärungen, die auf das jeweils nachgesuchte Vorhaben auszurichten sind, werden durch die Projektdaten vorgezeichnet. Dabei steht der Baubehörde ein Ermessensspielraum zu; namentlich das Raumplanungs- und beschränkter auch das Umweltschutzrecht räumen den rechtsanwendenden Behörden einen weiten Beurteilungs- und Ermessensspielraum ein[118].

Im Rekurs- und Beschwerdeverfahren wird die Abklärung des massgeblichen Sachverhaltes von Amtes wegen durch die noch stärker geltende Dispositionsmaxime weiter eingeschränkt. Im Rechtsmittelverfahren können die Rekurs- und Beschwerdeinstanzen ihre Abklä-

---

[115] *Kölz*, Kommentar VRG, Vorbem. zu §§ 19-28 N. 6
[116] *Kuttler*, VLP-Schriftenfolge Nr. 54, S. 10
[117] In diesem Rahmen gilt bereits die Dispositionsmaxime.
[118] *Christian Mäder*, N. 299; *Kuttler*, VLP-Schriftenfolge Nr. 54, S. 14

rungen nämlich auf die Anträge und Einwände des Rekurrenten bzw. des Beschwerdeführers beschränken[119].

Auch bei der Handhabung eines Ermessensspielraumes der entscheidenden Behörde bzw. Rechtsmittelinstanz ist im Hinblick auf eine ganzheitliche Beurteilung des Projektes die umfassende Ermittlung des rechtserheblichen Sachverhaltes erforderlich. Bei allen für die Raumordnung und den Umweltschutz massgeblichen Vorhaben sind für die zu treffenden Entscheide die rechtserheblichen Interessenlagen festzustellen[120].

Die unrichtige und unvollständige Feststellung des rechtserheblichen Sachverhaltes ist ohne weiteres rügbar[121]. Untergeordnete und nebensächliche Ermittlungsmängel sind von der Rechtsmittelinstanz aufgrund der reformatorischen Funktion des Rekurses und der Beschwerde selber nachzuholen. Nur dann, wenn die Sachverhaltsabklärung das Entscheidfundament betrifft, erscheint die Rückweisung des Geschäfts an die untere Instanz ausnahmsweise als gerechtfertigt[122].

1.2. Einheit des Baugesuches und der Baubewilligung

Die Baubewilligung ist die behördliche Feststellung, dass der projektierten Baute keine öffentlichrechtlichen Hindernisse entgegenstehen[123]. Entspricht das Bauvorhaben den baupolizeilichen Vorschriften, so ist die Bewilligung gestützt auf § 320 PBG zu erteilen. Können inhaltliche oder formelle Mängel des Projektes ohne besondere Schwierigkeiten behoben werden oder sind zur Schaffung oder Erhaltung des rechtmässigen Zustandes Anordnungen nötig, so sind gemäss § 321 Abs. 1 PBG mit der Bewilligung die gebotenen Nebenbestimmungen (Auflagen, Bedingungen und Befristungen) zu verknüpfen. Daraus leitet die Praxis[124] und ein Teil der Lehre[125] den Grundsatz der Einheit des Baugesuches und der Baubewilligung ab. Einerseits darf ein baurechtlicher Entscheid nicht derart aufgespalten bzw. gesondert entschieden werden, dass wesentliche Teile des Vorhabens der Beurteilung in einem späteren bzw. anderen Verfahren vorbehalten bleiben. Ausgenommen sind Spezialbewilligungen oder gemäss der jüngsten verwaltungsgerichtlichen Praxis Einzelfragen von untergeordneter Bedeutung, wenn triftige Gründe für eine nachträgliche Behandlung sprechen und der gesetzeskonforme Zustand erfüllt

---

[119] *Kölz*, Kommentar VRG, Vorbem. zu §§ 19-28 N. 3; *Christian Mäder*, N. 301
[120] *Kuttler*, VLP-Schriftenfolge Nr. 54, S. 14
[121] Vgl. § 20 VRG für das Rekursverfahren und § 51 VRG für das Beschwerdeverfahren
[122] *Kölz*, Kommentar VRG, zur Rückweisung: § 28 N. 5 im Rekursverfahren und § 64 N. 2 im Beschwerdeverfahren
[123] Vgl. bereits RB 1967 Nr. 58 mit Verweisungen; BGE 100 Ia 40
[124] BEZ 1989 Nr. 14; RB 1980 Nr. 128 = ZBl 81/1980, 544 f.
[125] *Zimmerlin*, § 152 N. 1.a; *Leutenegger*, 259; *Gisler*, 163; *EJPD/BRP*, Art. 22 N. 19; *Marti*, Informationsblatt RPG-NO 1 und 2/1989, S. 45 u.a.m.

werden kann[126]. Anderseits muss eine Baubewilligung verweigert werden, wenn die Mängel des Gesuches Sachverhalte betreffen, deren Regelung für die Bewilligungserteilung grundlegend sind[127]. Die Unzulässigkeit der Bewilligungsaufteilung durch Nebenbestimmungen liegt in der Rechtssicherheit begründet. Da Projektänderungen, die wesentliche Inhalte des Vorhabens betreffen, regelmässig auch die Rechtsstellung Dritter berühren, sind sie gestützt auf § 314 PBG öffentlich bekannt zu machen und auszustecken. Demnach muss eine baurechtliche Bewilligung dann verweigert werden, wenn die Mängel des Baugesuches Sachverhalte betreffen, deren Regelung für die Erteilung der Baubewilligung grundlegend sind.

Gerade im Hinblick auf die Verfahrenskoordination gilt es den Grundsatz der Einheit der Baubewilligung neu zu überdenken. Dazu ein Beispiel:

<u>BRKE IV Nr. 44/1993</u>
Mit diesem Entscheid wurde das Rekursverfahren IV G.-Nr. 72/1992 infolge Verzichts der Gesuchstellerin auf das Bauvorhaben als gegenstandslos geworden abgeschrieben. Dem Geschäft liegt folgender Sachverhalt zugrunde:
    Die Bauherrschaft beabsichtigte, im leerstehenden und unter Schutz gestellten ehemaligen "Wöschhüsli" des Pfarrhauses der Gemeinde B. ein Ladenlokal einzurichten. An ein bis zwei Halbtagen pro Woche sollte der kleine Parterreraum als Verkaufsladen für Bazarartikel auf gemeinnütziger Basis Verwendung finden. Der Vorplatz des "Wöschhüslis" war mit einem Fuss- und Fahrwegrecht zugunsten des rekurrierenden Nachbarn belastet. U.a. ordnete die örtliche Baubehörde nebenbestimmungsweise an, es seien für Besucher (inkl. Pfarrhaus und Kirche) zwei Abstellplätze in geeigneter Weise zu bezeichnen und bereitzustellen. Vor Baubeginn sei ein Umgebungsplan einzureichen und genehmigen zu lassen. Diesbezüglich rügte der Nachbarrekurrent E., diese Anordnung missachte den Grundsatz der Einheit des baurechtlichen Entscheides, indem sie zusätzlich zu den durch das Bauvorhaben bedingten Abstellflächen auch noch solche für Kirche und Pfarrhaus fordere.
    Wie wäre in der Sache zu entscheiden gewesen? - Aktenkundig ist vorliegend von engen räumlichen Verhältnissen und einer unbefriedigenden Situation in bezug auf kurzfristiges Parkieren z.B. für das Aussteigenlassen von Behinderten und für den Zubringerverkehr für die verschiedenen kirchlichen Betriebe auszugehen. Da regelmässig Verkehrsstörungen auftreten und auch der Vorplatz des "Wöschhüslis" zum rechtswidrigen Parkieren verwendet wird, erschiene eine einheitliche Lösung für das kurzfristige Abstellen von Autos im Verkehr mit den kirchlichen Betrieben als zweckmässig. Das Bauvorhaben an sich löst rund einen Abstellplatz aus; die übrigen kirchlichen Betriebe benötigen ebenfalls ungefähr einen Parkplatz. Gestützt auf § 243 Abs. 2 PBG könnte - unter dem Vorbehalt der technischen und wirtschaftlichen Zumutbarkeit - die Missstandsbeseitigung gesamthaft angegangen werden.

Damit sind hinsichtlich der nebenbestimmungsweisen Korrektur von Projektmängeln qualitative Kriterien massgeblich. Im obgenannten Fall kann der Sachverhalt durchaus auf die Beurteilung der durch das Bauvorhaben ausgelösten Pflichtabstellplätze beschränkt werden. Wird jedoch in erweiterter Problemsicht die gesamthafte Situation für kurzfristiges Parkieren im Verkehr mit den betroffenen Betrieben ein und derselben Bauherrschaft berücksichtigt, kann eine sachlich umfassende Problembewältigung vorgenommen werden. Deren Grenze liegt darin, dass zwi-

---

[126] *Christian Mäder*, N. 465; RB 1989 Nr. 83 = BEZ 1989 Nr. 14
[127] *Christian Mäder*, N. 461

schen der Baubewilligung und den korrigierenden Anordnungen ein direkter Kausalzusammenhang bestehen muss[128].

1.3. Verständigungsprinzip

In jüngerer Zeit hat die Komplexität der rechtserheblichen Sachverhalte im Raumplanungs-, Bau- und Umweltschutzrecht entschieden zugenommen. Zwangsläufig wird auch deren rechtliche Würdigung zusehends erschwert, stehen doch interdisziplinäre Rechtsfragen zur Beurteilung an. Ziel von für ein Bauvorhaben erforderlichen Bewilligungsverfahren ist es, den rechtserheblichen Sachverhalt festzustellen und daraus die gesetzlichen Folgen zu ziehen. Erfahrungsgemäss bietet die Sachverhaltsermittlung und dessen rechtliche Würdigung oft Schwierigkeiten. Zum einen lässt sich der Sachverhalt nur schwer bzw. mit unverhältnismässigem Aufwand ermitteln, zum andern eröffnen die anwendbaren Vorschriften reiche Interpretationsmöglichkeiten. Anstelle einer Problemlösung auf dem Verfügungsweg postuliert Mäder[129], das im Steuerrecht entwickelte Verständigungsprinzip auch dem Baubewilligungsverfahren zugänglich zu machen. Für eine eigentliche Verhandlungskultur im Verwaltungsverfahren setzt sich denn auch Richli[130] ein, könne sich doch durch die Pflege einer Gesprächskultur auch die Vertrauensgrundlage zwischen Staat und Bürger erheblich verbessern[131].

Im Steuerrecht geht die herrschende Lehre davon aus, dass die Veranlagungsbehörde mit dem Steuerpflichtigen über Teile des steuerlich relevanten Sachverhaltes eine Einigung treffen kann unter der Voraussetzung, dass diese den Lebenserfahrungen im allgemeinen und den einzelfallbedingten Umständen im speziellen entspricht und nicht unhaltbar oder gar unmöglich erscheint[132]. Ein Teil der Lehre bejaht das Verständigungsprinzip auch im Hinblick auf Auslegungsprobleme (z.B. im Zusammenhang mit unbestimmten Rechtsbegriffen) und Ermessensfragen[133]. Es versteht sich von selbst, dass dabei die Prinzipien der Gesetzmässigkeit, der Verhältnismässigkeit und der rechtsgleichen Behandlung zu berücksichtigen sind[134]. Das Verständigungsprinzip steht im Dienste der Verfahrensökonomie, sollen doch anstelle unverhältnismässig aufwendiger Untersuchungen und langwieriger Streitigkeiten einvernehmliche Lösungen getroffen werden können. Dies gilt auch im Rechtsmittelverfahren[135]. Ausserdem ermöglicht das Verständigungsprinzip eine Reduzierung des Verfahrensrisikos und trägt wesentlich zum

---

[128] *Christian Mäder*, N. 467
[129] *Christian Mäder*, N. 346
[130] ZBl 92/1991, 400
[131] Vgl. hiezu die Ausführungen nachfolgend unter § 5, 1. und 2.
[132] Vgl. bereits bei *Blumenstein*, ASA 17/1948 und 1949, 1 ff.; *Känzig/Behnisch*, Art. 88 N. 26 ff.; *Masshardt*, Art. 1 Rz. 22; *Reimann/Zuppinger/Schärrer*, § 71 N. 47 ff.
[133] *Rickli*, S. 3, 43 und 117 f.
[134] *Rickli*, ZBl 92/1991, 394 mit zahlreichen Hinweisen auf die Lehre
[135] *Rickli*, S. 3

Vertrauen zwischen den Parteien bei[136]. Die Verständigung findet grundsätzlich im Veranlagungsverfahren - im Gegensatz zum Verfahren vor den Steuerjustizbehörden - weitgehend formlos statt. Das Vorgehen ist vergleichbar mit dem Zustandekommen eines aussergerichtlichen Vergleiches im Zivilrecht[137].

In der Folge stellt sich die Frage, ob und in welchem Umfang das Verständigungsprinzip auch in den vorliegend interessierenden Fachgebieten zweckmässige Anwendung finden kann. Regelrecht unüberschaubare Schwierigkeiten der Sachverhaltsermittlung treten vor allem bei komplexen raumbezogenen und umweltrelevanten Bauvorhaben auf, die in jüngster Zeit insbesondere mit dem Institut der Umweltverträglichkeitsprüfung fassbar gemacht werden können. Gegenläufig zu den Bestrebungen im Steuerrecht, den Sachverhalt mit verhältnismässigem Aufwand so weit als möglich einzelfallgerecht festzustellen, wird namentlich im Interesse des Umweltschutzes eine genaue und in den Einzelheiten wirklichkeitsgetreue Darstellung des Sachverhaltes gefordert. In planungs- und baurechtlicher Hinsicht erweisen sich Bauvorhaben oftmals als sehr komplex, jedoch aufgrund der veranschaulichenden planlichen Darstellungsmöglichkeiten noch verhältnismässig einfach feststellbar. Im Zusammenhang mit unbestimmten Rechtsbegriffen und den zahlreichen Ermessensvorschriften[138] zeigt sich ein deutlicher Ansatzpunkt für das Verständigungsprinzip. Namentlich die pflichtgemässe Handhabung des Ermessens bietet regelmässig nicht nur die einzig richtige Lösung, vielmehr eine Mehrzahl im Ergebnis oft unterschiedlicher und - unter verschiedenen Beurteilungsprioritäten betrachtet - durchaus vertretbare Lösungen. Zur Verdeutlichung ist der folgende Fall aus der stadtzürcherischen Einordnungspraxis heranzuziehen:

<u>BRKE I Nr. 664/1991</u>
Bei seinem architektonisch sehr bescheidenen Einfamilienhaus aus den Nachkriegsjahren beabsichtigte der Bauherr G. im Zusammenhang mit dem Um- und Ausbau des Dachgeschosses u.a. die Errichtung einer Dachlukarne auf der südostseitigen Satteldachfläche. Diese Lukarne wurde dem Bauherrn wegen unbefriedigender Einordnung verweigert. Aufgrund des Referentenaugenscheins kam die Baurekurskommission I zum Schluss, dass an das Wohnhaus und damit auch an das Vorhaben keine besonderen ästhetischen Anforderungen zu stellen seien und dass ein bescheidenes Wohnhaus, um nicht störend aufzufallen, eines sowohl in volumetrischer als auch in detailgestalterischer Hinsicht dezenten Dachaufbaus bedürfe. Da dem Vorhaben aber die "Liebe zum Detail" fehle, habe die Vorinstanz ihr Ermessen nicht überschritten und das Baugesuch zu Recht abgewiesen.
Vorliegend besteht die Problematik nicht in der einordnungsmässigen Bewilligungsfähigkeit der Lukarne, vielmehr in der Ausgestaltung der Einzelheiten in einordnungsmässiger Hinsicht. Nebenbestimmungsweise war die Korrektur des Vorhabens nicht mehr zulässig. Einerseits hat es die örtliche Baubehörde in solchen Fällen in der Hand, den Bauherrn mit Einreichen eines modifizierten Baugesuches im hängigen Bewilligungsverfahren zur Verbesserung des Projektes zu veranlassen; andersseits besteht auch für die Rekursinstanz bei entsprechendem

---

[136] *Känzig/Behnisch*, Art. 88 N. 26
[137] *Blumenstein*, ASA 17/1948 und 1949, 10; *Känzig/Behnisch*, Art. 88 N. 26; *Reimann/Zuppinger/Schärrer*, § 71 N. 49; *Rickli*, S. 39 f. mit nachfolgender Untersuchung der Rechtsnatur
[138] *Richli* (ZBl 92/1991, 396) sieht darin die "eigentlichen Eingangstore für Verhandlungslösungen".

Einverständnis der Verfahrensbeteiligten die Möglichkeit, die Parteien untereinander zu einer Differenzbereinigung zu motivieren. Das zwischenzeitlich zu sistierende Rekursverfahren muss nach erfolgreichen Parteiverhandlungen nur noch formell abgeschrieben werden. Erst wenn solche Einigungsbestrebungen innert vertretbarer Zeitspanne nicht möglich sind oder scheitern, ist das Gesuch abzuweisen bzw. der Rekurs zu entscheiden.

Im weiteren verspricht sich Mäder[139] de lege ferenda von der Einführung der öffentlichrechtlichen Einsprache ins Baubewilligungsverfahren eine Verstärkung des Verständigungsprinzipes. Im Gegensatz zu den meisten kantonalen Baugesetzen kennt nämlich das zürcherische Recht die Einsprache nicht[140]. Immerhin besteht für einen abgewiesenen Gesuchsteller auch nach geltendem Recht die Möglichkeit, bei der verfügenden Behörde - neben der vorsorglichen Wahrung der möglichen Rechtsmittel - ein Wiedererwägungsgesuch einzureichen. Bei der Wiedererwägung handelt es sich um einen blossen Rechtsbehelf ohne Anspruch auf Behandlung[141]. Insofern besteht auch im geltenden Recht die Möglichkeit zu Verhandlungen. Ein allfällig erhobenes Rechtsmittelverfahren kann für die Dauer von Einigungsverhandlungen sistiert werden. Für den Fall, dass die örtliche Baubehörde auf das Wiedererwägungsgesuch eintritt und ihren Entscheid aufhebt bzw. ändert, kann das Rekursverfahren infolge Gegenstandslosigkeit abgeschrieben werden. Die Verfahrenskosten werden in diesem Fall auf die Staatskasse genommen.

Sehr wünschenswert und ohne weiteres durchführbar wäre eine vermehrte Berücksichtigung des Verständigungsprinzipes im Rekursverfahren. Namentlich das mit der Gesetzesänderung vom 1. September 1991 eingeführte Kurzverfahren in einfachen Fällen gemäss § 335 Abs. 3 PBG ermöglicht in Verbindung mit dem Grundsatz der Unmittelbarkeit und der Mündlichkeit des Verfahrens vermehrt einvernehmliche und kostengünstigere Lösungen. Heute wird das Kurzverfahren gemäss § 335 Abs. 3 PBG regelmässig für formelle Erledigungen wie Nichteintretensentscheide, Abschreibungen infolge Gegenstandslosigkeit und Rückzuges des Rekurses und seltener für materielle Entscheide in Fällen mit klarem Sachverhalt[142] bzw. einfacher Rechtslage angewendet. Konkret bedeutete die vermehrte Berücksichtigung des Verständigungsprinzips eine beschränkte Abkehr vom heute weitgehend mittelbaren und schriftlichen Rekursverfahren, indem in geeigneten Fällen zu Referentenaudienzen einzuladen wäre.

---

[139] *Christian Mäder*, N. 346, allerdings noch vor der Gesetzesänderung vom 1. September 1991; vgl. auch die allgemeinen Ausführungen zur öffentlichrechtlichen Einsprache gemäss N. 321 ff.
Im allgemeinen Ansatz *Richli* (ZBl 92/1991, 395 und 400 ff.), der die Einsprache ohne ausdrückliche gesetzliche Grundlage als zulässig erachtet.
[140] Siehe zur öffentlichrechtlichen Einsprache die Ausführungen nachfolgend 2.4.; *Kölz*, Kommentar VRG, § 20 N. 34 f.
[141] *Kölz*, Kommentar VRG, § 20 N. 44 ff.
[142] Dieser wird allenfalls erst anlässlich eines Augenscheines klar festgestellt.

1.4. Eventualmaxime

Die Eventualmaxime verpflichtet die Verfahrensbeteiligten, bis zu einem bestimmten Verfahrensabschnitt die Begehren zu stellen sowie den massgeblichen Sachverhalt und die erforderlichen Beweismittel zu nennen. Es soll der Prozessverschleppung entgegengewirkt werden. Im Verwaltungsverfahren und in der Verwaltungsrechtspflege geniesst die Eventualmaxime nur eine geringe Bedeutung. Im Rekurs- und Beschwerdeverfahren hat der Antrag zumindest alle Begehren und Eventualbegehren zu enthalten, womit die Änderung des Rekurses bzw. der Beschwerde beschränkt ist. Tatsachenbehauptungen und Beweismittel können und dürfen wegen der Geltung der Untersuchungsmaxime auch noch später nachgebracht werden[143].

Vorliegend ist die Eventualmaxime insofern neu zu überdenken, als sich gerade im Frühstadium von Bewilligungsverfahren für Bauten und Anlagen die vermehrte Stellung von Eventualbegehren als konstruktiv erwiese. Gemäss der zürcherischen Praxis[144] sind unter dem Vorbehalt eines hinreichenden Interesses und der missbräuchlichen Verwendung sowohl ursprüngliche als auch nachträgliche Alternativgesuche zulässig. Erfahrungsgemäss stossen jedoch ursprüngliche Alternativgesuche bei den Behörden nicht selten auf Widerstand. So wird der Gesuchsteller etwa dazu aufgefordert, sich für eine bestimmte Projektvariante zu entscheiden[145], oder es wird das Vorliegen des erforderlichen Interesses bestritten[146].

Im Vorentscheidverfahren wiederum ist die Stellung von Alternativfragen anerkannt[147].

1.5. Verfahrensökonomie

Die einzelnen Verfahrensschritte werden anlässlich ihrer praktischen Anwendung regelmässig in bezug auf die Effizienz des fraglichen Vorgehens - die sogenannte Verfahrensökonomie - geprüft. Damit unterliegen sie nicht mehr nur rein rechtlichen Gesichtspunkten. Neben den zu erfüllenden rechtlichen Voraussetzungen hat der fragliche Verfahrensschritt interdisziplinär auch dem verwaltungswissenschaftlichen bzw. betriebswirtschaftlichen Ansatz zu genügen.

In der Folge seien die wohl wichtigsten praktischen verfahrensökonomischen Anwendungsbereiche kurz aufgeführt:

---

[143] *Kölz*, Kommentar VRG, Vorbem. zu §§ 19-28 N. 5 und 15; *Kölz*, Prozessmaximen, S. 9 f.; *Kölz/Häner*, N. 50 und 264
[144] *Christian Mäder*, N. 377
[145] Vgl. *Christian Mäder*, Fussnote 8 zu N. 241
[146] BRKE I Nr. 58/1993: In diesem Rekursverfahren machte die örtliche Baubehörde in bezug auf das ursprüngliche Alternativbegehren auf Abbruch der Werk- und Lagerhalle in der Gemeinde Sch. geltend, für dieses Gesuch bestehe kein hinreichendes Interesse der Bauherrschaft, nachdem diese doch bereits um den Hallenausbau nachgesucht habe (vgl. die Darstellung dieses Rekursfalles unter § 3, 2.2.2.a).
[147] *Christian Mäder*, N. 513

- Gemäss dem grundlegenden verwaltungsgerichtlichen Entscheid RB 1986 Nr. 105 hat die Baubehörde auf nachbarliches Begehren hin die Rechtmässigkeit eines Bauvorhabens festzustellen, auch wenn dieses Vorhaben nicht formell bewilligungspflichtig ist.
- Die Vorprüfung des Baugesuches gemäss § 313 Abs. 1 PBG ist verfahrensökonomisch motiviert.
- Bei der Ermittlung des rechtserheblichen Sachverhaltes spielt die Verfahrensökonomie eine bedeutende Rolle[148]. So wird regelmässig auf das Gesuch des Bauherrn abgestellt. Erst im Zusammenhang mit diesbezüglichen Rügen bzw. Unklarheiten wird der entscheidrelevante Sachverhalt im Rahmen der Offizialmaxime genauer geprüft.
- Auch die Beiladung[149] ist u.a. verfahrensökonomisch motiviert.
- Das Verständigungsprinzip[150] lässt sich u.a. aus der Verfahrensökonomie ableiten.
- Zugunsten des Bauherrn werden in der zürcherischen Praxis Plan- und Rechtsänderungen im Rechtsmittelverfahren berücksichtigt, zumal dann, wenn einem identischen Gesuch unter der Geltung des neuen Rechts zu entsprechen wäre[151].
- Aus Gründen der Verfahrensökonomie verzichtet die Baubehörde auf eine umfassende Projektprüfung dann, wenn das nachgesuchte Vorhaben infolge eines oder mehrerer Verweigerungsgründe nicht bewilligt werden kann[152]. Diese Praxis ist auch im Rechtsmittelverfahren gebräuchlich, wenn beispielsweise umfassende rekurrentische Rügen gegenstandslos werden und die Gutheissung einer Rüge z.B. die Neuprojektierung des Vorhabens bedingt[153].
- Nebenbestimmungen gestützt auf § 321 Abs. 1 PBG ermöglichen die Verbesserung von untergeordneten Mängeln des Baugesuches, ohne dass der Bauherr gezwungen wäre, ein zeitverzögerndes korrigiertes Gesuch einzureichen.
- Im Zusammenhang mit Vorentscheidfragen anerkennt die Praxis das Ausdehnungsrecht auf weitere Fragen von Amtes wegen[154].
- Bei der Baukontrolle gemäss § 327 Abs. 1 PBG stellt die Baubehörde u.a. auf verfahrensökonomische Aspekte ab.
- Sind neben der baurechtlichen Bewilligung Spezialbewilligungen erforderlich, verlangt die Verfahrensökonomie im Hinblick auf die Optimierung des Verfahrensablaufs die gemeinsame und gleichzeitige Eröffnung aller Bewilligungen[155].

---

[148] *Weber-Dürler*, ZBl 87/1986, 193 ff., 194 f.; BEZ 1990 Nr. 26
[149] *Felix Huber*, ZBl 90/1989, 233 ff., 246 ff.
[150] *Christian Mäder*, N. 346
[151] *Christian Mäder*, N. 360 mit Verweisungen auf beachtenswerte Minderheitsmeinungen gemäss Fussnote 20
[152] *Christian Mäder*, N. 390
[153] BRKE II Nr. 55/1991 E. 7.a
[154] *Christian Mäder*, N. 524 mit Verweisungen
[155] *Christian Mäder*, N. 542 mit Verweisungen; vgl. in diesem Zusammenhang die Ausführungen zur örtlichen Baubehörde in ihrer Funktion als Koordinationsbehörde unter § 3, 2.2.2.b) und der dort erwähnte BRKE IV Nr. 109/1992 und nachfolgend 2.6.

1.6. Koordinationsmodelle

1.6.1. Zur Problematik

In verwaltungsverfahrensrechtlicher Hinsicht ist die zusehends erforderliche Vielzahl von Bewilligungen für ein und dasselbe Projekt unter dem Gesichtspunkt der Einheit der Verwaltung bedeutsam[156]: Gelänge es dem Gesetzgeber nämlich, die zu beurteilenden Aspekte eines Vorhabens auf verschiedene Bewilligungsverfahren bei den verschiedenen zuständigen Behörden zu spezifizieren, so bestünde für den betroffenen Bauherrn einzig das Problem, die einzelnen Bewilligungen einholen zu müssen. Derart klare Abgrenzungen zwischen den Bewilligungsanforderungen finden sich jedoch äusserst selten, da die Spezialgesetzgebung regelmässig auf die Rechtsordnung in ihrer Gesamtheit Bezug nimmt und auf diese Weise immer wieder an die Einheit der Verwaltung ermahnt.

Fällt überdies ein Sachverhalt unter mehrere Bewilligungstatbestände verschiedener gesetzgeberischer Zielsetzungen, so entsteht eine sogenannte Bewilligungskonkurrenz. Die verschiedenen Vorschriften wollen für die Erfüllung der jeweiligen öffentlichen Aufgabe angewendet werden[157]. Die rechtliche Ausgangslage einer Bewilligungskonkurrenz ist eine Normenkollision, d.h., die fraglichen Vorschriften beschlagen denselben Regelungsbereich und geben für das gleiche Problem zwei unterschiedliche Antworten, bzw. sie schützen das gleiche Rechtsgut in unterschiedlicher Weise[158]. Wie im 3. Teil der vorliegenden Untersuchung dargelegt wird, können die gesetzgeberischen Ziele der einzelnen öffentlichen Aufgaben im Verhältnis zueinander durchaus auch antinomisch sein. Zudem ist zu berücksichtigen, dass die verschiedenen zur Rechtsanwendung berufenen eidgenössischen, kantonalen und kommunalen Behörden denselben Sachverhalt unter den verschiedenen Zielsetzungen der von ihnen zu erfüllenden öffentlichen Aufgabe zu beurteilen haben. Folglich haben die zuständigen Behörden im Zusammenhang mit den fraglichen Bewilligungsverfahren oftmals dieselben Grundsatzfragen zu beantworten, oder die in einem Bewilligungsentscheid zu treffenden Anordnungen zeitigen Folgen für den Entscheid eines oder gar mehrerer anderer Bewilligungsverfahren.

Erst in jüngerer Zeit wurden einige Modelle zum Problem der Konkurrenzsituation beim Vorliegen mehrerer Bewilligungsverfahren für ein und dasselbe komplexe Projekt entwickelt.

---

[156] *Bryde*, S. 208 ff., auch zum Folgenden

[157] Vergleichbare Gesetzeskonkurrenzen treten nicht nur in den hier interessierenden öffentlichen Aufgabenbereichen des Staatswesens auf, sondern auch in anderen Rechtsgebieten. So ist etwa an die Real- und Idealkonkurrenz hinsichtlich strafrechtlicher Tatbestände (vgl. den Hinweis von *Marti*, URP 5/1991, 232), auf den "conflict of laws" im internationalen Privatrecht (*Saladin*, Kommentar BV, Art. 2 UeB N. 16) und an den verfassungsmässigen kollisionsrechtlichen Grundsatz der derogatorischen Kraft des Bundesrechts zur Regelung föderalistisch bedingter Normen- und Kompetenzkonflikte zu erinnern.

[158] *Saladin*, Kommentar BV, Art. 2 UeB N. 17 mit Verweisungen auf die Literatur; *Imboden*, S. 51 und S. 91 ff.; *Widmer*, S. 7

Dabei handelt es sich - wie nachfolgend darzulegen sein wird - um das Separationsmodell, das Konzentrationsmodell und das Modell der materiellen Verfahrenskoordination[159].

1.6.2. Separationsmodell

Die Verfahrensseparation geht gestützt auf den Grundsatz der Einheit und Widerspruchslosigkeit der Rechtsordnung davon aus, dass die Voraussetzungen für die verschiedenen erforderlichen Bewilligungsverfahren eines komplexen Projekts bei den jeweils zuständigen Behörden, sofern sie teilweise identisch sind bzw. sich überschneiden, keine widersprüchlichen Entscheide zuliessen. Durch Auslegung der verschiedenen Bewilligungstatbestände sei der jeweilige Bewilligungsinhalt zu ermitteln und gegenüber den fraglichen anderen Bewilligungsverfahren abzugrenzen[160]. Damit erübrigt sich theoretisch die Koordination zwischen den Verfahren. Namentlich im Zusammenhang mit der Verwendung gleicher Rechtsbegriffe in den verschiedenen Rechtsgrundlagen sind begriffliche Zusammenhänge gemäss der klassischen Lehre betreffend die Vorfrageproblematik[161] zu berücksichtigen. Bestehen keine solchen begrifflichen Zusammenhänge, so liegt auch keine rechtsbegriffliche Identität vor und eine Abstimmung erübrigt sich. Im Gegenteil: Die zuständigen Verwaltungseinheiten sind dazu verpflichtet, aufgrund ihrer zuständigkeitsgemässen Entscheidungsbefugnis die entsprechende öffentliche Aufgabe durch die selbständige, umfassende Prüfung des nachgesuchten Vorhabens und pflichtgemässe Rechtsanwendung zu erfüllen.

Obwohl bei der Verfahrensseparation keine Abstimmung zwischen den verschiedenen Bewilligungsverfahren eines komplexen Vorhabens erforderlich ist, erweist sich die Abgrenzung des Bewilligungsinhaltes der verschiedenen Verfahren nach den Erfahrungen des deutschen Bundesverwaltungsgerichtes als äusserst schwierig und aufwendig[162]. Die Abgrenzungsschwierigkeiten sind vor allem bei jenen Anordnungen, die sich auf andere Verfahren auswirken, praktisch unlösbar[163].

1.6.3. Konzentrationsmodell

Während bei der Entscheidungskonzentration die Bewilligungskonkurrenz ausgeschlossen wird, indem eine Bewilligung andere Bewilligungen ersetzt oder gar ausschliesst, werden bei

---

159 Vgl. in diesem Zusammenhang auch die Übersicht über die Koordinationsmodelle und deren Beurteilung durch das *BUWAL*, Deregulierung der Entscheidverfahren, S. 16 ff.
160 *Imboden*, S. 3 und 15; *Jarass*, DöV 1978, 21 ff., 23; *Marti*, URP 5/1991, 234; *Wagner*, S. 196 ff.; *Zimmerli/Scheidegger*, S. 230 f. und 306; vgl. diese Autoren auch zum Folgenden
161 Siehe nachfolgend 4.3.2.
162 *Wagner*, S. 196 f.; *Jarass*, S. 83 f.; *Jarass*, DöV 1978, 23
163 *Marti*, URP 5/1991, 234

der Zuständigkeitskonzentration mehrere Bewilligungszuständigkeiten bei einer Behörde zusammengelegt[164]. Kurz: Das Konzentrationsmodell gewährleistet die verfahrensmässige Koordination entweder über die Durchführung eines Leitverfahrens oder über die Kompetenzattraktion bei einer entscheidungsbefugten Verwaltungseinheit. Dieses Modell stellt die bestmögliche Verwirklichung der materiellen Koordination sicher, da die sachlich zusammenhängenden Probleme in einem einzigen materiellen Entscheid geordnet werden. Spezialbewilligungen und Nebenbestimmungen können in einem Entscheid zusammengefasst werden[165]. Um die fachliche Qualität eines gestützt auf eine echte Konzentration ergangenen Entscheides und die herkömmliche verwaltungsinterne Aufgabenverteilung sicherzustellen, besteht die Möglichkeit, eine konzentrierte Bewilligung nur dann zu erteilen, wenn die ordentlicherweise - d.h. ohne Konzentration - zuständigen Spezialbewilligungsbehörden ihre Zustimmung erteilen. Dabei handelt es sich um die Konzentration mit Einvernehmensverpflichtung, bei der die Kompetenz der Konzentrationsbehörde durch die Zustimmung der Spezialbewilligungsbehörden begrenzt wird[166]. Die ordentlichen Bewilligungsbehörden sind anzuhören. Bei Meinungsverschiedenheiten ist ein Differenzbereinigungsverfahren in Analogie zum verwaltungsinternen Mitberichtsverfahren durchzuführen. Kommt keine Einigung zustande, hat die Konzentrationsbehörde oder die gemeinsame Aufsichtsbehörde zu entscheiden.

Verfahrensrechtlich fragt sich grundsätzlich, ob die spezialgesetzliche Konzeption separater und fachgebietsbezogener Bewilligungsverfahren bei verschiedenen Behörden auf teilweise verschiedenen Ebenen des Gemeinwesens dem Konzentrationsmodell nicht schlechthin entgegensteht[167]. Einerseits lässt sich der Rechtsordnung das Bestreben nach in technischer und naturwissenschaftlicher Hinsicht sachgerechten Entscheidungen gestützt auf die föderalistische Kompetenzausscheidung und -verteilung entnehmen. Nur im speziellen Bewilligungsverfahren erachtet der Gesetzgeber die fragliche öffentliche Aufgabe als rechtsgenügend erfüllt. In dieses System bettet er in der Folge auch öffentliche Querschnittaufgaben wie den Umweltschutz ein, indem er im Hinblick auf die Verwirklichung sich zwingend interdisziplinär auswirkender Grundsätze wie etwa Art. 8 bis 10 USG keine Verfahrenskonzentration vorsieht. Anderseits hat

---

[164] *Marti*, URP 5/1991, 234 f.; *Zimmerli/Scheidegger*, S. 232 f. und 307: Diese Autoren bezeichnen die Zuständigkeitskonzentration als "unechte Konzentration". *Jarass*, S. 50 ff.: Im Zusammenhang mit der Entscheidungskonzentration unterscheidet Jarass die dominante und die rezessive Konzentration. Bei der ersten schliesst eine bestimmte Bewilligung andere behördliche Entscheidungen mit ein, wodurch parallele Bewilligungsverfahren überflüssig werden; bei der zweiten ist die baurechtliche Bewilligung nicht erforderlich, wenn das nachgesuchte Bauvorhaben andere Genehmigungen notwendig macht. Vgl. in diesem Zusammenhang § 309 Abs. 2 PBG.
[165] *Saladin*, URP 5/1991, 286
[166] *Zimmerli/Scheidegger*, S. 233
Gerade im Hinblick auf ein konstruktives Einvernehmen zeigt sich, dass eine möglichst neutrale Behörde als Konzentrationsbehörde vorzusehen ist. Hierarchisch geniesst insbesondere die den verfahrensbeteiligten Behörden gemeinsame Aufsichtsbehörde die grösstmögliche Akzeptanz und verfügt zudem auch über das umfassendste Fachwissen.
[167] *Saladin*, URP 5/1991, 289 f.

der Gesetzgeber aber auch darauf verzichtet, auf Gesetzesebene zwischen den verschiedenen öffentlichen Aufgaben Prioritäten zu setzen. Diesen Entscheid der materiellen Koordination hat er im Hinblick auf eine sachgerechte Entscheidung der konkreten Einzelfallbeurteilung vorbehalten[168]. Folglich bedarf die Entscheidungs- und Zuständigkeitskonzentration grundsätzlich einer rechtsgenügenden gesetzlichen Grundlage. Ausnahmsweise kann sich eine Entscheidungskonzentration durch den Vorrang höheren Rechts ergeben[169].

Innerhalb der bestehenden Organisations- und Verfahrensstrukturen stellt sich zudem die Frage nach der Rechtmässigkeit solcher Leitverfahren bzw. der Ballung der Entscheidungsbefugnis bei der Konzentrationsbehörde. In der Tat kann diese mit dem Konzentrationsmodell nur bedingt gewährleistet werden. Die Verfahrensdurchführung mittels eines konzentrierten Verfahrens beurteilen verschiedene Autoren und auch die Praxis[170] als Eingriff in die kantonale Organisations- und Verfahrenshoheit. Zu Recht weisen Kölz/Keller daraufhin, dass das Verbot der Vereitelung von Bundesrecht durch die föderalistische Ordnung an sich und aufgrund der konkreten kantonalen Ordnung (zum Teil wesentlich) erschwert werde. Die kantonale Organisations- und Verfahrenshoheit verlange die massvolle Anwendung des besagten Vereitelungsverbotes. Den Vorwurf einer unzulässigen Einmischung in die kantonale Organisationshoheit durch die eingeleitete bundesgerichtliche Koordinationspraxis beurteilen Tanquerel/Zimmermann[171] demgegenüber schlechthin als übertrieben. Die Wichtigkeit der materiellen Entscheidkoordination könne nicht bestritten werden. Sie ermögliche die Durchsetzung der privaten Interessen des Bauherrn und Drittbetroffener sowie des öffentlichen Interesses an einer raschen und einheitlichen Rechtsanwendung. Der bundesrechtliche Eingriff habe sich auf diesen Gegenstand zu begrenzen, und die Kantone verblieben im übrigen bezüglich ihrer Organisationshoheit frei. So könnten sie z.B. die für die Durchführung der Umweltverträglichkeitsprüfung zuständige Behörde i.S.v. Art. 5 Abs. 1 UVPV immer noch selber bestimmen oder auch eine spezielle Behörde mit der Verfahrenskoordination beauftragen. Die Anforderung verschiedene Einzelentscheide zu einem Gesamtentscheid zu verbinden, die einheitliche Entscheideröffnung und die Vereinheitlichung der Rechtsmittelwege seien nur ganz bescheidene Aufforderungen des Bundesgerichtes an die Adresse der Kantone. Die Änderungen des Organisationsgesetzes vom 4. Oktober 1991[172] seien demgegenüber viel einschneidender[173]. Beachtenswert

---

168 *Kölz/Keller*, URP 4/1990, 395 und 397; *Morand*, URP 5/1991, 201 f.
169 *Kölz/Keller*, URP 4/1990, 406 und 407 ff.; *Zaugg*, Art. 1 N. 23 ff. und 39 ff.; *Zimmerlin*, § 150 N. 5
170 *Kölz/Keller*, URP 4/1990, 404 ff.; *Saladin*, URP 5/1991, 293; BRKE I Nrn. 31 und 32/1991 = BEZ 1991 Nr. 5
171 S. 125
172 Namentlich Art. 98a OG ziehe für umweltschutzrechtliche Angelegenheiten die Schaffung eines kantonalen Rechtsmittelzuges, sofern ein solcher noch nicht bestehe, und die Bezeichnung einer unabhängigen gerichtlichen Instanz nach sich.
173 In diesem Zusammenhang ist immerhin zu bemerken, dass diese Eingriffe in die kantonale Organisationshoheit auf demokratischem Wege zustandegekommen sind. Demgegenüber stellen seitens des Bundesge-

ist in diesem Zusammenhang, dass die Verankerung des Koordinationsgebotes im Bereich der Raumplanung an sich noch keinen Einbruch in die Organisations- und Verfahrenshoheit der Kantone darstellt. Raumplanung ist methodisch sozusagen mit Koordination gleichzusetzen; diese erfasst von selbst auch raumwirksame Tätigkeiten i.S.v. Art. 2 RPV wie die Erteilung von Baubewilligungen. Insofern besteht für die Kantone die Koordinationspflicht hinsichtlich der gesetzeskonformen Erfüllung der Raumplanungsaufgabe i.w.S.

Zudem stellt sich in zuständigkeitsrechtlicher Hinsicht die Frage, ob mit dem Einsatz einer Konzentrationsbehörde nicht auch von Bundesrechts wegen vorgesehene kantonale Zuständigkeiten missachtet werden könnten[174]. Eine solche bundesrechtliche Vorschrift ist z.B. Art. 25 RPV, der für das erstinstanzliche Verfahren Minimalvorschriften für die Eröffnung und die Publikation von Ausnahmebewilligungen ausserhalb der Bauzonen stipuliert[175]. Da bundesrechtlich bisher nur Bewilligungsvoraussetzungen statuiert werden[176] und nicht etwa die Durchführung gesonderter Verfahren vorgeschrieben wird, ist auf kantonaler Ebene die Verfahrenskonzentration mit einer rechtsgenügenden gesetzlichen Grundlage demnach möglich.

Im weiteren wird kritisiert[177], die Konzentrationsbehörde neige in Ausrichtung auf die Erfüllung ihres amtsspezifischen Auftrages zu einer selektiven Sachverhaltsermittlung und vermöge sich gegenüber der Nebenbewilligungsbehörde regelmässig durchzusetzen. Dadurch wachse die Gefahr von Fehlentscheiden, und der rechtsgleiche Gesetzesvollzug werde gefährdet.

Die Konzentration ist umso wirkungsvoller, je umfassender sie angestrebt wird. Das Konzentrationsmodell eignet sich für typische, klar abgrenzbare komplexe Projekte wie etwa die Nutzungsplanung. Mit der Konzentration mehrerer Bewilligungsverfahren werden widersprüchliche Entscheide ausgeschlossen, indem eine sachlich zuständige Behörde für die zusammengelegten Verfahren verantwortlich zeichnet. Marti[178] beanstandet in diesem Zusammenhang die ungenaue Begrenzung des zu konzentrierenden Verfahrensgegenstandes. So enthalte die zürcherische Regelung betreffend den regionalen Gestaltungsplan für Materialgewinnung und -ablagerung gemäss § 44a PBG keine klare Umschreibung der erfassten Verfahren.

Unsicherheiten bestehen im weiteren im Zusammenhang mit möglicherweise verschieden geregelten Verfahrensabläufen der erforderlichen Bewilligungsverfahren. Durch die Verfahrenskonzentration dürfen die Verfahrensbeteiligten in ihrer Rechtsstellung nicht schlechter

---

      richts gestellte Anforderungen an das kantonale Verfahren eine Verletzung des Gewaltenteilungsprinzips dar.
[174] *Saladin*, URP 5/1991, 289
[175] *Saladin*, URP 5/1991, 289
[176] Z.B. Art. 19 f. GSchG betreffend die Voraussetzungen für Baubewilligungen innerhalb und ausserhalb eines generellen Kanalisationsprojektes
[177] *BUWAL*, Deregulierung der Entscheidverfahren, S. 20 ff.; *Wallimann*, BUWAL-Bulletin Umweltschutz 1/1994, 3 ff.; vgl. aber auch die Gegenüberstellung des Koordinations- und des Konzentrationsmodells bei *Marti*, AJP 3/1994 (Sonderdruck 12/94), 1535 ff., 1539 ff. und 1542 f.
[178] URP 5/1991, 255

gestellt werden, als ihnen aufgrund ihrer Parteistellung in den fraglichen einzelnen Bewilligungsverfahren zustünde.

1.6.4. Modell der materiellen Verfahrenskoordination

Eine Zwischenposition zwischen dem Separations- und dem Konzentrationsmodell nimmt das Modell der materiellen Verfahrenskoordination ein[179]. Dabei soll eine Mehrzahl von Bewilligungsverfahren bei den jeweils dafür zuständigen Behörden unter gegenseitiger inhaltlicher Abstimmung durchgeführt werden. Im Gegensatz zum Separationsmodell werden Koordinationsprobleme (an)erkannt und angegangen; im Gegensatz zum Konzentrationsmodell werden die bestehenden Zuständigkeiten der einzelnen Spezialbewilligungsverfahren sowohl fachlich als auch von der Entscheidungsbefugnis der betreffenden Verwaltungseinheit her gewährleistet. Zwar verhindert das Modell der materiellen Verfahrenskoordination widersprüchliche Entscheide nicht, doch sind die Umstände und die rechtlichen Entscheidungsgrundlagen des Koordinationsentscheides gestützt auf die aus dem Anspruch auf rechtliches Gehör abgeleiteten Mindestanforderungen an die Begründungspflicht so darzutun, dass der Gesuchsteller und allfällige berechtigte Dritte in der Lage sind, ein Rechtsmittel ordnungsgemäss zu ergreifen[180].

Die Bearbeitung von Koordinationsproblemen gestützt auf das Modell der materiellen Verfahrenskoordination respektiert die bestehende Organisations- und Verfahrensordnung, ohne diese zu verändern. Immerhin verlangt es eine intensive Zusammenarbeit zwischen den betroffenen Verwaltungseinheiten. Kooperation zwischen solchen spezialisierten Verwaltungseinheiten versteht sich insofern von selbst, als sie gemäss den Lehren der modernen Verwaltungswissenschaft für die Entscheidfindung eine unabdingbare Voraussetzung ist.

1.6.5. Zur bisherigen Entwicklung

Im Entscheid BGE 116 Ib 50 ff., 57 f. (Deponie Chrüzlen) gab das Bundesgericht dem Konzentrationsmodell den Vorzug, bestehe doch die zweckmässigste Möglichkeit einer koordinierten Anwendung darin, die verschiedenen bundes- und kantonalrechtlichen Vorschriften durch eine Instanz erstinstanzlich beurteilen zu lassen. Gehe das nicht, müssten die verschiedenen zuständigen kantonalen und kommunalen Behörden die Rechtsanwendung im erstinstanzlichen Verfahren zunächst materiell koordinieren und anschliessend verfahrensmässig so vorgehen, dass die verschiedenen, getrennt erlassenen Entscheide in einem einheitlichen Rechtsmittelverfahren angefochten werden können. Am besten erfolge die gesamthafte und zusammengefasste

---

[179] *Marti*, URP 5/1991, 235 f.; *Saladin*, URP 5/1991, 286; *Wagner*, S. 220 ff. und 247 ff.; *Zimmerli/ Scheidegger*, S. 231 und 306 f.; vgl. diese Autoren auch zum Folgenden
[180] *Christian Mäder*, N. 387 ff.

Eröffnung durch die erstinstanzliche Behörde, die für das massgebliche Verfahren bzw. das Leitverfahren zuständig sei.

Der Fall der Deponie Chrüzlen hat in der Folge zu Kontroversen Anlass gegeben: Kölz/Keller[181] beanstanden die Bevorzugung des Konzentrationsmodells als "zweckmässigste Möglichkeit der Verfahrensvereinheitlichung" für die kantonalrechtliche Ausgestaltung der Verfahrenskoordination als zu einengend. Die autoritative bundesgerichtliche Entscheidformulierung für das Konzentrationsmodell darf jedoch nicht darüber hinwegtäuschen, dass im vorliegenden Fall die Verfahrenskonzentration bereits durch die im massgeblichen Bewilligungsverfahren durchzuführende Umweltverträglichkeitsprüfung gemäss Art. 5 Abs. 3 UVPV vorgezeichnet war[182]. Eine starre Festlegung auf das Konzentrationsmodell erwiese sich in der Tat in all jenen Fällen als rechtswidrig, bei denen die Entscheidungs- bzw. Zuständigkeitskonzentration einer entsprechenden gesetzlichen Grundlage entbehrte[183]. Ausdrücklich wollte auch Bundesrichter Kuttler anlässlich des Podiumsgesprächs vom 6. Juni 1991 der Vereinigung für Umweltrecht (VUR)[184] die fraglichen Erwägungen der Entscheide BGE 116 Ib 57 f. (Deponie Chrüzlen) und 116 Ib 181 (Yvonand) als Empfehlungen für die mögliche Ausgestaltung des kantonalen Verfahrens verstanden wissen[185]. Es ist zu hoffen, dass für die Lösung anstehender Koordinationsprobleme künftig sachgerecht von den Möglichkeiten der verschiedenen Koordinationsmodelle Gebrauch gemacht wird.

In diesem Zusammenhang ist ausserdem auf jene Vorhaben zu verweisen, die erstinstanzlich sowohl von eidgenössischen wie auch kantonalen Behörden zu beurteilen sind. In solchen Fällen erachtet denn auch das Bundesgericht eine Verfahrenskonzentration als rechtswidrig und empfiehlt ein gestaffeltes Vorgehen[186].

1.7. Grundsatz der Frühkoordination

Unterscheidungskriterium der Früh- und Nachkoordination ist der Zeitpunkt, in welchem die verschiedenen Interessenlagen bzw. Bewilligungsverfahren aufeinander abgestimmt werden[187]. Regelmässig dürfte die Frühkoordination mit der grösseren Chance verbunden sein,

---

[181] URP 4/1990, 396
[182] *Zimmerli/Scheidegger*, S. 210
[183] *Saladin*, URP 5/1991, 299
[184] URP 5/1991, 303 f.
[185] Gl.M. ist auch *Vallender*, AJP 1/1992, 1075.
Dieselbe Interpretation nimmt auch das Verwaltungsgericht des Kantons Zürich in den Entscheiden VB 91/0046 und VB 91/0047 vor: Sei eine umfassende erstinstanzliche Bewilligungsinstanz nicht zulässig, so seien trotz der geforderten verfahrensmässigen Koordination verschiedene erstinstanzliche Entscheide mit gleichzeitiger oder sogar getrennter Eröffnung zulässig. Verlangt werde dann aber eine verfahrensmässige Abstimmung und ein einheitliches Rechtsmittel.
[186] BGE 116 Ib 58 f.; *Peter M. Keller*, URP 5/1991, 258 ff.
[187] *Klöti/Nüssli*, SJPW 21/1981, 157

eine einvernehmliche Lösung zu finden. Dies liegt in der Tatsache begründet, dass in einem frühen Stadium noch keine endgültigen Positionsbezüge vorliegen und damit auch ein grösserer Verhandlungsspielraum besteht. Ausserdem ermöglicht die Früherkennung der wesentlichen Zusammenhänge eines komplexen Verfahrens dem Bauherrn auch die Wirtschaftlichkeitsprüfung, ob das fragliche rechtmässige Projekt innert nützlicher Frist realisiert werden kann.

Diese Vorteile der Frühkoordination hat das Bundesgericht mit Entscheid BGE 111 Ib 311 (Uferbestockung Niederglatt/SG) erkannt, postulierte es doch, die massgeblichen Interessen sollten in einem möglichst frühen Verfahrensstadium erkannt und umfassend gegeneinander abgewogen werden. Den Konflikt zwischen der möglichst frühen und möglichst umfassenden Interessenabwägung machte das Bundesgericht in BGE 113 Ib 234 E. 3.c.aa (Kiesgrube Lommiswil) deutlich: Die Umweltverträglichkeitsprüfung sei kein zusätzliches Bewilligungsverfahren, weshalb sie in die bestehenden Entscheidverfahren zu integrieren sei. Bei der Konzentration auf dasjenige Verfahren, welches für den betreffenden Anlagetyp als besonders geeignet erscheine, sei stets jenes zu wählen, das einerseits in einer möglichst frühen Phase der Projektierung stattfinde und anderseits die umfassende Beurteilung aller Umweltauswirkungen des Vorhabens erlaube. Dies ist gewährleistet bei jenem Verfahren, bei welchem das Projekt erstmals im Rahmen einer einheitlichen Gesamtkonzeption erarbeitet wird. Hier werden seine raum-zeitlichen Auswirkungen aufgrund einer Gesamtbeurteilung deutlich. Diese Rechtsprechung fasst das Bundesgericht in BGE 114 Ib 224 ff., 230 (Rebbergmelioration Salgesch) wie folgt zusammen:

"Im übrigen muss einmal mehr betont werden, dass bei Unternehmen, die mehrere Gesetzgebungen betreffen, eben von Anfang an zu koordinieren ist. Von Beginn an kann erwogen werden, was für Bewilligungen, Zustimmungen usw. erforderlich sind. Die entsprechenden Verfahren können dann unverzüglich und möglichst frühzeitig, allenfalls gar gleichzeitig eingeleitet werden."

Demgegenüber erfolgt die Nachkoordination in einem späteren Stadium, etwa im nachträglichen Baubewilligungsverfahren und im Rechtsmittelverfahren.

2. Koordination im erstinstanzlichen Bewilligungsverfahren

2.1. Verfahrensablauf im allgemeinen

Hinsichtlich des zeitlich-technischen Verfahrensablaufs ist vorwegzunehmen, dass die örtliche Baubehörde zur Vorprüfung gemäss § 313 PBG sowie zur öffentlichen Bekanntmachung gemäss § 314 PBG verpflichtet ist. Anschliessend daran hat die Baubehörde das Gesuch von Amtes wegen an die allenfalls weiteren sachlich zuständigen Behörden und Instanzen - etwa im Zusammenhang mit der Erteilung von Spezialbewilligungen und Genehmigungen - weiterzuleiten. Mit diesem gleichzeitigen Verfahrensablauf bei den verschiedenen sachlich zuständigen Behörden und Instanzen begünstigt das Planungs- und Baugesetz grundsätzlich die speditive Erledigung von Spezialbewilligungen und Genehmigungen neben dem eigentlichen baurechtlichen Bewilligungsverfahren. Hieraus versteht sich denn auch die Einreichung der entsprechenden Anzahl von Baugesuchsunterlagen. Bei diesem parallelen Verfahrensablauf, der im Kanton Zürich bei zusätzlich erforderlichen Spezialbewilligungen üblich ist, kommt der kommunalen Baubehörde im baurechtlichen Bewilligungsverfahren die eigentliche verfahrensmässige Koordinationsaufgabe zu[188]. Im Zirkulationsverfahren, wie es im Kanton Zürich im Genehmigungsverfahren Anwendung findet, ist die kommunale Praxis uneinheitlich: Teilweise entscheiden die örtlichen Baubehörden die baurechtlichen Belange unter dem Vorbehalt der späteren Genehmigung durch die mittelbar zuständige Behörde sofort. Teilweise warten sie verfahrensökonomisch die Genehmigung der fraglichen Behörde ab und entscheiden erst im Falle der Genehmigungserteilung, bzw. sie erledigen das Verfahren im Falle der Genehmigungsverweigerung formell.

2.2. Baugesuch

Wie bereits ausgeführt[189], verlangt der zürcherische Gesetzgeber grundsätzlich ein einheitliches Baugesuch, das bei der örtlichen Baubehörde einzureichen ist (§ 312 PBG). Baugesuche sind schriftlich zu stellen (§ 310 Abs. 1 PBG i.V.m. § 15 BVV). In der Praxis haben sich längst vereinheitlichte Formulare eingebürgert. Im Zusammenhang mit grösseren und komplexeren Vorhaben ist auf die zulässigen Möglichkeiten hinzuweisen, etwa aus verfahrensökonomischen Gründen Eventual- und Teilgesuche im Hinblick auf die künftige Erweiterung des Bauobjektes zu stellen[190]. Weiter postuliert das Planungs- und Baugesetz in § 319 Abs. 3 die Einholung weiterer Bewilligungen durch die örtliche Baubehörde von Amtes wegen[191]. Wohl hängen Bau- und Spezialbewilligungen sowie Genehmigungen eines Bauvorhabens sachlich zusammen. Verfahrensrechtlich sind sie jedoch voneinander unabhängig. Mit Ausnahme ausdrücklicher gesetzlicher Regelungen hält § 319 Abs. 2 PBG auch keine bestimmte, zwingende Reihen-

---

188 *Gisler*, S. 268 ff.; *Christian Mäder*, N. 542; vgl. die Einzelheiten im Zusammenhang mit der Koordinationsfunktion des Bewilligungsentscheides nachfolgend 2.5.
189 Siehe unter § 3, 2.2.2.b)
190 *Christian Mäder*, N. 241. Skeptisch äussert sich *Marti* (Informationsblatt RPG-NO 1 und 2/1989, S. 68) im Hinblick auf die Koordination von Teilentscheiden, bei denen einzelne Bewilligungen vorgängig entschieden werden und die weiteren vorbehalten bleiben.
191 *Marti*, Informationsblatt RPG-NO 1 und 2/1989, S. 55

folge fest. Das Verwaltungsgericht leitet aus dem Grundsatz der derogatorischen Kraft des Bundesrechtes die vorgängige Beurteilung der auf eidgenössisches Recht gestützten Spezialbewilligungen ab[192]. Aus verfahrensökonomischen Gründen rechtfertigt sich des öfteren die Vorwegnahme von Spezialbewilligungen, sind diese doch vielfach weniger aufwendig abzuklären als das eigentliche baurechtliche Verfahren[193]. Im weiteren dürfte es die Notwendigkeit einer umfassenden Beurteilung eines Bauvorhabens ausserhalb der Bauzonen im Sinne von Art. 24 RPG der örtlichen Baubehörde verbieten, ohne Kenntnis der verbindlichen Stellungnahmen der Baudirektion[194] den Sachverhalt im Hinblick auf die baurechtliche Bewilligung selber umfassend zu beurteilen[195].

§ 310 Abs. 1 PBG verlangt im Hinblick auf die Bestimmbarkeit des Gesuchsgegenstandes die Einreichung aller Unterlagen, die für die Beurteilung des Vorhabens nötig sind. Im Zusammenhang mit spezialbewilligungspflichtigen Vorhaben sind die entsprechenden Unterlagen ebenfalls einzureichen. Ausdrücklich erwähnt § 310 Abs. 1 (2. Teilsatz) PBG das Erfordernis einer Gesuchsbegründung für Ausnahmebewilligungen. Dies erklärt sich daraus, dass die entscheidende Behörde nicht einfach eine Feststellungsverfügung zu erlassen hat, vielmehr erfordert die Beurteilung eines Ausnahmebewilligungsgesuches eine Begründung dafür, weshalb sich eine Abweichung von der Regelbauweise aufdrängt. Die eine Ausnahmebewilligung rechtfertigenden tatsächlichen bzw. rechtlichen Umstände müssen deshalb genau erkennbar sein[196]. In diesem Sinne ist denn auch der verfahrensökonomisch motivierte Berechtigungsnachweis des Nichteigentümers gemäss § 310 Abs. 3 PBG zu verstehen.

2.3. Vorprüfung

Sinn und Zweck der Vorprüfung ist die verfahrensökonomisch motivierte Abklärung, ob die Unterlagen und die Aussteckungen vorschriftsgemäss sind und den Sachverhalt im Hinblick auf den Entscheid ausreichend aufzeigen. Zeitlich beginnt sie unmittelbar nach der Gesuchseinreichung. Allfällige Verbesserungen sind innert drei Wochen anzuordnen (§ 313 Abs. 1 PBG).

---

[192] BEZ 1989 Nr. 11 = VB 88/0180; RB 1983 Nr. 111 = VB 62/1983
Demgegenüber bewahrt der allgemeiner gefasste § 5 Abs. 2 VRG, wonach eine bei einer unzuständigen Behörde eingegangene Eingabe unter Benachrichtigung des Absenders an die zuständige Behörde weiterzuleiten ist, den Ansprecher vor Rechtsverlust infolge Unzuständigkeit der angegangenen Behörde. Dabei handelt es sich um eine allgemeine Vorschrift im Hinblick auf die verwaltungsinterne Zusammenarbeit. § 5 Abs. 2 VRG findet Anwendung, wenn die örtliche Baubehörde als Ort der Gesuchseinreichung nicht zuständig ist, weil gar kein baurechtliches Bewilligungsverfahren im Sinne des Planungs- und Baugesetzes ansteht.
[193] *Christian Mäder*, N. 542
[194] Also entweder die negative Feststellung, eine Bewilligung gemäss Art. 24 RPG sei nicht erforderlich oder die Genehmigung für eine Ausnahmebewilligung gemäss Art. 24 RPG
[195] *Kuttler*, ZBl 91/1990, 302
[196] BEZ Nr. 11/1993 = BRKE III Nr. 242/1992; *Christian Mäder*, N. 251

Vorweg sind die Eintretensvoraussetzungen zu prüfen: So lässt die Prüfung der eigenen Zuständigkeit in bezug auf ein nachgesuchtes Projekt die örtliche Baubehörde unweigerlich die Zuständigkeiten weiterer Behörden sowie Instanzen erkennen und ermöglicht ihr in der Folge auch, ihrer Überweisungspflicht gemäss § 319 Abs. 3 PBG nachzukommen. Die genaue Abklärung des Berechtigungsnachweises schliesslich gewährleistet bereits im Frühstadium die Kenntnis der massgeblichen Verfahrensbeteiligten.

Im weiteren sind die Gesuchsunterlagen sowie die Aussteckung auf Vollständigkeit und formelle Richtigkeit hin zu überprüfen. Bezüglich verbessernder Vorkehren lassen sich keine allgemeinen Regeln ableiten. Aufgrund seiner Verfahrenshoheit ist zu bedenken, dass der Bauherr Mängel des Baugesuches ohne weiteres verbessern kann[197]. Geringfügige Mängel kann die Baubehörde in Ermittlung des massgeblichen Sachverhaltes selber beheben oder das Gesuch informell zurückgeben[198]. Bei gravierenden Mängeln hingegen, bei denen der örtlichen Baubehörde die Ermittlung des rechtserheblichen Sachverhaltes nicht mehr möglich bzw. nicht mehr zumutbar ist, kann die örtliche Baubehörde entweder unter Androhung des Nichteintretens auf das Baugesuch im Säumnisfall eine Frist zur Verbesserung ansetzen oder die Akten formell an den Gesuchsteller zurückweisen. Beide Vorgehensweisen ermöglichen dem Bauherrn ohne weiteres, ein entsprechend korrigiertes Gesuch erneut einzureichen.

Aufgrund ihrer Fachkenntnis ist es der örtlichen Baubehörde in einer ersten Sichtung der zur Beurteilung anstehenden Rechtsfragen aber auch möglich, eigentliche Projektmängel sehr früh zu erkennen[199]. Ohne ein schutzwürdiges Vertrauen zu begründen[200], kann sie dem Bauherrn gestützt auf das Verständigungsprinzip die Möglichkeit einräumen, das Projekt neu zu überdenken und allenfalls eine Projektänderung vorzunehmen.

Offensichtlich sind die Einflussmöglichkeiten der örtlichen Baubehörde in bezug auf Mängel und Fehler des Baugesuches, auf die Früherkennung von rechtlichen Problemen und auf zusätzlich erforderliche Spezialbewilligungen und Genehmigungen im Stadium der Vorprüfung des Baugesuches beachtlich. Die weichenstellende Aufgabe verlangt von der kommunalen Baubehörde in der sachlich nur summarisch vorgenommenen Vorprüfung den Weitblick, den Koordinationsbedarf des eingereichten Baugesuches frühzeitig zu erkennen. Weiter ist der rechtserhebliche Sachverhalt von Amtes wegen festzustellen und soweit erforderlich zu ergänzen. Die diesbezüglichen Anforderungen an die örtliche Baubehörde sind hoch, und erfahrungsgemäss zeigen sich bei komplexeren Projekten nicht nur kleine Gemeinden überfordert. Für besondere Probleme in der Vorprüfung kann durchaus die Beratung durch Fachstellen und externe Experten eingeholt werden[201]. Es erstaunt nicht, dass die Forderung laut wird, die Vor-

---

[197] *Christian Mäder*, N. 260
[198] *Gisler*, S. 263; *Christian Mäder*, N. 261
[199] Vgl. die aufgeführten Beispiele bei *Christian Mäder*, N. 274
[200] *Weber-Dürler*, Vertrauensschutz, S. 204 ff.
[201] *Marti*, Informationsblatt RPG-NO 1 und 2/1989, S. 58

prüfung komplexer Bauvorhaben einer kantonalen Instanz zu übertragen bzw. mindestens die Verfahrensleitung oder gar die Bewilligungskompetenz einem kantonalen Entscheidungsträger zuzuweisen[202]. Auch im Kanton Zürich sind solche Tendenzen erkennbar: Anlässlich der Revision vom 1. September 1991 beispielsweise wurde - mit Ausnahme der Städte Zürich und Winterthur - die Volkswirtschaftsdirektion für die Beurteilung der Bewilligung von Anlagen in Betrieben bezüglich ihrer Übereinstimmung mit den Vorschriften über die Luftreinhaltung und den Lärmschutz gemäss Ziff. 1.2.2 Anhang zur BVV als unmittelbar zuständig erklärt[203].

2.4. Bekanntmachung des Baugesuches

Im zürcherischen Baubewilligungsverfahren kommt der zeitlich mit der Gesuchseinreichung vorzunehmenden Aussteckung[204] grundsätzlich Publizitätswirkung zu. Eigentlich öffentlich bekannt gemacht wird das Bauvorhaben jedoch nach Abschluss der Vorprüfung (§ 314 Abs. 1 PBG). Auf Begehren des Gesuchstellers erfolgt die Bekanntmachung sofort; nötige Ausstekkungen müssen aber vorher erstellt sein (§ 314 Abs. 2 PBG). Die Bekanntmachung erfolgt im kommunalen Publikationsorgan und im Amtsblatt des Kantons Zürich. Die Anhörung von Drittbetroffenen im Sinne der öffentlichrechtlichen Einsprache vor der Erteilung des Bewilligungsentscheides ist nicht vorgesehen. Sinngemäss gewährleistet § 315 Abs. 2 PBG Dritten im Umfang der Petitionsfreiheit das Recht, Einwendungen gegen das nachgesuchte Vorhaben zu erheben[205]. Darüber hinaus wird die kommunale Baubehörde noch gesetzlich verpflichtet, dem Bauherrn von solchen Begehren Dritter um Zustellung des baurechtlichen Entscheides und allenfalls vorgebrachten Einwendungen Kenntnis zu geben.

Die öffentlichrechtliche Einsprache garantiert demgegenüber einen Behandlungsanspruch. Dabei handelt es sich grundsätzlich um den "von einem Kreis vielfach normativ bestimmter Dritter ... schriftlich gestellte(n) und begründete(n) Antrag, mit dem rechtliche und tatsächliche Einwendungen gegen einen vorgesehenen, noch nicht gefällten Entscheid geltend gemacht werden"[206]. Die Vorteile der Einsprache liegen darin, dass sie die Baubehörde punktuell zu einer vertieften Überprüfung des Projektes zu veranlassen vermag und im Fall des Aufdeckens von Rechtswidrigkeiten des nachgesuchten Vorhabens die Entscheidfindung erleichtert. Einfach und rasch können übersehene rechtserhebliche Projektmängel und -fehler im Frühsta-

---

202 *Marti*, Informationsblatt RPG-NO 1 und 2/1989, S. 58
203 Vgl. insbesondere die regierungsrätlichen Ausführungen zur Revision in RRB Nr. 2975/1990, Ziff. 3 sowie im Kreisschreiben über die Änderung im Planungs-, Bau- und Umweltschutzrecht der Baudirektion vom 26. September 1990, Ziff. 3
204 Vgl. den Wortlaut von § 313 Abs. 1 PBG; *Christian Mäder*, N. 273 (letzter Satz)
205 *Christian Mäder*, N. 322 mit Hinweis auf *Häfelin/Haller*, zur Petitionsfreiheit gemäss Art. 57 BV, N. 1615, 1620 und 1627 ff.: Dabei handelt es sich um das Recht, gegenüber der kommunalen Baubehörde Bitten und Anregungen zum Ausdruck zu bringen; die angefragte Behörde ihrerseits hat diese zur Kenntnis zu nehmen. Sie ist aber nicht verpflichtet, sich materiell damit auseinanderzusetzen.
206 *Leutenegger*, S. 381; ähnlich *Gisler*, S. 282

dium des Verfahrens noch verhindert, allenfalls sogar teure Bauverzögerungen vermieden werden. Im Fall von Beurteilungs- und Ermessensspielräumen macht die Einsprache die bestehenden Interessenlagen der Einsprecher erkennbar. Ausserdem ermöglicht sie die beschränkte Berücksichtigung der in der Bürgerschaft vertretenen Meinungen zum geplanten Vorhaben. Die Einsprache ist regelmässig innert Frist ab Bekanntmachung einzureichen. Sie ist zu begründen. Über die Einsprache ist ein formeller Entscheid zu fällen, der entweder in die eigentliche Bewilligung aufzunehmen oder aber separat zu fällen ist. Die grosse Gefahr der Einsprache liegt im unverkennbaren Umstand, dass sie als Drittrechte berücksichtigendes Institut die Verfahrensherrschaft des Bauherrn einschränkt und in der Praxis als zusätzlicher Verfahrensgang zulasten des Bauherrn allenfalls zeitverzögernd wirken kann. Nicht selten findet sich gar missbräuchliche Verwendung, indem versucht wird, die Projektrealisierung zumindest zu verzögern. Selbst wenn die Rechtsordnung trölerische Begehren nicht schützt, entstehen für den Bauherrn doch Umtriebe und in vielen Fällen zusätzliche Verfahrensrisiken. Als problematisch erweist sich regelmässig die Ausgestaltung der Einsprachelegitimation. Während Gisler[207] aufgrund der Funktion der Einsprache als wertvolle Entscheidungshilfe die Populareinsprache als gerechtfertigt erachtet, spricht sich Marti[208] im Hinblick auf die verfahrenskoordinierende Wirkung der Einsprache für eine Legitimation im Umfang der eigentlichen Rechtsmittelbefugnis aus.

Die Einführung der Einsprache ins Baubewilligungsverfahren dürfte im Kanton Zürich - namentlich seit der Gesetzesänderung vom 1. September 1991 - als unrealistisch zu beurteilen sein. Gemäss § 315 PBG kann innert 20 Tagen seit der Publikation des Vorhabens der baurechtliche Entscheid zur Wahrung öffentlichrechtlicher Ansprüche verlangt werden. Bei der genannten Frist handelt es sich um eine Verwirkungsfrist (§ 316 PBG). Gegenüber der altrechtlichen Regelung bringen §§ 315 f. PBG insofern eine grundlegende Neuordnung, als für die Zulassung zum Rekurs die Baubewilligung nach der Ausschreibung unbedingt verlangt werden muss. Wird diese Frist versäumt oder wird kein entsprechendes Begehren gestellt, erweist sich eine Rekurserhebung formell als nicht rechtmässig. Auf einen solchen Rekurs ist folglich nicht einzutreten. Beim zürcherischen Gesuch um Zustellung der Baubewilligung handelt es sich neuerdings um eine von Amtes wegen zu prüfende Prozessvoraussetzung[209]. Mit dieser materiellen Gesetzesänderung der Anspruchswahrung i.S.v. §§ 315 f. PBG tendiert der zürcherische Gesetzgeber auf eine Straffung des Verfahrensablaufs; verfahrenserweiternden Instituten steht er ablehnend gegenüber.

Immerhin fragt sich, ob das Fehlen eines Einspracheverfahrens im Kanton Zürich den Grundsatz des rechtlichen Gehörs verletzt. Als verfassungsmässige Verfahrensgarantie gewähr-

---

[207] S. 284
[208] Informationsblatt RPG-NO 1 und 2/1989, S. 60 f.
[209] Vgl. grundlegend BRKE II Nr. 260/1992, bestätigt in BRKE I Nr. 57/1993

leistet das rechtliche Gehör, dass niemand in seiner Rechtsstellung beeinträchtigt werden darf, ohne vorher angehört worden zu sein[210]. Um dem Gehörsanspruch im Stadium des erstinstanzlichen Baubewilligungsverfahrens rechtsgenügend Folge zu leisten, wäre demnach die Einsprachelegitimation gleich der Rechtsmittellegitimation auszugestalten[211].

2.5. Koordinationsverfahren und Prüfung des Baugesuches

Mit Vorliegen der Eintretensvoraussetzungen und nach Abschluss der Vorprüfung erfolgt die eigentliche Prüfung des Gesuches gestützt auf die einschlägigen Vorschriften des eidgenössischen, kantonalen und kommunalen Rechts. Sind für die Beurteilung mehrere Behörden bzw. Instanzen zuständig, so ist in diesem Verfahrensstadium die eigentliche Koordinationsarbeit zu leisten. Es gilt mehrere verschiedene, voneinander unabhängige Bewilligungsverfahren aufeinander abzustimmen. Folgende Fragen stellen sich: Welche Behörde leitet das Koordinationsverfahren? Wie ist das Koordinationsverfahren durchzuführen? Und welche Rechte kommen den Beteiligten des Koordinationsverfahrens zu?

2.5.1. Koordinationsbehörde

Im Verfahrensabschnitt der Vorprüfung des Baugesuches hat der zürcherische Gesetzgeber die örtliche Baubehörde mit den ersten verfahrensleitenden Koordinationsaufgaben betraut. Solange der kommunalen Baubehörde die Beurteilungskompetenz zukommt, rechtfertigt sich auch die Zuordnung der Leitungsfunktion für das eigentliche Koordinationsverfahren an sie. Anders liegen die Tendenzen jedoch in bezug auf komplexe Vorhaben, die überdies von eidgenössischen und kantonalen Behörden zu beurteilen sind. Hier verlagert sich die sachliche Beurteilungskompetenz regelmässig zugunsten von kantonalen Entscheidungsträgern[212]. Den kommunalen Baubehörden wird aufgrund ihrer regelmässig schwächeren Besetzung mit Fachleuten und ihrer hierarchischen Unterstellung grundsätzlich[213] die erforderliche Beurteilungskapazität sowie Erfahrung abgesprochen[214]. Während im Kanton Zürich den sachlich zuständigen Behörden die selbständige Bewilligungskompetenz der ihnen übertragenen Beurteilungsgegenstände zukommt und die kommunalen Baubehörden daneben nur mehr noch ein Anhörungs-

---

210 *Kölz/Häner*, N. 52 ff.
211 *Marti*, Informationsblatt RPG-NO 1 und 2/1989, S. 59 und 60 f.
212 Vgl. die Zuständigkeitsregelungen gemäss dem Anhang zur BVV und die Spezialgesetzgebung
213 Dies wird aber, wie die zahlreichen Abweichungen gemäss den Einführungsbestimmungen UVP zeigen (vgl. z.B. die Zuständigkeit der kommunalen Baubehörde für Parkhäuser und -plätze für mehr als 300 Motorwagen; Ziff. 11.4), nicht konsequent gehandhabt.
214 Vgl. RRB Nr. 2975/1990 und Kreisschreiben der Baudirektion des Kantons Zürich vom 26. September 1990; *Marti*, Informationsblatt RPG-NO 1 und 2/1989, S. 63; *Kuttler*, ZBl 89/1988, 254 zum Gemeindeingenieur als Koordinator auf Gemeindeebene

recht gemäss § 319 Abs. 2 (2. Teilsatz) PBG geniessen, fehlt im Falle paralleler kommunaler und kantonaler Beurteilungsbefugnis eine Koordinationsbehörde vollständig. Jede für das fragliche Vorhaben zuständige Behörde hat den massgeblichen Sachverhalt selbständig und unabhängig von anderen Verfahren zu ermitteln und zu beurteilen. Kurz: Die verfahrensmässige Koordination zwischen verschiedenen kantonalen Behörden und der örtlichen Baubehörde ist im zürcherischen Recht für das eigentliche Bewilligungsverfahren bislang noch nicht geregelt - weder im Hinblick auf die organisatorische Zuordnung der Koordinationsaufgabe an sich noch im Zusammenhang mit dem Koordinationsverfahren, namentlich mit der Durchführung der einzelnen Koordinationsmassnahmen.

Organisatorisch sind verschiedene Lösungen denkbar: Beachtenswert ist die im Kanton Schwyz eigens mit der Verfahrenskoordination betraute kantonale Baukontrolle[215]. Der gesamte amtliche Verkehr wickelt sich hier über die kantonale Baukontrolle in ihrer Funktion als kantonale Koordinationsstelle ab. Augenscheine und Verhandlungen mit dem Bauherrn bzw. der kommunalen Baubehörde sind in Übereinkunft mit der Koordinationsstelle abzustimmen. Die Koordinationsstelle wacht über die Einhaltung der Ordnungsfristen.

Mit der Verfahrenskoordination brauchen jedoch nicht eigene Verwaltungsbehörden beauftragt zu werden. Diese können durchaus auch von der bestehenden Verwaltungsorganisation übernommen werden. Im Kanton Zürich eignete sich namentlich die Baudirektion zur Besorgung der anstehenden Koordinationsaufgaben.

Einzelne Autoren[216] empfehlen im weiteren, Bauverwaltungsaufgaben vermehrt Zweckverbänden zu übertragen.

2.5.2. Koordinationsverfahren

a)   **Ablauf im allgemeinen**

Die verfahrensmässige Koordination im Bewilligungsverfahren beginnt mit der Einholung der Stellungnahmen zum Vorhaben bei den in der betreffenden Sache zuständigen Behörden nach Ablauf der 20tägigen Auflagefrist nach Bekanntmachen der Gesuchsunterlagen gemäss § 314 Abs. 4 PBG. Während im Hinblick auf das Zusammenwirken verschiedener kantonaler Behörden und der örtlichen Baubehörde die Koordination im kantonalen Recht geregelt werden kann, kommt den Kantonen in bezug auf das Zusammenwirken mit Bundesbehörden keine Regelungskompetenz zu. Immerhin ist in jenem Amtsverkehr die Koordination auf freiwilliger Ebene denkbar[217].

---

[215] *Leutenegger*, S. 187, auch zum Folgenden
[216] *Leutenegger*, 1. Aufl., S. 86; *Marti*, Informationsblatt RPG-NO 1 und 2/1989, S. 63
[217] *Marti*, Informationsblatt RPG-NO 1 und 2/1989, S. 64 f.

Gestützt auf den rechtserheblichen Sachverhalt haben die fraglichen Behörden ihre Stellungnahmen zu erarbeiten. Aus verfahrensökonomischen Gründen sind weitergehende Sachverhaltsabklärungen wie die Ergänzung von Gesuchsunterlagen, Verhandlungen mit den Beteiligten, Augenscheine und Gutachten ebenfalls verfahrensmässig abzustimmen. Schliesslich sind diese Stellungnahmen der betreffenden Behörden auszuwerten und anschliessend die einzelnen Entscheide zu koordinieren.

b) Bindung an die im Koordinationsverfahren abgegebenen Stellungnahmen

Auf die im Koordinationsverfahren abgegebenen Stellungnahmen sind die zuständigen Behörden zu behaften, kann doch die Abstimmung der einzelnen Bewilligungsverfahren nur gestützt auf eindeutige Positionsbezüge in den einzelnen Fragen bewerkstelligt werden. Der Grundsatz der Bindung an die im Koordinationsverfahren abgegebenen Stellungnahmen ist im Interesse der Rechtssicherheit zu normieren: Voraussetzungen des begründeten Vertrauensschutzes sind das Bestehen einer Vertrauensgrundlage, die Kenntnis dieser Vertrauensgrundlage und deren Korrektheit sowie eine Vertrauensbetätigung der privaten Betroffenen. Anschliessend ist eine Abwägung zwischen dem Interesse am Vertrauensschutz und diesem entgegenstehenden anderen öffentlichen Interessen vorzunehmen. Da eine Vertrauensbetätigung im Verlauf des Bewilligungsverfahrens regelmässig nicht vorliegt[218], bedarf die Bindung an die im Koordinationsverfahren abgegebenen Stellungnahmen für die Begründung schutzwürdigen Vertrauens folglich der gesetzlichen Verankerung[219].

Die Rechtssicherheit und das Interesse an der beförderlichen Geschäftsbehandlung fordern grundsätzlich die strikte Handhabung des besagten Grundsatzes. Nur für den Fall wesentlicher Änderungen der Sach- bzw. Rechtslage soll von der Verbindlichkeit der Stellungnahmen abgewichen werden können. Das Interesse an der ganzheitlichen Beurteilung des aktuellen Projektstandes bzw. der aktuellen Rechtslage überwiegt in diesen Fällen[220].

---

[218] *Weber-Dürler*, Vertrauensschutz: Die Frage nach dem Bestand des Vertrauensschutzes stellt sich allenfalls dann, wenn der Bauherr mit der Bauausführung bereits begonnen hat. Die Bauausführung als Disposition des Bauherrn ist lediglich ein Hinweis für den Bestand und Umfang der privaten Interessenlage. Erst in Abwägung mit den öffentlichen Interessen zeigt sich, ob der Vertrauensschutz greift oder nicht (S. 148 f.). Keinen Vertrauensschutz hingegen geniesst der Bauherr im Falle eines nachträglichen Baubewilligungsverfahrens (S. 103).
[219] *Kuttler*, VLP-Schriftenfolge Nr. 54, S. 15; *Marti*, Informationsblatt RPG-NO 1 und 2/1989, S. 70; *Marti*, URP 5/1991, 247; *Georg Müller*, Kommentar BV, Art. 4 N. 59 ff.
[220] *Imboden/Rhinow*, Bd. I, Nr. 75 IV

c) **Mitberichtsverfahren bei Meinungsverschiedenheiten**

Sinn und Zweck des Koordinationsverfahrens liegen in der Abstimmung der verschiedenen unabhängig voneinander ablaufenden Bewilligungsverfahren[221]. Innerhalb ihres Zuständigkeitsbereiches hat nun aber jede dieser verfahrensbeteiligten Behörden auch ihren selbständigen Entscheid zu treffen[222]. Probleme stellen sich bei dieser selbständigen Entscheidfindung dann, wenn die verschiedenen Behörden, die über das Vorhaben zu befinden haben, in ein und derselben Frage widersprüchliche Stellungnahmen abgeben. Es fragt sich, wie Meinungsverschiedenheiten zwischen den Behörden, die ein Projekt zu beurteilen haben, zu lösen sind. Im Kanton Zürich, wo die verschiedenen Bewilligungsverfahren grundsätzlich auf der Verfahrensseparation beruhen[223], hat jede Behörde ihren eigenen Entscheid selbst zu fällen und zu verantworten. Um widersprüchliche Ergebnisse in der gleichen Sache zu verhindern, sind Einigungen zwischen den betreffenden Behörden anzustreben[224]. Denkbar sind solche Einigungen im Rahmen eines verwaltungsinternen Mitberichtsverfahrens, wie es auf Bundesebene mit der Konsultation der Departemente praktiziert wird. Gemäss Art. 54 VwOG haben die beteiligten Departemente Mitberichte zu erstatten, sofern die Geschäfte des Bundesrates der Koordination bedürfen[225]. Das Konsultationsverfahren findet einerseits Anwendung, wenn ein Geschäft in den Zuständigkeitsbereich mehrerer Departemente fällt und anderseits, wenn ein in die Zuständigkeit eines Departementes fallendes Geschäft möglicherweise für andere von Interesse ist. Die Bundesverwaltung kennt zwei Arten des Mitberichtsverfahrens: Das kleine Mitberichtsverfahren (auch Vorverfahren genannt) spielt sich auf der Ebene der Bundesämter ab, wobei das federführende Bundesamt alle von der Vorlage betroffenen Amtsstellen sämtlicher Departemente zur Stellungnahme einlädt. Bei Meinungsverschiedenheiten werden im Anschluss an den Schriftenwechsel Konferenzen oder bilaterale Gespräche durchgeführt. Regelmässig werden in Rechtsfragen das Bundesamt für Justiz, zu finanziellen Aspekten die Eidgenössische Finanzverwaltung und die Bundeskanzlei betreffend die Gesetzestechnik und im Hinblick auf den Sprachdienst begrüsst. Die Konsultation der betroffenen Ämter endigt mit der Weiterleitung des Geschäftes an den Departementsvorsteher. Das grosse Mitberichtsverfahren seinerseits beginnt mit der Verteilung des schriftlichen Antrages an den Bundesrat. Dieser gibt u.a. auch Aufschluss über die Ergebnisse des Vorverfahrens. Auf den Antrag erfolgen die vom Departementschef visierten Mitberichte, die Stellungnahmen zu den Mitberichten und die Vernehmlas-

---

[221] Zum Mitberichtsverfahren im Zusammenhang mit im Kanton Zürich durchzuführenden UVP-Verfahren vgl. insbesondere RRB Nr. 1086/1989 betreffend die Einführung der UVP und die Abläufe innerhalb der Verwaltung
[222] In diesem Zusammenhang sei die Sonderregelung betreffend die Befugnis der Gebäudeversicherung des Kantons Zürich (GVZ) in Erinnerung zu rufen, wonach diese bei gewissen Bauten nebenbestimmungsweise feuerpolizeiliche Massnahmen im baurechtlichen Bewilligungsverfahren verbindlich beantragen kann (vgl. vorne unter § 3, 2.2.1.).
[223] *Haller/Karlen*, N. 857
[224] *Marti*, Informationsblatt RPG-NO 1 und 2/1989, S. 72 im Ansatz für Einigungsbestreben
[225] *Furrer*, Art. 54 N. 1 ff., auch zum Folgenden; *Sauvant*, VP 26/1972, 37 ff.

sungen. Anscheinend existiert auch im Kanton Zürich ein verwaltungsinternes Mitberichtsverfahren. Dabei werden Verwaltungsbehörden, mit deren Aufgabenbereich das Bauvorhaben in Berührung kommt, zur Stellungnahme eingeladen[226].

Offenbar ist die verfahrensmässige Koordination beim Vorliegen widersprüchlicher verwaltungsinterner Positionsbezüge zwischen selbständig entscheidungsbefugten Behörden letztlich nicht konsequent möglich. Meinungsverschiedenheiten zwischen solchen Behörden könnten bei entsprechender gesetzlicher Grundlage von der gemeinsamen Oberbehörde entschieden werden. Eine solche Kompetenzattraktion bestimmte etwa Art. 24 Abs. 1 aFG in seiner ursprünglichen Fassung, wonach technische Eingriffe in Fischgewässer von einer kantonalen Instanz bewilligt werden mussten. Vorbehalten blieben Bewilligungen des Bundes kraft Spezialgesetzgebung. In diesen Fällen war vor der Bewilligungs- bzw. Konzessionserteilung die Zustimmung des zuständigen Bundesamtes einzuholen. Bei Meinungsverschiedenheiten entschieden die vorgesetzten Departemente bzw. nötigenfalls der Bundesrat.

d) "Killerentscheid"[227]

Ergibt sich aufgrund der voraussichtlichen Anwendung der einschlägigen Vorschriften, dass das Bauvorhaben nicht realisierbar ist, sollte die Koordinationsbehörde aus Gründen der Verfahrensökonomie mit entsprechender Begründung auf das Koordinationsverfahren nicht eintreten und das Baugesuch an die örtliche Baubehörde zurückweisen. Dem Bauherrn und der kommunalen Baubehörde ist - soweit die Baudirektion Koordinationsbehörde ist - der Rekurs an den Regierungsrat des Kantons Zürich zu gewährleisten.

e) Behandlungsfristen

Die Durchführung des Koordinationsverfahrens steht regelmässig mit einem vermehrten zeitlichen Aufwand in Verbindung. Neben der eigentlichen Behandlungsfrist kommt bei koordinationsbedürftigen Bauvorhaben eine weitere für das Koordinationsverfahren hinzu. Diesbezüglich sollte auf eigentliche Erfahrungswerte abgestellt werden. Während einfachere Koordinationsverfahren zeitlich wohl innerhalb der gesetzlichen Ordnungsfristen für das Vorprüfungsverfahren durchgeführt werden können, sind komplexe Projekte von den Ordnungsfristen gemäss § 319 Abs. 1 PBG auszunehmen. Damit unterstehen solche Koordinationsverfahren - wie z.B. im Zusammenhang mit der Durchführung einer Umweltverträglichkeitsprüfung - zwar nicht mehr festgelegten Ordnungsfristen, doch erscheint eine offene Regelung als bedarfsorientiert flexibel und projektbezogen. Der Verzicht auf die Unterstellung unter eine Ordnungsfrist bringt denn auch keinen eigentlich rechtsfreien Zustand, bleibt doch die Koordinationsbehörde

---

226 Siehe *Haller/Karlen*, N. 827
227 Vgl. in bezug auf diese Begriffsverwendung *Georg Müller*, URP 5/1991, 310 f.

einerseits der beförderlichen Abwicklung des Verfahrens verpflichtet und anderseits untersteht sie repressiv aufsichtsrechtlichen Behelfen[228].

2.5.3. Rechtsstellung der Verfahrensbeteiligten

Im vorliegenden Zusammenhang ist bisher offen geblieben, inwieweit das Koordinationsverfahren als verwaltungsinternes Verfahren den privaten Verfahrensbeteiligten zugänglich zu machen ist. Steht den privaten Parteien im Koordinationsverfahren auch ein Teilnahmerecht bei allfälligen Koordinationsverhandlungen zu? Haben die privaten Parteien allenfalls Anspruch darauf, sich vor dem Entscheid zu den abgegebenen Stellungnahmen des Konsultationsverfahrens zu äussern? - In der Tat stellen sich hier in Praxis und Lehre umstrittene und vieldiskutierte Fragen[229].

Der aus Art. 4 BV abgeleitete Grundsatz des rechtlichen Gehörs gewährleistet einem Privaten, in einem vor einer Verwaltungs- oder Justizbehörde geführten Verfahren mit seinem Begehren angehört zu werden, Akteneinsicht zu erhalten und zu den für die Entscheidung wesentlichen Punkten Stellung nehmen zu können. Der Gehörsanspruch ist umso umfassender zu gewährleisten, je grösser die Gefahr einer Beeinträchtigung schutzwürdiger Interessen ist und je bedeutsamer solche private Interessen sind[230]. Der Anspruch auf rechtliches Gehör gilt nicht absolut. Er unterliegt materiellen und formellen Schranken. Auf den Anspruch kann verzichtet werden, und er kann durch Verwirkung untergehen. Die auf Art. 6 Ziff. 1 EMRK gestützte Verfahrensgarantie des rechtlichen Gehörs geht demgegenüber nicht weiter[231]. Im Zusammenhang mit verwaltungsinternen Akten, womit Verwaltungsunterlagen gemeint sind, denen für die Behandlung des Geschäfts kein Beweischarakter zukommt und die ausschliesslich der verwaltungsinternen Meinungsbildung dienen, verneint das Bundesgericht das Akteneinsichtsrecht als Teilaspekt des rechtlichen Gehörs[232]. Im versicherungsrechtlichen Entscheid BGE 115 V 303 ff. hat das Bundesgericht das Akteneinsichtsrecht in verwaltungsinterne Unterlagen i.S.v. Art. 4 BV i.V.m. Art. 26 bis 28 VwVG insofern geschützt, als diese für den Ausgang des Verfahrens massgeblich waren. Diese letztere Auffassung - nämlich die Gewährung des Akteneinsichtsrechts in verwaltungsinterne Unterlagen, soweit sie der Sachverhaltsabklärung dienen -

---

[228] Vgl. auch die Ausführungen unter § 6, 4.4.
[229] Weitere Klärung in diesen Fragen ist von der von *Isabelle Häner* in Bearbeitung befindlichen Habilitationsschrift zur Verfahrensbeteiligung zu erwarten.
[230] *Häfelin/Müller*, N. 1306 ff.; *Kölz/Häner*, N. 52 f.; *Kölz*, Kommentar VRG, § 8 N. 2 ff.; vgl. auch *Georg Müller*, Kommentar BV, Art. 4 N. 102 f.; *Rhinow/Krähenmann*, insbesondere Nr. 81 (Anhörung des Betroffenen vor Erlass einer Verfügung) und Nr. 82 (Rechtliches Gehör im Verwaltungsverfahren), aber auch Nr. 83 (Recht auf Akteneinsicht) und Nr. 85 (Begründung von Verfügungen und Entscheiden)
[231] *Kölz/Häner*, N. 20 (ff.); *Schmuckli*, S. 83
[232] BGE 113 Ia 288 f.; 115 V 297 ff., 303; 117 Ia 95 f.: Gemäss der bundesgerichtlichen Praxis handelt es sich dabei um Unterlagen wie Entwürfe, Notizen, interne Gutachten und Expertenberichte und auch Mitberichte.

wird von diversen Autoren vertreten[233]. Die jüngere Doktrin geht sogar noch weiter, indem sie angesichts der anerkannten Grundsätze über die Beschränkung des Akteneinsichtsrechts auf die Unterscheidung zwischen internen und einsehbaren Akten verzichten will[234].

Im Zusammenhang mit dem Recht auf Stellungnahme zu den für die Entscheidung wesentlichen Punkten als weiterem Aspekt der Verfahrensgarantie des rechtlichen Gehörs ist auf den Entscheid BGE 116 Ib 260 ff. (Cleuson-Dixence[235]) hinzuweisen. Hier lehnte das Bundesgericht die vorgängige Anhörung der Parteien ab, handle es sich doch bei verwaltungsinternen Stellungnahmen anderer Behörden nicht um anfechtbare Verfügungen i.S.v. Art. 5 VwVG. Im Falle neuer Erkenntnisse bestehe keine Bindung an diese Stellungnahmen mehr. Da insbesondere bau- und umweltschutzrechtliche Bewilligungsverfahren als sogenannte "civil rights and obligations/droits et obligations de caractère civil" im Sinne von Art. 6 Ziff. 1 EMRK gelten[236], ist den Parteien angemessene und gleiche Gelegenheit zur Stellungnahme betreffend aller tatsächlichen und rechtlichen Streitpunkte zu geben[237]. Zur Rechtsanwendung sind die Parteien nur anzuhören, wenn die Behörde ihren Entscheid auf einen nicht voraussehbaren Rechtsgrund abstellt[238]. Sind in einem Verfahren verschiedene private Interessen betroffen, so hat die Behörde die gesuchstellende Partei auch zu den Vorbringen der betreffenden privaten Dritten anzuhören.

Die Argumentation gegen die vorgängige Anhörung der privaten Verfahrensbeteiligten basiert in erster Linie auf der Zurückhaltung vor zusätzlichen zeitraubenden Verfahrensschritten. Diese Befürchtungen sind nicht unberechtigt. Da die Koordinationsbehörde nach Abschluss des Beweisverfahrens ohnehin eine abschliessende Stellungnahme der Parteien im Sinne einer Beweiswürdigung einzuholen hat, bietet sich die Möglichkeit, den privaten Verfahrensbeteiligten gleichzeitig auch die Gelegenheit zu geben, sich zum verwaltungsinternen Koordinationsverfahren zu äussern[239].

2.6. Eröffnung des Bewilligungsentscheides

2.6.1 Entscheideröffnung

Die Bewilligung eines Vorhabens, das von verschiedenen Behörden zu beurteilen ist, ist erteilt, wenn alle erforderlichen Entscheide das Bauvorhaben gutheissen. Mit andern Worten: Die Spe-

---

233 *Kölz/Häner*, N. 129; *Kuttler*, VLP-Schriftenfolge Nr. 54, S. 11 ff.; *Marti*, Informationsblatt RPG-NO 1 und 2/1989, S. 65; *Marti*, URP 5/1991, 247
234 Vgl. die Verweisungen auf die jüngste Lehre in BGE 115 V 305; neuerdings auch *Häner*, S. 307 ff.
235 = Pra 80/1991 Nr. 134; vgl. auch URP 5/1991, 96 ff.
236 *Schmuckli*, S. 38 ff. (insbesondere S. 45) und 58 ff.
237 *Kölz/Häner*, N. 136; *Schmuckli*, S. 83
238 BGE 116 Ib 43
239 *Kölz/Häner*, N. 136 (2. Absatz); *Marti*, Informationsblatt RPG-NO 1 und 2/1989, S. 65 f.

zialisierung der bau- und umweltschutzrechtlichen Verwaltung verursacht die separate Behandlung der sich stellenden Rechtsfragen. Das Bauprojekt bildet für sich jedoch eine Einheit und verlangt deshalb mit Abschluss des Koordinationsverfahrens bzw. der Gesuchsprüfung eine Verfahrenskonzentration. Auch aus verfahrensökonomischen Gründen ist die gemeinsame und gleichzeitige Eröffnung der verschiedenen Bewilligungen zweckmässig. Sie sollte als entscheidkoordinierende Regelung Eingang ins kantonale Recht finden.

Erteilt ein und dieselbe Behörde verschiedene Bewilligungen[240], empfiehlt sich ein Gesamtentscheid[241]. Sind verschiedene Behörden für die Bewilligungserteilung zuständig, so erscheint die einheitliche Bewilligungseröffnung durch die Zustellungsbehörde als wünschenswert. Es kommt die ordentliche Baubewilligungsbehörde[242], aber auch die Koordinationsbehörde in Frage. Letztere namentlich in den Fällen, bei denen es sich dabei nicht um die örtliche Baubehörde handelt, welche dann ja nur mit den Koordinationsfragen der Vorprüfungsphase betraut gewesen ist.

Keine Regelungskompetenz kommt dem kantonalen Gesetzgeber im Hinblick auf Bewilligungen zu, die von Bundesbehörden erteilt werden. Bundesbehörden haben ihre Verfügungen den Parteien gestützt auf Art. 34 ff. VwVG schriftlich begründet, als solche bezeichnet und mit einer Rechtsmittelbelehrung versehen zu eröffnen. Allenfalls hat eine amtliche Publikation zu erfolgen. Klarheit vermögen in koordinationsrechtlicher Hinsicht Vorbehalte in bezug auf die bundesrechtlichen Bewilligungen bringen. Auf freiwilliger Ebene lässt sich allenfalls die gleichzeitige Eröffnung aller zu treffenden Entscheide bewerkstelligen[243].

Ergibt sich im Verlauf des Koordinationsverfahrens eine Modifikation des Bauvorhabens, welche weitere Bewilligungen erforderlich macht bzw. weitere noch nicht berücksichtigte Interessen betrifft, so ist das geänderte Vorhaben vor dem Bewilligungsentscheid erneut bekannt zu machen und öffentlich aufzulegen. Nur so können zusätzlich betroffene Dritte ihre Rechte wahrnehmen. Gemäss §§ 315 f. PBG haben Dritte den Entscheid innerhalb der 20tägigen Auflagefrist zu verlangen, ansonsten sie ihr Rekursrecht verwirken.

Bisher waren rechtsmittelbefugte gesamtschweizerische Natur- und Heimatschutzorganisationen gestützt auf Art. 12 Abs. 1 NHG und Umweltschutzorganisationen gemäss Art. 55 Abs. 1 USG zumindest verpflichtet, am letztinstanzlich kantonalen Verfahren teilzunehmen[244]. Die bundesrätliche Botschaft zur Revision des Natur- und Heimatschutzgesetzes und des Umweltschutzgesetzes knüpft an die bundesgerichtliche Praxis an und schlägt zudem vor, den zur

---

240 Es handelt sich dabei um den Fall der Zuständigkeitskonzentration.
241 ZBl 89/1988, 273 ff.; *Gisler*, S. 165 ff.; *Christian Mäder*, N. 431; *Marti*, Informationsblatt RPG-NO 1 und 2/1989, S. 72
242 *Marti*, Informationsblatt RPG-NO 1 und 2/1989, S. 73 mit Verweisungen
243 *Marti*, Informationsblatt RPG-NO 1 und 2/1989, S. 73 mit Verweisungen
244 BGE 116 Ib 418 ff. = ZBl 92/1991, 372 ff. und neuerdings auch BGE 118 Ib 296 ff., E. 2; 118 Ib 301 ff., E. 1.b und c; 118 Ib 381 ff., E. 2 und 3; *Kuttler*, VLP-Schriftenfolge Nr. 54, S. 13; *Loretan*, S. 169; *Matter*, Kommentar USG, Art. 55 N. 28

ideellen Verbandsbeschwerde legitimierten Organisationen das Baugesuch oder die beabsichtigte Verfügung durch schriftliche Mitteilung oder durch Veröffentlichung im Bundesblatt bzw. im kantonalen Publikationsorgan unter Ansetzung einer angemessenen Frist zur freigestellten Stellungnahme anzuzeigen. Organisationen, die sich nicht fristgerecht vernehmen lassen, haben in der Folge ihre Parteirechte in dieser Sache verwirkt[245].

2.6.2. Rechtsmittelbelehrung

Die Bewilligungsentscheide sind mit einer Rechtsmittelbelehrung zu versehen[246]. Insofern für mehrere Bewilligungen ein Gesamtentscheid der zuständigen Behörde ergeht, entstehen erfahrungsgemäss keine Probleme. Heikler ist die Rechtslage bezüglich der Rechtsmittelbelehrungen mehrerer für ein Bewilligungsverfahren zuständiger Behörden an möglicherweise verschiedene Rechtsmittelinstanzen[247]. Dabei wären folgende Varianten denkbar: Sämtliche beteiligte Behörden könnten die von ihnen getroffenen Entscheide mit den jeweiligen Rechtsmittelbelehrungen zunächst der Koordinationsbehörde weiterleiten, die anschliessend die gemeinsame Zustellung der je mit einer klaren Rechtsmittelbelehrung versehenen Entscheide der verschiedenen Behörden an die Verfahrensbeteiligten besorgte. Denkbar wäre schliesslich die - verwaltungsintern zu organisierende gleichzeitige - Zustellung sämtlicher in einer Sache zu treffenden Entscheide durch die zuständigen Behörden und Instanzen.

2.7. Bauausführung und Baukontrolle

Mit den Bauarbeiten darf begonnen werden, wenn materiell alle nötigen baurechtlichen Bewilligungen erteilt worden, diese in Rechtskraft erwachsen (und allenfalls noch gestützt auf § 322 Abs. 1 PBG gültig) und alle auf den Baubeginn angeordneten Nebenbestimmungen erfüllt sind (§ 326 PBG). Sind diese Voraussetzungen eingehalten, hat der Bauherr Anspruch auf Baufreigabe. Formell haben die zuständigen Behörden die schriftliche Erlaubnis für die Ausführung des Vorhabens zu erteilen (§ 326 PBG).

Baubeginn[248], Bauvollendung und die wesentlichen Zwischenstände der Bauausführung gemäss § 24 Abs. 1 BVV sind der örtlichen Baubehörde so rechtzeitig anzuzeigen, dass eine Überprüfung möglich ist (§ 327 Abs. 1 PBG). Die örtliche Baubehörde prüft, ob die Bauarbeiten vorschrifts- und plangemäss fortschreiten (§ 327 Abs. 2 PBG). In geeigneten Abständen trifft sie gegebenenfalls unverzüglich die nötigen Massnahmen von Amtes wegen. Ver-

---

245 BBl 1991 III 1154 f. betreffend Art. 12 NHG-E und BBl 1991 III 1159 zu Art. 55 USG-E
246 *Kölz*, Kommentar VRG, § 10 N. 16 ff.; *Christian Mäder*, N. 398
247 Vgl. vorne BRKE IV Nr. 109/1992 unter § 3, 2.2.2.b)
248 Vgl. die Legaldefinition gemäss § 322 Abs. 1 (2. Teilsatz) PBG

ständigung und Beizug weiterer beteiligter Instanzen obliegen gestützt auf § 327 Abs. 3 PBG der örtlichen Baubehörde. Damit verpflichtet der zürcherische Gesetzgeber die örtliche Baubehörde zur Wahrnehmung der Koordinationsaufgaben in der Phase der Bauausführung. Dies erscheint insofern als gerechtfertigt, als der administrative Aufwand für die Standortgemeinde des Vorhabens am geringsten ist und die weiteren verfahrensbeteiligten Behörden ohnehin über die Bauarbeiten in Kenntnis zu setzen sind und unter Umständen[249] gar beigezogen werden müssen.

2.8. Besonderheiten bei Massenverfahren

Im Zusammenhang mit Grossprojekten, die eine Vielzahl der Bevölkerung betreffen wie z.B. der Nationalstrassen- und Eisenbahnlinienbau oder die Lagerung radioaktiver Abfälle, wurde in jüngster Zeit der Ausbau der Mitwirkungsrechte Drittbetroffener angegangen. So erfuhr das Verwaltungsverfahrensgesetz anlässlich der Revision des Organisationsgesetzes vom 4. Oktober 1991 insbesondere einen deutlichen Ausbau des Gehörsanspruchs. Art. 30a Abs.1 VwVG sieht ein besonderes Einwendungsverfahren für Massenverfahren vor. Wenn wahrscheinlich zahlreiche Personen berührt sind und sich die Parteien nicht ohne unverhältnismässigen Aufwand vollständig bestimmen lassen, so kann die Behörde das Gesuch oder die beabsichtigte Verfügung ohne Begründung in einem amtlichen Blatt veröffentlichen, gleichzeitig das Gesuch oder die beabsichtigte Verfügung mit Begründung öffentlich auflegen und den Ort der Auflage bekannt machen. Gemäss Abs. 2 dieser Bestimmung hört sie die Parteien an, indem sie ihnen eine angemessene Frist für Einwendungen setzt. In ihrer Veröffentlichung macht die Behörde auf die Verpflichtung der Parteien aufmerksam, gegebenenfalls eine Vertretung zu bestellen sowie die Verfahrenskosten und Parteientschädigung zu zahlen (Art. 30a Abs. 3 i.V.m. Art. 11a VwVG)[250].

Obwohl diese Vorschriften im Zusammenhang mit Massenverfahren in erster Linie die bundesgerichtliche Rechtsprechung bezüglich den verfassungsrechtlichen Anspruch auf rechtliches Gehör für das eidgenössische Verwaltungsverfahren ausführen, erfüllen sie in koordinationsrechtlicher Hinsicht zugleich die Anforderung einer möglichst frühzeitigen Erfassung der verschiedenen Interessenlagen im Hinblick auf die Realisierung eines Bauvorhabens. Insbesondere dann, wenn das Äusserungsrecht prozessual mit der Anspruchswahrung gekoppelt

---

[249] So können im Verlauf der Bauausführung etwa technische Probleme auftauchen, die in den Zuständigkeits- und Geschäftsbereich einer verfahrensbeteiligten Behörde fallen. Ihr Beizug ermöglicht eine Konsensfindung in der Phase der Bauausführung. Tauchen jedoch völlig neue, bisher unbekannte Problemstellungen auf, die eine Projektmodifikation erforderlich machen, so ist diese allenfalls neu bewilligen zu lassen.
[250] *Kölz/Häner*, N. 138

wird[251], besteht die Möglichkeit die Parteien innert nützlicher Frist endgültig zu ermitteln. Ein späterer Einstieg ins Verfahren ist in der Folge nicht mehr möglich.

2.9. Koordination von Bewilligungsverfahren für Strassen- und Wasserbauprojekte mit dem Enteigungsverfahren

Bereits nach dem einschlägigen § 309 Abs. 2 PBG schliesst die Genehmigung von Projekten für den Bau oder die Veränderung von Verkehrsanlagen und Gewässern durch das zuständige Organ die baurechtliche Bewilligung ein. In Verbindung mit Teilrevisionen des Strassen- und Wasserwirtschaftsgesetzes könnte die Koordination der strassenrechtlichen und wasserpolizeilichen Bewilligungs- und Enteigungsverfahren sichergestellt werden.

Grundsätzlich müssten sämtliche Einsprachen gegen die Bauvorhaben im Projektgenehmigungsverfahren[252] - also insbesondere das Fehlen der Voraussetzungen für eine Enteignung und Fehlen des öffentlichen Interesses sowie der Verhältnismässigkeit - eingebracht werden. Soweit sich der Umfang der für die Ausführung des Vorhabens notwendigen Enteignungen mit genügender Bestimmtheit aus den Gesuchsunterlagen ergibt, könnte anlässlich der Bekanntmachung des Vorhabens auflageweise angeordnet werden, Einsprachen gegen die Enteignung, Entschädigungsbegehren sowie Begehren um Durchführung von Anpassungsarbeiten innerhalb der Auflagefrist einzureichen. Insbesondere bei genügend genau beschriebenen Projekten könnten das Projektgenehmigungs- und das Enteignungsverfahren demnach zusammengelegt werden. Die das Einspracheverfahren modifizierende Vorschrift müsste im Strassengesetz und im Wasserwirtschaftsgesetz Eingang finden. In der Folge wären im Enteignungsverfahren alle Einwendungen gegen das Projekt an sich sowie gegen die Enteignung ausgeschlossen, welche innert der Auflagefrist im jeweiligen Verkehrs- bzw. Wasserbauprojekt zu erheben wären.

Die rechtzeitige Einspracheerhebung stellte - mit Ausnahme der Wiederherstellungsgründe gemäss § 12 Abs. 2 VRG - die Prozessvoraussetzung für die rechtsgültige Erhebung des Rekurses bzw. der Beschwerde dar.

Auf den Gebieten der Städte Zürich und Winterthur hätten die Stadträte das Vernehmlassungs- und Genehmigungsverfahren bei Strassen mit überkommunaler Bedeutung durchzuführen. Die Ergebnisse könnten als Projektänderungen berücksichtigt werden. Entscheidungsbefugt wäre jedoch der Regierungsrat im Genehmigungsverfahren aufgrund des Berichtes und der Anträge im Genehmigungsgesuch.

---

251 Vgl. die Regelung von §§ 315 f. PBG
252 Gemäss dem Wasserwirtschaftsgesetz wäre das Projektgenehmigungsverfahren nur bei baulichen Veränderungen an Oberflächengewässern und bei konzessions- oder bewilligungspflichtigen Gewässernutzungen bzw. den dazu erforderlichen Bauten und Anlagen durchzuführen. Es müsste der Projektgenehmigung für Strassenprojekten nachgebildet und analog dazu mit dem Enteignungsverfahren verbunden werden. Als nicht genehmigungspflichtig wären Bauten im Gewässerabstandsbereich zu erklären.

Im weiteren wären die Schätzungskommissionen mit der Revision des Abtretungsgesetzes gemäss den Anforderungen von Art. 6 Ziff. 1 EMRK als unabhängige gerichtliche Vorinstanzen des Verwaltungsgerichtes im Enteignungsverfahren auszugestalten.

3. Koordination durch Vorentscheide

3.1. Begriff und Bedeutung

Auf Gesuch hin kann im Hinblick auf die Durchführung eines Bauvorhabens eine verbindliche, in Verfügungsform gekleidete und rechtsmittelfähige behördliche Auskunft verlangt werden. Der im ordentlichen Bewilligungsverfahren ergehende sogenannte Vorentscheid ersetzt den baurechtlichen Entscheid in jenem Umfang, in dem die Prüfung des späteren Baugesuches abschliessend vorgenommen wird. Der Vorentscheid ist demnach ein verbindlicher Feststellungsentscheid[253]. Im Bereich des von den Kantonen zu vollziehenden Bundesverwaltungsrechts besteht ein solcher Anspruch gestützt auf Bundesrecht[254].

Die Bedeutung des Vorentscheides liegt in der Möglichkeit, die Risiken eines Bewilligungsentscheides für Bauten und Anlagen besser einschätzen zu können, um damit das Detailprojekt mit seinem umfangreichen Ausarbeitungsaufwand umso unbehinderter planen zu können. Das Vorentscheidverfahren ermöglicht den zuständigen Bewilligungsbehörden und dem Bauherrn von Anfang an eine enge Zusammenarbeit, indem projektbezogene Probleme in einem frühen Verfahrensstadium erkannt werden können[255]. Neben verfahrensökonomischen Vorteilen bildet das Vorentscheidverfahren überdies Raum für die effiziente Anwendung des Verständigungsprinzips: Allfällige Interessengegensätze lassen sich noch in einem Zeitpunkt ermitteln, in dem ein Konsens allenfalls leichter zu finden ist, als wenn bereits ein fertig ausgearbeitetes Projekt vorliegt, für welches allseits bestimmte Vorstellungen und Erwartungshaltungen bestehen. Dies gilt insbesondere auch im Hinblick auf die Rechtsstellung Dritter[256]. Gerade in koor-

---

[253] *Gueng*, SJZ 67/1971, 369 ff.; *Kölz*, Kommentar VRG, § 19 N. 24; vgl. auch *Kölz/Häner*, N. 91
Beim Vorentscheid handelt es sich andererseits aber auch um einen spezialgesetzlich geregelten Fall des Vertrauensschutzes; vgl. *Haller/Karlen*, N. 837; *Christian Mäder*, N. 504 mit Verweisungen
[254] Vgl. implizit Art. 25 VwVG betreffend Feststellungsverfügung
[255] Protokoll des Kantonsrates vom 21. Dezember 1978 zum Antrag des Regierungsrates vom 5. Dezember 1973 zu einem Gesetz über die Neuordnung des Planungs- und Baurechts, Vorlage 1928, ABl 1973, S. 1'872 f.; *Leutenegger*, 1. Aufl., 208; *Christian Mäder*, N. 507; *Kölz/Keller*, URP 4/1990, 411 f.
Zur Rechtslage vor der Institutionalisierung des baurechtlichen Vorentscheids vgl. *Vollenweider*, SJZ 69/1968, 113 ff. und 115 f.
[256] Vgl. in diesem Zusammenhang BRKE I Nr. 58/1993 (dargelegt unter § 3, 2.2.2.a) betreffend den vorentscheidweise nachgesuchten Ausbau einer Werk- und Lagerhalle mit entgegengesetzten denkmalschützerischen und feuerpolizeilichen Interessenlagen.

dinationsrechtlicher Hinsicht können Vorentscheide hilfreich sein, wobei jedoch gegenüber dem Bauherrn kein falsches Vertrauen begründet werden darf[257].

3.2. Formelle Voraussetzungen

Die zürcherische Regelung gestützt auf §§ 323 f. PBG unterscheidet den Vorentscheid mit und ohne Wirkung gegenüber Dritten[258]. Während der Vorentscheid ohne Drittwirkung lediglich die Behörde im Umfang der beantworteten Anfrage bindet, verschafft der Vorentscheid mit Drittwirkung Dritten zusätzlich die gleiche Rechtsstellung wie ein im ordentlichen Bewilligungsverfahren ergangener baurechtlicher Entscheid: Die vorgebrachten Fragen sind gemäss § 314 PBG öffentlich bekannt zu machen, und Dritte müssen den Vorentscheid gestützt auf § 315 f. PBG anfordern, um ihre Rechte wahrnehmen zu können.

<u>BGE 1.P.224/1991 vom 9. September 1992</u>[259]
Nach Auffassung des Bundesgerichtes verstösst ein Vorentscheid gemäss § 324 PBG, bei dem das Gesuch nicht öffentlich bekannt gemacht worden ist, gegen Bundesrecht, da Dritte so ihre Rechte nicht in einer Art. 33 Abs. 3 RPG entsprechenden Weise wahrnehmen könnten. Sodann werde auch der Anspruch auf rechtliches Gehör (Art. 4 BV) und der Anspruch auf einen unabhängigen und unparteiischen Richter (Art. 58 Abs. 1 BV und Art. 6 Ziff. 1 EMRK) verletzt, wobei es unter dem Gesichtspunkt des Anscheins der Befangenheit primär auf die objektive Kompetenzordnung ankomme.
 Die Frage, zu welchem Zeitpunkt und auf welcher Ebene der verfassungsrechtliche Anspruch auf rechtliches Gehör greifen soll, stellt sich ganz prinzipiell. Die bundesgerichtliche Rechtsprechung zum verfassungsrechtlichen Gehörsanspruch verlegt sich zusehends auf die Ebene des Verwaltungsverfahrens. Über § 315 Abs. 2 PBG hinaus, der auch im Vorentscheidverfahren lediglich die Kenntnisnahme des Bauherrn in bezug auf allfällige Einwendungen Dritter sicherstellen will, sind nach dem obgenannten Entscheid Drittinteressen im Bewilligungsverfahren zu berücksichtigen. Insofern wird das Vorentscheidverfahren ohne Drittwirkung fragwürdig; zwar erwachsen Dritten aus einem solchen Vorentscheid keine Nachteile, zumal er ja nur Verbindlichkeit zwischen der vorentscheidenden Bewilligungsbehörde und dem Gesuchsteller bewirkt. Ob sich ein Vorentscheid ohne Drittwirkung dem Bauherrn tatsächlich prozessökonomisch als dienlich erweist, ist durch die Rechtsmittelmöglichkeit legitimierter Dritter beträchtlich relativiert.

Die Einleitung eines Vorentscheidverfahrens liegt ganz in der Verfahrensherrschaft des Bauherrn. Vorderhand besteht im zürcherischen Recht weder das Zustimmungserfordernis der angefragten Behörde zur Einholung eines Vorentscheides[260] noch ist für ein Vorentscheidverfah-

---

[257] BGE 112 Ib 295 f. E. 8.b (Rothenthurm); *Kuttler*, ZBl 89/1988, 246; *Weber-Dürler*, Vertrauensschutz, S. 148 f.
[258] *Christian Mäder* (N. 521 f.) unterscheidet den internen und den externen Vorentscheid. Vgl. allgemein zur Rechtsnatur: BRKE II Nrn. 141 und 142/1992 E. 3.
[259] Vgl. diesbezüglich auch ZBl 95/1994, 66 ff. sowie *Kappeler*, ZBl 95/1994, 72 ff.
[260] Mit derart bedingten Vorentscheidansprüchen kann der Gesetzgeber die Vorentscheidgesuche quantitativ im Rahmen behalten; vgl. *Leutenegger*, 1. Aufl., S. 209. Eine solche Einschränkung ist im Hinblick auf koordinationsbedürftige Vorhaben nicht ratsam.

ren für bestimmte Vorhaben wie beispielsweise komplexe Projekte eine allgemeine Pflicht zwingend vorgesehen[261].

Das Vorentscheidgesuch ist - wie das eigentliche Baugesuch - von der zuständigen Behörde zu beurteilen (§§ 323 f. i.V.m. § 318 PBG)[262]. Sinngemäss zu § 312 PBG sind demnach Vorentscheidgesuche ohne Rücksicht auf die sachliche Zuständigkeit stets bei der örtlichen Baubehörde einzureichen[263]. Sind gleichzeitig mehrere Instanzen zuständig, so besteht für die örtliche Baubehörde dementsprechend die Pflicht, das Vorentscheidgesuch nach der Vorprüfung und nach der Bekanntmachung an die zuständigen Behörden weiterzuleiten (§ 319 Abs. 2 PBG)[264]. Demnach ist die örtliche Baubehörde dazu verpflichtet, Anfragen der zuständigen Behörde zur Kenntnis zu geben. Unterlässt diese die Beantwortung des nachgesuchten Vorentscheides, so hat der Gesuchsteller die rechtsgenügende Behandlung der gestellten Vorentscheidfrage zu erwirken[265]. Dem Gesuchsteller steht in diesem Fall die Rechtsverweigerungsbeschwerde an die Aufsichtsbehörde der untätigen Behörde zu[266].

3.3. Materielle Voraussetzungen

Die zürcherische Regelung beschränkt den Anspruch des Bauherrn auf einen Vorentscheid nur soweit, als es sich bei den Vorentscheidfragen um solche zu handeln hat, "die für die spätere Bewilligungsfähigkeit eines Bauvorhabens grundlegend sind" (§ 323 Abs. 1 PBG). Um die Eignung des Vorentscheidverfahrens als Früherkennungs- und Verständigungsverfahren nicht übermässig einzuengen, sind neben eigentlichen Grundsatzfragen wie z.B. die Überbaubarkeit des Grundstückes, die Zonenkonformität und die Erschliessung auch weitere zuzulassen[267]. Vertiefende Einzelfragen können unter Umständen zur Klärung beitragen. Es können einzelne oder mehrere formell- wie materiellrechtliche Fragen vorgebracht werden. Es können durchaus auch interdisziplinäre Probleme aufgeworfen werden. Entsprechend der Funktion des Vorent-

---

[261] Vgl. *Christian Mäder* (N. 511 i.V.m. Fussnote 22) im Hinblick auf die Erschliessung und Zonenkonformität von UVP-pflichtigen Anlagen i.S.v. Art. 9 USG und den Hinweis darauf, dass im Kanton Zürich die Einreichung von Vorentscheidgesuchen im Zusammenhang mit Hochhausprojekten langjähriger Übung entsprächen.
[262] Vgl. BRKE I Nr. 195/1992 betreffend eine Geflügelmasthalle als Anlage im Sinne des Umweltschutzrechts. Vorentscheidweise ist die sachliche Zuständigkeit der Volkswirtschaftsdirektion gemäss Ziff. 1.2.2 Anhang zur BVV und der Baudirektion gestützt auf Ziff. 1.4 lit. a Anhang zur BVV beachtlich.
Vgl. auch *Imboden/Rhinow*, Bd. I, Nr. 36 B.IV
[263] Vgl. BRKE III Nr. 155/1992 E.6 betreffend die Vorentscheidkompetenz der kommunalen Baubehörde zur Durchführung der Umweltverträglichkeitprüfung gemäss lit. D Ziff. 40.7 Einführungsbestimmungen UVPV für einen Schrottverarbeitungsbetrieb auf dem SBB-Areal in der Gemeinde R.
[264] Vgl. bereits im Ansatz *Leutenegger*, 1. Aufl., S. 211; *Marti*, Informationsblatt RPG-NO 1 und 2/1989, S. 69. Vgl. im weiteren zur heute immer noch nicht ganz gefestigten Praxis der örtlichen Baubehörden gemäss der Darstellung unter § 3, 2.2.2.b)
[265] In diesem Sinne BRKE IV Nr. 165/1992
[266] *Kölz*, Kommentar VRG, § 20 N. 80 ff.
[267] Vgl. die von *Christian Mäder* (N. 514) zusammengestellte Kasuistik der zugelassenen Vorentscheidfragen

scheidverfahrens, dem Bauherrn die Detailprojektierung zu erleichtern und namentlich mit ausgewogenen Vorentscheiderwägungen auch beratend zu wirken, wird erfahrungsgemäss gerne die Möglichkeit wahrgenommen, Alternativfragen zu stellen[268].

Im Hinblick auf die effiziente Erteilung der erforderlichen Bewilligungen wirkt der Vorentscheid nur dann verfahrensrationalisierend, wenn die gestellten Rechtsfragen präzis genug sind. Dann nämlich kann der Bauherr ohne weitere Verzögerung planen und die Behörden die vorentscheidweise in Aussicht gestellten Bewilligungen lediglich noch bestätigen. Das bedeutet mit andern Worten: Je genauer die Frageliste die projektbezogenen Rechtsfragen auf den Punkt bringt, umso genauer ist die behördliche Antwort darauf zu erwarten und entsprechend eng ist die Bindung der Verfahrensbeteiligten an den Vorentscheid. Das Risiko der Effizienz eines Vorentscheidverfahrens trägt grundsätzlich der Bauherr.

VB 91/0048
So stellt sich das Verwaltungsgericht im Entscheid VB 91/0048 auf den Standpunkt, dass bei einem grösseren Geschäfts- und Gewerbehaus mit 190 Abstellplätzen in der Stadt Zürich unter dem Aspekt der Baureife i.S.v. §§ 233 ff. PBG auch zu prüfen sei, ob die Erschliessung auch in umweltschutzrechtlicher Hinsicht zu genügen vermöge. Im fraglichen Entscheid wies das Verwaltungsgericht die Sache an die Bausektion II des Stadtrates von Zürich zur Abklärung der zu erwartenden Umweltbelastung zurück. Insbesondere habe die Bauherrschaft bereits im Vorentscheidverfahren konkrete Angaben über die Nutzung des Bauvorhabens zu machen. Unterlasse sie dies, so könne die Baubehörde die vorentscheidweise Beantwortung von Erschliessungsfragen "als zur Zeit unbeantwortbar" zurückweisen, ohne dass ihr eine Rechtsverweigerung vorgeworfen werden könne.

Mit dem Institut des Vorentscheides wollte der Gesetzgeber einen realistischen Projektierungsaufwand (gerade auch bei grösseren Projekten) sicherstellen. Entsprechend den in der Rechtsprechung feststellbaren Tendenzen, verlagert sich mit den im obgenannten Projekt gestellten Anforderungen das eigentliche Hauptverfahren auf die Vorentscheidebene. Abgesehen davon, dass damit Sinn und Zweck des Vorentscheidverfahrens überdehnt werden, besteht zunehmend auch die Gefahr, dass dieses den mindestgarantierten Verfahrensanforderungen nicht entspricht.

Neben der Sorgfalt bei der Fragestellung hat der Bauherr überdies auch dem Umstand Rechnung zu tragen, dass die zuständigen Behörden Vorentscheide erfahrungsgemäss mit gewisser Vorsicht treffen. Zum einen liegt der massgebliche Sachverhalt noch nicht definitiv vor, zum andern besteht die Bindungswirkung nur bei positiven Vorentscheiden. Folglich werden Bewilligungsbehörden im Interesse aller Verfahrensbeteiligten darauf achten, durch einen positiven Vorentscheid nicht zu früh eine das eigentliche Bewilligungsverfahren vorbestimmende Bindungswirkung herzustellen. In verstärktem Masse gilt dies bei Ausnahmebewilligungen[269].

BRKE III Nr. 228/1992
Mit diesem Entscheid hob die Baurekurskommission III einen Vorentscheid auf, der inhaltlich Antworten weit über die nachgesuchten Vorentscheidfragen gab. Die Rechtswirkung wäre al-

---
[268] *Christian Mäder*, N. 512
[269] *Christian Mäder*, N. 525

lein auf die Beantwortung der gestellten Frage - vorliegend eine Verneinung - zu beschränken gewesen. Indem die Baubehörde aber weitgehende Ausführungen für das Bauvorhaben mit wesentlichen Abweichungen vornahm und das Vorentscheidsdispositiv uneingeschränkt auf die Erwägungen verwies, gab die Baubehörde nicht blosse Empfehlungen ab, vielmehr stellte sie die Bewilligung in Aussicht.

3.4. Wirkungen des Vorentscheides

Sofern sich die tatsächlichen Verhältnisse und die Rechtslage nicht verändern, ist ein positiver Vorentscheid gestützt auf § 324 Abs. 1 PBG öffentlichrechtlich analog anfechtbar wie ein baurechtlicher Entscheid[270]. Ein positiver Vorentscheid mit Drittwirkung kann im Kanton Zürich auch von einem berechtigten Dritten ohne weiteres angefochten werden. Einen anderen Standpunkt vertritt hingegen das Bundesgericht:

ZBl 89/1988, 46 ff.
Gemäss einem Entscheid vom 6. Januar 1987 trat es auf eine von Dritten erhobene staatsrechtliche Beschwerde gegen einen positiven Vorentscheid nicht ein, handle es sich beim Anfechtungsgegenstand nämlich nicht um einen Endentscheid i.S.v. Art. 87 OG, sondern um einen Zwischenentscheid. Beim Vorentscheidverfahren, das einen fakultativen Teil des Baubewilligungsverfahrens bilde und dieses nicht abschliesse, könne ein Vorentscheid gemäss § 323 f. PBG mit staatsrechtlicher Beschwerde demnach nur angefochten werden, wenn für die Betroffenen ein nicht wiedergutzumachender Nachteil entstehe.
    Damit weicht das Bundesgericht von der selbständigen Anfechtbarkeit von Vorentscheiden ab[271]. Die Redaktion des Zentralblattes weist im abschliessenden Kurzkommentar darauf hin, dass dieser Entscheid das Institut des Vorentscheides teilweise seines Sinnes beraube. Ein Vorentscheidverfahren bezwecke nämlich die abschliessende Klärung grundlegender Fragen in einem frühen Projektstadium. Dieser Auffassung ist zuzustimmen[272]. Da die Bindung eines positiven Vorentscheides mit Drittwirkung zudem im Umfang der verbindlich beantworteten Fragen gegebenenfalls nicht nur eine tatsächliche, vielmehr auch eine nicht mehr korrigierbare Benachteiligung von Dritten zur Folge haben kann, ist der fragliche Entscheid realitätsfremd.

Bezüglich negative Vorentscheide hielt das Bundesgericht mit Entscheid 1.P.224/1991 vom 9. September 1992 fest:

Eine andere Rechtslage bestehe, wenn ein negativer Vorentscheid vorliege. Nach dem Wortlaut von § 324 Abs. 1 PBG und gemäss der Praxis handle es sich hierbei um eine rechtsverbindliche Ablehnung einer baurechtlichen Bewilligung. Der negative Vorentscheid schliesse das Verfahren ab. Unerheblich sei für den Bauherrn, ob das Vorentscheidgesuch öffentlich bekannt und aufgelegt worden sei, da der Vorentscheid für den Bauherrn in jedem Fall rechtskräftig und verbindlich werde. Der Vorentscheid im Zürcher Bewilligungsverfahren sei somit immer dann ein Entscheid, wenn das Baugesuch endgültig abgewiesen werde. Entsprechend sei die staatsrechtliche Beschwerde ans Bundesgericht zulässig.
    Ergänzend sei auf die zürcherische Meinung bezüglich abschlägige Vorentscheide hingewiesen: Demnach zeitigt eine Abweisung nur insofern Rechtsfolgen, als auf ein gleichlautendes

---

[270] *Christian Mäder*, N. 528 f.; kritisch bereits zur zweijährigen Bestandesdauer in N. 530
[271] Vgl. den Hinweis bei *Kölz*, Kommentar VRG, § 19 N. 23
[272] Vgl. auch *Marti*, Informationsblatt RPG-NO 1 und 2/1989, S. 68; *Haller/Karlen*, N. 1025

zweites Vorentscheidgesuch nicht eingetreten werden muss, sofern sich die Sach- bzw. Rechtslage nicht wesentlich verändert hat[273].

Die Bewilligungsbehörde darf bei der Prüfung eines Baugesuches von einem Vorentscheid, solange dieser gültig ist, nur dann abweichen, wenn er an einem Revisionsgrund leidet[274].

4. Koordination durch Vorfrageentscheide

4.1. Begriff

Der Grundsatz, dass eine Bewilligungsbehörde eine in den Erkenntnisbereich eines anderen Entscheidungsträgers fallende Frage - sofern sich diese als Vorfrage stellt - selbständig zu entscheiden hat, entspricht der herrschenden Lehre und Rechtsprechung[275]. Als Vorfrage definiert sich jede "in einem Verfahren auftauchende nichtprozessuale Rechtsfrage, die nicht Gegenstand des Rechtsbegehrens ist oder aus rechtlichen Gründen nicht sein kann, deren Beantwortung aber für einen unbedingten und endgültigen, materiell richtigen Entscheid in der Sache unerlässlich erscheint"[276]. Vorfragen sind demzufolge mit der von der Bewilligungsbehörde zu beantwortenden Hauptfrage derart verknüpft, dass sie vorgängig beantwortet werden müssen, weil sonst über das Rechtsbegehren gar nicht befunden werden könnte. Das Schicksal dieses Rechtsbegehrens wird durch den Ausgang des Vorfrageentscheides bestimmt. Die Vorfrage ist somit die "logische Voraussetzung für den materiell richtigen Entscheid in der Hauptfrage"[277].

4.2. Zuständigkeit

Entscheidungsfreiheit für die in der Hauptsache befasste Behörde besteht nur, insofern die Vorfrage nicht durch eine besondere gesetzliche Regelung beantwortet wird und wenn die Vorfrage vom anderen (nämlich dem hauptfrageweise sachlich zuständigen) Entscheidungsträger noch nicht entschieden worden ist[278]. So haben die Verwaltungsbehörden Vorfragen grundsätzlich selbständig zu beantworten und dürfen deren Beantwortung nicht anderen Behörden zuschieben[279]. Für die vorfrageweise überprüfende Behörde ist der rechtskräftige Entscheid der haupt-

---

273 *Christian Mäder*, N. 531; RB 1983 Nr. 108 = VB 30/1983; vgl. auch *Kappeler*, ZBl 95/1994, 72 ff.
274 VB 45/1982 = RB 1982 Nr. 156 = BEZ 1982 Nr. 38 = ZBl 84/1983, 140 ff.
275 *Rhinow/Krähenmann*, Nr. 142 B und C
276 *Kägi-Diener*, S. 65
277 *Kägi-Diener*, S. 62 und 71
278 *Häfelin/Müller*, N. 57 f.; *Rhinow/Krähenmann*, Nr. 142 B.I
279 BGE 101 IV 309 f.: Betrifft die Vorfrage allenfalls einen von einem Registereintrag abweichenden Sachverhalt, so drängt sich wegen Art. 9 ZGB Zurückhaltung auf.

frageweise entscheidenden Behörde bindend, legt doch die Rechtssicherheit das Abstellen auf den Entscheid der von der anderen als Hauptfrage beurteilten Entscheidung nahe[280].

4.3. Erkennung der Vorfrage

Praktische Probleme entstehen im Zusammenhang mit der Erkennbarkeit einer allfälligen Vorfrage. Insbesondere gilt es die Vorfrage gegen ähnliche Erscheinungen abzugrenzen. Regula Kägi-Diener unterscheidet deren fünf[281]:

4.3.1. Fälle mit gleichen tatsächlichen Grundlagen in verschiedenen rechtlichen Problemkreisen

Die Fälle, bei denen gleiche tatsächliche Grundlagen bestehen und die in verschiedene rechtliche Problemkreise überlappen, betreffen stets Fragen tatsächlicher Natur. Zwar mag aus der Sicht des Hauptfrageverfahrens auch der Vorfrageentscheid als ein Schritt zur Tatsachenfeststellung erscheinen. Gegenstand einer Vorfrage kann jedoch nur eine Rechtsfrage sein[282].

<u>BRKE III Nr. 41/1991</u>
Bauherr A hat auf der Grundstücksgrenze zu seinem Nachbarn B eine Gartenmauer erstellt. Die kommunale Baubehörde bewilligt die Mauer im nachträglichen Baubewilligungsverfahren. Rekursweise macht B nunmehr geltend, die von A erstellte Mauer ordne sich nicht befriedigend ein und sei zudem zu nahe an der gemeinsamen Grundstücksgrenze errichtet worden.
    Im vorliegenden Fall stellt sich für die Rekursinstanz einzig die Frage der rechtsgenügenden Einordnung im Sinne von § 238 Abs. 1 PBG. Ob die umstrittene Gartenmauer allenfalls das privatrechtlich festgelegte Verhältnis zwischen der Einfriedungshöhe und dem Grenzabstand gemäss Art. 176 EG zum ZGB verletzt oder nicht, ist keine Rechtsfrage des öffentlichen Baurechts und vom Gesetzgeber ausdrücklich in die sachliche Zuständigkeit der Zivilgerichtsbarkeit verwiesen worden (§ 1 VRG i.V.m. § 329 Abs. 1 lit. a PBG). Ein und derselbe Sachverhalt ist folglich vom je für den rechtlichen Problemkreis sachlich zuständigen Entscheidungsträger zu beantworten, wobei kein Entscheid den anderen präjudiziert. (Vgl. diesbezüglich auch die Ausführungen unter § 11, 2.1.)

4.3.2. Verwendung gleicher Ausdrücke in verschiedenen Gesetzen bzw. Rechtsgebieten

Die Ermittlung eines Gesetzes- bzw. Rechtsbegriffes ist ein Auslegungsproblem. Wird ein und derselbe Begriff in verschiedenen Rechtsgebieten bzw. verschiedenen Zusammenhängen verwendet, stellt sich die Frage der inhaltlichen Identität. Vorerst ist ein solcher Begriff im Rechts-

---

280 *Imboden/Rhinow*, Bd. II, Nr. 142 B.III.e
281 *Kägi-Diener*, S. 78 bis 109
282 *Kägi-Diener*, S. 78 f.

system einmal vorläufig zuzuordnen. Auf diese Weise wird die Einmaligkeit bzw. Mehrmaligkeit der Begriffsverwendung überhaupt erkennbar, und es wird die Festlegung der Übernahmebeziehungen möglich. Deutet die subjektiv-historische Auslegungsmethode darauf hin, dass der Gesetzgeber unter einem bestimmten Ausdruck einen bereits bekannten oder entlehnten Begriff verstanden hat, ist mittels der teleologischen Auslegungsmethode abzuklären, ob nicht der eine oder andere Begriff eine Wandlung erfahren hat. Nur wenn sich die Struktur der dem Begriff zugrunde liegenden Tatbestandselemente nicht geändert hat oder wenn das Ergebnis der teleologischen Auslegung für beide Normen gilt, stellt sich eine Vorfrage. Erweist sich die historische Auslegung jedoch als ergebnislos, so ist die zeitgenössische Auslegungsmethode heranzuziehen. Die so allenfalls erkennbaren begrifflichen Zusammenhänge sind im Sinne einer Vorfrage zu berücksichtigen. Sind jedoch keine Zusammenhänge ersichtlich, so kann von eigenständigen Begriffen ausgegangen werden[283].

<u>BGE 95 I 197 f.</u>
Sowohl im öffentlichen Baurecht als auch im Bundeszivilrecht ist der Gesetzesbegriff der "Immissionen" geläufig. Wie versteht sich insbesondere der baurechtliche und der umweltschutzrechtliche Immissionsbegriff gegenüber demjenigen des Zivilgesetzbuches.
    Der Immissionsbegriff des Zivilgesetzbuches bezweckt den privatrechtlichen Nachbarschutz. Der Immissionsschutz gemäss § 226 PBG gewährleistet den öffentlichrechtlichen Nachbarschutz; allerdings nur soweit, als dieser nicht durch die bundesrechtliche Umweltschutzgesetzgebung derogiert wird. Damit handelt es sich gemäss herrschender Auffassung um verschiedene Tatbestandsvoraussetzungen (vgl. hiezu auch § 11, 4.). Eine Vorfragenproblematik besteht nicht.

4.3.3. Tatbestandswirkung eines der Rechtsanwendung vorangegangenen Entscheides

In der Lehre finden sich diesbezüglich auch Phänomenumschreibungen wie "förmliche Bindung" und "erweiterte Verbindlichkeitswirkung"[284]. Gemeint ist die Anknüpfung einer Norm an die Existenz eines Rechtsanwendungsaktes. Damit wird der fragliche Rechtsanwendungsakt zum gesetzlichen Tatbestandsmerkmal der massgeblichen Vorschrift erhoben. Zwischen dem Rechtsanwendungsakt und der anzuwendenden Norm besteht ein gesetzlicher - jedoch nicht wie bei der Vorfrage ein logischer - Zusammenhang. In Frage steht einzig, ob der gesetzlich vorausgesetzte Rechtsanwendungsakt erfolgt ist oder nicht. Mit andern Worten: Ist der Tatbestand erfüllt oder nicht? Folglich stellt sich keine Rechtsfrage, sondern eine rein tatsächliche[285].

---

[283] *Kägi-Diener*, S. 91 bis 93
[284] *Kägi-Diener*, Fussnote 1 auf S. 93 mit Verweisen
[285] *Kägi-Diener*, S. 93 bis 95

Näherbaurecht gemäss § 270 Abs. 3 PBG
Der Anspruch des Bauherrn auf Unterschreitung der gesetzlichen Grenzabstände bedarf einer entsprechenden nachbarlichen Vereinbarung. Bei der Prüfung des Baugesuches stellt die kommunale Baubehörde auf eine entsprechende Vereinbarung ab. Neben der Erfüllung der hygienischen und feuerpolizeilichen Voraussetzungen bedarf es zur Erteilung der baurechtlichen Bewilligung also einer entsprechenden nachbarlichen Vereinbarung. Folglich stellt die Baubehörde auf die Näherbaurechtsabrede wie auf ein gesetzliches Tatbestandsmerkmal ab.

4.3.4. (Rechts-)Gestaltungsakte

Für den Fall, dass eine Vorfrage von der sachlich zuständigen Behörde bereits behandelt wurde, gehen Lehre und Rechtsprechung von deren bindenden Wirkung für die hauptfrageweise befasste Behörde aus. Demnach ist eine schon beantwortete Vorfrage keiner Überprüfung mehr zugänglich.

Von bereits autoritativ beurteilten Vorfragen sind Rechtsgestaltungsakte zu unterscheiden, die sowohl von Privaten als auch von Behörden vorgenommen werden können. Rechtsgestaltungsakte halten nicht mehr bloss das Bestehen einer bestimmten Rechtslage fest, vielmehr ermöglichen sie die Aufhebung, die Neuschaffung oder die Änderung von Rechten und Pflichten zwischen den Adressaten. Die dem Gestaltungsakt zugrunde liegende Rechtsfrage ist im Zweitverfahren keine Vorfrage. Die entscheidende Behörde hat von der bestehenden Rechtslage schlechthin auszugehen. Gebunden ist der Entscheidungsträger nicht an den Gestaltungsakt an sich; gebunden ist er einzig an die durch den letzteren herbeigeführte Rechtslage. Solange der Gestaltungsakt formell nicht besteht, ist er für die betreffende Behörde für die von ihr beantwortende Frage nicht zu berücksichtigen, weil eben (noch) gar keine veränderte Rechtslage eingetreten ist. Die angerufene Behörde ist aber auch nicht verpflichtet, den Gestaltungsakt zu erwirken, ist ihr Entscheid doch von der konkreten rechtlichen Ausgangslage losgelöst[286].

BRKE I Nr. 42/1992 = BEZ 1993 Nr. 12[287]
Bauherr L vermietet eine dem stadtzürcherischen Wohnanteilsplan (WAP) zugeschiedene 4-Zimmer-Wohnung der Mieterin N. Die Bausektion II des Stadtrates von Zürich veranlasst den Bauherrn und Vermieter L anlässlich einer Baukontrolle zur Wiederherstellung des rechtmässigen Zustandes. Daraufhin kündigt L seiner Mieterin N die 4-Zimmer-Wohnung auf den 31. März 1991. N leitet bei der Schlichtungsbehörde des Bezirkes Zürich ein Mieterstreckungsverfahren ein, und die Mietvertragsparteien einigen sich anlässlich der Schlichtungsverhandlung vergleichsweise auf eine Erstreckung des Mietverhältnisses bis zum 31. September 1994. Kurz darauf befiehlt die Bausektion II des Stadtrates von Zürich L aufgrund seiner Kündigung die Wiederherstellung der rechtmässigen Wohnnutzung per 31. März 1991.
Mit der Erstreckungsvereinbarung haben Bauherr L und seine Mieterin N während des erstinstanzlichen Verfahrens zur Wiederherstellung des rechtmässigen Zustandes die zivilrechtliche Rechtslage verändert, indem sie sich zu einer ihren individuellen Verhältnissen angepassten tatsächlichen Beendigung des Vertragsverhältnisses in zeitlicher Hinsicht verpflichteten[288].

---
[286] *Kägi-Diener*, S. 107 bis 109
[287] Eine ausführliche Fallbesprechung findet sich bei *Michèle Hubmann*, ZBl 94/1993, 298 ff.
[288] In diesem Zusammenhang kann die Rechtmässigkeit dieser Vereinbarung dahingestellt bleiben.

Die vor der Schlichtungsbehörde in Mietsachen getroffene Erstreckungsabrede vermag jedoch einzig die Modalitäten der privaten Mietparteien zu regeln, ohne damit aber Wirkungen auf die Rechtslage bezüglich die Wiederherstellung der rechtmässigen Wohnnutzung zu entfalten. Im Gegenteil: Die privatrechtliche Abrede bleibt für die öffentlichrechtliche Rechtslage ohne Belang[289].

4.3.5. Individuell-konkreter Rechtsanwendungsakt im Vollstreckungsverfahren

In einem besonderen Verhältnis steht der individuell-konkrete Rechtsanwendungsakt zu allfälligen Vollstreckungsakten. Einerseits veranlasst der zu vollstreckende Entscheid das Vorgehen der Vollstreckungsbehörde und verpflichtet sie zum Erlass der Vollstreckungsakte[290]; andererseits wird die Vollstreckungslösung regelmässig durch eine bereits entschiedene Vorfrage materiell beeinflusst. Die für die Vollstreckung zuständige Instanz, die den verbindlich beantworteten Sachentscheid zu verwirklichen hat, erscheint als Hilfsorgan der entscheidenden Behörde und ist insofern an den zu vollziehenden Rechtsanwendungakt gebunden. Hier handelt es sich somit um einen Sonderfall der Vorfrage[291].

<u>BRKE III Nr. 22/1992</u>
Der Bauherr nutzt sein in der Landwirtschaftszone liegendes Grundstück für seinen Gärtnereibetrieb. Mit der Zeit stellt er auch Gerätschaften, Maschinen, Materialien, Fahrzeuge u.a.m. auf der fraglichen Parzelle ab. Die sachlich zuständige Baudirektion verweigert ihm die Erteilung der nachgesuchten Ausnahmebewilligung; dieser Entscheid erwächst in Rechtskraft. Da der Bauherr den fraglichen Bereich seiner Parzelle nach wie vor zonenwidrig nutzt, sieht sich die kommunale Baubehörde schliesslich gezwungen, die zonenkonforme Nutzung mittels eines Wiederherstellungsbefehls durchzusetzen. Rekursweise macht der Bauherr bei der Baurekurskommission III u.a. geltend, er nutze sein Grundstück nach wie vor zonenkonform.
  Die Rekursinstanz ist an den rechtskräftigen Entscheid der Baudirektion gebunden. Eine erneute Überprüfung in der Sache ist nicht mehr möglich. Es stellt sich im Rekurs aufgrund der vorgebrachten Rüge, der angeordnete Wiederherstellungsbefehl schränke den Bauherrn in rechtswidriger Weise ein, einzig noch die Rechtsfrage der Verhältnismässigkeit des angeordneten Befehls zur Wiederherstellung des rechtmässigen Zustandes.

4.4. Anerkennung des Vorfrageentscheides

Besteht über die Existenz einer Vorfrage kein Zweifel, stellt sich zunächst die Rechtsfrage, ob sie bereits verbindlich beantwortet worden ist oder nicht. Sofern sie noch nicht beurteilt ist, befürworten Lehre und Rechtsprechung den selbständigen Entscheid der hauptfrageweise mit ihr befassten Behörde. Ist die Vorfrage aber bereits beurteilt, so stellt sich für die hauptfrageweise

---

[289] Vgl. ausführlich *Michèle Hubmann*, ZBl 94/1993, 304 ff.
[290] Hier zeigen sich zweifellos Parallelen zur vorgenannten Tatbestandswirkung von vorausgegangenen Rechtsanwendungsakten.
[291] *Kägi-Diener*, S. 96 f.

zuständige Behörde einerseits die formelle Frage nach der Anerkennung des Vorfrageentscheides, anderseits die materielle Frage nach einer allfälligen Bindung an den Vorfrageentscheid.

Die Anerkennungsproblematik wird massgeblich durch die gesetzliche Zuständigkeitsordnung impliziert. Vorfrageentscheide, welche durch die örtlich, sachlich und funktionell zuständige Behörde getroffen wurden, sind ohne weiteres zu anerkennen. Die Anerkennungsfrage ist nicht zu unterschätzen, zumal Zuständigkeitskonflikte in der Praxis vermehrt auftreten[292]. Werden sie erstinstanzlich erkannt, so ermöglicht § 5 VRG rechtsgenügende Korrektur; die nicht zuständige Instanz hat das fragliche Geschäft an die zuständige Behörde - innerhalb der Verwaltung - zu überweisen. Ist jedoch die Überweisung an die zuständige Behörde - aus welchen Gründen auch immer - unterblieben und die Vorfrage von dieser unzuständigen Behörde beurteilt worden, so stellt sich für die hauptfrageweise befasste Behörde unausweichlich die Anerkennungsproblematik.

In Lehre und Praxis wird bei den Rechtsfolgen eines fehlerhaften Verwaltungsaktes zwischen dessen Anfechtbarkeit und allfälliger Nichtigkeit unterschieden. Als typische Folge fehlerhafter Rechtsanwendung tritt in aller Regel die Anfechtbarkeit ein, nur ausnahmsweise die Nichtigkeit[293]. Bei der Anfechtbarkeit bewirkt die Unterlassung der Anfechtung die Heilung des Mangels, womit die Verfügung Rechtsgültigkeit erlangt. Anders hingegen bei der Nichtigkeit: Ein nichtiger Rechtsanwendungsakt ist vom Erlass an (also ex tunc) und ohne besondere amtliche Aufhebung rechtlich unverbindlich. Die Nichtigkeit einer Verfügung gilt es von Amtes wegen zu beachten, womit folglich auch kein Anspruch auf deren Vollstreckung geltend gemacht werden kann. Die Einrede der Nichtigkeit kann jederzeit erhoben werden. Die Genehmigung einer nichtigen Verfügung[294] behebt deren Nichtigkeitsgrund nicht. Nichtigkeit tritt nur unter folgenden kumulativ erfüllten Voraussetzungen ein: Eine Verfügung muss mit einem schwerwiegenden und offenkundigen oder zumindest doch leicht erkennbaren Mangel behaftet sein[295]. Auch bei einem schwerwiegenden und offensichtlichen Mangel der Verfügung darf auf Nichtigkeit nur geschlossen werden, wenn die Rechtssicherheit dadurch nicht ernsthaft gefährdet wird[296]. Ausdrücklich betont das Bundesgericht in seiner jüngeren Rechtsprechung, dass

---

292 Hiezu ein Beispiel: Der Gemeinderat R. erteilte dem Bauherrn A die Bewilligung für die Erstellung eines Fahrzeugabstellplatzes auf seinem Werkareal. Gemäss Ziff. 1.2.2 des Anhangs zur BVV ist im Zusammenhang mit der Bewilligung von Anlagen und Betrieben bezüglich ihrer Übereinstimmung mit den Vorschriften über die Luftreinhalteverordnung und den Lärmschutz - ausgenommen in den Städten Zürich und Winterthur - die Volkswirtschaftsdirektion des Kantons Zürich zuständig. Infolge fehlender sachlicher Zuständigkeit des Gemeinderates R. hatte die Baurekurskommission III in der Folge den Nachbarrekurs gutzuheissen; die Vorinstanz wurde eingeladen, das Geschäft gestützt auf § 312 PBG der sachlich zuständigen Volkswirtschaftsdirektion zur Behandlung zu überweisen (BRKE III Nrn. 281 und 282/1991 = BEZ 1992 Nr. 6).
293 Vgl. zum Ganzen *Imboden/Rhinow*, Bd. I, Nr. 40 B.I bis IV; *Rhinow/Krähenmann*, Nr. 40
294 Z.B. durch die Genehmigungsbehörde gemäss § 17 i.V.m. Ziff. 2.1 Anhang zur BVV
295 Evidenztheorie nach BGE 92 IV 197 und 95 IV 175; BJM 1971 S. 116
296 BGE 98 Ia 571

das Vertrauen des Bürgers in die Gültigkeit der Verfügung nicht getäuscht werden dürfe[297]. Offensichtlich verlangt die höchstrichterliche Praxis eine von Fall zu Fall vorzunehmende Wertabwägung, wobei die Grenzziehung zwischen Anfechtbarkeit und Nichtigkeit nach Massgabe einer teleologischen Rechtsauslegung vorzunehmen ist: Nichtigkeit liegt vor, wenn die Verletzung der Vorschrift schwerer wiegt als die aus der Nichtigkeit erfolgende Beeinträchtigung der Rechtssicherheit und der Verfahrensökonomie.

Zuständigkeitsfehler bilden Nichtigkeitsgründe, wenn sie besonders schwer wiegen. Nur eine "qualifizierte Unzuständigkeit" bewirkt die Nichtigkeit eines Verwaltungsaktes. Diese liegt namentlich dann vor, "wenn ein positiver Kompetenzkonflikt vorliegt und daher die Möglichkeit zweier gegensätzlicher Entscheide besteht oder wenn die Möglichkeit einer sachlich richtigen Entscheidung und eines gesetzmässigen Verfahrens zufolge des Handelns einer fremden Instanz in Frage gestellt ist"[298]. Demnach sind die sachliche[299] und die funktionelle[300] Unzuständigkeit Nichtigkeitsgründe - ausgenommen der verfügenden Behörde komme im betreffenden Gebiet allgemeine Entscheidungsgewalt zu[301]. Selbst für den Fall einer qualifizierten sachlichen oder funktionellen Unzuständigkeit wäre aber zu bedenken, dass der Schluss auf Nichtigkeit allenfalls mit der Rechtssicherheit nicht vereinbart werden könnte[302]. Keinen Nichtigkeitsgrund stellt in aller Regel die örtliche Unzuständigkeit dar[303].

4.5. Bindung an den Vorfrageentscheid

Ergibt sich in einem baurechtlichen Bewilligungsverfahren eine fremdrechtliche Vorfrage[304] - d.h. eine zivilrechtliche Vorfrage oder aber auch eine Vorfrage öffentlichrechtlicher Materie, die ausserhalb des Zuständigkeitsbereiches der hauptfrageweise befassten Behörde liegt - so stellt sich im weiteren die Rechtsfrage, ob der angerufene Entscheidungsträger die vorliegende Lösung zu übernehmen hat (zwingende Bindung an den Vorfrageentscheid), ob er die Vorfrage dennoch selber entscheiden müsse (keine Bindung an den Vorfrageentscheid) oder allenfalls, ob die Lösung den Entscheid in der Vorfrage zu beeinflussen vermag (dispositive Bindung an den Vorfrageentscheid). Es stellt sich die Problematik der sogenannten Bindungswirkung[305].

---

297 BGE 104 Ia 176 f. und BGE 113 IV 123
298 BGE 83 I 1 ff.
299 BGE 101 Ib 150
300 ZBl 82/1981, 465
301 Z.B. BGE 91 I 381 und BJM 1971 S. 117
302 BGE 83 I 1 ff. und bereits schon ZBl 48/1947, 445 ff.
303 VB 53/1986
304 *Kölz*, Kommentar VRG, § 1 N. 52: Praktisch bedeutsam ist vor allem die Entscheidung zivilrechtlicher Vorfragen durch Verwaltungsbehörden. Strafrechtliche Vorfragen stellen sich im baurechtlichen Bewilligungsverfahren so gut wie nie.
305 *Imboden/Rhinow*, Bd. II., Nr. 142 B.II und III; *Kägi-Diener*, S. 158 ff. i.V.m. S. 437 ff.

Für die folgende Untersuchung seien die denkbaren Fälle fremdrechtlicher Vorfragen getrennt betrachtet:

4.5.1. Bindung an Zivilentscheide

Im Zivilrecht wird zwischen der formellen und der materiellen Rechtskraft unterschieden. Die erstere schützt einen Rechtsanwendungsakt vor Abänderung, die letztere verhindert, dass der beurteilte Sachverhalt in seinem Bezug zu den Parteien von neuem in einen Prozess gezogen wird (sei dies nun als Haupt- oder als Vorfrage). Die formelle Rechtskraft tritt mit Beendigung des zivilgerichtlichen Verfahrens ein, wenn die Parteien keine Möglichkeit mehr haben, den Entscheid mit einem ordentlichen Rechtsmittel anzufechten - also wenn die Parteien auf die Ergreifung eines derartigen Rechtsmittels verzichtet haben[306], wenn sie dessen Ergreifung verwirkt haben[307] bzw. wenn gar kein Rechtsmittel (mehr) zur Verfügung steht. Die formelle Rechtskraft nimmt dem Privaten folglich den Anspruch auf weitere Abänderbarkeit des Urteils[308].

Demgegenüber steht die materielle Rechtskraft von Zivilurteilen in Abhängigkeit zur formellen Rechtskraft. Ihr Zweck besteht in der Verhinderung inhaltlich widersprüchlicher Entscheide in der gleichen Angelegenheit. Man spricht denn auch von der "Urteilskraft"[309]. Der Umfang der materiellen Rechtskraft[310] wird verhältnismässig einheitlich gesehen: In objektiver Hinsicht bezieht sich die materielle Rechtskraft auf das Urteilsdispositiv, wobei die Erwägungen zur Bestimmung der Tragweite des Urteilsgegenstandes zu berücksichtigen sind. Wenn sich die bereits beurteilte Rechtsfrage in einem Zweitprozess stellt, lässt sich der Zweck der materiellen Rechtskraft in der Verhinderung an sich inhaltlich unvereinbarer Entscheide definieren. Dabei erstreckt sich die materielle Rechtskraft nur auf den im Zeitpunkt der Entscheidung beurteilten Sachverhalt. In subjektiver Hinsicht entfaltet die materielle Rechtskraft ihre Bindungswirkung zwischen den eigentlichen Prozessparteien des fraglichen Zivilverfahrens bzw. ihren Singular- und Universalsukzessoren. Demnach greift die materielle Rechtskraft einer bereits entschiedenen Vorfrage nur dann, wenn im Zivilprozess betreffend die Vorfrage die gleichen Parteien beteiligt gewesen sind wie im Verfahren in der Hauptfrage[311].

Während die formelle Rechtskraft von Amtes wegen - im Sinne einer Prozessvoraussetzung - zu berücksichtigen ist, findet die materielle Rechtskraft je nach Regelung in der kantona-

---

[306] Die Parteien lassen die entsprechende Rechtsmittelfrist unbenutzt verstreichen.
[307] Die Parteien haben das Rechtsmittel verspätet eingereicht.
[308] *Kägi-Diener*, S. 237
[309] *Kägi-Diener*, S. 237
[310] Im Zivilprozess werden die materielle und die prozessuale Rechtskrafttheorie unterschieden, vgl. die zusammenfassende Darstellung bei *Walder-Bohner*, § 26 Rz. 1 ff. ; zum Umfang der materiellen Rechtskraft insbesondere § 26 Rz. 14 ff.
[311] *Kägi-Diener*, S. 241

len Zivilprozessordnung unterschiedliche Berücksichtigung. § 191 Abs. 4 ZPO verlangt die einredeweise Geltendmachung der materiellen Rechtskraft (Einrede der res iudicata). Damit ist ein Anspruch auf erneute Beurteilung nur für den Fall möglich, dass dieser nicht gegen den Willen der anderen Prozesspartei geltend gemacht wird.

4.5.2. Bindung an Strafentscheide

Vorweg gilt es festzuhalten, dass sich anlässlich eines baurechtlichen Bewilligungsverfahrens in aller Regel kaum strafrechtliche Vorfragen stellen. Ausdrücklich hat die zuständige Behörde gemäss § 341 PBG ohne Rücksicht auf Strafverfahren und Bestrafung den rechtmässigen Zustand herbeizuführen. Auslegung und Rechtsanwendung dieser Vorschrift nach dem verfassungsrechtlichen Verhältnismässigkeitsprinzip fordern für die Fälle formeller Polizeiwidrigkeit zunächst die Prüfung, ob der rechtmässige Zustand für Bauten und Bauteile, die ohne oder in Abweichung einer Baubewilligung erstellt worden sind, nicht nachträglich durch eine ordentliche Baubewilligung oder allenfalls gar durch die Erteilung einer Ausnahmebewilligung herbeigeführt werden könne[312].

4.5.3. Bindung an Verwaltungsentscheide

Ohne weiteres wird die formelle Rechtskraft im Verwaltungsrecht im Sinne der Verbindlichkeit mangels Weiterziehbarkeit eines Rechtsanwendungsaktes verstanden; insofern bedeutet die formelle Rechtskraft einer Verwaltungsverfügung Unabänderbarkeit innerhalb eines bestimmten Verfahrens[313]. Demgegenüber spricht die neuere Lehre im Zusammenhang mit der inhaltlichen Unabänderbarkeit eines verwaltungsrechtlichen Entscheides anstatt von der materiellen Rechtskraft von dessen "Rechtsbeständigkeit" bzw. "Bestandeskraft"[314]. Für den Bereich des eigentlichen Polizeirechts wird von der grundsätzlichen Unmöglichkeit der materiellen Rechtskraft ausgegangen. Im Bereich des Leistungs- und Gestaltungsrechts gelten Verfügungen prinzipiell als inhaltlich unabänderbar.

Die Frage der materiellen Rechtskraft wird grundsätzlich mit derjenigen der Aufhebbarkeit von Verwaltungsverfügungen bzw. deren Abänderbarkeit gleichgesetzt. In terminologischer Hinsicht ist die Lehre dermassen uneinheitlich, dass die Begriffsanwendung von Autor zu Autor verschieden ist und im Zusammenhang mit der vorliegenden Untersuchung ein pragmati-

---

312 *Imboden/Rhinow*, Bd. I, Nr. 56 B.VI.a; *Zimmerli*, ZSR NF 97/II (1978) 105
313 *Kägi-Diener*, S. 250; *Kölz*, Kommentar VRG, § 20 N. 51 ff.; *Wolfer*, S. 185 f.
314 *Gygi*, ZBl 83/1982, 149 ff.; zur gängigen Terminologie insbesondere auch *Imboden/Rhinow*, Bd. I, Nr. 41 B.I; *Kölz*, Kommentar VRG, § 20 N. 51 ff.; *Wolfer*, S. 187

scher Lösungsansatz am überzeugendsten erscheint[315]. Zusammenfassend lassen sich folgende Gesetzmässigkeiten festhalten:
- Mit ihrer Eröffnung werden Verwaltungsverfügungen prinzipiell verbindlich. Ausgenommen sind Fälle mit einer besonderen gesetzlichen Regelung sowie nichtige Verfügungen.
- Formell rechtskräftige Verfügungen werden rechtsbeständig, wobei diese Eigenschaft mit der materiellen Rechtskraft von Zivil- und Strafurteilen vergleichbar ist. Selbst fehlerhafte Verfügungen können und sollen nicht ohne weiteres aufgehoben oder geändert werden können.
- Gewisse Arten von verwaltungsrechtlichen Entscheiden gelten grundsätzlich als unabänderbar: Rechtsmittelentscheide erwachsen unbestrittenermassen in Rechtskraft. Urteilsähnliche Verfügungen[316] gleichen Urteilen im technischen Sinne derart, dass die Rechtsprechung schlechthin von deren materiellen Rechtskraft ausgeht. Regelmässig kann ihre Bestandeskraft einzig revisionsweise in Frage gestellt werden.
- Anders ist die Rechtsbeständigkeit von Dauerverfügungen zu beurteilen. Diese regeln den einem Rechtsverhältnis zu einem bestimmten Zeitpunkt bestehenden Sachverhalt. Nicht nur dieser, auch die aus ihm erwachsenden Rechtsfolgen mit Zukunftswirkungen können Änderungen erfahren. Angesichts des Andauerns von Rechtswidrigkeit(en) bei solchen Dauerverwaltungsakten vermag das öffentliche Interesse an der Durchsetzung des objektiven Rechts gegenüber dem Rechtssicherheitsinteresse an deren Unabänderbarkeit mitunter zu überwiegen. Insbesondere bei unbefristeten rechtswidrigen Dauerverfügungen drängt sich die Abänderbarkeit auf[317]. Ist hingegen die Geltungsdauer einer Dauerverfügung wie bei Baubewilligungen zeitlich befristet (vgl. § 322 Abs. 1 PBG), so ist deren Anwendbarkeit bei ursprünglicher Fehlerhaftigkeit mit derjenigen von urteilsähnlichen Verfügungen vergleichbar[318]. Bevor von ihnen Gebrauch gemacht wird, sind vorschriftswidrige befristete Dauerverfügungen aufhebbar[319]. Nach der Anordnung schützenswerter Dispositionen seitens des Verfügungsadressaten ist die Aufhebbarkeit nicht mehr oder nur noch unter erschwerten Bedingungen möglich[320].
- Rechtsbeständigkeit kommt feststellenden Verfügungen betreffend einen in der Vergangenheit liegenden Sachverhalt zu[321].

---

[315] *Gygi*, ZBl 83/1982, 149 ff; *Kägi-Diener*, S. 258-266 betreffend Übersicht über die Praxis; *Kölz*, Kommentar VRG, § 20 N. 51 ff.; *Imboden/Rhinow*, Bd. I, Nr. 41 B.I.a
[316] Also solche, die ein Rechtsverhältnis für einen zeitlich abgeschlossenen Sachverhalt und eine einmalige Rechtsfolge regeln; *Gygi*, ZBl 83/1982, 159
[317] Ex tunc, sofern sie bösgläubig erwirkt worden ist - ex nunc bei Praxisänderungen; *Gygi*, ZBl 83/1982, 160
[318] BGE 84 I 11 f.; ZBl 66/1965, 326 ff.
[319] BGE 105 Ia 316 f.
[320] BGE 107 Ib 37 f.
[321] Zu denken ist beispielsweise an formellrechtskräftige Waldfeststellungsverfügungen.

- Privatrechtsgestaltende Verfügungen legen zwischen den betroffenen Parteien eine privatrechtliche Ausgangslage fest. Ihnen kommt eine verstärkte Rechtsbeständigkeit zu, weshalb sie einer nachträglichen Aufhebung bzw. Änderung nur schwer zugänglich sind[322].
- Umstritten ist die Unabänderlichkeit verwaltungsrechtlicher Verträge[323].

Aufgrund der Lückenhaftigkeit und Unvollständigkeit der gesetzlichen Regelung von Aufhebungs- und Änderungstatbeständen haben sich in der Rechtsprechung Grundsätze herausgebildet. Gygi[324] umschreibt diese als sogenannte "Abwägungsformel". Steht demnach die Aufhebung bzw. Abänderung eines Verwaltungsaktes in Frage, so sind die verfassungsmässigen Grundsätze der Gesetzmässigkeit und der Rechtssicherheit gegeneinander abzuwägen: Während das Legalitätsprinzip die Verwirklichung der Rechtsordnung fordert, verlangt der Grundsatz der Rechtssicherheit den Schutz des Betroffenen in den Bestand einer rechtssicheren Anordnung insbesondere auch den Schutz von berechtigtem Vertrauen.

5. Koordination durch Teilentscheide

5.1. Begriff

Eine Teilbaubewilligung entscheidet einen Teil des nachgesuchten Vorhabens und erledigt das Verfahren im fraglichen Umfang endgültig[325]. Demnach umfasst ein Teilentscheid begrifflich zwei wesentliche Kriterien. Einerseits beantwortet ein solcher Entscheid von sämtlichen sich im Verfahren stellenden Fragen nur einen Teil, andererseits entscheidet er diese Fragen abschliessend und verbindlich. Folglich sind Teilentscheide Endentscheide in bezug auf einen Teil der sich stellenden Rechtsfragen bzw. auf einen Teil des zu beurteilenden Bewilligungsgegenstandes. Tatsächliche und rechtliche Gründe können einen Teilentscheid rechtfertigen. So kann ein Teilentscheid in bezug auf ein reduziertes Projekt ergehen[326]. Ein Teilentscheid kann auch zur Vereinfachung des Verfahrens erfolgen. Er ist aber auch denkbar als vorweg zu beantwortende, das Verfahren präjudizierende Rechtsfrage, womit es sich um einen das gesamte Verfahren bestimmenden Opportunitätsentscheid handelt. Teilentscheide zeichnen sich dadurch aus, dass sie dem Bedürfnis des Bauherrn nach beförderlicher Verfahrenserledigung und damit der Rechtssicherheit entgegenkommen. Ein Teilentscheid rechtfertigt sich insbesondere dann, wenn der fragliche Teil des Gesuches von allfälligen Verfahrensweiterungen nicht mehr betroffen - also

---

322 ZBl 83/1982, 149 ff. (insbesondere Fussnote 48 mit Hinweis auf die bundesgerichtliche Praxis)
323 Vgl. die Ausführungen unter § 5, 1.3.5.
324 *Gygi*, ZBl 83/1982, 154 f.
325 *Kölz/Häner*, N. 226; *Christian Mäder*, N. 376
326 Z.B. kann im Hinblick auf einen späteren Ausbau nur ein von mehreren Trakten einer Industriebaute geplant und ausgeführt werden; vgl. das Beispiel bei *Christian Mäder*, N. 376

spruchreif - ist. Hauptsächlich verfahrensökonomische Gründe geben den Ausschlag für die Zweckmässigkeit eines Teilentscheides.

5.2. Anfechtbarkeit von Teilentscheiden

Das Bundesgericht erachtet Teilentscheide - im Gegensatz zu Zwischenverfügungen - als direkt und selbständig anfechtbar[327]. Dieser Auffassung ist zu folgen[328].

5.3. Koordinationsrechtliche Bedeutung von Teilentscheiden

In bezug auf die teilweise Erledigung komplexer Baubewilligungsverfahren ist aber gerade wegen der verbindlichen verfahrensabschliessenden Eigenschaft des Teilentscheides besondere Vorsicht angezeigt. Im an Erfahrungen betreffend Teilurteilen reicheren Zivilprozessrecht zeigen sich anstelle der angestrebten Verfahrensvereinfachung immer wieder Erschwerungen[329]. Zum einen stellt ein Teilentscheid im Hinblick auf ein künftiges Verfahren betreffend die offen gebliebenen Fragen verfahrensbestimmende Weichen, zum andern erhöht sich unweigerlich das Rechtsmittelrisiko. Dieses ist insofern nicht zu unterschätzen, als doch mindestens Verfahrensverzögerungen programmiert sind.

6. Koordinationsrechtlicher Ausblick für nichtstreitige Verwaltungsverfahren im Kanton Zürich

Zu Recht heben Haller/Karlen[330] mit Bezug auf die zürcherische Ordnung der Bewilligungsverfahren für Bauten und Anlagen die Dominanz des Modells der Verfahrensseparation hervor. Hinsichtlich der ausstehenden Revision des zürcherischen Verwaltungsrechtspflegegesetzes fragt sich, inwiefern im nichtstreitigen Verwaltungsverfahren koordinationsrechtliche Verbesserungen sichergestellt werden können.

---

[327] BGE 107 Ib 341 ff., 343 hinsichtlich der Anfechtbarkeit mit Verwaltungsgerichtsbeschwerde beim Bundesgericht
[328] *Kölz/Häner*, N. 226; vgl. auch *Knapp* (AJP 1/1992, 846 f.), der empfiehlt, den verfahrenserledigenden Teilentscheid vermehrt als Koordinationsinstrument für komplexe Vorhaben einzusetzen.
[329] *Sträuli/Messmer*, § 189 N. 7 ff.
[330] N. 857

6.1. Eignung des Verwaltungsrechtspflegegesetzes als gesetzliche Grundlage

Gemäss § 4 Abs. 1 VRG werden im zweiten Abschnitt über das Verwaltungsverfahren (§§ 4 bis 31 VRG) u.a. auch die Grundlagen des nichtstreitigen Verfahrens geregelt, soweit nicht in anderen Erlassen abweichende Regelungen bestehen. Da solche rar sind, kommt dem Subsidiaritätsprinzip nur eine geringe Bedeutung zu[331]. Folglich eignet sich das Verwaltungsrechtspflegegesetz als gesetzliche Grundlage für die Abstimmung der verschiedenen Bewilligungsverfahren für Bauten und Anlagen ausserordentlich gut.

6.2. Koordinations- und Kooperationspflicht

In erster Linie drängt sich die Festsetzung der allgemeinen Koordinations- und Kooperationspflicht für die jeweils betroffenen zuständigen Behörden auf.
Das Bundesgericht sieht den Rahmen der Koordinationspflicht durch den engen Sachzusammenhang der verschiedenen anwendbaren Vorschriften abgesteckt. Damit stellen sich unmittelbar Abgrenzungsfragen. Wie aus den Darlegungen des dritten sachgebietsbezogenen Teils dieser Untersuchung noch genau hervorgehen wird, ist der enge Sachzusammenhang insbesondere zwischen dem Raumplanungsrecht und dem Umweltschutzrecht i.w.S. ohne weiteres gegeben. Sollten dennoch Abgrenzungsprobleme auftreten[332], so ist das fragliche Verfahren dennoch in die verfahrensmässige Abstimmung einzubeziehen. Eine Ausscheidung in einem späteren Verfahrensstadium ist ohne weiteres möglich. Ein späterer Einbezug eines solchen Verfahrens bringt indessen die Erschwernisse einer zeitlich späten Koordination[333].

6.3. Koordinationsverfahren und -behörde

Eine besondere Koordinationsproblematik stellt sich, wenn von verschiedenen anwendbaren Erlassen zwei oder gar mehrere umfassende Interessenabwägungen verlangen. Sowohl das Leitverfahren als auch die Gewährleistung der Koordination durch eine besondere Koordinationsstelle ermöglichen die gleichzeitige Koordination[334]. Das Bundesgericht geht für diesen Fall, bei dem die anspruchsvollste materielle Koordination vorzunehmen ist, von der Bestim-

---

[331] *Kölz*, Kommentar VRG, § 4 N. 1
[332] Man denke etwa an nicht unmittelbar mit der Durchführung geplanter Bauvorhaben verknüpfte Verfahren wie z.B. Konzessions- und Subventionsverfahren.
[333] Denkbar wäre schliesslich auch ein Verzicht auf das Erfordernis des engen Sachzusammenhanges, wie ihn die Expertengruppe im Zusammenhang mit der Revision des Raumplanungsgesetzes angeregt haben (*Beratergruppe Marti*, Revisionsvorschläge RPG, S. 25 f.).
[334] *Beratergruppe Marti*, Empfehlungen, S. 14 f.; *Moor*, Bd. II, S. 132

mung eines sogenannten Leitverfahrens aus[335]. Für UVP-pflichtige Vorhaben ist die für das massgebliche Verfahren zuständige Behörde mit der Koordinationsaufgabe zu betrauen[336]. Für nicht UVP-pflichtige Vorhaben kann die Koordinationszuständigkeit analog geregelt werden[337]. Denkbar ist auch die Bezeichnung einer besonderen Koordinationsstelle, die selbst jedoch nicht Bewilligungsbehörde ist[338]. Die für die Koordination verantwortliche Behörde ist ausdrücklich mit der Verfahrensleitung zu beauftragen. Die im Hinblick auf die Revision des Raumplanungsgesetzes eingesetzte Expertengruppe empfiehlt für deren Aufgabenerfüllung die Grundsätze des Projektmanagements[339].

7. Koordination im Rechtsmittelverfahren

7.1. Zur Problematik

Zwangsläufig bringt die erstinstanzliche Zuständigkeits- und Verfahrenszersplitterung für komplexe Vorhaben auch eine entsprechende Vielfalt an Rechtsmittelinstanzen und -verfahren sowohl auf kantonaler als auch auf eidgenössischer Ebene mit sich. In seinen jüngeren Entscheiden im Zusammenhang mit komplexen raumbezogenen und umweltrelevanten Vorhaben fordert das Bundesgericht für potentiell umweltbelastende Projekte auch die Koordination der Rechtsmittelverfahren. Während es betreffend die Deponie Chrüzlen für den Fall getrennt zu treffender Entscheide die Anfechtung in einem einheitlichen Rechtsmittelverfahren verlangte (BGE 116 Ib 57), bestimmt es im Fall Yvonand (BGE 116 Ib 181):

"La notification unique des différentes autorisations spéciales, coordonnées en première instance, implique aussi qu'une seule voie de recours qui puisse également procéder à l'éxamen de l'ensemble des intérêts en jeu ..."

Offenbar bevorzugt das Bundesgericht das Konzentrationsmodell für UVP-pflichtige Vorhaben auch im Rechtsmittelverfahren.

Hinsichtlich der Rechtsmittelkoordination stellt sich deshalb grundsätzlich die Frage nach den gangbaren Möglichkeiten gestützt auf die Koordinationsmodelle. Erläuternd sei zudem auf Besonderheiten in der zürcherischen Rechtsmittelordnung hingewiesen.

---

[335] *Meylan*, S. 188 f.; *Marti*, RPG-NO Informationsblatt 1 und 2/1989, S. 63
[336] *Marti*, RPG-NO Informationsblatt 1 und 2/1989, 63; *Marti*, URP 5/1991, 249; *Beratergruppe Marti*, Empfehlungen, S. 14; *Petitpierre-Sauvain*, S. 162 ff.
[337] *Beratergruppe Marti*, Empfehlungen, S. 15
[338] *Recordon/Brandt*, S. 200 ff.
[339] *Beratergruppe Marti*, Empfehlungen, S. 15 mit Hinweis auf *Alexandre Flückiger*, S. 1 ff.; *Maegli*, URP 6/1992, 200 f.

7.2. Rechtsmittelkoordination gemäss den Koordinationsmodellen

7.2.1. Separationsmodell

Gemäss dem Separationsmodell existieren aufgrund der Einheit und Widerspruchslosigkeit der Rechtsordnung grundsätzlich keine Koordinationsprobleme. Insbesondere gilt es zu berücksichtigen, dass der Gesetzgeber ausdrücklich verschiedene Rechtswege beabsichtigt hat.

Immerhin sind Verfahrensvereinfachungen mit bestehenden prozessrechtlichen Instituten denkbar[340]:
- Mit der Vereinigung von Rechtsmittelverfahren können Geschäfte, die auf demselben Sachverhalt beruhen und im wesentlichen die gleichen Rechtsfragen aufwerfen, gemeinsam behandelt werden. Verfahrensverzögerungen sind dabei tunlichst zu vermeiden[341].
- Hängt ein Rechtsmittelentscheid von einem anderen ab, bzw. wird er selber durch einen anderen Entscheid wesentlich beeinflusst, so kann sich die Sistierung des fraglichen Rechtsmittelverfahrens unter Umständen verfahrensvereinfachend auswirken. Im ungünstigsten Fall tritt eine Verfahrensverlängerung ein. Bei entsprechendem Einverständnis der Parteien, welches praxisgemäss im Protokoll festgehalten wird, genügt eine informelle Sistierung; andernfalls ist das Rechtsmittelverfahren mit einem gemäss § 19 Abs. 2 VRG anfechtbaren Zwischenentscheid formell zu sistieren[342]. Die Sistierung ist im zürcherischen Recht nicht geregelt, kommt aber in der Praxis - vor allem als informelle Sistierung - recht häufig vor.
- Auch im Rechtsmittelverfahren erweist sich eine allfällige Vorfrageproblematik von Bedeutung[343].
- Das Rekurs- und Beschwerdeverfahren sind im zürcherischen Recht als mittelbare und schriftliche Verfahren ausgestaltet. Prozessuale Möglichkeiten für Einigungsverhandlungen bestehen zwar im Rahmen von Augenscheinen, anlässlich derer den Parteien Gelegenheit zu Stellungnahmen gegeben wird. Wünschenswert wäre im Hinblick auf eine verstärkte Berücksichtigung des Verständigungsprinzipes ein grosszügigerer Einsatz von Referentenaudienzen[344].

---

[340] Selbstverständlich finden diese Verfahrensinstitute durchaus auch berechtigte Anwendung im Zusammenhang mit den eigentlichen Koordinationsmodellen. Ausdrücklich sei hier darauf hingewiesen.
[341] *Kölz*, Kommentar VRG, § 19 N. 52 f.
[342] *Kölz*, Kommentar VRG, § 19 N. 27 ff.
[343] Vgl. vorne 4.
[344] Vgl. auch *Beratergruppe Marti*, Empfehlungen, S. 12 mit Hinweisen auf weitere Autoren (Fussnote 44)

7.2.2. Konzentrationsmodell

Theoretisch ermöglicht das Konzentrationsmodell auch im Rechtsmittelverfahren die optimalste inhaltliche Abstimmung verschiedener Verfahren. Mit der Festlegung des Leitverfahrens bzw. der Zuständigkeit einer Konzentrationsbehörde werden erstinstanzlich die Voraussetzungen für eine gemeinsame Beurteilung des Sachverhaltes eines komplexen Vorhabens und damit auch ein einheitlicher Rechtsmittelweg geschaffen.

Im Kanton Zürich wurde im Zusammenhang mit dem massgeblichen Verfahren für die Umweltverträglichkeitsprüfung gestützt auf Art. 5 Abs. 3 UVPV von den Möglichkeiten des Konzentrationsmodells Gebrauch gemacht[345]. Mit Beschluss vom 5. September 1990[346] ergänzte der Regierungsrat die Einführungsbestimmungen für UVP-pflichtige Vorhaben ohne Projektgenehmigung im Sinne der bundesgerichtlichen Rechtsprechung: Für gleichzeitig zu eröffnende Entscheide ist gemäss der Koordinationspflicht ein einziges Rechtsmittel zu bezeichnen. Ohne Rücksicht auf das massgebliche Verfahren eines UVP-pflichtigen Vorhabens ist für den Fall der Anfechtung "staatlicher Anordnungen" (also namentlich Verfügungen von Direktionen des Regierungsrates) gemäss lit. D Ziff. 2.2 der Einführungsbestimmungen der Regierungsrat die zuständige Rekursinstanz. So kommt es, dass der Regierungsrat im Zusammenhang mit UVP-pflichtigen Projekten nicht nur über streitige Anordnungen seiner Direktionen i.S.v. § 329 Abs. 1 lit. b PBG zu entscheiden hat, sondern auch über streitige baupolizeiliche Anordnungen der Gemeinden. Dieser Einbruch in die Zuständigkeit der Baurekurskommissionen rechtfertigt sich insofern, als einerseits die Baurekurskommissionen rekursweise keine staatlichen Anordnungen überprüfen dürfen (§ 329 Abs. 1 lit. a PBG e contrario) und das Planungs- und Baugesetz anderseits die Überprüfung baurechtlicher Fragen durch den Regierungsrat nicht ausschliesst. In speziellen Fällen, bei denen ausdrücklich ein besonderer Rechtsmittelzug vorgesehen ist[347], behält sich der Regierungsrat vor, den Rekurs gestützt auf § 5 VRG an die zuständige Instanz zu überweisen.

Die vom Verwaltungsgericht anerkannten Grundsätze der Zuständigkeitskonzentration beim Regierungsrat als einheitlicher Rechtsmittelinstanz für UVP-pflichtige Anlagen ohne Projektgenehmigung gemäss lit. D Ziff. 2.2 der kantonalen UVP-Einführungsbestimmungen wurde mit den Entscheiden VB 91/0046[348] und VB 91/0047[349] insofern verstärkt, als es die Baurekurskommissionen auch für nichtstaatliche Anordnungen auch in Überprüfung von Um-

---

345 Vgl. lit. D Ziff. 1 Einführungsbestimmungen UVP
346 RRB Nr. 2976/1990
347 Z.B. im Zusammenhang mit der Erteilung des Enteignungsrechts anlässlich eines formellen Expropriationsverfahrens
348 Siehe auch BEZ 1991 Nr. 33 = RB 1991 Nr. 75
349 Vgl. BRKE I Nrn. 522 und 523/1991

weltschutzrecht i.w.S.[350] als zuständig erachtete. Diesen Einbruch in die umweltschutzrechtlich auf die Überprüfung von Anordnungen betreffend Lärmschutz und Luftreinhaltung begrenzte Zuständigkeit der Baurekurskommissionen begründete das Verwaltungsgericht mit der Koordinationspflicht. Insbesondere gehe es nicht an, dass die Baurekurskommissionen den Umweltverträglichkeitsbericht einer UVP-pflichtigen Anlage nur gestützt auf die eidgenössische Lärmschutz- und die Luftreinhalte-Verordnung überprüften. Die Baurekurskommissionen hätten diesen Bericht gemäss dem umweltschutzrechtlichen Grundsatz der Ganzheitlichkeit vollständig und umfassend zu beurteilen. Damit sind die Baurekurskommissionen gezwungen, Umweltschutzrecht i.w.S. anzuwenden, welches bisher nicht in ihren Zuständigkeitsbereich gefallen ist. Hier fragt sich zumindest, ob in diesen Fällen ohne entsprechende gesetzliche Grundlage eine Zuständigkeitskonzentration nicht besser beim Regierungsrat vorzusehen gewesen wäre, zumal dieser im Zusammenhang mit den besagten Spezialgesetzen ohnehin Rechtsmittelinstanz mit umfassender Kognition ist. Dies erschiene zumindest deshalb als zweckmässiger, ist doch eine Zersplitterung des Rechtsmittelzuges je nachdem, ob es sich beim Anfechtungsgegenstand um eine staatliche oder eine nichtstaatliche Anordnung handelt, in koordinationsrechtlicher Hinsicht ohnehin unerwünscht[351].

7.2.3. Modell der materiellen Verfahrenskoordination

Mit seiner Forderung nach einem einheitlichen Rechtsmittel bevorzugt die bundesgerichtliche Praxis[352] das Konzentrationsmodell auch auf dieser Verfahrensebene gegenüber dem Modell der materiellen Verfahrenskoordination. Anstelle kooperierender Rechtsmittelinstanzen tritt folglich ein Rechtsmittelverfahren oder eine Rechtsmittelinstanz nach dem Muster der Entscheidungs- oder der Zuständigkeitskonzentration. Praktisch bedeutet dies eine grundlegende Umstrukturierung des Rechtsmittelverfahrens, sind doch all jene Fälle betroffen, bei denen erstinstanzlich weder eine Vereinigung der verschiedenen Bewilligungsverfahren möglich noch gesetzlich eine Verfahrenskonzentration vorgesehen ist. Wie die Revisionsbemühungen des Raumplanungsgesetzes in Art. 33 Abs. 4 RPG-E zeigen, wird für das Rechtsmittelverfahren gegen kantonale Verfügungen das Konzentrationsmodell vorgeschrieben[353].

---

[350] Dazu gehören das Gewässerschutzrecht, Landwirtschaftsrecht, Waldrecht, Jagd- und Vogelschutzrecht, Fischereirecht, Nationalstrassenrecht, Recht betreffend die Nutzbarmachung der Wasserkräfte, Rohrleitungsrecht, umweltschutzrechtliche Bestimmungen des Arbeitsgesetzes u.a.m.
[351] In diesem Zusammenhang ist darauf hinzuweisen, dass die Baurekurskommissionen künftig auch zur Überprüfung staatlicher Anordnungen beauftragt werden könnten. Vgl. nachfolgend 7.4.3.
[352] BGE 116 Ib 50 ff., E. 4.b
[353] BBl 1994 III 1089 und 1093

7.3. Zur Rechtsmittelkoordination auf Bundesebene

7.3.1. Allgemeines

Vorweg ist festzuhalten, dass die maximale Vereinheitlichung der Rechtsmittelwege denkbar und möglich wäre, wenn gegenüber sämtlichen Verfügungen der fraglichen Spezialverwaltungseinheiten ein und dasselbe Rechtsmittel ergreifbar wäre. Dies erweist sich jedoch bereits aufgrund der Unterschiede zwischen Verfassungs- und Verwaltungsgerichtsbarkeit als utopisch. Der besondere Bedarf an Rechtsmittelkoordination liegt in den differenzierten Ausgestaltungen der Verwaltungsgerichtsbeschwerde ans Bundesgericht und der Verwaltungsbeschwerde an den Bundesrat sowie der staatsrechtlichen Beschwerde ans Bundesgericht[354]. Wie noch zu zeigen sein wird, spielt die Wahl des Koordinationsmodells aufgrund der die Rechtsmittelkonkurrenzen nivellierenden bundesgerichtlichen Praxis in diesem Zusammenhang keine allzu bestimmende Rolle mehr[355].

7.3.2. Die Handhabung von Rechtsmittelkonkurrenzen

Allgemein kann davon ausgegangen werden, dass sich das Beschwerdeverfahren gegen Spezialbewilligungen gestützt auf das Umweltschutzrecht i.w.S. nach den allgemeinen Bestimmungen der Bundesrechtspflege richtet. Gemäss der Generalklausel von Art. 97 Abs. 1 OG ist gegen Verfügungen letzter kantonaler Instanzen gestützt auf Bundesumweltschutzrecht i.w.S. grundsätzlich die Verwaltungsgerichtsbeschwerde ans Bundesgericht zu ergreifen. Liegt ein die verwaltungsgerichtliche Zuständigkeit ausschliessender Tatbestand gemäss den Katalogen von Art. 99 bis 101 OG vor, so steht die Verwaltungsbeschwerde an den Bundesrat offen (Art. 74 Abs. 1 VwVG). Absolut subsidiär kommt das ausserordentliche Rechtsmittel der staatsrechtlichen Beschwerde ans Bundesgericht in Betracht.

Die allgemeine Rechtsmittelordnung des Bundes wird mit Art. 34 RPG für planungs- und baurechtliche Streitigkeiten in grundlegender Weise durchbrochen: Nur gegen kantonal letztinstanzliche Entschädigungen als Folge von Eigentumsbeschränkungen gemäss Art. 5 RPG und gegen Ausnahmebewilligungen für Bauten und Anlagen ausserhalb der Bauzonen gemäss Art. 24 RPG ist die Verwaltungsgerichtsbeschwerde ans Bundesgericht möglich (Art. 34 Abs. 1 RPG). Alle übrigen Entscheide letzter kantonaler Instanzen sind mit staatsrechtlicher Beschwerde beim Bundesgericht anzufechten (Art. 34 Abs. 3 RPG)[356].

---

[354] Vgl. hierzu *Saladin*, Verwaltungsverfahrensrecht des Bundes, S. 163 ff.
[355] *Saladin*, URP 5/1991, 294 f.
[356] *Häfelin/Müller*, N. 1505; *Haller/Karlen*, N. 997 f.; *Kälin/Müller*, ZBl 94/1993, 441 ff. sowie die Kritik an der aktuellen Praxis des Bundesgerichtes 453 ff. und die Vorschläge zur vereinfachten Anwendung der geltenden Rechtsmittelordnung des Bundes 455 ff.; *Kölz/Keller*, URP 4/1990, 418; *Tanquerel/Zimmermann*,

Im Zusammenhang mit der Anfechtung von Anordnungen, die sich auf das Raumplanungsgesetz und das Umweltschutzrecht i.w.S. stützen, hat das Bundesgericht diese Regel durch präzisierende Auslegung differenziert:

- Wird im Zusammenhang mit einer Planfestsetzung die Verletzung von bundesrechtlichen Umweltschutznormen angefochten, steht in erster Linie eine planungsrechtliche Streitfrage zur Beurteilung an. Das Bundesrechtsmittel ist gestützt auf Art. 34 Abs. 3 RPG die staatsrechtliche Beschwerde. Soweit ein Nutzungsplan jedoch auf Bundesrecht gestützte, das nachfolgende Bewilligungsverfahren präjudizierende und Verfügungsqualität aufweisende Anordnungen enthält und keine Ausschlussgründe gemäss Art. 99 ff. OG bzw. gemäss der Spezialgesetzgebung vorliegen, ist die Verwaltungsgerichtsbeschwerde zu ergreifen[357].

- Stützt sich eine letztinstanzliche kantonale Baubewilligung i.S.v. Art. 22 f. RPG auf bundesrechtliches Umweltschutzrecht, ist - vorbehalten es liege ein Ausnahmetatbestand gemäss Art. 99 ff. OG vor - die Verwaltungsgerichtsbeschwerde zu ergreifen[358]. Ergeht ein solcher Entscheid zudem in Anwendung von selbständigem kantonalem Baurecht, so tritt eine Gabelung des Rechtsweges ein: Bundesrechtsverletzungen sind mit Verwaltungsgerichtsbeschwerde zu rügen[359], und die Verletzung selbständigen kantonalen Rechts ist mit staatsrechtlicher Beschwerde anzufechten[360].

- Werden Empfindlichkeitsstufen gemäss Art. 44 Abs. 3 LSV einzelfallweise zugeordnet, so ist dagegen grundsätzlich die Verwaltungsgerichtsbeschwerde ans Bundesgericht vorgesehen, handelt es sich doch um eine in Anwendung von Bundesrecht ergangene Verfügung i.S.v. Art. 5 VwVG. Bei der Festlegung von Empfindlichkeitsstufen in Nutzungsplänen und in den kommunalen Bauordnungen handelt es sich demgegenüber um planerische Rechtsanwendungsakte, die dem Rechtsmittelweg von Art. 34 Abs. 3 RPG unterstehen. Ausnahmsweise ist auch dann die Verwaltungsgerichtsbeschwerde das massgebliche Rechtsmittel, wenn die nutzungsplaneri-

---

S. 121 ff. und insbesondere auch *Moor*, Les voies de droit fédérales dans l'aménagement du territoire, S. 183 f. (namentlich auch die Kritik an der bundesgerichtlichen Rechtsprechung in Fussnote 60)

357 BGE 118 Ib 11; *Aemisegger*, Zu den bundesrechtlichen Rechtsmitteln im Raumplanungs- und Umweltschutzrecht, S. 114 ff. mit Hinweisen auf die bundesgerichtliche Praxis und mit der Begründung, weshalb der Ausschlussgrund von Art. 99 lit. c OG in diesen Fällen nicht gegeben ist; *Haller/Karlen*, N. 1083 f.; *Vallender*, AJP 1992, 1076 f. mit Hinweisen auf die bundesgerichtliche Praxis; *Rouiller*, SJZ 90/1994, 28

358 ZBl 89/1988, 267 ansatzweise; BGE 113 Ib 393 und 114 Ib 214 mit ausdrücklicher Bestätigung; *Moor*, Les voies de droit fédérales dans l'aménagement du territoire, S. 182 f.; *Aemisegger*, Zu den bundesrechtlichen Rechtsmitteln im Raumplanungs- und Umweltschutzrecht, S. 117 ff.: Dass der Entscheid im Rahmen eines Baubewilligungsverfahrens ergangen ist, spielt dabei keine Rolle. Art. 34 Abs. 3 RPG gilt nämlich nur hinsichtlich der richterlichen Überprüfung der raumplanerischen Normen und nicht für andere anwendbare bundesrechtliche Vorschriften.

359 Vorbehalten bleibt Art. 34 Abs. 3 RPG.

360 *Haller/Karlen*, N. 1092 mit Hinweisen auf die bundesgerichtliche Praxis; *Saladin*, URP 5/1991, 292

sche Festsetzung der Empfindlichkeitsstufe nachfolgende Bewilligungsverfahren präjudizierende, verfügungsähnliche Anordungen enthält[361].
- Gestützt auf Art. 34 Abs. 1 RPG ist die Verwaltungsgerichtsbeschwerde ans Bundesgericht gemäss Art. 97 OG i.V.m. Art. 5 VwVG auch gegen Ausnahmebewilligungsentscheide letzter kantonaler Instanzen i.s.v. Art. 24 RPG zulässig. Anfechtungsobjekte sind sowohl Bewilligungserteilungen als auch -verweigerungen sowie Entscheide betreffend Bauvorhaben, die einer raumplanerischen Ausnahmebewilligung bedürfen und bei deren Beurteilung Art. 24 RPG zu Unrecht nicht angewendet worden ist[362], wobei regelmässig die Zonenkonformität des umstrittenen Vorhabens in Frage gestellt wird. Anfechtbare Verfügungen sind im weiteren Verfügungen, die Anordnungen über die Erneuerung, Änderung oder den Wiederaufbau von Bauten und Anlagen ausserhalb der Bauzone i.S.v. Art. 24 RPG treffen[363]. Gegen Pläne mit verfügungsgleichem Inhalt kann geltend gemacht werden, es werde Art. 24 RPG umgangen. Sofern solchen kantonalen Nutzungsplanungen Vorhaben zugrunde liegen, für die eine gesetzliche Planungspflicht besteht, ist zwar formell auf die Beschwerde einzutreten; da die Planungspflicht die Anwendbarkeit von Art. 24 RPG ausschliesst, ist die Beschwerde abzuweisen. In drei Fällen lässt das Bundesgericht eine weitergehende Prüfung einer verfügungsgleich wirkenden Planung im Hinblick auf die materiellen Voraussetzungen von Art. 24 RPG zu: nämlich bei Nutzungsplänen über konkrete Projekte, die im Sinne einer Wahlmöglichkeit auch über die Anwendung von Art. 24 RPG bewilligt werden könnten, bei Plänen, die sich im Widerspruch zur rechtlichen Grundordnung auf Land beziehen, das mit zonenwidrigen Bauten nur gestützt auf Art. 24 RPG überbaut werden darf und bei Einzonungen in die Bauzone mit dem Ziel, bestehende widerrechtliche Bauten und Anlagen ausserhalb der Bauzonen zu legalisieren[364].

7.3.3. Fortbildung der Rechtsprechung

Typisch für komplexe Bauvorhaben ist, dass sie gestützt auf planungs-, bau- und umweltschutzrechtliche Bestimmungen des Bundes, des kantonalen und kommunalen Rechts zu beurteilen sind. Zwangsläufig stellt sich bei der geschilderten differenzierten Ausgestaltung der Rechtsmittelwege die Frage, wie der koordinationsrechtlichen Forderung nach einem einheitlichen Rechtsmittel auf Bundesebene nachzukommen ist.

---

[361] *Aemisegger*, Zu den bundesrechtlichen Rechtsmitteln im Raumplanungs- und Umweltschutzrecht, S. 119 f.; *Haller/Karlen*, N. 1093 und *Tanquerel/Zimmermann*, S. 122 mit Hinweisen auf die bundesgerichtliche Praxis
[362] *Moor*, Les voies de droit fédérales dans l'aménagement du territoire, S. 172 ff.
[363] *Moor*, Les voies de droit fédérales dans l'aménagement du territoire, S. 170 f.
[364] *Aemisegger*, Zu den bundesrechtlichen Rechtsmitteln im Raumplanungs- und Umweltschutzrecht, S. 121 f.; *Rouiller*, SJZ 90/1994, 28

Der Grund, weshalb im Bereich des Planungs- und Baurechts ein grundlegend anderer Rechtsmittelzug zu beachten ist, liegt darin, dass die Verwaltungsgerichtsbeschwerde ans Bundesgericht nur gegen Verfügungen möglich ist, die gestützt auf Bundesrecht ergangen sind. Demgegenüber basieren planungsrechtliche Festlegungen und baurechtliche Entscheide auf selbständigem kantonalen Recht. Bei Geltung der allgemeinen Rechtsmittelordnung wäre demnach stets die Qualifikation einer anfechtbaren Verfügung vorwegzunehmen. Diesem Verfahrenserschwernis ist der Bundesgesetzgeber wegen der engen Verflechtung von kantonalem und eidgenössischem Recht mit der Regelung von Art. 34 RPG aus dem Weg gegangen, indem er für die besagten Fälle die Zulässigkeit der Verwaltungsgerichtsbeschwerde positivrechtlich vorgesehen hat[365].

Zusätzlich fördert der Vollzug der verschiedenen Spezialgesetzgebungen ein komplexes Rechtsmittelsystem. So besteht auf der Ebene der Rechtsmittelverfahren regelmässig für mehrere von verschiedenen - entweder innerhalb der gleichen Verwaltung oder von Behörden verschiedener Gemeinwesen getroffenen - Bewilligungen Bedarf nach Vereinheitlichung. Die Problematik der organisations- und verfahrensrechtlichen Aspekte der Koordination werden auf dieser Ebene gerade durch die erstinstanzliche Zuständigkeitszersplitterung und die folglich differenzierten Rechtsmittelwege verursacht. Eine radikale Rechtsmittelvereinheitlichung in dem Sinne, dass die Verwaltungsgerichtsbeschwerde schlechthin bei Verletzungen von Bundesrecht durch kantonale Behörden vorgesehen würden und die staatsrechtliche Beschwerde allein für Verfassungsverletzungen vorbehalten bliebe, ist zwar noch eine Utopie. Immerhin ebnet die bundesgerichtliche Praxis den Weg für eine Rechtsmittelvereinheitlichung[366].

Ohne Änderung der bundesgesetzlichen Rechtsmittelordnung ist eine Rechtsmittelvereinheitlichung undenkbar[367]. Die einschlägige Ordnung sieht nun einmal gegen die verschiedenen Spezialbewilligungen und Konzessionen, die für die Realisierung eines komplexen Bauvorhabens erforderlich sind, verschiedene Rechtsmittel vor, welche entsprechend konsequente Handhabung erfordern. Denkbar wäre allerdings eine noch verstärkte Ausweitung der bisherigen Praxis des Bundesgerichtes, wonach bei planerischen Streitigkeiten, die gestützt auf bundesrechtliches Umweltschutzrecht i.w.S. ergehen und nachfolgende Bewilligungsverfahren präjudizieren, die Verwaltungsgerichtsbeschwerde ans Bundesgericht zu erheben ist[368], auf sämtliche spezialrechtlichen Tatbestände des Umweltschutzrechts i.w.S. So versteht sich denn

---

[365] Vgl. auch *Haller/Karlen*, N. 999; *Brunschwiler*, S. 268 f. (insbesondere Fussnote 8); *Moor*, Les voies de droit fédérales dans l'aménagement du territoire, S. 166 f.
[366] *Moor*, Les voies de droit fédérales dans l'aménagement du territoire, S. 185 ff.; vgl. auch BBl 1994 III 1089 und 1093
[367] *Kölz/Keller*, URP 4/1990, 418; siehe auch den Hinweis auf den Bericht der Expertenkommission für die Revision des Raumplanungsgesetzes vom 16. Januar 1989, wonach mit dem Änderungsvorschlag von Art. 34 Abs. 1 RPG Nutzungspläne mit Verwaltungsgerichtsbeschwerde ans Bundesgericht rügbar sein sollen.
[368] Demnach sind - wie bereits dargelegt - lediglich noch die rein planerischen Streitverfahren mit staatsrechtlicher Beschwerde beim Bundesgericht anfechtbar.

auch der Vorschlag von Saladin, wonach diese bundesgerichtliche Praxis beispielsweise auch auf kantonale Wassernutzungskonzessionen zu übertragen sei[369]: Hinsichtlich solcher verfügungsähnlicher Anordnungen ist die Verwaltungsgerichtsbeschwerde ans Bundesgericht zu ergreifen. Der Ausnahmetatbestand von Art. 99 lit. d OG käme bei diesem Beschwerdegegenstand nicht zum Zug. Für rein wasserrechtliche Streitigkeiten steht hingegen die Verwaltungsbeschwerde an den Bundesrat offen, da der Ausnahmetatbestand von Art. 99 lit. c OG gegeben ist. Hier entstünde demnach eine Gabelung des Rechtsweges[370].

7.3.4. Ausblick auf eine Vereinheitlichung der Rechtsmittelordnung auf Bundesebene

In koordinationsrechtlicher Hinsicht ist eine Rechtsvereinheitlichung zweifellos von grösstem Interesse[371]. Eine weitgehende Rechtsmittelvereinheitlichung schlägt nunmehr Art. 33 Abs. 4 RPG-E[372] vor. Nach Ablehnung der OG-Revision mit Volksabstimmung vom 1. April 1990[373] ist die Notwendigkeit einer allgemeinen Umgestaltung der verwaltungsrechtlichen Verfahrensordnung auf Bundesebene noch dringender geworden.

a) **Forderung nach einem einheitlichen Bundesrechtsmittel**

Das damalige gesetzgeberische Streben nach einer einfachen Handhabung des Rechtsmittelweges in planungs- und baurechtlichen Streitigkeiten erweist sich im Zusammenhang mit den verschiedenen erforderlichen Bewilligungen eines komplexen Vorhabens als höchst erschwerend. In vielen Fällen ergibt sich eine Gabelung des Rechtsweges. Diese verstärkt sich zusätzlich mit der Tendenz der bundesgerichtlichen Praxis, dem offensichtlichen Bedürfnis nach einer verwaltungsgerichtlichen Überprüfung mit der differenzierten Auslegung des Anfechtungsgegenstandes nachzukommen. Die koordinationsrechtliche Forderung nach einer Rechtsmittelvereinheitlichung wird diese Entwicklung der Rechtsprechung weiter fördern. Damit wird die Abgrenzung zwischen den verschiedenen Rechtsmitteln des Bundes immer diffuser und aufwendiger - ja, es stellt sich generell die Frage nach deren zeitgemässer Motivation. Komplexe raumbezogene und umweltrelevante Projekte sollten umfassend auf ihre Rechtmässigkeit überprüft werden kön-

---

[369] URP 5/1991, 290 f. (auf Anregung von Bundesrichter Kuttler hin)
[370] *Saladin*, URP 5/1991, 291 f.
[371] *Schweizer*, ZBl 91/1990, 200 ff.; *Marti*, VLP-Schriftenfolge Nr. 61, S. 71 ff.
[372] Vgl. BBl 1994 III 1089 und 1093
Aufmerksamkeit erregte auch die Neufassung von Art. 34 Abs. 1 RPG-E gemäss dem Bericht der Expertenkommission für die Revision des Raumplanungsgesetzes vom 16. Januar 1989 (S. 37), wonach Nutzungspläne künftig mit Verwaltungsgerichtsbeschwerde anzufechten sind. Im erläuternden Bericht des Bundesamtes für Raumplanung betreffend Vereinfachungen, Beschleunigung und Koordination der Bewilligungsverfahren - Revision des Raumplanungsgesetzes (undatierte Vernehmlassungsunterlage) fehlt dieser Vorschlag bereits.
[373] Vgl. die Übersicht bei *Schweizer*, ZBl 91/1990, 203 f.

nen. Ein einheitliches Bundesrechtsmittel im Bereich des Planungs-, Bau- und Umweltschutzrechts sollte die Überprüfung solcher Vorhaben mit dem massgeblichen kommunalen, kantonalen und eidgenössischen Recht ermöglichen[374]. In koordinationsrechtlicher Hinsicht ist im Rahmen der neuesten Revisionsarbeiten im Zusammenhang mit der Bundesrechtspflege die Schaffung einer Einheitsbeschwerde von besonderem Interesse. Diese zielt darauf ab, dass Verfügungen und Entscheide im Bereich des Verwaltungsrechts gestützt auf einheitliche Legitimationsgrundsätze angefochten werden können. Damit wäre der Rechtsweg für öffentlichrechtliche Streitigkeiten ans Bundesgericht nicht mehr vom Ineinandergreifen von eidgenössischem und kantonalem Recht abhängig und das Bundesgericht wäre von der heiklen Abgrenzung zwischen Rechtsmitteln des Bundes und des Kantons befreit. Die Rechtssicherheit könnte folglich entscheidend erhöht werden[375].

Die Verwaltungsgerichtsbeschwerde ans Bundesgericht und die Verwaltungsbeschwerde an den Bundesrat sind überdies konsequent voneinander abzugrenzen. Ansatzpunkt hiefür bilden die Ausnahmekataloge gemäss Art. 99 bis 101 OG. Während der Bundesrat mit seiner Neuvorlage zu einer Revision des Organisationsgesetzes diesen Katalog ausweitet[376], fordert die Lehre dessen Straffung und Vereinheitlichung[377].

Immerhin ist mit Art. 98a OG bereits ein erster kleiner Schritt im Hinblick auf eine Rechtsmittelvereinheitlichung unternommen worden. Dieser Vorschrift zufolge ist als Gegenstand der Verwaltungsgerichtsbeschwerde ans Bundesgericht nur mehr noch ein letztinstanzlicher kantonaler Entscheid einer richterlichen Behörde zulässig. Bis zum 15. Februar 1997 haben die Kantone Zeit, die erforderlichen Ausführungsbestimmungen über Zuständigkeit, Organisation und Verfahren zu statuieren (Art. 98a i.V.m. Ziff. 1 Abs. 1 SchlB OG). Gerade die Bestellung einer richterlichen Behörde als letzte kantonale Instanz ermöglicht - neben den Verfahrensgarantien i.S.v. Art. 6 Ziff. 1 EMRK[378] - die Beachtung der bundesgerichtlichen Koordinationsanforderungen (BGE 116 Ib 57 E. 4.b). Sie schliesst in diesem Verfahrensstadium doppelte rechtsmittelinstanzliche Zuständigkeitsregelungen für parallele Verfahren aus. Die bundesrechtliche Anordnung zur Einrichtung letztinstanzlicher kantonaler richterlicher Behörden gilt jedoch nur, sofern öffentliches Bundesrecht zur Anwendung gelangt und als Bundesrechtsmittel die Verwaltungsgerichtsbeschwerde ansteht. So wünschenswert die rechtsvereinheitlichende Entwicklung der kantonalen Verwaltungsrechtsprechung auch gewesen wäre, stand es

---

374 *Kölz/Keller*, URP 4/1990, 419; *Schweizer*, ZBl 91/1990, 204; a.M. allerdings *Saladin*, URP 5/1991, 299
375 *Kälin/Müller*, ZBl 94/1993, 462; *Aemisegger*, VLP-Schriftenfolge Nr. 61, S. 86; siehe auch *Schweizer*, ZBl 91/1990, 198 f., 201 f., 206 f. und 219 mit mehr allgemeinen Hinweisen
376 BBl 1991 II 569: Gemäss Art. 100 lit. t OG-E soll die Zulässigkeit der Verwaltungsgerichtsbeschwerde für Streitigkeiten über Deponiestandorte ausgenommen werden.
377 *Kölz/Keller*, URP 4/1990, 419; *Saladin*, URP 5/1991, 291 f.
Die für die Totalrevision des Bundesrechtspflegegesetzes eingesetzte Expertenkommission arbeitet u.a. an der Vereinheitlichung der Bundesrechtsmittel (ZBl 94/1993, 480).
378 Vgl. gleich nachfolgend b)

dem Bundesgesetzgeber mangels Verfassungsgrundlage nicht zu, den Rechtsschutz des Bürgers im Hinblick auf die staatsrechtliche Beschwerde ans Bundesgericht zu verbessern[379].

b) Anforderungen durch die EMRK

Die Anforderungen an ein einheitliches Bundesrechtsmittel werden überdies von Art. 6 Ziff. 1 EMRK mitbestimmt. Ob "civil rights and obligations" bzw. "droits et obligations de caractère civil" i.S.v. Art. 6 Ziff. 1 EMRK vorliegen und verwaltungsrechtliche Streitigkeiten damit dem Geltungsbereich der Konvention unterstehen, ist gemäss dem Strassburger Gerichtshof gestützt auf eine Interessenabwägung zu entscheiden. Die Konventionsanforderungen für das fragliche verwaltungsrechtliche Rechtsmittelverfahren greifen immer dann, wenn sich aus solchen Verwaltungsstreitigkeiten direkte Auswirkungen auf Ansprüche zivilrechtlicher Natur ergeben[380]. Die Verfahrensgarantien von Art. 6 Ziff. 1 EMRK sichern den Parteien im Rahmen des "fair trial" Zugang zu einem gesetzlich vorgesehenen, verwaltungsunabhängigen, richtig zusammengesetzten und kontradiktorisch entscheidenden Gericht. Es ist das rechtliche Gehör zu wahren. Grundsätzlich werden die öffentliche Beratung und Urteilsverkündung erwartet, und ausserdem wird die Entscheidung innert angemessener Frist verlangt[381].

Wiederholt hat das Bundesgericht festgehalten, dass im Rahmen der staatsrechtlichen Beschwerde die Anforderungen von Art. 6 Ziff. 1 EMRK nur beschränkt gewahrt werden können; insbesondere fehlt dem Bundesgericht im verfassungsgerichtlichen Verfahren die umfassende Kognition für Tat- und Rechtsfragen[382]. Im verwaltungsgerichtlichen Beschwerdeverfahren kann der Rechtsschutz von Art. 6 Ziff. 1 EMRK, sofern der Regierungsrat als letztinstanzliche kantonale Behörde entscheidet, als erfüllt betrachtet werden. Ist jedoch das kantonale Verwaltungsgericht die letztinstanzlich entscheidende Behörde, so ist das Bundesgericht an dessen Sachverhaltsfeststellungen gebunden. Die Konventionsanforderungen sind dann im Rahmen des Rechtsmittels vor dem kantonalen Verwaltungsgericht zu erfüllen[383].

Das Beschwerdeverfahren vor dem Bundesrat gemäss Art. 72 lit. a bis c VwVG ist deshalb nicht EMRK-konform, weil die vorinstanzlich tätigen Verwaltungsbehörden keine unparteiischen und unabhängigen Gerichte im Sinne der Konvention sind. Bei der Überprüfung von

---

[379] BBl 1991 II 473 und 478; *Rouiller*, SJZ 90/1994, 28 f.
[380] *Haefliger*, EMRK und Schweiz, S. 113 und S. 370 ff. zur Rechtsunsicherheit im Zusammenhang mit der Auslegung des Begriffs der Zivilsache; *Villiger*, N. 380; *Schweizer*, ZBl 91/1990, 208 ff.
[381] *Schweizer*, ZBl 91/1990, 208 ff.; *Wildhaber*, S. 475 f.; *Schmuckli*, S. 125 ff., 128 ff., 140 ff., 145 ff., 150, 160 ff.; *Thürer*, ZBl 87/1986, 241 ff. (insbesondere 252 ff.); *Keiser*, ZBl 95/1994, 1 ff.; wertvolle Hinweise auch bei *Brunschwiler/Kuttler*, S. 126 ff. und 130 ff. und eine Übersicht der Praxis zu Art. 6 EMRK bei *Poledna*, S. 53 ff. und betreffend zivilrechtliche Ansprüche und Verpflichtungen, S. 66 ff.
[382] BGE 114 Ib 127 E. 4.ch; 114 Ia 19 E. 2.c; 112 Ib 294 E. 8.a; 111 Ib 231 E. 2.e
[383] *Schmuckli*, S. 152

kantonal letztinstanzlichen Verfügungen ist wiederum zu unterscheiden, ob der Regierungsrat oder das Verwaltungsgericht entschieden hat[384].

In der Folge stellt sich die Frage, welche Verfahren für Bauten und Anlagen die Verfahrensgarantien der Europäischen Menschenrechtskonvention zu erfüllen haben:
- Das Bundesgericht lässt im Zusammenhang mit Baubewilligungen zu, dass eine Streitigkeit über das umstrittene Recht, ein Vorhaben innerhalb einer Bauzone zu verwirklichen, Art. 6 Ziff. 1 EMRK nicht untersteht. Die bundesgerichtliche Praxis folgt demnach der Auffassung der Europäischen Kommission für Menschenrechte, wonach die baupolizeiliche Gesetzgebung, die vom Staat im öffentlichen Interesse erlassen worden ist, nicht Rechtsbeziehungen zwischen den Eigentümern und dem Staat erzeuge, die als zivilrechtliche Ansprüche und Verpflichtungen i.S.v. Art. 6 Ziff. 1 EMRK qualifiziert werden können[385]. Diese Auffassung geht davon aus, dass eine baurechtliche Feststellungsverfügung allein die Rechtsfrage betrifft, ob dem Projekt auf dem fraglichen Bauland ein rechtliches Hindernis entgegensteht oder nicht. Demgegenüber regelt das Nutzungsregime einer Bauzone grundsätzlich die Möglichkeit, ob überhaupt und wenn ja, unter welchen Voraussetzungen ein Vorhaben in der fraglichen Zone gebaut werden kann. Nur ein Rechtsstreit betreffend die Ausübungsmodalitäten oder den Umfang der Baufreiheit betrifft also direkt die eigentumsrechtliche Rechtsstellung des Betroffenen[386].
- Bei den Nutzungsplänen sind die Verfahrensgarantien von Art. 6 Ziff. 1 EMRK dann zu erfüllen, wenn die fraglichen planerischen Anordnungen konkrete und direkte Auswirkungen auf den Inhalt des Eigentumsrechts zeitigen[387]. Das Bundesgericht hat im Zusammenhang mit Auszonungen bisher nie endgültig entschieden, ob die Festsetzung oder Änderung eines Nutzungsplanes eine Streitigkeit begründet, die den Verfahrensgarantien i.S.v. Art. 6 Ziff. 1 EMRK untersteht. Diese Frage musste nur in jenen Fällen bejaht werden, bei denen die Behörden den Plan gestützt auf eine Enteignung festsetzten[388]. In den anderen Fällen liess das Bundesgericht die Frage unentschieden, zumal die Kontrolle, die es hinsichtlich der erhobenen Beschwerden selbst ausübte, den Anforderungen von Art. 6 Ziff. 1 EMRK genügte. Das Recht zu bauen ergibt sich aus Art. 15 RPG und den ausführenden Regeln des kantonalen Rechts; der Nutzungsplan konkretisiert diese Rechtsordnung. Fehlt ein bundesrechtskonformer Nutzungsplan, so besteht das Recht zu bauen provisorisch gestützt auf Art. 36 Abs. 3 RPG. Einmal begründet, kann es nur unter den Voraussetzungen von Art. 22ter BV beschränkt oder aufge-

---

384 *Schmuckli*, S. 126
385 Vgl. *Haefliger*, EMRK und Schweiz, S. 116 f. und *Haefliger*, FS Arnold Koller, S. 641
386 *Rouiller*, SJZ 90/1994, 23 f.
 Vgl. in diesem Sinne auch den Entscheid des Zürcher Verwaltungsgerichtes VB 93/0136, wonach sich ein rekurrierender Nachbar im Falle der ein Quartierplanverfahren präjudizierenden Baubewilligung nicht auf die Verfahrensgarantien von Art. 6 Ziff. 1 EMRK berufen kann, zumal die negative Präjudizierung nicht in die nachbarlichen Grundrechte eingreife.
387 *Haefliger*, EMRK und Schweiz, S. 114 (ff.); *Villiger*, N. 381 zur Praxis des Strassburger Gerichtshofes; offener das Zürcher Verwaltungsgericht mit VB 93/0161 = ZBl 95/1994, 562 ff., 566 (insbesondere E. 3.c)
388 Vgl. z.B. BGE 114 Ia 114

hoben werden. Eine solche Aufhebung ist jedoch ein direkter Eingriff in die sachenrechtliche Stellung des Grundstückeigentümers. Die Verfahrensgarantien von Art. 6 Ziff. 1 EMRK greifen folglich gegenüber all jenen Massnahmen, die ein auf Art. 15 bzw. Art. 36 Abs. 3 RPG gestütztes Recht zu Bauen aufheben[389]. Bei der Nichteinzonung eines Grundstückes gehen die Konventionsorgane davon aus, dass kein Entscheid von zivilrechtlichen Ansprüchen und Verpflichtungen vorliegt, wenn ein Gesuch auf Abänderung eines kommunalen Planes im Zusammenhang mit einer nicht anerkannten Bewerbung abgewiesen wird. Rouiller[390] beurteilt diese Praxis als zu streng. Er beurteilt diese öffentlichrechtliche Rechtslage als mit derjenigen von Zivilverfahren vergleichbar, bei denen der Verfahrensausgang direkt für die Existenz des beanspruchten Rechts bestimmend ist. Seines Erachtens handelt es sich dann um eine Streitigkeit über zivilrechtliche Ansprüche und Verpflichtungen i.S.v. Art. 6 Ziff. 1 EMRK, sobald die Ansprüche, die sich einer Verweigerung zur Einzonung entgegensetzen im Sinne der Praxis der Konventionsorgane "tatsächlich" und "ernsthaft" sind - kurz, wenn ein schutzwürdiges Interesse besteht[391].

- Das Recht auf Zugang zu einem unabhängigen und unparteiischen Gericht stellt sich aber auch im Zusammenhang mit enteignungsrechtlichen Tatbeständen[392] wie etwa bei den Bau- und Niveaulinienplänen (§ 110 PBG) und beim Werkplan (§ 116 PBG). In diesen Fällen enthalten die planungsrechtlichen Festsetzungen die Erteilung des Enteignungsrechts. Folglich findet das Administrativverfahren gemäss Abtretungsgesetz keine Anwendung. Als letztes kantonales Rechtsmittel ist sowohl im Fall der Bau- und Niveaulinien (§ 332 lit. a PBG) als auch beim Werkplan (§ 329 Abs. 3 PBG) der Rekurs an den Regierungsrat vorgesehen. Die Frage der Zulässigkeit der Enteignung muss jedoch nach den Anforderungen von Art. 6 Ziff. 1 EMRK von einem Gericht mit umfassender Sachverhalts- und Rechtskontrolle geprüft werden. Da in den vorliegenden Fällen einzig das Bundesrechtsmittel der staatsrechtlichen Beschwerde zulässig ist, welche die Konventionsanforderungen nur bedingt gewährleisten kann[393], sind diese von der letzten kantonalen Rechtsmittelinstanz zu erfüllen. Im Rahmen der Revision des Verwaltungsrechtspflegegesetzes wäre demnach die verwaltungsgerichtliche Kontrolle für sämtliche Planfestsetzungen vorzusehen, die wie Bau- und Niveaulinien sowie Werkpläne ein Enteignungsrecht begründen[394].

---

[389] *Rouiller*, SJZ 90/1994, 24 f.
[390] SJZ 90/1994, 25
[391] Vgl. zum schutzwürdigen Interesse *Schmuckli*, S. 36; VB 93/0161 = ZBl 95/1994, 562 ff., 566 (E. 3.c)
[392] *Haefliger*, EMRK und Schweiz, S. 114 f.; *Villiger*, N. 381 (insbesondere auch Fussnote 33): Der Autor beurteilt die Verfahrensgarantien von Art. 6 EMRK sowohl für den Bestand und Umfang der Entschädigung bei formeller Enteignung als auch bei materieller Expropriation als anwendbar.
[393] *Schmuckli*, S. 152
[394] *Haller/Karlen*, N. 475, 1105 und 1108; *Spühler*, ZBl 94/1993, 117 f.; BGE 120 Ia 19 ff., 28 f. (E. 4.a)

c) **Behördenbeschwerde**

Ein weiteres auch in koordinationsrechtlicher Hinsicht relevantes Institut des Rechtsmittelverfahrens ist die Behördenbeschwerde. Sie dient behördlicherseits der Sicherstellung der öffentlichen Interessen sowie der gesetzeskonformen Rechtsanwendung. Damit erfüllt sie neben der Zielsetzung des Rechtsschutzes auf sehr effiziente Weise eine aufsichtsrechtliche Aufgabe; im Einzelfall hat das beschwerdebefugte Gemeinwesen ein Mittel zur richtigen und einheitlichen Durchsetzung des Rechts zur Hand, ohne auf die allgemeinen, eher schwerfälligeren aufsichtsrechtlichen Mittel greifen zu müssen[395]. Die Behördenbeschwerde ist im Bundesrecht in Art. 103 lit. b und c OG und in Art. 48 lit. b VwVG vorgesehen. Während Art. 108 lit. b OG die Legitimation von Bundesbehörden generell vorsieht, ist sie gemäss Art. 48 lit. b VwVG und Art. 103 lit. c OG insofern eingeschränkt, als die Bundesbehörden einer spezialgesetzlichen Ermächtigung bedürfen. Sieht das Bundesrecht eine solche Beschwerdebefugnis vor, so braucht grundsätzlich kein schutzwürdiges Interesse nachgewiesen zu werden[396]. Obwohl das Beschwerderecht demnach grundsätzlich abstrakt besteht, ist es insofern eingeschränkt, als nur ein aktuelles öffentliches Interesse, das im konkreten Fall gefährdet ist, durchgesetzt werden soll[397]. Auch in bezug auf das Beschwerdeobjekt bestehen Einschränkungen. So können die Bundesbehörden i.S.v. Art. 103 lit. b OG nur gegen Verfügungen bestimmter Vorinstanzen Beschwerde erheben. Anfechtbar sind Verfügungen eidgenössischer Rekurs- und Schiedskommissionen, letzter kantonaler Instanzen sowie ausserhalb der Bundesverwaltung stehender Instanzen und Organisationen i.S.v. Art. 98 lit. h OG. Spezialgesetzlich ist vereinzelt die integrale Behördenbeschwerde vorgesehen[398]. Gemäss Art. 56 Abs. 1 und Art. 46 Abs. 2 WaG können die rechtsmittellegitimierten Bundesbehörden gegen erstinstanzliche Verfügungen und gegen Entscheide unterer kantonaler Instanzen Beschwerde erheben. Schliesslich ist die Behördenbeschwerde nach dem massgeblichen Art. 103 lit. b OG auch im Hinblick auf die Rechtsmittelmöglichkeiten eingeschränkt. Zulässig ist einzig die Verwaltungsgerichtsbeschwerde ans Bundesgericht[399].

In der Tat hat die Behördenbeschwerde sowohl hinsichtlich ihres Einsatzbereiches als auch im Zusammenhang mit der beschwerdeberechtigten Behörde verschiedene Ausgestaltungen erfahren[400]. Während im Raumplanungsrecht (Art. 34 Abs. 2 i.V.m. Abs. 1 RPG) die Be-

---

[395] *Aemisegger*, Zu den bundesrechtlichen Rechtsmitteln im Raumplanungs- und Umweltschutzrecht, S. 127 ff.; *Häfelin/Müller*, N. 1526; *Kölz*, ZBl 86/1985, 56 f.; *Saladin*, Verwaltungsverfahrensrecht des Bundes, S. 178 ff., 182; *Tanquerel/Zimmermann*, S. 134 f.; *Trüeb*, S. 189 ff.
[396] BGE 113 Ib 221
[397] BGE 109 Ib 341 ff.
[398] *Kölz*, ZBl 86/1985, 56
[399] Vgl. zu diesen Ausführungen *Kölz/Häner*, N. 252 ff. und 405 ff.; siehe bereits *Kölz*, ZBl 76/1975, 369 ff. sowie *Kölz*, ZBl 86/1985, 56
[400] *Kölz/Keller*, URP 4/1990, 420, auch zum Folgenden

hördenbeschwerde lediglich im verwaltungsgerichtlichen Verfahren erhoben werden kann[401], sehen sowohl das Waldgesetz in Art. 46 Abs. 2 und das Umweltschutzgesetz in Art. 56 Abs. 1 als auch Art. 12b Abs. 2 des Entwurfs für die Änderung des Natur- und Heimatschutzgesetzes[402] für das zuständige Bundesamt gegen Verfügungen der kantonalen Behörden ein umfassendes Behördenbeschwerderecht für die Rechtsmittel des eidgenössischen und des kantonalen Rechts vor.

Die sich mit spezialgesetzlichen Einzelregelungen eingeschlichene Uneinheitlichkeit der Rechtslage in bezug auf die Behördenbeschwerde stösst auf gerechtfertigten Widerstand. Offensichtlich steht eine rechtsvereinheitlichende Neuformulierung der Voraussetzungen der Behördenbeschwerde an. Im Hinblick auf die richtige und einheitliche Rechtsanwendung verlangen Kölz/Häner[403] die Aufnahme der integralen Behördenbeschwerde ins Organisationsgesetz, da Art. 103 lit. b OG der in vielen Bereichen den Kantonen übertragenen Vollzugszuständigkeit zu wenig Rechnung trage. Kölz/Keller[404] beurteilen die heutige allgemeine Regelung der Behördenbeschwerde insofern als zweckverfehlt, zumal ein von einem kantonalen Entscheid zu Unrecht Begünstigter den Rechtsweg kaum weiter beschreiten werde. Damit stellt sich die Frage, ob die Behördenbeschwerde als koordinationsrechtlich motiviertes Aufsichtsmittel nicht generell bereits im kantonalen Rechtsmittelverfahren zugelassen werden soll, wie dies bereits im Umweltschutzgesetz, im Waldgesetz und nun auch im Revisionsentwurf des Natur- und Heimatschutzgesetzes vorgesehen ist. Gerade aus koordinationsrechtlicher Sicht sind verfahrenskorrigierende Eingriffe möglichst frühzeitig wahrzunehmen.

d) Ideelle Verbandsbeschwerde

Im vorliegenden Zusammenhang interessiert das Verbandsbeschwerderecht gestützt auf das Natur- und Heimatschutzgesetz und das Umweltschutzgesetz[405]. Mit der ideellen Beschwerdebefugnis soll der Rechtsweg für die Heilung von Vollzugsfehlern bzw. Vollzugsdefiziten im fraglichen Aufgabenbereich ermöglicht werden[406]. Gemäss Art. 12 Abs. 1 NHG sind gesamtschweizerische Organisationen beschwerdelegitimiert, die sich statutengemäss dem Natur- und Heimatschutz oder verwandten ideellen Zielen widmen. Mit der Beschwerde können Verfügungen und Erlasse kantonaler Behörden oder Verfügungen von Bundesbehörden angefochten

---

[401] *Aemisegger*, VLP-Schriftenfolge Nr. 25, S. 123 f.
[402] BBl 1991 III 1141 und auch BBl 1993 II 1555; siehe im Bereich des Raumplanungsrechts Art. 27 RPV
[403] N. 407; ebenso auch *Kölz/Keller*, URP 4/1990, 420
[404] URP 4/1990, 420
[405] Im Hinblick auf eine differenzierte Darstellung der rechtlichen Unterschiede ist auf *Tanquerel/Zimmermann* (S. 138 ff.) zu verweisen.
[406] *Riva*, S. 15 f. und 61 ff., auch zum Folgenden; *Trüeb*, S. 178 ff.; vgl. *Kölz* (ZBl 86/1985, 59 ff.), der die pointierte Vertretung des öffentliches Interesses in den Vordergrund stellt. Die privaten Natur- und Umweltschutzverbände seien nicht wie die Verwaltungsbehörden gezwungen, sich in eine "staatspolitische Ambiance" zu zwingen und deren "Zwang zur Mitte" zu folgen. Siehe auch die Ausführungen zu den Kriterien für die Zulassung der ideellen Verbandsbeschwerde, S. 61 f.; *Helene Keller*, S. 213 ff.

werden, sofern letztinstanzlich der Bundesrat oder das Bundesgericht zu entscheiden haben. Das Anfechtungsobjekt muss jedenfalls in Anwendung von Bundesrecht ergangen sein. Eine weitere ideelle Verbandsbeschwerde sieht Art. 55 Abs. 1 USG vor. Gesamtschweizerisch tätige Umweltschutzorganisationen, die mindestens zehn Jahre vor der Beschwerdeerhebung bestanden haben, können gegen Verfügungen von kantonalen und eidgenössischen Behörden betreffend die Planung, Errichtung oder Änderung von ortsfesten Anlagen, für die eine Umweltverträglichkeitsprüfung erforderlich ist, Beschwerde einreichen[407]. Der Bundesrat bezeichnet die beschwerdelegitimierten Organisationen (Art. 55 Abs. 2 USG i.V.m. VBUO). Gemäss Abs. 3 dieser Vorschrift sind die besagten Umweltschutzorganisationen auch zur Ergreifung der kantonalen Rechtsmittel legitimiert[408]. Auch das zürcherische Planungs- und Baugesetz sieht die ideelle Verbandsbeschwerde vor[409].

In seiner jüngsten Rechtsprechung verlangt das Bundesgericht, dass nach Art. 12 Abs. 1 NHG und Art. 55 Abs. 1 USG legitimierte Organisationen sich bereits im kantonalen Verfahren beteiligen müssen[410]. Demnach zieht der Verzicht auf dasjenige Rechtsmittel, das zum letztinstanzlichen kantonalen Entscheid führt, zwangsläufig den Ausschluss der betreffenden Vereinigung von der bundesrechtlichen Beschwerdemöglichkeit mit sich. Wie bereits erwähnt[411], greift der Bundesrat in den Revisionsvorlagen des Natur- und Heimatschutzgesetzes und des Umweltschutzgesetzes diese Praxis auf und verschärft diese sogar[412]. Während ein Teil der Lehre den Standpunkt vertritt, ein sachlicher Grund für die Privilegierung der ideellen Organisationen sei in legitimationsrechtlicher Hinsicht nicht ersichtlich, weshalb sich diese schon im erstinstanzlichen Verfahren aktiv zu beteiligen hätten[413], lehnen andere Autoren die vom Bundesrat vorgeschlagene Lösung ab[414].

---

[407] *Wolf* (URP 6/1992, 143 ff.) fragt im Zusammenhang mit der einstufigen Umweltverträglichkeitsprüfung, die entweder im Rahmen der Nutzungsplanung oder erst im Bewilligungsverfahren durchgeführt wird, ob den Umweltschutzorganisationen das Beschwerderecht generell gegen sämtliche eine UVP-pflichtige Anlage betreffenden Verfügungen zusteht oder ob die Legitimation nur gegen Verfügungen gegeben ist, die unmittelbar im Zusammenhang mit der Umweltverträglichkeitsprüfung ergehen. Während die Lehre auf die letztere eingeschränkte Befugnis tendiert (*Matter*, Kommentar USG, Art. 55 N. 11; *Loretan*, S. 167; *Jungo*, S. 212), hängt für *Wolf* (URP 6/1992, 144) das Beschwerderecht der Umweltschutzorganisationen nur davon ab, ob die Verfügung die Planung, Errichtung oder Änderung einer ortsfesten UVP-pflichtigen Anlage betrifft.
[408] *Aemisegger*, Zu den bundesrechtlichen Rechtsmitteln im Raumplanungs- und Umweltschutzrecht, S. 124 ff.; *Meyer*, Das Beschwerderecht von Vereinigungen, S. 167; *Riva*, S. 65 ff.
[409] Vgl. nachfolgend 7.4.2.d)
[410] BGE 116 Ib 119 ff; 116 Ib 418 ff. = ZBl 92/1991, 372 ff; 116 Ib 465 ff.
[411] Vgl. 2.6.1.
[412] Vgl. BBl 1991 III 1154 ff.
[413] *Gadola*, ZBl 93/1992, 107 ff., insbesondere 116 f. und 119; *Marti*, Informationsblatt RPG-NO 1 und 2/ 1989, S. 74 f.
[414] *Ballenegger*, URP 6/1992, 217 f.; *Kölz/Häner*, N. 255; *Tanquerel/Zimmermann*, S. 144 f.; *Wullschleger*, ZBl 94/1993, 374 f.

In diesem Zusammenhang ist daran zu erinnern, dass das Institut der ideellen Verbandsbeschwerde es ermöglicht, dem öffentlichen Interesse verstärkt Nachachtung zu verschaffen[415]. Mit dem Verbandsbeschwerderecht wird jedoch der Kreis der Beschwerdeberechtigten nicht erweitert, vielmehr handelt es sich um eine verfahrensrechtliche Vereinfachung für diejenigen Einzelpersonen, die sich verbandsmässig organisiert haben[416]. Konsequenterweise ergibt sich aus dieser Rechtfertigung zugunsten der Beschwerdebefugnis ideeller Organisationen keine Besserstellung gegenüber Einzelpersonen. Die Verfahrensökonomie, der Grundsatz der Verfahrenseinheit sowie das Koordinationsgebot gebieten auch den ideellen Vereinigungen, die von ihnen verfolgten öffentlichen Interessen so früh als möglich - also bereits im erstinstanzlichen Verfahren - geltend zu machen. Wird dagegen angeführt, die Sicherstellung der Inkenntnissetzung der potentiell betroffenen Vereinigungen sei fraglich, deren Projektkenntnisse in derart frühem Stadium erst vage und in der Folge die Teilnahmepflicht mit umso höherem Kostenrisiko verbunden[417], so verkennt diese Argumentation, dass genau diese Schwierigkeiten von einer privaten Einzelperson ohne weitere Rücksichtnahme zu tragen verlangt werden. Diese Argumentation hält auch deshalb nicht stand, weil die rechtsanwendenden Behörden von Amtes wegen zur Wahrung öffentlicher Interessen verpflichtet sind[418]. In der Tat sind es im Rechtsalltag vor allem wirtschaftliche und politische Kriterien, wie vom Beschwerderecht Gebrauch gemacht wird[419].

---

415 *Kölz/Häner*, N. 255; *Riva*, S. 17 ff.
416 *Tanquerel/Zimmermann*, S. 132; vgl. auch *Riva*, S. 35 f.
417 *Kölz/Häner*, N. 255
418 Sofern verwaltungsorganisatorisch besondere Fachstellen bestehen, ist genügend Gewähr für eine umsichtige und rechtsgenügende Aufgabenerfüllung gegeben; *Riva*, S. 19 f.
419 Vgl. *Tanquerel/Zimmermann*, S. 148 f., zur - ihrer Auffassung nach unbedeutenden - Missbrauchsgefahr der ideellen Verbandsbeschwerde.
Zur immer wieder neu entfachenden Grundsatzdiskussion betreffend den Umfang der Verbandsbeschwerde: *Riva*, S. 171 ff. mit einer Übersicht der Haupteinwendungen; NZZ vom 9. August 1993, Nr. 182, S. 19 sowie diesbezügliche Replik in NZZ vom 19. August 1993, Nr. 191, S. 44; NZZ vom 14. August 1993, Nr. 160, S. 15; NZZ vom 30. August 1993, Nr. 200, S. 15; NZZ vom 24. September 1993, Nr. 222, S. 23; NZZ vom 5. Oktober 1993, Nr. 231, S. 55; NZZ vom 11. März 1994, Nr. 59, S. 21

7.4. Zur Rechtsmittelkoordination im Kanton Zürich

7.4.1. Allgemeines

Im Zusammenhang mit den einzelnen Anfechtungsgegenständen zeigt das zürcherische Recht sehr differenzierte Rechtsmittelwege[420]. Der Rechtsschutz im Bereich des Planungs- und Baurechts lässt sich mit zwei typischen Instanzenzügen beschreiben:
- Kommunale Nutzungspläne werden von der Gemeindelegislative festgesetzt. Gegen sie ist der Rekurs an die Baurekurskommissionen des Kantons Zürich zulässig (§ 329 Abs. 1 lit. a PBG). Die Entscheide der Baurekurskommissionen können wiederum mit Rekurs beim Regierungsrat gerügt werden (§ 329 Abs. 3 PBG).
- Baurechtliche Bewilligungen der kommunalen Baubehörde sind bei den Baurekurskommissionen anfechtbar (§ 329 Abs. 1 lit. a PBG). Deren Rekursentscheide können mit Beschwerde ans Verwaltungsgericht des Kantons Zürich weitergezogen werden (§ 43 Abs. 2 lit. b i.V.m. § 47 VRG).

Diese grundlegende Rechtsmittelordnung erhielt einige Modifikationen. Zu den wichtigsten gehören diejenigen Verfahrensvarianten, bei denen die Baurekurskommissionen nicht als erste Rechtsmittelinstanz sachlich zuständig erklärt werden konnten, weil sie gestützt auf § 329 Abs. 1 lit. a PBG keine "staatlichen" Anordnungen überprüfen dürfen, sondern nur kommunale. Setzt also die Baudirektion etwa regionale Richtpläne (§§ 2 lit. b i.V.m. 32 Abs. 2 PBG), regionale und kantonale Rahmennutzungspläne (§ 2 lit. b PBG) oder überkommunale Gestaltungspläne (§ 84 Abs. 2 PBG) fest, so steht einzig der Rekurs an den Regierungsrat des Kantons Zürich gestützt auf § 329 Abs. 1 lit. b PBG offen. Ausnahmsweise ist auch nur ein kantonales Rechtsmittel vorgesehen: So können von der Baudirektion festgesetzte Planungszonen (§ 2 lit. b PBG) nach Massgabe von § 332 lit. a PBG sowie Bau- und Niveaulinien (§ 108 PBG) gemäss § 322 lit. b PBG beim Regierungsrat als einziger Instanz mit Rekurs angefochten werden.

Eine weitere Besonderheit stellt gestützt auf Art. 26 Abs. 1 RPG das Genehmigungsverfahren kommunaler Nutzungspläne durch eine kantonale Behörde dar. Dieses ist vom Rechtsmittelverfahren unabhängig. Die Kognition der Genehmigungsinstanz - gemäss § 2 lit. a PBG handelt es sich dabei um den Regierungsrat - ist umfassend (§ 5 Abs. 1 PBG). Die zentrale Bedeutung der Genehmigung kommunaler Nutzungspläne liegt in der Überprüfung ihrer Übereinstimmung mit dem vom Bundesrat genehmigten Richtplan (Art. 26 Abs. 2 RPG). Die Genehmigung wirkt von Bundesrechts wegen konstitutiv (Art. 26 Abs. 3 RPG i.V.m. § 5 Abs. 2

---

[420] Vgl. die überaus praktischen Rechtsmittelübersichten "Richt- und Rahmennutzungspläne", N. 1059, "Sondernutzungspläne", N. 1060, "Baurechtliche Entscheide", N. 1086 sowie "formelle" und "materielle Expropriation", N. 1102 f. bei *Haller/Karlen*

PBG). Häufig wird in der Praxis von der Möglichkeit Gebrauch gemacht (§ 5 Abs. 3 PBG), nicht angefochtene Teile kommunaler Nutzungspläne vorweg in Kraft zu setzen[421].

Neben diesen im einzelnen sehr differenzierten Rechtsmittelwegen der genannten baurechtlichen Bewilligungen und planerischen Festsetzungen fallen weitere verwaltungsinterne Rechtsmittelwege an wie z.b. gegen gewässerschutzrechtliche Bewilligungen[422] oder gegen spezielle baurechtliche Entscheide wie etwa für den Bau oder die Veränderung von Verkehrsanlagen gemäss § 309 Abs. 2 PBG[423] gestützt auf das kantonale Enteignungsrecht[424].

Die bestehende Vielfalt an kantonalen Rechtsmittelwegen verlangt nach gesetzeskonformer Rechtsanwendung. Mit anderen Worten: Aufgrund der bestehenden Rechtsmittelordnung bietet einzig der vermittelnde Lösungsansatz des Modells der materiellen Verfahrenskoordination Abstimmungsmöglichkeiten. Die zahlreichen Rechtsmittelbehörden haben demnach die jeweiligen Rechtsmittelverfahren unter gegenseitiger inhaltlicher Abstimmung durchzuführen. Die sachliche Zuständigkeit der fraglichen Behörden bleibt gewahrt. Sofern widersprüchliche Entscheide gefällt werden, sind Wechselwirkungen und Überschneidungen zwischen den anwendbaren Gesetzgebungen genau bekannt, da Konflikte im Rahmen der Rechtsanwendung aus den jeweiligen Entscheidbegründungen hervorgehen müssen.

Im Hinblick auf eine Revision der Rechtsmittelordnung gewinnt allerdings das Konzentrationsmodell an Beachtung. Rechtsmittelkonkurrenzen können im Rahmen von Gesetzesänderungen aufgehoben und vermieden werden, indem entweder ein bestimmtes Rechtsmittel sämtliche anderen ausschliesst (Entscheidungskonzentration), oder es werden mehrere Rechtsmittelzuständigkeiten bei einer Behörde zusammengefasst (Zuständigkeitskonzentration). Nur das Konzentrationsmodell schliesst widersprüchliche Entscheide aus. Folglich stellt sich die Frage, inwiefern im zürcherischen Recht nicht Rechtsmittelkonzentrationen möglich wären. Zunächst gilt es jedoch auf die bereits bestehenden Koordinationsinstitute hinzuweisen.

7.4.2. Bereits bestehende koordinationsrelevante Institute der zürcherischen Rechtsmittelordnung

a) Beiladung

Mittels der Beiladung kann eine Person, die zwar schutzwürdige Interessen am Ausgang des Verfahrens hat, aber im erstinstanzlichen Verfahren nicht einbezogen worden ist, im Rechtsmittelverfahren beteiligt werden[425]. Mit der Beiladung wird demnach ein am Verfahrensausgang

---

421 *Haller/Karlen*, N. 1076
422 Siehe etwa den unter § 3, 2.2.2.b) erwähnten Entscheid BRKE IV Nr. 109/1992
423 Vgl. BRKE I Nr. 241/1991
424 Gemäss dem kantonalen AbtretungsG
425 *Felix Huber*, ZBl 90/1989, 234, auch zum Folgenden; *Kölz*, Kommentar VRG, § 21 N. 90; *Kölz/Häner*, N. 535.

rechtsgenügend interessierter Dritter in einen zwischen anderen Personen rechtshängigen Verwaltungsprozess beigezogen, um mit der Rechtskraft des ausstehenden Entscheides auch dessen Rechtsstellung zu erfassen. Einerseits ermöglicht die Beiladung demnach prozessökonomisch die Wahrung bisher unberücksichtigter Drittinteressen, womit sie der Rechtssicherheit dient. Anderseits birgt sie für den Beigeladenen durch das Auslassen des eigentlichen, nichtstreitigen Bewilligungsverfahrens die Gefahr eines erhöhten Prozessrisikos. Da der Beigeladene nämlich erst im Rechtsmittelverfahren Parteistellung erlangt und den Prozess in derjenigen Lage aufzunehmen hat, in der sich dieser gerade befindet, ist die Waffengleichheit gegenüber den bisherigen Parteien zumindest faktisch eingeschränkt. Soweit das Gesuch durch den Beizuladenden gestellt wird, ist dies kein Problem[426].

Obwohl die Beiladung im zürcherischen Recht nicht ausdrücklich geregelt wird, ist sie in der Praxis doch anerkannt[427]. Zu Recht betont Kölz[428], Notwendigkeit und Häufigkeit der Beiladung hingen von der Sorgfalt ab, mit der die erstinstanzlich verfügende Behörde die Interessenlage abkläre und die von einem Rechtsanwendungsakt Betroffenen eruiere. Gerade im Zusammenhang mit der (Koordinations-)Problematik, widersprüchliche Entscheide zu vermeiden, bietet die Beiladung ein willkommenes Korrektiv. In diesem Zusammenhang ist auf den Beiladungsentscheid der Baurekurskommission I vom 11. Oktober 1991[429] zu verweisen. Für die Beurteilung der Rechtmässigkeit des Wiederherstellungsbefehls für die Durchsetzung des Wohnanteilplans wurde auch die Mieterschaft als Zustandsstörerin ins Hauptverfahren beigezogen. Die Beiladung ermöglichte damit eine verfahrensökonomische und sachgerecht-ganzheitliche Behandlung des Geschäfts[430].

Als Voraussetzung der Beiladung wird die sogenannte Beiladungsfähigkeit genannt. Dabei handelt es sich einerseits um die Partei- und Prozessfähigkeit des Beizuladenden, anderseits um das Beiladungsinteresse. Im zürcherischen Recht genügt für das Vorliegen der zweiten Voraussetzung der Nachweis eines schutzwürdigen Interesses am Verfahrensausgang; dieses kann tatsächlicher oder rechtlicher Natur sein[431]. Grundsätzlich stimmt das so verstandene Beiladungsinteresse mit der weitgefassten Rechtsmittellegitimation im Planungs- und Baurecht über-

---

Felix Huber (ZBl 90/1989, 261 f.) stellt die Frage, ob eine Beiladung nicht bereits im nichtstreitigen Verwaltungsverfahren sinnvoll wäre. Als frühest mögliches Stadium ist jenes Stadium denkbar, in welchem auch ein Einspracheverfahren durchgeführt werden kann. Da im zürcherischen Recht aus verfahrensökonomischen Gründen auf ein Einspracheverfahren verzichtet wird, erwiese sich eine so frühzeitige Beiladungsmöglichkeit als unzweckmässig.

426 Vgl. diesbezüglich auch die Ausführungen im Zusammenhang mit der Weiterziehbarkeit. Zu den Zwecken der Beiladung siehe *Felix Huber*, ZBl 90/1989, 246-252.
427 *Felix Huber*, ZBl 90/1989, 235 f.; *Kölz*, Kommentar VRG, § 21 N. 91
428 Kommentar VRG, § 21 N. 91
429 = Zwischenentscheid in Rekursverfahren G.-Nr. I 590/1991c
430 Vgl. die ausführliche Falldiskussion zum Endentscheid in dieser Rekurssache BRKE I Nr. 742/1992 = BEZ 1993 Nr. 12 bei *Michèle Hubmann*, ZBl 94/1993, 298 ff., 307 f.
431 *Felix Huber*, ZBl 90/1989, 252 ff.

ein[432]. Im Unterschied zur Rechtsmittellegitimation, die sich durch ein schutzwürdiges aktuelles Rechtsschutzinteresse kennzeichnet, verfügt der Beigeladene lediglich über ein potentielles Interesse. Aufgrund der sich vor dem zu fällenden Entscheid präsentierenden Sach- und Rechtslage gilt es deshalb abzuwägen, ob der Endentscheid schützenswerte Interessen Dritter tangiert. Das Interesse hat sich in direkter Wechselwirkung mit dem zu treffenden Entscheid, insbesondere im Hinblick auf die mögliche(n) Rechtslagebeurteilung(en) für den Streitgegenstand zu ergeben. Dabei genügt eine prognostische Beurteilung des Beiladungsinteresses. Es genügt, dass der Beizuladende potentiell in seinen eigenen tatsächlichen oder rechtlichen Interessen berührt wird; seine Interessen brauchen sich nicht mit denjenigen der Parteien zu dekken[433].

Demgegenüber fehlt ein rechtsgenügendes Beiladungsinteresse, wenn der Dritte bereits Partei ist. Beigeladen werden kann nur in ein rechtshängiges Rechtsmittelverfahren[434]. Mittels Beiladung kann das Versäumnis, ein Rechtsmittel nicht ergriffen zu haben, nicht korrigiert bzw. es kann auf den früheren Verzicht auf ein Rechtsmittel nicht zurückgekommen werden. Mit andern Worten: Die Beiladung ermöglicht den prozessökonomischen Beizug von am Verfahrensausgang interessierten Dritten ins Rechtsmittelverfahren. Sie verschafft der privaten Hauptpartei bzw. Rechtsmittellegitimierten jedoch keinen nachträglichen Verfahrenseinstieg[435]. Zur Verdeutlichung ein Beispiel:

<u>BRKE I Nr. 113/1990 E. 1.b</u>
In diesem Rekursentscheid wurde das Beiladungsgesuch einer Natur- und Heimatschutzorganisation abgewiesen, als diese geltend machte, das im Werkplan vorgesehene Bauvorhaben betreffe ein potentielles Heimatschutzobjekt und sie habe kein Rechtsmittel ergreifen können, weil diese Umstände in der öffentlichen Bekanntmachung des Werkplanes nicht erwähnt worden seien. Die Baurekurskommission I stellte sich auf den Standpunkt, der Beschlussgegenstand sei hinreichend genau umschrieben gewesen und die Natur- und Heimatschutzorganisation hätte sich über die sie interessierenden Umstände genügend ins Bild setzen können.

Die Beiladung erfolgt auf - grundsätzlich schriftlich gestellten - Antrag der Hauptpartei bzw. des Beizuladenden oder aber von Amtes wegen. Vor dem Beiladungsbeschluss sind die Prozessparteien zur Beiladungsfähigkeit des Dritten anzuhören. Über die Beiladung befindet die Rechtsmittelinstanz mit einem prozessleitenden Entscheid. Dieser ergeht regelmässig als Zwischenentscheid oder - unter Vorbehalt der Wahrung des rechtlichen Gehörs - mit dem Endentscheid[436].

---
432 *Felix Huber*, ZBl 90/1989, 253
433 *Felix Huber*, ZBl 90/1989, 254
434 *Christian Mäder*, N. 320
435 Vgl. dazu *Felix Huber*, ZBl 90/1989, 254; VB 32/1988 = BEZ 1984 Nr. 6
436 *Felix Huber*, ZBl 90/1989, 262 f.; vgl. auch BRKE I Nr. 559/1991 E. 3.c: Hier wurden die im Rekursverfahren im vorinstanzlichen Bewilligungsverfahren unrichtigerweise nicht einbezogenen Stockwerkeigentümer G beigeladen. Da die Stockwerkeigentümer G ihr Beiladungsgesuch materiell begründeten und aus-

Gegen einen das Beiladungsgesuch abweisenden Zwischenentscheid der Baurekurskommission kann gestützt auf § 48 Abs. 2 VRG Beschwerde beim Verwaltungsgericht eingereicht werden. Die Umstände, dass der Beigeladene Parteistellung im rechtshängigen, mitunter schon weit gediehenen Rechtsmittelverfahren erhält und den Rechtsstreit im fraglichen Stadium schlechthin zu übernehmen hat, stellen an sich noch keine nicht mehr behebbaren Nachteile für einen Beigeladenen dar. Das Verwaltungsgericht des Kantons Zürich lässt die Beschwerde i.S.v. § 48 Abs. 2 VRG gegenüber einem Zwischenentscheid jedoch bereits beim Vorliegen einer tatsächlichen Beeinträchtigung zu[437].

b)   **Rückweisung**

Die zürcherische Verwaltungsrechtspflege sieht die Rückweisung gestützt auf § 64 VRG nur im verwaltungsgerichtlichen Beschwerdeverfahren - nicht aber im Rekursverfahren - vor[438]. Da die Rückweisung ein Verfahren verlängert[439] und deshalb dem Rechtsschutzbedürfnis der Parteien nicht entgegenkommt, darf die Rechtsmittelinstanz nur ausnahmsweise kassatorisch entscheiden und das Geschäft an die Vorinstanz zurückweisen[440]. § 64 Abs. 1 VRG nennt als Rückweisungsgründe das ungerechtfertigte Nichteintreten auf eine Sache und die ungenügende Feststellung des massgeblichen Sachverhaltes. Auch im Rekursverfahren kommt die Rückweisung vor allem bei Ermessensentscheiden zum Zug, aber auch wenn vorinstanzlicherseits wesentliche Sachverhaltsabklärungen nicht vorgenommen wurden und wenn bei einer Verletzung formellen Rechts die Heilung durch die Rekursinstanz nicht möglich ist. Folglich ist die Rückweisung angezeigt, wenn die Sache nicht entscheidungsreif ist[441].

Die Rechtsnatur des Rückweisungsentscheides ist unklar. Zum einen wurde er als Vorentscheid qualifiziert, zum andern als Zwischenentscheid[442]. Letzterer Auffassung entspricht denn auch § 48 Abs. 2 VRG, wonach ein Rückweisungsentscheid beim Verwaltungsgericht als Zwischenentscheid angefochten werden kann, wenn der Betroffene durch die Verfahrensverzögerung einen nicht mehr behebbaren Nachteil erlitte[443]. Zurückgewiesen werden kann grundsätzlich nur an die untere Instanz, also an die direkte Vorinstanz. Weiterrückweisungen an eine andere untere Instanz sind mit Rücksicht auf die massgebliche Verwaltungshierarchie unzulässig, können aber in den Erwägungen empfohlen werden. Ausgenommen davon sind zur Wah-

---

serdem eine mit der behördlichen identischen Interessenlage geltend machten, verzichtete die Rekursinstanz auf eine Weiterung des Hauptverfahrens und ordnete die Beiladung in Verbindung mit dem Endentscheid an.
437 *Felix Huber*, ZBl 90/1989, 263 f. mit Hinweis auf VB 105/1988
438 *Kölz*, Kommentar VRG, § 28 N. 5, auch zum Folgenden
439 Und zwar verlängert sich das Verfahren regelmässig um die Dauer eines ordentlichen Verfahrens bei der fraglichen Instanz.
440 *Kölz/Häner*, N. 304 im Zusammenhang mit Art. 61 Abs. 1 VwVG
441 *Kölz*, Kommentar VRG, § 28 N. 5 mit Verweisungen; *Wädensweiler*, S. 158 f.
442 Vgl. VB 46/1982 = RB 1982 Nr. 33
443 *Kölz*, Kommentar VRG, § 28 N. 9 i.V.m. § 19 N. 26 und § 48 N. 5

rung der verfassungsrechtlichen Gemeindeautonomie einzig Verfügungen gestützt auf kommunales Recht[444].

Die unteren Instanzen sind an die in der Begründung enthaltene Rechtsauffassung gebunden[445]. Insofern wird der Streitgegenstand mit dem Rückweisungsentscheid festgehalten. Diesbezüglich kommt dem Rückweisungsentscheid demnach auch eine gewisse reformatorische Funktion zu. Im neu durchzuführenden Verfahren sind neue Tatsachenbehauptungen und Beweismittel zulässig. Der in diesem Verfahren ergehende Entscheid ist wiederum weiterziehbar[446].

c) **Behördenbeschwerde**

Gemäss § 338a Abs. 1 PBG sind die Gemeinden zur Ergreifung von Rechtsmitteln befugt, wenn sie durch die angefochtene Anordnung berührt sind und ein schutzwürdiges Interesse an ihrer Aufhebung oder Änderung haben[447]. Daneben bleiben weiterhin die Erkenntnisse von Bedeutung, welche die Rechtsprechung zur Legitimation der Gemeinden auf § 21 VRG stützt[448]. Die Gemeindebeschwerde ist von den Kantonen gestützt auf Art. 33 Abs. 3 lit. a RPG als verfahrensrechtliche Minimalanforderung zu gewährleisten[449]. Nach ständiger Praxis des Verwaltungsgerichtes des Kantons Zürich ist eine Gemeinde legitimiert, sich mit Beschwerde für die Durchsetzung und richtige Anwendung ihres kommunalen Rechts zu wehren. Stets könne sie dann Rekurs und Beschwerde führen, wenn in ihre durch kantonales Recht begründete Entscheidungs- und Ermessensfreiheit eingegriffen werde[450]. Schliesslich besteht die Rechtsmittelbefugnis der Gemeinden in jenen Fällen, bei denen sie durch eine Anordnung wie eine Privatperson, d.h. in ihren Rechten betroffen wird. Gemäss der zürcherischen Praxis entbindet die von Amtes wegen durchzuführende Prüfung der Prozessvoraussetzungen nicht vom Nachweis des Sachverhaltes, welcher die Legitimation begründet[451].

d) **Ideelle Verbandsbeschwerde**

Gemäss § 338a Abs. 2 PBG sind gesamtkantonal tätige Vereinigungen, die sich statutengemäss seit mindestens zehn Jahren auf Kantonsgebiet dem Natur- und Heimatschutz oder verwandten, rein ideellen Zielen widmen zur Erhebung von Rechtsmitteln befugt. Das ideelle Verbandsbe-

---

444 *Kölz*, Kommentar VRG, § 64 N. 6 und § 28 N. 5
445 Ausdrücklich in § 64 Abs. 2 Satz 2 VRG und für die Baurekurskommissionen in § 336 Abs. 1 (2. Teilsatz) PBG; vgl. auch *Kölz*, Kommentar VRG, § 28 N. 7 und § 64 N. 8
446 *Kölz*, Kommentar VRG, § 64 N. 10
447 Vgl. auch *Kölz*, ZBl 86/1985, 57 und *Trüeb*, S. 193 f.
448 *Wädensweiler*, S. 133
449 *EJPD/BRP*, Erläuterungen RPG, Art. 33 N. 17 ff.
450 VB 91/0060 und auch BRKE Nr. 186/1992; *Ruckstuhl*, ZBl 86/1987, 299; *Wädensweiler*, S. 133 f.
451 BRKE I Nr. 186/1992; Vgl. im übrigen auch die Ausführungen zur Gemeindebeschwerde bei *Haller/Karlen*, N. 990 ff.

schwerderecht wurde mit der Gesetzesrevision vom 1. September 1990 leicht modifiziert. Heute sind zugelassene Organsiationen zum Rekurs und zur Beschwerde gegen Anordnungen und Erlasse befugt, die sich auf den III. Titel des Planungs- und Baugesetzes sowie § 238 Abs. 2 PBG stützen, gegen Ausnahmebewilligungen für Bauten und Anlagen ausserhalb der Bauzonen gestützt auf Art. 24 RPG sowie gegen die Festsetzung von überkommunalen Gestaltungsplänen ausserhalb der Bauzonen. Zur Zeit akkreditierte Natur- und Heimatschutzkommissionen sind im Kanton Zürich der Zürcher Vogelschutz, der Zürcherische Heimatschutz, die WWF-Sektion Zürich sowie der Zürcherische Naturschutzbund[452].

e)   **Urteilsbegründung**

Im Rahmen eines planungs- oder baurechtlichen Rekursverfahrens bei den Baurekurskommissionen des Kantons Zürich sieht der im Rahmen der Gesetzesänderung vom 1. September 1990 statuierte § 335 Abs. 3 PBG die Möglichkeit vor, dass bei einfachen Fällen von der üblichen Entscheidfällung in Dreierbesetzung abgewichen werden kann. In diesen Fällen trifft der Präsident der örtlich zuständigen Rekurskommission oder der für das betreffende Geschäft zugeteilte Referent den Entscheid und eröffnet ihn anschliessend im Dispositiv. Solche im sogenannten Kurzverfahren gefällte Entscheide erwachsen in Rechtskraft, wenn keine der Rekursparteien innert 20 Tagen schriftlich einen begründeten Entscheid verlangt. Die bisherige Praxis der Baurekurskommissionen verwendet das Kurzverfahren namentlich im Zusammenhang mit Ermessensentscheiden wie z.B. bauästhetischen Fragen gestützt auf § 238 Abs. 1 PBG sehr zurückhaltend. Dies ist umso bedauerlicher, als in diesen Fällen grundsätzlich Augenscheine durchgeführt werden. Im Rahmen dieses im Rekursverfahren einzigen unmittelbaren Verfahrensschrittes vermag die Delegation der Rekursinstanz und umso gewichtiger die Anwesenheit des gesamten Entscheidgremiums im Falle eines Kommissionsaugenscheins regelmässig die Praxis der Rechtsmittelinstanz darzutun und wichtige Überzeugungsarbeit zu leisten.

In Beschwerdesachen, bei denen der Rekursentscheid der Baurekurskommission bestätigt wird, verweist das Verwaltungsgericht gestützt auf § 71 VRG i.V.m. § 161 GVG grundsätzlich auf die Begründung der Vorinstanz. Diese Begründungstechnik ist insofern sehr begrüssenswert, als Bestätigungsfälle sich oftmals als weniger bearbeitungsintensiv erweisen und sich somit insgesamt schneller erledigen lassen. Zudem wird somit die Möglichkeit geschaffen, das Schwergewicht der Urteilsqualität auf jene Streitsachen zu legen, für welche ausführlichere Auseinandersetzungen mit der Rechtslage unerlässlich und die für künftige Fälle wegweisend sind. Insofern ist diese Begründungsweise auch für das Rekursverfahren vor dem Regierungsrat empfehlenswert. Selbstverständlich bleibt es der zweiten kantonalen Rechtsmittelinstanz un-

---

[452]   *Haller/Karlen*, N. 994; vgl. auch *Wädensweiler*, S. 131 f.

benommen, die vorinstanzliche Begründung bei Bedarf auszubauen oder eine andere Begründung aufzunehmen.

7.4.3. Ausblick auf eine Vereinheitlichung der zürcherischen Rechtsmittelordnung

Folgende Änderungen des Verwaltungsrechtspflegegesetzes drängen sich auf:
- Im Hinblick auf eine Koordinationsoptimierung drängt sich die Bestimmung einer einzigen erstinstanzlich zuständigen Rechtsmittelinstanz auf. So wäre es begrüssenswert, wenn die Baurekurskommissionen des Kantons Zürich künftig nicht nur kommunale, sondern auch kantonale Anordnungen überprüfen könnten. Einerseits fragt sich, ob von der organisationsrechtlich verwaltungshierarchisch motivierten Regelung, umstrittene Anordnungen der Direktionen, die gestützt auf § 329 Abs. 1 lit. b PBG beim Regierungsrat zu rügen sind, nicht Abstand zu nehmen ist und nicht die Baurekurskommissionen als in der Entscheidfindung weisungsunabhängige Instanzen[453] mit dieser Aufgabe betraut werden sollten[454]. Die bestehende Regelung führt bei Ausnahmebewilligungen für Bauten und Anlagen ausserhalb der Bauzonen i.S.v. Art. 24 RPG nämlich zu einer koordinationsrechtlich unerwünschten Gabelung des Rechtsweges. Seit der Verordnungsrevision vom 5. September 1990[455] ist gemäss Ziff. 1.4 lit. a Anhang zur BVV die Baudirektion für die Bewilligungserteilung zuständig. In der Folge steht gegen den Ausnahmebewilligungsentscheid der Baudirektion der Rekurs an den Regierungsrat gemäss § 329 Abs. 1 lit. b RPG zur Verfügung. Obwohl gegen den regierungsrätlichen Entscheid die Verwaltungsgerichtsbeschwerde ans Bundesgericht offen steht und damit den Verfahrensgarantien von Art. 6 Ziff. 1 EMRK Genüge getan wird, besteht vorliegendenfalls im kantonalen Rechtsmittelverfahren keine effiziente Koordinationsmöglichkeit. Anderseits wäre die Überprüfung von Anordnungen der kantonalen Baudirektion auch in organisationsrechtlicher Hinsicht kaum problematisch, zumal die Baurekurskommissionen administrativ der Direktion des Innern unterstellt sind (§ 8 BRV)[456].
- § 49 VRG statuiert im Verhältnis zwischen der Beschwerde ans Verwaltungsgericht des Kantons Zürich und dem Weiterzug ans Bundesgericht den Grundsatz der Subsidiarität; das kantonale Verwaltungsgericht kann nicht angerufen werden, wenn ein ordentliches Rechtsmittel des Bundes offen steht[457]. Mit Vorliegen der immer zahlreicher gewordenen Fälle sogenannter ge-

---
[453] Vgl. § 336 Abs. 1 1. Teilsatz PBG; *Wädensweiler*, S. 52 ff.
[454] *Kölz*, ZBl 86/1985, 52 f. und 55
[455] Vgl. RRB Nr. 2975/1990 sowie das Kreisschreiben der Baudirektion vom 26. September 1990 über Änderungen im Planungs-, Bau- und Umweltschutzrecht
[456] Bewusst wurden mit dieser administrativen Unterstellung der Baurekurskommissionen Abhängigkeiten von der Baudirektion vermieden. (Im Hinblick auf das Erfordernis der Gewaltenteilung könnten die Baurekurskommissionen administrativ auch dem Verwaltungsgericht unterstellt werden.)
[457] *Kölz*, Kommentar VRG, § 49 N. 3 f.

mischter Verfügungen, bei denen sowohl öffentliches Bundesrecht als auch kantonales oder gar kommunales Recht zur Anwendung gelangt, ergibt sich aus den Zuständigkeiten der verschiedenen Rechtspflegeinstanzen zwangsläufig eine Gabelung der Rechtswege[458]. Im Hinblick auf eine möglichst frühzeitige Koordination im erstinstanzlichen Bewilligungsverfahren ist die ersatzlose Streichung von § 49 VRG gegenüber einer Entscheidungs- oder Zuständigkeitskonzentration auf der Ebene der bundesrechtlichen Verwaltungsrechtspflege zweifellos vorzuziehen[459].

- Neuer Umschreibung bedarf im weiteren der Anwendungsbereich der streitbetroffenen Gesetzgebung. Neben Streitigkeiten über die Anwendung des Planungs- und Baugesetzes und des Raumplanungsgesetzes sind ausdrücklich auch solche betreffend das Umweltschutzgesetz zu erwähnen.

- Im Zusammenhang mit den Nutzungsplänen sollte deren Anfechtungsmöglichkeiten neu geregelt werden. Unter den angesprochenen Nutzungsplänen sind sowohl diejenigen i.S.v. §§ 36 bis 122 PBG als auch der Quartierplan und damit verwandte Planungen gemäss §§ 123 bis 202 PBG zu verstehen. Aufgrund der Unzulänglichkeiten der staatsrechtlichen Beschwerde im Hinblick auf ein faires Verfahren i.S.v. Art. 6 EMRK steht das Verwaltungsgericht als zweite kantonale Rechtsmittelinstanz bereits zum voraus fest[460]. Im Zusammenhang mit der sachlichen Zuständigkeit der ersten Rechtsmittelinstanz gilt es gleichzeitig, die Stellung des Genehmigungsverfahrens zu bedenken. Die Genehmigungsaufgabe nimmt der Regierungsrat mit umfassender Kognition wahr (§ 2 lit. a PBG)[461]. Da im Rechtsmittelverfahren die materiellen Fragen abschliessend beurteilt werden, ist die stets nach dem Rechtsmittelverfahren vorgenommene Plangenehmigung eine "reine Formsache"[462]. Insgesamt beurteilen Haller/Karlen diese Vorgehensweise als wenig sachgerecht. Dieser Auffassung ist zuzustimmen. Es scheint unter dem Aspekt der Verfahrensökonomie wenig zweckmässig, mit dem Rekurs gegen Nutzungspläne und deren Genehmigung zwei gleichgeschaltete Verfahren bei verschiedenen Instanzen durchspielen zu lassen. Aus bundesrechtlicher Sicht erfordert das Genehmigungsverfahren denn auch keine Angemessenheitsprüfung. Um die Prüfung auf die Planabstimmung mit der kantonalen Planung i.S.v. Art. 26 RPG konzentrieren zu können, wobei es sich grundsätzlich um eine bedeutende aufsichtsrechtliche Koordinationsaufgabe handelt, bedarf es einer unabhängigen Instanz. Damit entfällt die Möglichkeit einer Zusammenlegung der Rechtsmittel- und Genehmigungskompetenz beim Regierungsrat. Ausserdem sollte der Regierungsrat in seiner Funktion

---

[458] Vgl. die Kritik an dieser Bestimmung bei *Kölz*, Kommentar VRG, § 49 N. 13
[459] In diesem Sinne auch *Trüeb*, S. 188 f.; BGE 114 Ib 353 E. 4 (Parkhaus Herrenacker)
[460] Vgl. die Ausweitung der Zuständigkeit des Verwaltungsgerichtes in BEZ 1994 Nr. 7 = VB 93/0206 sowie VLP-Pressedienst Nr. 303/1994, 6; auch VB 93/0161 = ZBl 95/1994, 562 ff.
[461] *EJPD/BRP*, Erläuterungen RPG, Art. 26 N. 7 ff: Das Bundesrecht verlangt lediglich eine Rechtmässigkeitskontrolle. Die Prüfung der Angemessenheit und Zweckmässigkeit im Rahmen von Art. 26 Abs. 3 RPG steht den Kantonen frei. Vgl. auch *Haller/Karlen*, N. 455
[462] *Haller/Karlen*, N. 1078, auch zum Folgenden

als oberste kantonale Exekutiv- und Regierungsbehörde nicht mit einem Rechtsmittelverfahren belastet werden, das von bereits bestehenden Verwaltungsrechtspflegeorganen wie den Baurekurskommissionen unabhängig gewährleistet werden kann.

- Eine letzte Neuregelung betrifft schliesslich die Entscheideröffnung. Um die Koordination im Rechtsmittelverfahren zu gewährleisten, sind sämtliche im Zusammenhang mit Bauten und Anlagen erforderlichen Bewilligungen durch eine hiefür zuständige Behörde gemeinsam und gleichzeitig zu eröffnen. Als am besten geeignet erscheint die örtliche Baubehörde, die als Koordinationsbehörde bereits in der Vorprüfungsphase erste verfahrensabstimmende Vorkehren zu treffen hat.

§ 5 KRITISCHE WÜRDIGUNG: DER ANSATZ DES KOOPERATIVEN UND INFORMELLEN VERWALTUNGSHANDELNS

Die Untersuchung der bestehenden koordinationsrelevanten organisations- und verfahrensrechtlichen Institute zeigt zwar einige Ausbau- und Verbesserungsmöglichkeiten auf. Unübersehbar wird aber auch die Erforderlichkeit und Notwendigkeit einer weitsichtigen Projektplanung des Bauherrn und flexibler Entscheidfindung durch die zuständigen Behörden in Abwägung der verschiedenen Interessenlagen. Es fragt sich, ob die bisherigen Institute zur Erfüllung der Verwaltungsaufgaben die Schwierigkeiten komplexer Bauvorhaben zu bewältigen vermögen oder ob es neuer Ansätze bedarf.

Um Koordinationsbedürfnissen möglichst früh und umfassend offen begegnen zu können, rückt die Untersuchung kooperativer Entscheidfindung mittels Verhandlungen, namentlich auch unter Einsatz von Konfliktmittlern sowie das informelle Verwaltungshandeln ins Blickfeld.

1. Kooperatives Erarbeiten von Verwaltungsentscheiden zwischen Staat und Bürger

1.1. Ausgangslage

Die traditionelle Verwaltungstätigkeit charakterisiert sich durch zwei Aspekte: Einerseits tritt die Verwaltung grundsätzlich hoheitlich[463] und - allerdings nur selten - nicht hoheitlich[464] auf; anderseits greift sie rechtsgestaltend oder feststellend in die Rechtsstellung des Bürgers ein (Eingriffsverwaltung), oder sie vermittelt dem Bürger staatliche Leistungen (Leistungsverwaltung)[465]. Verwaltungsrechtliche Rechtsbeziehungen werden direkt durch Rechtssatz[466], durch

---

[463] Insbesondere auch in den vorliegend interessierenden Rechtsgebieten des Planungs-, Bau- und Umweltschutzrechts i.w.S.
[464] Z.B. in Form von Dienstleistungen der öffentlichen Versorgungsbetriebe (Strom, Gas, Wasser)
[465] Häfelin/Müller, N. 14 ff.
[466] Z. B. Art. 13 GSchG (allgemeine Sorgfaltsverpflichtung zur Vermeidung der Verunreinigung von Gewässern)

Verfügung[467] oder durch verwaltungsrechtlichen Vertrag[468] begründet[469]. Für den Bereich des Planungsrechts gilt es überdies die Rechtsform des Planes zu beachten[470].

Die traditionell hoheitlichen Befehlsinstrumentarien des Staates gegenüber dem Bürger erweisen sich heute in jenen komplexen staatlichen Aufgabenbereichen, bei denen konfliktträchtige Interessen Geltung beanspruchen, als immer schwieriger zu handhaben. Zu denken ist etwa an die Standorte umweltbelastender Vorhaben, die nicht selten nur gegen massiven Widerstand festgelegt werden können oder aufgrund heftigen Widerstandes schliesslich ganz unterbleiben. In jüngster Zeit sind deshalb Verhandlungslösungen (z.B. Verträge) und kooperatives Verwaltungshandeln (z.B. Konfliktmittlung) vermehrt auf Beachtung gestossen. Insbesondere in Deutschland wird im Hinblick auf ein umfassendes Interessenclearing eine rege wissenschaftliche Auseinandersetzung über die amerikanischen Ansätze zu vertraglichem und kooperativem Handeln der Verwaltung geführt[471]. Auch in der schweizerischen Verwaltungspraxis finden sich vermehrt Ansätze zu solchen Lösungen wie etwa der Verzicht auf das Kernkraftwerk Kaiseraugst[472]. Eine grundsätzliche Reform des Verhältnisses von Staat und Gesellschaft wird zwar kaum erwogen[473]; auffallend ist aber zum einen das Bestreben, den Staat in seiner Aufgabenerfüllung zu entlasten, ohne die bisherigen demokratischen und rechtsstaatlichen Errungenschaften preiszugeben. Zum andern verlangen Betroffene und Interessenverbände mehr Einbezug in die Grundlagenfestsetzung (Konzepte, Programme, Planung) und Entscheidfindung. Die konkreten Bewilligungsverfahren sind namentlich durch kommunikative Institute auszubauen.

1.2. Raum für Verhandlungslösungen

Gemäss den allgemeinen verwaltungsrechtlichen Prinzipien bedarf die Verwaltungstätigkeit einer gesetzlichen Grundlage. Der Gesetzgeber ist jedoch nicht in der Lage, für alle denkbar möglichen Lebenssachverhalte Lösungen bereitzuhalten. Für solche Fälle behilft er sich mit sogenannten offenen Normen[474]. Diese räumen den rechtsanwendenden Behörden Ermessen ein,

---

[467] Z.B. eine Baubewilligung
[468] Z.B. Expropriationsvertrag gemäss Art. 54 EntG
[469] *Gygi*, S. 98; *Häfelin/Müller*, N. 618 ff. mit Hinweisen auf Beispiele aus der Praxis
[470] *Häfelin/Müller*, N. 745 ff.; *Haller/Karlen*, N. 134 ff.; *Jaag*, Abgrenzung zwischen Rechtssatz und Einzelakt, S. 204 f. zur Rechtsnatur des Nutzungsplanes im speziellen
[471] Siehe *Richli*, ZBl 92/1991, 382 ff. mit Hinweisen auf die amerikanische und deutsche Literatur
[472] Dieses Beispiel erwähnt *Richli* (ZBl 92/1991, 385 in Fussnote 25) mit Hinweis auf die Botschaft des entsprechenden Bundesbeschlusses (BBl 1988 III 1253 ff.); *Knoepfel/Rey*, S. 257 ff.; *Maegli*, URP 4/1990, 265 ff. sowie URP 6/1992, 192 ff.
[473] Vgl. die schleppende Revision der Bundesverfassung
[474] Vgl. in diesem Zusammenhang *Roger Zäch*, S. 271 ff.: In seiner Untersuchung geht er davon aus, dass die zuständigen Behörden bei der Rechtsanwendung auf "Gesetz und Recht" verpflichtet seien. Es genüge nicht, eine nur normgemässe Entscheidung zu treffen, vielmehr müsse die Rechtsanwendungsakt auch gerecht sein (S. 279). Während die Anwendung einer Norm mit eher unbestimmteren Tatbestandsvoraussetzungen bzw. Rechtsfolgen ohne weiteres auch im Hinblick auf die Erfüllung des der Rechtsordnung zu entnehmenden Gerechtigkeitsgehaltes angewendet werden könne, bedürfe die bei einer relativ starren Kombination

oder sie enthalten unbestimmte Rechtsbegriffe[475]. Sowohl Ermessen[476] als auch unbestimmte Rechtsbegriffe[477] eröffnen den Verwaltungsbehörden einen Entscheidungsspielraum. Während die Überprüfung der fehlerhaften Ermessensbetätigung in der Regel nur begrenzt möglich ist[478], handelt es sich bei der unrichtigen Anwendung unbestimmter Rechtsbegriffe um Rechtsverletzungen, die - im Rahmen vertretbarer Lösungsmöglichkeiten zurückhaltend - überprüft werden können.

Zur Verdeutlichung diene das folgende für den Rechtsalltag typische Beispiel:

BRKE IV Nr. 192/1992
Der Bauherr beabsichtigte, seinen gegen Süden und Osten offenen Sitzplatz fassadenbündig zu verglasen. Für die Leichtmetallfassungen der Glaswandteile war eine blaue (bereits beim Erker auf der Südfassade vorhandene) Einbrennlackierung vorgesehen. Dieses Gesuch wies die Baubehörde der Gemeinde D. mangels rechtsgenügender Einordnung der geplanten Verglasung auf der südlichen Traufseite und auf der gegen Osten gerichteten Giebelfassade ab unter dem Hinweis auf die allfällige Bewilligungsfähigkeit einer klassischen Wintergartenlösung. In farblicher Hinsicht hatte die örtliche Baubehörde keine Bedenken.

Anlässlich eines Kommissionsaugenscheines eröffnete die Baurekurskommission IV den Parteien die Möglichkeit zu einer gütlichen Einigung, indem sie in einordnungsmässiger Hinsicht folgende Rahmenbedingungen absteckte: Nur eine Verglasung in der nachgesuchten Weise sei zulässig, da die Wintergartenbauweise mit einem weiteren Kubus das harmonische Verhältnis zwischen Wohnhaus und Gartenanlage zerstören würde. Bei der Verglasung sei konstruktiv eine transparente Lösung zu wählen, die immer noch einen möglichst ungehinderten Blick auf die Fassade ermögliche. Farblich sei eine dezente Wahl zu treffen. Die blaue Lackierung jedenfalls erweise sich als zu auffallend, da der Betrachter über die Farbe zu sehr auf die Konstruktion fixiert und der Blick auf die dahinterliegenden Fassaden verhindert werde.

Da die Vorinstanz im vorliegenden Fall keine Verhandlungsbereitschaft zeigte, hatte die Baurekurskommission IV in der Sache zu entscheiden.

---

eines eher bestimmteren Tatbestandes mit einer eher bestimmteren Rechtsfolge der Korrekturmöglichkeiten über Art. 2 ZGB und Art. 4 BV (S. 293 f.).

[475] *Häfelin/Müller*, N. 344 ff.
[476] Beim Rechtsfolgeermessen überlässt der Gesetzgeber den Behörden den Entscheid, ob überhaupt eine Rechtsfolge angeordnet werden soll oder nicht (Entscheidungsermessen) oder die Wahl zwischen verschiedenen Rechtsfolgen (Auswahlermessen). Beim Tatbestandsermessen liegt der Freiraum bei der Beurteilung der Voraussetzungen betreffend den Eintritt der Rechtsfolgen.
Bertossa, S. 78 ff.; *Häfelin/Müller*, N. 346 ff.; *Kölz*, Kommentar VRG, § 50 N. 30; *Rhinow*, recht 1/1983, S. 46 ff.; *Vallender*, Mélanges André Grisel, S. 820 f.
[477] Ein unbestimmter Rechtsbegriff liegt hingegen vor, wenn die Tatbestandsvoraussetzungen oder die Rechtsfolgen durch den Rechtssatz selber in unbestimmter Weise umschrieben werden. Solche Begriffe umfassen insbesondere Regelungen, deren Sinn sich nicht mit den anerkannten Auslegungsregeln allein erschliessen lässt.
Bertossa, S. 92 ff.; *Häfelin/Müller*, N. 361; *Kölz*, Kommentar VRG, § 50 N. 31; *Vallender*, Mélanges André Grisel, S. 820 f.
[478] Vgl. Art. 104 OG, wonach im verwaltungsgerichtlichen Beschwerdeverfahren des Bundes nur eine beschränkte Kognition vorgesehen ist.
Im zürcherischen Rekursverfahren ist mit Ausnahme der durch die Gemeindeautonomie bedingten Einschränkungen die umfassende Kognition vorgesehen (*Kölz*, Kommentar VRG, § 20 N. 16 f.); erst im verwaltungsgerichtlichen Verfahren ist die Überprüfungsbefugnis gestützt auf § 50 Abs. 2 VRG eingeschränkt (*Kölz*, Kommentar VRG, § 50 N. 28).
Vgl. zur älteren, aber immer noch repräsentativen Praxis zur Ermessensüberprüfung im Kanton Zürich: *Kölz*, Kommentar VRG, § 50 N. 37 bis 62 (Planungs- und Baurecht), N. 63 bis 75 (Strassenrecht), N. 76 bis 80 (Natur- und Heimatschutzrecht).

Im vorliegenden Zusammenhang interessiert gerade der behördliche Entscheidungsspielraum bei der Ermessensausübung und bei der Auslegung unbestimmter Rechtsbegriffe. Solche Spielräume stellen "eigentliche Einfallstore für Verhandlungslösungen" dar[479]. Trotz des Umstandes, dass Entscheidungsspielräume, die gerade im Bereich des Planungsrechts bedeutende Ausmasse erreichen, aber auch im Bau- und Umweltschutzrecht anzutreffen sind und dass spezialisiertes technisches und rechtliches Fachwissen der Verwaltungsbehörden die geradezu optimale Grundlage für kooperatives Erarbeiten von Bewilligungsentscheiden im Hinblick auf die Realisierung komplexer Bauvorhaben zwischen Verwaltung und Bürger bilden, wird diese Technik der Entscheidfindung so gut wie überhaupt nicht praktiziert[480]. Richli[481] führt dies auf die immer noch verbreitete Erwartungshaltung zurück, dass ein Verwaltungsverfahren mit der einzig richtigen Entscheidung abzuschliessen sei. Diesen Boden hat die moderne Methodenlehre glücklicherweise weitgehend verlassen. Es darf heute als anerkannt gelten, dass sich im Ergebnis eine Fülle von nuancierten Entscheidungsvarianten gegenüberstehen kann[482]. Der Grund, weshalb Verhandlungslösungen selten erarbeitet werden, ist wohl eher im behördlichen Selbstverständnis der hoheitlichen Erfüllung öffentlicher Aufgaben zu suchen. Mit andern Worten: Die Verwaltung übt ihre Tätigkeit auch in diesen Entscheidungsspielräumen vorwiegend autoritativ aus. Sie versteht ihre Aufgabe nicht als Dienstleistung gegenüber dem gesuchstellenden Bürger, besteht für sie doch keinerlei Anreiz, die konstruktiven Lösungsmöglichkeiten eines partnerschaftlich kooperierenden Zusammenwirkens mit den betroffenen privaten Verfahrensbeteiligten auszuschöpfen[483]. Abgesehen von den durch das Aushandeln der verschiedenen Interessenlagen deutlich gesteigerten Chancen auf einen endgültigen Entscheid im Verwaltungsverfahren, darf im Hinblick auf die Entscheidqualität nicht ausser acht gelassen werden, dass die Verwaltungsentscheide spezialisierter Fachbeamter regelmässig (nur) von fachlich allgemeinen Verwaltungsgerichten überpüft werden[484]. Im verwaltungsgerichtlichen Verfahren wird denn auch regelmässig auf das Fachwissen der Verwaltung abgestellt. Wird zudem berücksichtigt, dass die gerichtliche Überprüfung der Rechtsanwendung innerhalb solcher Entscheidungsspielräume nur im Rahmen der regelmässig beschränkten Kognition vorgenommen werden kann und sich die Verwaltungsgerichte gegenüber vertretbaren Entscheiden der vorinstanzlichen Ver-

---

[479] *Richli*, ZBl 92/1991, 396
[480] Auffallend ist hier insbesondere die unterschiedliche Praxis in den Städten Zürich und Winterthur. Während die Stadt Zürich relativ schnell mit hoheitlichen Anordnungen zur Hand ist, steht die Stadt Winterthur dem Verständigungsprinzip zwar sehr offen gegenüber, entscheidet letzten Endes dann aber doch tendenziell einseitig hoheitlich.
Immerhin ist in diesem Zusammenhang auf die vermehrt Fuss fassende Risikokommunikation im Bereich des Katastrophenschutzes hinzuweisen; *Seiler*, ZBJV 130/1994, 24 ff.
[481] ZBl 92/1991, 400
[482] *Häfelin/Müller*, N. 365 mit Hinweis auf BGE 99 Ia 143 ff., 145
[483] Damit wird jedoch der (organisations)rechtliche Boden verlassen. Es stellen sich hier in erster Linie verwaltungswissenschaftliche, im weiteren Sinne ökonomische Probleme.
[484] *Bertossa*, S. 84 mit weiteren Hinweisen

waltungsbehörden gebührende Zurückhaltung auferlegen, so erscheinen Verhandlungslösungen aus Gründen des Rechtsschutzes umso erstrebenswerter.

1.3. Voraussetzungen und Grenzen für Verhandlungslösungen

Jede Verwaltungstätigkeit hat sich nach den Grundsätzen der Gesetzmässigkeit, der rechtsgleichen Behandlung, des öffentlichen Interesses, der Verhältnismässigkeit und des Vertrauensschutzes zu orientieren[485].

1.3.1. Gesetzmässigkeit

Verwaltungshandeln bedarf einer gesetzlichen Grundlage[486]. Einerseits hat sich der einzelne Rechtsanwendungsakt auf einen genügend bestimmten generell-abstrakten Rechtssatz abzustützen, anderseits müssen die wichtigen Norminhalte in einem Gesetz im formellen Sinn enthalten sein. Das Legalitätsprinzip gilt im Bereich der Eingriffs- und der Leistungsverwaltung, auf allen Ebenen des Gemeinwesens und für alle Formen von Verwaltungstätigkeiten[487]. Grundsätzlich hat sich demnach die gesetzliche Grundlage dazu zu äussern, was die Verwaltung im Einzelfall materiell anzuordnen hat. Ausserdem hat sie die konkrete Handlungsform festzulegen. Demnach haben sowohl Inhalt als auch Form von Verhandlungslösungen gesetzeskonform zu sein.

In diesem Zusammenhang stellt sich die Frage, ob sich die Verwaltung insbesondere vertraglich binden darf[488]. Ausdrückliche Vorschriften finden sich so gut wie keine[489]. Lehre und Rechtsprechung gehen jedoch davon aus, dass das Fehlen einer ausdrücklichen gesetzlichen Ermächtigung zu Vertragsabschlüssen deren Zulässigkeit nicht ausschliesst[490]. Nach heutiger Auffassung sind verwaltungsrechtliche Verträge dann zulässig, wenn der Staat im fraglichen Bereich zur öffentlichen Aufgabenerfüllung befugt und die Vertragsform nicht ausgeschlossen ist[491].

---

485   *Häfelin/Müller*, N. 294; *Richli*, ZBl 92/1991, 394 ff.
486   *Häfelin/Müller*, N. 296 ff., auch zu den folgenden Ausführungen; *Maegli*, URP 4/1990, 291
487   Verfügungen und allfällige Nebenbestimmungen, Pläne, verwaltungsrechtliche Verträge, Realakte
488   Vgl. auch *Richli*, ZBl 92/1991, 394 f.
489   Vorbehalten sind einige wenige Ausnahmen wie z.B. der Expropriationsvertrag, Verträge über die Erschliessung von Baugrundstücken (vgl. diesbezüglich *Brühwiler-Frésey*, S. 259 f.) und der nachfolgend noch zu untersuchende Schutzvertrag gemäss § 205 lit. d PBG.
490   BGE 103 Ia 207 ff.; 105 Ia 505 ff.; *Fleiner-Gerster*, S. 136; *Schwarzenbach*, S. 41.
      Für *Zwahlen* (S. 623a ff.) genügt ein inhaltlicher Ansatz für die Zulässigkeit der Vertragsform. So spiele es denn keine Rolle, ob die Verwaltung einen an sich zulässigen Inhalt in Vertrags- oder in Verfügungsform behandle, solange das Gesetz nicht selber eine bestimmte rechtliche Form vorschreibe und mit dem Vertrag der Staat und das öffentliche Interesse nicht stärker gebunden würden als durch die Anordnung einer Verfügung.
491   *Häfelin/Müller*, N. 854; *Richli*, ZBl 92/1991, 395 mit weiteren Hinweisen auf die Lehre

Diese Anforderungen gelten nicht nur für verwaltungsrechtliche Verträge, also für individuelle Verhandlungslösungen, vielmehr auch für kollektive Verhandlungslösungen[492]. Im Zusammenhang mit den hier interessierenden spezialverwaltungsrechtlichen Fachgebieten ist an die zahlreichen Normenwerke privater Organisationen zu erinnern wie etwa der Vereinigung Schweizerischer Strassenfachleute (VSS), der Schweizerischen Normenvereinigung (SNV) und des Schweizerischen Ingenieur- und Architektenverbandes (SIA). Solche Normenwerke statuieren regelmässig technische Anforderungen an Bauten und Anlagen. Dazu ein Beispiel:

Gestützt auf § 359 lit. h PBG ermächtigt der Gesetzgeber den Regierungsrat des Kantons Zürich zum Erlass der Vollziehungsbestimmungen für die "technischen und übrigen Anforderungen an Bauten, Anlagen, Ausstattungen und Ausrüstungen". In § 2 Satz 2 BBV I verweist der Regierungsrat ausdrücklich auf Richtlinien, Normalien und Empfehlungen anerkannter Fachverbände, die bei der Beurteilung mitzuberücksichtigen und in Ziff. 2 Anhang zur BBV I aufgeführt sind.
Als praktische Anwendungsfälle der SIA-Norm 181/Ausgabe 1988 betreffend den Schallschutz im Hochbau seien die folgenden Entscheide erwähnt: BRKE I Nr. 745/1991, II Nr. 233/1991, I Nr. 576/1992 und II Nr. 27/1992. Hier beschränkt sich die delegierende gesetzliche Grundlage auf einen relativ genau umschriebenen Sachbereich. Zudem enthält § 239 PBG die Grundanforderungen der Regeln der Baukunde, wonach Bauten und Anlagen weder bei ihrer Erstellung noch durch ihren Bestand Personen und Sachen gefährden dürfen.

1.3.2. Rechtsgleichheit

Für Verhandlungslösungen ist das Gebot der Rechtsgleichheit wie beim Erlass von Verfügungen zu beachten. Insofern ergeben sich keine neuen formellen Anforderungen.

Materiell ist die Rechtsgleichheit gerade bei Entscheidungsspielräumen, bei denen das Legalitätsprinzip nicht zum Tragen kommt, durch eine konstante Praxis sicherzustellen. So sind in ähnlich gelagerten Fällen vergleichbare Lösungen auszuhandeln. Auf sachverhaltsbedingte Besonderheiten kann aber dennoch gebührend Rücksicht genommen werden. Insofern beeinflusst die Rechtsgleichheit die Entscheidfindung innerhalb des Spielraumes. Richli[493] beurteilt ihren Einfluss bei komplexen Sachverhalten im Planungs- und Umweltschutzrecht als sehr relativ. Auch in materieller Hinsicht bringt das Prinzip der Rechtsgleichheit keine zusätzlichen Anforderungen.

Die Schwierigkeiten in der Durchsetzung der Rechtsgleichheit liegen im Fall eines kooperativen Verhandlungsprozederes nicht wesentlich anders als bei einem traditionellen Verwaltungsverfahren. Wie die hoheitliche Anordnungspraxis Regeln für die rechtsgleiche Behandlung unter den Gesuchstellern herauszubilden hatte, lassen sich schematisierte und die Rechtsgleichheit gewährleistende Verhandlungsabläufe für die privaten um Bewilligung nachsuchenden Verhandlungspartner ohne weiteres erarbeiten.

---
[492] *Richli*, ZBl 92/1991, 395 f.
[493] ZBl 92/1991, 398

1.3.3. Interessenabwägung

Methodisch[494] bedeutet die gesetzliche Verpflichtung zur Vornahme einer Interessenabwägung eine Möglichkeit, eine verbesserte Einzelfallgerechtigkeit zu erlangen. Bei der Interessenabwägung verlagert sich die Qualifikation der schutzwürdigen Tatbestände vom Gesetzgeber auf den Rechtsanwender. Die Interessenabwägung ist im Einzelfall vorzunehmen, wodurch sie eine "eigenartige Zwitterstellung zwischen feststellender und normativer Operation" erhält. Das Bewerten und Abwägen der auf dem Spiele stehenden öffentlichen und privaten Interessen stellt an die entscheidende Behörde höchste Anforderungen. Im Einzelfall ist eine "soziale Gewinn- und Kostenrechnung" vorzunehmen, um sämtliche entscheidrelevanten Werte überhaupt gegeneinander abwägen zu können[495]. Dabei geht es für die rechtsanwendende Verwaltungsbehörde nicht mehr nur um die Erfüllung einer reinen Vollzugsaufgabe, vielmehr enthält diese Aufgabe auch eine politische Komponente. "Die Ergebnisse sind relativ offen und unbestimmt, eindeutige Lösungen selten."[496] Dies deshalb, weil je nach Wertung das jeweils gewichtigere Interesse - unabhängig davon, ob es sich dabei um das öffentliche oder private Interesse handelt - zu verfolgen ist. Demnach ist die Interessenwertung und -abwägung keine starre Ergebnisschablone. Einmal mehr ist nicht die Form der Entscheidfindung problematisch, vielmehr die Methodik der Interessenabwägung an sich.

Bei der Durchsetzung wichtiger, überwiegender Interessen handelt es sich um eine materielle Anforderung an den konkreten Rechtsanwendungsakt. Auszugehen ist von den beiden entgegengesetzten Interessenlagen der Verwaltung einerseits[497] und des Bauherrn anderseits. Eine wichtige Rolle spielen oftmals auch Drittinteressen (z.B. von Beigeladenen, Nachbarn und Organisationen), die der einen oder anderen Partei zuzurechnen sind oder gar eine eigene Interessenposition ausmachen. Verhandlungslösungen gehen auf ein gegenseitiges Nachgeben aus, welches innerhalb der Spannbreite dieser unterschiedlichen Positionen anzusiedeln ist. Sämtliche dieser Parteihaltungen müssen innerhalb des gesetzlich eingeräumten Entscheidungsspielraumes liegen, wobei von der Rechtsordnung vorgegebene Wertungen vorhandene Entscheidungsspielräume mehr oder weniger einschränken können. Die Verhandlungslösung verbindet demzufolge mindestens zwei an sich rechtmässige parteiliche Positionen zu einer gesetzmässigen Lösung. Umso gleichwertiger die jeweiligen Interessenlagen sind, umso freier kann innerhalb des zulässigen Entscheidungspielraumes eine vertretbare Lösung ausgehandelt wer-

---

[494] *Druey*, S. 133 und 134, auch zum Folgenden
Vgl. zum Methodenstreit die Aufsatzsammlung von *Heinrich Hubmann* (insbesondere: Grundsätze der Interessenabwägung und Wertung als Rechtsproblem) sowie *Struck*, S. 171 ff.
[495] *Georg Müller*, ZBl 73/1972, 352, auch zum Folgenden
[496] *Georg Müller*, ZBl 73/1972, 342
[497] Immer häufiger liegen auch gegensätzliche Interessenlagen innerhalb der Verwaltung vor. Ihr Ausgleich wird verwaltungsintern vorgenommen. Auszugehen ist dabei vom Grundsatz der Gleichrangigkeit der Verfassungsnormen; *Helene Keller*, S. 251 f.

den. Ist jedoch klar von einer überwiegenderen Interessenlage auszugehen, so hat der Verwaltungsentscheid deren weitmöglichste Durchsetzung zu gewährleisten. Die Verhandlungsmöglichkeiten beschränken sich auf den verbleibenden Spielraum. Beschränkt sich dieser nur noch auf Modalitäten, ist aus verwaltungsökonomischen Gründen auf Verhandlungen zu verzichten.

1.3.4. Verhältnismässigkeit

Es fragt sich, ob Verhandlungslösungen gegenüber hoheitlich angeordneten, einseitigen Lösungen allenfalls Vorrang geniessen, insbesondere ob sie im konkreten Einzelfall methodisch als geeigneter, als erforderlicher und im Hinblick auf die Interessenabwägung als zweckmässiger erscheinen[498]. Damit stellt der Grundsatz der Verhältnismässigkeit formelle Anforderungen an die Form der Entscheidung. Diese können jedoch nicht losgelöst vom inhaltlichen Ergebnis betrachtet werden. So ist mitzuberücksichtigen, dass ein schwerer Eingriff in verfassungsmässige Rechte aufgrund einer Verhandlungslösung dem Verhältnismässigkeitsprinzip weniger entspricht, als eine hoheitlich angeordnete, inhaltlich jedoch mildere Beschränkung[499].

Unter Berücksichtigung des Verhältnismässigkeitsprinzips ist demnach festzustellen, dass kooperativ erarbeitete Verhandlungslösungen und die verwaltungsinterne Entscheidfindung methodisch grundsätzlich gleichwertig zur Verfügung stehen. Folglich ist im Hinblick auf die Erreichung des Gesetzeszweckes die geeignetere Handlungsform zu ermitteln[500]. Je nach der Schwere und Intensität des Grundrechtseingriffes stellt sich für die Entscheidfindung die den verhältnismässigeren Eingriff gewährleistende Form in den Vordergrund.

1.3.5. Vertrauensschutz

Beatrice Weber-Dürler[501] umschreibt den Grundgedanken des Vertrauensschutzes summarisch wie folgt: "Hat sich der Bürger (in seinen Dispositionen) auf das Verhalten eines staatlichen Organs verlassen, hat der Staat bei seinem weiteren Vorgehen auf die begründeten Erwartungen des Bürgers Rücksicht zu nehmen, jedenfalls soweit kein überwiegendes öffentliches Interesse entgegensteht." Somit gewährleistet der öffentlichrechtliche Vertrauensschutz dem Bürger Schutz in seinem berechtigten Vertrauen in behördliche Zusicherungen oder in ein anderes bestimmte Erwartungen begründendes Verhalten der Behörden[502]. Voraussetzungen des Vertrauensschutzes sind eine Vertrauensgrundlage (insbesondere das Vorliegen eines Rechtsanwendungsaktes), Vertrauen in das Verhalten einer staatlichen Behörde, eine Vertrauensbetäti-

---

[498] *Häfelin/Müller*, N. 486 ff.; *Richli*, ZBl 92/1991, 396 f.
[499] *Richli*, ZBl 92/1991, 397 mit Hinweisen auf die deutsche Lehre
[500] *Häfelin/Müller*, N. 855
[501] *Weber-Dürler*, Vertrauensschutz, S. 9
[502] *Häfelin/Müller*, N. 526

gung des Bürgers und ein überwiegendes Vertrauensschutzinteresse gegenüber der entgegenstehenden öffentlichen Interessenlage[503].

Verhandlungslösungen in Form von verwaltungsrechtlichen Verträgen sind heute als rechtsgenügende Vertrauensgrundlage grundsätzlich anerkannt[504]. Beim fehlerhaften öffentlichrechtlichen Vertrag greift der Vertrauensschutz, wenn der Bürger aufgrund berechtigten Vertrauens Dispositionen getroffen hat und das entgegenstehende öffentliche Interesse an der richtigen Durchsetzung des objektiven Rechts gegenüber dem privaten am Vertrauensschutz überwiegt. Überwiegt das öffentliche Interesse, so ist ein befristetes Weiterlaufen des Vertrages im Sinne einer Übergangsordnung zu prüfen. Vertrauensschaden ist allenfalls zu entschädigen. Umstritten ist die Frage, welchen Einfluss Änderungen der Sach- und Rechtslage auf Verhandlungslösungen, im besonderen auf bestehende verwaltungsrechtliche Verträge, haben. Auch in diesem Zusammenhang ist eine Interessenabwägung vorzunehmen, bei welcher dem Vertrauensschutzinteresse des Bürgers gebührend, in der Regel stärker, Rechnung zu tragen ist[505]. Aus dieser Interessenabwägung ergibt sich, ob der Vertrag während der ganzen Vertragsdauer weiterzuführen, während einer Übergangsfrist einzuhalten oder ex nunc aufzuheben ist. Auch in diesen Fällen ist allfälliger Vertrauensschaden zu ersetzen[506].

1.4. Verhältnis zwischen Verfügung und Verwaltungsvertrag

Lehre und Praxis erkennen hinsichtlich der Handlungsformen Verfügung und Vertrag ein alternativ-ausschliessliches Verhältnis[507]. Das Zustimmungserfordernis im Hinblick auf den Vertragskonsens, welches im Zusammenhang mit der Begründung und Beendigung des Rechtsverhältnisses als Hauptunterscheidungskriterium zwischen Verfügung und Vertrag zu ermitteln ist, verhindert eine Austauschbarkeit bzw. Wahlmöglichkeit zwischen Verfügung und Verwaltungsvertrag[508]. Aufgrund der vorausgegangenen Untersuchung der Voraussetzungen und Grenzen von Verhandlungslösungen fragt sich jedoch, ob die tatsächliche Verwendung der einen oder der anderen Handlungsform letzten Endes nicht davon abhängt, ob sie für die Erreichung des öffentlichen Zweckes die verhältnismässigere ist. In diesem Sinne ist nicht nur die

---

503 *Häfelin/Müller*, N. 532 ff.; *Weber-Dürler*, Vertrauensschutz, S. 79 ff. detailliert zu den Voraussetzungen des Vertrauensschutzes
504 BGE 103 Ia 505 ff., 514; *Häfelin/Müller*, N. 536; *Weber-Dürler*, Vertrauensschutz, S. 219 ff.
505 *Häfelin/Müller*, N. 537; *Weber-Dürler*, Vertrauensschutz, S. 225 ff. (insbesondere S. 226 unten)
506 *Weber-Dürler*, Vertrauensschutz, S. 227
507 *Rhinow*, Festgabe 1985, S. 308; *Brühwiler-Frésey*, S. 199 und 231
508 *Brühwiler-Frésey*, S. 231 und S. 197 ff.
   Kölz/Häner (N. 218 f.) kommen diesbezüglich zum selben Ergebnis, indem sie als massgebliches Unterscheidungskriterium zwischen Verfügung und Vertrag die Einseitigkeit der Verfügung hervorheben. Diesbezüglich geht *Rhinow* (Festgabe 1985, S. 321) noch einen Schritt weiter: "Nur ist dieser Verfügung nicht ein 'Befehlscharakter' wesentlich, sondern ihre Einseitigkeit in der Anordnung rechtlicher Folgen, ihr mangelnder Konsensbedarf."

geeignetere, sondern auch die zweckmässigere Handlungsform zu verwenden. Zudem muss sie auch den milderen Grundrechtseingriff zur Folge haben. Erst unter dem Aspekt der Verhältnismässigkeit besteht demnach keine Wahlfreiheit zwischen Verfügung und Vertrag[509].

Dennoch sei vorliegend nicht verhehlt, dass sich zwischen Verfügung und Verwaltungsvertrag im Zusammenhang mit dem Rechtsschutz erhebliche Unterschiede ergeben[510]. Während für Verfügungen ein ausgebauter Intanzenzug und Rechtsmittelwege bestehen[511], sind Streitigkeiten aus Verträgen nur mit verwaltungsrechtlicher Klage rügbar[512].

1.5. Verhältnis zwischen Verständigung und Handlungsform

In den meisten Fällen dürfte zwar die Verfügung die für die Erfüllung der fraglichen öffentlichen Aufgabe adäquate Handlungsform sein. Aufgrund der Einseitigkeit der Verfügung bzw. des Konsensbedarfes des verwaltungsrechtlichen Vertrages als massgeblichen Kriterien der zu wählenden Handlungsform wird ohne weiteres deutlich, dass der Verhandlungs- und Entscheidungsspielraum unabhängig von der eigentlichen Entscheidform zum Vorteil aller Verfahrensbeteiligten auszuschöpfen ist. Kooperatives Erarbeiten von Verwaltungsentscheiden zwischen Verwaltung und Bürger ist unabhängig von der zur Erreichung des öffentlichen Zweckes adäquaten Handlungsform. Insofern Verwaltung und Bürger die optimalste von mehreren vertretbaren Lösungen im Rahmen eines gesetzlich vorhandenen Entscheidungsspielraumes miteinander aushandeln können, besteht die Möglichkeit einer Verständigung. Solche Einigungen deuten auf eine vertragliche Rechtsnatur hin, insbesondere dann, wenn sich die Verfahrensbeteiligten einander gegenseitig bedingende Versprechen abgeben und wenn freiwillig bestimmte Verhaltens- bzw. Vorgehensweisen abgesprochen werden. Zwar stellt die Zweiseitigkeit der zugesicherten Leistungen ein wichtiges Indiz hinsichtlich der vertraglichen Natur des fraglichen Verhältnisses dar, doch gilt es zu bedenken, dass auch im Verwaltungsrecht einseitige Verträge

---

[509] *Bullinger*, S. 679 ff.; *Rhinow*, Festgabe 1985, S. 308 f.
[510] Vgl. auch *Fleiner-Gerster*, ZBl 90/1989, 185 ff.
[511] Vgl. diesbezüglich die Ausführungen unter § 4, 7.
[512] Im Kanton Zürich beurteilt das Verwaltungsgericht Streitigkeiten aus verwaltungsrechtlichen Verträgen als einzige Instanz (*Kölz*, Kommentar VRG, Vorbem. zu §§ 81-86 N. 3). Diese Praxis wäre im Zusammenhang mit der anstehenden Revision des Verwaltungsrechtspflegegesetzes endlich auch gesetzlich zu verankern (§ 82 VRG).
Soweit Verwaltungsverträge bundesrechtliche Verhältnisse betreffen, ist für deren Anfechtung mit der Revision des OG vom 4. Oktober 1991 neuerdings von einem zweistufigen Verfahren auszugehen. In erster Instanz entscheidet ein Schiedsgericht gemäss Art. 98 lit. e OG; gegen dessen Verfügung steht gemäss Art. 117 lit. c OG die Verwaltungsgerichtsbeschwerde ans Bundesgericht offen. Die verwaltungsrechtliche Klage an das Bundesgericht als einzige Instanz ist mit dem Inkrafttreten der Änderung (vgl. SchlB OG Ziff. 1 Abs. 3 lit. a) in Streitigkeiten aus dem Bundesverwaltungsrecht gemäss Art. 116 lit. b OG nunmehr eingeschränkt möglich (*Kölz/Häner*, N. 346).
Vgl. auch *Häfelin/Müller*, N. 892 ff. zum fehlerhaften verwaltungsrechtlichen Vertrag

durchaus möglich sind[513]. Ob die Behörde in diesen Fällen den vertraglichen Weg beschreiten will oder nicht, ist eine Frage der Zweckmässigkeit[514].

1.6. Zu einzelnen Verhandlungselementen im Planungs- und Baugesetz

Nachfolgend sei ausdrücklich auf besondere Institute des Planungs- und Baugesetzes hingewiesen, die kooperativ erarbeitete Verhandlungslösungen ermöglichen.

1.6.1. Wiedererwägung

Wie bereits im Zusammenhang mit dem Verständigungsprinzip ausgeführt, kennt das zürcherische Verwaltungsverfahrensrecht die Einsprache in Bausachen im Sinne eines ordentlichen, vollkommenen und nicht devolutiven Rechtsmittels nicht[515]. Im Rechtsalltag wird mangels einer Einsprachemöglichkeit rege von der Wiedererwägung Gebrauch gemacht. Dabei handelt es sich um einen Rechtsbehelf, der während laufender Rechtsmittelfrist an die verfügende Instanz gerichtet wird[516]. Da das Rechtsmittelverfahren solange sistiert werden kann, bleibt ohne Rechtsverlust die Möglichkeit für Einigungsverhandlungen zwischen den Parteien.

1.6.2. Privater Gestaltungsplan (§§ 85 ff. PBG)

Der Gestaltungsplan strebt "eine städtebaulich, architektonisch und wohnhygienisch einwandfreie (Gesamt-)Überbauung" an[517]. Zu diesem Zweck wird für ein bestimmtes Gebiet - unabhängig, ob es erst noch zu überbauen oder ob es bereits zu sanieren ist (vgl. jedoch § 192 PBG) - eine Spezialbauordnung erlassen[518]. Gemäss § 85 Abs. 1 PBG können mit öffentlichrechtlicher Wirkung auch die Grundeigentümer einen privaten Gestaltungsplan festsetzen. Die Gemeinschaft der Grundeigentümer ist dabei regelmässig als einfache Gesellschaft im Sinne von Art. 530 ff. OR zu qualifizieren[519]. In der Tat ist zunächst von einer rein privatrechtlichen Verpflichtung der Grundeigentümer untereinander auszugehen, für den Fall einer Überbauung

---

513 Vgl. *Rickli*, S. 82 ff., in Abhandlung der allgemein verwaltungsrechtlichen Rechtslage
514 *Rickli*, S. 102 ff.
515 Vgl. unter § 4, 1.3. und 2.4.; *Kölz*, Kommentar VRG, § 20 N. 34 f. zur Rechtsnatur der Einsprache; *Richli*, ZBl 92/1991, 400 ff.
516 *Kölz*, Kommentar VRG, § 20 N. 44
517 *Eschmann*, S. 55; *Wolf/Kull*, S. 25 ff.
518 *Eschmann*, S. 61
519 Vgl. *Eschmann*, S. 102: Andere Gesellschaftsformen sind durchaus denkbar. Realistisch ist die einfache Gesellschaft gerade wegen des gesetzlich vorgesehenen Einstimmigkeitsprinzips, wodurch jeder Grundeigentümer seine starke dingliche Rechtsstellung innerhalb der Gemeinschaft einsetzen kann.

von der gemeinsam aufgestellten Spezialbauordnung Gebrauch zu machen, sich an den gemeinschaftlichen Anlagen zu beteiligen und das dafür notwendige Land anteilsmässig vom eigenen Bestand abzutreten. Erst mit der Genehmigung des privaten Gestaltungsplanes gemäss § 89 i.V.m. § 5 Abs. 2 PBG wird er auch in öffentlichrechtlicher Hinsicht verbindlich, womit erst ein verwaltungsrechtlicher Vertrag zwischen Privaten entsteht[520].

Liegen private Gestaltungspläne im öffentlichen Interesse, so können sie gemäss § 85 Abs. 2 PBG allgemeinverbindlich erklärt werden. Vorausgesetzt wird die Zustimmung der Grundeigentümer, denen mindestens zwei Drittel der einbezogenen Flächen gehören und die Wahrung der schutzwürdigen Interessen der Minderheitsgrundeigentümer. Zugunsten des Mehrheitsprinzips wird vom Einstimmigkeitsprinzip abgewichen, womit das Problem des rechtsgenügenden Minderheitenschutzes geschaffen wird. Die Zustimmung zu einem privaten Gestaltungsplan heilt nur unverhältnismässige Anordnungen, die Rüge der ungenügenden gesetzlichen Grundlage und des fehlenden öffentlichen Interesses bleiben gewahrt. Dem nicht zustimmenden Grundeigentümer hingegen steht auch die Rüge der Unverhältnismässigkeit offen[521].

Praktisch bedienen sich nur grosse einzelne Grundstückseigentümer des privaten Gestaltungsplanes[522]. Solche Projekte haben die öffentlichen Interessen rechtsgenügend zu berücksichtigen, ansonsten dem Planungswerk die Genehmigung zu verweigern ist.

1.6.3. Ausarbeitung des Quartierplanes durch die Grundeigentümer (§ 160a PBG)

Seit der Gesetzesänderung im Jahre 1991 unterscheidet das Planungs- und Baugesetz nicht mehr zwischen dem amtlichen und dem privaten Quartierplanverfahren. Die §§ 131 bis 136 aPBG wurden gestrichen. In § 160a PBG sieht der Gesetzgeber jedoch die Planausarbeitung durch die Grundeigentümer vor, wobei es sich um eine Zwischenform der rein privat durchgeführten Erschliessung und der Landumlegung sowie dem amtlichen Quartierplan handelt[523]. Die verfahrensrechtlichen Vorteile dieser Variante der Quartierplandurchführung liegen in der Formfreiheit der Verfahrensdurchführung (§ 160a Abs. 3 Satz 1 PBG) und materiellrechtlich in der inhaltlichen Erweiterung des Quartierplanes (§ 160a Abs. 2 Satz 2 PBG)[524]. Abgesehen

---

520 *Eschmann*, S. 72 ff. und 100 ff.; *Haller/Karlen*, N. 327; *Häfelin/Müller*, N. 885 f. und *Imboden/Rhinow*, Bd. I, Nr. 46 B.I.c zum verwaltungsrechtlichen Vertrag zwischen Privaten
521 *Eschmann*, S. 104
522 Vgl. die Beispiele bei *Eschmann*, S. 298 ff. und aus jüngerer Zeit etwa den privaten Gestaltungsplan betreffend das Areal der ehemaligen Seifenfabrik Steinfels und dem Gauss-Stierli-Areal in der Stadt Zürich
523 *Haller/Karlen*, N. 375
524 In § 160a Abs. 2 Satz 1 PBG zählt der Gesetzgeber die Mindestanforderungen zwingend auf: Abgrenzung, Abzüge für öffentliche Verkehrswege und Versorgungsanlagen, Zuleitungen und sonstige Rechtsverhältnisse an Erschliessungsanlagen haben den gesetzlichen Anforderungen zu entsprechen.

davon, dass sämtliche Grundstückseigentümer des Beizugsgebietes das Einleitungsgesuch gemeinsam zu stellen haben[525], bedarf der von ihnen aufgestellte Quartierplan der Zustimmung aller Grundstückseigentümer des fraglichen Gebietes. Werden damit beschränkte dingliche Rechte Dritter geändert, bedarf es zudem auch deren Zustimmung (§ 160a Abs. 4 PBG). Bleibt die private Ausarbeitung letzten Endes erfolglos, kann der Gemeinderat formlos die Fortsetzung im amtlichen Verfahren anordnen. Entspricht der privat erstellte Plan den gesetzlichen Anforderungen, kann allenfalls auf ein neues Einleitungsverfahren verzichtet werden[526].

1.6.4. Schutzvertrag (§ 205 lit. d PBG)

Das zürcherische Natur- und Heimatschutzrecht stellt den Schutz erhaltenswürdiger Objekte gestützt auf § 205 PBG durch folgende Massnahmen sicher: planungsrechtliche Massnahmen, Verordnung, Verfügung und Vertrag. § 238 Abs. 2 PBG gewährleistet überdies Schutz in bauästhetischer Hinsicht[527].

Die Wahl der konkreten Schutzmassnahme misst sich am jeweiligen Schutzobjekt und hat insbesondere den Grundsatz der Verhältnismässigkeit zu berücksichtigen. Gesetzessystematisch sind in erster Linie planungsrechtliche Massnahmen vorzukehren[528]. Besondere Anordnungen, insbesondere Schutzmassnahmen, die ein grösseres Gebiet erfassen, können in Verordnungen vorgesehen werden. Im Zusammenhang mit einzelnen Schutzobjekten genügen oftmals auch individuell-konkrete Schutzmassnahmen in Form einer Verfügung oder eines Schutzvertrages.

Hinsichtlich der individuell-konkreten Anordnung von Schutzmassnahmen tendiert die Praxis zu einvernehmlich erarbeiteten Vertragslösungen. Rechtlich handelt es sich um klassische subordinationsrechtliche Verwaltungsverträge[529].

<u>BRKE I Nr. 565/1992 E. 1.d.</u>
Das Büro für Denkmalpflege der Stadt Zürich suchte im konkreten Fall im Rahmen eines Provokationsverfahrens gemäss § 213 PBG das Gespräch mit dem betroffenen Grundeigentümer. Die Möglichkeit einen Schutzvertrag abzuschliessen, bietet gemäss der städtischen Auffassung den Vorteil, auf bereits konkretisierte Absichten, allenfalls auf ein konkretes Bauvorhaben Rücksicht zu nehmen. Da der Schutzvertrag zudem im Einvernehmen mit dem privaten Vertragspartner und meistens auch im Hinblick auf eine städtische Kostenbeteiligung abgeschlossen werde, könne er andere denkbare Veränderungen des Schutzobjektes einschränken. Demgegenüber dürfe die einseitige hoheitliche Verfügung aus Gründen der Verhältnismässigkeit den

---

[525] Bei § 160a Abs. 1 PBG handelt es sich allerdings nur um eine "Kann"-Vorschrift.
[526] *Wolf/Kull*, S. 29 f.
[527] *Haller/Karlen*, N. 404 ff., auch zum Folgenden
[528] Auf Richtplanstufe sieht § 23 lit. d PBG die Festsetzung von Schutzzonen im Landschaftsplan vor. Auf nutzungsplanerischer Ebene dienen folgende Planungsmassnahmen der Erhaltung von Schutzobjekten: Kernzone (§ 50 Abs. 1 PBG), Freihaltezone (§ 61 Abs. 2 PBG), Waldabstandslinien (§ 66 PBG), Wasserabstandslinien (§ 67 PBG), Aussichtsschutz (§ 75 PBG) sowie Baumschutz und Begrünung (§ 76 PBG).
[529] *Häfelin/Müller*, N. 860

Rahmen des Zulässigen nur abstrakt abstecken und müsse dort Spielräume offenhalten, wo und soweit sie das Schutzobjekt nicht beeinträchtigten.

1.6.5. Nachbarliche Vereinbarung eines Näherbaurechts (§ 270 Abs. 3 PBG)

Durch nachbarliche Vereinbarung kann für abstandspflichtige Gebäude unter Vorbehalt einwandfreier wohnhygienischer und feuerpolizeilicher Verhältnisse ein Näherbaurecht begründet werden (§ 270 Abs. 3 PBG)[530]. Durch Vereinbarung können Nachbarn neben den kantonalen auch die kommunalen Abstände unterschreiten[531]. Praxis und Lehre gehen davon aus, dass auch der aus den beidseitigen Grenzabständen resultierende Gebäudeabstand gemäss § 271 PBG reduziert werden dürfe; insofern sei die Sonderregelung von § 274 Abs. 2 PBG, die vom Gesetzgeber redaktionell wohl übersehen worden sei, fast bedeutungslos geworden[532]. Dies gilt überdies - und zwar ohne besondere Vereinbarung oder Erklärung - auch für grundstücksinterne Abstandsunterschreitungen[533].

Abstandsrechtlich wurde mit der Revision des Planungs- und Baugesetzes insofern eine Liberalisierung ermöglicht, als neben den gesetzlichen Grundanforderungen baupolizeilich nur mehr noch die Wohnhygiene und der Brandschutz als objektive Kriterien betrachtet werden. Fixe statische Abstandsmasse können somit zwischen Nachbarn wegstipuliert werden. Mit dieser neurechtlichen Bestimmung hat der Gesetzgeber einen neuen Verhandlungsspielraum geschaffen[534].

2. Negotiation und Mediation

Unter Konfliktmittlung (Mediation) wird die Einschaltung eines neutralen Dritten in ein Aushandlungsprozedere (Negotiation) verstanden, das die konfliktbeteiligten Parteien in eigener Regie führen. Methodisch wird der aktive und der passive Konfliktmittler unterschieden. Während der letztere nur Verfahren zwischen den Beteiligten leitet, trägt der aktive Konfliktmittler den ausgehandelten Kompromiss auch inhaltlich mit[535]. Dem beigezogenen Konfliktmittler

---

[530] *Kull*, S. 30; *Wolf/Kull*, S. 76 ff.
[531] BKRE II Nrn. 155 und 156/1992 = BEZ Nr. 34/1992
[532] BRKE II Nrn. 155 und 156/1992 = BEZ Nr. 34/1992 implizit; VB 92/0117 = BEZ Nr. 5/1993;*Wolf/Kull*, S. 77
[533] VB 92/0117 = BEZ Nr. 5/1993
[534] Da die öffentlichrechtliche Gültigkeit der Vereinbarung von der zuständigen Bewilligungsbehörde zu überprüfen und in der baurechtlichen Bewilligung festzustellen ist, stellt sich die Frage, ob es sich dabei um einen verwaltungsrechtlichen Vertrag zwischen Privaten handelt; *Häfelin/Müller*, N. 885; *Imboden/Rhinow*, Bd. I, Nr. 46 B.I.c.
[535] *Hoffmann-Riem*, S. 35

kommt keine eigenständige Entscheidungsmacht zu. Im Gegenteil: Nach einhelliger Meinung setzt die deutsche Lehre beim Einsatz eines Konfliktmittlers voraus, dass die Letztentscheidungsbefugnis nicht angetastet wird[536]. Im Aushandlungsverfahren wird versucht, im Rahmen der Rechtsordnung eine Übereinkunft zu erarbeiten und dabei entgegengesetzte Interessen auszugleichen. Regelmässig handelt es sich dabei um Vergleiche, also um Kompromisslösungen. Negotiation in Verbindung mit Mediation strebt eine Konfliktlösung an, welche die Interessen der Beteiligten besser befriedigt als der einseitige, aber weiterhin umstrittene behördliche Entscheid. Das Vermittlungs- und Aushandlungskonzept soll einerseits gewährleisten, dass getroffene Entscheide nicht an (legalem) Widerstand scheitern, anderseits soll es dazu beitragen, Widerstand gegen raum- und umweltrelevante Vorhaben im Ansatz zu erkennen und diesen abbauen zu helfen[537]. In diesem Sinn steht die Formalisierung der Konfliktbewältigung soweit im Zentrum der Bemühungen, dass die im Interesse aller Betroffenen ermittelte Entscheidung unabweisbar ist. Im übrigen ist jedoch grösstmögliche Informalität zu bewahren bzw. den Beteiligten unter Einsatz des Konfliktmittlers der Entscheid über das gewünschte Ausmass von Formalität zu belassen[538]. Eine Konfliktbewältigung wird unter Berücksichtigung aller Betroffenen erreicht.

Beim Einsatz eines Konfliktmittlers wird abgewogen, ob er sich im Hinblick auf die Problemlösung positiv auszuwirken vermag. Insbesondere muss sich dabei die Zurückhaltung der Verwaltung rechtfertigen. Insofern wird die herausragende Bedeutung des Konfliktmittlers bei der Feststellung der vorhabensrelevanten Interessen deutlich. Der neutrale[539] Konfliktmittler arbeitet auf den Verhandlungsdurchbruch hin. Aus unbefangener Warte ist es ihm unter Umständen möglich, neue Lösungsalternativen zu entwickeln[540].

---

536 *Hoffmann-Riem*, S. 57; *Hoffmann-Riem*, Verhandlungen, S. 31 f. und 35
537 *Treiber*, S. 267 f.; *Hoffmann-Riem*, Verhandlungen, S. 21 ff. und ausführlich in der Abhandlung: Konfliktmittler in Verwaltungsverhandlungen; *Schmidt-Assmann*, S. 18 ff.; *Renn*, URP 6/1992, 286 f. und 292 ff.
538 *Hoffmann-Riem*, Verhandlungen, S. 26
539 Über den Status des Konfliktmittlers bestehen verschiedene Auffassungen: *Hoffmann-Riem* (S. 54) will die Vermittleraufgabe aus der Verantwortung der Verwaltung herauslösen, um damit Neutralität und Distanz sicherzustellen. *Schmidt-Assmann* (S. 26) sieht den Konfliktmittler als Beauftragten der Verwaltung; über ein verliehenes Amt sollen bestimmte Verhaltensregeln auferlegt werden, mit der Möglichkeit, die einvernehmlich festgelegte Geschäftsordnung nach Bedarf weiter auszugestalten. Gemäss *Schuppert* (S. 43 ff.) soll der Konfliktmittler einen gesetzlich geregelten amtlichen Status erhalten, der sich im wesentlichen durch die Weisungsunabhängigkeit gegenüber der Verwaltung auszeichne.
Vgl. auch *Tanquerel*, S. 102 ff. zum "advocay planning" mit Hinweisen auf die bisherigen Erfahrungen in den Städten Genf und Bern und im Kanton Bern sowie die zitierte Literatur
540 *Schmidt-Assmann*, S. 19 f.; *Hoffmann-Riem*, Verhandlungen, S. 35
Letzteres ist insofern von Bedeutung, als das öffentliche Interesse im Verwaltungsverfahren grundsätzlich nicht parteimässig vertreten ist. Die Verwaltung ist anlässlich der Rechtsanwendung zur Wahrung des öffentlichen Interesses verpflichtet. Eine Ausnahme besteht einzig im Falle der öffentlichen Interessenwahrung aufgrund der Behördenbeschwerde oder durch rechtsmittelbefugte Organisationen im Rahmen der ideellen Verbandsbeschwerde; vgl. *Kölz*, ZBl 86/1985, 55 ff.

Gegen das Institut der Konfliktmittlung wurde Kritik laut[541]: Besonders hervorzuheben ist als das wohl schwierigste Problem im Zusammenhang mit der Konfliktmittlung die umfassende Beteiligung der durch ein nachgesuchtes Vorhaben Betroffenen. Der gerade in koordinationsrechtlicher Hinsicht im Frühstadium erwünschte Einbezug von Dritten stellt deshalb Probleme, weil die Konfliktträchtigkeit eines Vorhabens noch gar nicht genau erkennbar ist. In diesem Sinn fragt Steinberg[542] grundsätzlich: "Wie sollen Dritte in einem Stadium ihre Betroffenheit als Folge des Betriebs einer Anlage überhaupt realisieren, deren Auswirkungen noch niemand kennt?" - Bei vielen Bewilligungsverfahren ist der Kreis der Betroffenen unbestimmt oder gar nicht bestimmbar[543]. Der Betroffenenkreis auf der Ebene des Bewilligungsverfahrens könnte einzig durch die Bildung von Zwangsverbänden in genügendem Ausmass gesichert werden. Auf öffentliche Bekanntgabe hin hätte sich dieser am Verwaltungsverfahren zu beteiligen; im Unterlassungsfall müsste Rechtsverwirkung angenommen werden[544].

3. Informelles Verwaltungshandeln

Auf der Suche nach pragmatischen Lösungen, die von den Beteiligten möglichst weitgehend akzeptiert werden, gilt es auch den zunehmend praktizierten Ansätzen zu informellem Verwaltungshandeln Beachtung zu schenken. Auch sie zielen auf eine Akzeptanzoptimierung ab, indem die spätere Anrufung der Gerichte vermieden und die effiziente Umsetzung von Verwaltungsentscheiden erleichtert werden soll. Im Zusammenhang mit Bewilligungsverfahren für Bauten und Anlagen ist informelles Verwaltungshandeln der formellen Entscheidfindung zeitlich vorgelagert. Tatsächliches Verwaltungshandeln ist namentlich bei der Vorbereitung und Abgabe von Willenserklärungen und im Zusammenhang mit dem Verwaltungszwang von Bedeutung[545]. Die Entscheidinhalte werden durch informelles Aushandeln geprägt; die Tendenz, den inhaltlichen Verhandlungsspielraum möglichst gross zu halten, findet dabei ihre Grenzen in der Rechtsordnung[546]. In diesem Sinne definiert Henneke[547] das informelle Verwaltungshan-

---

[541] Vgl. im Zusammenhang mit den systembedingten und den verfassungsrechtlichen Grenzen von Verhandlungslösungen *Kunig*, S. 55 ff. und *Steinberg*, S. 295 ff.
[542] S. 304
[543] *Kunig*, S. 59
[544] *Steinberg*, S. 305
[545] *Plattner-Steinmann*, S. 55 f.; ansatzweise *Recordon*, VLP-Schriftenfolge Nr. 61, S. 88 ff.
[546] *Hoffmann-Riem*, S. 15 (vgl. auch die Hinweise auf die deutsche Literatur in den Fussnoten 9 und 10); *Plattner-Steinmann*, S. 56 f.; vgl. auch die Darstellung der informellen Mittel im Zusammenhang mit der Mitwirkung der Bevölkerung im Rahmen der Raumplanung aus der Sicht der Behörden und der Bevölkerung bei *Tanquerel*, S. 100 ff.
[547] NuR 13/1991, 268 mit detaillierten Hinweisen auf die deutsche Literatur (vgl. in diesem Zusammenhang insbesondere die Ansätze zur Definition und Abgrenzung des informellen Verwaltungshandelns gemäss *Bohne*, *Ossenbühl* und *Bulling*).

deln folgendermassen: "In der Praxis erweist sich informales Verwaltungshandeln als auf den Einsatz herkömmlicher obrigkeitsstaatlicher Mittel verzichtende Handlungsalternative, die auf unterschiedlich angelegten verhaltenspsychologischen Wegen Einwirkungen ... (auf das raum- und umweltrelevante Geschehen) erreicht."

In bezug auf die Abgrenzung und Typisierung des informellen Verwaltungshandelns ist vorauszuschicken, dass die normvollziehende Aufgabe der Verwaltung sowohl einseitig-hoheitlich als auch kooperativ-partnerschaftlich erfüllt werden kann[548]. Von der einseitigen und der kooperativen Problemlösungsmethodik ist dagegen die graduelle rechtliche Bindungswirkung des jeweiligen Vorganges zu unterscheiden: So steht beim einseitigen Verwaltungshandeln die Verfügung als rechtlich verbindliche Form und unverbindlich das einseitig informelle Verwaltungshandeln zur Verfügung. Als kooperativ verbindliche Formen stehen der öffentlich-rechtliche und der privatrechtliche Vertrag als formelle Absprachen den rechtlich unverbindlichen informellen Absprachen gegenüber. Faktische Bindungen entstehen beim einseitig informellen Verwaltungshandeln etwa durch Information, Beratung bzw. Auskunft, Empfehlung, Warnung und allenfalls Duldung sowie bei den informellen Absprachen durch Vorverhandlungen, Vorabzustellung von Entscheidentwürfen, Sanierungsabsprachen und allenfalls durch Duldung[549].

Einseitige Abklärungen der Verwaltung und kooperative Ergebnisse werden demnach nicht immer formell verbindlich festgesetzt. Liegt deren Einhaltung jedoch im wechselseitigen Interesse, so besteht eine sogenannte faktische Bindungskraft. Zum einen ist die Verwaltung etwa dann an der Einhaltung einer informellen Absprache interessiert, wenn deren zwangsweise Durchsetzung aufwendig und aufgrund rechtlicher Unsicherheiten risikoreich ist. Zum andern sind die Adressaten von Verwaltungsmassnahmen daran interessiert, eine informelle Absprache einzuhalten, wenn die Verwaltungsmassnahmen sie härter treffen oder sie gar Sanktionen zu erwarten haben. Durch intensive kooperative Beziehungen können "Netzwerke der Kommunikation und Interaktion" entstehen, die auf Dauer sehr vorteilhaft sein können und die durch Nichteinhalten informeller Absprachen aufs Spiel gesetzt werden[550].

Während im informellen Verwaltungshandeln einerseits ein zeitgemässer unbürokratischer und wirtschaftlicher Ansatz zu einer fruchtbaren Zusammenarbeit zwischen Bürger und Staat erblickt wird, verurteilen es die Skeptiker als "Dunkelkammer des Rechtsstaates"[551]. Der Nutzen informellen Verwaltungshandelns liegt in einer praktikableren Rechtsanwendung, indem bestehende Rechtsunsicherheiten abgebaut und zudem die Austragung von Rechtsstreitig-

---

Vgl. im Zusammenhang mit der schweizerischen Rechtsordnung *Brühwiler-Frésey*, S. 274 ff. und *Plattner-Steinmann*, S. 33 f. und 36 ff.
[548] Vgl. in diesem Zusammenhang oben 1.4. zum Verhältnis von Verfügung und Verwaltungsvertrag
[549] *Henneke*, NuR 13/1991, 270 f.; *Plattner-Steinmann*, S. 165 ff.
[550] *Hoffmann-Riem*, Verhandlungen, S. 19
[551] *Henneke*, NuR 13/1991, 269

keiten verhindert werden können. Ausserdem kann auf Veränderungen sehr flexibel reagiert werden. Gerade bei öffentlichen Aufgaben wie beim Raumplanungsrecht mit inhaltlich offenen und unbestimmten Normenprogrammen und beim Umweltschutzrecht, das in naturwissenschaftlicher, technologischer, wirtschaftlicher und soziologischer Hinsicht komplexe Probleme stellt, erscheint ein solcher Lösungsansatz nicht von vornherein als undiskutabel. Die Hauptgefahren des informellen Verwaltungshandelns liegen indessen in einem undurchschaubaren Verwaltungsverfahren und in der Förderung bzw. Auslösung sozialer Machtungleichgewichte. Nachfolgend ist kurz auf die Vor- und Nachteile des informellen Verwaltungshandelns im Hinblick auf die koordinationsrechtlichen Anforderungen hinzuweisen:
- Die Vorteile liegen im Abbau wechselseitiger Ungewissheiten in bezug auf die Sach- und die Rechtslage sowie in der Erhöhung der Erwartungs- und Verhaltenssicherheit der Beteiligten. Mit informellen Absprachen lässt sich die Planungs- und Investitionssicherheit für den Bauherrn verbessern. Der Bauherr ist im Interesse einer zeitlich raschen Verwirklichung seines Projektes und um Rechtsstreitigkeiten zu vermeiden oftmals bereit, z.B. erhöhten Umweltschutzanforderungen nachzukommen. Den Verwaltungsbehörden wird im Rahmen informeller Erörterungen bereits in einem sehr frühen Verfahrensstadium ermöglicht, die Belange der Allgemeinheit und betroffener Dritter einzubringen, womit einem Aufbau eines Konfliktpotentials vorzeitig entgegengesteuert werden kann. Gemeinsam haben der Bauherr und die Verwaltungsbehörden überdies ein nicht zu unterschätzendes Interesse an der Pflege guter dauerhafter Beziehungen: So stehen für den Bauherrn immer wieder Bewilligungsentscheide an, während das Gemeinwesen an der Arbeitsplatzsicherung und am Steueraufkommen interessiert ist. Schliesslich ist auch die Befriedungswirkung informellen Verwaltungsverhaltens erwähnenswert[552].
- Unverkennbar steht den genannten Vorteilen das Risiko der Relativierung normativer Vorgaben und die Gefährdung von Drittinteressen aufgrund erschwerter Kontrolle und fehlendem Rechtsschutz gegenüber. Insbesondere normvertretende Absprachen dürfen keine Kapitulation des Gesetzgebers gegenüber komplizierten Regelungssachverhalten darstellen. Vielmehr hat der Gesetzgeber darüber zu entscheiden, ob und inwieweit er auf eine Normierung verzichtet. Hat er einmal einen Tatbestand normiert, so dürfen die getroffenen Wertungen im Rahmen der Rechtsanwendung nicht unterlaufen werden. Der Grundsatz der Verhältnismässigkeit kann weder einen ökonomischen Verzicht auf die Durchsetzung klarer rechtlicher Anforderungen rechtfertigen noch den Ersatz einseitig hoheitlichen Handelns durch informelle Absprachen[553].

Für eine erfolgreiche Verfahrenskoordination steht zweifelsfrei fest, dass ein Überblick über die einzuholenden Bewilligungen möglichst frühzeitig zu verschaffen ist. Die Praxis lässt erkennen, dass Koordinationsversäumnisse regelmässig nicht mehr auszugleichen sind. Gerade

---

[552] *Henneke*, NuR 13/1991, 272 f.
[553] *Henneke*, NuR 13/1991, 272 und 273 f.; *Hoffmann-Riem*, Verhandlungen, S. 26 ff.; *Richli*, ZBl 92/1991, 394 ff.

das Erfolgskriterium der Frühzeitigkeit lässt demnach Koordinationsbemühungen im Rahmen des informellen Verwaltungsverhandelns etwa anlässlich von Vorverhandlungen als besonders wichtig erscheinen. Unter Berücksichtigung des Untersuchungsgrundsatzes und des Prinzips eines fairen Verfahrens ist der an der Absprache beteiligte Bürger über die behördlichen Absichten aufzuklären und nicht über Gebühr zu belasten.

III. Teil

Der Sachgebietsansatz

Der zu beurteilende rechtserhebliche Sachverhalt beschlägt unter Umständen die verschiedensten positivrechtlich normierten Sachgebiete. Jede dieser spezialrechtlichen Ordnungen verfolgt eine vom Gesetzgeber eigens definierte spezifische öffentlichrechtliche Aufgabe. Da jede Aufgabenerfüllung auch eigene organisatorische und verfahrensrechtliche Anforderungen stellt, zeigen die betreffenden Verwaltungsstrukturen und die fraglichen Verfahrensinstrumente auch eigene fachspezifische Ausgestaltungen. Auf koordinationsrelevante Besonderheiten sowie Bestimmungen im Hinblick auf die zu gewährleistende materielle Koordination ist bei der nachfolgenden Untersuchung der einzelnen Sachgebiete die besondere Aufmerksamkeit zu richten.

§ 6 RAUMPLANUNG

1. Öffentliche Aufgabe und Zweck

1.1. Allgemeines

Die Ziele der Raumplanung lassen sich mit der haushälterischen Nutzung des Bodens, der gegenseitigen Abstimmung der raumwirksamen Aufgaben und der Verwirklichung einer auf die erwünschte Entwicklung des Landes ausgerichteten Besiedlung umschreiben. Dabei sind die natürlichen Gegebenheiten und die Bedürfnisse von Bevölkerung und Wirtschaft zu beachten (Art. 1 Abs. 1 RPG)[1]. Diese Ziele sind durch die vorwegzunehmende Koordination raumwirksamer Massnahmen - namentlich deren Steuerung und Lenkung über längere Zeit hinweg - zu erreichen[2]. Begrifflich umfasst die Raumplanung alle räumlichen Planungen der öffentlichen Hand auf allen Ebenen des Gemeinwesens und in allen raumrelevanten Aufgabenbereichen wie z.B. Verkehr, Umwelt, Wirtschaft, Kultur und Landesversorgung[3]. Damit handelt es sich bei der Raumplanung also um eine Querschnittplanung, welche aus einer ganzheitlichen Sichtweise heraus anzugehen ist[4]. Wichtigstes Koordinationsmittel ist der Richtplan (Art. 6 ff. RPG)[5].

Die Raumplanung hat zwei Funktionen zu erfüllen[6]: Zum einen ist sie Nutzungsplanung[7]. Zum andern ist sie koordinative Planung, indem sie die raumbedeutsame Staats- und Verwaltungstätigkeit abstimmt. Im vorliegenden Zusammenhang interessiert besonders dieser letztere koordinationsrelevante Aspekt: Die Aufgabe des koordinativen Raumplanungsrechts besteht darin, für eine ziel- und zweckgerechte Anwendung des raumbedeutsamen Rechts zu sorgen. So sollen etwa die rechtsanwendenden Organe in Erfüllung anderer raumwirksamer öffentlicher Aufgaben wie z.B. im Bereich des Umweltschutzes, des Natur- und Heimatschutzes und der Wald- und Landwirtschaft ihre Entscheide sowie ihr fachspezifisches Verwaltungshandeln auch auf die besonderen Ziele und Zwecke der Raumordnung ausrichten. Im Zusammen-

---

[1] *EJPD/BRP*, Erläuterungen RPG, Art. 1 N. 2 ff.
[2] *Baschung*, ZBl 80/1979, 389 ff.; *Lendi/Elsasser*, S. 11; *Lendi*, FS Kaufmann, S. 297 f.; *Lendi*, Planungsrecht und Eigentum, S. 59 ff.; *Macheret*, S. 82 ff. und S. 94 ff.
[3] *Aemisegger*, VLP-Schriftenfolge Nr. 26, S. 19 ff.; *EJPD/BRP*, Erläuterungen RPG, N. 9 bis 19 (insbesondere N. 16); *Lendi/Elsasser*, S. 11
[4] *Lendi*, DISP Nr. 37/1975, 38; *Lendi*, FS Kaufmann, S. 298
[5] *Aemisegger*, VLP-Schriftenfolge Nr. 26, S. 19; *Kölz/Keller*, URP 4/1990, 398 und 415 ff.
[6] BBl 1972 I 1480
[7] *Lendi*, Planungsrecht und Eigentum, S. 61 und 95 ff.; *Tschannen*, N. 30, N. 477 und N. 612
Ausgehend von der Zoneneinteilung in überbaubare und nicht überbaubare Gebiete wird die zulässige Bewerbungsweise und Überbauungsdichte mit Verbots- und Gebotsnormen geregelt, und es werden bestimmte Vorkehren zur Verwirklichung der getroffenen Ordnung angeordnet wie die Erschliessung der Grundstücke, der Landumlegung und der Erhebung öffentlicher Abgaben; *Jagmetti*, Kommentar BV, Art. 22quater N. 25 bis 33.

hang mit der koordinativen Raumplanung wird auch von programmatischer Raumplanung gesprochen[8].

Als klassisch sachgebietsüberschreitende Rechtsordnung zeigt die Raumplanung enge Sachzusammenhänge mit den Aufgaben und Zielsetzungen aller übrigen raumrelevanten Normenwerke. Die aufgrund unterschiedlicher Normenprogramme differenzierten Interessenlagen dieser Sachgebiete gegenüber der Raumplanung sind nachfolgend anhand der wichtigsten raumrelevanten Bereiche zu analysieren:

1.2. Baurecht und Raumplanung

Im Rahmen der Nutzungsplanung werden neben der Festsetzung der Zonenordnung auch die Vorschriften der massgeblichen Regelbauweise erlassen. Abweichungen davon können mittels Sondernutzungsplänen geregelt werden. Im Einzelfall sind ausserdem Ausnahmebewilligungen möglich. Das öffentliche Baurecht[9] ist auf Gefahrenabwehr ausgerichtet und erfüllt daneben Ordnungs- und Gestaltungsfunktionen[10].

Die Nahtstellen zwischen Baurecht und Raumplanung bilden das Erschliessungsrecht (Art. 19 RPG und Art. 22 Abs. 2 lit. b RPG) und die Anforderungen an die Zonenkonformität von Bauten und Anlagen (Art. 22 Abs. 2 lit. a RPG). Neben diesen Grundvoraussetzungen an Bauten und Anlagen schreibt das Bundesrecht für deren Errichtung und Änderung ausdrücklich ein Bewilligungsverfahren vor (Art. 22 Abs. 1 RPG). Das kantonale Recht regelt das Baurecht, soweit es nicht den Gemeinden übertragen ist[11].

In den letzten Jahren hat die Rechtsprechung dem engen Sachzusammenhang zwischen Baurecht und Raumplanung mit der konsequenten Durchsetzung der planerischen Anforderungen an Bauten und Anlagen Nachachtung verschafft. Das Bundesgericht verlangt seit dem Fristablauf für die Ausarbeitung rechtsgenügender Richt- und Nutzungsplanungen durch die Kantone[12] für die Bewilligungen von Bauten und Anlagen, die naturgemäss bedeutende raumwirksame Wirkungen erwarten lassen, eine rechtsgenügende planerische Grundlage[13]. Die bereits in BGE 115 Ib 148 ff., 151 (Bäretswil) betonte Rangfolge, dass sich Baubewilligungs- bzw. Ausnahmebewilligungsentscheide gemäss ihrer Funktion als einzelfallweise Planverwirklichungen auf die bundesrechtlich vorgesehene Nutzungsordnung abzustützen haben, wurde

---

8   *Dilger*, § 8 N. 55 ff.; *Hangartner*, S. 119; *Jagmetti*, Kommentar BV, Art. 22quater N. 40; *Lendi*, Planungsrecht und Eigentum, S. 61 (insbesondere Fussnote 37); *Maurer*, S. 33 bis 43
9   Vom öffentlichen Baurecht, welches in engem Zusammenhang mit der Nutzungsplanung steht, ist das private Baurecht zu unterscheiden.
10   *Lendi/Elsasser*, S. 209 f.
11   *Spahn*, S. 6 bis 21
12   Siehe Art. 34 RPG betreffend die Fristen für Richt- und Nutzungsplanung
13   Z.B. BGE 114 Ib 180 ff. (Sportplatz Chiasso), BGE 114 Ib 312 ff. (Golfplatz Morschach), BGE 115 Ib 148 ff. (Bäretswil) mit Verweisen

denn auch im wegleitenden Entscheid Chrüzlen[14] bestätigt. Das Bundesgericht hat hier massgeblich erwogen, dass für die Realisierung der geplanten Regionaldeponie zusätzlich zur bereits erfolgten Festsetzung des Deponiestandortes auf Richtplanstufe im kantonalen Gesamtplan die Festsetzung eines kantonalen Sondernutzungsplanes erforderlich sei. Im Rahmen einer solchen Nutzungsplanung sei die umfassende Beurteilung sämtlicher raum- und umweltrelevanter Gesichtspunkte vorzunehmen. Die auf die erwünschte Entwicklung ausgerichtete Abstimmung der raumwirksamen Tätigkeit sei die spezifische Aufgabe der Planung. Somit dürfe an die Nutzungsplanung für die Verwirklichung einer Deponie keine geringeren Anforderungen gestellt werden als an eine Ausnahmebewilligung gemäss Art. 24 RPG. Demnach habe der Standort und der zweckmässige Grundsatzentscheid den massgebenden umweltschutzrechtlichen Bestimmungen Rechnung zu tragen und auch den Schutz vor Einwirkungen zu umfassen. Damit berücksichtige der Planungsentscheid vorsorglich auch den Umweltschutz.

Der offensichtlich enge Sachzusammenhang zwischen Umweltschutz und Raumplanung ist im folgenden Abschnitt genauer darzulegen.

1.3. Umweltschutz und Raumplanung

Der Umweltschutz dient dem Schutz des Menschen und seiner natürlichen Umwelt gegen schädliche oder lästige Einwirkungen. Neben der direkten Abwehr[15] von Luftverunreinigungen und Lärm soll auch der Schutz des Bodens gewährleistet werden. An die Qualität der Bauzonen werden erhöhte Anforderungen gestellt. Der Umweltschutz strebt ganzheitlich die Bewahrung und Stärkung des ökologischen Gleichgewichts an. Er ist grundsätzlich vorsorglicher Natur (Art. 1 Abs. 2 USG)[16].

Demgegenüber ist das Vorsorgeziel der Raumplanung - unter Berücksichtigung der haushälterischen Bodennutzung und des Schutzes der Existenzgrundlagen - auf einen strukturierten, organisierten und entwicklungsfähigen Lebensraum des Menschen ausgerichtet. Die raumplanerische Erarbeitung einer ausgewogenen Landschafts-, Siedlungs-, Verkehrs- und Versorgungsinfrastruktur erfordert die umfassende prognostische Beurteilung sämtlicher raumbedeutsamer Aspekte und deren zweckmässig abgewogene Umsetzung mit einer einerseits fortschrittlich entwicklungsfördernden und anderseits bewahrenden Planung[17]. Der Schutz der Umwelt ist eines von vielen Zielen der Raumplanung. Die Raumplanung ist im Vergleich zum

---

[14] BGE 116 Ib 50 ff. (insbesondere 55 f.); vgl. auch *Karlen*, ZBJV 130/1994, 119 f.
[15] Vgl. *Jagmetti*, Die Raumplanung als Umweltgestaltung, S. 97 ff.: Im Hinblick auf den Erlass des Umweltschutzgesetzes betont Jagmetti besonders den Abwehrcharakter des Umweltschutzrechts gegenüber der Lenkungs- und Steuerungsfunktion des Raumplanungsrechts.
[16] *Flückiger*, VLP-Schriftenfolge Nr. 42, S. 76 ff.; *Lendi*, Informationsblatt RPG-NO 3/1992, S. 5 ff.; *Lendi/Elsasser*, S. 220 ff.
[17] *Lendi*, Informationsblatt RPG-NO 3/1992, S. 7 f. und 10

Umweltschutz auf die Raumordnung im Gesamten ausgerichtet. Sie vermag durch räumliche Abgrenzung und Umsetzung von umweltschützerischen Anforderungen frühzeitig unerwünschte Entwicklungen und Umweltbelastungen zu verhindern[18].

Weder dem Umweltschutz noch der Raumplanung kommt verfassungsrechtlich gesehen ein qualifizierter Rang zu[19]. Sofern sich ein Vorrang der umwelt- bzw. raumrelevanten Gesichtspunkte von Gesetzes wegen ergibt, müssen allfällig sich konkurrenzierende öffentliche Interessen gegeneinander abgewogen und aufeinander abgestimmt werden. Massgebend sind insbesondere der Zweck der anwendbaren Vorschriften und ein allfälliger Beurteilungsspielraum: Einerseits können umweltschutzrechtliche Anforderungen Planänderungen mit sich bringen, müssen doch Raumpläne den gesetzlichen Vorgaben nachkommen. Je nach Planart sind verschiedene Voraussetzungen zu erfüllen[20]. Anderseits muss die Umweltschutzfachverwaltung rechtskräftige Pläne beachten, selbst wenn diese aus ganzheitlich ökologischer Sicht nicht genügen. Je nach Dringlichkeit ist eine Planrevision anzustreben oder vorsorglich eine Planungszone i.S.v. Art. 27 RPG zu verfügen. Im Bereich der Luftreinhaltung sind für zonenkonforme Bauten und Anlagen weder Baubeschränkungen noch Bauverbote möglich; es können jedoch emissionsbeschränkende Massnahmen i.S.v. Art. 12 USG angeordnet werden. Im Bereich des Lärmschutzes sind unter Umständen gestützt auf Art. 24 f. USG Bauverbote möglich.

Offensichtlich weisen die umweltschutz- und planungsrechtliche Gesetzgebung einen überaus engen Sachzusammenhang auf. Die Berührungspunkte zwischen Umweltschutz und Raumplanung liegen zum einen in der mittel- und langfristig angestrebten Erhaltung und Gestaltung des Lebensraumes und zum andern in deren Qualifizierung als Sachplanungen der öffentlichen Hand[21]. Kuttler[22] fordert für den Gesetzesvollzug die "Überwindung sektoriellen Denkens"; in einer Gesamtschau seien alle umweltschutz- und planungsrechtlichen Zusammenhänge zu gewichten.

1.4. Natur- und Heimatschutz und Raumplanung

Der Natur- und Heimatschutz bezweckt die Erhaltung und den Schutz von Landschafts- und Ortsbildern, geschichtlichen Stätten, Natur- und Kulturdenkmälern sowie einheimischer Pflanzen und Tiere. Der Natur- und Heimatschutz ist objektsbezogen auf Gefahrenabwehr ausgerichtet[23].

---

18   *Flückiger*, VLP-Schriftenfolge Nr. 42, S. 77; ebenso *Lendi*, ORL-Schriftenreihe Nr. 33, S. 252 f.
19   *Lendi*, Planungsrecht und Eigentum, S. 71
20   Siehe Art. 9 Abs. 2 RPG für Richtpläne und Art. 21 Abs. 2 RPG für Nutzungspläne
21   *Lendi*, ORL-Schriftenreihe Nr. 31., S. 254 f.; *Lendi*, Die Bedeutung der kommenden Raumplanungsgesetzgebung für den Umweltschutz, S. 135 f.; zur methodischen Ermittlung ökologischer Daten für die Raumplanung siehe beispielsweise *Klötzli*, DISP Nrn. 59 und 60/1980, S. 53 ff.
22   Siehe ZBl 89/1988, 242 f. sowie hinsichtlich der Konsequenzen für das Verwaltungsverfahren S. 244 ff.
23   Auf den Zweck und die Aufgaben ist unter § 8, 1. noch differenzierter einzugehen.

Demgegenüber erfasst die Raumplanung Schutzobjekte als Teil der umfassend anzugehenden erwünschten Raumordnung. Die raumplanerischen Interessen sind demnach nicht auf das Schutzobjekt an und für sich ausgerichtet, vielmehr gelten sie dem schutzwürdigen Orts-, Strassen- und Landschaftsbild. Der auf Wohlfahrt ausgerichteten Raumplanung entspricht eine hauptsächlich ästhetische Motivation[24].

Im Rahmen der Kompetenzausscheidung zwischen Bund und Kantonen im Bereich der Raumplanung gemäss Art. 22quater Abs. 1 BV kann der Bund nur Grundsätze - die Rahmengesetzgebung - statuieren. In natur- und heimatschützerischer Hinsicht ist die Steuerungswirkung einer klaren Nutzungsordnung sowie einer koordinativen Raumplanung wesentlich[25], welche die natur- und heimatschützerischen Ziele von Art. 1 Abs. 2 RPG und die entsprechenden Planungsgrundsätze gemäss Art. 3 Abs. 1 RPG gebührend berücksichtigt.

Die aufgrund der unterschiedlichen Normenprogramme zwangsläufig auch verschiedenen Zielsetzungen des Natur- und Heimatschutzes und der Raumplanung können miteinander kollidieren. Verfassungsrechtlich stehen der Natur- und Heimatschutz und die Raumplanung gleichwertig nebeneinander[26]. Trifft eine Interessenkollision im Rahmen eines raumplanerischen Verfahrens ein, so ist im Einzelfall eine Interessenabwägung vorzunehmen[27].

1.5. Waldrecht und Raumplanung

Die Raumplanung ist auch mit dem Waldrecht sachlich sehr eng verbunden. Vor der kürzlichen Revision des Forstpolizeirechts hat einzig Art. 18 Abs. 3 RPG das Verhältnis zwischen Waldrecht und Raumplanung geregelt. Ohne Bezugnahme auf die jeweils geltende Nutzungsordnung grenzte das Forstrecht den Wald ab und statuierte eine eigene Nutzungsordnung für das Waldareal[28]. Das neue Waldgesetz koordiniert mit den neuen Bestimmungen Art. 5 und 11 bis 13 nunmehr auch das Verhältnis zwischen Forstrecht und Raumplanung. Zudem löst es die bisherigen Abgrenzungsprobleme zwischen Wald und Bauzonen.

1.6. Gewässerschutz und Raumplanung

Art. 1 Abs. 2 lit. a RPG zählt im Zusammenhang mit dem Schutz der natürlichen Lebensgrundlagen neben Boden, Wald und Landschaft ausdrücklich auch das Wasser auf. Damit handelt es sich beim Gewässerschutz nicht nur um ein ökologisches Teilziel, vielmehr auch um

---

24 *Imholz*, S. 134 ff.; *Meyer*, BR 1989/1, 4 f.
25 *Imholz*, S. 137; *Martin Keller*, S. 164 f.
26 Gl.M. auch *Imholz*, S. 70 und S. 137; vgl. *Martin Keller*, S. 74 ff., zusammenfassend betreffend die Theorien im Hinblick auf eine Wertordnung innerhalb der Bundesverfassung
27 Vgl. bereits BGE 99 Ia 618
28 *Aemisegger*, VLP-Schriftenfolge Nr. 26, S. 64 ff.; *EJPD/BRP*, Erläuterungen RPG, Art. 18 N. 17 ff.

ein raumplanerisches. Es offenbart sich auch hier ein sehr enger sachlicher Zusammenhang. Das Bemühen des Gesetzgebers nach Übereinstimmung mit der Raumplanung zeigt sich bei den Vorschriften betreffend die Abwassersanierung und der Kanalisationsplanung, der Ausscheidung von Grundwasserschutzzonen und -arealen sowie den gewässerschutzrechtlichen Anforderungen für die Erteilung von Baubewilligungen[29].

2. Zur Kompetenzausscheidung zwischen Bund und Kantonen

Art. 22quater Abs. 1 BV ermächtigt den Bund mit der Grundsatzgesetzgebung[30] auf dem Gebiet der Raumplanung, Abs. 2 erteilt dem Bund den Auftrag zur Förderung, Koordination und Zusammenarbeit mit den Kantonen, und Abs. 3 verpflichtet ihn zur Berücksichtigung der Landes-, Regional- und Ortsplanung bei der Erfüllung der eigenen Aufgaben.

Diese Raumplanungskompetenzen des Bundes weisen einen auffallend programmatischen Charakter auf[31]. Art. 22quater BV wird mit einem sogenannten Staatsprogramm eingeleitet. Dem Bund werden die besagten Zuständigkeiten als Mittel zur Erreichung einer haushälterischen Bodennutzung und einer auf die erwünschte Entwicklung des Landes ausgerichteten Ordnung der Besiedlung übertragen. Mit der Pflicht zur Zusammenarbeit mit den Kantonen wird föderalistischen Ansprüchen genügt[32]. Die Kompetenzen des Bundes beschränken sich auf eine Rahmengesetzgebungs- sowie eine Förderungs- und Koordinationskompetenz. Zudem statuiert die Verfassung eine Verhaltensanweisung an die Bundesbehörden[33].

Im vorliegenden Zusammenhang ist die Förderungs- und Koordinationskompetenz genauer zu betrachten: Aufgrund der Verpflichtung des Bundes, bei der Erfüllung seiner Aufgaben die Anforderungen der Landes-, Regional- und Ortsplanung zu berücksichtigen, muss der Bund seine raumwirksamen Entscheide mit den Planungsmassnahmen untergeordneter Ge-

---

29 Vgl. die fundierte Übersicht noch im Zusammenhang mit dem altrechtlichen GSchG: *Iselin*, ZBl 75/1974, 426 ff.
30 *Mächler* (S. 49 f.) bezeichnet den Gebrauch des Begriffs der Rahmengesetzgebung(-skompetenz) als treffender.
 Nach Auffassung der Bundesbehörden kommt den Kantonen im Zusammenhang mit einer Rahmengesetzgebungskompetenz des Bundes ein möglichst weiter Entscheidungsspielraum zu. Der Bund ist zur Rechtsetzung soweit befugt, als dies zur verfassungsmässigen Erfüllung der angestrebten Ziele erforderlich ist. Bereiche, die von den Kantonen geregelt werden können, sind diesen zu überlassen; *Mächler*, S. 90 (zusammenfassend) und S. 83 ff. ausführlich im Zusammenhang mit der Rahmengesetzgebungskompetenz des Bundes im Bereich der Raumplanung.
31 *EJPD/BRP*, Erläuterungen RPG, Art. 1 N. 4; *Jagmetti*, Kommentar BV, Art. 22quater N. 40; *Martin Keller*, S. 158 ff.; *Tschannen*, N. 362 und N. 376 ff.
32 *Hangartner*, S. 118 f.
33 *EJPD/BRP*, Erläuterungen RPG, Einleitung N. 54 ff., 63 ff. und 70 ff.; *Lendi*, Planungsrecht und Eigentum, S. 71; *Lendi/Elsasser*, S. 182; *Tschannen*, N. 32 bis 41

meinwesen abstimmen[34]. Die Zusammenarbeit zwischen dem Bund und den Kantonen - verstanden im Sinne des vertikalen kooperativen Föderalismus - ist in Art. 22quater Abs. 2 BV in allgemeiner Weise umschrieben[35]. Diese Kooperation wickelt sich bei Gemeinschaftsaufgaben zwischen den Gemeinwesen wie z.B. der Raumplanung im Rahmen der jeweiligen Kompetenzbereiche ab.

Der an den Bund gerichtete Koordinationsauftrag betrifft sowohl die Nutzungsordnung als auch das koordinative Raumplanungsrecht. Erfüllt wird er durch die Ausführung und den Vollzug der Rahmengesetzgebung, durch die Genehmigung der kantonalen Richtpläne gestützt auf Art. 11 RPG und die Bereinigungsverfahren gemäss Art. 7 Abs. 2 und Art. 12 RPG[36]. In der Phase der Planfestsetzung überlagern sich die Koordinationsinstrumente mit denjenigen der Förderung. In räumlicher Hinsicht zielt die Koordination primär auf die Abstimmung interkantonaler Verhältnisse ab; die innerkantonale Koordination wird eher als aufsichtsrechtliche Bundesaufgabe verstanden[37]. Umfangmässig bedingt der Koordinationsauftrag eine Querschnittplanung, behandelt sie doch die räumlichen Aspekte aller anderen Bereichsplanungen, soweit diese räumliche Auswirkungen haben[38]. Als sachübergreifende Aufgabe verleiht der Verfassungsauftrag zur raumplanerischen Koordination gemäss Art. 22quater Abs. 2 BV jedoch keine übergeordneten Befugnisse und begründet auch keine neuen Sachzuständigkeiten[39]. Im Verhältnis zum übrigen Verwaltungsrecht handelt es sich beim Raumplanungsrecht um eine lex specialis[40].

3. Koordinationsrelevante Vorschriften des Raumplanungsrechts

3.1. Interessenabwägung

Die grundsätzliche bundesrechtliche Pflicht zur Abwägung allenfalls kollidierender Interessenlagen ergibt sich implizit aus den differenzierten planerischen Zielsetzungen von Art. 1 RPG unter Berücksichtigung der im gegenseitigen Verhältnis zueinander ebenfalls nicht wider-

---

34 *Lendi*, Planungsrecht und Eigentum, S. 72; *Walser*, S. 15 f. und vgl. auch *Kölz/Keller*, URP 4/1990, 398 f.; *Werner*, S. 48 ff.
35 *Hangartner*, S. 237 ff., auch zum Folgenden sowie S. 204 f.
36 Gemäss *Dilger* (§ 8 N. 66 ff.) beschränkt sich das Bereinigungsverfahren auf die Koordination raumwirksamer Tätigkeiten.
37 *Jagmetti*, Kommentar BV, Art. 22quater N. 126 ff.
38 *EJPD/BRP*, Erläuterungen RPG, Einleitung N. 14; *Lendi*, Planungsrecht und Eigentum, S. 59; *Martin Keller*, S. 155; *Tschannen*, N. 27 bis 30 und N. 477; a.M. *Jagmetti*, Kommentar BV, Art. 22quater N. 40
39 *Jagmetti*, Kommentar BV, Art. 22quater N. 35 ff. i.V.m. N. 126 f.; *Kölz/Keller*, URP 4/1990, 398; *Lendi*, Planungsrecht und Eigentum, S. 73
40 *Lendi*, Planungsrecht und Eigentum, S. 74

spruchsfreien Planungsgrundsätze von Art. 3 RPG[41]. Nur die Ausführungsbestimmung von Art. 3 RPV erwähnt das Koordinationsziel ausdrücklich mit der Abstimmung raumwirksamer Tätigkeiten als erfüllt[42]: Diese wird mit einer umfassenden Abwägung sämtlicher öffentlichen und privaten Interessen erreicht. So sind beispielsweise für die Festsetzung von Bauzonen nicht nur die Anforderungen von Art. 15 RPG zu prüfen, vielmehr auch alle Aspekte, die gegen eine Einzonung sprechen. Voraussetzung für die Pflicht zur Abwägung entgegenstehender Interessen ist das Bestehen eines Handlungsspielraumes.

Im Richtplanverfahren ergibt sich die bundesrechtliche Pflicht zur Koordination aus Art. 8 RPG, wonach die Richtpläne mindestens zu zeigen haben, wie die raumwirksamen Tätigkeiten im Hinblick auf die anzustrebende Entwicklung zeitlich und mit welchen Mitteln aufeinander abzustimmen sind[43]. Koordinationsrechtlich bedeutsam ist die Aussagedichte von Richtplänen. Es werden Festsetzungen[44], Zwischenergebnisse[45] und Vororientierungen[46] unterschieden.

Für das Nutzungsplanverfahren findet sich lediglich die Vorschrift von Art. 26 RPV[47]. Demnach ist hinsichtlich der Genehmigung von Nutzungsplänen ausdrücklich vorgesehen, dass der Erläuterungsbericht aufzuzeigen hat, wie der Umweltschutzgesetzgebung Rechnung getragen wird. In diesem Zusammenhang besteht also eine Koordinationspflicht für die Planungsbehörden zur Berücksichtigung umweltschutzrechtlicher Aspekte.

Im Baurecht schliesslich gilt es grundsätzlich folgende Tatbestände zu unterscheiden:
- Baurechtliche Bewilligungen für zonenkonforme Bauten und Anlagen haben gestützt auf Art. 22 Abs. 3 RPG die übrigen Voraussetzungen des Bundesrechts und des kantonalen Rechts zu erfüllen. Dass sich aufgrund der unterschiedlichen legislatorischen Zielsetzungen Interessenkollisionen ergeben können, ergibt sich von selbst. Innerhalb der einzelfallweise sich ergebenden Handlungsspielräume sind Interessenabwägungen vorzunehmen (Art. 3 RPV).

---

[41] Die Planungsgrundsätze verstehen sich als Entscheidungshilfen; vgl. *Aemisegger*, Planungsgrundsätze, S. 84 ff.; *Aemisegger*, VLP-Schriftenfolge Nr. 44, S. 13 ff.; zusammenfassend *EJPD/BRP*, Erläuterungen RPG, Art. 3 N. 16; *Lendi*, FS Kaufmann, S. 296 und S. 302; *Werner*, S. 76 ff., 87 ff. und 145 ff.

[42] Vgl. auch *Haller/Karlen*, N. 428 f. mit Verweisen; *Kölz/Keller*, URP 4/1990, 398

[43] *Brandt*, S. 37 und 43 ff.

[44] Festsetzungen sind Beschlüsse über die Bereinigung spruchreifer - bestimmter und aktueller - Nutzungskonflikte aufgrund einer freiwilligen Einigung unter den Parteien oder aufgrund eines Bereinigungsverfahrens. Festsetzungen binden die zuständigen Behörden sachlich und verfahrensmässig; *EJPD/BRP*, Erläuterungen RPG, Art. 8 N. 10

[45] Zwischenergebnisse sind Nutzungskonflikte, die unbereinigt geblieben sind, weil sie entweder nicht bestimmt oder nicht aktuell sind. Sie binden die Behörden im Verfahren, indem sie den Weg für die Abstimmung der raumwirksamen Tätigkeiten aufzeigen; *EJPD/BRP*, Erläuterungen RPG, Art. 8 N. 11 f.

[46] Vororientierungen schliesslich bezeichnen mögliche Nutzungskonflikte. Auch sie binden die Behörden, indem sich die Beteiligten bei erheblichen Änderungen der Sachlage unaufgefordert in Kenntnis zu setzen haben; *EJPD/BRP*, Erläuterungen RPG, Art. 8 N. 14 f.

[47] Gemäss *Brandt* (S. 66) widerspiegelt der Nutzungsplan das Resultat einer Abwägung verfassungsrechtlicher Interessen - nämlich raumplanerischer und umweltschutzrechtlicher einerseits und eigentumsrechtlicher anderseits.

- Für Ausnahmebewilligungen betreffend zonenwidrige Bauten und Anlagen innerhalb der Bauzonen verweist Art. 23 RPG auf das kantonale Recht. Die Voraussetzungen werden im Kanton Zürich in § 220 Abs. 2 PBG geregelt. Auch hier ist eine Interessenabwägung vorzunehmen.
- Für Ausnahmebewilligungen von zonenwidrigen Bauten und Anlagen ausserhalb der Bauzonen schreibt Art. 24 Abs. 1 lit. b RPG ausdrücklich eine umfassende Interessenabwägung vor.

3.2. Kooperativer Föderalismus im Bereich der Raumplanung

3.2.1. Organisation

Im Bund wirkt das Amt für Raumplanung als Koordinationsbehörde (Art. 32 RPG)[48]. Seine Aufgaben stellen sich allgemein mit der Erarbeitung von Grundlagen zur Erfüllung der Bundesaufgaben im Bereich der Raumplanung sowie namentlich im Zusammenhang mit den kantonalen Richtplänen, mit besonderen Massnahmen des Bundes und mit raumwirksamen Vorhaben des Bundes. Das Bundesamt ist namentlich Anlaufstelle für die periodischen Berichte betreffend den Stand der kantonalen Richtplanung (Art. 9 Abs. 1 und 2 RPV). Es berät und unterstützt die Kantone bei der Erstellung und Anpassung der Richtpläne, vermittelt Informationen und Kontakte zwischen den Bundesstellen und den Kantonen (Art. 9 Abs. 3 RPV). Im weiteren leitet das Bundesamt für Raumplanung das Verfahren für die Prüfung des kantonalen Richtplanes und seiner Anpassungen und führt die erforderlichen Verhandlungen mit dem Kanton und den Bundesstellen (Art. 10 Abs. 1 RPV). Dabei kann der Kanton seine Richtpläne gestützt auf Art. 10 Abs. 3 RPV zur Vorprüfung unterbreiten. Das Bundesamt erstellt seinerseits den Prüfungsbericht (Art. 10 Abs. 2 RPV). Muss die kantonale Richtplanung im Hinblick auf die rechtsgenügende Erfüllung der Planungspflicht angepasst werden, so koordiniert das Bundesamt die Verfahren zwischen Bund und Kanton (Art. 15 Abs. 2 RPV). Schliesslich nimmt es zu raumwirksamen Vorhaben des Bundes Stellung (Art. 27 Abs. 1 RPV). Es erarbeitet die Grundlagen für die Erfüllung des Koordinationsauftrages, für die Zusammenarbeit mit den Kantonen und Förderung der Raumplanung in den Kantonen, und es leitet das vom Bundesrat eingesetzte bundesinterne Koordinationsorgan (Art. 27 Abs. 2 RPV). Das Bundesamt kann die Verwaltungsgerichtsbeschwerde ans Bundesgericht gemäss Art. 34 Abs. 1 RPG erheben (Art. 27 Abs. 3 RPV). Die horizontale Koordination innerhalb der Bundesverwaltung wird seit 1983 neben dem Bundesamt für Raumplanung durch die Raumplanungskonferenz des Bundes sicher-

---

[48] *Tschannen*, N. 526 ff. (insbesondere N. 530): Für den Konfliktsfall bezweifelt Tschannen die Funktionsfähigkeit der von *Karl Huber* (S. 329) hervorgehobenen Querweisungsrechte. In jenen Fällen müsse doch immer die vertikale Weisungsmacht herbeigerufen werden.

gestellt[49]: Als Koordinationsorgan des Bundes besorgt diese die Koordination der raumwirksamen Bundesaufgaben, erarbeitet Grundlagen und arbeitet mit den Kantonen zusammen.

Art. 31 RPG verpflichtet die Kantone zur Bezeichnung einer kantonalen Fachstelle für Raumplanung; im Kanton Zürch erfüllt das Amt für Raumplanung deren Funktionen. Für die Planfestsetzung sind im übrigen folgende Organe zuständig:
- Der Kantonsrat setzt gestützt auf § 32 Abs. 1 PBG den kantonalen Richtplan fest. Der Regierungsrat ist zur Festsetzung der regionalen Richtpläne zuständig (§ 32 Abs. 2 PBG).
- Die Baudirektion setzt die regionalen Nutzungspläne und die Planungszonen (§ 2 lit. b PBG) sowie die überkommunalen Gestaltungspläne (§ 84 Abs. 2 i.V.m. § 44a PBG) fest.
- Die Gemeindelegislative ist sachlich für die Festsetzung der kommunalen Richtpläne (§ 32 Abs. 3 PBG) und der kommunalen Bau- und Zonenordnung (§ 88 Abs. 1 PBG) zuständig sowie für Sonderbauvorschriften, öffentliche Gestaltungspläne und den Erschliessungsplan (§§ 88 Abs. 1 und 95 PBG).
- Als weitere Planungsträger wirken im Kanton Zürich gestützt auf § 8 PBG die regionalen Planungsverbände und privatrechtlich organisierte Planungsvereinigungen[50]. Die regionalen Planungsverbände konstituieren sich durch den Zusammenschluss von Gemeinden zur überkommunalen Planung in Form von Zweckverbänden (§ 12 Abs. 1 PBG). Die Stadt Zürich entspricht von Gesetzes wegen einem regionalen Planungsverband (§ 12 Abs. 1 Satz 2 PBG). Zur Koordination überkommunaler Planungsaufgaben bilden die regionalen Planungsverbände eines grösseren Bereiches eine privatrechtliche Dachorganisation. Schliesslich umschreibt § 13 PBG die Aufgaben der Planungsverbände in den Bereichen der Richt- und der Nutzungsplanung. Es kommt ihnen vor allem ein Anhörungsrecht zu; die Planfestsetzung ist, wie bereits dargelegt, den staatlichen Behörden vorbehalten.

Gemäss Art. 11 RPG unterliegen die kantonalen Richtpläne der Genehmigung durch den Bundesrat. Der kommunale Richtplan unterliegt im Kanton Zürich der Genehmigung des Regierungsrates (§ 32 Abs. 3 Satz 2 i.V.m. § 2 lit. a PBG). Im weiteren genehmigt der Regierungsrat die kommunalen Bau- und Zonenordnungen, Sonderbauvorschriften, Gestaltungs- und Erschliessungspläne (§§ 89 und 95 i.V.m. § 2 lit. a PBG). Die kantonalen Genehmigungen erfolgen nach Massgabe von § 5 PBG.

---

[49] Siehe den Beschluss des Schweizerischen Bundesrates vom 28. Februar 1983 im Wortlaut enthalten im Anhang 5 des Raumplanungsberichtes 1987, BBl 1988 I 1006 f. und auch 940. Die Raumplanungskonferenz des Bundes löste die Chefbeamtenkonferenz und die Arbeitsgruppe für raumordnungspolitische Koordination (AGROK) ab (vgl. *EJPD/BRP*, Erläuterungen RPG, Art. 32 N. 1 ff. und insbesondere auch *Wemegah* [S. 89 ff.] mit Einzelheiten betreffend die horizontale Koordination innerhalb der Bundesverwaltung gemäss der altrechtlichen Organisation, teilweise mit auch für die heutigen Verhältnisse noch wertvollen Ansätzen).

[50] *Haller/Karlen*, N. 104 ff.; *Jagmetti*, Die Raumplanung als Umweltgestaltung, S. 117; für die Einzelheiten *Natsch*, S. 158 ff.

3.2.2. Zusammenarbeit

Bei der Zusammenarbeit zwischen Bund und Kantonen[51] sind die Planungsinformationen des Bundes (insbesondere Konzepte und Sachpläne) von den Kantonen grundsätzlich zu berücksichtigen (Art. 6 Abs. 4 RPG i.V.m. Art. 4 RPV). Ausnahmen sind aufgrund der rollenden Planung[52] und im Zusammenhang mit dem Prinzip der gegenseitigen Rücksichtnahme[53] denkbar[54]. Die vertikale Zusammenarbeit ist primär partnerschaftlich; erst subsidiär kommt für den Fall eines Dissenses zwischen Bund und Kanton das Bereinigungsverfahren gemäss Art. 12 Abs. 3 RPG i.V.m. Art. 13 RPV zum Zug. Dies kommt auch beim Genehmigungsverfahren für Richtpläne (Art. 11 RPG i.V.m. Art. 11 RPV) zum Ausdruck, wobei lediglich eine Rechtmässigkeitskontrolle durchgeführt wird. Die partnerschaftliche Rücksichtnahme äussert sich schliesslich auch im Zusammenhang mit den besonderen Massnahmen des Bundes (Art. 13 Abs. 2 RPG i.V.m. Art. 14 f. RPV). Der zürcherische Gesetzgeber seinerseits betont die vertikale Zusammenarbeit vor allem im Zusammenhang mit Leitbilduntersuchungen gemäss § 10 PBG. Den Kanton verpflichtet er ausdrücklich zur Grundlagenerarbeitung (§ 11 Abs. 1 PBG), zur Mithilfe bei nachgeordneten - also regionalen und kommunalen - Planungen (§ 11 Abs. 3 PBG) sowie u.a. zur Abstimmung überregionaler Planungen und zur vertikalen Zusammenarbeit mit dem Bund (§ 11 Abs. 2 PBG).

Die horizontale Zusammenarbeit zwischen Nachbarkantonen stellt auf die Koordinationspflicht gemäss Art. 2 und 6 RPG und auf das Zusammenarbeitsgebot gemäss Art. 7 Abs. 1 RPG i.V.m. Art. 9 Abs. 3 und Art. 10 RPV ab. Die sachgerechte Abstimmung der raumwirksamen Tätigkeiten zwischen Nachbarkantonen lässt sich mit der aufsichtsrechtlichen Genehmigungsbefugnis des Bundesrates durchsetzen (Art. 11 RPG i.V.m. Art. 11 RPV). Zwischen uneinigen Kantonen ist das Bereinigungsverfahren durchzuführen (Art. 12 RPG i.V.m. Art. 13 RPV)[55]. Die Abstimmung interkantonal relevanter Planungen und die interkantonale Zusammenarbeit mit den Planungsbehörden anderer Kantone ist dem Kanton vorbehalten (vgl. § 11 Abs. 2 PBG).

3.3. Koordinationsrelevante planerische Anforderungen an Bauten und Anlagen

Nachfolgend werden die planerischen Anforderungen für solche Vorhaben in grundsätzlicher Weise dargestellt. Da die verschiedenen raumbedeutsamen Bauten und Anlagen im einzelnen

---

51 Vgl. *Krayenbühl*, ZBl 80/1979, 395 ff. (insbesondere 402) auch zu den nachfolgenden Ausführungen
52 Art. 9 Abs. 2 RPG i.V.m. Art. 12 Abs. 1 RPV
53 Dieses ist bereits in Art. 22quater Abs. 3 BV verankert.
54 *Walser*, S. 43 f.
55 Zum Ganzen siehe *Walser*, S. 56 ff.

einen unterschiedlichen Planungs- und Projektierungsbedarf und andere Sachbereichsschwerpunkte aufweisen, müssen die folgenden Ausführungen auf die grundsätzlichen planerischen Anforderungen beschränkt werden[56]. Zur Verdeutlichung seien diese Grundsätze jeweils kurz anhand der brisanten und die Verwaltungs- wie die Gerichtspraxis herausfordernden Projekttypen der Materialgewinnungsanlagen und Deponien erläutert. Diese Projekttypen erweisen sich koordinationsrechtlich als besonders aufschlussreich, weil sich ihre planerische Grundlage in der überkommunalen Rahmennutzungsplanung findet.

3.3.1. Stufe Richtplanung

a) Bereichsplanung

Als behördenverbindliche konzeptionell-programmatische Planung entwirft die Richtplanung die Siedlungs-, Landschafts-, Verkehrs- und Versorgungsstruktur aus den diesbezüglichen Zusammenhängen zwischen Problemen, Zielen und Massnahmen heraus und legt überdies fest, wann und mit welchen Mitteln diese Massnahmen zu ergreifen sind[57]. Dabei hat die fragliche Planung das einschlägige eidgenössische und kantonale Recht zu beachten.

Im Kanton Zürich ist für Materialgewinnungs- bzw. -ablagerungsvorhaben der Versorgungsplan gemäss § 25 (lit. b und e) PBG zu berücksichtigen. Er enthält die bereits bestehenden und vorgesehenen Anlagen von kantonaler Bedeutung sowie die zugehörige Infrastrukturplanung wie z.B. das Verkehrskonzept und die Gebiete, die zum Schutz von Versorgungsanlagen freizuhalten sind. Demnach ist eigens eine Materialgewinnungs- bzw. Abfallplanung durchzuführen, die der Nutzungsplanung einen übergeordneten Rahmen vorgibt[58].

b) Standortplanung

Gestützt auf die Vorgaben der fraglichen Bereichsplanung ist die Suche nach dem geeigneten Standort aufzunehmen[59]. Zentral stellt sich die Frage nach den massgeblichen Evaluationskriterien[60]. Insbesondere sind die für eine Gesamtbeurteilung relevanten Kriterienbereiche[61]

---

[56] Vgl. insbesondere die aktuellsten untersuchten Projektarten bei *Zimmerli/Scheidegger*, S. 28 bis 205. Die untersuchten Grossvorhaben sind in speziellen Bewilligungsverfahren auf ihre Rechtmässigkeit hin zu überprüfen. Mit der hier interessierenden allgemeinen Bautätigkeit haben sie wenig gemeinsam.
[57] *Lendi/Elsasser*, S. 225; *Pfisterer*, Richtplan, S. 279 f.
[58] *Alb/Loretan*, S. 18 ff; *Loretan*, Informationsblatt RPG-NO 3/1992, 34
[59] Vgl. *Pfisterer*, Richtplan, S. 285 f. und 288: "Die Sicht des Richtplanes ist diejenige vom höchsten Berg im Kanton aus. Von dort vermag man zwar die Dorfbrunnen und die einzelnen Menschen nicht mehr zu erkennen. Dagegen fallen grosse Zustände und Ereignisse wie die Siedlungen, die Wälder oder der Lärm von der Nationalstrasse auf. Aus dieser Distanz kann man die Zusammenhänge überblicken und über die kommunalen, regionalen und kantonalen Grenzen hinaus eine Gesamtschau entwickeln..."
[60] *Alb/Loretan*, S. 27, 29 ff. und 43 zu den Kriterien der Standortsuche
[61] Z.B. nach betroffenen Sachbereichen wie Umweltschutz, Natur- und Heimatschutz, Waldrecht, Gewässerschutz usw. und nach Projekttypen

sowie ein griffiges Bewertungsschema[62] zu erarbeiten. Mit Hilfe von Ausschlusskriterien sollen jene Gebiete ausgeschieden werden, die als Projektstandort ungeeignet sind (Negativplanung). Die möglichen Standorte sind zuerst einzeln zu evaluieren. Anschliessend ist eine vergleichende Gesamtbewertung zwischen den ermittelten Standorten vorzunehmen. Namentlich für den Fall von Interessenkollisionen sind im Hinblick auf eine sachgerecht-zweckmässige Rangfolge die möglichen Standorte verschiedenen Kriteriengewichtungen zu unterziehen (Positivplanung)[63]. Erwähnenswert ist, dass die unvollendete Abstimmung möglicher Standortvarianten als Vororientierungen bzw. Zwischenergebnisse in den Richtplan aufgenommen werden können[64].

c) **Richtplanfestsetzung bzw. -anpassung**

Eine Richtplanfestsetzung erfüllt ihren Zweck dann, wenn sie im Nutzungsplanungs- bzw. Bewilligungsverfahren für das nachgesuchte Projekt nicht wieder umgestossen wird. Mit anderen Worten: Die Abstimmung der potentiell anfallenden Aufgaben hat bereits auf der konzeptionell-programmatischen Ebene der Richtplanung ganzheitlich, d.h. in Abwägung sämtlicher Interessenlagen, zu erfolgen. Konkret bedeutet dies die Festsetzung von raumverträglichen Standorten[65].

Für Materialgewinnungsanlagen und Deponien stellt sich u.a. die Problematik der Umweltverträglichkeit. Gestützt auf Art. 1 Abs. 1 und 2 lit. a und Art. 3 Abs. 2, Art. 3 lit. b und Art. 4 lit. c RPG hat die Raumplanung auch umweltschützerische Anliegen zu beachten. Diese werden im Umweltschutzgesetz und seinen Ausführungserlassen substantiiert. Daraus ergibt sich die Pflicht, im Vorfeld von planerischen Festsetzungen auch die erforderlichen Abklärungen unter

---

[62] Dieses enthält eine klare Auftragsdefinition, Ausführungen über das methodische Vorgehen und die vergleichende Gesamtbeurteilung.

[63] *Fries*, Informationsblatt RPG-NO 4/1991, 10 ff.; *Alb/Loretan*, S. 26 bis 49 und S. 59 ff.; *Loretan*, Informationsblatt RPG-NO 3/1992, 34 ff.; *Vogel*, S. 116 ff. und S. 124 ff.

[64] Art. 5 Abs. 2 lit. b und c RPV

[65] *Lendi*, Umweltverträglichkeitsprüfung, S. 99: Die Raumverträglichkeitsprüfung (RVP) ist in der Sache vorgesehen (vgl. Art. 11, Art. 22, Art. 26 RPG). Zum Verhältnis mit der Umweltverträglichkeitsprüfung, S. 102 f.: Da es keine absolute Unterscheidung zwischen Raumordnung und Umweltschutz gibt, sind die beiden Verfahren der Prüfung der Raum- und Umweltverträglichkeit letztlich nicht trennbar.
Siehe *Beat Keller*, ZBl 89/1988, 437 ff.: Der Autor skizziert eine eigentliche RVP für den Fall, dass eine Baute oder Anlage besonders raumbedeutsame Auswirkungen erwarten lässt. Anwendungsgebiete sind neben dem einzelfallbezogenen Bauvorhaben, anlässlich welchem das nachgesuchte Projekt nicht mehr auf seine Übereinstimmung mit den Planungszielen von Art. 1 RPG und den Planungsgrundsätzen gemäss Art. 3 RPG geprüft werde, namentlich auch die Richt- und Nutzungsplanung. Dabei fordert Keller nicht die Schaffung eines eigenständigen Prüfungsverfahrens, vielmehr verlangt er den Gleichlauf von RVP und UVP im selben Verfahren. RVP und UVP mündeten schliesslich mit dem Baubewilligungsverfahren in einen einzigen - interdisziplinär abgestimmten - Entscheid.
Vgl. in diesem Zusammenhang auch *Tschannen* (N. 532 ff., insbes. N. 535) zum sogenannten "Raumordnungsverfahren" gemäss dem deutschen Recht. Seines Erachtens ist vor allem bei Grossvorhaben des Bundes zu prüfen, ob diese den Erfordernissen der Raumplanung nachkommen und untereinander abgestimmt sind.

umweltschutzrechtlichen Aspekten vorzunehmen[66]. Die eigentliche Nahtstelle zwischen konzeptionell-programmatischer Richtplanung und konkret-projektbezogener Umweltverträglichkeitsprüfung ist der sogenannte Umweltverträglichkeitsbericht (UVB). Art. 9 Abs. 4 UVPV bestimmt, dass dieser Bericht die Abklärungen zu berücksichtigen hat, die im Rahmen der Raumplanung durchgeführt worden sind und den Schutz der Umwelt betreffen. Dieser wird in Form einer Vor- und Hauptuntersuchung erstattet (Art. 8 UVPV). Wird die Umweltverträglichkeit von Standorten im Rahmen der UVB-Voruntersuchung abgeklärt, kann diese als erste Analyse denkbarer Auswirkungen bei der Richtplanfestsetzung mitberücksichtigt werden[67]. Im Rahmen der Voruntersuchung ist nämlich mit geringem Aufwand herauszufinden, welches die voraussichtlich wichtigen Fragen einer Umweltverträglichkeitsprüfung und wie diese im Pflichtenheft zur Hauptuntersuchung als Probleme zu definieren sind.

Bei interkantonalen Raumplanungskonflikten im Zusammenhang mit der räumlichen Planung von Abfalldeponien sind neben Art. 12 RPG auch umweltschutzrechtliche Koordinationsvorschriften zu beachten. Gemäss Art. 31 Abs. 4 USG hat der Kanton seine Richtpläne für sämtliche Deponietypen dem Bund zu unterbreiten. Wird eine interkantonale Planberührung festgestellt, so ist der von der fraglichen Richtplanung betroffene Kanton zu informieren. In der Folge haben die fraglichen Kantone gemeinsam eine Abstimmungslösung zu suchen. Können sie sich nicht einigen, so ist unter Mitwirkung des Bundes das Bereinigungsverfahren i.S.v. Art. 12 RPG durchzuführen, wobei die formlose Einigungsverhandlung gemäss Art. 12 Abs. 1 RPG der Bundeskoordination gemäss Art. 31 Abs. 4 USG entspricht. Für die Dauer der Einigungsverhandlung kann der Bundesrat anordnen, zwischenzeitlich dürften keine deren Ausgang nachteilig beeinflussenden Vorkehren getroffen werden. Im Falle einer Nichteinigung hat der Bundesrat den Planungskonflikt innert drei Jahren seit der Anordnung der Einigungsverhandlung zu entscheiden[68].

Da die Richtplanung gegenüber externen Einflüssen offen ist[69], muss sie entsprechend angepasst werden können (Art. 9 Abs. 2 RPG)[70].

d) Genehmigung

Bei der Genehmigung von Richtplänen[71] handelt es sich um eine aufsichtsrechtlich motivierte Überprüfung. Sachlich werden auf Bundesebene die Grundlagen gemäss Art. 6 RPG sowie die zeitliche Folge und die Mittel der Abstimmung raumwirksamer Tätigkeiten gemäss Art. 8 RPG kontrolliert. Räumlich wird der korrekte Vollzug der Koordination mit benachbarten Kantonen

---

[66] Die Umweltverträglichkeitsprüfung gestützt auf Art. 9 USG ist unmittelbar projektsbezogen und ist deshalb frühestens im Rahmen der (Sonder-)Nutzungsplanung möglich; siehe auch *Alb/Loretan*, S. 62; *Loretan*, Informationsblatt RPG-NO 3/1992, 36.

[67] *Alb/Loretan*, S. 62 ff.; *Loretan*, Informationsblatt RPG-NO 3/1992, 36 f.; *Handbuch UVP*, S. 43 ff.
Vgl. auch *Gottschall et al.*, S. 47 f.: Diese Autoren heben ausdrücklich hervor, dass der Umweltverträglichkeitsprüfung nur im projektsbezogenen Bewilligungsverfahren Koordinationsaufgaben zukommen. Da sie aber im planerischen Verfahren keine Abstimmungsfunktion über alle umweltrelevanten Aspekte habe, verlange Art. 9 Abs. 4 UVPV für den Erläuterungsbericht die Berücksichtigung ganzheitlicher Abklärungen im Rahmen der Raumplanung.
In diesem Zusammenhang ist ausdrücklich auf den Beschluss des Kantonsrates über die Teilrevision des kantonalen Richtplanes (Siedlungs- und Landschaftsplan, Materialgewinnungsgebiete) vom 15. Oktober 1992, Vorlage 3261, ABl 1992 S. 1'618 ff. sowie das Gesamtkonzept zum Kiesabbau und zur Gestaltung des Rafzerfeldes, Informationsblatt RPG-NO 3/1992, 43 ff. hinzuweisen.

[68] Vgl. *Vogel*, S. 80 ff. (insbesondere S. 85)

[69] *Pfisterer*, Richtplan, S. 279

[70] *Brandt*, S. 57 ff.

[71] Die kantonalen Genehmigungszuständigkeiten werden in § 32 PBG geregelt; die kantonalen Richtpläne und ihre Anpassungen genehmigt der Bundesrat gestützt auf Art. 11 RPG.

und Grenzregionen überprüft. Schliesslich hat die Genehmigung auch andere öffentliche Aufgaben angemessen zu beachten[72]. Im zürcherischen Recht besteht eine umfassende Kontrolle der Rechtmässigkeit, Zweckmässigkeit und Angemessenheit (§ 5 Abs. 1 PBG).

e) Mitwirkung und Rechtsschutz

Art. 4 RPG verpflichtet die mit der Richtplanung beauftragten Behörden zur Information und Mitwirkung der Bevölkerung[73]. Haller[74] verlangt eine verstärkte Information und Mitwirkung bei der Richtplankonzeption für den Fall, dass die zulässige Bodennutzung schon weitgehend durch die Richtpläne präjudiziert wird, wie dies im Kanton Zürich bereits gestützt auf § 34 aPBG verlangt wurde. Seit der Revision des Planungs- und Baugesetzes im Jahre 1991 ist diesbezüglich § 7 PBG (Anhörung und öffentliche Auflage) massgebend. Namentlich die Festsetzung des kantonalen Richtplanes durch den Kantonsrat ist repräsentativ-demokratisch abgesichert[75].

Aufgrund der lediglich behördenverbindlichen Rechtsnatur des Richtplanes kommt den Grundeigentümern keine Parteistellung zu. Gestützt auf Art. 89 Abs. 1 OG haben einzig die Gemeinden die Möglichkeit, die Verletzung ihrer Autonomie mit staatsrechtlicher Beschwerde zu rügen. Alb/Loretan[76] empfehlen gegenüber Richtplänen, welche die Nutzungsplanung besonders stark präjudizieren, einen verbesserten Rechtsschutz. Das sei insbesondere für die Grundeigentümer bei der Positivplanung von Deponiestandorten wünschenswert. Demgegenüber hebt Haller[77] hervor, zwar gingen seitens des Richtplanes unter Umständen sehr erhebliche Vorwirkungen aus. Erst die Nutzungsplanung bringe jedoch eigentümerverbindliche Festsetzungen. Es genüge demnach, wenn der betroffene Private im Rechtsmittelverfahren gegen die Nutzungsplanung die konkreteren Anordnungen rügen könne. Zudem könne er dort die vorfrageweise Überprüfung von Richtplanfestsetzungen verlangen. Auf der Ebene der Richtplanung rechtfertige sich einzig die qualifizierte Anhörung der Planungsträger, insbesondere der Gemeinden[78].

Gegenüber dieser gestützt auf die Rechtsnatur des Richtplanes rein rechtlich interpretierten Mitwirkung der Bevölkerung kommt in jüngster Zeit vermehrt die Suche nach politisch breit abgestützten Standortentscheiden auf. Dem sich oft jahrelang über alle Instanzen hinweg-

---

72 *Brandt*, S. 56
73 *EJPD/BRP*, Erläuterungen RPG, Art. 4 N. 1 ff.; *Huser*, Infoheft RP 1993/3-4, 10 ff.; vgl. die Übersicht bei *Lendi*, FS Kaufmann, S. 299 ff. betreffend die Verwaltungs- und Verwaltungsgerichtskontrolle in Planungsfragen; *Tanquerel*, S. 176 ff. und S. 236 ff.
74 FS Kaufmann, S. 371
75 Im einzelnen vgl. *Bruhin*, S. 48 bis 51; *Rosenstock*, ZBl 74/1973, 99 ff.; *Vogel*, S. 137 ff.
76 S. 66
77 FS Kaufmann, S. 371
78 Vgl. BGE 112 Ia 129 ff.; zur akzessorischen Prüfung von Richtplänen gemäss zürcherischem Recht vgl. auch *Peter Müller*, ZBl 84/1983, 194 ff. und *Haller/Karlen*, N. 1064 f. i.V.m. 1066 ff.

ziehenden Ringen um die Standortwahl von Risikoanlagen wie z.B. Abfalldeponien und Kraftwerken wird behördlicherseits neben der traditionell-rechtlichen Möglichkeit, sich für einen erforderlichen Standort einer solchen Anlage mit bestem Wissen und Gewissen zu entscheiden und sich mit den Möglichkeiten der öffentlichen Hoheitsgewalt notfalls auch gegen den Willen der direkt betroffenen Bevölkerung durchzusetzen, vermehrt die Mitbeteiligung der Bevölkerung angestrebt[79].

3.3.2. Stufe Nutzungsplanung

a) Allgemeines

Die im Richtplan festgesetzten konzeptionell-programmatischen Rahmenbedingungen sind durch die Nutzungsplanung für jedermann verbindlich zu konkretisieren. Es ist vor allem die Erschliessung, die Art und Intensität der Bewerbung, die Ausnützung und die Gestaltung festzusetzen[80]. Der Zonenplan als Rahmennutzungsplan ist aufgrund einer effizienten Richtplanung theoretisch ohne grössere Probleme umsetzbar. Als zusätzlich abzustimmende Aufgaben sind z.B. umweltschutzrechtliche Anforderungen wie die Festsetzung von Empfindlichkeitsstufen nach Massgabe von Art. 43 f. LSV zu berücksichtigen. Neue Koordinationsaufgaben stellen sich überdies im Rahmen von Sondernutzungsplanungen, die für ein genau abgegrenztes Gebiet die Erschliessung und die besondere Bauweise regeln[81].

b) Standortsicherung

Die zentrale Abstimmungsaufgabe der Nutzungsplanung im Hinblick auf die Verwirklichung raumbedeutsamer Projekte besteht in der Standortsicherung. Beim Erlass von (Sonder-)Nutzungsplänen haben die zuständigen Behörden wiederum eine umfassende Interessenabwägung vorzunehmen, um das raumplanerische Streben nach der erwünschten räumlichen Entwicklung sicherzustellen[82].

Anlässlich der Revision des Planungs- und Baugesetzes vom 1. September 1991 hat der zürcherische Gesetzgeber mit dem neuen § 44a Gestaltungspläne für die Materialgewinnung und -ablagerung eigene Sondernutzungspläne - auf kantonaler und regionaler Ebene - geschaffen[83].

---

79 Vgl. hiezu den Feldversuch im Kanton Aargau, wonach für die Evaluation von elf Standorten für eine Reststoffdeponie im östlichen Kantonsteil die Bevölkerung in Gruppen nach akzeptablen Lösungen suchte; *Ortwin Renn*, Risikodialog statt Sankt-Florians-Prinzip. Erfahrungen aus einem Modellversuch im Kanton Aargau, NZZ vom 27./28. November 1993, Nr. 277, S. 23 f.; *Knoepfel/Rey*, S. 257 ff.
80 *Lendi/Elsasser*, S. 226
81 *Lendi/Elsasser*, S. 226 f.; vgl. auch *Brandt*, S. 84 ff.
82 *Alb/Loretan*, S. 71
83 Systematisch finden sich die besagten Gestaltungspläne unter dem "II. Titel: Das Planungsrecht" im "3. Abschnitt: Die Nutzungsplanung" unter "III. Gestaltungspläne für Materialgewinnung und Ablagerung". Vgl. die Materialen: Protokoll der kantonsrätlichen Kommission zur Beratung des Berichtes und Antrages des Regierungsrates vom 11. Oktober 1989 betreffend Planungs- und Baugesetz (Änderung), Vorlage 3027,

Planungsrechtlich wurde zwar nur die überkommunale Materialgewinnung und -ablagerung erfasst. Sofern aber kommunale Anlagen nicht eine raumwirksame Bedeutung erlangen, können über Art. 24 RPG die erforderlichen Ausnahmebewilligungen erteilt werden[84]. Nicht geregelt hat der kantonale Gesetzgeber, ob die Gemeinden die Materialgewinnung bzw. -ablagerung ebenfalls mit Gestaltungsplänen ordnen können.

Infolge der Einführung von § 44a PBG sind bereits erste Planungsgrundlagen erarbeitet worden. So hat etwa die "Arbeitsgruppe Gestaltung Rafzerfeld" gestützt auf die den bundesgerichtlichen Anforderungen angepasste Rechtslage zum Verhältnis von Planungs- und Bewilligungsverfahren ein "Gesamtkonzept zum Kiesabbau und zur Gestaltung des Rafzerfeldes" erarbeitet. Dieses ist massgebend für die schrittweise Ergänzung des kantonalen Richtplanes[85] und für die Gestaltungsplanung[86].

c) **Nutzungsplanfestsetzung**

Einerseits vermag die (Sonder-)Nutzungsplanung das spätere Bewilligungsverfahren für das konkrete Projekt stark zu präjudizieren, andererseits ist es auf dieser Planungsstufe möglich, die Umweltauswirkungen einer UVP-pflichtigen Anlage umfassend zu prüfen. Gemäss Art. 5 Abs. 3 UVPV ist die Durchführung der Umweltverträglichkeitsprüfung auf dieser Planungsstufe ausdrücklich möglich[87]. Es stellt sich die Frage, ob die Hauptuntersuchung zur Erstellung des Umweltverträglichkeitsberichtes[88] bereits in der Nutzungsplanung oder erst im Bewilligungsverfahren vorzunehmen ist. Es ist nicht auszuschliessen, dass bei einer erst im Bewilligungsverfahren durchgeführten Umweltverträglichkeitsprüfung Probleme entstehen, die den Plan als solchen häufig teilweise, selten ganz in Frage stellen. Es ist etwa an die Schwierigkeit der Einhaltung von Lärmgrenzwerten zu denken. Die Ausarbeitung eines (Sonder-)Nutzungsplanes empfiehlt sich demnach erst dann, wenn genügend konkret-projektbezogene Angaben für die gleichzeitige Durchführung der Umweltverträglichkeitsprüfung vorliegen[89]. Allfällige Unstimmigkeiten werden praktisch mit der mehrstufigen Umweltverträglichkeitsprüfung aufgefangen[90]. Sofern für ein bestimmtes Vorhaben jedoch nur eine einstufige Umweltverträglichkeitsprüfung vorgesehen ist, spricht der Grundsatz der frühest möglichen Koordination dafür, dass die Prüfung bereits in der Nutzungsplanung durchgeführt wird. Aufgrund des weiteren Beurtei-

---

insbesondere S. 356 ff. und S. 469 ff. sowie das Protokoll des Zürcher Kantonsrates zu § 44a PBG, ABl 1991, S. 13'273 ff.
[84] *Alb/Loretan*, S. 56; *Loretan*, Informationsblatt RPG-NO 3/1992, 39
[85] Vgl. zur Vorlage der neuen Richtplanung; NZZ vom 18. November 1993, Nr. 269, S. 57; NZZ vom 28. Dezember 1994, Nr. 303, S. 47 zur bevorstehenden Richtplandebatte im Zürcher Kantonsrat im Januar 95
[86] Informationsblatt RPG-NO 3/1992, 43 ff.
Als Planungsgrundlage erreicht dieses Gesamtkonzept weder aufgrund seiner Ausgestaltung noch inhaltlich die Anforderungen eines Raumplanes. Der Konzeptionsentscheid ist immer ein Vorentscheid, der für die Weiterbearbeitung des Planes wohl richtungsweisend ist, aber eine nachträgliche Korrektur aufgrund weiterer Erkenntnisse nicht verhindern darf; *Peter Müller*, Begriffsbrevier, Stichwort "Planungskonzept".
[87] *Alb/Loretan*, S. 72; *Loretan*, Informationsblatt RPG-NO 3/1992, Schema auf S. 37; *Gottschall et al.*, S. 52 f.
[88] *Handbuch UVP*, S. 65 ff.: Die Hauptuntersuchung der Umweltverträglichkeitsprüfung basiert auf dem Pflichtenheft, welches im Rahmen der Voruntersuchung erarbeitet worden ist. Sie ist im sogenannten Umweltverträglichkeitsbericht zu dokumentieren.
[89] *Alb/Loretan*, S. 72
[90] *Gottschall et al.*, S. 53

lungsspielraumes bei der Festsetzung von Nutzungsplänen, der gestützt auf Art. 26 Abs. 1 RPV bestehenden Verpflichtung zur umfassenden Sachverhaltsfeststellung im Nutzungsplanungsverfahren und der fehlenden Möglichkeit, Nutzungspläne im Rahmen von Baubewilligungsverfahren akzessorisch zu überprüfen, muss die Umweltverträglichkeitsprüfung auf jeden Fall dann auf Planungsstufe durchgeführt werden, wenn damit eine mindestens ebenso umfassende Prüfung möglich ist wie im späteren Bewilligungsverfahren[91].

d) Genehmigung

Sowohl der kommunale Nutzungsplan als auch die kommunalen Sondernutzungspläne bedürfen der Genehmigung[92] des Regierungsrates. Diese aufsichtsrechtliche Überprüfung steht namentlich auch im Dienste der Koordinationskontrolle.

e) Mitwirkung und Rechtsschutz

Das in Art. 4 RPG verlangte Mindestmass an Information und Mitwirkung der Bevölkerung ist auf der Stufe der Nutzungsplanung grundsätzlich am besten ausgebaut. Für den Erlass von Nutzungsplänen ist die Gemeindeversammlung zuständig (§ 88 Abs. 1 PBG). Ausnahmen gelten für private Planungen wie z.B. beim privaten Gestaltungsplan nach § 85 PBG[93] und bei der Ausarbeitung des Quartierplanes durch die Grundeigentümer gemäss § 160a PBG. Die demokratische Mitbestimmung ist der Nutzungsplanung eigen und weder der Richtplanung noch dem Bewilligungsverfahren bekannt[94]. Gemäss Praxis und Lehre[95] müssen die betroffenen Grundeigentümer individuell und in geeigneter Weise zu Worte kommen, bevor über die Zonierung ihrer Grundstücke definitiv entschieden wird. Eine Anhörung hat auch dann stattzufinden, wenn der Betroffene bereits im Richtplanverfahren seinen Standpunkt dargelegt hat, aber mangels Parteistellung seine Rechte nicht wahren konnte[96].

Bei der Statuierung von § 44a PBG erwies sich in der parlamentarischen Debatte namentlich das Mitspracherecht der Gemeinden[97] und der Umfang der demokratischen Mitwirkungsrechte bei der Festsetzung kantonaler bzw. regionaler Gestaltungspläne für Materialgewinnung und -ablagerung[98] als umstritten. Das kommunale Mitspracherecht hat - gegenüber dem Kommissionsvorschlag - verstärkt Niederschlag gefunden. Gemäss § 44a Abs. 4 Sätze 3 und 4 PBG

---

91 *Wolf*, URP 6/1992, 154
92 Vgl. übersichtsmässig *Haller/Karlen*, N. 1059 f. sowie betreffend den Prüfungsumfang bei Nutzungsplänen N. 455
93 *Eschmann*, S. 268
94 *Bruhin*, S. 48 bis 51; *Tanquerel*, S. 201; *Vogel*, S. 187 ff.
95 Siehe die Hinweise bei *Haller*, FS Kaufmann, S. 373 (insbesondere Fussnote 27); allgemein *Tanquerel*, S. 176 ff.
96 Vgl. auch *Haller*, FS Kaufmann, betreffend weitere Einzelheiten: Benachrichtigung der Betroffenen, S. 375 f.; Einwendungen gegen Planentwürfe, S. 376 ff.; neue Anträge an die Gemeindeversammlung, S. 379 f.; Genehmigungsverfahren, S. 380
97 Protokoll des Kantonsrats, ABl 1992 S. 13'281 ff.
98 Protokoll des Kantonsrats, ABl 1992 S. 13'278 ff. und S. 13'289 f.

hat die für die Gestaltungsplanfestsetzung zuständige Baudirektion (§ 2 lit. b PBG) berechtigten Begehren der Gemeinden zu entsprechen und verbleibende Abweichungen zu begründen[99]. Mehr Planungsdemokratie bringt § 7 PBG, wonach nunmehr auch die Nutzungsplanung vor der Festsetzung zuhanden eines "jedermann" zugänglichen Einwendungsverfahrens öffentlich aufzulegen ist[100]. Mit diesen Regelungen dürften einerseits die Mitwirkungsrechte i.S.v. Art. 4 RPG rechtsgenügende Berücksichtigung gefunden haben, anderseits begünstigt die kantonale Zuständigkeitsregelung die Durchsetzbarkeit der Planungsabsichten. Erwähnenswert ist in diesem Zusammenhang schliesslich die Erweiterung der Legitimation der Verbandsbeschwerde gemäss § 338a Abs. 2 Satz 2 PBG.

Die Festsetzung von Nutzungszonen ist gestützt auf Art. 33 Abs. 2 und 3 RPG anfechtbar[101]. Gegen den letztinstanzlichen kantonalen Entscheid ist die staatsrechtliche Beschwerde ans Bundesgericht gemäss Art. 34 Abs. 3 RPG i.V.m. Art. 84 ff. OG möglich. Den privaten Grundeigentümern wie auch den Gemeinden kommt Parteistellung zu. Bei entsprechender Rechtsgrundlage kann in der Sondernutzungsplanung auch das Enteignungsrecht verliehen werden[102]. Allerdings bedarf es diesbezüglich einer kantonalen gerichtlichen Überprüfungsmöglichkeit, zumal die staatsrechtliche Beschwerde als einziges bundesrechtliches Rechtsmittel gegen Pläne den Anforderungen der EMRK nicht genügt[103].

3.3.3. Stufe Bewilligungsverfahren

Im Rahmen der Bewilligung ist die Übereinstimmung des konkret nachgesuchten Vorhabens mit dem einschlägigen eidgenössischen und kantonalen Recht zu überprüfen. Die im Zusammenhang mit der materiellen und formellen Koordination der vielfältigen Bewilligungsverfahren bestehenden Bedürfnisse sind offensichtlich und zahlreich. Für die koordinationsrechtlichen Möglichkeiten ist vollumfänglich auf die allgemeinen sowie die nachfolgenden Ausführungen in bezug auf die Besonderheiten der Spezialbewilligungsverfahren dieser Untersuchung zu verweisen[104].

Im Vordergrund steht generell die Frage, in welchem Verfahren eine möglichst umfassende Beurteilung des nachgesuchten Vorhabens möglich ist. Dabei sind die Möglichkeiten des Baubewilligungsverfahrens gegen jene der Spezialbewilligungsverfahren abzuwägen. Kriterien sind die Sachzuständigkeiten der jeweiligen Entscheidungsträger, das Erfordernis nach Verfahrenskoordination, die allfälligen Koordinationsmöglichkeiten über eine Umweltverträglichkeitsprüfung mit anderen Bewilligungsverfahren i.S.v. Art. 21 f. UVPV und der Umweltverträglich-

---

[99] Protokoll des Kantonsrats, ABl 1992 S. 13'299 f.
[100] *Kull*, Informationsblatt RPG-NO 4/1991, 27 ff; Beleuchtender Bericht des Regierungsrates in der Abstimmungszeitung vom 1. September 1991; siehe z.B. die öffentliche Auflage der Teilrevision des kantonalen Richtplanes (Siedlungs- und Landschaftsplan, Materialgewinnungsgebiete im Rafzerfeld), ABl 1992 S. 1618
[101] Vgl. die Übersicht über die Rechtsmittelwege im einzelnen bei *Haller/Karlen*, N. 1059
[102] Vgl. z.B. § 116 PBG im Quartierplanverfahren
[103] *Alb/Loretan*, S. 72; *Haller/Karlen*, N. 1105
[104] Vgl. im Zusammenhang mit Deponien die Ausführungen bei *Alb/Loretan*, S. 75 bis 86; *Loretan*, Informationsblatt RPG-NO 3/1992, 39 ff.; *Zimmerli/Scheidegger*, S. 84 ff.

keitsprüfung mit Subventionsentscheiden des Bundes. Im Anhang der UVPV und der Einführungsbestimmungen des Kantons Zürich zur Durchführung der Umweltverträglichkeitsprüfung vom 12. April 1989 werden den verschiedenen Projekttypen im Hinblick auf die Durchführung der Umweltverträglichkeitsprüfung das jeweils massgebliche Verfahren zugeordnet[105].

4. Blick auf die Revision des Raumplanungsgesetzes

4.1. Allgemeines

Offensichtlich ergibt sich der materiellrechtliche Koordinationsbedarf aus dem Umstand, dass für die Verwirklichung von Bauten und Anlagen aufgrund der differenzierten Rechtsordnung unter Umständen eine Vielzahl von Bewilligungsverfahren zu durchlaufen ist. Spätestens seit dem wegleitenden Entscheid BGE 116 Ib 50 ff. (Chrüzlen) ist das Vollzugsdefizit im Zusammenhang mit der materiellen Koordination nicht mehr wegzudiskutieren[106]. Das Bundesgericht hat die Mindestanforderungen an die Entscheidabstimmung folglich auch gleich festgehalten: Sind im Hinblick auf die Projektverwirklichung verschiedene materiellrechtliche Vorschriften anwendbar, die zueinander einen engen Sachzusammenhang aufweisen, sodass sie nicht getrennt und voneinander losgelöst angewendet werden dürfen, so sind widerspruchsfreie, untereinander abgestimmte Bewilligungsentscheide zu erlassen. In verfahrensrechtlicher Hinsicht empfiehlt das Bundesgericht das Konzentrationsmodell. Sind für koordinationsbedürftige Rechtsfragen jedoch gleich mehrere erstinstanzliche Bewilligungsbehörden zuständig, so ist die materielle Koordination durch entsprechende Verfahrensvorschriften qualitativ ebenbürtig zu gewährleisten.

Für die Vereinfachung, Beschleunigung und Koordination der Bewilligungsverfahren von Bauten und Anlagen erarbeitete das Bundesamt für Raumplanung in jüngster Zeit Vorschläge für eine Änderung des Raumplanungsgesetzes[107]. Folgende Vorschläge wurden vorgelegt[108]:

"Art. 25 Abs. 1bis RPG-E (neu)

Sie setzen für alle zur Errichtung oder Änderung von Bauten und Anlagen erforderlichen Verfahren Fristen und regeln deren Wirkungen.

---

105 Für Materialgewinnungsanlagen und Deponien siehe insbesondere Ziff. 21.7, 30.4, 40.3 bis 40.8. und 80.3
106 Vgl. zu den ersten gesetzgeberischen Anläufen *Helen Keller*, plädoyer 11/1993, Nr. 4, 25 f.
107 Siehe *BRP*, Erläuternder Bericht und Vernehmlassungstext. Zum genauen Ablauf der Bemühungen der Bundesverwaltung ist ausdrücklich auf die Ausführungen der *Beratergruppe Marti* (Empfehlungen S. 2 f.) hinzuweisen. Vgl. auch *Marti*, VLP-Schriftenfolge Nr. 61, S. 62 ff.
108 Vgl. BBl 1994 III 1075 ff.

Art. 25a RPG-E (neu)   Grundsätze der Koordination

Sind für die Errichtung oder Änderung einer Baute oder Anlage Verfügungen mehrerer Behörden erforderlich, ist eine für eine genügende Koordination verantwortliche Behörde zu bezeichnen.

Die für die Koordination verantwortliche Behörde:
a.   kann die erforderlichen verfahrensleitenden Anordnungen treffen;
b.   sorgt für eine gemeinsame öffentliche Auflage aller Gesuchsunterlagen;
c.   holt von allen beteiligten kantonalen und eidgenössischen Behörden umfassende Stellungnahmen zum Vorhaben ein;
d.   sorgt für eine inhaltliche Abstimmung sowie in der Regel für eine gemeinsame oder gleichzeitige Eröffnung der Verfügungen.

Die Verfügungen dürfen keine Widersprüche enthalten.

Diese Grundsätze sind auf das Nutzungsplanverfahren sinngemäss anwendbar.

Art. 33 Abs. 4 RPG-E (neu)

Für die Anfechtung von Verfügungen kantonaler Behörden, auf welche Art. 25a Absatz 1 Anwendung findet, sind einheitliche Rechtsmittelinstanzen vorzusehen."

Soweit dem Bund aufgrund der kantonalen Organisations- und Verfahrenshoheit keine Gesetzgebungskompetenz zusteht, hat die Beratergruppe Marti den Kantonen im Auftrag des Bundesamtes für Raumplanung zudem Empfehlungen vorgelegt, die Verbesserungsvorschläge zur Vereinfachung, Beschleunigung und Koordination komplexer Bewilligungsverfahren für Bauten und Anlagen präsentieren.

Nachfolgend seien die koordinationsrelevanten Revisionsvorschläge und entsprechenden Empfehlungen an die Kantone kurz ausgeführt.

4.2.   Grundsatz der Koordinationspflicht

Mit Art. 25a Abs. 1 RPG-E wird vorgeschlagen, den Grundsatz der Koordinationspflicht zu statuieren[109]. Demnach müssen alle Verfahren sämtlicher Verfügungen, die zur Errichtung oder Änderung einer Baute oder Anlage im Sinne von Art. 22 Abs. 2 RPG erforderlich sind sowie fakultative Verfahren wie z.B. betreffend die Erteilung von Subventionen[110], aufeinander abgestimmt werden.

---

[109]   BBl 1994 III 1085 f.; vgl. auch *Beratergruppe Marti*, Revisionsvorschläge RPG, S. 25 f.; *BRP*, Erläuternder Bericht und Vernehmlassungsentwurf, S. 10 f.
[110]   A.M. bezüglich der Verknüpfung von Subventions- mit Bewilligungsverfahren *Beratergruppe Marti*, Revisionsvorschläge RPG, S. 25 f.; *BRP*, Erläuternder Bericht und Vernehmlassungsentwurf, S. 10 f.; *Zimmerli/Scheidegger*, S. 256 mit Hinweisen.

4.3. Koordinationsbehörde

Mit Art. 7 Abs. 1 RPG, wonach die Kantone mit den Behörden des Bundes und der Nachbarkantone zusammenarbeiten, soweit ihre Aufgaben sich berühren, besteht in organisationsrechtlicher Hinsicht bereits eine Koordinationsnorm i.w.S.: Die vertikale Kooperation zwischen dem Bund und den Kantonen sowie die horizontale innerkantonale Kooperation sind klare Verhaltensanweisungen an die zuständigen rechtsanwendenden Behörden[111].

Diese Kooperationspflicht wird durch den Revisionsvorschlag von Art. 25a Abs. 1 RPG-E nunmehr noch verstärkt. Die Kantone haben eine für die Koordination verantwortliche Behörde zu bestimmen[112]. Organisatorisch kann eine besondere Koordinationsbehörde[113] geschaffen werden, oder es kann eine von mehreren für die Bewilligung des Vorhabens zuständigen Behörden mit der Koordinationsaufgabe betraut werden[114]. Für deren Erfüllung kommen der Koordinationsbehörde - wie nachfolgend noch genauer darzulegen sein wird[115] - besondere verfahrensleitende Funktionen zu.

Vorbehalten bleiben bundesrechtliche Vorschriften, welche die Koordinationsaufgabe einer Bundesbehörde übertragen[116].

4.4. Verfahrenskoordination und materielle Koordination

Im Hinblick auf die inhaltliche Abstimmung der verschiedenen erforderlichen Bewilligungsentscheide wirkt die Koordinationsbehörde als Drehscheibe: Die Koordinationsbehörde hat alle erforderlichen Verfahren einzuleiten. Sie besorgt die gemeinsame öffentliche Auflage aller Gesuchsunterlagen (Art. 25 Abs. 2 lit. b RPG-E), wodurch sichergestellt wird, dass sämtliche

---

[111] Die vertikale Kooperation wird vom Bund im Rahmen der Bundesaufsicht denn auch kontrolliert und durchgesetzt; *Mächler*, S. 176 ff.
[112] *Beratergruppe Marti*, Empfehlungen, S. 14 ff.
[113] *Recordon/Brandt*, S. 200 ff. betreffend die Bezeichnung einer besonderen Koordinationsbehörde; *Beratergruppe Marti*, Revisionsvorschläge RPG, S. 26 sowie *BRP*, Erläuternder Bericht und Vernehmlassungsentwurf, S. 11
[114] Man spricht bei der letztgenannten Möglichkeit auch vom System des Leitverfahrens. In diesem Zusammenhang ist ausdrücklich auf die Verfahrenskoordination im Zusammenhang mit der Umweltverträglichkeitsprüfung hinzuweisen: Mit der Bestimmung des massgeblichen Verfahrens für die Durchführung der Prüfung steht auch die hiefür zuständige Behörde fest. Dieser kommen in der Folge wichtige Koordinationsaufgaben zu (vgl. Art. 21 f. UVPV). Die *Beratergruppe Marti* (Empfehlungen, S. 14 f.) schlägt im Zusammenhang mit nicht UVP-pflichtigen Vorhaben vor, die Koordinationszuständigkeit könne analog zu den UVP-pflichtigen Anlagen geregelt werden bzw. es könne auch eine besondere Koordinationsbehörde geschaffen werden. Da bei den nicht UVP-pflichtigen Anlagen die umweltschutzrechtlichen Belange nicht im Vordergrund stehen, fragt sich, ob nicht z.B. eine auf die wichtigsten Umweltschutzaspekte konzentrierte Stellungnahme der Umweltschutzfachverwaltung genügte.
Diesbezüglich sehr kritisch *BUWAL*, Deregulierung der Entscheidverfahren, S. 16 und *Wallimann*, BUWAL-Bulletin Umweltschutz 1/1994, 3 ff.
[115] Siehe nachfolgend 4.4.
[116] BBl 1994 III 1086

Einwendungen gegen das Vorhaben bekannt sind[117]. Der Koordinationsbehörde kommt die Kompetenz zu, die erforderlichen verfahrensleitenden Anordnungen zu treffen (Art. 25a Abs. 2 lit. a RPG). Insbesondere holt sie sämtliche Stellungnahmen der kantonalen und allenfalls eidgenössischen Behörden zum Vorhaben ein[118]. Diese Stellungnahmen sind grundsätzlich verbindlich; Abweichungen sind nur bei Änderungen der Sach- und Rechtslage möglich[119].

Liegen die Stellungnahmen der zuständigen Behörden vor, so beginnt die eigentliche sachliche Abstimmungsarbeit der Koordinationsbehörde (Grundsatz der materiellen Koordination gemäss Art. 25a Abs. 2 lit. d RPG-E). Dabei hat sie Widersprüche und Lücken unter den Positionen der Verfahrensbeteiligten, wie sie sich anlässlich der Vernehmlassung gezeigt haben, einem Konsens zwischen den sachlich zuständigen Bewilligungsbehörden zuzuführen (Art. 25a Abs. 3 RPG-E)[120]. Unter Widersprüchen werden Unvereinbarkeiten zwischen den einzelnen Verfügungen in sich und vor allem untereinander verstanden. Nicht widersprüchlich ist es jedoch, wenn ein Vorhaben gestützt auf die eine massgebliche Rechtsgrundlage bewilligt werden kann, nach Massgabe einer anderen jedoch unzulässig ist[121]. Unvereinbare Stellungnahmen sind demnach in Absprache mit den betroffenen Verwaltungseinheiten zu bereinigen. Für den Fall, dass sich keine Übereinstimmung erbringen lässt, ist bei ausstehenden widersprüchlichen Verfügungen von kantonalen Behörden, aber auch bei solchen von eidgenössischen und kantonalen Behörden[122] aus verfahrensökonomischen Gründen vorerst nur die ablehnende Verfügung zu eröffnen. Erwächst diese in Rechtskraft, so werden sämtliche weiteren Bewilligungsgesuche gegenstandslos[123]. Die konkrete Ausgestaltung, wie die materielle Abstimmung verfahrensmässig anzugehen ist, bleibt den Kantonen überlassen; sie bestimmen namentlich das verfahrensrechtliche Instrumentarium, wie gegensätzliche Haltungen und Mängel in den Vernehmlassungen zu beheben sind[124].

---

[117] BBl 1994 III 1086 f. In zeitlicher Hinsicht hat die öffentliche Auflage gemäss der bundesgerichtlichen Rechtsprechung zu erfolgen, bevor die sachlich zuständigen Behörden sich binden (vgl. Hinweis auf ZBl 95/1994, 66 ff.).
[118] BBl 1994 III 1086, auch 1085
[119] BBl 1994 III 1087; vgl. auch den Hinweis auf BGE 116 Ib 260 ff., E. 1.d) (Cleuson-Dixence)
[120] BBl 1994 III 1088; vgl. auch *Beratergruppe Marti*, Revisionsvorschläge RPG, S. 29 f.; *BRP*, Erläuternder Bericht und Vernehmlassungsentwurf, S. 12
Bundesrechtlich steht der Verankerung des Gebotes der materiellen Koordination nichts entgegen. Im Gegenteil: Eine Rechtsordnung, die in der Anwendung - zumindest sachlich eng zusammenhängender Normenwerke - widersprüchliche Entscheide zulässt, erweist sich in materieller Hinsicht als unvollständig. Diese Regelungslücke ist zu schliessen.
[121] BBl 1994 III 1088
[122] Zu denken ist hier an Spezialbewilligungen von Bundesbehörden, die direkt mit Verwaltungsgerichtsbeschwerde beim Bundesgericht angefochten werden können. Hier kann die Bundesbehörde grundsätzlich mit dem Entscheid zuwarten, bis allfällige kantonale Rechtsmittelverfahren abgeschlossen sind.
[123] Vgl. unter § 4, 2.5.2.d) zum sogenannten "Killerentscheid"; *Beratergruppe Marti*, Revisionsvorschläge RPG, S. 30 f.; *BRP*, Erläuternder Bericht und Vernehmlassungsentwurf, S. 12 f.; *Beratergruppe Marti*, Empfehlungen, S. 17
[124] BBl 1994 III 1088; vgl. auch *Beratergruppe Marti*, Revisionsvorschläge RPG, S. 29; *BRP*, Erläuternder Bericht und Vernehmlassungsentwurf, S. 12: Eventuell sind weitere Sachverhaltsabklärungen zu treffen.

Bundesrechtliche Minimalanforderungen erscheinen bezüglich der Entscheideröffnung als erforderlich (Art. 25a Abs. 2 lit. d RPG-E). Grundsätzlich haben diese gemeinsam, zumindest aber gleichzeitig mit den erforderlichen Rechtsmittelbelehrungen zu erfolgen[125].

Schliesslich soll künftig mittels Behandlungsfristen das gesetzgeberische Ziel zur Vereinfachung, Beschleunigung und Koordination der Bewilligungsverfahren für Bauten und Anlagen erreicht werden (Art. 25 Abs. 1bis RPG-E)[126]. Die Festsetzung solcher Fristen für einzelne Verfahrensschritte wie auch für das Verfahren insgesamt ist nicht nur in den verfahrensrechtlichen Rechtsgrundlagen[127], sondern auch einzelfallweise möglich.

4.5. Koordinationsmängel

Koordinationsmängeln wird durch die Vorarbeiten der Koordinationsbehörde präventiv begegnet, ermittelt sie doch sämtliche für ein nachgesuchtes Vorhaben zuständigen Bewilligungsbehörden. Kommt es dennoch zu Koordinationsmängeln bzw. lassen sich konkurrierende Positionen nicht innerhalb des Koordinationsverfahrens bereinigen, so sind diese im Rechtsmittelverfahren zu heilen. Art. 33 Abs. 4 RPG-E verlangt für die Anfechtung der verschiedenen erstinstanzlichen Bewilligungsentscheide gestützt auf das Konzentrationsmodell die Einführung einer einheitlichen Rechtsmittelinstanz[128].

Vorbehalten bleiben die Entscheide von eidgenössischen Spezialbewilligungsbehörden. In diesen Fällen ist eine Verfahrenskoordination nur möglich, soweit eine gemeinsame Beurteilung durch das Bundesgericht erfolgt. Aufgrund der Kooperationspflicht gemäss Art. 7 RPG

Weiter ist zu regeln, ob und wann den am Verfahren beteiligten Dritten Gelegenheit zur Stellungnahme zu geben ist.
Vgl. auch *Beratergruppe Marti*, Empfehlungen, S. 16 f.: Im Falle von Widersprüchen könnte eine gemeinsame Oberbehörde oder eine besondere Behörde als entscheidungsberechtigt bezeichnet werden. Dies bedarf einer entsprechenden gesetzlichen Grundlage. In BBl 1994 III 1088 wird im weiteren auf die Schaffung eines Schlichtungsverfahrens hingewiesen.

[125] BBl 1994 III 1088
[126] BBl 1994 III 1085
Kritisch zur Verfahrensbeschleunigung über die Statuierung von Verhandlungsfristen *Georg Müller*, Baubewilligungen gesetzlich beschleunigen?, Kontraproduktive "Fristenlösung" des Bundesrates, NZZ vom 13. Oktober 1994, Nr. 239, S. 15: Aufgrund der Rahmengesetzgebungskompetenz des Bundes im Bereich der Raumplanung und der Verfahrenshoheit der Kantone sei die Regelung eines speziellen Verfahrensproblems im Raumplanungsgesetz nicht zulässig. Zudem hange die Dauer eines Verfahrens von zahlreichen Umständen ab, sodass insbesondere eine gesetzliche Regelung von Behandlungsfristen zu starr und schematisch sei. Vgl. auch *Pfisterer*, Beschleunigung von Bau- und Raumplanungsverfahren, S. 364 ff.; a.M. *Arnold Marti*, Die Beschleunigung von Bewilligungsverfahren, Fristen als massvolle Auflage im Interesse der Revitalisierung, NZZ vom 23. Dezember 1994, Nr. 300, S. 13
[127] Im Zusammenhang mit den kantonal zu regelnden Wirkungen gesetzlicher Fristen, dürfte regelmässig von Ordnungsfristen auszugehen sein. Deren - wie bei den einzelfallweise angesetzten Fristen - mögliche Erstreckbarkeit dürfte immerhin zu einer verbesserten Rechtsgleichheit und Rechtssicherheit beitragen. Vgl. zu den EMRK-Anforderungen an Behandlungsfristen unter § 4, 7.3.4.b)
[128] BBl 1994 III 1089; *Beratergruppe Marti*, Revisionsvorschläge RPG, S. 32 ff.; *BRP*, Erläuternder Bericht und Vernehmlassungsentwurf, S. 13; *Saladin*, URP 5/1991, 293.

kann eine gewisse zeitliche Abstimmung durch Verfahrenssistierungen und gleichzeitige Entscheideröffnungen vorausgesetzt werden[129].

Im weiteren werden seitens der Expertengruppe folgende verfahrensrechtliche Verbesserungsmassnahmen für das kantonale Rechtsmittelverfahren vorgeschlagen:
- Im kantonalen Recht sei ein Vorentscheidverfahren einzuführen[130].
- Im Zusammenhang mit Massenverfahren könnten nach dem Vorbild des Verwaltungsverfahrensgesetzes des Bundes Verfahrensvereinfachungen vorgesehen werden[131].
- Grundsätzlich sei die Pflicht zur Beteiligung von Projektgegnern bereits im Bewilligungsverfahren zu bedenken[132].
- In Analogie zum bundesgerichtlichen Verfahren gemäss Art. 36a OG sei ein vereinfachtes Verfahren für offensichtlich unbegründet oder missbräuchlich erhobene Rechtsmittel vorzusehen[133].
- Die kantonalen Verwaltungsverfahren hätten sich insbesondere an den aus Art. 6 Ziff. 1 EMRK abgeleiteten Öffentlichkeitsgrundsatz zu halten[134], der die Durchführung mündlicher Verhandlungen und öffentlicher Urteilsverkündigungen erfordere.
- Es sei eine strengere Praxis bei Fristverlängerungsgesuchen zu handhaben. Allenfalls seien auch Erledigungsfristen für die Rechtsmittelinstanzen vorzuschreiben[135].
- Durch den teilweisen Entzug der aufschiebenden Wirkung des betreffenden Rechtsmittels bzw. durch die Einführung der Teilrechtskraft solle der vorzeitige Baubeginn ermöglicht werden[136].

---

[129] *Beratergruppe Marti*, Revisionsvorschläge RPG, S. 33
[130] *Beratergruppe Marti*, Empfehlungen, S. 22. Das Vorentscheidverfahren ist dem zürcherischen Verwaltungsverfahren bekannt. Vgl. die Ausführungen unter § 4, 3.
[131] Vgl. auch Art. 11a (obligatorische Vertretung), Art. 30a (besonderes Einwendungsverfahren), Art. 36 lit. c und d VwVG (amtliche Publikation); *Beratergruppe Marti*, Empfehlungen, S. 23; *Kölz/Häner*, N. 138
[132] Vgl. die Ausführungen zum vorgeschlagenen Art. 12a NHG unter § 4, 6.3.4.d) zur ideellen Verbandsbeschwerde; *Beratergruppe Marti*, Empfehlungen, S. 23
[133] *Beratergruppe Marti*, Empfehlungen, S. 23; *Kölz/Häner*, N. 438
[134] *Beratergruppe Marti*, Empfehlungen, S. 24
[135] *Beratergruppe Marti*, Empfehlungen, S. 24
In der Tat zeigen sich hier erhebliche Unterschiede. Während der Rekurrent bzw. Beschwerdeführer an die gesetzlichen Rechtsmittelfristen strikt gebunden ist, profitieren Rekurs- und Beschwerdegegner im Vergleich dazu von verhältnismässig langen und zudem erstreckbaren Fristen bis zur Erstattung der Rechtsmittelantwort. Im Rekursverfahren z.B. hat der Rekurrent eine 20tägige Rekursfrist zu wahren. Der Rekursgegnerschaft steht demgegenüber eine vierwöchige - der Stadt Zürich sogar sechs Wochen - zur Verfügung. Während die Stadt Zürich die Vernehmlassungsfrist nur in Ausnahmefällen verlängert, kommt es bei den Gemeinden häufig zu einer Fristerstreckung. Diese wird regelmässig für weitere 21 Tage gewährt. Es versteht sich von selbst, dass entsprechend auch private Rekursgegnerschaften von dieser Fristerstreckungspraxis profitieren und diese auch aus prozesstaktischen Gründen pflegen.
[136] *Beratergruppe Marti*, Empfehlungen, S. 25; vgl. diesbezüglich Präsidialverfügung der BRK II in G.-Nr. 45/92b, aber auch BRKE I Nr. 60/1992
Die aufschiebende Wirkung eines Rechtsmittels soll verhindern, dass der Streitgegenstand während des durch die Rechtsmittelerhebung geschaffenen, durch die Ungewissheit des Verfahrensausganges bedingten Schwebezustandes verändert oder zerstört und damit ein Zustand geschaffen wird, der das Wirksamwerden des rechtskräftigen Rechtsmittelentscheides erschwert oder gar verunmöglicht.

- Auch im Rechtsmittelverfahren sei die gütliche Einigung zu fördern[137].
- Rückweisungen wegen Formfehlern und ungenügenden Abklärungen seien zu vermeiden[138].
- Um Zusatzabklärungen und Rückweisungen im Zusammenhang mit einer geänderten Rechtslage zu vermeiden sowie im Interesse der Rechtssicherheit, sei die Rechtslage im Zeitpunkt der Gesuchseinreichung als massgebend zu betrachten[139].
- Es sollten vereinfachte Begründungen von Rechtsmittelentscheiden möglich gemacht werden. Im Einverständnis mit den Parteien sei auf eine schriftliche Begründung zu verzichten[140].
- Allgemein sollten dem Unterlieger des Rechtsmittelverfahrens die Verfahrenskosten und die Parteientschädigung überwälzt werden[141].
- Für die erleichterte Geltendmachung von Schadenersatzansprüchen für Bauverzögerungen gestützt auf Art. 41 ff. OR könnte beispielsweise die adhäsionsweise Beurteilung durch die Verwaltungsgerichte ermöglicht werden[142].

5. Kritische Würdigung

5.1. Allgemeines

Die bisherigen Revisionsarbeiten zeigen zweifellos die Bemühungen, den interdisziplinären Problemstellungen im Zusammenhang mit den Bewilligungsverfahren für Bauten und Anlagen zu entsprechen. Daneben sollen die Verfahren zudem vereinfacht und beschleunigt werden. Dabei fragt sich, ob damit nicht bereits eine in sich widersprüchliche Aufgabenstellung vorliegt.

---

[137] *Beratergruppe Marti*, Empfehlungen, S. 25; vgl. diesbezüglich die Ausführungen unter § 5
[138] *Beratergruppe Marti*, Empfehlungen, S. 26
[139] *Beratergruppe Marti*, Empfehlungen, S. 25
Im zürcherischen Recht ist für Änderungen des kantonalen Rechts auf die intertemporale Vorschrift von § 353 PBG zu verweisen.
Bezüglich den im PBG nicht geregelten Änderungen des kommunalen Rechts ist auf die bestandene zürcherische Praxis zu verweisen, wonach auf das zur Zeit des letztinstanzlichen Entscheides geltende Recht abgestellt wird (vgl. auch BGE 107 Ib 137 E. 2.a). Vorbehalten bleiben kommunale Übergangsbestimmungen. In VB 38/1985 erwog das Verwaltungsgericht des Kantons Zürich, es bestehe kein Anlass davon abzuweichen. Es wäre u.a. wenig sinnvoll, das alte Recht zur Anwendung zu bringen, wenn der Bauherr die Unterstellung unter das neue Recht mit der Einreichung eines neuen Baugesuches erwirken könnte. Vgl. dazu *Haller/Karlen*, N. 865 ff. und kritisch gegenüber der herrschenden Lehre *Kölz*, ZSR NF 102/II (1983) 208 f.
[140] *Beratergruppe Marti*, Empfehlungen, S. 26; vgl. in diesem Zusammenhang § 335 Abs. 3 PBG, wonach der Präsident der zuständigen Baurekurskommission oder der für das betreffende Geschäft bestimmte Referent in einfachen Fällen den Entscheid trifft und ihn im Dispositiv eröffnet. Solche Entscheide erwachsen in Rechtskraft, wenn keine Partei innert 20 Tagen schriftlich einen begründeten Kommissionsentscheid verlangt. Ausserdem kann das Verwaltungsgericht gestützt auf § 71 VRG i.V.m. § 161 GVG auf Begründungen der Baurekurskommissionen verweisen, soweit es diesen folgt.
[141] *Beratergruppe Marti*, Empfehlungen, S. 26; *Kölz/Häner*, N. 306 ff.; *Kölz*, Kommentar VRG, § 13 N. 8 ff. und zu § 14 im Zusammenhang mit der zürcherischen Regelung
[142] *Beratergruppe Marti*, Empfehlungen, S. 27 mit weiteren Hinweisen

Einer Verfahrensstraffung widersetzt sich der rechtsstaatlich differenzierte Ausbaustandard der einzelnen Bewilligungs- und Rechtsmittelverfahren wie auch die interdisziplinäre Vernetzung der betroffenen öffentlichen Aufgaben. Die Koordination von Bewilligungsverfahren kann wohl eine ausgewogene materielle wie formelle Entscheidfindung gewährleisten, daneben aber kaum einfache und schnelle Verfahrensabläufe. Im Gegenteil: Regelmässig bringen Koordinationsmassnahmen sogar zeitintensive Verfahrenserweiterungen.

In der Folge waren den Vorschlägen für die Revision des Raumplanungsgesetzes insgesamt wenig Beifall beschieden. So beurteilte etwa der Regierungsrat des Kantons Zürich den besagten Revisionsbericht vernehmlassungsweise als negativ. Insbesondere seien die Änderungsvorschläge der Bundesverwaltung zur Vereinfachung der Bewilligungsverfahren unzweckmässig und unnötig, und auf Bundesebene sollten keine neuen Verfahrensvorschriften statuiert werden. Wichtig sei, dass die das Bauwesen behindernden Bestimmungen "durchforstet, gestrafft und besser abgestimmt" würden[143].

Nachfolgend ist schwerpunktmässig vor allem auf die Koordinationsansätze der Planung an sich hinzuweisen[144]. Vorwegzunehmen ist in grundsätzlicher Hinsicht, dass die Raumplanung ein Paradebeispiel substantieller Koordination darstellt. Einerseits wird die Koordinationsaufgabe der Einteilung und Verteilung des Raumes als technisches Problem betrachtet, anderseits als politisches, nehmen doch die verschiedensten Interessengruppen auf die Aufgabenerfüllung Einfluss und verlangt die betroffene Bevölkerung nach Mitwirkung[145].

5.2. Gezielte Mitwirkung

Das heute massgebliche raumplanerische System geht von zwei funktionell völlig verschiedenen Aufgaben aus: Als "Problemlösungsplan" zeigt der Richtplan den Unterschied zwischen dem künftig erwünschten und dem bestehenden räumlichen Zustand auf, und er bereitet die gewünschte Nutzungsordnung in ihrem grundsätzlichen Gehalt vor (koordinative Raumplanung). Demgegenüber legt der Nutzungsplan die zulässige Nutzungsordnung parzellenscharf fest (Bodennutzungsplanung). Die Richtplanung versteht sich nicht als Vornutzungsplanung, und die Nutzungsplanung ist nicht als Vollzugsinstrument gedacht. Zwar ist die Nutzungsplanung rechtskräftigen Richtplänen verpflichtet[146], doch vermag ein wegen erheblich veränderter

---

[143] NZZ vom 5. Januar 1994, Nr. 3, S. 43
[144] Vgl. bezüglich die Koordinationsmittel im Zusammenhang mit dem baurechtlichen Bewilligungsverfahren die Ausführungen im allgemeinen Teil der vorliegenden Untersuchung
[145] *Oertel*, SJPW 13/1973, 171 f.
[146] So gesehen determiniert die Richtplanung die spätere Ordnung der Bodennutzung. Es besteht eine gewisse Bindungswirkung des Richtplans im Verhältnis zum Nutzungsplan. Für den Kanton Zürich wird diese Bindungswirkung in § 16 PBG statuiert.
Vgl. *Pfisterer*, Richtplan, S. 276 ff.; *Haller/Karlen*, N. 221; *Tschannen*, N. 662

Umstände revidierter Nutzungsplan auch einen rechtskräftigen Richtplan zu korrigieren[147]. Folglich stehen Richt- und Nutzungsplanung im gegenseitigen Verhältnis mit verschiedenen Planungsfunktionen selbständig nebeneinander[148]. Die grundsätzlichen, im Hinblick auf die künftige Raumordnung abgestimmten Weichenstellungen[149] erfolgen in der Richtplanung, die Ausgestaltung der im einzelnen zulässigen Bewerbung in der Nutzungsplanung. Der planerische Konkretisierungsgrad nimmt - parallel zur konkreten Betroffenheit der einzelnen Grundeigentümer - in der Nutzungsplanung zu.

Im Vergleich dazu zeigt die jeweilige sachliche Zuständigkeit der Planungsträger eigene Gesetzmässigkeiten. Im Kanton Zürich sind die Zuständigkeiten zunächst föderalistisch nach dem von der fraglichen Planung betroffenen Gemeinwesen ausgeschieden. Mit Ausnahme der kommunalen Planungen, bei denen je nach der geltenden Gemeindeordnung auch eine direktdemokratische Legitimierung der Planung vorgesehen ist, ist einzig noch die Festsetzung der kantonalen Richtpläne durch den Kantonsrat repräsentativ-demokratisch vorgesehen (§ 32 Abs. 1 PBG); die übrigen Planungsentscheide trifft die Verwaltung unter Berücksichtigung der bundesrechtlich geforderten Mitwirkungsrechte der Bevölkerung gemäss Art. 4 Abs. 2 RPG und der Mitwirkungsrechte der Gemeinden und anderer Planungsträger in der Richtplanung gemäss Art. 10 Abs. 2 RPG[150]. Gewährleistet sind mindestens die öffentliche Auflage der Planentwürfe und das Einwendungsverfahren, wonach sich jeder Bürger bei der die Auflage verfügenden Instanz zum Planinhalt äussern kann.

Sind diese Mitwirkungsrechte nun aber auch in zweckmässiger Weise ausgestaltet? - Die erbitterten Widerstände betroffener Bürger und von Organisationen gegen so grundsätzliche Fragen wie z.B. die Standortwahl von raumbedeutsamen Vorhaben wie Abfalldeponien lassen zumindest Zweifel aufkommen. Gerade in bezug auf die ausgewogene Abstimmung raumwirksamer Aufgaben erscheint das Schweigenmüssen zu den grundlegenden Fragen der koordinativen Planung als Mangel und das Redendürfen zu Fragen der konkreten Nutzungsausgestaltung als (zu) spät gewährter, umso repressiver geübter Luxus. Hinsichtlich einer Optimierung der koordinativen Planung ist primär die ketzerische Frage zu stellen, ob sachlich nicht eine breitere demokratische Legitimierung der Richtplanung von Nöten wäre. Einerseits sind die

---

[147] *Pfisterer*, Richtplan, S. 279
[148] BBl 1972 I 1'480; *Haller/Karlen*, N. 149; *Lendi*, Planungrecht und Eigentum, S. 95 ff.; *Tschannen*, N. 662 gestützt auf *Schürmann*, 2. Aufl., S. 115 f.
Demgegenüber geht das Bundesgericht auch in jüngeren Entscheiden noch gemäss dem RPG-Entwurf aus dem Jahre 1974 von einem hierarchischen Stufenbau zwischen Richt- und Nutzungsplan aus: vgl. etwa BGE 115 Ib 151 (Bäretswil) und den bundesgerichtlichen Entscheid vom 23. Juni 1993 (Zauggenried/BE) sowie die Kommentierung dieser Urteile von *Karlen*, ZBJV 130/1994, 117 ff.
[149] Es geht namentlich um die Gestaltung der räumlichen Voraussetzungen für Besiedlung und Landschaft, Versorgung und Verkehr. Es stellen sich dabei namentlich Standortfragen.
[150] Systematisch sind die Mitwirkungsrechte gemäss Art. 4 Abs. 2 RPG als allgemeine Mindestanforderungen für Planungen zu verstehen. Diejenigen von Art. 10 Abs. 2 RPG stellen demgegenüber eine lex specialis für die Richtplanung dar.
Vgl. auch *Estermann*, VLP-Schriftenfolge Nr. 61, S. 57 ff.

verschiedenen Interessenlagen in bezug auf eine optimale Koordination möglichst früh und möglichst vollständig zu ermitteln, anderseits ist aus demokratischer Sicht die Zustimmung umso erforderlicher, desto grundlegender sich die staatspolitische Fragestellung qualifiziert. Gerade die demokratische Rechtfertigung der fachlich fundiert abzuklärenden und regelmässig schwierigen Planungsfragen ist umso wichtiger, als Planungsentscheide immer, wenn nicht gar vorwiegend politischer Natur sind. Bereits Aemisegger[151] qualifizierte in seinem Leitfaden zum Raumplanungsgesetz Planungen von ausschliesslich, wenn auch fachlich repräsentativ zusammengesetzten Beratungs- und Entscheidungsgremien als nicht rechtsgenügend. Auf der Stufe der Richtplanung[152] wäre auch die Schaffung gezielter Mitwirkungsmöglichkeiten der Bevölkerung und von Organisationen im Zusammenhang mit grundsätzlichen Planungsfragen im Hinblick auf eine breitere Akzeptanz von Planungsentscheiden und eine in politischer Hinsicht abgestimmte Planung denkbar. Planerische Grundsatzfragen im Rahmen der koordinativen Raumplanung sind deshalb mit einer unmissverständlichen Informationspolitik aufzuwerfen, und die betroffenen Kreise sind zu aktiver Mitwirkung aufzurufen[153].

Der grossen präjudiziellen Wirkung der Richtplanung im Hinblick auf die Nutzungsplanung und spätere Bewilligungsverfahren entspräche schliesslich mindestens der Ausbau des Rechtsschutzes[154]. Auf Bundesebene drängt sich namentlich die Anfechtungsmöglichkeit von Nutzungsplänen mit Verwaltungsgerichtsbeschwerde ans Bundesgericht auf[155].

5.3. Vermehrt Verhandlungslösungen

Die programmatisch-konzeptionelle Zielsetzung der Raumplanung vermeidet im Hinblick auf eine günstige Wohlfahrtsentwicklung ausgerichtete Raumordnung des Landes fixe und damit nicht mehr bzw. erschwert anpassungsfähige Wertungen[156]. Einerseits sind die einzelnen, nicht abschliessend aufgezählten Zielsetzungen und Teilziele gemäss Art. 1 RPG jedenfalls dem

---

[151] VLP-Schriftenfolge Nr. 25, S. 34 f.
[152] Vgl. insbesondere den Feldversuch zu vermehrter Mitwirkung der betroffenen Bevölkerung bei der Standortsuche von Abfalldeponien im Kanton Aargau: *Ortwin Renn*, Risikodialog statt Sankt-Florians-Prinzip. Erfahrungen aus einem Modellversuch im Kanton Aargau, NZZ vom 27./28. November 1993, Nr. 277, S. 23 f. und beispielsweise *Keeney et al.*, S. 81 ff. und 91 ff. betreffend die Ausarbeitung von Kriterienkatalogen, die als Summe aller zur fraglichen Zeit in der Gesellschaft auffindbaren Aspekte zur Beurteilung bestimmter Vorhaben angesehen werden können.
[153] Vgl. hiezu die Vorschläge von *Tanquerel*, S. 335 ff. betreffend den Ausbau der Volksrechte, der nichtstreitigen und streitigen Verfahren und der Information sowie strukturellen Entwicklungen betreffend die Mitbeteiligung der Bevölkerung am Planungsverfahren
[154] *Kölz/Keller*, URP 4/1990, 417
[155] *Kölz/Keller*, URP 4/1990, 418. Vgl. in diesem Zusammenhang die Regelung von Art. 46 Abs. 1 WaG, wonach gemäss umweltschutzgesetzlichem Vorbild auf die allgemeine Rechtsmittelordnung der Bundesrechtspflege verwiesen wird.
[156] Art. 1 RPG - wie auch Art. 3 - stellen für den Gesetzgeber, die Regierung und die Verwaltung sowie die Justiz lediglich Wertungshilfen zur Verfügung; *EJPD/BRP*, Erläuterungen RPG, Art. 1 N. 4 und Art. 3 N. 1 ff.; *Mächler*, S. 125 f.

gesellschaftlichen Wertewandel unterworfen und damit offen. Insbesondere die Standortfrage eröffnet notwendigerweise einen erheblichen, generell-abstrakt nicht erschliessbaren Entscheidungsspielraum[157]. Anderseits stehen die raumplanerischen Zielsetzungen ohne jede legislatorische Rangfolge zueinander in teilweise unvermeidbaren Spannungsverhältnissen. Schliesslich handelt es sich beim Raumplanungsgesetz um ein Rahmengesetz, das "gewissermassen das Gerüst der vom Bund und den Kantonen zu realisierenden Gesamtregelung" darstellt. Aus der Beschränkung der Bundesregelung auf den unerlässlich notwendigen Regelungsinhalt und aufgrund der Gewährleistung des verbleibenden substantiell möglichst weitgehenden Entscheidungsbereichs für die Kantone ergibt sich zusätzlich eine Tendenz zur offenen Normierungstechnik[158].

In der Tat zeichnet sich das Bundesgesetz über die Raumplanung durch seine unbestimmte Regelungsweise geradezu aus. Die kantonale Ausführungsgesetzgebung konkretisiert das Raumplanungsrecht des Bundes insofern, als es i.S.v. Art. 25 RPG das für den Vollzug erforderliche organisatorische und verfahrensrechtliche Instrumentarium bereitstellt. Die kantonale Organisations- und Verfahrenshoheit kann bzw. muss dann eingeschränkt werden, wenn dies zur Durchsetzung des bundesrechtlichen Minimalstandards schlechthin erforderlich ist. Daneben sind die Kantone auch zur Festsetzung von materiellem Recht befugt. Unter Berücksichtigung ihrer Eigenheiten ordnen sie den verbleibenden Regelungsbereich selber[159].

Die gesetzeskonforme Rechtsanwendung wird durch die Abwägung der verschiedenen in Konflikt und in Konkurrenz stehenden Interessen sichergestellt[160]. Die Abwägung erfolgt in drei Schritten: Zunächst sind die erheblichen Interessen zu ermitteln. In einem weiteren Schritt sind die ermittelten Interessen zu bewerten, d.h., die Folgen ihrer Verwirklichung im konkreten Falle werden dargelegt und beurteilt. Schliesslich sind die einander gegenüberstehenden Interessen untereinander zu weitmöglichster Widerspruchsfreiheit zu führen[161]. Methodisch wird mit einer Interessenabwägung jedoch einzig die rechtsgleiche Behandlung unter den Gesuchstellern ermöglicht; die Entscheidung selber bleibt aufgrund der freien Gewichtungsmassstäbe offen. Somit lässt die Interessenabwägung stets einen Rest an unberechenbarer Unwägbarkeit offen[162].

Die für eine rechtsverbindliche Entscheidung zwingende Gewichtung der verschiedenen Interessen bringt folglich eine Rangfolge. Je nach Schwerpunktsetzung können sich durchaus andere Lösungen ergeben. Offensichtlich sind mehr oder weniger ausgewogene Lösungen

---

[157] Da der Gesetzgeber die Standortfrage nicht selber zu beantworten vermag, ist er gezwungen, Ermessen einzuräumen und unbestimmte Rechtsbegriffe zu verwenden; *Tschannen*, N. 323 ff. und N. 639 ff.
[158] *Mächler*, S. 129 ff. und S. 121 ff.
[159] *Mächler*, S. 133 ff.
[160] BGE 108 Ib 365 ff., 368 ff. (E. 6.b)
[161] *Tschannen*, N. 422 ff.
[162] *Tschannen*, N. 434

denkbar. Die hier ansetzende Forderung nach Verhandlungslösungen[163] befreit die zuständigen Behörden insoweit von der Entscheidungsverantwortung, als den Verfahrensbeteiligten - unter Vorbehalt der Verfahrensleitung durch die den zulässigen Verhandlungsrahmen absteckenden zuständigen Behörde, der immer auch das letzte Wort zusteht - das Aushandeln rechtsgenügender Kompromisse möglich gemacht wird. Betreffend die Vor- und Nachteile von Verhandlungslösungen ist auf die Darstellung im allgemeinen Teil dieser Untersuchung[164] zu verweisen. In diesem Zusammenhang sei nur soviel bemerkt, dass gegensätzliche Interessen möglicherweise einer massgeschneiderten Lösung zugeführt werden können.

---

[163] Nunmehr ausdrücklich auch *Beratergruppe Marti*, Revisionsvorschläge RPG, S. 13: Als verfahrensvereinfachende Verbesserungen schlagen die Experten die vermehrte Durchführung von Augenscheinen und Referentenaudienzen, den "Einsatz von Schlichtungspersonen" und Möglichkeiten erleichterter Projektänderung während des rechtshängigen Verfahrens vor.

[164] Siehe die Ausführungen unter § 5 (insbesondere 2.)

§ 7 Umweltschutz

1. Öffentliche Aufgabe und Zweck

1.1. Allgemeines

Der Verfassungsauftrag von Art. 24septies BV, der den Bund zum Erlass von Vorschriften zum Schutze des Menschen und seiner natürlichen Umwelt gegen schädliche oder lästige Einwirkungen verpflichtet[165], wird in Art. 1 USG in grundsätzlicher Weise verdeutlicht. Es sollen Menschen, Tiere und Pflanzen, ihre Lebensgemeinschaften und Lebensräume geschützt, und die Fruchtbarkeit des Bodens soll erhalten bleiben. Menschen, Tiere und Pflanzen bilden nämlich wechselseitig voneinander abhängige Gemeinschaften in ihren jeweiligen Lebensräumen, deren Grundlagen Luft, Boden und Wasser sind. Umweltschutz ist folglich nichts anderes als die Rücksichtnahme auf die Lebensgemeinschaften in ihren gegenseitigen Abhängigkeiten und der Schutz ihrer Lebensgrundlagen. Umwelteinwirkungen beeinflussen somit nicht nur die Existenzgrundlagen, sondern das gesamte ökologische Gefüge der betreffenden Lebensgemeinschaften. Umweltschutz bedarf in der Folge einer umfassenden, ganzheitlichen Betrachtungsweise[166]. Durch überlegte Vorsorge sollen mögliche künftige Belastungen frühzeitig verhindert werden[167].

Gemäss Hangartner[168] handelt es sich beim Umweltschutz in der Sache um eine Querschnittproblematik. D.h., unter dem Gesichtspunkt des Umweltschutzes sind grundsätzlich alle Lebensbereiche betroffen. Auszugehen ist von Tatsachen wie z.B. Luftverunreinigung, Lärm und Gewässerverschmutzung, denen in allen Lebensbereichen begegnet werden soll. In der Tat sind verschiedene Verfassungsbestimmungen und gestützt darauf bundesrechtliche Vorschriften zum Schutze des Menschen oder eines Teilbereiches seiner Umwelt gegen schädliche Einwirkungen heranzuziehen. Nachfolgend werden kurz die Schwerpunkte der Querschnittaufgabe "Umweltschutz" dargestellt, soweit sie vorliegend interessieren.

1.2. Raumplanung und Umweltschutz

Durch die haushälterische Nutzung des Bodens, die Abstimmung der raumwirksamen Tätigkeiten und die Ordnung der zulässigen Nutzungen haben die Massnahmen der Raumplanung

---

165 *Rausch*, Umweltschutzgesetzgebung, S. 123 ff.
166 BBl 1979 III 775 f., auch 765; vgl. im Zusammenhang mit dem Katastrophenschutz *Jaisli*, S. 124 ff.
167 BBl 1979 III 754 ff. und 779
168 S. 105 f.; ebenso *Häfelin/Haller*, N. 292

u.a. "die natürlichen Lebensgrundlagen wie Boden, Luft, Wasser, Wald und die Landschaft zu schützen" (Art. 1 Abs. 2 lit. a RPG)[169]. Durch die Möglichkeit der räumlichen Abgrenzung können unter Berücksichtigung umweltschutzrechtlicher Anforderungen frühzeitig unerwünschte Umweltbelastungen verhindert werden. Offensichtlich ist der Schutz der Umwelt nur eines von vielen Zielen der Raumplanung, die auf die umfassende Ordnung der wohlfahrtorientierten Entwicklung des Raumes ausgerichtet ist. Demnach handelt es sich bei der Raumplanung um die umfassendere Aufgabe[170].

1.3. Natur- und Heimatschutz und Umweltschutz

Neben der Erhaltung des heimatlichen Landschafts- und Ortsbildes, der geschichtlichen Stätten und der Natur- und Kulturdenkmäler des Landes umfasst der Natur- und Heimatschutz auch einen rein ökologischen Aspekt - den Schutz der einheimischen Tier- und Pflanzenwelt sowie ihres natürlichen Lebensraumes[171]. Während der Natur- und Heimatschutz die Natur um ihrer selbst Willen schützt, will der Umweltschutz demgegenüber die Natur erhalten, soweit sie zur natürlichen Umwelt des Menschen gehört und für ihn als Lebensgrundlage schützenswert ist[172].

1.4. Waldrecht und Umweltschutz

Das auf den 1. Januar 1993 in Kraft gesetzte Waldgesetz ist neben den bisher verfolgten Zielen der quantitativen Walderhaltung, dem Schutz vor Naturgefahren und der Holzproduktion mit einer neuen qualitativ ausgerichteten Zielsetzung ergänzt worden. Neuerdings besteht eine ausdrückliche gesetzliche Grundlage zum Schutz des Waldes in seiner Funktion als Ökosystem, als Teil der Landschaft sowie als Erholungsraum. Die ökologischen und naturschützerischen Ziele wurden in der kürzlich durchgeführten Revision ausdrücklich definiert, und die bisher eher forstwirtschaftliche Betrachtungsweise zugunsten einer ganzheitlichen forstlichen erweitert[173].

1.5. Gewässerschutz und Umweltschutz

Der Gewässerschutz dient dem Schutz einer weiteren Existenzgrundlage des Menschen und seiner natürlichen Umwelt. Der im geltenden Gewässerschutzgesetz formulierte Zweck geht

---

169 Vgl. auch die Planungsgrundsätze gemäss Art. 3 RPG (insbesondere Abs. 2 und 4)
170 BBl 1979 III 763 f.
171 BBl 1979 III 763
172 *Schürmann*, Art. 24septies BV mit Hinweis auf die Ausführungsgesetzgebung, S. 514
173 BBl 1988 III 181 ff. und 187 ff.

den umfassenden[174] Schutz der Gewässer vor nachteiligen Einwirkungen an und deckt damit eine wesentliche umweltschutzrechtliche Teilaufgabe ab[175].

1.6. Fischereirecht und Umweltschutz

Eine weitere ökologische Teilaufgabe erfüllt die auf Art. 25 BV gestützte Fischereigesetzgebung mit dem Schutz des Lebensraumes der Fische und ihrer Nährtiere vor schädlichen Einwirkungen und die Wahrung eines nachhaltigen Fischertrages[176].

1.7. Arbeitsgesetzgebung und Umweltschutz

Neben dem Schutz des Menschen vor schädlichen Einwirkungen am Arbeitsplatz zielte das Arbeitsschutzrecht stets auf den Schutz der Umgebung der Betriebe vor schädlichen Einwirkungen ab. Diese letztere Zielsetzung wird vom Arbeitsschutzrecht aber nur noch soweit abgedeckt, als der Schutz vor schädlichen oder lästigen Einwirkungen auf den Menschen und seine natürliche Umwelt nicht durch das Umweltschutzgesetz und seine Ausführungserlasse gewährleistet werden[177].

2. Zur Kompetenzausscheidung zwischen Bund und Kantonen

Der Umweltschutzartikel 24septies BV, der den Bund zur Bekämpfung schädlicher und lästiger Umwelteinwirkungen verpflichtet, überträgt dem Bund eine Querschnittkompetenz[178]. Im Umweltschutzrecht zeigt sich eine ausgeprägte Aufgabenverflechtung[179]. Der Verfassungsauftrag ist sehr umfassend formuliert[180]. Er enthält jedoch keine unbeschränkte Bundeskompetenz. Insbesondere geht er nicht soweit, dass zugunsten der Erfüllung umweltschutzrechtlicher Bundesaufgaben in die übrige Bundesgesetzgebung eingegriffen werden dürfte. Zudem müssen bei

---

174 Heute versteht sich der Gewässerschutz ebenfalls ganzheitlich, hat doch die jüngste Revision neben dem qualitativen auch den quantitativen Gewässerschutz ausdrücklich zum Ziel erklärt. Vgl. diesbezüglich die Ausführungen unter § 10, 1.
175 BBl 1979 III 762
176 BBl 1979 III 763
177 BBl 1979 III 763; *Bigler*, Kommentar ArG, S. 43; *Mäder*, N. 566 (vgl. insbesondere auch Fussnote 16)
178 *Häfelin/Haller*, N. 292; *Hangartner*, S. 105 f.; *Fleiner-Gerster*, Kommentar BV, Art. 24septies N. 65 bis 67; *Hans Mäder*, S. 51 f.; *Helene Keller*, S. 116 ff. unter Darlegung der komplizierten Aufgabenteilung zwischen Bund und Kantonen in Abgrenzung zu anderen Staatsaufgaben, die zur Erhaltung der natürlichen Lebensgrundlagen beitragen.
179 *Hans Mäder*, S. 52; *Saladin*, URP 7/1993, 2 f.
180 *Helene Keller*, S. 116

der Konkretisierung des Verfassungsauftrages die allgemeinen Verfassungsgrundsätze wie die Verhältnismässigkeit und die Rechtsgleichheit beachtet werden[181]. Im Verhältnis zu den verbleibenden kantonalen Zuständigkeiten im Bereich des Umweltschutzes statuiert Art. 24septies BV konkurrierende Bundeskompetenzen; d.h., die Kantone bleiben für die Wahrnehmung irgendwelcher Aufgaben im Umweltschutz subsidiär zuständig, bis der Bund von seiner Rechtsetzungsbefugnis Gebrauch macht[182].

Bei Art. 24septies BV handelt es sich um eine allgemeine Auftragserteilung und um eine Programmnorm[183]. Diese umfasst zahlreiche Sachgebiete, die bereits Gegenstand bestehender Vorschriften des Bundes sind wie etwa die Strassenverkehrs-, Luftfahrts-, Eisenbahn-, Landwirtschafts- und Giftgesetzgebung. Diese Staatsaufgaben werden jedoch regelmässig nur unter ihren aufgabenspezifischen Aspekten geregelt, selten aber auch aus umweltschutzrechtlicher Sicht. Der Schutz des Menschen und seiner natürlichen Umwelt lässt sich aber nur gestützt auf einheitliche Grundsätze gewährleisten. Diese werden im Umweltschutzgesetz für die sechs Teilbereiche Luftreinhaltung, Lärmbekämpfung, Schutz vor Erschütterungen und Strahlen, umweltgefährdende Stoffe, Abfälle und Belastungen des Bodens festgesetzt[184]. Da im Umweltschutzgesetz die materiellen Grundaussagen formuliert und die Festlegung der konkreten Werte dem Verordnungsgeber überlassen sind, kann es als Rahmengesetz qualifiziert werden[185]. Im weiteren wird das Umweltschutzgesetz mit zahlreichen speziellen Aufgabenbereichen ergänzt. Dabei handelt es sich namentlich um folgende umweltrechtliche Spezialaufgaben: Raumplanung (Art. 22quater BV), Wasserbau und Forstpolizei (Art. 24 BV), Gewässernutzung und Gewässerschutz (Art. 24bis BV), Atomenergie und Strahlenschutz (Art. 24quinquies BV), Natur- und Heimatschutz (Art. 24sexies BV), Fischerei, Jagd und Vogelschutz (Art. 25 BV) und Tierschutz (Art. 25bis BV)[186]. Historisch betrachtet, wird das schweizerische Umweltschutzrecht durch das Umweltschutzgesetz in allgemeiner Hinsicht vervollständigt.

Umweltschutz ist grundsätzlich Bundessache. Gemäss Art. 24septies Abs. 2 BV verbleibt den Kantonen der Vollzug der Bundesvorschriften, soweit das Umweltschutzgesetz diesen nicht ausdrücklich dem Bund vorbehält[187]. Die Bundesvollzugsaufgaben sind in Art. 41 USG abschliessend aufgezählt. Dem Bund werden die Vollzugskompetenzen für jene Bereiche

---

[181]   BB1 1979 III 755 f.; *Hangartner*, S. 105; *Lendi*, Umweltverträglichkeitsprüfung, S. 103 f.
[182]   In diesem Zusammenhang ist auf Art. 65 Abs. 1 USG hinzuweisen, wonach das Subsidiaritätsprinzip zum Erlass von Emissionsbeschränkungsvorschriften für die Kantone, solange der Bund das fragliche Verordnungsrecht nicht selber statuiert, ausdrücklich formuliert ist; *Helene Keller*, S. 119 f.
     Vgl. auch BB1 1979 III 778 zu Art. 55 Abs. 1 USG-E.
     Hans Mäder, S. 69 ff.; *Saladin*, URP 7/1993, 3
[183]   *Rausch*, Umweltschutzgesetzgebung, S. 132; *Lendi*, Umweltverträglichkeitsprüfung, S. 103
[184]   BB1 1979 III 781; *Lendi*, Umweltverträglichkeitsprüfung, S. 104
[185]   *Lendi*, Umweltverträglichkeitsprüfung, S. 104
[186]   *Müller-Stahel/Rausch*, ZSR NF 95/I (1975) 35 ff.
[187]   *Rausch*, Umweltschutzgesetzgebung, S. 130 f.; *Hans Mäder*, S. 89 ff.; *Helene Keller*, S. 122 und insbesondere die Kritik S. 124

zugewiesen, für welche er den einfachsten, zweckmässigsten oder übersichtlichsten Vollzug ermöglicht bzw. sich dieser aus Gründen der einheitlichen Rechtsanwendung als unerlässlich erweist[188]. Zudem ist der Bund in vollzugsrechtlicher Hinsicht mit folgenden Aufgaben betraut: Er hat die Aufsicht[189] über den Vollzug des Umweltschutzgesetzes (Art. 38 Abs. 1 USG). Er koordiniert die kantonalen Vollzugsmassnahmen und diejenigen seiner eigenen Anstalten und Betriebe (Art. 38 Abs. 2 USG). Der Bund erlässt Ausführungsvorschriften[190] (Art. 39 Abs. 1 USG). Im vorliegenden Zusammenhang hat der Bundesrat bisher folgende Ausführungsverordnungen erlassen:

- Verordnung über umweltgefährdende Stoffe vom 9. Juni 1986; Stoffverordnung/StoV (SR 814.013)
- Verordnung über Schadstoffe im Boden vom 9. Juni 1986; VSBO (SR 814.12)
- Verordnung über den Verkehr mit Sonderabfällen vom 12. November 1986; VVS (SR 814.014)
- Lärmschutz-Verordnung vom 15. Dezember 1986; LSV (SR 814.41)
- Luftreinhalte-Verordnung vom 16. Dezember 1986; LRV (SR 814.318.142.1)
- Verordnung über die Umweltverträglichkeitsprüfung vom 13. April 1988; UVPV (SR 814.011)
- Verordnung über die Bezeichnung der beschwerdeberechtigten Umweltschutzorganisationen vom 27. Juni 1990; VBUO (SR 814.016)
- Technische Verordnung über Abfälle vom 10. Dezember 1990; TVA (SR 814.015)
- Verordnung über den Schutz vor Störfällen vom 27. Februar 1991; Störfallverordnung/StFV (SR 814.012)

---

[188] BBl 1979 III 816
Hinsichtlich der speziellen umweltschutzrechtlichen Teilaufgaben gelten bei der Aufgabenverteilung zwischen Bund und Kantonen wiederum eigene Regeln. Sofern diese speziellen ökologischen Staatsaufgaben im Rahmen der vorliegenden Untersuchung interessieren, ist ausdrücklich auf die jeweiligen Ausführungen zu verweisen.

[189] Die Mittel der Verbandsaufsicht sind generelle Weisungen und Kreisschreiben, konkrete Beanstandung und Instruktion sowie Untersuchung und Inspektion. Weitere Mittel sind die Genehmigungspflicht des Bundes für bestimmte kantonale Ausführungserlasse im Bereich des Umweltschutzes gemäss Art. 37 USG und die Bundesrechtspflege (Art. 54 bis 57 USG); vgl. *Brunner*, Kommentar USG, Art. 38 N. 7

[190] Ziel der Koordinationsaufgabe des Bundes ist ein lückenloser Vollzug, die Vermeidung von Kompetenzkonflikten sowie die politische Abstimmung mit den Kantonen (vgl. Umweltschutzdirektorenkonferenz) und mit Amtsstellen, die nicht direkt mit dem Vollzug des USG betraut sind, deren Aufgabenerfüllung jedoch umweltrelevante Auswirkungen zeitigt (*Brunner*, Kommentar USG, Art. 38 N. 12 f.). Neben dieser allgemeinen Auftragserteilung zur Koordination enumeriert das Umweltschutzgesetz folgende spezielle Koordinationsaufgaben:
- Art. 10 Abs. 2 (Koordination im Katastrophenschutz)
- Art. 31 Abs. 3 (Zusammenarbeit zwischen Bund und Kantonen)
- Art. 31 Abs. 4 und 5 (Koordination der interkantonalen Standortwahl von Deponien)
- Art. 41 Abs. 2 2. Teilsatz (Koordination beim Vollzug durch bereits aufgrund anderer Bundesgesetze zuständiger Bundesbehörden)
- Art. 41 Abs. 3 (Berücksichtigung kantonaler Umweltschutzmassnahmen)
- Art. 44 Abs. 2 und 3 (Koordination der Erhebungen betreffend die Umweltbelastung)

Weiter schliesst der Bund völkerrechtliche Vereinbarungen ab (Art. 39 Abs. 2 USG). Schliesslich bestimmt er die anwendbaren Prüf-, Mess- und Berechnungsmethoden (Art. 38 Abs. 3 USG) und ordnet Typenprüfungen und Kennzeichnungen für serienmässig hergestellte Anlagen an (Art. 40 USG)[191].

Demgegenüber sind die Kantone für den Vollzug des Umweltschutzgesetzes zuständig, soweit der Vollzug nicht ausdrücklich dem Bund obliegt. Art. 36 USG verpflichtet die Kantone zum Erlass der erforderlichen Ausführungsbestimmungen sowie zur Bereitstellung der im Rahmen ihrer Zuständigkeit erforderlichen organisatorischen und verfahrensrechtlichen Grundlagen für den Gesetzesvollzug[192]. Eine grundsätzliche kantonale Zuständigkeit ergibt sich damit in den Bereichen Luftreinhaltung, Lärmbekämpfung, Abfälle (ausgenommen im Zusammenhang mit Art. 32 Abs. 1 und 2 USG), Bodenschutz und den Massnahmen betreffend den Katastrophenschutz[193]. Mit den in Art. 37 USG abschliessend enumerierten kantonalen Ausführungsvorschriften betreffend die Umweltverträglichkeitsprüfung, den Katastrophenschutz, die Sanierung, den Schallschutz bei Gebäuden sowie die Abfälle unterstellt das Umweltschutzgesetz lediglich jene kantonalen umweltschutzrechtlichen Erlasse der Genehmigungspflicht, für die eine Rechtskontrolle des Bundesrates unerlässlich sind. Eine Sonderregelung gilt wiederum für die kantonalen Emissionsvorschriften gemäss Art. 65 Abs. 1 USG, die erst nach Anhörung des Eidgenössischen Departements des Innern (EDI) verabschiedet werden dürfen[194]. Mit dem Inkrafttreten des eidgenössischen Umweltschutzrechts hat das kantonale Recht seine selbständige Bedeutung grundsätzlich verloren. Es hat sie jedoch dort behalten, wo es die bundesrechtlichen Normen ergänzt oder allenfalls verschärft[195]. In diesem Zusammenhang gilt es Art. 65 USG zu beachten[196].

Im Zusammenhang mit der allgemeinen Information und individuellen Beratung (Art. 6 USG)[197], der Umweltverträglichkeitsprüfung (Art. 9 Abs. 7 USG) und den Erhebungen über die Umweltbelastung (Art. 44 USG) bestehen zwischen dem Bund und den Kantonen parallele Kompetenzen. Konkurrierende Kompetenzen existieren bei der Umweltverträglichkeitsprüfung (Art. 6 Abs. 5 USG) und den periodischen Kontrollen (Art. 43 USG)[198].

Im weiteren bedingt die starke Verflechtung der eidgenössischen und kantonalen Aufgaben im Umweltschutz eine effiziente Zusammenarbeit zwischen den Gemeinwesen verschiede-

---

[191] BBl 1979 III 814 ff.
[192] BBl 1979 III 813; *Hans Mäder*, S. 89; *Saladin*, URP 7/1993, 13 f.
[193] *Brunner*, Kommentar USG, Art. 36 N. 12
[194] BBl 1979 III 813 f.
[195] BGE 117 Ib 151
[196] Vgl. die Kurzübersicht über die den Kantonen verbleibenden autonomen Regelungsbereiche im Umweltschutzrecht gemäss *Saladin*, URP 7/1993, 5 ff.
[197] *Barthe*, S. 95 ff.
[198] *Brunner*, Kommentar USG, Art. 36 N. 12; *Rausch*, Kommentar USG, Art. 9 N. 126

ner Stufen, aber auch zwischen den Gemeinwesen sowie privaten Organisationen und Unternehmen[199].

3. Koordinationsrelevante Vorschriften des Umweltschutzrechts

3.1. Kooperativer Föderalismus im Umweltschutzrecht[200]

3.1.1. Organisation

Die Umweltschutzfachstelle des Bundes ist gemäss Art. 42 Abs. 2 USG das Bundesamt für Umwelt, Wald und Landschaft (BUWAL), welches dem Eidgenössischen Departement des Innern (EDI) angehört. Im einzelnen[201] ist es für die Gestaltung einer umfassenden Umwelt-, Forst- und Landschaftspolitik verantwortlich. Es bereitet Erlasse im Bereich Umwelt und Landschaft vor und vollzieht diese im Bereich der Bundeskompetenz. Es führt die Eidgenössische Forstdirektion und die Landeshydrologie und -geologie und hat die Aufsicht über den Schweizerischen Nationalpark. Das Bundesamt erlässt fachtechnische Weisungen, stellt im Einvernehmen mit den interessierten Behörden Grundsätze auf und bearbeitet Fragen über soziale Kosten und Nutzen sowie der Umweltforschung. Das BUWAL arbeitet mit anderen Bundesstellen und den kantonalen Vollzugsbehörden zusammen und koordiniert die Arbeit dieser Stellen. Ihm obliegt die internationale Zusammenarbeit sowie die Vorbereitung und der Vollzug von Staatsverträgen.

3.1.2. Kooperationsprinzip

Das Kooperationsprinzip kommt insbesondere mit der Gewährleistung von Mitwirkungs- und Anhörungsrechten zum Ausdruck.

Neben der innerbehördlichen Zusammenarbeit legt das Umweltschutzgesetz einen gewichtigen Schwerpunkt auf die Zusammenarbeit der Behörden mit betroffenen und interessierten Kreisen[202]. Allgemein ermächtigt Art. 43 USG die Vollzugsbehörden, öffentlichrechtliche Körperschaften oder Private mit Vollzugsaufgaben, insbesondere mit der Kontrolle und Über-

---

199 *Saladin*, URP 7/1993, 3 f.
200 Vgl. in diesem Zusammenhang die Ausführungen zum kooperativen Föderalismus betreffend den Umweltschutz i.w.S. bei *Hans Mäder*, S. 17 ff.
201 Vgl. Art. 5 Ziff. 13 Verordnung über die Aufgaben der Departemente, Gruppen und Ämter vom 9. Mai 1979 (SR 172.010.15)
202 *Jaisli*, S. 161 und 181 ff.

wachung, zu betrauen. Eine vergleichbar traditionelle Form der Kooperation sieht das Umweltschutzgesetz im Zusammenhang mit dem Abfallwesen vor. Vorgesehen ist im speziellen die interkantonale Zusammenarbeit sowie die vertikale Zusammenarbeit zwischen Kanton und Gemeinden. Zudem ist die Delegation des Aufgabenvollzugs im Bereich der Abfallverwertung, -unschädlichmachung und -beseitigung an private Unternehmungen vorgesehen. Über diese allgemeinen Formen der Vollzugsdelegation an untergeordnete Gemeinwesen und Private hinaus sieht nun Art. 16 Abs. 3 USG eine neuartige Zusammenarbeit im Sinne einer partnerschaftlichen Lösungserarbeitung vor: "Bevor die Behörde erhebliche Sanierungsmassnahmen anordnet, holt sie vom Inhaber der Anlage Sanierungsvorschläge ein." Damit wird einerseits Inhabern von sanierungsbedürftigen Anlagen ermöglicht, ihre eigenen Massnahmen weitsichtig zu planen und durchzuführen; anderseits versetzt diese Regelung die zuständigen Behörden in die unter Umständen arbeitsökonomische Vollzugsaufgabe, die nachgesuchten Sanierungsvorschläge nur mehr noch auf ihre Rechtmässigkeit hin zu überprüfen und allenfalls zu ergänzen. Damit bedarf es bei seriösen Vorschlägen seitens des Anlageinhabers nicht mehr von Grund auf der behördlichen Erarbeitung der spezifischen Sanierungsmassnahmen im Einzelfall, sondern allein der Kontrolle (z.B. mit Hilfe von Checklisten). Das speziell projektorientierte Gespräch mit dem betroffenen Anlageinhaber ermöglicht die programmatische Erarbeitung der erforderlichen Sanierungsmassnahmen und eröffnet vor allem bei bedeutenden Sanierungsvorhaben die Möglichkeit zu massgeschneiderten Verhandlungslösungen im vorgegebenen Rahmen der Rechtsordnung[203]. Vorbehalten bleibt die vorsorgliche behördliche Anordnung dringender Sanierungsmassnahmen[204].

Eine weitere Ausgestaltung des Kooperationsprinzips ist schliesslich die Einräumung von Anhörungsrechten. Ein derartiges Anhörungsrecht sieht das Umweltschutzgesetz in Art. 39 Abs. 3 für die Kantone und interessierte Kreise im Vernehmlassungsverfahren vor dem Erlass von umweltschutzrechtlichen Ausführungsvorschriften und bei der Vorbereitung völkerrechtlicher Vereinbarungen vor.

3.1.3. Rücksichtnahmepflicht

Nach Massgabe von Art. 41 Abs. 3 USG haben die Vollzugsbehörden des Bundes die Umweltschutzmassnahmen der Kantone zu berücksichtigen. Diese Rücksichtnahme gilt nicht absolut; vielmehr ist sie in dem Sinne zu verstehen, dass Bund und Kantonen eine kooperative Aufgabenerfüllung möglich ist. Eine Aufgabe des Bundes oder der Kantone ist jedoch dann vorrangig, wenn deren Erfüllung Voraussetzung für die Erfüllung anderer Aufgaben ist, sofern nicht der entgegenstehenden Aufgabe des anderen Gemeinwesens grösseres Gewicht zu-

---

[203] Vgl. ansatzweise auch BBl 1979 III 776 und 796
[204] Vgl. zu diesem Einbruch in das Kooperationsprinzip BBl 1979 III 796

kommt[205]. Die Rücksichtnahme des Bundes bezog sich zunächst auf jene Vorkehren, welche die Kantone aufgrund ihrer konkurrierenden Kompetenzen im Bereich des Umweltschutzes bereits getroffen hatten. Die Rücksichtnahme ist aber auch gegenüber jenen kantonalen Vorkehren zu pflegen, die im Hinblick auf den Vollzug des Umweltschutzgesetzes neu geplant und durchgeführt werden[206]. Die allgemeine Rücksichtnahmepflicht des Bundes gegenüber kantonalen Umweltschutzmassnahmen betont die partnerschaftliche Erfüllung der umweltschutzrechtlichen Staatsaufgabe und ist Ausdruck eines praktischen kooperativen Föderalismus[207].

3.1.4. Information und Beratung

Im Hinblick auf einen wirksamen und umfassenden Umweltschutz bedarf es einer zweckmässigen Informationspolitik seitens der Umweltschutzfachverwaltung. Diese hat bei Behörden wie Privaten die Einsicht in ökologische Zusammenhänge zu fördern und Funktionszusammenhänge von Umweltbelastungen aufzuzeigen. Die präventive Wirkung einer wirkungsvollen Information für umweltbewusstes Handeln setzt die entsprechende Kenntnis über die aktuellen Umweltdaten und der zu treffenden Umweltschutzmassnahmen voraus (Art. 6 Abs. 1 USG). Auf Bundesebene fällt namentlich die Information über die in Vorbereitung stehenden Erlasse des eidgenössischen Umweltschutzrechts, die Ergebnisse gesamtschweizerischer Forschungen und die fachliche Beurteilung wichtiger und aktueller Umweltprobleme an. Die kantonalen Fachstellen orientieren über den kantonalen Vollzug und über Umweltschutzbelange von regionaler und lokaler Bedeutung. Gestützt auf Art. 6 Abs. 2 USG haben die Umweltschutzfachstellen Behörden und Private über die Massnahmen zu beraten, die im Interesse des Umweltschutzes zweckmässig und aus wirtschaftlicher und technischer Sicht geeignet sind[208].

Neben diesen allgemeinen Auskunfts- und Beratungspflichten sind die speziellen gemäss Art. 9 Abs. 8 USG (Einsichtsrecht in den Umweltverträglichkeitsbericht) und Art. 47 Abs. 2 USG (Veröffentlichung der Ergebnisse von Messungen und Typenprüfungen) zu beachten.

3.2. Raumplanerische Koordinationsinstrumente im Umweltschutz

Sowohl die Raumplanung als auch der Umweltschutz sind Querschnittaufgaben mit typischerweise sachbereichsübergreifenden Zielsetzungen. Da sich die Raumplanung mit dem Um-

---

205 *Brunner*, Kommentar USG, Art. 41 N.13
206 BBl 1979 III 817
207 Gl.M. *Brunner*, Kommentar USG, Art. 41 N. 19
208 *Rausch*, Kommentar USG, Art. 6 N. 6 ff.

weltschutz als einem ihrer wichtigsten Ziele und der effiziente Umweltschutz in raumbedeutsamer Weise überschneiden, stehen sie ohne Zweifel in einem sehr engen sachlichen Zusammenhang zueinander[209]. Mit den Immissionsgrenzwerten im Sinne von Art. 13 ff. USG hat der Gesetzgeber die umweltschutzrechtlichen Beurteilungsmassstäbe für die Schädlichkeit und Lästigkeit von Einwirkungen geschaffen. Danach hat sich grundsätzlich die Rechtmässigkeit von Bauten und Anlagen zu richten[210].

Ausdrücklich bezieht sich das Konzept zur Lärmbekämpfung gemäss Art. 19 bis 25 USG auf das Instrumentarium des Bau- und Planungsrechts. Im Interesse des vorbeugenden Immissionsschutzes werden gestützt auf Art. 23 USG i.V.m. Art. 29 f. LSV sowie deren Anhänge Planungswerte festgesetzt. Diese Planungswerte konkretisieren die Lärmschutzanforderungen des materiellen Planungsgrundsatzes von Art. 3 Abs. 3 lit. b RPG. Sie sind in der koordinativen Planung, vor allem aber in der Nutzungsplanung zu beachten[211]. Die Planungswerte sind grundsätzlich sowohl bei der Ausscheidung neuer Bauzonen als auch bei der Errichtung ortsfester Anlagen massgeblich[212].

Zudem werden an die planerische Festsetzung von Bauzonen umweltschutzrechtliche Anforderungen gestellt (Art. 24 USG). Gerade im Rahmen der Nutzungsplanung ist ein allgemeiner, vorbeugender Immissionsschutz zu verwirklichen. Insofern sind in den Nutzungsplänen sogenannte Empfindlichkeitsstufen gemäss Art. 44 Abs. 1 und 2 i.V.m. Art. 43 LSV festzusetzen. Konnten solche noch nicht ausgeschieden werden, so sind sie einzelfallweise zu bestimmen (Art. 44 Abs. 3 LSV). Der raumplanerische Grundsatz von Art. 3 Abs. 3 lit. b RPG, es seien Wohngebiete von schädlichem und lästigem Lärm zu verschonen und die gestützt auf Art. 15 RPG verlangte Überbauungseignung, werden mit Art. 24 USG für den Bereich des Lärmschutzes abschliessend definiert[213]. Um die jeweiligen Planungswerte einhalten zu können, werden unter Umständen planerische, gestalterische und bauliche Massnahmen[214] erforderlich.

---

[209] *Lendi*, ORL-Schriftenreihe Nr. 31, S. 258 (insbesondere Fussnote 19); *Kuttler*, VLP-Schriftenfolge Nr. 54, S. 4 ff.
[210] Vgl. hiezu und zu den nachfolgenden Ausführungen BBl 1979 III 779 und *Bandli*, Kommentar USG, Art. 22 N. 2 bis 4 und N. 20
[211] BBl 1979 III 800; *EJPD/BRP*, Erläuterungen RPG, Art. 3 N. 46; *Bandli*, Kommentar USG, Art. 22 N. 3; *Zäch*, Kommentar USG, Art. 23 N. 12
[212] *Lendi*, Informationsblatt RPG-NO 3/1992, S. 10; *Kuttler*, VLP-Schriftenfolge Nr. 54, S. 4 f.
[213] *Bandli*, Kommentar USG, Art. 24 N. 2
[214] Mit planerischen Massnahmen sind vor allem die Möglichkeiten der Nutzungsplanung gemeint. Beispielsweise kann die Festsetzung einer wenig lärmintensiven Gewerbezone zwischen der Hauptlärmquelle und der schutzbedürftigen Zone, eine Landumlegung gemäss Art. 20 RPG oder eine geschickte Verkehrsplanung zweckmässig sein.
Mit gestalterischen Massnahmen sind die Möglichkeiten der Sondernutzungspläne und der Sonderbauvorschriften gemeint, die z.B. konkrete Gebäudeanordnungen verlangen.
Bauliche Massnahmen sind Vorkehren an der Lärmquelle oder Schutzmassnahmen beim Immissionsempfänger.
Die verschiedenen Massnahmen sind alternativ oder in Kombination miteinander anwendbar; vgl. zum Ganzen *Bandli*, Kommentar USG, Art. 24 N. 9

In lärmbelasteten Gebieten schliesslich dürfen baurechtliche Bewilligungen nur erteilt werden, wenn die Immissionsgrenzwerte nicht überschritten werden (Art. 22 Abs. 1 USG). Kommt es dennoch zu Wertüberschreitungen, so kann die Bewilligungserteilung nur erfolgen, wenn die notwendigen zusätzlichen Schallschutzmassnahmen getroffen und die Räume zweckmässig angeordnet werden (Art. 22 Abs. 2 USG). Der Schallschutz bei neuen Gebäuden richtet sich nach Art. 21 USG, derjenige bei der Sanierung bestehender Gebäude in der Umgebung lärmiger ortsfester Anlagen nach Art. 20 USG[215].

Im Vergleich zum Lärmschutzrecht setzen die Vorschriften im Bereich der Luftreinhaltung weniger planerisch umso mehr jedoch konkret anlagebezogen an. Obwohl es sich beim Massnahmenplan i.S.v. Art. 31 LRV um ein neues zur Durchsetzung der normativen Vorgaben der Luftreinhalte-Verordnung bestimmtes Vollzugsinstrument handelt[216], so zeigt er gewisse planerische Komponenten. Aufgrund einer den Sachverhalt festhaltenden, inventarähnlichen Bestandesaufnahme der Emissionsquellen listet der Massnahmenplan einerseits die Massnahmen zur Gesundung der Luft und anderseits zu deren Gesunderhaltung auf. Dabei erscheint eine zukunftsgerichtete Gesamtbetrachtungsweise als unerlässlich. Im übrigen versteht es sich von selbst, dass der Massnahmenplan die unterschiedlichen Aufgabenschwerpunkte verschiedener Behörden aufeinander abzustimmen hat. Planungsrechtlich gesehen, handelt es sich folglich um einen die luftrechtlichen Aspekte behandelnden Sachplan[217].

Schliesslich ist im Zusammenhang mit der Umweltverträglichkeitsprüfung auf einen weiteren planerischen Koordinationsansatz hinzuweisen. Gemäss Art. 9 Abs. 4 USG haben UVP-pflichtige Anlagen den Umweltschutz betreffende raumplanerische Vorabklärungen zu berücksichtigen. Sie dürften für UVP-pflichtige Vorhaben insoweit verbindlich sein, als inzwischen keine tatsächlichen oder rechtlichen Änderungen eingetreten sind.

3.3. Umweltverträglichkeitsprüfung

3.3.1 Öffentliche Aufgabe und Zweck

Die Umweltverträglichkeitsprüfung schweizerischer Ausprägung widerspiegelt das Konzept der eidgenössischen Umweltschutzgesetzgebung. Mit der Umweltverträglichkeitsprüfung sollen zum einen die möglichen Auswirkungen von Anlagen, welche die Umwelt erheblich belasten

---

215   Hier richtet sich der Schallschutz nach den Alarmwerten gemäss Art. 19 USG.
216   *Jaag*, URP 4/1990, 135; BGE 117 Ib 425 E. 5.c (Nationalstrassenstück Grauholz)
217   Vgl. zum Begriff "Sachplan" *Lendi/Elsasser*, S. 13; *Jaag*, URP 4/1990, 139 ff.: Jaag bezeichnet den Massnahmenplan i.S.v. Art. 31 LSV als ausschliesslich behördenverbindliches Programm, das von der Regierung und der kantonalen Verwaltung zu verwirklichen sei. Ebenso der Regierungsrat des Kantons Zürich in RRB Nr. 4127/1987 betreffend die Festsetzung der Zuständigkeit für den "Massnahmenplan Lufthygiene"; vgl. die Broschüre des Amtes für technische Anlagen und Lufthygiene des Kantons Zürich (ATAL), Luft-Programm, Zürich 1992.

können, frühzeitig, vollumfänglich und genau ermittelt werden, damit die möglichen Umweltbelastungen und daraufhin die erforderlichen Massnahmen zum Schutz des Menschen und seiner natürlichen Umwelt gesamthaft beurteilt werden können[218]. Damit ermöglicht die Umweltverträglichkeitsprüfung vorsorglich die Erkennung von potentiellen Umwelteinwirkungen (Art. 1 Abs. 2 USG) und deren ganzheitliche Beurteilung (Art. 8 USG)[219]. Die Umweltverträglichkeitsprüfung macht kein neues Bewilligungsverfahren erforderlich, vielmehr ist sie ein Prüfungs- und Entscheidungsinstrument der für die Bewilligung einer erheblich umweltrelevanten Anlage zuständigen Behörde[220]. Die Entscheidungsträger stellen auf die Beurteilung des Umweltverträglichkeitsberichtes und die daraus resultierenden Anträge der Umweltschutzfachstelle ab. Die Verpflichtung zur verwaltungsinternen Zusammenarbeit findet bei der Beurteilung besonderer Anlagen mit dem Anhörungsrecht der eidgenössischen Fachstelle gemäss Art. 9 Abs. 7 USG eine spezielle Ausgestaltung. Aber auch der Gesuchsteller einer UVP-pflichtigen Anlage wird mit der Verpflichtung zur Erstellung des Umweltverträglichkeitsberichtes (Art. 9 Abs. 3 USG) massgeblich am Entscheidungsprozess mitbeteiligt. Schliesslich ist im Rahmen der Umweltverträglichkeitsprüfung die Öffentlichkeit gebührend zu informieren. Dies wird gestützt auf Art. 9 Abs. 8 USG gewährleistet, wonach jedermann Einsicht in die Ergebnisse der Prüfung beanspruchen kann[221].

Zusammenfassend ist festzuhalten, dass die Umweltverträglichkeitsprüfung die sektorielle Prüfung von Umwelteinwirkungen überwindet und statt dessen als umfassendes Prüfungsinstrument den wechselseitigen Beziehungen zwischen den verschiedenen Umweltbereichen gesamthaft Rechnung trägt. Dieses Ziel setzt die Abstimmung der verschiedenen Verfahren untereinander voraus, welche die Vereinbarkeit eines bestimmten Vorhabens mit den Anforderungen des Umweltschutzrechts prüfen. Innerhalb des verhältnismässig weit abgesteckten und ungenauen Rahmens versucht die Umweltverträglichkeitsprüfung, die behördliche Tätigkeit zu steuern. Sie gewährleistet in Verbindung mit der erweiterten Information der Öffentlichkeit und den Mitwirkungsrechten der Bevölkerung eine Transparenz, wie sie aufgrund des materiellen Rechts allein nicht gewährleistet ist[222].

---

[218] BBl 1979 III 785
[219] *Rausch* (Kommentar USG, Art. 9 N. 2) bezeichnet die Verwirklichung der Vorsorgeprinzips und des Grundsatzes der ganzheitlichen Betrachtung als wichtigste Wesensmerkmale der Umweltverträglichkeit. Vgl. aber auch BBl 1979 III 774 f. und 775 f.; *Jungo*, S. 22 ff.; *Loretan*, S. 113 ff.; *Nicole*, S. 21 ff. und 125 ff.; *Helene Keller*, S. 210 ff.
[220] BBl 1979 III 777; *Rausch*, Kommentar USG, Art. 9 N. 10 und 14 f.; *Lendi*, Umweltverträglichkeitsprüfung, S. 100 und 110
[221] Vgl. allgemein zum Kooperationsprinzip und zur Information im Umweltschutzrecht BBl 1979 III 776 f.
[222] *Nicole*, S. 125 ff. mit weiteren Hinweisen; *Rausch*, Kommentar USG, Art. 9 N. 3; vgl. auch *Lendi* (Umweltverträglichkeitsprüfung, S. 112 f.), der sich gegenüber der zentralen Bedeutung der Umweltverträglichkeitsprüfung für die Wirksamkeit des Umweltschutzes skeptisch zeigt. Für ihn liegt ihr Vorteil in der Institutionalisierung des Vorsorgeprinzips.

3.3.2. Beurteilungsspielraum im Rahmen der Umweltverträglichkeitsprüfung

Bei der Überprüfung eines Vorhabens auf dessen Umweltverträglichkeit hin sind unweigerlich Wertungsentscheide zu treffen. Diese sind im Rahmen des Vorsorgeprinzips (Art. 1 Abs. 2 USG) und des Grundsatzes der ganzheitlichen Betrachtungsweise (Art. 8 USG) auf die Erreichung des Zweckes der Umweltschutzgesetzgebung gemäss Art. 1 Abs. 1 USG auszurichten. Im UVP-Recht werden folglich verschiedentlich Beurteilungsspielräume eingeräumt. Gerade die vorsorgerische Ausrichtung der Umweltverträglichkeitsprüfung hat in Art. 9 Abs. 2 lit. d USG eine besondere Ausgestaltung gefunden. Für jedes UVP-pflichtige Vorhaben ist zu prüfen, welche zusätzlichen - ohnehin nicht schon gebotenen - Massnahmen zum Schutz des Menschen und seiner natürlichen Umwelt vorzukehren sind und wie hoch ihr Preis ist. Demnach hat sich der Umweltverträglichkeitsbericht hinsichtlich der spezifisch projektbezogenen Schutzmassnahmen mit der Frage einer optimalen Technologie auseinanderzusetzen[223]. Aber auch die ganzheitliche Betrachtungsweise führt zu beträchtlichen Beurteilungsspielräumen. Nicht selten stehen einander entgegengesetzte Interessenlagen gegenüber, deren Konfrontation normtechnisch gar nicht gelöst wird. Dabei stehen sich nicht nur private und öffentliche Interessen gegenüber, sondern vermehrt verschiedene öffentliche Interessen[224]. Vergleichbar ist auch die Rechtslage betreffend UVP-pflichtige Vorhaben der öffentlichen Hand. Auch hier bietet die Rechtsordnung keine vorgegebenen Lösungen. Im Einzelfall sind die Durchsetzung beanspruchenden Interessen sorgfältig gegeneinander abzuwägen[225]. Mit der ausdrücklichen Begründungspflicht konzessionsbedürftiger und öffentlicher UVP-pflichtiger Anlagen gemäss Art. 9 Abs. 4 USG wird mit Variantenstudien über prinzipielle Alternativen ein qualifizierter Ermessensentscheid ermöglicht.

Ermessensspielräume ergeben sich aber auch aus unbestimmten Rechtsbegriffen wie z.B. betreffend den Umfang der Emissionsbegrenzungen gemäss Art. 11 Abs. 2 USG oder der Katastrophenschutzmassnahmen gemäss Art. 10 Abs. 1 Satz 1 USG. Weiter enthalten die spezialgesetzlichen Umweltschutzerlasse zahlreiche offene Normierungen. Erwähnenswert ist in diesem Zusammenhang etwa die im Natur- und Heimatschutzrecht vorgesehene Interessenabwägung gemäss Art. 3 NHG oder etwa auch die raumplanerische gestützt auf Art. 24 RPG[226].

Schliesslich ist hinsichtlich der Erteilung von Konzessionen - im Vergleich zu polizeilich motivierten Bewilligungen - auf folgende Besonderheit hinzuweisen: Auf die Erteilung einer Konzession hat der Gesuchsteller grundsätzlich keinen Anspruch. Die Konzessionsbehörde

---

223 *Rausch*, Kommentar USG, Art. 9 N. 84 ff. i.V.m. 69 und 158; vgl. dazu ausführlicher *Rausch*, Umweltschutzgesetzgebung, S. 166 bis 183
224 *Loretan* (S. 138) zeigt dies deutlich am Beispiel der Errichtung eines Skiliftes.
225 *Loretan*, S. 94; *Rausch*, Kommentar USG, Art. 9 N. 163
226 *Helene Keller*, S. 237 ff.

verfügt diesbezüglich über einen verhältnismässig grossen Spielraum, ob sie dem Konzessionsgesuch Folge leisten will oder nicht. Insbesondere kann sie die Konzession aus Opportunitätsgründen mit umweltschutzrechtlichen Nebenbestimmungen ergänzen bzw. die Konzession gar verweigern[227].

3.3.3. Kooperation im Rahmen der Umweltverträglichkeitsprüfung

Wie nachfolgend darzulegen sein wird[228], hat die Einbettung der Umweltverträglichkeitsprüfung in das massgebliche Verfahren die Zusammenarbeit verschiedener Behörden zur Folge. Namentlich die für die Durchführung der Umweltverträglichkeitsprüfung zuständige Behörde und die Umweltschutzfachstelle haben zusammenzuarbeiten. Unter Umständen ist die Kooperation mit Bewilligungsbehörden spezieller umweltschutzrechtlicher Sachbereiche gemäss Art. 21 UVPV bzw. mit Subventionsbehörden gemäss Art. 22 UVPV erforderlich.

Im vorliegenden Zusammenhang interessieren vorerst nur die allgemeinen organisationsrechtlichen Aspekte. Mit dem massgeblichen Verfahren steht zugleich auch die zuständige Behörde fest (Art. 5 Abs. 1 UVPV). Diese kann je nach der geplanten Anlage eine kommunale, kantonale oder gar eidgenössische Behörde sein. Gemäss Art. 14 Abs. 3 UVPV ist in jenen Fällen, bei denen gemäss dem kantonalen Recht die Zuständigkeit der Regierung zufällt, die Delegation der Koordinationsaufgaben gemäss Art. 14 Abs. 1 und 2 UVPV an untere Instanzen ausdrücklich vorgesehen[229]. Diese Behörde steuert die erforderlichen Vorarbeiten, indem sie die Aufgaben des Gesuchstellers und der Umweltschutzfachbehörde festlegt (Art. 14 Abs. 1 UVPV). Im weiteren hat sie der Fachstelle alle für den Entscheid massgeblichen Akten zu übermitteln (Art. 14 Abs. 2 UVPV). Einen wichtigen Koordinationsaspekt deckt Art. 15 UVPV ab, indem u.a. auch jenen Behörden rechtliches Gehör zu verschaffen ist, die sich neben dem Gesuchsteller mit Parteistellung am UVP-Verfahren beteiligen können[230]. Damit kommt der für die Durchführung der Prüfung zuständigen Behörde eine bedeutende verfahrensleitende Funktion zu[231].

Gestützt auf Art. 42 USG i.V.m. Art. 12 Abs. 1 und 2 UVPV ist je nach dem, ob das massgebliche Verfahren in die Zuständigkeit einer kommunalen oder kantonalen Behörde bzw. einer Bundesstelle fällt, auch die kantonale bzw. eidgenössische Umweltschutzfachstelle zuständig. Die Delegation des Kantons an eine kommunale Fachstelle ist denkbar. Im Falle der kantonalen Zuständigkeit ist bei einzelnen Vorhaben das BUWAL anzuhören (Art. 14 Abs. 3 UVPV). Verfahrensleitende Funktionen kommen den Fachstellen nur bezüglich dem Pflichten-

---

227 *Loretan*, S. 93 f. und 136 ff.; *Poledna*, Staatliche Bewilligungen, N. 187 ff.
228 Vgl. nachfolgend 3.3.4
229 *Rausch*, Kommentar USG, Art. 9 N. 52
230 *Rausch*, Kommentar USG, Art. 9 N. 204
231 *Lendi*, Umweltverträglichkeitsprüfung, S. 111

heft zu[232]. Formell hat die zuständige Fachstelle den Umweltverträglichkeitsbericht auf Vollständigkeit und Richtigkeit zu überprüfen; materiell hat sie auf eine einheitliche Beurteilung des Projektes hinzuwirken[233]. Dem Befund der Fachstelle kommt grosse Bedeutung zu: Von dem von ihr festgestellten Sachverhalt darf die zuständige Behörde nur aus triftigen Gründen abweichen. Im Hinblick auf die rechtliche Würdigung ist die zuständige Behörde frei. Der Grundsatz der freien Beweiswürdigung spielt allerdings dann nicht, wenn der Fachstelle gegenüber der entscheidungsbefugten Behörde ein Weisungsrecht zusteht[234].

3.3.4. Integration der Umweltverträglichkeitsprüfung in vorgegebene Verfahren

a) Allgemeines

Das Umweltschutzgesetz hat die Umweltverträglichkeitsprüfung nicht als eigenständiges Bewilligungsverfahren ausgestaltet. Nur ausnahmsweise für den Fall, dass sich für einen bestimmten Anlagetyp keines der vorgegebenen Verfahren eignet, ist auf Verordnungsstufe eine verfahrensrechtlich selbständige Umweltverträglichkeitsprüfung möglich[235]. Grundsätzlich ist jedoch die Integration der Umweltverträglichkeitsprüfung in vorgegebene Verfahren sicherzustellen. Die tatsächliche Verwirklichung einer UVP-pflichtigen Anlage ist gewöhnlich der Erfolg mehrerer parallel laufender oder zeitlich aufeinanderfolgender Verfahren[236]. Folglich ist die Durchführung der Umweltverträglichkeitsprüfung nicht nur innerhalb der verschiedenen parallel laufenden Bewilligungsverfahren über die Bestimmung eines massgeblichen Verfahrens vorzunehmen (horizontale Integration der UVP), sondern auch in zeitlicher Hinsicht durch eine gestaffelte, mehrstufige Abwicklung von Teilschritten (vertikale Integration der UVP)[237].

b) Horizontale Integration der Umweltverträglichkeitsprüfung durch das massgebliche Verfahren

In der Tat enthält die Verordnung über die Umweltverträglichkeitsprüfung vom 19. Oktober 1988 im 2. Abschnitt des 1. Kapitels über die allgemeinen Bestimmungen Verfahrensgrundsätze hinsichtlich der Durchführung der Umweltverträglichkeitsprüfung. Zunächst gilt es gestützt auf Art. 5 UVPV, das für die Durchführung der Prüfung massgebliche Verfahren und die hiefür zuständige Behörde festzustellen sowie die besonderen Koordinationsvorschriften mit an-

---

232 *Rausch*, Kommentar USG, Art. 9 N. 206 i.V.m. 109
233 *Rausch*, Kommentar USG, Art. 9 N. 119 ff. und 197
234 *Lendi*, Umweltverträglichkeitsprüfung, S. 102; *Jungo*, S. 118; *Loretan*, S. 108 f.
235 *Rausch*, Kommentar USG, Art. 9 N. 49
236 Z.B. die Erstellung von Kernkraftwerken, Eisenbahnlinien und Nationalstrassen
237 *Jungo*, S. 57 ff.; *Loretan*, S. 91 ff.; *Nicole*, S. 162

deren Bewilligungen (Art. 21 UVPV) und Subventionsentscheiden (Art. 22 UVPV) zu beachten[238].

Das Bundesrecht bestimmt das massgebliche Verfahren für die UVP-Durchführung nicht abschliessend. Sofern dieses nach Massgabe von Art. 5 Abs. 3 UVPV im Anhang der UVPV nicht bestimmt ist, haben es die Kantone selber zu bezeichnen: Dabei haben sie jenes Verfahren als das massgebliche im Sinne der Mindestanforderungen von Art. 5 Abs. 3 Satz 2 UVPV zu wählen, das eine frühzeitige und umfassende Prüfung ermöglicht. Während mit der ersten Anforderung eigens die Koordinationsfunktion der Umweltverträglichkeitsprüfung zum Ausdruck kommt, schliesst die zweite aus, dass die Kantone ein zu spezielles massgebliches Verfahren auswählen[239] bzw. gibt sie vor, dass im Rahmen des massgeblichen Verfahrens die Umwelteinwirkungen des Vorhabens genügend bestimmbar sein müssen[240].

Eine Sonderregelung enthält Art. 5 Abs. 3 Satz 3 UVPV, wenn die Kantone für bestimmte Anlagen eine Sondernutzungsplanung als massgebliches Verfahren vorsehen. Ermöglicht diese eine umfassende Prüfung, so gilt sie als das massgebliche Verfahren für die Durchführung der Umweltverträglichkeitsprüfung. Fehlt es der vorgesehenen Sonder- bzw. Detailnutzungsplanung jedoch an Genauigkeit, sodass keine umfassende Umweltverträglichkeitsprüfung möglich ist, so können die Kantone ohne weiteres die erste Stufe der Prüfung (Voruntersuchung) bereits auf die Ebene dieser Spezialplanung festlegen[241].

Schliesslich sind die raumplanerischen Ausnahmebewilligungsverfahren für Bauten und Anlagen innerhalb und insbesondere ausserhalb der Bauzonen (Art. 23 f. RPG) für Vorhaben geringen Umfangs auch gemäss dem präjudiziellen Bundesgerichtsentscheid BGE 116 Ib 59 E. 4.c (Chrüzlen) als massgebliches Verfahren für die Durchführung der Umweltverträglichkeitsprüfung anwendbar[242].

c) **Horizontale Integration der Umweltverträglichkeitsprüfung im Falle mehrerer paralleler Bewilligungsverfahren**

Mit der Umweltverträglichkeitsprüfung wird festgestellt, ob das Projekt den bundesrechtlichen Vorschriften über den Umweltschutz entspricht (Art. 3 Abs. 1 Satz 1 UVPV). Um die Rechtmässigkeit eines Vorhabens mit dem eidgenössischen Umweltschutzrecht i.w.S. sicherzustellen, hat die Verordnung mit Art. 21 f. zwingende Regeln erstellt, wie die aufgezählten, parallel laufenden Verfahren aufeinander abzustimmen sind. Dabei gilt es zu beachten, dass die Koordinationsfunktion zwangsläufig von der im Anhang zur UVPV bzw. durch das kantonale

---

[238] *Nicole*, S. 164
[239] Vgl. diesbezüglich BGE 116 Ib 62 E. 6.a, wonach der Kanton Zürich das zu spezielle Bedürfnisnachweisverfahren für Deponien gemäss Art. 30 Abs. 2 USG als massgebliches Verfahren bezeichnete.
[240] *Nicole*, S. 167 f.
[241] *Duerst*, URP 3/1989, 119; *Nicole*, S. 170
[242] Vgl. bereits *Iselin*, URP 3/1989, 188; *Nicole*, S. 171

Recht bezeichnete massgebliche Verfahren zur UVP-Durchführung wahrzunehmen ist. Demnach wird folglich auch die für die Koordination zuständige Behörde vorbestimmt[243].

In Art. 21 Abs. 1 lit. a bis e UVPV zählt der Verordnungsgeber fünf miteinander zu koordinierende umweltschutzrechtliche Spezialbewilligungen auf: die Rodungsbewilligung (Art. 5 WaG), die Bewilligung zur Beseitigung der Ufervegetation (Art. 22 Abs. 2 NHG), die Bewilligung für technische Eingriffe in Fischgewässer (Art. 8 Abs. 2 FG), gewässerschutzrechtliche Bewilligungen (Art. 29 und 33 GSchG) und die Deponiebewilligung (Art. 30 Abs. 2 USG). Vorgesehen sind grundsätzlich zwei Koordinationsmittel: Zum einen die Informationspflicht der zuständigen Behörde gegenüber den für die übrigen umweltschutzrechtlichen Belange zuständigen Behörden und die Pflicht jener Behörden, ihre Stellungnahmen zu erarbeiten und der Fachstelle zu unterbreiten.

Für die konkrete Abstimmungstätigkeit setzt die UVPV folgenden Ablauf fest: Stellt die für das massgebliche Verfahren zuständige Behörde fest, dass die Verwirklichung des nachgesuchten Projektes eine (oder auch mehrere) der obgenannten Bewilligungen voraussetzt, so stellt sie der anderen Bewilligungsbehörde alle nötigen Unterlagen[244] zu. Diese lässt der für das massgebliche Verfahren zuständigen Behörde ihre Stellungnahme zukommen, die sie an die Umweltschutzfachstelle weiterleitet (Art. 21 Abs. 1 UVPV). Die dabei angestrebte Koordination entpuppt sich offensichtlich als eine wechselseitige:
- Die für die Durchführung der Umweltverträglichkeitsprüfung zuständige Behörde ist insofern zur Koordination verpflichtet, als sie die Vereinbarkeit des nachgesuchten Projektes nach Massgabe von Art. 3 Abs. 1 UVPV auch auf die eidgenössischen Vorschriften des Umweltschutzrechts i.w.S. zu untersuchen hat. In diesem Sinne versteht sich die Verpflichtung zum Einholen der Stellungnahmen der Behörden gemäss Art. 21 Abs. 1 UVPV und deren Weiterleitung an die Fachstelle. Die für das massgebliche Verfahren zuständige Behörde hat die zusätzlichen Informationen aus den jeweiligen speziellen umweltschutzrechtlichen Bereichen zu verwerten. Ihr kommt die anspruchsvolle Aufgabe zu, als Leitorgan im UVP-Verfahren die einzelnen Befunde zusammen mit der Beurteilung der Umweltschutzfachstelle zu vereinigen, ohne jedoch die formellen und materiellen Kompetenzen der anderen Bewilligungsbehörden zu schmälern[245]. Der Behörde des für die UVP-Durchführung massgeblichen Verfahrens obliegt demnach die materielle Koordination der ausstehenden Bewilligungsentscheide.
- Die weiter zuständigen Bewilligungsbehörden i.S.v. Art. 21 Abs. 1 lit. a bis e UVPV dürfen ihrerseits erst nach Abschluss der Prüfung entscheiden[246]. Sie haben auf die zugestellten Un-

---

243 *Nicole*, S. 180
244 Dabei handelt es sich um die Unterlagen gemäss Art. 17 UVPV.
245 *Duerst*, URP 3/1989, 122; *Nicole*, S. 181; *Rausch*, Kommentar USG, Art. 9 N. 167
246 *Nicole*, S. 181; *Rausch*, Kommentar USG, Art. 9 N. 166 mit Hinweisen; *Zimmerli/Scheidegger*, S. 242

terlagen, insbesondere auf die Ergebnisse der Umweltverträglichkeitsprüfung abzustellen[247]. Die Entscheidungsreife dürfte in aller Regel erst mit Vorliegen der vollständigen Prüfungsunterlagen gegeben sein[248]. Dabei ist die fragliche andere Bewilligungsbehörde gestützt auf das Vertrauensprinzip grundsätzlich an ihre Stellungnahme gebunden, die sie zuvor der für die UVP-Durchführung zuständigen Behörde unterbreitet hat. Diese Bindung entfällt gemäss Art. 21 Abs. 3 UVPV für den Fall, dass in der Zwischenzeit wesentliche Änderungen in der Sach- und Rechtslage eingetreten sind[249]. Gemäss der bundesgerichtlichen Rechtsprechung[250] stellt die von einer anderen Bewilligungsbehörde gemäss Art. 21 UVPV abgegebene Stellungnahme ein Entscheidelement im Rahmen der Umweltverträglichkeitsprüfung dar. Sie habe nicht die Bedeutung einer Verfügung i.S.v. Art. 5 VwVG. Vielmehr sei sie wie die Umweltverträglichkeitsprüfung selber ein Teil des Planungsprozesses und der Planungskoordination, wie sie sich aus der Raumplanungsgesetzgebung ergebe[251].

- Die Umweltschutzfachstelle schliesslich hat den Umweltverträglichkeitsbericht anhand der Richtlinien i.S.v. Art. 10 UVPV auf dessen Vollständigkeit und Richtigkeit zu prüfen (Art. 13 Abs. 1 UVPV). Stellt sie Mängel fest, so beantragt sie der zuständigen Behörde, vom Gesuchsteller ergänzende Abklärungen zu verlangen oder Experten beizuziehen (Art. 13 Abs. 2 UVPV). Sie beurteilt, ob die geplante Anlage den Vorschriften des Umweltschutzrechts gemäss Art. 3 UVPV entspricht. Das Ergebnis ihrer Beurteilung teilt sie der zuständigen Behörde mit. Sie beantragt - wenn nötig - die Aufnahme von Nebenbestimmungen (Art. 9 Abs. 5 USG i.V.m. Art. 13 Abs. 3 UVPV)[252]. Folglich zeichnet die Umweltschutzfachstelle für die verfahrensmässige Koordination verantwortlich.

Demgegenüber regelt Art. 22 UVPV die Koordination zwischen dem massgeblichen Verfahren und Subventionsentscheiden nur einseitig. Die Bundesbehörden, die sachlich für die Finanzhilfe betreffend die Errichtung oder Änderung von UVP-pflichtigen Anlagen zuständig sind, entscheiden erst nach Abschluss der Prüfung (Abs. 1) und haben bei ihrem Entscheid das Prüfungsergebnis zu berücksichtigen (Abs. 2). Im Gegensatz zu den in Art. 21 UVPV betroffenen Behörden sind die Subventionsbehörden nicht gehalten, vorläufige Stellungnahmen abzugeben. Obwohl sich dies nicht ausdrücklich aus dem Wortlaut des Verordnungstextes ergibt,

---

[247] In diesem Sinne versteht sich denn auch der Hinweis auf Art. 3 Abs. 2 UVPV, wonach das UVP-Ergebnis "eine Grundlage ... für weitere Bewilligungen zum Schutz der Umwelt" bildet.
[248] *Rausch*, Kommentar USG, Art. 9 N. 166: Soweit eine umfassende Beurteilung schon vorher möglich ist, sind Beschränkungen zulässig.
[249] *Nicole*, S. 181; *Rausch*, Kommentar USG, Art. 9 N. 168
[250] BGE 116 Ib 260 ff. = Pra 80/1991 Nr. 134 (Cleuson-Dixence)
[251] A.M. noch *Duerst*, URP 3/1989, 122; *Rausch*, Kommentar USG, Art. 9 N. 167, verlangt vage die Gewährleistung des Gehörsanspruchs; *Marti*, Informationsblatt RPG-NO 1 und 2/1989, S. 65 f.
[252] BBl 1979 III 787; *Handbuch UVP*, S. 19

hat aber die für die UVP-Durchführung zuständige Behörde die Prüfungsergebnisse den zuständigen Subventionsbehörden mitzuteilen[253].

Wie beurteilt sich nun aber die Integration der Umweltverträglichkeitsprüfung in die verschiedenen erforderlichen Bewilligungsverfahren bzw. deren gegenseitige Koordination im Lichte der bundesgerichtlichen Rechtsprechung nach dem präjudiziellen Entscheid BGE 116 Ib 50 ff. (Chrüzlen)? - Die allgemeine Koordinationspflicht, wie sie das Bundesgericht postuliert[254], ist umfassender Natur. Sobald Bundesrecht anzuwenden ist, sind die Verfahren zwingend aufeinander abzustimmen, sei die Anlage nun der Umweltverträglichkeitsprüfung unterstellt oder nicht und seien die erforderlichen Bewilligungen im Katalog gemäss Art. 21 Abs. 1 UVPV enthalten oder nicht. Dieser Auffassung ist heftige Kritik erwachsen. Insbesondere Kölz/Keller[255] beurteilen die gesetzlichen Grundlagen, um den Kantonen ausserhalb von Art. 21 Abs. 1 UVPV die Pflicht zur Verfahrenskoordination aufzuerlegen, als nicht genügend klar. Ihres Erachtens untersteht dies der kantonalen Organisations- und Verfahrenshoheit, die nur über bundesgesetzliche Regelungen geändert werden könne. Weiter stellt sich die Frage, wie im Lichte dieser bundesgerichtlichen Rechtsprechung die Koordinationspflicht zusätzlicher Bewilligungsverfahren für jene Anlagen zu beurteilen ist, die gestützt auf das kantonale Recht UVP-pflichtig erklärt werden. Leider hat der Verordnungsgeber mit der allgemeinen Koordinationspflicht nicht auch die speziellen kantonalen Bewilligungsverfahren erfasst[256]. In Berücksichtigung der kantonalen Organisations- und Verfahrenshoheit wurden die Vorschläge zur Beschleunigung der Bewilligungsverfahren seitens der Expertenkommission im Zusammenhang mit der Änderung von Art. 25 RPG verweigert. So wurde insbesondere die bundesrechtliche Anforderung zur Schaffung von kantonalen Koordinationsstellen verworfen[257].

d) **Verhältnis zwischen der Umweltverträglichkeitsprüfung und der Raumplanung**

Das Raumplanungsrecht kennt drei Abstimmungsphasen[258]. Vor allem auf der Konzeptebene stellen sich diverse Grundsatzfragen wie etwa die zentrale Frage nach dem Bedarf nach den verschiedenen raumwirksamen Tätigkeiten (Phase I). Im Rahmen der eidgenössischen Sachplanung und der kantonalen Richtplanung stehen die Fragen der Eignung und der örtlichen Zuweisung im Vordergrund (Phase II). Schliesslich gilt es, in der Nutzungsplanung bzw. anlässlich der Projektierung des konkreten Vorhabens die Art und Weise der Verwirklichung an-

---

253 *Nicole*, S. 183
254 Das Bundesgericht stützt sich auf Art. 22quater Abs. 3 BV ab sowie auf den Grundsatz, das kantonale Recht dürfe nicht so ausgestaltet werden, dass es dadurch die Verwirklichung des Bundesrechts vereitle, verunmögliche oder wesentlich erschwere.
255 Vgl. hiezu ihre Kritik in URP 4/1990, 402 ff.
256 *Kölz/Keller*, URP 4/1990, 412
257 *Nicole*, S. 185 (vgl. insbesondere den Hinweis in Fussnote 244)
258 *Raumplanungsbericht 1987*, BBl 1988 I 922 f., auch zum Folgenden

zugehen. Dabei stellen sich u.a. Fragen der Gestaltung und Einordnung, der Feinabstimmung mit anderen Bodennutzungen, der technischen und betrieblichen Art der Erschliessung (Phase III).

Wie bettet sich nun die Umweltverträglichkeitsprüfung in dieses raumplanerische System ein?[259] - Auszugehen ist zunächst von der Beschränkung der Umweltverträglichkeitsprüfung auf ortsfeste Anlagen, die erhebliche Umwelteinwirkungen erwarten lassen. Damit ist die Umweltverträglichkeitsprüfung konkret projektbezogen ausgestaltet[260]. Verlangt Art. 9 Abs. 1 USG u.a. die Durchführung der Umweltverträglichkeitsprüfung im Rahmen der Planung einer prüfungspflichtigen Anlage, so nimmt der Gesetzgeber primär Bezug auf Plangenehmigungsverfahren wie z.b. für industrielle Betriebe i.S.v. Art. 6 ArG sowie in den Sachbereichen Eisenbahnen (Anhang zur UVPV Ziff. 12.1 und 12.2), Schiffahrt (Anhang zur UVPV Ziff. 13.1), Rohrleitungen (Anhang zur UVPV Ziff. 22.1) und Hochspannungsleitungen (Anhang zur UVPV Ziff. 22.2). Weiter qualifiziert sich auch ein Sondernutzungsplan, der zur Verwirklichung eines UVP-pflichtigen Vorhabens festgesetzt wurde, als Planung im Sinne des Gesetzes[261].

Andere Raumpläne[262] sind demgegenüber nicht UVP-pflichtig. Trotzdem haben auch diese Raumpläne in dem Sinne umweltverträglich zu sein, dass sie frühzeitig die Auswirkungen auf die Umwelt berücksichtigen und möglichst gering halten[263]. Werden die umweltschutzrechtlichen Anforderungen in der Phase der Planausarbeitung versäumt, so vergrössert sich dementsprechend das Risiko, dass ein solches Vorhaben in der konkreten Projektierungsphase zu einem Zeitpunkt verweigert wird, zu dem bereits kostspielige Aufwendungen betrieben worden sind[264]. Wird die Umweltverträglichkeitsprüfung erst im Baubewilligungsverfahren durchgeführt, so erfüllt sie gemäss *Nicole*[265] die Rolle einer Notbremse zur Behebung eines raumplanerischen Fehlers. Um dem engen Sachzusammenhang zwischen der Planung und der Umweltvorsorge gerecht zu werden, haben sich raumplanerische Instrumente und die Umweltverträglichkeitsprüfung zu ergänzen. Insbesondere sollen standortbezogene Vorfragen bereits auf der Stufe der Richt- und Nutzungsplanung analysiert und bewertet werden[266]. Mit sogenannten Belastungsplanungen, worin die einzuhaltenden umweltschutzrechtlichen Bedingungen aufgrund des Ausgangszustandes und der noch verträglichen Grenzbelastung festgestellt werden,

---

[259] Vgl. in diesem Zusammenhang auch die Ausführungen unter § 6, 3.3.1. (insbesondere b) und 3.3.2. (insbesondere c)
[260] *Rausch*, Kommentar USG, Art. 9 N. 29 und 38; *Loretan*, S. 31 ff.
[261] Art. 9 Abs. 1 USG i.V.m. Art. 5 Abs. 3 Satz 3 UVPV; zum Ganzen vgl. auch *Nicole*, S. 188 f.
[262] Richt- und Rahmennutzungspläne
[263] BGE 113 Ib 231 E. 2.c und 113 Ib 384; *Raumplanungsbericht 1987*, BBl 1988 I 984; *Matter*, BR 1987/4, 77
[264] *Raumplanungsbericht 1987*, BBl 1988 I 972
[265] S. 189
[266] *Raumplanungsbericht 1987*, BBl 1988 I 991; *Alb/Loretan*, S. 62 und 72; *Loretan*, Informationsblatt RPG-NO 3/1992, S. 36 f.; *Rausch*, Kommentar USG, Art. 9 N. 189 und 23

können die erforderlichen Schutzmassnahmen im Sinne des Raumplanungsrechts - und damit auch des Umweltschutzrechts i.w.S. als dessen Teilzielsetzung - angeordnet werden. Solche Belastungsplanungen ermöglichen ökologisch abgestützte Planungen, indem sie das Planungsverfahren und die Umweltverträglichkeitsprüfung entsprechend dem engen Sachzusammenhang der durch sie verfolgten öffentlichen Aufgaben fliessend miteinander verknüpfen[267].

Wechselwirkend lassen sich bezüglich das Verhältnis "Raumplanung - Umweltverträglichkeitsprüfung" folgende Abhängigkeiten festhalten:
- Zunächst ist darzulegen, inwiefern die Raumplanung die Umweltverträglichkeitsprüfung beeinflusst: Der Umstand, dass ein im Anhang zur UVPV aufgelistetes Vorhaben in einem Konzept oder Sachplan des Bundes oder in einem kantonalen Richtplan vorgesehen ist, befreit weder den Gesuchsteller zur Vorbereitung eines Umweltverträglichkeitsberichtes noch die zuständige Behörde zur Durchführung der Umweltverträglichkeitsprüfung. Die planerischen Grundlagen sind lediglich ein Hinweis für ein vorhandenes öffentliches Interesse an der betreffenden Anlage. Erst im Rahmen der Gesuchsprüfung gilt es, das konkrete Vorhaben endgültig zu beurteilen[268]. Im übrigen stellt sich die Frage, wie Art. 9 Abs. 4 UVPV, wonach der Umweltverträglichkeitsbericht auch die umweltschutzrechtlichen Abklärungen zu berücksichtigen hat, die im Rahmen der Raumplanung durchgeführt wurden, im Verhältnis zu Art. 3 Abs. 1 UVPV zu verstehen ist. Vermutlich wollte der Verordnungsgeber den Anwendungsbereich der Umweltverträglichkeitsprüfung auf die in Art. 3 Abs. 1 UVPV aufgezählten umweltschutzrechtlichen Spezialerlasse beschränken. Die dabei unterbliebene Aufzählung des Raumplanungsrechts schadet allerdings nicht. Die Berücksichtigung ökologischer Belange im Planungsverfahren nach Massgabe von Art. 9 Abs. 4 UVPV versteht sich nämlich als Konkretisierung der behördlichen Planungspflicht gemäss Art. 2 Abs. 2 RPG. Haben die Planungsträger grundsätzlich die räumlichen Auswirkungen ihrer Tätigkeit zu berücksichtigen, so ist dies auch hinsichtlich der raumwirksamen Auswirkungen UVP-pflichtiger Vorhaben beachtlich[269].
- Weiter fragt sich, inwiefern sich die Umweltverträglichkeitsprüfung auf die Raumplanung auswirkt: Die Erforderlichkeit, umweltschutzrechtliche Anforderungen im Rahmen der Raumplanung zu berücksichtigen, findet ihren Niederschlag grundsätzlich in den Zielformulierungen von Art. 1 Abs. 1 und 2 lit. a RPG. Heute ist die verstärkte formelle Durchsetzung einer umweltgerechten Planung mit vermehrt vorsorglicher Ausrichtung unbestritten[270]. Wenn auch nicht verfahrensrechtlich, so entspricht die Durchsetzung dieser ganzheitlich ausgerichteten Zie-

---

267 *Gottschall et al.*, S. 46 f.
268 *Nicole*, S. 190; a.M. *Rausch*, Kommentar USG, Art. 9 N. 99; *Kölz/Keller*, URP 4/1990, 395 mit Hinweis auf BGE 116 Ib 57 E. 4.d und *Loretan*, URP 4/1990, 179 (Ziff. 2)
269 *Nicole*, S. 157 f.; *Rausch*, Kommentar USG, Art. 9 N. 91
270 *Raumplanungsbericht 1987*, BBl 1988 I 990 (siehe Leitsatz 10) und 992, wonach als aktuelle und anstehende Massnahme des Bundes die Erarbeitung von Grundlagen zur besseren Berücksichtigung der natürlichen Lebensgrundlagen in der Raumplanung postuliert wurden. *Bericht der Expertenkommission für die Revision des Raumplanungsgesetzes*, S. 5; *Nicole*, S. 191 f.

le materiell dem Ergebnis einer Raumverträglichkeitsprüfung[271]. Dies ergibt sich besonders eindrücklich aus Art. 26 Abs. 1 RPV, wonach der zuständige Planungsträger im Nutzungsplanungsverfahren der kantonalen Genehmigungsbehörde darüber Bericht zu erstatten hat, wie der Nutzungsplan - neben anderen Aspekten - der Umweltschutzgesetzgebung Rechnung trägt. Im sogenannten Erläuterungsbericht hat die planende Behörde demnach nachzuweisen, dass die Voraussetzungen der raumplanerischen und umweltschutzrechtlichen Erlasse erfüllt und von der fraglichen Nutzungsplanung keine unzulässigen Einwirkungen zu erwarten sind. Der Erläuterungsbericht gemäss Art. 26 Abs. 1 RPV ist - ähnlich wie der Umweltverträglichkeitsbericht - eine Entscheidungsgrundlage für die Festsetzung eines Nutzungsplans sowie zur Überprüfung seiner Zweckmässigkeit und seiner Genehmigung[272].

e) **Vertikale Integration der Umweltverträglichkeitsprüfung**

In zeitlicher Hinsicht hält Art. 9 Abs. 1 USG gerade nur fest, dass die Umweltverträglichkeitsprüfung dem Sachentscheid vorauszugehen hat. Ist gemäss Art. 5 Abs. 3 Satz 2 UVPV eine "frühzeitige und umfassende Prüfung" anzustreben, so stellt der Verordnungsgeber den Vorsorgeaspekt gegenüber der ganzheitlichen Beurteilung eines Vorhabens, welche einer umfassenden Informationsgrundlage bedarf, in ein zeitliches Spannungsverhältnis[273]. Entsprechend bedarf die Annäherung an beide Zielvorstellungen einer zeitlich gestaffelten Durchführung der Umweltverträglichkeitsprüfung[274]. Art. 9 Abs. 1 USG qualifiziert sich hinsichtlich der Rechtmässigkeit einer mehrstufigen Durchführung der Umweltverträglichkeitsprüfung als genügende gesetzliche Grundlage[275]. Praktisch erscheint der mehrstufige Prüfungsablauf namentlich im Hinblick auf den Umstand gerechtfertigt, dass Änderungen der Sach- und Rechtslage im Verlauf der erforderlichen Bewilligungsverfahren noch berücksichtigt werden können, ohne dass der Bauherr die Bewilligung bereits genutzt hat und folglich deren Widerruf erforderlich würde[276].

"Sieht der Anhang oder das kantonale Recht eine mehrstufige Prüfung in verschiedenen Verfahrensschritten vor, so wird die Prüfung bei jedem Verfahrensschritt so weit durchgeführt, als die Auswirkungen des Projektes auf die Umwelt für den jeweiligen Entscheid bekannt sein müssen" (Art. 6 UVPV). Die positivrechtliche Ausgestaltung der mehrstufigen Umweltverträglichkeitsprüfung folgt einem zeitlich ganz und gar linearen Schema, indem davon ausgegangen wird, dass jede Prüfungsetappe den jeweils erforderlichen ökologischen Wissensstand mit sich

---

[271] Vgl. hiezu *Lendi/Elsasser*, S. 221 und insbesondere auch *Nicole*, S. 191 f. mit Hinweisen auf die Literatur
[272] *Gottschall et al.*, S. 49 ff.; skeptisch gegenüber der praktischen Bedeutung von Art. 26 Abs. 1 RPV *Nicole*, S. 192 f.
[273] Vgl. auch BGE 113 Ib 234 E. 3.c.aa
[274] *Jungo*, S. 59 ff.; *Nicole*, S. 165 ff.; *Rausch*, Kommentar USG, Art. 9 N. 56; vgl. auch die Ausführungen unter § 2, 2.2.3.
[275] BGE 113 Ib 234 E. 3.c; *Nicole*, S. 167; a.M. *Jungo*, S. 59 f.
[276] *Rausch*, Kommentar USG, Art. 9 N. 194

bringt[277]. Aus dem Anhang zur UVPV ist für die aufgezählten Anlagen ersichtlich, zu welchem bundesrechtlichen Verfahren jeweils die erste, zweite oder allenfalls dritte Stufe der Umweltverträglichkeitsprüfung gehört. Sieht demnach das massgebliche Verfahren mehrere Entscheidstufen vor, wird auch die Umweltverträglichkeitsprüfung mehrstufig abgewickelt[278]. Bei solchen mehrstufigen Verfahren handelt es sich um Projekte wie z.b. Nationalstrassen, aber auch Eisenbahnlinien, Wasserkraftwerke und Endlager für radioaktive Stoffe[279].

Die Notwendigkeit einer verstärkten formellen Durchsetzung einer umweltgerechten Planung ist heute unbestritten[280]. Diese Pflicht ergibt sich besonders eindrücklich bei der Nutzungsplanung, bei welcher der entsprechende Nachweis im Erläuterungsbericht gemäss Art. 26 Abs. 1 RPV zu erbringen ist[281].

Hinsichtlich des Prüfungsablaufs ist zu beachten, dass die Voruntersuchung grundsätzlich nur auf der ersten Stufe erforderlich ist. Das Pflichtenheft für die Hauptuntersuchung hat für sämtliche Stufen die erforderlichen Untersuchungen festzuhalten[282]. Entsprechend erfolgt denn auch der Umweltverträglichkeitsbericht in Etappen; der Bericht jeder Stufe ist öffentlich[283].

3.3.5. Umweltverträglichkeitsprüfung gemäss zürcherischem Recht

Die Koordinationsstelle für Umweltschutz (KofU) hat den effizienten Vollzug des Umweltschutzrechts zu gewährleisten. Gestützt auf den regierungsrätlichen Bericht betreffend die Schaffung effizienter Verwaltungsstrukturen im Umweltschutzbereich erhielt die KofU als in Umweltschutzfragen spezialisierte Stabsstelle des Direktionssekretariates der Direktion des Innern[284] eigentliche Drehscheibenfunktionen im Zusammenhang mit der Durchführung der Umweltverträglichkeitsprüfung[285]. Im weiteren wurde die KofU im Umweltschutzbereich zur Information[286], Mitarbeit in Fachausschüssen und Kommissionen[287], Durchführung einzelner

---

[277] *Nicole*, S. 166
[278] *Handbuch UVP*, S. 20
[279] Im Kanton Zürich werden im autonomen Regelungsbereich keine mehrstufigen Prüfungen vorgesehen. Vgl. Einführungsbestimmungen UVP
[280] *Raumplanungsbericht 1987*, BBl 1988 I 990 (siehe Leitsatz 10) und 992; *Bericht der Expertenkommission für die Revision des Raumplanungsgesetzes*, S. 5
[281] Vgl. die Ausführungen unter d); *Gottschall et al.*, S. 49 ff.
[282] *Handbuch UVP*, S. 21 f.; *Rausch*, Kommentar USG, Art. 9 N. 112
[283] *Rausch*, Kommentar USG, Art. 9 N. 139
[284] Vgl. die Beilage "Umweltschutz in der Verwaltung des Kantons Zürich" zu KAUZ 3/1991, Nr. 1
[285] RRB Nr. 1086/1989 betreffend die Einführung der UVP und die Abläufe innerhalb der Verwaltung
[286] RRB Nr. 3949/1988 betreffend die kantonale Information im Umweltschutz
[287] So ist die KofU z.B. mit der Leitung des Fachausschusses ökologische Beschaffung (RRB Nr. 2935/1991), der Mitarbeit bei der Kommission für Störfallvorsorge sowie zur Konzepterarbeitung und Sekretariatsleitung beim Fachausschuss Lärmbekämpfung beauftragt.

Stabsaufträge[288], Führung einer eigenen Bibliothek und Zeitungsdokumentation sowie zur Ausübung der Funktionen als allgemeine Anlaufstelle verpflichtet.

Ihre Aufgaben lassen sich in der Übersicht wie folgt darstellen[289]:

---

[288] Z.B. übt die KofU die Aufsicht bei den Spritzasbestsanierungen durch die kommunalen Baupolizeibehörden aus.

[289] *Koordinationsstelle für Umweltschutz*, Umweltschutzfachstellen im Kanton Zürich, Ausgabe 1992; *Direktion der öffentlichen Bauten des Kantons Zürich*, Die Umweltschutz-Fachverwaltung des Kantons Zürich stellt sich vor, Sonderausgabe KAUZ 3/1991, Nr. 1, 4 f.; *Margulies*, VP 35/1980, Heft 10, 21 ff; vgl. auch lit. B und C Abs. 1 und 2 Einführungsbestimmungen UVP

Umweltbereich	konkreter Aufgabenbereich
allgemein	Die KofU ist die allgemeine Anlaufstelle für Auskünfte und Informationen zu Umweltschutzfragen. Sie erstellt die offiziellen kantonalen Umweltschutzprogramme und informiert die Öffentlichkeit mit den folgenden Unterlagen[290]: - Umweltdaten im Kanton Zürich (insbesondere Datennachweis und Fachstellenliste; RRB Nr. 3949/1988); - Umweltbericht des Kantons Zürich (RRB Nrn. 3949/1988 und 3631/1991); - Schlüssel zum Vollzug des Umweltschutzrechts (RRB Nr. 3949/1988); - Informations-Bulletin "KAUZ - Kanton Umwelt Zürich" der Umweltschutzfachverwaltung des Kantons Zürich (RRB Nrn. 3949/1988 und 1456/1990); ab Juni 1994 "ZUP - Zürcher Umweltpraxis"; - Vorlesungen betreffend umweltschutzrechtliche Themen und - Fachseminare (RRB Nr. 3949/1988). Daneben hat die KofU als Umweltschutzfachstelle die Tätigkeiten von Arbeitsgruppen und Kommissionen des Kantons zu koordinieren und ist für die Erfolgskontrolle der kantonalen Umweltschutzbemühungen zuständig.
UVP[291]	In der <u>UVP-Voruntersuchungsphase</u> ist die KofU Anlaufstelle zur Beratung und zur Abklärung, ob ein Projekt einer Umweltverträglichkeitsprüfung untersteht. Sie begutachtet die Voruntersuchungen und die Pflichtenhefte für den Umweltverträglichkeitsbericht. Im Zusammenhang mit der <u>UVP-Hauptuntersuchung</u> prüft die KofU den Umweltverträglichkeitsbericht auf seine inhaltliche Vollständigkeit und seinen logischen, verständlichen und nachvollziehbaren Aufbau. Sie bestimmt die Fachstellen für das Mitberichtsverfahren, leitet dieses ein, begleitet und stimmt es ab, indem sie widersprüchliche Beurteilungen und Antragsstellungen bereinigt. Schliesslich sichtet sie die Stellungnahmen der Fachstellen und wertet diese im sogenannten Synthesebericht aus.
Luft	Organisatorisch geregelt sind im Umweltbereich Luft folgende Aufgabenbereiche: Immissionslage und Massnahmenplanung, Feuerungen, industrielle und gewerbliche Anlagen und Verkehrsanlagen. Für die übrigen Aufgaben dient die KofU als Beratungs- und Aufsichtsstelle.
Stoffe	Veranlassen die kommunalen Baupolizeibehörden die Sanierung von Bauten und Anlagen mit asbesthaltigen Spritzbelägen, so übt die KofU Aufsichtsfunktionen aus.

---

[290] Vgl. zu den gesetzlichen Informationspflichten der Verwaltung im Bereich des Umweltschutzes *Barthe*, S. 92 ff. und 107 f.: Vor allem im Bereich der Umweltpolitik hat die Verwaltung zu verhaltenslenkenden Informationsmitteln gegriffen.

[291] Vgl. *Margulies*, KAUZ 1/1989, Nr. 1, 4 ff. und *Trachsler*, KAUZ 1/1989, Nr. 1, 7 ff.; RRB Nr. 1086/1989

3.4. Katastrophenschutz

3.4.1. Öffentliche Aufgabe und Zweck

Art. 10 USG gewährleistet dem Menschen und seiner natürlichen Umwelt präventiv Schutz vor ausserordentlichen, schwer schädigenden Ereignissen infolge des Betreibens von Anlagen oder des Lagerns von Stoffen[292]. Damit bildet der Katastrophenschutz gestützt auf das Umweltschutzgesetz allgemeines Notrecht im ökologischen Bereich; daneben bestehen verschiedene spezialgesetzliche Regelungen des Umweltschutzrechts i.w.S.[293]. Der positivrechtlich geregelte Katastrophenschutz setzt bei drei Schädigungspotentialen an: bei der Verwendung von Stoffen, Erzeugnissen und Sonderabfällen, beim Transport gefährlicher Güter und beim Umgang mit Mikroorganismen in geschlossenen Systemen[294]. Die Querschnittaufgabe "Katastrophenschutz" richtet sich mit ihrem unterschiedlichen Auftrag an drei Adressaten: Art. 10 Abs. 1 und 3 USG legt für die Inhaber und Betreiber von potentiell umweltgefährdenden Anlagen und Lagern eine direkt anwendbare Grundverpflichtung zur Vorsorge und Mitteilung für ausserordentliche Ereignisse fest. Abs. 2 dieser Vorschrift beauftragt die Kantone mit der Aufsicht sowie der Koordination der Schutzdienste und wissenschaftlichen Spezialdienste. Art. 10 Abs. 4 USG ermächtigt den Bundesrat, bestimmte Produktions- oder Lagerverfahren zu untersagen, womit die Berücksichtigung anderer Interessen ermöglicht wird[295].

3.4.2. Kompetenzausscheidung im Bereich des Katastrophenschutzes

Im Zusammenhang mit der Kompetenzverteilung zwischen Bund und Kantonen im Bereich des Katastrophenschutzes ist Art. 39 Abs. 1 USG massgeblich, wonach der Bundesrat die Ausführungsvorschriften erlässt. Daneben sind gemäss Art. 37 USG aber auch die Kantone zur Rechtsetzung befugt. Sie haben ihre Ausführungserlasse jedoch dem Bund zur Genehmigung zu unterbreiten. Die Rechtsetzungskompetenz des Bundes gemäss Art. 10 Abs. 4 USG betreffend genereller Verbote von bestimmten Produktionsverfahren und Lagerhaltungen ist nachträglich derogatorischer Natur. Die Pflicht zur Rechtsetzung ergibt sich aus der Durchsetzung des Gesetzes und orientiert sich inhaltlich an der Tragbarkeit des Risikos des einzelnen Vorhabens bzw. dadurch, dass eben diese Tragbarkeit durch technische Massnahmen nicht (mehr) hergestellt werden kann.

---

[292] BBl 1979 III 788 f.; *Leimbacher/Saladin*, S. 46; *Trösch*, Kommentar USG, Art. 10 N. 1 ff.
[293] Vgl. die Liste bei *Trösch*, Kommentar USG, Art. 10 N. 7
[294] Art. 1 StFV; *Hans Reber*, Schwächen und Stärken der Störfallverordnung, NZZ vom 10. Dezember 1993, Nr. 288, S. 21; *Trösch*, Kommentar USG, Art. 10 N. 4
[295] BBl 1979 III 788 f.; *Leimbacher/Saladin*, S. 41 ff.; *Trösch*, Kommentar USG, Art. 10 N. 3 und 70 ff.

3.4.3. Beurteilungsspielräume im Katastrophenschutz

Die Anwendung von Art. 10 USG ist mit der pflichtgemässen Handhabung grosser Beurteilungsspielräume verbunden. Das Katastrophenschutzrecht wird geradezu geprägt von einer umfangreichen Reihe unbestimmter Rechtsbegriffe wie "ausserordentliches Ereignis", "geeignete Standorte", "erforderliche Sicherheitsabstände" usw. Einerseits ist damit die öffentliche Aufgabe des Katastrophenschutzes inhaltlich nur wenig bestimmt, anderseits orientiert sich die Schadens- und Risikoabschätzung an einer sich stets modifizierenden technischwissenschaftlichen Entwicklung.

Folglich gilt es, die verschiedenen Interessenlagen im Zusammenhang mit einer störfallträchtigen Anlage bzw. einem entsprechenden Lager zu ermitteln, zu bewerten und schliesslich zu beurteilen[296]. Zunächst müssen die betroffenen Interessen möglichst umfassend ermittelt werden. Sodann sind die Kriterien der Interessenbewertung soweit als möglich aus dem geltenden Recht herzuleiten[297]. Im Brennpunkt der Interessengegensätze wird demnach das wirtschaftliche Interesse des Betreibers an einer rentablen Anlage und die Schutzinteressen des Menschen und seiner natürlichen Umwelt stehen. Die nachhaltig Durchsetzung beanspruchenden privaten und öffentlichen Interessen müssen je für sich gewertet werden. Erst anschliessend kann die Interessengewichtung in Kenntnis des wahrscheinlichen Schadenspotentials vorgenommen werden. Die Regeln, wie die Behörden die Tragbarkeit solcher Risiken zu beurteilen haben, sind durch den kantonalen Gesetzgeber bereitzustellen. Von Bundesrechts wegen sind einzig die Begründungspflicht im sogenannten Kontrollbericht gemäss Art. 7 StFV und die Offenlegungspflicht gestützt auf Art. 47 Abs. 2 USG i.V.m. Art. 9 StFV zu beachten. Hiezu formulieren Leimbacher/Saladin[298] folgende Prüfungsformel: Zuerst muss ein potentieller Schaden abgeschätzt und bewertet werden. Ist dieser als besonders schwer zu qualifizieren, so ist er zu vermeiden. Nur wenn er nicht als besonders schwer einzustufen ist, ist er gegen entgegenstehende Interessen abzuwägen. Erscheint eine potentielle Schädigung aufgrund der Interessenabwägung als tragbar, so ist sie in Beziehung zur Eintrittswahrscheinlichkeit zu setzen. Und zwar gilt es diesbezüglich zu bedenken: Je schwerer die potentielle Schädigung wiegt, desto geringer muss die Eintrittswahrscheinlichkeit sein.

3.4.4. Kooperativer Föderalismus im Bereich des Katastrophenschutzes

Gemäss Art. 10 Abs. 2 USG haben die Kantone die Dienste für den Katastrophenschutz zu koordinieren und eine Meldestelle zu bezeichnen. Um die notwendige Gesamtbeurteilung und

---

[296] *Leimbacher/Saladin*, S. 59 f.
[297] *Leimbacher/Saladin*, S. 63 ff.
[298] S. 63 f.

Kontrolle von Anlagen zu gewährleisten, die im Falle ausserordentlicher Ereignisse den Menschen und seine natürliche Umwelt schwer schädigen können, bedarf es der inner- wie interkantonalen Koordination. Katastrophenschutzdienste sind neben den Organisationen der unterstellten Betriebe und Vollzugsorganen Schadendienste wie z.b. die Feuerwehr, Öl- und Chemiewehren, die Polizei, Zivilschutzorganisationen u.a.m. Die Meldestelle ist zur Entgegennahme und Weiterleitung von Meldungen ausserordentlicher Ereignisse verantwortlich (Art. 12 StFV). Nicht ausdrücklich vorgesehen hat der Gesetzgeber zwar die Zusammenarbeit zwischen dem Bund und den Kantonen. Die punktuellen Regelungen von Art. 12 Abs. 2 StFV (Meldung ausserordentlicher Ereignisse an die Alarmstelle des Bundes) sowie Art. 16 StFV (Information des BUWAL durch die Kantone) setzen jedoch einen unmittelbaren Amtsverkehr zwischen diesen Gemeinwesen voraus.

Aufgrund der fortschreitenden Technisierung und der Problemvielfalt erlaubt nur eine umfassend ganzheitliche Betrachtungsweise die Erfassung von Gefährdungspotentialen für den Menschen und seine natürliche Umwelt. In organisatorischer Hinsicht empfiehlt sich ein zentralisierter Vollzug[299].

3.4.5. Verfahrenskoordination und Katastrophenschutz

Offensichtlich hat gerade bei der Errichtung einer gefährlichen Anlage zwischen der StFV-Vollzugsbehörde und den verschiedenen ebenfalls zuständigen Bewilligungsbehörden ein reger Verständigungsprozess stattzufinden. Die Koordination dieser Verfahrensabläufe wird jedoch nicht näher geregelt.

a)   In der Raumplanung

Anlagen und Lager mit grossem Schädigungspotential im Störfall zeitigen in aller Regel raumwirksame Auswirkungen und sind demnach planerisch unbedingt zu berücksichtigen (Art. 1 Abs. 2 lit. a und b und Art. 2 Abs. 1 und 2 RPG i.V.m. Art. 38 Abs. 2 USG)[300]. Für die Verwirklichung störfallträchtiger Vorhaben sind die Anforderungen des Katastrophenschutzes bereits anlässlich der Richt- und Nutzungsplanung zu berücksichtigen. Es erscheint je länger, umso erforderlicher, dass sämtliche Informationen betreffend die Raumentwicklung zentral und einheitlich erfasst werden. Diesbezüglich erweist sich der kantonale Risikokataster gestützt auf Art. 16 Abs. 1 StFV als besonders wertvolles Instrument. Die im jeweiligen Kantonsgebiet vorhandenen Gefahrenpotentiale und Risiken können so ohne weiteres bereits in der kantonalen Richtplanung berücksichtigt werden[301]. Bei bestehenden Anlagen mit untragbarem Schädi-

---

[299]   *Moor*, URP 6/1992 319 und 320
[300]   *Trösch*, Kommentar USG, Art. 10 N. 59, auch zum Folgenden
[301]   *Moor*, URP 6/1992, 320

gungspotential hat die Planung gebührend Rücksicht zu nehmen. So bedürfen Umzonungen im Gefahrenbereich einer solchen Anlage einer Risikoabwägung und der allfälligen Anordnung von Schutzmassnahmen für den Katastrophenfall.

b) **Im Rahmen der Umweltverträglichkeitsprüfung**

Bei UVP-pflichtigen Vorhaben stellt sich die Frage, wie die Anforderungen des Katastrophenschutzes allenfalls im Rahmen der Umweltverträglichkeitsprüfung Berücksichtigung finden können. In diesem Sinne hat der Umweltverträglichkeitsbericht gestützt auf Art. 9 Abs. 2 lit. b USG u.a. auch diejenigen Massnahmen zu enthalten, welche für den Störfall vorgesehen sind. Folglich garantiert eine im Hinblick auf einen effizienten Katastrophenschutz vertiefte Umweltverträglichkeitsprüfung letzten Endes umfassend die Beurteilbarkeit des fraglichen Vorhabens in ökologischer Hinsicht. Die Risikoermittlung im Rahmen der Umweltverträglichkeitsprüfung hat darzutun, welche Einwirkungen auf den Menschen und seine natürliche Umwelt im schlimmsten Fall zu erwarten sind[302]. Sofern der schlimmste Fall ein untragbares Risiko darstellt, ist zu evaluieren, welche Massnahmen getroffen werden müssen, um dieses Risiko auf ein noch tragbares Mass zu vermindern[303]. Insofern sind die Anforderungen des Katastrophenschutzes anlässlich der Umweltverträglichkeitsprüfung zu überprüfen. Gestützt auf Art. 14 UVPV hat demnach die für die UVP-Durchführung zuständige Behörde auch die Aufgaben der StFV-Vollzugsbehörde festzulegen. Im Prüfungsverfahren kommt der StFV-Vollzugsbehörde eine mit der Umweltschutzfachstelle vergleichbare Rolle zu. Die erforderlichen Katastrophenschutzmassnahmen sind schliesslich der baurechtlichen Bewilligung nebenbestimmungsweise zugrundezulegen[304].

3.4.6. Katastrophenschutz gemäss zürcherischem Recht

Seit dem Chemieunfall in Schweizerhalle wurde auch im Kanton Zürich die Störfall- und Katastrophenfachverwaltung ausgebaut[305]. Als dem Direktionssekretariat der Direktion des Innern zugeordnete Behörde ist die Koordinationsstelle für Störfallvorsorge (KSF) Anlaufs- und Beratungsstelle beim Vollzug der eidgenössischen Störfallverordnung. Für die verschiedenen mit dem Vollzug der Störfallverordnung beschäftigten Amtsstellen erfüllt die KSF eigentliche Drehscheibenfunktionen. Präventiv ist sie mit der Massnahmenplanung zur Verhütung von Stör-

---

[302] Vgl. zur Risikountersuchung *Jaisli*, S. 107 ff.
[303] Zur Abgrenzung von tragbarem und nicht tragbarem Risiko vgl. *Leimbacher/Saladin*, S. 51 f. und *Andreas Trösch*, Die Tragbarkeit von Risiken, URP 6/1992, 328 ff. Weitere Einzelheiten auch bei *Rolf Maegli*, Tragbarkeit von Risiken; Schutzziele gemäss der Praxis des Kantons Solothurn, URP 6/1992, 340 ff. und *Kaspar Eigenmann*, Tragbarkeit von Risiken; Konzept eines multinationalen Chemieunternehmens, URP 6/1992, 353 ff.
[304] *Trösch*, Kommentar USG, Art. 10 N. 59; *Schrade*, URP 3/1989, 220 ff.
[305] vgl. *Neeracher*, KAUZ 3/1991, Nr. 2, 23 ff., auch zum Folgenden

fällen und im Ereignisfall zur Reduktion von Störfallauswirkungen beauftragt. Sie hilft bei der Formulierung der Schutzziele mit und erarbeitet Vernehmlassungen. Der KSF ist als Stabsstelle die Kommission für Störfallvorsorge zugeordnet, die der Direktion des Innern und der Koordinationsstelle für Störfallvorsorge bei fach-, direktions- und amtsübergreifenden Vollzugsfragen zur Seite steht; sie steht unter dem Vorsitz des Leiters der KSF. Daneben hilft die Kommission bei der Bearbeitung spezieller Probleme und als Beratungsorgan. Aufgrund ihrer besonderen Konstituierung[306] ist sie für die Absprache der Massnahmenkoordination bei speziellen Problemen vorbestimmt.

Zur Zeit besteht die KSF aus mehreren Arbeitsgruppen[307]: Die "Arbeitsgruppe Vollzugsablauf" hat ein Konzept für den Vollzug der Störfallverordnung erstellt[308]. Sie erabeitet Richtlinien für die Öffentlichkeitsarbeit und entwirft Ablaufschemen. Die "Arbeitsgruppe Einsatzplanung" stimmt die Ereignisdienste aufeinander ab, plant Einsätze und warnt die Bevölkerung. Weiter erstellt sie Störfallszenarien, besorgt die Störfallanalyse und befasst sich mit der Entsorgung von anlässlich eines Störfalls ausgetretenen gefährlichen Stoffen. Die "Arbeitsgruppe Transport gefährlicher Güter" befasst sich mit dem Gütertransport auf Strasse und Schiene. Dabei erfordern einige Bundesbetriebe und -anlagen auf zürcherischem Hoheitsgebiet wie z.B. der Militärflugplatz Dübendorf, die Lager und deren Betriebe der Landesversorgung sowie der Flughafen in Kloten, namentlich das Zollfreilager, besondere Aufmerksamkeit. In jüngerer Zeit wurden diese Arbeitsgruppen weiter ergänzt[309]: Die "Arbeitsgruppe Schutzziele" setzt sich mit dem Rechtsbegriff des schweren Schadens an Bevölkerung und Umwelt auseinander sowie mit der Frage, welche Risiken dem Regierungsrat als akzeptabel zu beantragen sind. Zwei weitere Arbeitsgruppen schliesslich befassen sich mit dem Vollzug der Störfallverordnung in den Städten Zürich und Winterthur.

Organisationsrechtlich sind folgende Besonderheiten beachtenswert: Verschiedene Amtsstellen erfüllen Aufgaben des StFV-Vollzugs[310]. Zunächst hat der Inhaber des betroffenen

---

[306] § 8 Abs. 3 VV zur StFV

[307]
"AG Vollzugsablauf"	"AG Einsatzplanung"	"AG Transport gefährlicher Güter"
- AGW	- AGW	- Feuerwehrabteilung der GVZ
- KIGA	- KIGA	- Flughafendirektion Zürich
- ATAL	- Feuerwehrabteilung der GVZ	- KaPo
- Kantonale Feuerpolizei	- KaPo	- SBB
- Kantonslabor	- Koordinationsstelle für	- Schweiz. Gesellschaft für
- Umweltschutzfachstellen	Gesamtverteidigung	chemische Industrie
der Städte Zürich und Winterthur	- Wissenschaftlicher Dienst der	- StaPo Zürich und Winterthur
- Wissenschaftlicher Dienst der	StaPo Zürich	- kantonales Tiefbauamt
StaPo Zürich		
- KofU		

[308] Als Diskussionsgrundlage für den Vollzug der Störfallverordnung hat die KSF im März 1993 eine Studie betreffend die "Bewertung von Risiken stationärer und mobiler Gefahrenpotentiale mit Stoffen, Erzeugnissen und Sonderabfällen. Grundsätze, Verfahren und Kriterien" erarbeitet.

[309] *Sieber*, ZUP 1/1994 Nr. 1, 19

[310] Die Zuweisung der einzelnen Aufgaben werden im Anhang der VV zur StFV vorgenommen.

Betriebes bzw. Verkehrsweges, auf dem Gefahrenguttransporte stattfinden, die Unterstellung unter den Geltungsbereich der Störfallverordnung zu ermitteln[311]. Untersteht ein Betrieb bzw. Verkehrsweg der Störfallverordnung, so hat der Inhaber sich im Kurzbericht mit dem Gefahrenpotential und den erforderlichen Sicherheitsmassnahmen auseinanderzusetzen. Sofern der Vollzug nicht an die Gemeinden delegiert worden ist - wie z.B. in den Städten Zürich und Winterthur (§ 7 VV zur StFV) und diese eigene Vollzugsbehörden bezeichnet haben - prüft die KSF den Kurzbericht in einer ersten Phase auf Vollständigkeit und Korrektheit. In unklaren Fällen zieht sie weitere Informationen von anderen Amtsstellen ein. Allenfalls sind Betriebsbesichtigungen angezeigt. Die Zusammenarbeit mit Experten und weiteren Amtsstellen kann sich als zweckmässig erweisen. In einer zweiten Phase ermittelt die StFV-Vollzugsbehörde das Störfallrisiko und beurteilt dieses aufgrund des bestehenden Gefahrenpotentials. Praxisgemäss wird der Umfang der Risikoermittlung regelmässig zwischen dem Betrieb und der Vollzugsbehörde abgesprochen. Hier fällt der KSF die Koordinationsaufgabe zu, Widersprüche zwischen den Anordnungen verschiedener zuständiger Vollzugsbehörden zu vermeiden (Art. 15 StFV i.V.m. Ziff. 6.1 Anhang zur VV zur StFV). Je nach der zu erwartenden Präventionsqualität der ebenfalls betrieblicherseits vorzuschlagenden Massnahmen zur Störfallverhinderung hat die KSF zusätzliche Sicherheitsmassnahmen anzuordnen[312].

Koordinationsrechtlich stellt sich das Problem von Zuständigkeiten verschiedener Entscheidungsträger für Anlagen, die gestützt auf Art. 9 USG einer Umweltverträglichkeitsprüfung unterliegen. Da bei der Störfallvorsorge die Betriebe für die Erstellung des Kurzberichtes selber verantwortlich sind, legt die KofU gestützt auf § 9 Abs. 1 VV zur StFV nach Rücksprache mit der KSF den Umfang und den Ablauf der Berichterstattung im Sinne der UVPV fest. Dabei vertritt die KSF die Belange der StFV. Bei Anlagen, für welche die Städte Zürich und Winterthur die Umweltverträglichkeitsprüfung durchführen, kommt der KSF ein Anhörungsrecht zu (§ 9 Abs. 2 VV zur StFV). Gemäss Ziff. 4.3 Anhang zur VV zur StFV ordnet diejenige Behörde Risikoermittlungen im Rahmen von Umweltverträglichkeitsprüfungen an, die für das massgebliche Verfahren gemäss UVPV zuständig ist. Die KSF ist zur Beratung und bei Bedarf der zuständigen Behörde zur aktiven Mit- und Zusammenarbeit verpflichtet[313]. Für die Kontrolle und Beurteilung von Risikoermittlungen unter Berücksichtigung der StFV-Schutzziele im Zusammenhang mit den Umweltverträglichkeitsprüfungen[314] sowie für die Verfügung

---

311 Vgl. für Betriebe mit Stoffen, Erzeugnissen oder Sonderabfall Art. 1 Abs. 2 lit a StFV und *Handbuch I StFV*, S. 8 ff., für Betriebe mit Mikroorganismen Art. 1 Abs. 2 lit. b StFV und *Handbuch II StFV*, S. 9 ff. sowie für Verkehrswege Art. 1 Abs. 2 lit. c-e StFV und *Handbuch III StFV*, S. 6 ff.
312 Vgl. *Funk*, KAUZ 3/1991, Nr. 2, 5 ff. (insbesondere 7 betreffend das Flussdiagramm für den Dialog zwischen Betrieb und Behörde beim StFV-Vollzug)
313 Vgl. die Fussnote ** zur Spalte "Mitwirkung" im Anhang zur VV zur StFV
314 *Schrade*, URP 3/1989, 211 ff.; *Funk*, KAUZ 3/1991, Nr. 2, 5 ff.;
Vgl. neuerdings auch *Schrade*, URP 6/1992, 460 ff.: Aufgrund praktischer Erfahrungen, wonach sich die Risikoermittlung aufgrund der mangelnden Bestimmtheit des Vorhabens während des massgeblichen Ver-

zusätzlicher Sicherheitsmassnahmen ist ebenfalls die Behörde für das massgebliche Verfahren gemäss UVPV zuständig. Sofern das massgebliche Verfahren nicht durch die Gemeinden bestimmt wird, steht das Mitberichtsverfahren unter der Leitung der KofU. Die KSF ist zur Mitwirkung verpflichtet.

Bei nicht UVP-pflichtigen Anlagen haben die Behörden, welche für die Bewilligung, Genehmigung oder Begutachtung zuständig sind, diejenigen Betriebe, die unter die StFV fallen könnten, rechtzeitig der KSF zu melden (§ 10 VV zur StFV).

4. Kritische Würdigung

4.1. Allgemeines

Der effiziente Vollzug des Umweltschutzrechts hängt im Vergleich mit der Erfüllung anderer Staatsaufgaben in verstärktem Ausmass von der intensiven Zusammenarbeit zwischen den Vollzugsbehörden und seinen Adressaten ab. Aufgrund der rechtlichen Gegebenheiten[315] gilt es vor allem, die Akzeptanz dieser zusätzlichen Hürden bei der Errichtung und beim Betrieb von Bauten und Anlagen sowie die Eigenverantwortung zu fördern. Letztere äussert sich z.B. darin, dass der Gesuchsteller für die Errichtung einer UVP-pflichtigen Anlage den Umweltverträglichkeitsbericht auszuarbeiten bzw. dass der Betreiber einer gefährlichen Anlage den Kurzbericht zu erstellen und die allgemeinen Schutzmassnahmen von sich aus vorzukehren hat. Die Wahrnehmung dieser Eigenverantwortung und die aktive Mitwirkung der Betroffenen sind durch umweltgerechte Planung, offene und umfassende Information, den Einbezug der Wirtschaft und der Umweltschutzorganisationen sowie die Bereitschaft zu Verhandlungslösungen im Zusammenhang mit der kunstgerechten Handhabung der beträchtlichen Handlungsspielräume im Umweltschutzrecht zu fördern. Ob allerdings das alleinige Statuieren des erforderlichen rechtlichen Rahmens ohne wirtschaftliche Anreize für die betroffenen - insbesondere privaten - Adressaten langfristig genügen wird, dürfte fraglich sein. Organisations- und verfahrensrechtlich zumin-

---

fahrens nicht in den Umweltverträglichkeitsbericht integrieren lasse, differenziert er das Modell folgendermassen:
Bei der einstufigen UVP schlägt er im Rahmen der UVP-Hauptuntersuchung eine Grob-Risikoermittlung vor. Diese müsse so umfassend sein, dass spätere Präzisierungen die Realisierbarkeit des Vorhabens nicht mehr in Frage stellten. Nach Abschluss des für die UVP massgeblichen Verfahrens solle die Fein-Risikoermittlung in Kenntnis des konkreten Vorhabens durchgeführt werden. Darüber solle ausserhalb des Umweltverträglichkeitsberichts rapportiert werden.
Bei der mehrstufigen UVP müsse der Kurzbericht im Rahmen des generellen Projekts und die Risikoermittlung im Zusammenhang mit dem Ausführungsprojekt vorgenommen werden.

315 Ob der Gesetzgeber mit der Abstützung auf die Eigenverantwortung (BBl 1979 III 754 und 782) den menschlichen Verhaltensweisen genügend gerecht wird, sei in diesem Zusammenhang dahingestellt. Immerhin sei auf das wirtschaftswissenschaftliche Modell der "Ökonomie der Umwelt" etwa von *Frey*, S. 37 ff. hingewiesen.

dest zeichnet sich ein zunehmend modifiziertes Verständnis auf: Koordiniertes Vorgehen der Behörden soll die Wahrnehmung der Eigenverantwortung fördern. Wo nämlich die Motivation vorhanden ist, bieten Selbstverpflichtung und Eigeninitiative Gewähr für einen ausreichenden Schutz, und hoheitliches Handeln der öffentlichen Hand kann sich vermehrt der Kontrolle zuwenden[316].

4.2. Zur Umweltverträglichkeitsprüfung

Die Umweltverträglichkeitsprüfung wird gerne als besonderes Koordinationsinstrument für Projekte bezeichnet, welche die Umwelt erheblich belasten. Im Hinblick auf die materielle Koordination ermöglicht sie die umfassende Berücksichtigung des Umweltschutzrechts i.w.S. Ausserdem dient sie als Leitverfahren, wenn neben dem zur UVP-Durchführung massgeblichen Verfahren noch andere Bewilligungen eingeholt werden müssen[317].

Im Sinne der einheitlichen und umfassenden Umweltschutzkonzeption hat sich der Gesetzgeber entschlossen, das Umweltschutzgesetz in die bestehende Rechtsordnung einzufügen und mit den bereits bestehenden Spezialerlassen zu verbinden. Diesem Prinzip folgt er im einzelnen auch beim Institut der Umweltverträglichkeitsprüfung. Sie bringt kein neues Bewilligungsverfahren; sie obliegt vielmehr den bereits zuständigen Behörden[318]. Um die Integration der Umweltverträglichkeitsprüfung ins massgebliche Verfahren jedoch zufriedenstellend zu gewährleisten, hat die Umweltschutzfachstelle das Vorhaben aufgrund des Umweltverträglichkeitsberichtes in ökologisch umfassender Weise zu beurteilen. Als Bindeglied zwischen dem Gesuchsteller und der zuständigen Behörde wirkt sie verfahrensleitend. So bietet sie sämtliche für umweltschutzrechtliche Fragen gemäss Art. 3 Abs. 1 UVPV zuständige Behörden zur Stellungnahme auf. Der Umweltschutzfachstelle kommt als spezialisierter Fachbehörde in bezug auf die Ermittlung des rechtserheblichen Sachverhaltes eine überragende Bedeutung zu, bestimmt doch sie, ob die vorgenommenen Abklärungen genügen oder nicht. Gegenüber der sachlich zuständigen Behörde des massgeblichen Verfahrens steht ihr ein Antragsrecht zu; die zuständige Behörde ihrerseits würdigt den Bericht der Fachstelle - wie auch die übrigen Beweismittel - frei. Obwohl sich für sie die Beurteilung der Fachstelle regelmässig als faktisch verbindlich erweist, ist ausnahmsweise dennoch davon auszugehen, dass im Falle gegensätzlicher Standpunkte die übergeordnete Instanz von ihrem Weisungsrecht Gebrauch machen

---

[316] *Porchet*, URP 6/1992, 467 f.
[317] So etwa *Haller/Karlen*, N. 859; *Hans-Ulrich Müller*, S. 60 (insbesondere N. 17 c)
[318] BBl 1979 III 777; kritisch dazu *Rausch*, Kommentar USG, Art. 9 N. 218
   Aus koordinationsrechtlicher Sicht handelt es sich bei der Umweltverträglichkeitsprüfung um ein die verschiedenen interdisziplinären Ansätze verbindendes Institut. Die Einführung dieser Prüfung als zusätzliches Bewilligungsverfahren bedingte erneut Koordinationsprobleme auf anderer Ebene.

muss[319]. In diesem Zusammenhang stellt sich die Frage, ob der Umweltschutzfachstelle, die im Gegensatz zu ihrer Aufsichtsbehörde über die massgeblichen ökologischen Kenntnisse verfügt, formell nicht ein fachtechnisches Weisungsrecht zuzubilligen wäre[320]. Dieses Querweisungsrecht bestünde in der Befugnis der Fachstelle, der für die UVP-Durchführung zuständigen Behörde in umweltschutzrechtlichen Fragen bindende Weisungen zu erteilen[321].

Im Hinblick auf die Rechtmässigkeit eines Vorhabens sind neben den umweltschutzrechtlichen Belangen auch raumplanerische Anforderungen zu erfüllen. Raumpläne regeln die räumliche Ordnung und setzen dabei für künftige UVP-pflichtige Anlagen wichtige Rahmenbedingungen. Zudem hat die Raumplanung durch die zu treffende Nutzungsordnung und durch die Koordination der raumwirksamen Tätigkeiten, u.a. auch schädlichen und lästigen Einwirkungen vorzubeugen und in ihrer Eigenschaft als die umfassendere Staatsaufgabe die räumliche Entwicklung insgesamt in Betracht zu ziehen. Es ist eine ökologisch abgestützte Raumplanung anzustreben; Umweltbelange sind so früh als möglich planerisch zu erfassen. Diese Zielsetzung wird in der Praxis jedoch nur ungenügend erreicht. Das massgebliche Recht lässt die Umweltverträglichkeitsprüfung erst im Rahmen eines konkreten projektbezogenen Bewilligungs-, Genehmigungs- oder Konzessionsverfahrens zu. Im Rahmen der Nutzungsplanung ist die Berücksichtigung umweltschutzrechtlicher Aspekte im Erläuterungsbericht gemäss Art. 26 Abs. 1 RPV nachzuweisen. Dieser Bericht hat die Grundlagen der erwünschten räumlichen Entwicklung und die planerische Interessenabwägung darzutun. Erläuterungsberichte können Aussagen betreffend die Umweltverträglichkeit von Bauten und Anlagen in den verschiedenen Zonen enthalten, Grenzwerte festhalten und sogar konkrete Anforderungen wie z.B. höchstzulässige Kapazitäten umschreiben[322]. Demgegenüber ist zu bedenken, dass im Rahmen der Planung nicht jede unzulässige Nutzung erkennbar ist. Frühzeitig und umfassend erkannte umweltschutzrechtliche Aspekte erhöhen zudem den Planungsaufwand und belasten vermehrt die Planungsträger und Genehmigungsbehörden. Vergleichbar mit der Umweltverträglichkeitsprüfung ist die Qualität des zukunftsgerichteten Erläuterungsberichtes von der Feststellung des rechtserheblichen Sachverhaltes abhängig. Die demokratische Abstützung zumindest der Nutzungsplanung weckt die Hoffnung auf eine in der Bevölkerung abgestützte umweltgerechte Planung[323].

---

[319] *Jungo*, S. 132
[320] Vgl. hiezu *Karl Huber*, S. 329 f.; vgl. auch *Jarass*, S. 78 ff. zum Problem der Fachbindung
[321] Die weisungsberechtigte Koordinationsstelle kann damit nur auf die Art und Weise der Aufgabenerfüllung Einfluss nehmen, nicht jedoch auf die Aufgabenerfüllung an und für sich. Insofern werden durch ein fachtechnisches Weisungsrecht die bestehenden Zuständigkeiten nicht beschnitten. Es versteht sich von selbst, dass das fachtechnische Weisungsrecht als starkes Koordinationsmittel mit Bedacht einzusetzen ist.
[322] Diese verfahrensrechtliche "Mimikry" der Umweltverträglichkeitsprüfung für konkrete Vorhaben beurteilt *Nicole* (S. 139) als fragwürdig. Seines Erachtens besteht die Gefahr, dass diese Bestimmung toter Buchstabe bleibt.
[323] Vgl. zum Ganzen auch *Gottschall et al.*, S. 49 ff.; vgl. auch *Knoepfel/Rey*, S. 270 ff. zum offenen Planungsverfahren bei der Standortsuche umweltgefährdender Anlagen wie Sondermülldeponien

4.3. Zum Katastrophenschutz

Ebenfalls gestützt auf das Prinzip der Eigenverantwortung verlangt Art. 10 Abs. 1 USG von den Anlageinhabern, zur Vermeidung schwerer Schädigungen von Mensch und Umwelt die notwendigen Massnahmen zu treffen[324]. Anlageinhaber haben demnach gemäss Art. 3 StFV allgemeine Massnahmen zur Herabsetzung des Schädigungspotentials, zur Verhinderung von Störfällen und zur Begrenzung der Einwirkungen eingetretener Störfälle zu treffen. Dabei handelt es sich um eine allgemeine Rechtspflicht, die keiner besonderen Anordnung bedarf. Ebenfalls im Rahmen dieser allgemeinen Rechtspflicht hat ein Betriebsinhaber besondere Sicherheitsmassnahmen gestützt auf Art. 4 StFV vorzukehren, für den Fall, dass der Betreiber eine Risikoermittlung zu erwarten hat bzw. eine solche bereits angeordnet worden ist. Erst wenn ein Anlageinhaber dieser Pflicht nicht nachkommt, können die notwendigen Massnahmen von der Behörde - gestützt auf die allgemeinen Verwaltungsgrundsätze - angeordnet werden: Dabei handelt es sich um zusätzliche Sicherheitsmassnahmen gemäss Art. 8 StFV, mit welchen das Risiko auf ein tragbares Mass gesenkt werden soll.

Bei UVP-pflichtigen Anlagen werden die zusätzlichen kastastrophenschutzrechtlichen Anforderungen von der zuständigen Behörde im massgeblichen Verfahren entschieden. Der KSF obliegen hierbei Beratungsfunktionen, aber auch Zusammenarbeitspflichten. In bezug auf die effiziente Vorsorge stellt sich die Frage, ob die faktische Autorität der KSF für die fachgerechte Berücksichtigung der katastrophenschutzrechtlichen Anforderungen im massgeblichen Verfahren bereits genügt bzw. ob der Einfluss der spezialisierten Fachverwaltung durch ein fachtechnisches Weisungsrecht[325] zu untermauern ist. Grundsätzlich erscheint jedoch die allgemeine Koordinationspflicht, wie sie das Bundesgericht versteht, über die getroffene Verfahrenskonzentration als gelöst.

Wie steht es jedoch mit der Anordnung von zusätzlichen katastrophenschutzrechtlichen Massnahmen bei den nicht UVP-pflichtigen Anlagen? Wie ist hier zu koordinieren? - Art. 8 Abs. 1 StFV geht grundsätzlich von der Zuständigkeit der StFV-Vollzugsbehörde aus. Fallen die anzuordnenden zusätzlichen Massnahmen jedoch in die Zuständigkeit eines anderen Gemeinwesens, so stellt die StFV-Vollzugsbehörde der zuständigen Behörde nach Massgabe von Art. 8 Abs. 2 StFV die entsprechenden Anträge; wenn nötig, hat der Bundesrat die Anordnung der Massnahmen zu koordinieren. § 10 der kantonalen VV zur StFV greift diesen Tatbestand ebenfalls auf, indem die für die Bewilligung, Genehmigung oder Begutachtung zuständigen Behörden die potentiell der Störfallverordnung unterstellten Betriebe rechtzeitig der KSF zu melden haben.

---

[324] Siehe auch *Trösch*, Kommentar USG, Art. 10 N. 54 ff., auch zum Folgenden
[325] Zum Begriff vgl. oben 3.5.2.

Zur Verdeutlichung sei etwa das von Moor[326] erwähnte Beispiel einer zusätzlich erforderlichen Brandmauer aufgegriffen: Die Beurteilung einer solchen Mauer bedarf regelmässig einer zusätzlichen baurechtlichen Bewilligung der Gemeinde. Es fragt sich, wie die koordinationsrechtliche Lage zu beurteilen ist, wenn die Gemeinde die Bewilligung z.B. aus einordnungsmässigen Gründen verweigert. Grundsätzlich ist es aufgrund des jeweils autonomen Entscheidungsbereichs der betreffenden Gemeinwesen ausgeschlossen, dass z.B. ein auf die Störfallverordnung gestützter Entscheid denjenigen der Gemeinde ersetzt. Da jedes Gemeinwesen seinen eigenen Entscheid zu treffen hat, kann es zu widersprüchlichen Entscheiden kommen. Daran ändert grundsätzlich auch ein Rechtsmittel des beschwerten Unternehmens nichts, ist doch die Rechtsmittelinstanz ebenfalls an den gesetzlichen Beurteilungsrahmen gebunden. Hier besteht einzig die Hoffnung, dass die Rechtsmittelinstanz die Beurteilung der Vorinstanz nicht bestätigt. Um die theoretische Möglichkeit widersprüchlicher Entscheide verschiedener Gemeinwesen zu vermeiden, räumt Art. 8 Abs. 2 StFV der Vollzugsbehörde gegenüber der zuständigen Zulassungsbehörde lediglich ein Antragsrecht ein. Auch hier wird demnach die Koordinationsproblematik über das Konzentrationsmodell gelöst. Es stellt sich die Frage, ob der spezialisierten Fachverwaltung auch bei nicht UVP-pflichtigen Vorhaben gegebenenfalls nicht ein fachtechnisches Weisungsrecht einzuräumen wäre.

---

[326] URP 6/1993, 321

§ 8 Natur- und Heimatschutz

1. Öffentliche Aufgabe und Zweck

Art. 24sexies BV beschränkt sich auf einen traditionell verstandenen Natur- und Heimatschutz[327]. Im Zusammenhang mit der Revision des Natur- und Heimatschutzgesetzes zeigt sich das Bestreben, die Denkmalpflege als Teil des Heimatschutzes ausdrücklich zu erwähnen, zumal dieser vom eigentlichen Heimatschutz sowohl normtechnisch als auch organisatorisch mehr und mehr getrennt in Erscheinung tritt[328]. Der Natur- und Heimatschutz konzentriert sich auf die Erhaltung und den Schutz der landschaftlichen Schönheiten, der Ortsbilder, der Natur- und Kulturdenkmäler sowie der einheimischen Pflanzen und Tiere. Die Motive des Natur- und Heimatschutzes sind sehr vielgestaltig. Ausschlaggebend sind ethische, ästhetische, wissenschaftliche, soziale, staatspolitische und wirtschaftliche - allein oder allenfalls in Kombination miteinander[329]. Pflege und Erhaltung als zentrale Schutzanliegen zielen primär auf die Abwehr von Eingriffen ab. Noch nicht erfasst werden damit also progressive Schutzziele wie die Landschaftsplanung und Gestaltung; seit dem Erlass des Umweltschutzgesetzes wird ein umfassender, ökologischer, im Gesamtverständnis der Natur begründeter Landschafts- und Naturschutz angestrebt[330].

Diese letzteren modernen Zielsetzungen des Natur- und Heimatschutzes sind nicht zu verwechseln mit dem Einsatz zweckmässiger Mittel für die Pflege und Erhaltung von Schutzobjekten, die nach heutiger Auffassung in erster Linie mit dem Mittel der Planung zu erreichen sind[331]. Unter Berücksichtigung der Besiedlungsstruktur befasst sich die Raumplanung mit den einzelnen Landschaftselementen und stellt die Synthese zwischen Land- und Forstwirtschaft, Erholung, Natur-, Landschaftsgestaltung sowie Landschaftspflege her. Daraus lässt sich in der Folge auch das besondere Verhältnis zwischen dem Natur- und Heimatschutz und der Raumplanung verstehen. Die Zielsetzung des Natur- und Heimatschutzes ist als eine von vielen raumplanungsrelevanten Teilaufgaben in der Raumplanung mitzuberücksichtigen. Die Raumplanung ist darauf ausgerichtet, den zur Verfügung stehenden Raum haushälterisch zu nutzen; es soll ein optimaler Lebensraum sichergestellt werden. Neben Natur- und Heimatschutzinteressen hat die Raumplanung die erwünschte Entwicklung des Landes zu erkennen,

---

[327] *Imholz*, S. 27 ff.; *Martin Keller*, S. 26 f.
[328] BBl 1991 III 1124 f. und 1133 f.
[329] *Imholz*, S. 24 f.
[330] *Munz*, Landschaftsschutzrecht, S. 7
[331] Vgl. hiezu § 205 (insbesondere lit. a und b) PBG
Insbesondere die sachplanerisch anzugehende Landschaftsplanung befasst sich direkt mit der Pflege, der Nutzung und dem Schutz von Freiräumen; *Munz*, Landschaftsschutzrecht, S. 34 f.

die Zusammenhänge zu überblicken und daraufhin die adäquaten planerischen Massnahmen zu treffen. Dabei haben Bund, Kantone und Gemeinden auf die natürlichen Gegebenheiten und auf die Bedürfnisse von Bevölkerung und Wirtschaft zu achten (Art. 1 Abs. 1 RPG). Demnach kommt der Raumplanung - gegenüber dem Natur- und Heimatschutz, der einzig auf den Schutz der einzelnen Objekte ausgerichtet ist - die umfassende Ordnung des Raumes zu[332]. Insofern können Natur- und Heimatschutzinteressen mit allfälligen anderen öffentlichen Interessen im Rahmen der raumplanerischen Aufgabenerfüllung konkurrieren. Es ist die Aufgabe der Raumplanung, bei Interessenkollisionen adäquate Lösungen zu erarbeiten[333].

Der Natur- und Heimatschutz berührt zudem auch die Interessen des Umweltschutzes. Der Natur- und Heimatschutz unterscheidet sich vom Umweltschutz in erster Linie durch seine Motivation und die Schutzobjekte. Während der Natur- und Heimatschutz die Natur als eigenständigen Wert zu bewahren beabsichtigt, stellt der Umweltschutz die Erhaltung reiner Luft, gesunden Bodens, sauberen Wassers und deren Pflege - somit also den Lebenraum als existentielle Grundlage des Menschen - sicher[334].

2. Zur Kompetenzausscheidung zwischen Bund und Kantonen

Gemäss Art. 24sexies Abs. 1 BV ist der Natur- und Heimatschutz "Sache der Kantone". Mit dieser ausdrücklichen Erwähnung der kantonalen Zuständigkeit bezüglich der Aufgabenerfüllung wird die Art. 3 BV zugrundeliegende Ordnung bestätigt, wonach die Aufgaben, zu deren Erfüllung nicht ausdrücklich der Bund ermächtigt wird, in den Zuständigkeitsbereich der Kantone fallen[335]. Art. 24sexies Abs. 1 BV ist aufgrund seiner Entstehungsgeschichte insbesondere als Kompromiss zwischen zentralistischen und föderalistischen Tendenzen der damaligen Schweizer Politik zu verstehen. Um den Natur- und Heimatschutz in der Sache nicht zu gefährden, zeigte sich der Bundesrat mit der verfassungsmässigen Verankerung der kantonalen Kompetenzen einverstanden[336]. Dem Bund kommt im Bereich des Natur- und Heimatschutzes lediglich eine subsidiäre Unterstützungs- und Ausgleichsfunktion zu[337]. Er soll nur dann eingreifen, wenn die kantonalen Bestrebungen allein nicht zum Ziel führen oder wenn das allgemeine Interesse des Landes Bundesmassnahmen als dringend notwendig erscheinen lässt. Art.

---

[332] *Meyer*, BR 1989/1, 5
[333] *Imholz*, S. 27 und 134 ff.; *Martin Keller*, S. 153 ff.
[334] *Imholz*, S. 26 und 148 ff.; *Martin Keller*, S. 27 f.
[335] *Hangartner* (S. 188) geht im Bereich des Natur- und Heimatschutzes von Parallelkompetenzen von Bund und Kantonen aus, zumal letztere in Erfüllung ihrer Aufgaben dieselben Ziele verfolgen dürfen.
[336] *Häfelin/Haller*, N. 262 f. und 266; *Imholz*, S. 40 f.; *Munz*, S. 39
[337] *Fleiner-Gerster*, Kommentar BV, Art. 24sexies N. 1 und 11, auch zum Folgenden

24sexies Abs. 2 BV verpflichtet den Bund[338] bei seinen hoheitlichen und nichthoheitlichen Tätigkeiten[339] die Interessen des Natur- und Heimatschutzes zu berücksichtigen. Diese Rücksichtnahme wurde in Art. 3 NHG formuliert und fand im übrigen in verschiedenen spezialgesetzlichen Erlassen ihren Niederschlag[340]. Diesen Bekräftigungen kommt nur deklaratorische Bedeutung zu. Art. 24sexies Abs. 3 BV schliesslich überträgt dem Bund die Förderungs- und Unterstützungskompetenz für Schutzmassnahmen von Gemeinden, Kantonen und privaten Organisationen sowie die selbständige Zuständigkeit für Schutzmassnahmen bezüglich Objekten von nationaler Bedeutung[341].

3. Koordinationsrelevante Vorschriften im Natur- und Heimatschutz

3.1. Interessenabwägungen zum Schutz der einheimischen Fauna und Flora

Um den Fortbestand der Arten zu gewährleisten, bedarf es des Biotopschutzes, des ökologischen Ausgleichs und des Artenschutzes[342].

Dem Aussterben der einheimischen Tier- und Pflanzenwelt ist folglich durch die Erhaltung von Lebensräumen und anderen geeigneten Massnahmen entgegenzuwirken. Bei der Anordnung von Schutzmassnahmen ist schutzwürdigen land- und forstwirtschaftlichen Interessen Rechnung zu tragen (Art. 18 Abs. 1 NHG)[343].

Im weiteren verlangt Art. 18 Abs. 1ter NHG, der mit dem Erlass des Umweltschutzgesetzes Eingang ins Natur- und Heimatschutzrecht gefunden hat, eine umfassende Interessenabwägung für besondere Schutzmassnahmen, wenn sich eine Beeinträchtigung von Schutzob-

---

[338] Vgl. Art. 3 NHG, also die Behörden und Amtsstellen sowie die Anstalten und Betriebe des Bundes
[339] Die nicht abschliessende Aufzählung von Art. 2 Abs. 2 NHG ist für die Gesamtheit aller zu erfüllenden Aufgaben zu beachten; *Munz*, Landschaftsschutzrecht, S. 26 f.
[340] Vgl. die Aufzählung bei *Imholz*, S. 43 ff.; *Zimmerli/Scheidegger*, S. 61 zu Art. 22 Abs. 1 WRG, S. 77 zu Art. 72 StV, S. 120 zu Art. 79 Abs. 1 LwG, S. 141 zu Art. 14 lit. a NSG, S. 154 zu Art. 3 Abs. 1 lit. b RLG
Hilfsmittel für die Einhaltung dieser gesetzlichen Rücksichtnahmepflicht sind die Inventare von Objekten von nationaler Bedeutung. Der Bund ist bei der Erfüllung von Bundesaufgaben zur ungeschmälerten Erhaltung der Inventarobjekte verpflichtet. Nur ausnahmsweise ist gestützt auf die Abwägungsformel von Art. 6 Abs. 2 NHG ein Abweichen von der Rücksichtnahmepflicht zulässig: Insbesondere müssen gleich- und höherwertige Interessen von ebenfalls nationaler Bedeutung der Erhaltung solcher Inventarobjekte entgegenstehen (vgl. auch *Munz*, S. 42).
[341] *Fleiner-Gerster*, Kommentar BV, Art. 24sexies N. 28 ff.
[342] Vgl. hiezu Art. 14 Abs. 1 mit Verweisen auf Art. 15 und 20 NHV
[343] Programmatisch wird festgehalten, dass Schutz und Unterhalt der Biotope wenn möglich aufgrund von Vereinbarungen mit den Grundeigentümern und den Bewirtschaftern (Art. 18c NHG) sowie durch angepasste land- und forstwirtschaftliche Nutzung (Art. 18c NHG i.V.m. Art. 13 Satz 1 NHV) erreicht werden soll.

jekten durch technische Eingriffe nicht vermeiden lässt. Der Verursacher solcher Beeinträchtigungen hat gestützt auf die besagte umfassende Interessenabwägung für Massnahmen zu deren bestmöglichem Schutz, für Wiederherstellung oder ansonsten für angemessenen Ersatz zu sorgen.

Im Zusammenhang mit Biotopen von regionaler und lokaler Bedeutung haben die Kantone für deren Schutz und Unterhalt (Art. 18b Abs. 1 NHG) sowie für ökologischen Ausgleich (Art. 18b Abs. 2 NHG i.V.m. Art. 15 NHV) zu sorgen. Beim Anstreben des ökologischen Ausgleichs sind die Interessen der landwirtschaftlichen Nutzung zu berücksichtigen (Art. 18b Abs. 2 Satz 2 NHG).

Hinsichtlich des Artenschutzes kann die zuständige kantonale Behörde für das Sammeln und Ausgraben geschützter Pflanzen und das Fangen von Tieren zu wissenschaftlichen sowie zu Lehr- und Heilzwecken in bestimmten Gebieten Ausnahmen gestatten (Art. 22 Abs. 1 NHG). Dieser Ausnahmebewilligungskatalog wird durch Art. 20 Abs. 2 lit. b NHV insbesondere für standortgebundene technische Eingriffe erweitert, die einem überwiegenden Interesse entsprechen. Der Verursacher ist zu bestmöglichen Schutzmassnahmen oder ansonsten angemessenen Ersatzmassnahmen zu verpflichten. Soll für die Beseitigung der Ufervegetation eine Ausnahmebewilligung erteilt werden, so ist dies nach Massgabe von Art. 22 Abs. 2 NHG nur im Falle des Bestehens eines überwiegenden öffentlichen Interesses zulässig.

3.2. Kooperativer Föderalismus im Bereich des Natur- und Heimatschutzes

Art. 1 lit. b NHG bezweckt im Rahmen der Zuständigkeit des Bundes dessen Zusammenarbeit mit den Kantonen. Abgesehen davon, dass diese föderalistisch bedingte Zusammenarbeit ein allgemeines bundesstaatliches Postulat erfüllt[344], wurde die Kooperation im Natur- und Heimatschutz gerade deshalb gesetzlich vorgesehen, weil sie sich aufgrund der beschränkten Bun-

---

[344] *Häfelin/Haller*, N. 459 ff.; *Häfelin*, ZSR NF 88/II (1969) 549 ff.; *Hänni*, 91 ff.; *Hangartner*, S. 237 ff.; *Giesser*, S. 65 ff., siehe zu den einzelnen Arten des Zusammenwirkens zwischen Bund und Kantonen S. 85 ff.
In den letzten Jahrzehnten zeigt sich zwischen dem Bund und den Kantonen eine verstärkte Tendenz zur Zusammenarbeit, gegenseitigen Rücksichtnahme und Abstimmung des Vorgehens. Die Lehre unterscheidet den horizontalen (zwischen den Kantonen) und den vertikalen (zwischen dem Bund und den Kantonen) kooperativen Föderalismus sowie eine Kombination dieser beiden Erscheinungsformen. Mittel des vertikalen kooperativen Föderalismus sind namentlich Subventionen, Zusammenarbeit bei der Rechtsetzung (Mitwirkungsrechte und Aufgabendelegation), Mitwirkung beim Vollzug und Vereinbarungen. Die Zusammenarbeit erfolgt weniger gestützt auf verfassungsrechtliche Ermächtigungen, als vielmehr durch flexible praktische Lösungen. Gestützt auf die Erkenntnis, dass immer weniger Aufgaben von den Kantonen allein gelöst werden können, bezweckt der kooperative Föderalismus die Stärkung der kantonalen Möglichkeiten in der Erfüllung öffentlicher Aufgaben.

deskompetenzen als besonders notwendig erweist[345]. Die ausdrücklich vorgesehene Zusammenarbeit manifestiert sich in eigenen organisations- und verfahrensrechtlichen Besonderheiten.

3.2.1. Organisation

Die Erfüllung der Natur- und Heimatschutzaufgabe stellt besondere organisatorische Anforderungen: Das Eidgenössische Departement des Innern (EDI) vollzieht das Natur- und Heimatschutzgesetz, soweit nicht andere Bundesbehörden zuständig sind (Art. 23 Abs. 1 Satz 1 NHV). Als Fachstellen für die Belange des Natur- und Heimatschutzes sind das Bundesamt für Umwelt, Wald und Landschaft (BUWAL) und das Bundesamt für Kultur (BAK) zuständig (Art. 23 Abs. 1 Satz 2 NHV); ihre Beratungsfunktion für Behörden, die mit der Erfüllung von Bundesaufgaben betraut sind, wird in Art. 2 NHV statuiert. Beratende Fachorgane des Bundes in Angelegenheiten des Natur- und Heimatschutzes sind die Eidgenössische Natur- und Heimatschutzkommission (ENHK) und die Eidgenössische Kommission für Denkmalpflege (EKD). Ihre Mitwirkung wird in Art. 7 (fakultative Begutachtung) und Art. 8 NHG (obligatorische Begutachtung) gesetzlich geregelt; einzelne wichtige Mitwirkungspflichten werden in Art. 25 NHV beispielhaft und damit nicht abschliessend aufgezählt. Gemäss Art. 9 NHG kann die allfällige Begutachtung auch durch weitere, dem Natur- und Heimatschutz verpflichtete Vereinigungen vorgenommen werden. Für solche Begutachtungsfälle ist stets auch die Stellungnahme der Kantone gestützt auf Art. 10 NHG einzuholen[346]. Gestützt auf Art. 2 Abs. 4 NHV sind diese beratenden Fachorgane berechtigt, die Begutachtung bei Vorhaben von untergeordneter Bedeutung oder bei besonderer Dringlichkeit dem BUWAL oder dem BAK zu übertragen. Die organisationsrechtliche Grundlage der ENHK und der EKD findet sich in Art. 24 NHV[347].

Dass diese spezialisierte Fachverwaltung in Belangen des Natur- und Heimatschutzes der Koordination bedarf, versteht sich von selbst[348]. Die Natur- und Heimatschutzverordnung

---

[345] *Häfelin/Haller*, N. 475 unter Hinweis auf den gestützt auf die Kompetenzverteilung grundsätzlich beschränkten Anwendungsbereich des vertikalen kooperativen Föderalismus; *Imholz*, S. 50 f.
[346] Vgl. in diesem Zusammenhang auch *Zimmerli/Scheidegger*, S. 242 f.
[347] Die Organisation der ENHK wird in Art. 24 Abs. 3 NHV direkt statuiert. Diejenige der EKD wird gestützt auf Art. 24 Abs. 6 NHV i.V.m. der Verordnung über die Förderung der Denkmalpflege vom 26. August 1958 (SR 445.11) geregelt.
[348] Diese Erkenntnis hatte sich bereits im früheren Recht niedergeschlagen. Vgl. die Koordinationsfunktion des damals zuständigen Bundesamtes für Forstwesen und Landschaftsschutz (Art. 1 Abs. 2 aNHV).
Nur beispielhaft seien etwa die folgenden altrechtlichen Regelungen in Erinnerung gerufen:
- Gemäss Art. 10 lit. a aNHV kam dem Bundesamt die Koordinationsaufgabe zu, die Verbindung mit den anderen Abteilungen der Bundesverwaltung, den zuständigen kantonalen Instanzen und den schweizerischen Vereinigungen für Natur und Heimatschutz - namentlich der Bauberatung des Schweizer Heimatschutzes - zu pflegen.
- Ausserdem oblag dem Bundesamt für Forstwesen und Landschaftsschutz gemäss Art. 10 lit. e aNHV auch die Koordination der Begutachtungen gemäss Art. 7 bis 9 NHG.
- Gemäss Art. 10 lit. a aNHV etwa war die Abteilung Natur- und Heimatschutz des Bundesamtes für Forstwesen und Landschaftsschutz gegenüber anderen Abteilungen der Bundesverwaltung, den zuständigen kantonalen Instanzen und den gesamtschweizerischen Natur- und Heimatschutzvereinigungen zur Auskunft

vom 16. Januar 1991 erteilt in Art. 13 Satz 2 im Zusammenhang mit dem Schutz der einheimischen Fauna und Flora überdies den Auftrag zur Kooperation zwischen den Fachorganen der Land- und Forstwirtschaft und jenen des Natur- und Heimatschutzes.

3.2.2. Anhörungsrechte der Kantone

Für die Aufstellung, Änderung und Überprüfung der Inventare des Bundes bezüglich Objekten von nationaler Bedeutung hat der Bundesrat die Kantone anzuhören (Art. 5 NHG). Ausserdem ist bei jeder Begutachtung potentieller Schutzobjekte die Stellungnahme der Kantonsregierungen einzuholen (Art. 10 NHG). Zudem hat die zuständige Plangenehmigungsbehörde, die über Ausnahmebewilligungen bei Bauvorhaben entscheidet, die gestützt auf eine eidgenössische Konzession oder gestützt auf die Bundesgesetzgebung für bundeseigene Betriebe ausgeführt werden sollen, vorerst die kantonale Behörde anzuhören (Art. 22 Abs. 3 NHG).

3.2.3. Zusammenarbeit bei der Subventionierung

Der Bund kann nur dann Beiträge an Schutzobjekte leisten, wenn sich grundsätzlich auch der betroffene Kanton in angemessener Weise an den Kosten beteiligt (Art. 5 Abs. 2 NHV). Die Subventionshöhe für die Schutzobjekte wird gemäss Art. 13 Abs. 1 NHG auf 35 % angesetzt[349]. Finanzhilfe für Massnahmen zur Erhaltung von schützenswerten Objekten i.S.v. Art. 13 NHG sind bei den kantonalen Natur- und Heimatschutzbehörden zu beantragen. Diese leiten die rechtshängigen Gesuche mit ihrem Antrag und den erforderlichen Angaben und Unterlagen[350] an das zuständige Bundesamt weiter (Art. 4 Abs. 1 NHV). Solche Gesuche sind grundsätzlich vor der Durchführung der beabsichtigten Massnahmen einzureichen (Art. 4 Abs. 3 Satz 1 NHV); im Einvernehmen mit dem BUWAL bzw. mit dem BAK können die kantonalen Behörden unter den in Art. 4 Abs. 3 lit. a bis c NHV aufgezählten Voraussetzungen die vorzeitige Durchführung bewilligen.

Das Ermessen der zuständigen Bundesbehörde für die Beiträge beschränkt sich dabei auf die Festlegung der Bedeutung des potentiellen Schutzobjektes[351]. Die Zusammenarbeit zwischen Bund und Kantonen äusserte sich bisher darin, dass vor der Subventionsbewilligung des

---

- und namentlich zur Bauberatung des Schweizer Heimatschutzes - verpflichtet. Dabei handelte es sich einerseits um eine Pflicht in Ausführung von Art. 10 NHG und anderseits um eine Voraussetzung für die Ergreifung von Rechtsmitteln gemäss Art. 12 NHG.

[349] Daran ändert der Revisionsentwurf von Art. 13 Abs. 1 Satz 1 NHG-E nichts. In Ausnahmefällen sollen neu aber maximal 45 % der Kosten übernommen werden können (Art. 13 Abs. 1bis NHG-E). Damit soll lediglich die bestehende Praxis im Bereich der Denkmalpflege übernommen werden. Wie bisher sollen Ausnahmen in restriktivem Umfang möglich sein. Vgl. dazu ausführlich BBl 1991 III 1141 f.

[350] Das BUWAL und das BAK erlassen diesbezüglich besondere Richtlinien (Art. 4 Abs. 2 NHV).

[351] Siehe bezüglich des Schlüssels für die Festlegung der Beitragssätze des Bundes und die Mindestbeitragssätze der Kantone Art. 5 NHV; *Imholz*, S. 92 zur altrechtlichen Regelung

Bundes die Zustimmung des betreffenden Kantons zu einem bestimmten Mindestbeitragssatz verlangt wurde. Ausserdem erfolgten Kontrolle, Überwachung und Pflege des unterstützten Schutzobjektes gemeinsam[352]. Der bundesrätliche Revisionsentwurf sieht demgegenüber eine verstärkte Zusammenarbeit zwischen Bund und Kantonen vor. Um Vollzugsprobleme aufgrund der grossen Zahl hängiger Beitragsgesuche zu vermeiden, soll künftig eine Vorprüfung der Gesuche durch die Kantone vorgeschaltet werden. Die Vorhaben werden in diesem Zusammenhang gesichtet, bewertet und zeitlich gestaffelt. Gemeinsam können anschliessend die Schwerpunkte und eine Finanzplanung erstellt werden. Im einzelnen ist die Zusammenarbeit zwischen Bund und Kantonen nach dem Subventionsgesetz vorgesehen[353].

3.2.4. Informationspflicht des Bundes gegenüber den Beschwerdeberechtigten

Für die Wahrnehmung des Behörden- und ideellen Verbandsbeschwerderechts bedarf es der entsprechenden Kenntnis des Beschwerdeberechtigten. Die Publikation und Auflage von Vorhaben, die Bundesaufgaben nach Art. 2 NHG darstellen, ist nach Massgabe von Art. 3 NHV zu gewährleisten. Insbesondere im Zusammenhang mit der Publikation zeichnen sich im Revisionsentwurf neue Ansätze ab. So sind die beschwerdelegitimierten Gemeinden, Kantone, die zuständige Bundesbehörde und die gesamtschweizerischen Organisationen[354] durch schriftliche Mitteilung oder durch Veröffentlichung im Bundesblatt oder in kantonalen Publikationsorganen zu avisieren[355].

3.3. Ausnahmebewilligungsverfahren gemäss Art. 22 Abs. 2 und 3 NHG

Für die Beseitigung der Ufervegetation[356] bedarf es einer Ausnahmebewilligung gemäss Art. 22 NHG. Grundsätzlich ist der Kanton zur Erteilung der Ausnahmebewilligung zuständig (Art. 22 Abs. 2 NHG). Ausgenommen sind Bauvorhaben gestützt auf eine Bundeskonzession bzw. für bundeseigene Betriebe gemäss der Bundesgesetzgebung (Art. 22 Abs. 3 NHG). Gemäss der bundesgerichtlichen Praxis ist bei Zweifeln die Erforderlichkeit einer solchen Ausnahme-

---

352 *Imholz*, S. 51
353 BBl 1991 III 1142 zu Art. 13 Abs. 4 NHG-E
354 Ausgenommen in den Fällen von Art. 30 Abs. 2 VwVG (Ausnahmen von der vorgängigen Anhörungspflicht der Parteien)
355 Vgl. ausführlich BBl 1991 III 1140 f. zu Art. 12a NHG-E; *Munz*, ZBl 87/1986, 17
356 Siehe die Legaldefinition gemäss Art. 21 NHG

bewilligung zumindest abzuklären[357]. In vielen Fällen genügt jedoch die nebenbestimmungsweise Berücksichtigung der in Frage stehenden Natur- und Heimatschutzinteressen.

3.4. Koordinationsnormen im zürcherischen Natur- und Heimatschutzrecht

3.4.1. Organisation[358]

§ 216 Abs. 1 PBG ermächtigt den Regierungsrat des Kantons Zürich zur Bestellung von Sachverständigenkommissionen, die das Gemeinwesen in Fragen des Natur- und Heimatschutzes zu beraten haben. Von dieser Kompetenz hat der Regierungsrat mit dem Reglement für die Sachverständigenkommissionen gemäss § 216 PBG vom 31. August 1977[359] Gebrauch gemacht. Auf eine Amtsdauer von jeweils vier Jahren wählt der Regierungsrat gestützt auf § 1 des besagten Reglementes die Natur- und Heimatschutzkommission (NHK), die Denkmalpflegekommission (KDK) und die Archäologiekommission (AK). Betreffend alle Fragen des Natur- und Heimatschutzes von überkommunaler Bedeutung sind die Kommissionen zur obligatorischen Begutachtung verpflichtet (Art. 3 Reglement). Art. 4 Reglement nennt die Voraussetzungen für fakultative Begutachtungen: So kann der Regierungsrat bzw. die Baudirektion im Einzelfall weitere Stellungnahmen einholen (Abs.1). Gemeinden, Institutionen und Dritte können bei der Baudirektion auch zu Fragen von kommunaler Bedeutung Stellungnahmen verlangen, wobei einer allfälligen örtlichen Sachverständigenkommission ein Anhörungsrecht zukommt (Abs. 2)[360]. Schliesslich können die Kommissionen von sich aus Stellung nehmen (Abs. 3). Art. 6 Reglement schliesslich statuiert die besonderen Verfahrensmodalitäten für den Fall einer Begutachtung.

3.4.2. Provokationsverfahren des zürcherischen Natur- und Heimatschutzrechts

Gemäss § 213 Abs. 1 PBG ist jeder Grundeigentümer berechtigt, vom Gemeinwesen einen Entscheid über die Schutzwürdigkeit seines Grundstückes und über den Umfang allfälliger Schutzmassnahmen zu verlangen, wenn er ein aktuelles Interesse glaubhaft macht. Das Begeh-

---

[357] BGE 113 Ib 154 E. 3.b
Siehe zu den in der Praxis hauptsächlich vorkommenden Ausnahmebewilligungsfällen *Zimmerli/Scheidegger*, S. 61 betreffend Wasserkraftwerke, S. 89 zu Deponien, S. 131 zu Hafenanlagen, S. 141 zu Nationalstrassen, S. 154 zu Rohrleitungen, S. 171 zu Flugplatzanlagen und S. 189 zu Kernkraftwerken
[358] Vgl. allgemein *Munz*, S. 59 ff.
[359] Reglement (GS 702.111); vgl. auch die Rechtsgrundlage auf Verordnungsstufe gemäss § 2 NHV ZH
[360] Vgl. diesbezüglich BRKE I Nr. 58/1993, ausführlich dargestellt unter § 3, 2.2.2.a)

ren ist beim Gemeinderat einzureichen (§ 213 Abs. 2 PBG), und das zuständige Gemeinwesen trifft den Entscheid innert Jahresfrist (§ 213 Abs. 3 PBG).

Der Zweck des sogenannten Provokationsverfahrens besteht darin, bau- und verkaufswilligen Eigentümern zu ermöglichen, sich innert Frist[361] Klarheit über allfällige Schutzmassnahmen zu verschaffen, die regelmässig Eingriffe in ihr Eigentum darstellen. Es soll verhindert werden, dass die Behörde Schutzmassnahmen erst anordnet, nachdem der Grundeigentümer schon viel Zeit und Geld in die Planung von Neu- und Umbauten investiert hat[362].

Das Provokationsrecht steht einzig dem Bauherrn zu. So wies der Regierungsrat des Kantons Zürich einen Rekurs einer kantonalen Denkmalschutzorganisation ab, die im Zusammenhang mit der Inventarisierung eines potentiellen Schutzobjektes einen Anspruch auf Vernehmlassung geltend machte. Zur Begründung führte der Regierungsrat in seinem Entscheid RRB Nr. 2189/1992 aus, es gehe nicht an, das Begehren der Denkmalschutzorganisation gutzuheissen, da dies mittelbar auf die Zuerkennung eines allgemeinen Provokationsrechtes hinausliefe. § 338 Abs. 2 PBG gebe den Vereinigungen nämlich keinen auf dem Rechtsweg durchsetzbaren Anspruch auf Erlass erstinstanzlicher kantonaler Verfügungen. Damit bildet der Anspruch des Grundeigentümers auf einen Entscheid über die Schutzwürdigkeit gemäss § 213 PBG einen Gegenpol zur Regelung gemäss § 209 PBG: Aufgrund eines aktuellen Interesses wird der Eigentümer von sich aus tätig und kann, um unnütze Projektierungskosten zu sparen, innert Frist einen Entscheid erzwingen. Demgegenüber sollen provisorische Schutzmassnahmen im Sinne von §§ 209 f. PBG in erster Linie den behördlichen Handlungsspielraum innert Jahresfrist sichern - praxisgemäss regelmässig zu einem Zeitpunkt, in welchem dem Bauwilligen bereits die Projektierungskosten für ein Umbau- oder Neubaugesuch bereits entstanden sind. Besondere Entscheidungsfristen bei fehlendem aktuellem Interesse des Grundeigentümers am Entscheid über die Schutzwürdigkeit und dem Umfang von Schutzmassnahmen statuiert § 12 NHV ZH.

Gemäss § 27 NHV ZH findet auf bewilligungspflichtige Vorhaben, welche förmlich geschützte oder inventarisierte Ortsbild- oder Denkmalschutzobjekte von kantonaler oder regionaler Bedeutung berühren, das Meldeverfahren gemäss § 18 BVV Anwendung[363].

---

361 Vgl. den mit Revision vom 1. September 1991 geänderten Wortlaut von § 213 PBG, der mit der Verlängerung um ein weiteres Jahr eher von einer Verwirkungsfrist ausgeht. Die zürcherische Verwaltungsgerichtspraxis legte die Jahresfrist nach altem Recht als Ordnungsfrist aus: BRKE III Nrn. 320, 321 und 322/1988 = BEZ 1989 Nr. 9 (noch Verwirkungsfrist); VB 88/0183 = RB 1989 Nr. 69 und BRKE I Nrn. 746 und 747/ 1991 (Ordnungsfrist).
362 Vgl. VB 88/0183 = RB 1989 Nr. 69
Zur konkreten Handhabung des Provokationsrechts in der Stadt Zürich vgl. auch BRKE I Nr. 565/1992 E. 1.d
363 Vgl. auch Ziff. 2.21 Anhang zur BVV: Meldestelle ist demnach die kantonale Denkmalpflege, zuständige Direktion ist die Baudirektion.

4. Kritische Würdigung

4.1. Zu den Interessenabwägungen

Je nach Schutzobjekt verlagern sich die gegeneinander abzuwägenden Interessen[364]. So stehen beispielsweise dem wirtschaftlichen Streben des Bauherrn nach optimaler baulicher Verwendung seines Grundstückes und nach Verwirklichung seiner eigenen baulichen Vorstellungen artenschutzrechtliche Anliegen oder denkmalschützerische Erhaltungsinteressen gegenüber. Die verschiedenen Interessenlagen wurden auch vom Verfassungsgeber erkannt: Gestützt auf Art. 24sexies Abs. 2 BV werden Schutzobjekte nur dann ungeschmälert erhalten, wenn "das allgemeine Interesse überwiegt".

Grundsätzlich bietet das Natur- und Heimatschutzrecht Schutzobjekten demnach nur einen relativen Schutz[365]. Jede Unterschutzstellung unterliegt zwangsläufig einer Intessenabwägung. Damit wird die Gewährleistung des Natur- und Heimatschutzes also nicht im Sinne einer fundamentalistischen Aufgabenerfüllung verstanden[366]. Im Gegenteil: Unter Umständen hat er gegenüber einem überwiegenden privaten Interesse oder einer im Einzelfall gewichtigeren öffentlichen Aufgabe zurückzustehen. So weit, so gut. Doch welche Bewandtnis hat diese umfassende Interessenabwägung im Verhältnis zu derjenigen, die im Rahmen der Beurteilung eines raumbedeutsamen Vorhabens vorzunehmen ist? - Offenbar sind in einem solchen Fall für ein und dasselbe Projekt gleich zwei umfassende Interessenabwägungen eventuell sogar von verschiedenen Bewilligungsbehörden vorzunehmen. Darin liegt grundsätzlich die Gefahr widersprüchlicher Entscheidungen[367]. Im Vergleich mit der raumplanerischen Gesamtinteressenabwägung ist festzuhalten, dass die Raumplanung u.a. auch natur- und heimatschützerische Ziele verfolgt. So besteht etwa in bezug auf den ästhetisch motivierten Schutz des Orts-, Strassen- und Landschaftsbildes Deckungsgleichheit. In diesem Sinne entspricht der Natur- und Heimatschutz dem planerischen Landschaftsschutz, bzw. er bildet einen Teil der Raumordnung[368]. Daraus versteht sich denn auch die Verwirklichung natur- und heimatschutzrechtlicher Ziele mit planerischen Mitteln. Soweit sich denn auch die Zuständigkeiten decken, gehen die vorzunehmenden Gesamtinteressenabwägungen ineinander konfliktfrei auf. Dies ist jedoch nicht durchgehend gewährleistet. Überdies ist eine umfassende Interessenabwägung beispielsweise auch bei der Erteilung einer Wasserrechtskonzession vorzunehmen, wobei der sachliche

---

[364] Vgl. auch *Zimmerli/Scheidegger* (S. 246), welche die Interessenabwägung gemäss der geltenden Rechtsordnung als durchaus gewährleistet beurteilen.
[365] Absoluten Schutz geniessen einzig das Gebiet des Schweizerischen Nationalparks im Unterengadin und die seit Annahme der Rothenthurm-Initiative vom 11. September 1985 gestützt auf Art. 24sexies Abs. 6 BV bezeichneten "Moore und Moorlandschaften von besonderer Schönheit und nationaler Bedeutung".
[366] Vgl. zu diesen Ausführungen insbesondere *Saladin*, FS Schindler, S. 765 f.
[367] *Zimmerli/Scheidegger*, S. 257 f.
[368] Vgl. die Ausführungen unter § 6, 1.4.; *Martin Keller*, S. 157 f. und 164 f.

Zusammenhang bereits viel weiter auseinanderliegt. Sofern in solchen Fällen nicht in einem Leitverfahren die begleitende Koordination sichergestellt wird[369], lassen sich widersprüchliche Entscheide aufgrund der Koordinationsbedürftigkeit der einzelnen massgeblichen Vorschriften in Erfüllung der fraglichen Staatsaufgaben nicht ausschliessen. Methodisch muss diesfalls fortlaufend koordiniert werden; allenfalls sind bereits vorgenommene Gesamtinteressenabwägungen vorfrageweise zu berücksichtigen.

4.2. Zur Kooperation

Organisatorisch hat sich aufgrund der fachlich anspruchsvollen Anforderungen im Hinblick auf die sachgerechte Handhabung des Natur- und Heimatschutzrechts eine spezialisierte Fachverwaltung entwickelt. Das Fachwissen wird namentlich von mit Experten besetzten Kommissionen gestellt, womit seit langem eine rege Zusammenarbeit zwischen den Beratungsgremien und den Verwaltungseinheiten der betroffenen Gemeinwesen Rechtsalltag ist. Aber auch im vertikalen Bereich zwischen den Gemeinwesen verschiedener Ebenen - namentlich im Zusammenhang mit der Subventionierung - besteht intensive Kooperation. Im Sinne einer unabhängig-objektiven und fachlich-qualifizierten Dienstleistung bieten die kantonalen Sachverständigenkommissionen sowohl der öffentlichen Hand als auch Privaten Beratungsdienste an[370]. Mit der Regelung von § 216 Abs. 3 PBG, wonach die Kommissionen von sich aus oder auf Anregung eines Dritten zu Fragen des Natur- und Heimatschutzes Stellung nehmen können, hat der Gesetzgeber erkannt, dass der effiziente Schutz möglichst vielseitiger Anregungen bedarf.

4.3. Zur verfahrensrechtlichen Koordination

Unabhängig davon, ob sich die Frage der Schutzwürdigkeit eines Objektes aufgrund seiner vorgängigen Inventarisierung, eines Provokationsverfahrens oder erst im Zusammenhang mit einem konkreten Bauvorhaben stellt - in zeitlicher Hinsicht ist sie vorweg zu beantworten. Erst aufgrund der konkreten Schutz- und Erhaltenswürdigkeit erweist sich nämlich, in welchem Umfang die Baufreiheit überhaupt noch besteht.

Im Hinblick auf einen effizienten Objektschutz gilt es verschiedene Verfahrensinstrumentarien zu unterscheiden: Grundlegendsten Schutz bieten raumplanerische Massnahmen; für Schutzmassnahmen, die ein grösseres Gebiet erfassen, erfolgt der Schutz durch Schutzverordnungen[371]. Somit kann ein raumwirksames Schutzobjekt einerseits planerisch, anderseits nor-

---

[369] Leider wurde diese Problematik im Rahmen der bisher angestrengten Revision des NHG - wie auch im Raumplanungsrecht - überhaupt nicht aufgegriffen.
[370] Art. 4 Reglement (GS 702.111)
[371] Vgl. § 205 lit. a und b PBG

mativ erfasst werden. Zudem kann das Erlassorgan eine Interessenabwägung bereits vorwegnehmen bzw. einen diesbezüglichen objektiven Massstab festlegen, ohne dies allein der Rechtsanwendung im Einzelfall überlassen zu müssen. Schutzverfügung und Schutzvertrag[372] ermöglichen demgegenüber die individuell-konkrete Schutzentscheidung für ein bestimmtes Objekt, wobei die vertragliche Lösung ein verhältnismässig hohes Einigungspotential gewährleistet.

Im Zusammenhang mit der Erteilung von baurechtlichen Bewilligungen für ein nachgesuchtes Vorhaben ist die öffentliche Hand gestützt auf § 204 Abs. 1 PBG programmatisch dazu verpflichtet, Schutzobjekte zu schonen und bei jenen Objekten, bei denen das öffentliche Interesse überwiegt, diese auch ungeschmälert zu erhalten. Mit vorsorglichen Schutzmassnahmen i.S.v. § 209 f. PBG kann ein potentielles Schutzobjekt überdies provisorisch vor baulichen Veränderungen geschützt werden. Geringfügige Mängel eines Bauvorhabens, welche die Erhaltung eines Schutzobjektes beeinträchtigen, jedoch ohne besondere Schwierigkeiten nebenbestimmungsweise behoben werden können, sind gestützt auf § 321 PBG zu korrigieren.

So zielt z.B. die kantonale Schutzverordnung für das Hangried Oerischwand und den Hüttnersee, auf eine umfassende und ungeschmälerte Erhaltung der Schutzobjekte als Lebensräume seltener und geschützter Tier- und Pflanzenarten und -gemeinschaften sowie die Erhaltung der Objekte als wesentliche Elemente der Landschaft und als Zeugen früherer Bewirtschaftungsformen ab (vgl. NZZ vom 27. Dezember 1993, Nr. 301, S. 25).
Im Zusammenhang mit den Schwierigkeiten bei der Rechtssetzung von Schutzverordnungen, namentlich betreffend die Positionen der verschiedenen Interessengruppen, ist auf das Beispiel der in Revision befindlichen Schutzverordnung für den Greifensee hinzuweisen (vgl. NZZ vom 28. September 1993, Nr. 225, S. 53).

[372] Vgl. § 205 lit. c und d PBG

§ 9 WALDRECHT

1. Öffentliche Aufgabe und Zweck

Art. 24 BV bildet zusammen mit Art. 24sexies, 24septies Abs. 1 und 31bis BV die verfassungsrechtliche Grundlage für das am 1. Januar 1993 in Kraft gesetzte Waldgesetz. Das neue Bundesgesetz bezweckt die quantitative wie qualitative Erhaltung des Waldes. Einerseits liefert es die gesetzliche Grundlage zum Schutz des Waldes in seiner Funktion als Ökosystem und als Teil der Landschaft; andererseits hat das revidierte Waldrecht mit der flächenmässigen Erhaltung des Waldes auch den Schutz vor Naturgefahren zu gewährleisten. Im Sinne der wirtschaftlichen Landesverteidigung ist Holz zudem als einheimischer Rohstoff sicherzustellen. Bedeutend ist schliesslich die Funktion des Waldes als Erholungsraum[373]. Das neue Recht ergänzt und stimmt zudem die verschiedenen Zielsetzungen der Rechtsordnung aufeinander ab[374]. Es ersetzt somit das bisherige Forstpolizeigesetz und die dazugehörige Ausführungsverordnung aus den Jahren 1902 und 1965 mit ihrem damals zeitgenössischen Schwerpunkt der quantitativen Walderhaltung.

Da die umfassende Nutzungsordnung des Raumplanungsrechts auch das Forstrecht umfasst, lässt sich zwischen diesen Sachgebieten keine klare Trennung durchführen. Die Einheit des Lebensraumes fordert die gegenseitig abgestimmte Rechtsanwendung aller Geltung beanspruchenden Vorschriften[375]. Das gegenseitige Verhältnis zwischen Raumplanung und Forstrecht wurde bisher einzig von Art. 18 Abs. 3 RPG berührt. Diese Bestimmung sieht lediglich vor, dass die Forstgesetzgebung das Waldareal abzugrenzen hat. Ohne dass es also auf die raumplanerische Nutzungsordnung ankäme, regelt das Forstrecht die Nutzungsordnung im Wald (vgl. BGE 116 Ib 309 ff., 314)[376]. Das bisher unkoordinierte Nebeneinander von Forst- und Raumplanungsrecht hat durch Art. 5 und 11 bis 13 WaG geklärt werden können. Der Wald ist nunmehr bei der Gesamtplanung betreffend die räumliche Entwicklung einzubeziehen; er bedarf ohne Zweifel gebührender raumplanerischer Berücksichtigung[377]. Ausserdem waren die

---

[373] BBl 1988 III 181 ff. und 187 ff.
[374] BBl 1988 III 183 und 188;
  Vgl. zum bisherigen Forstpolizeirecht und den vom Bundesgericht entwickelten und heute gesetzlich verankerten Grundsätzen *Aemisegger/Wetzel*, Wald und Raumplanung, VLP-Schriftenfolge Nr. 38, Bern 1985 und *Matter*, ZBl 88/1987, 97 ff.
[375] *Matter*, ZBl 88/1987, 99 ff.
[376] Der Wald unterscheidet sich von den kantonalen Nutzungszonen gemäss Art. 15 ff. RPG durch die bundesrechtliche Regelung seiner Ausdehnung gemäss Art. 18 Abs. 3 RPG; folglich geht er kantonalem Nutzungsrecht vor; *Peter M. Keller*, AJP 2/1993, 145.
[377] *Bühlmann*, 2 f.; *Durband*, Infoheft RP 1993/1, 25; *Peter M. Keller*, AJP 2/1993, 145; *Sonanini*, BR 1992/4, 87; *Jagmetti*, Kommentar BV, Art. 24 N. 51

Abgrenzungsprobleme infolge eines dynamisch verstandenen Waldbegriffes[378] gegenüber den Bauzonen zu bewältigen. Mit der Berücksichtigung vermehrt qualitativer Anforderungen entsprechen die Zielsetzungen des Waldgesetzes teilweise den Bestrebungen des Natur-, Biotop- und Landschaftsschutzes. Der Geltungsbereich des Waldgesetzes geht dabei über das eigentliche Waldareal hinaus und umfasst z.B. auch die Einzugsgebiete von Gewässern. Hier gilt es, die Grenze zum Wasserpolizeirecht zu ziehen[379]. Daneben ergeben sich vor allem zum Natur- und Heimatschutzrecht und zum Umweltschutzrecht enge sachliche Zusammenhänge.

2. Zur Kompetenzausscheidung zwischen Bund und Kantonen

Die Bundesverfassung überträgt dem Bund mit Art. 24 die Oberaufsicht über die Forstpolizei und damit die Verantwortung für den Wald. Die Prinzipien der Walderhaltung und des Schutzes vor Naturereignissen sind auf bundesrechtlicher Ebene in grundsätzlicher Weise geregelt[380]. Der Bund hat die erforderlichen gesetzlichen Rahmenbedingungen zu verankern; Einzelheiten sind durch die Kantone zu regeln[381]. Den grössten Teil der anfallenden Verwaltungsaufgaben überträgt der Bundesgesetzgeber den Kantonen[382]. Die unmittelbaren Verwaltungskompetenzen des Bundes betreffen im wesentlichen den Entscheid über Rodungsgesuche gemäss Art. 6 Abs. 1 lit. b WaG, die Subventionserteilung und die Aufsicht über den kantonalen Gesetzesvollzug gemäss Art. 49 WaG i.V.m. Art. 65 WaV.

Gemäss Art. 6 Abs. 1 lit. b WaG erteilen die Kantone Ausnahmebewilligungen für Rodungen von Flächen bis zu 5'000 m²; Rodungsbewilligungen für grössere Flächen erteilt der Bund. Für die Bewilligungszuständigkeit ist der flächenmässige Rodungsbedarf des nachgesuchten Projektes in seiner Gesamtheit zu ermitteln. Gemäss der bundesgerichtlichen Praxis sind früher erteilte Bewilligungen dann anzurechnen, wenn von ihnen Gebrauch gemacht worden ist oder wenn ihre Gültigkeit noch nicht abgelaufen ist[383]. Für Kantonsgrenzen überschreitende Projekte liegt die Bewilligungskompetenz beim Bund (Art. 6 Abs. 3 WaG)[384].

---

[378] *Schärer*, ZBl 87/1986, 436 ff. zum (dynamischen) Waldbegriff und der Waldfeststellungspraxis
[379] BBl 1988 III 191; *Bloetzer*, S. 64 ff.; *Jagmetti*, Kommentar BV, Art. 24 N. 51
[380] Vgl. den Zweckartikel Art. 1 WaG; *Jagmetti*, Kommentar BV, Art. 24 N. 38 ff. und 46 ff.
[381] BBl 1988 III 182 und 186; *Bloetzer*, insbesondere S. 109 ff., 114 ff. und 144 ff.; *Bloetzer/Munz*, ZBl 73/1972, 430 ff.; *Häfelin/Haller*, N. 316 ff.; *Mächler*, S. 32 f. und S. 34 ff. betreffend das Nebeneinander von Aufsichts- und Gesetzgebungskompetenz
[382] So haben die Kantone gestützt auf Art. 50 WaG i.V.m. Art. 66 WaV das Bundesgesetz zu vollziehen und innert 5 Jahren nach dessen Inkrafttreten - allenfalls unter Genehmigungsvorbehalt gemäss Art. 52 WaG - die erforderlichen Vollziehungsvorschriften zu erlassen. Ausserdem haben die Kantone für eine zweckmässige Forstorganisation zu sorgen (Art. 51 WaG); BBl 1988 III 215 f.
[383] Gemäss Art. 5 Abs. 5 WaG sind Rodungsbewilligungen zu befristen. In der Regel sollten drei bis fünf Jahre nicht überschritten werden. In Übereinstimmung mit Art. 15 lit. b RPG und Art. 21 Abs. 2 RPG kann

Im Zusammenhang mit der Waldfeststellung, die bisher nicht gesetzlich verankert war, sieht Art. 10 WaG eine Kompetenzverlagerung zugunsten der Kantone vor; so sind für das Waldfeststellungsverfahren ausschliesslich die Kantone zuständig[385]. Steht ein Waldfeststellungsgesuch allerdings im Zusammenhang mit einem Rodungsgesuch, so sieht der Gesetzgeber eine Verfahrenskonzentration vor, indem sich die Feststellungszuständigkeit gestützt auf Art. 10 Abs. 3 WaG nach derjenigen für Rodungsbewilligungen richtet.

Das Waldgesetz nimmt die Finanzierungshilfe für waldbauliche Massnahmen mit ungenügender Kostendeckung (Art. 38 Abs. 1 lit. b i.V.m. Art. 47 WaV), für Erschliessungsanlagen (Art. 38 Abs. 1 lit. d i.V.m. Art. 48 WaV) und für die Verbesserung der Bewirtschaftungsbedingungen (Art. 38 Abs. 1 lit. e WaG i.V.m. Art. 48 WaV) auf[386].

3. Koordinationsrelevante Vorschriften für Bauten und Anlagen im Wald

3.1. Interessenabwägung gemäss Art. 5 WaG

Rodungen sind prinzipiell verboten. Vorbehalten bleiben gerechtfertigte Ausnahmen aufgrund eines eigens vorgesehenen Bewilligungsverfahrens. Die nunmehr im Waldgesetz aufgezählten Voraussetzungen für die Erteilung von Ausnahmebewilligungen wurden von der früheren Forstpolizeiverordnung übernommen[387]. Nur wichtige Gründe, die gegenüber dem Interesse an der Walderhaltung überwiegen, rechtfertigen die Erteilung einer Rodungsbewilligung. Neben der Erfüllung der raumplanerischen Voraussetzungen muss ein Bauvorhaben im Wald auf den vorgesehenen Standort angewiesen sein (Art. 5 Abs. 2 lit. a WaG)[388]. Ein Bauvorhaben im Wald hat gemäss Art. 5 Abs. 2 lit. b WaG raumverträglich zu sein. Insbesondere Konzepte und Sachpläne, die Richtplanung und die kommunalen Nutzungspläne enthalten regelmässig Grundlagen für die Interessenabwägung zwischen der Walderhaltung und anderen raumplanerischen Zielen. Die Rodung darf zu keiner erheblichen Gefährdung der Umwelt führen (Art.

---

es jedoch zweckmässig sein, die Befristung bis zur nächsten Anpassung der Nutzungsänderung zu wählen; vgl. diesbezüglich *Peter M. Keller*, AJP 2/1993, 147
[384] *Peter M. Keller*, AJP 2/1993, 148
[385] Unter dem alten Recht war die Zuständigkeit für das Waldfeststellungsverfahren parallel zum Rodungsbewilligungsverfahren geregelt; vgl. *Aemisegger/Wetzel*, S. 20 ff.
[386] BBl 1988 III 208 ff.
[387] Art. 26 aFPolV; *Bloetzer/Munz*, ZBl 73/1972, 436 ff. zur alten Rechtslage und *Zimmerli/Scheidegger*, S. 245 zum revidierten Recht
[388] *Aemisegger/Wetzel*, S. 49 ff.; Durband, Infoheft RP 1993/1, 25 (insbesondere Fussnote 23); *Haller/Karlen*, N. 746 ff. zum Begriff der Standortgebundenheit mit vielen Hinweisen auf die Praxis

5 Abs. 2 lit. c WaG)[389], und gemäss Art. 5 Abs. 4 WaG ist auch dem Natur- und Heimatschutz gebührend Rechnung zu tragen[390].

Sämtliche dieser Abwägungskriterien stehen dem Walderhaltungsinteresse ohne Vorwertung des Gesetzgebers gegenüber. Von Fall zu Fall ist eine angemessene Lösung allfällig entgegenstehender Interessen zu treffen. Demnach ist die Rodungsbewilligung das Ergebnis einer umfassenden Interessenabwägung[391]. Einzig finanzielle Interessen i.S.v. Art. 5 Abs. 3 WaG werden vom Gesetzgeber ausdrücklich als nicht wichtige Gründe für die Erteilung der Rodungsbewilligung erklärt.

3.2. Kooperativer Föderalismus im Bereich des Waldrechts

Art. 6 WaG weist die sachliche Zuständigkeit für die Erteilung der Rodungsbewilligung je nach Umfang der beanspruchten Waldfläche den Kantonen oder dem Bund zu. Demnach fallen zum einen Bewilligungsverfahren zwischen verschiedenen sachlich zuständigen kantonalen Behörden und zum andern zwischen Behörden auf kantonaler und eidgenössischer Ebene an. Es stellt sich die Problematik des konkreten Zusammenwirkens[392].

Rodungsgesuche sind der zuständigen kantonalen Forstbehörde einzureichen (Art. 5 Abs. 1 WaV), die es öffentlich bekannt zu machen und die Akten zur Einsicht aufzulegen hat (Art. 5 Abs. 2 Satz 1 WaV). Bundesrechtlich vorgesehen ist im weiteren ein Einspracheverfahren (Art. 5 Abs. 2 Satz 2 WaV). Ist der Bund für die Erteilung der Rodungsbewilligung zuständig, so hat die kantonale Forstbehörde das Gesuch gestützt auf Art. 5 Abs. 3 WaV mit ihrem Antrag, den Stellungnahmen der kantonalen Fachstellen und den Einsprachen dem Bundesamt für Umwelt, Wald und Landschaft (BUWAL) zuzustellen. Insofern wirkt die kantonale Forstbehörde als Koordinationsbehörde. Ihrem Mitwirkungsrecht in der Entscheidfindung der zuständigen Bundesbehörde kommt insofern eine wichtige Bedeutung zu, als sie über genaue Sachverhaltskenntnis verfügt. Umgekehrt ist es für die entscheidungsbefugten kantonalen Be-

---

[389] Bei dieser Interessenlage geht es um die Schutzfunktion des Waldes vor Naturereignissen wie z.B. Lawinen, Erosion, Rutschungen, Bränden und Wind, aber auch um den Schutz des Waldes vor Immissionen der zu erstellenden Baute oder Anlage wie z.B. Gewässerverschmutzung, Lärm, Staub. Es soll dem Umweltschutz gebührend Rechnung getragen werden.
BBl 1988 III 192; *Aemisegger/Wetzel*, S. 47 ff.
[390] *Aemisegger/Wetzel*, S. 51 f.; *Peter M. Keller*, AJP 2/1993, 147
[391] *Bopp*, ZBJV 129/1993, 398
Bsp. aus der reichhaltigen Praxis des Bundesgerichtes:
- BGE 116 Ib 472, E. 2.c (Rodung zwecks Beschaffung von Bauland)
- BGE 114 Ib 235, E. 10.dc (Rodung zwecks Beschaffung von Landwirtschaftsland)
- BGE 113 Ib 414, E. 2.c (Rodung für die Erstellung von Luftseilbahnen/Skiliften)
- BGE 112 Ib 556 ff. (Rodung für die Erstellung von Golfplätzen)
[392] Hier gilt es einmal mehr, sich auf die Grundsätze des kooperativen Föderalismus zu besinnen.

hörden je nach Sachlage ratsam, vorgängige Stellungnahmen der Bundesbehörden einzuholen[393].

Aufsichtsrechtlich relevant ist Art. 5 Abs. 4 WaV, wonach der Bundesrat Richtlinien über den Inhalt eines Rodungsgesuches erlässt.

3.3. Koordination der einzelnen Bewilligungsverfahren

3.3.1. Koordination bei rein forstlichen Bauten und Anlagen im Wald

Dient eine Baute oder Anlage ausschliesslich den Zwecken des Waldes, so bedarf sie einer Baubewilligung i.S.v. Art. 22 RPG i.V.m. Art. 11 Abs. 1 WaG und Art. 14 Abs. 1 WaV[394]. Eine Rodungsbewilligung hingegen ist nicht erforderlich, bewirkt doch das Bauvorhaben keine Zweckentfremdung des Waldes. Die raumplanungsrechtlichen Voraussetzungen müssen gemäss Art. 5 Abs. 2 lit. b WaG erfüllt sein[395].

Der Abstimmungsbedarf für forstliche Bauten oder Anlagen im Wald liegt in deren Vereinbarkeit mit dem übrigen eidgenössischen und kantonalen Recht - also im Bereich der materiellen Koordination. So haben fragliche Vorhaben dem Natur- und Heimatschutz (Art. 11 ff. NHG) und dem Jagdrecht (Art. 7 und 11 JSG) zu entsprechen. Wird für solche Projekte zudem Finanzierungshilfe zugesprochen, so sind neben den Subventionsbestimmungen der Waldgesetzgebung (Art. 35 ff. WaG i.V.m. Art. 38 ff. WaV) die weiteren Anliegen des Natur- und Heimatschutzes (Landschaftsschutz und Schutz historischer Stätten) zu beachten.

Prozessual hat die zuständige Baubewilligungsbehörde für eine forstliche Baute oder Anlage im Wald die zuständige kantonale Forstbehörde gemäss Art. 14 Abs. 1 WaV anzuhören[396]. Die baurechtliche Bewilligung ist mit dem allfälligen Subventionsentscheid kantonaler und eidgenössischer Bewilligungsbehörden zu koordinieren; insbesondere die Erteilung von Bundessubventionen hat gestützt auf Art. 53 Abs. 3 WaV nach Abschluss des baurechtlichen Verfahrens bzw. der Umweltverträglichkeitsprüfung gemäss Art. 22 Abs. 1 UVPV zu erfolgen.

---

[393] BGE 116 Ib 327 E. 4
[394] *Jaissle*, S. 278 f.
[395] BBl 1988 III 191; *Jenni*, S. 39: In der Praxis gibt die zuständige Behörde eine verbindliche positive Stellungnahme ab, wenn sie die Rodungsvoraussetzungen als gegeben erachtet, oder sie lehnt das Rodungsgesuch ab, um eine weitere Klärung der Rechtslage im Rechtsmittelverfahren zu ermöglichen.
[396] *Peter M. Keller*, AJP 2/1993, 149 f., auch zum Folgenden

3.3.2. Koordination von Rodungs- und Baubewilligungsverfahren für nichtforstliche Bauten und Anlagen im Wald

Mit Ausnahme von Kleinbauten und -anlagen im Wald (Art. 16 Abs. 2 WaG i.V.m. Art. 14 Abs. 2 WaV) sind alle anderen Bauten und Anlagen im Wald nur gestützt auf eine Rodungsbewilligung und einen raumplanungsrechtlichen Entscheid[397] hin zulässig[398]. Regelmässig muss bei nichtforstlichen Bauten und Anlagen im Wald von einem derart engen sachlichen Zusammenhang ausgegangen werden, dass eine koordinierte Rechtsanwendung unausweichlich ist. Im Hinblick auf den in der Praxis häufigsten Fall nichtforstlicher Vorhaben im Wald, die sowohl einer Ausnahmebewilligung i.S.v. Art. 24 RPG als auch einer Rodungsbewilligung gemäss Art. 5 WaG bedürfen, hat der Gesetzgeber mit Art. 11 Abs. 2 WaG eine klare Koordinationsregel statuiert. Demnach darf die Ausnahmebewilligung gemäss Art. 24 RPG nur im Einvernehmen mit der gestützt auf Art. 6 WaG für die Rodungsbewilligung zuständigen Behörde erteilt werden. Der Forstbehörde steht somit im Baubewilligungsverfahren ein weichenstellendes Mitwirkungsrecht zu. Verweigert die zuständige Forstbehörde ihre Zustimmung, so hat die zur Erteilung der Ausnahmebewilligung i.S.v. Art. 24 RPG zuständige Baubehörde diese zu verweigern. Hier findet sich im zürcherischen Recht gemäss Ziff. 1.4. lit. b Anhang zur BVV eine Zuständigkeitskonzentration, zumal die Volkswirtschaftsdirektion für die Ausnahmebewilligungserteilung für Bauten und Anlagen ausserhalb der Bauzonen im Waldgebiet zuständig ist. Gegen diesen Entscheid steht dem Bauherrn bundesrechtlich die Verwaltungsgerichtsbeschwerde ans Bundesgericht gemäss Art. 33 Abs. 2 bzw. Art. 34 Abs. 1 RPG offen. Mit dem bundesgerichtlichen Entscheid über die Standortfrage dürfte in aller Regel auch eine der zentralen Rechtsfragen im Zusammenhang mit der Rodungsbewilligung entschieden sein. Zwar darf davon ausgegangen werden, dass es im dagegen immer noch möglichen verwaltungsgerichtlichen Beschwerdeverfahren kaum noch triftige Gründe für eine gegenüber dem baurechtlichen Entscheid widerprüchliche Rodungsbewilligung gibt[399]. Dennoch bleibt es unbefriedigend, dass eine in der Sache unbegründete Beschwerdeerhebung - sei sie nun vorsorglich zur Rechtswahrung oder gar trölerisch - für den Bauherrn eine unerwünschte zeitliche Verzögerung bringt. Äussert die Forstbehörde im baurechtlichen Ausnahmebewilligungsverfahren jedoch ihre Zustimmung zum nichtforstlichen Vorhaben im Wald, so bleibt im Rodungsverfahren bei

---

[397] Entweder bedarf es eines Einbezuges in eine Nutzungszone gemäss Art. 12 WaG oder einer Ausnahmebewilligung gestützt auf Art. 24 RPG. Letztere darf nur im Einvernehmen mit der zuständigen Forstbehörde erteilt werden (Art. 11 Abs. 2 WaG).

[398] Vgl. den Wortlaut von Art. 11 Abs. 1 WaG; *Bühlmann*, 3 f.; *Durband*, Infoheft RP 1993/1, 25 f.; *Jaissle*, S. 280 ff.; *Sonanini*, BR 1992/4, 86
Eine Ausnahme von der mindestens zweifachen Bewilligungspflicht stellen nichtforstliche Kleinbauten und -anlagen gemäss Art. 14 Abs. 2 WaV im Einvernehmen mit der kantonalen Forstbehörde dar.

[399] *Sonanini*, BR 1992/4, 87

gleicher Sachlage kein Raum für einen gegenteiligen Entscheid, ohne damit begründetes Vertrauen zu verletzen[400].

3.3.3. Einbezug von Wald in Nutzungspläne

Bereits nach bisherigem Recht war es möglich, Wald rechtmässig in eine Bau- oder eine andere Zone (z.B. Landwirtschaftszone) einzubeziehen. Die tatsächliche Bedeutung des Einbezuges von Wald in Nutzungszonen liegt namentlich bei der Rodung zu Siedlungszwecken, die nach der bundesgerichtlichen Praxis nur mit Zurückhaltung zulässig ist. Erforderlich war bisher ein verbindlicher Entscheid der Forstbehörde über die künftige Rodungsbewilligung[401]. Eine solche verbindliche Zusage genügt nicht mehr. Gemäss Art. 12 WaG verlangt die Zuweisung zu einer Nutzungszone grundsätzlich eine Rodungsbewilligung[402]. Über die Erteilung der Rodungsbewilligung hat die Forstbehörde im Zeitpunkt der Planung zu entscheiden[403]. Stellt die Forstbehörde - unter dem Vorbehalt, dass sich die rechtlichen und tatsächlichen Verhältnisse nicht ändern - die Rodungsbewilligung in Aussicht, so steht einer Einzonung diesbezüglich nichts mehr im Wege. Ist hingegen die Rodungsbewilligung zu verweigern, so kann die Einzonung des fraglichen Waldbereiches nicht durchgeführt werden. Für den Fall, dass die Planungsbehörde die Nutzungsänderung nach wie vor als erforderlich erachtet, kann sie von der Forstbehörde den Erlass einer anfechtbaren Verfügung verlangen und sich auf dem Rechtsmittelweg für die Erteilung einer Rodungsbewilligung einsetzen. Nur wenn diese rechtsmittelweise rechtskräftig erteilt wird, kann die Planung entsprechend realisiert werden. Vergleichbar ist vorzugehen im massgeblichen Verfahren UVP-pflichtiger Vorhaben gemäss Art. 5 UVPV und im Leitverfahren nicht UVP-pflichtiger Projekte[404]. Damit kommt der Forstbehörde ein unmittelbares, das Planungsverfahren präjudizierendes Entscheidungsrecht zu. Mit dieser Regelung ermöglicht das Waldgesetz die rechtsgestaltende Mitentscheidung der Forstbehörde bereits im Nutzungsplanungsverfahren. Ohne Rodungsbewilligung kann indessen die Zuweisung von Wald in eine Schutzzone gemäss Art. 17 RPG vorgenommen werden (Art. 4 lit. b WaV).

---

400 *Sonanini*, BR 1992/4, 87
401 *Aemisegger/Wetzel*, S. 89 ff.
402 Für den Fall, dass Wald einer Schutzzone i.S.v. Art. 17 RPG zugeordnet wird, deren Schutzziel die Walderhaltung ist, ist keine Rodung möglich (Art. 4 lit. b WaV).
403 *Bühlmann*, 4; *Sonanini*, BR 1992/4, 87; *Jenni*, S. 47; *Jaissle*, 291 ff.
404 Vgl. dazu ausführlich *Peter M. Keller*, URP 5/1991, 269 ff.

3.3.4. Abgrenzung von Wald und Bauzonen

Das Einwachsen von Wald in Bauzonen hat unter der alten Rechtsordnung immer wieder zu Konflikten und Rechtsunsicherheiten geführt[405]. Die Feststellung der Waldeigenschaft in Anwendung des dynamischen Waldbegriffes überlagerte rechtskräftige Nutzungsordnungen und setzte diese damit faktisch ausser Kraft. Dies soll mit dem neuen Waldgesetz unterbleiben[406]. Die Waldgrenzen aufgrund rechtskräftiger Waldfeststellungen gestützt auf Art. 10 WaG sind in den Bauzonen einzutragen (Art. 13 Abs. 1 WaG). Neue Bestockungen in Bauzonen ausserhalb der festgestellten Waldgrenzen gelten nicht als Wald (Art. 13 Abs. 2 WaG), womit der dynamische Waldbegriff demnach im Interesse der Rechtssicherheit eine Einschränkung erfährt. Für den Fall, dass Grundstücke im Rahmen einer Revision eines Nutzungsplanes aus der Bauzone entlassen werden, behält Art. 13 Abs. 3 WaG eine Überprüfung im formellen Feststellungsverfahren vor.

Somit sind in Bauzonen folgende Sachverhalte mit verschiedenen Rechtsfolgen zu unterscheiden[407]:
- Neue Bestockungen ausserhalb der festgestellten Waldgrenzen gelten nicht als Wald und können ohne weiteres gerodet werden.
- Bestockungen innerhalb der Waldfeststellungsgrenzen sind hingegen grundsätzlich Wald im gesetzlichen Sinne und können nur mit Bewilligung gerodet werden. Sofern also keine Rodungsbewilligung für Siedlungszwecke erteilt werden kann, hat die Gemeinde das fragliche Gebiet auszuzonen.
- Wurde im Rahmen der kommunalen Nutzungsplanung kein Waldfeststellungsverfahren durchgeführt und sind dementsprechend keine Waldgrenzen in den Bauzonen eingetragen, so kommt der dynamische Waldbegriff zum Tragen[408]. Ohne Bewilligung können in diesem Fall nur junge Bestockungen abgeholzt werden, die noch nicht als Wald im Sinne des Gesetzes zu qualifizieren sind.

3.4. Rechtsmittelkoordination im Waldrecht

Für den Rechtsschutz auf Bundesebene verweist Art. 46 Abs. 1 WaG auf die allgemeinen Bestimmungen über die Bundesrechtspflege.

---

[405] Z.B. ZBl 91/1990, 269 und auch BGE 118 Ib 433 ff., aber bereits mit Hinweis auf das neue WaG; *Aemisegger/Wetzel*, S. 92 ff.
[406] Rechtssicherheit kann somit wenigstens bis zur nächsten Änderung der Nutzungsplanung gewährleistet werden.
[407] Vgl. zu den folgenden Ausführungen *Bühlmann*, 2 und 4
[408] *Jaissle*, S. 105 f. mit Hinweis auf die Praxis im Kanton Zürich

Art. 46 Abs. 2 WaG erteilt - nach dem Vorbild der Regelung gemäss Art. 56 USG - dem BUWAL ausdrücklich die aufsichtsrechtlich motivierte Kompetenz, auch die Rechtsmittel des kantonalen Rechts zu ergreifen[409].

Keine selbständige Bedeutung kommt Art. 46 Abs. 3 WaG zu, der für die Behördenbeschwerde der Gemeinden und Kantone wie auch für die ideelle Verbandsbeschwerde für Vereinigungen des Natur- und Heimatschutzes auf Art. 12 NHG verweist[410]. Anfechtungsgegenstände sind Verfügungen über Rodungen inklusiv den Anordnungen betreffend Rodungsersatz und Ersatzabgaben, Waldfeststellungsverfügungen und Verfügungen betreffend Bundessubventionen, sofern sie von natur- und heimatschutzrechtlicher Bedeutung sind[411].

3.5. Koordinationsnormen im zürcherischen Waldrecht[412]

3.5.1. Kantonaler Waldbegriff

Hinsichtlich kleinerer Bestockungen im Sinne des kantonalen Waldbegriffes für Flächen zwischen 200 und 800 m^2 (vgl. Art. 2 Abs. 4 WaG i.V.m. Art. 1 WaV) kommt den Kantonen gestützt auf die Waldgesetzgebung ein erweiterter Regelungsbereich zu. So können bestockte Flächen vom Kanton erst ab 800 m^2 als Wald bestimmt werden. Zum Schutze von Bestockungen, die nicht mehr vom kantonalen Waldbegriff erfasst werden, können natur- und heimatschutzrechtliche Massnahmen i.S.v. §§ 203 ff. PBG angeordnet werden.

3.5.2. Raumplanerische Koordinationsinstrumente im Waldrecht

Gemäss der altrechtlichen Regelung vor Inkrafttreten des heute massgeblichen Waldrechts überlagerten die als Wald ausgeschiedenen Bereiche die raumplanerische Nutzungsordnung. Das neue Recht überlässt den Kantonen die forstliche Planung als Grundlage der Waldbewirtschaftung (Art. 20 Abs. 2 i.V.m. Art. 18 WaV). Darunter versteht sich der gesamte Führungsprozess bezüglich der Zielsetzung, Planung, Entscheidung, Ausführung, Kontrolle und Informationsbeschaffung[413]. Die forstliche Planung hat sich bereits im Leitbild des zürcherischen Forstdienstes niedergeschlagen, wonach Ziele und Massnahmen der Walderhaltung und Ge-

---

[409] Vgl. BBl 1988 III 216 zur Entstehungsgeschichte und den weiteren Hintergründen dieser Vorschrift; *Peter M. Keller*, AJP 2/1993, 152
[410] Diesbezüglich ist auf die Ausführungen unter § 4, 6.3.4.c) und d) zu verweisen.
[411] *Peter M. Keller*, AJP 2/1993, 152
[412] In diesem Zusammenhang ist auf die Revision des kantonalen Waldrechts hinzuweisen; vgl. den Vernehmlassungsentwurf zu einem neuen kantonalen Waldgesetz vom 27. Juni 1994 sowie die Erläuterungen zum Vernehmlassungsentwurf.
[413] BBl 1988 III 202. Bisher kannte die Forstwirtschaft die forstliche Planung als sogenannte "Forsteinrichtung"; vgl. hiezu auch *Jenni*, S. 60 ff.

staltung planerisch festgelegt werden sollen[414]. Koordinationsrechtlich wertvoll ist zum einen eine der raumplanerischen Richtplanung entsprechende behördenverbindliche Waldentwicklungsplanung und eine der Nutzungsplanung entsprechende eigentümerverbindliche Ausführungsplanung zum andern. Während es sich beim Waldentwicklungsplan um einen Sachplan handelt, der die Koordination mit der Raumplanung sicherstellt, konkretisiert sich die Ausführungsplanung vor allem betreffend Privatwaldungen in Verordnungen, Verfügungen und Verträgen. Im Betriebsplan sind ergänzend die Grundlagen und Ziele betreffend die Führung eines planpflichtigen Forstbetriebes festzuhalten. Schliesslich können Projekte für zeitlich beschränkte und auf ein bestimmtes Ziel ausgerichtete Unternehmen ausgearbeitet werden[415]. Die Mitwirkung der Bevölkerung ist im Rahmen der Waldentwicklungsplanung sicherzustellen[416].

3.5.3. Organisation[417]

Im Kanton Zürich liegt die Befugnis betreffend die Oberaufsicht über das Forstwesen bei der Volkswirtschaftsdirektion (§ 29 Ziff. 8 OG RR i.V.m. § 5 ForstG). Für die Ausübung der Aufsichtsfunktionen und die Bewirtschaftung stehen dieser das Oberforstamt und die Kreisforstmeister zur Seite (§ 6 Abs. 1 ForstG). Gemäss § 7 ForstG wird das Kantonsgebiet in acht Forstkreise eingeteilt[418]. Der Kanton, die waldbesitzenden Gemeinden und Korporationen sowie die Besitzer von Privatschutzwaldungen sind zur Anstellung von Förstern verpflichtet (§ 10 ForstG), die administrativ den Staatsforstbeamten unterstellt sind (§ 11 ForstG). Die Förster üben innerhalb ihres örtlichen Zuständigkeitsbereiches, wobei es sich um ein sogenanntes Forstrevier i.S.v. § 19a ForstG handelt, die unmittelbare forstpolizeiliche Aufsicht aus (§ 16a Abs. 1 ForstG). Sie wirken bei der Durchführung des vom Staatsforstdienst angeordneten Bewirtschaftungs- und Pflegemassnahmen mit (§ 16a Abs. 2 ForstG). Ihnen obliegt im weiteren die Beratung der Eigentümer von Privatwaldungen. In deren Auftrag übernehmen sie die Anzeichnung der Durchforstungsschläge und, soweit möglich, weitere Forstarbeiten (§ 16a Abs. 3 ForstG). Ihre Dienstinstruktion erlässt die Volkswirtschaftsdirektion (§ 16a Abs. 4 ForstG). Die Forstreviere werden im Einvernehmen mit den Waldeigentümern festgelegt. Kommt keine Einigung zustande, so entscheidet die Volkswirtschaftsdirektion (§ 19a Abs. 3 ForstG). Wäh-

---

[414] *Oberforstamt des Kantons Zürich*, S. 5; vgl. nunmehr auch §§ 16 f. WaG-E ZH und Erläuterungen zum Vernehmlassungsentwurf, S. 12 ff.
[415] *BUWAL*, Tangens 1/1994, 4 f. und 7 f.
[416] *BUWAL*, Tangens 1/1994, 6 f. und 8; vgl. § 16 Abs. 3 WaG-E ZH
[417] Im Hinblick auf die kantonale Waldrechtsrevision kann an die bisherige Forstorganisation angeknüpft werden. Der Entwurf zum neuen kantonalen Waldgesetz strebt insbesondere eine klare Aufgabenteilung zwischen Kanton und Gemeinden vor. So werden die öffentlichrechtlichen Aufgaben des Reviers als kommunale ausgeschieden; für alle anderen Aufgaben ist der Kanton zuständig. Vgl. § 29 ff. WaG-E ZH und Erläuterungen zum Vernehmlassungsentwurf, S. 19 ff.
[418] Vgl. den Beschluss des Regierungsrates über die Einteilung des Kantons in Forstkreise vom 9. März 1944 (GS 921.2)

rend die Waldungen der Staatsforstverwaltung und der technischen Verwaltung, soweit zweckmässig, in eigene Reviere einzuteilen sind (§ 19b Abs. 1 ForstG), werden die übrigen Waldungen in der Regel in gemeinsame Forstreviere zusammengefasst. Die Waldeigentümer eines solchen Reviers bilden eine öffentlichrechtliche Genossenschaft oder organisieren sich auf andere zweckdienliche Weise. In bezug auf die Konstitutierung, Organisation sowie die Rechte und Pflichten der Waldkorporationen ist auf die Regelung gemäss §§ 19c ff. ForstG[419] zu verweisen. Privatwaldbesitzer können sich zum gemeinsamen Betrieb ihrer Waldungen zu einem Verband zusammenschliessen (§ 53 ForstG)[420].

3.5.4. Verfahrensrechtliche Besonderheiten

Gemäss § 36 ForstG dürfen die Gemeinde- und Korporationswaldungen im Nichtschutzwaldgebiet ohne Bewilligung des Regierungsrates und im Schutzwaldgebiet ohne diejenige des Bundesrates insbesondere weder ganz noch teilweise gerodet werden. Alle Schlagnutzungen in privaten Schutzwaldungen bedürfen gemäss § 59 ForstG der forstamtlichen Bewilligung; diese hat die Schlagart (Kahlschlag oder allmählicher Abtrieb) zu bezeichnen und auf den Schutz benachbarter Bestände ausreichend Rücksicht zu nehmen[421].

Mit Inkrafttreten der eidgenössischen Waldgesetzgebung hat der Kanton Zürich die Mindestanforderungen an das Rodungsbewilligungsverfahren gemäss Art. 5 WaG i.V.m. Art. 5 WaV sicherzustellen. Gemäss Art. 5 Abs. 2 WaV ist ein Einspracheverfahren durchzuführen. Dieses ermöglicht namentlich die frühzeitige Feststellung der am Verfahren beteiligten Personen und deren Anhörung vor Erlass der Rodungsbewilligung[422].

Schliesslich sind im Kanton Zürich Baugesuche betreffend Bauten und Anlagen im Wald dem kantonalen Oberforstamt einzureichen (§ 4 WaldbautenV)[423]. Bewilligungsinstanz ist die Volkswirtschaftsdirektion des Kantons Zürich (§ 2 Abs. 1 WaldbautenV). Dem Gesuch sind Pläne und Skizzen betreffend die vorgesehene Baute sowie ein Kartenausschnitt oder eine Skizze über den Standort beizulegen (§ 4 Abs. 2 WaldbautenV). Die besonderen kantonalrechtlichen Bewilligungsvoraussetzungen werden in § 2 Abs. 1 und 2 der besagten Verordnung geregelt.

---

419 Vgl. § 36 WaG-E ZH und Erläuterungen zum Vernehmlassungsentwurf, S. 25 f., wonach die Rechtsstellung der Korporationen derjenigen der privaten Waldeigentümer angepasst werden soll.
420 Öffentlichrechtlicher Regelungsbedarf besteht diesbezüglich einzig bei Waldverbänden mit obligatorischer Mitgliedschaft; vgl. § 37 WaG-E ZH und Erläuterungen zum Vernehmlassungsentwurf, S. 26
421 Im Hinblick auf Art. 22 WaG i.V.m. Art. 20 WaV kommt der kantonalen Bestimmung aufgrund ihrer weitgehenden inhaltlichen Identität weitgehend keine selbständige Bedeutung mehr zu.
422 *Jenni*, S. 38
423 Vgl. § 11 WaG-E ZH und Erläuterungen zum Vernehmlassungsentwurf, S. 10

4. Kritische Würdigung

4.1. Zur Interessenabwägung

Ob eine zur Ausführung eines bestimmten Vorhabens vorzunehmende Rodung zulässig ist oder nicht, ist im Rahmen der gemäss Art. 5 Abs. 2 WaG vorzunehmenden Interessenabwägung zu beurteilen. Ausnahmebewilligungen dürfen nicht der Walderhaltung zuwiderlaufen, und materiell müssen die Voraussetzungen der Raumplanung erfüllt sein. Das Projekt darf die Umwelt nicht erheblich gefährden, und es hat auf die natur- und heimatschutzrechtlichen Anliegen gebührend Rücksicht zu nehmen[424]. Damit gewährleistet das neue Waldrecht die umfassende materielle Abstimmung mit der Raumordnung und unter qualifizierten Voraussetzungen auch mit den Interessen des Umwelt- sowie des Natur- und Heimatschutzrechts. Die vorzunehmende Gesamtinteressenabwägung birgt bei Vorhaben, für die zusätzlich eine raumplanerische oder natur- und heimatschutzrechtliche ansteht, die Gefahr widersprüchlicher Entscheidungen[425]. Dieser ist mit der Bestimmung eines Leitverfahrens bzw. einer besonderen Koordinationsbehörde zu begegnen[426]. Im Rahmen der Revision des kantonalen Waldrechts könnten immerhin die beschränkteren Möglichkeiten der fortlaufenden Koordination sichergestellt werden. Insofern eine solche umfassende Interessenabwägung bereits vorgenommen wurde, stellt sich die Frage der vorfrageweisen Bindung der Forstbehörden.

4.2. Zur Kooperation

Die Verfassung statuiert mit Art. 24 eine sogenannte Rahmengesetzgebungskompetenz. Die sich daraus ergebende geteilte Zuständigkeit zwischen dem Bund und den Kantonen ruft nach einer kooperativen Aufgabenerfüllung. Dazu gehört einerseits der Erlass und die Durchsetzung einer kantonalen Ausführungsgesetzgebung, andererseits aber auch die kantonale auf die jeweiligen Verhältnisse zugeschnittene Mitwirkung bei der Erfüllung der zu bewältigenden Probleme[427].

4.3. Zur verfahrensrechtlichen Koordination

Das Rodungsbewilligungsverfahren erweist sich als verselbständigtes verwaltungsrechtliches Verfahren vor eigens dafür zuständigen Behörden auf eidgenössischer wie kantonaler Ebene.

---

[424] *Zimmerli/Scheidegger*, S. 245
[425] *Zimmerli/Scheidegger*, S. 257 f.
[426] Vgl. unter § 4, 6.3.
[427] *Mächler*, S. 49 f. und 176 ff.

Für Bauten und Anlagen im Wald, die nicht bzw. nicht nur den Zwecken des Waldes dienen, ist zusätzlich zur baurechtlichen Bewilligung eine Rodungsbewilligung einzuholen.

Auf Bundesebene[428] ist sicherzustellen, dass in Zusammenarbeit mit den zuständigen kantonalen Behörden sämtliche den engen Sachzusammenhang betreffenden Fragen materiell und verfahrensmässig, insbesondere in zeitlicher Hinsicht, koordiniert entschieden werden. Sofern also der Bund für die Erteilung der Rodungsbewilligung zuständig ist, erweist sich der bundesgerichtliche Vorschlag gemäss dem Entscheid BGE 116 Ib 59 (Chrüzlen), die Rodungsbewilligung sei in der Regel erst zu erteilen, wenn die für das gleiche Projekt erforderlichen weiteren Bewilligungen von der letzten kantonalen Instanz beurteilt worden seien, als praktikabel. Wenn feststeht, dass gegen die weiteren kantonalen Verfügungen keine Rechtsmittel ergriffen werden, so könnte die bundesrechtliche Rodungsbewilligung bereits im Anschluss an diese Verfügungen unterer kantonaler Instanzen erteilt werden. Die Entscheide der letzten kantonalen Instanzen und die eidgenössische Rodungsbewilligung könnten in der Folge gleichzeitig beim Bundesgericht gerügt werden[429]. Vorbehalten bleiben andere sachgerechte Möglichkeiten des Zusammenwirkens von eidgenössischen und kantonalen Behörden.

Auf kantonaler Ebene[430] ist zwangsläufig dasjenige Verfahren zu ermitteln, das eine frühzeitige und umfassende Prüfung sämtlicher vom engen Sachzusammenhang erfassten materiellen Rechtsfragen erlaubt. Als Leitverfahren, welches die verfahrensmässige Koordination der Rechtsanwendung und damit letzten Endes die materielle Koordination gewährleistet, eignet sich regelmässig ein raumplanerisches Verfahren (Nutzungsplanungsverfahren oder Ausnahmebewilligungsverfahren gemäss Art. 24 RPG). Sofern ein Vorhaben der Umweltverträglichkeitsprüfung untersteht, so ist das Leitverfahren mit dem massgeblichen Verfahren i.S.v. Art. 5 Abs. 3 UVPV gleichzusetzen.

In zeitlicher Hinsicht wird somit die Parallelität in der Behandlung für die verschiedenen für ein bestimmtes Projekt anfallenden Rechtsfragen gewährleistet. Sofern keine Rechtsmittel gegen die Entscheide der kantonalen Behörden erhoben werden, bietet die erwähnte bundesgerichtliche Verfahrensregel keine weiteren Probleme. Werden jedoch Rechtsmittel erhoben, so schlägt Keller[431] zu Recht vor, habe die zuständige Bundesbehörde den Rodungsentscheid sofort zu treffen. Der letztinstanzlich kantonale Entscheid sei folglich aufgrund der unzumutbar langen zeitlichen Verzögerung für den Gesuchsteller nicht mehr abzuwarten.

Schliesslich stellt sich die Frage nach dem konkreten Vorgehen, wenn ein allenfalls erforderliches Rodungsbewilligungsverfahren erst nach der Erteilung der Genehmigung von

---

[428] BGE 116 Ib 321 ff., 330 f. = Pra 80/1991 Nr. 133
[429] Peter M. Keller, URP 5/1991, 270
[430] BGE 116 Ib 321 ff., 330 f. = Pra 80/1991 Nr. 133
[431] Peter M. Keller, URP 5/1991, 271

Grossprojekten, wie z.B. von Nationalstrassen, eingeleitet wird[432]. Allenfalls sind bereits vorgenommene raumrelevante Interessenabwägungen vorfrageweise zu berücksichtigen.

---

[432] Siehe diese Problemstellung bei *Zimmerli/Scheidegger*, S. 256 i.V.m. Anhang I, S. 55 und 63

§ 10 WASSERWIRTSCHAFT

1. Öffentliche Aufgabe und Zweck im allgemeinen

Am 7. Dezember 1975 stimmten Volk und Stände mit Art. 24bis BV einer die gesamte Wasserwirtschaft umfassenden einheitlichen Verfassungsgrundlage zu. Gegenwärtig basieren auf dem sogenannten Wasserwirtschaftsartikel der Verfassung die folgenden Bundesgesetze: das Wasserbaupolizeigesetz bzw. das Wasserbaugesetz, das Wasserrechtsgesetz und das Gewässerschutzgesetz. Die bewährten unterschiedlichen Strukturen der Kompetenzausscheidung zwischen dem Bund und den Kantonen im Bereich der Wasserwirtschaft lassen eine systematische Aufteilung in die besagten Bundeserlasse als zweckmässig erscheinen. In jüngerer Zeit wurde die Revision des Wasserrechtsgesetzes[433] und des Gewässerschutzgesetzes[434] durchgeführt; das Wasserbaurecht erfuhr im Zusammenhang mit der Änderung des Gewässerschutzgesetzes[435], dem zweiten Paket von Massnahmen zur Neuverteilung der Aufgaben zwischen Bund und Kantonen[436] und dem Erlass des Subventionsgesetzes die notwendigen Anpassungen.

Im Interesse der gesamten Wasserwirtschaft ist der Schutz und die Nutzung der Gewässer sowie der Schutz vor den Gewässern anzustreben[437]. Diesen unterschiedlichen Zielsetzungen ist möglichst ausgewogen Rechnung zu tragen. Dabei versteht es sich von selbst, dass diese mitunter in einem gegensätzlichen Verhältnis zueinander stehen können. So dürfen beispielsweise Vorschriften betreffend Restwassermengen nicht ausschliesslich auf den Schutz der Wasservorkommen ausgerichtet sein. Es sind vielmehr auch die Interessen der Wassernutzung mitzuberücksichtigen. Die Interessenkonkurrenzen innerhalb der Wasserwirtschaft sind gesetzgeberisch und in der Rechtsanwendung einzelfallgerecht aufeinander abzustimmen[438].

Nachfolgend werden die Regelungen betreffend den Gewässerschutz und die Wassernutzung sowie das Wasserbaurecht getrennt behandelt, da sie grundsätzlich verschiedene Aspekte der Wasserwirtschaft regeln.

---

433 Vgl. die Botschaft in BBl 1984 III 1443 ff.
Eine weitere Revision des Wasserrechtsgesetzes ist zurzeit im Gange; vgl. zu den Schwerpunkten der jüngsten Revisionsbestrebungen *Adalbert Durrer*, Marktgerechtere Entschädigung der Wasserkraft, NZZ vom 18. März 1994, Nr. 65, S. 23; vgl. auch den Vernehmlassungsentwurf zum neuen Bundesgesetz über die Bewirtschaftung und Nutzung der Gewässer (Wassernutzungsgesetz; WNG) vom 1. November 1993 sowie die Erläuterungen vom 11. November 1993
434 Vgl. die Botschaft in BBl 1987 II 1061 ff.
435 Vgl. BBl 1987 II 1077 und 1168
436 Vgl. BBl 1988 II 1333 ff. (insbesondere 1387 ff.)
437 BBl 1987 II 1079 und 1095
438 BBl 1987 II 1103

2. Gewässerschutz

2.1. Öffentliche Aufgabe und Zweck

Der Zweckartikel des Gewässerschutzgesetzes (Art. 1 GSchG) geht den Schutz der Gewässer vor nachteiligen Einwirkungen in einem allgemeinen und umfassenden Sinn an. In Abkehr vom bisherigen rein qualitativen Verständnis der Gewässerschutzgesetzgebung[439] gilt es nicht allein gegen Verunreinigungen, vielmehr auch gegen Eingriffe wie Wasserableitungen oder strukturelle Veränderungen der Gewässer Schutz zu gewähren. Die materiellen Kernbestimmungen des Gewässerschutzgesetzes werden unter dem "2. Titel: Verhinderung und Behebung nachteiliger Einwirkungen" angeordnet. Ziele sind im speziellen die Reinhaltung der Gewässer, die Sicherung angemessener Restwassermengen, die Verhinderung anderer nachteiliger Einwirkungen auf die Gewässer, die Regelung der Bundesbeiträge sowie die Grundlagenbeschaffung. Damit wurde einerseits das bereits bisher geltende qualitative Gewässerschutzrecht in den revidierten Erlass übernommen, anderseits fand neuerdings der quantitative Gewässerschutz vermehrt Berücksichtigung[440]. Mit dem geltenden Recht wird der Gewässerschutz in einem umfassenden Sinn gestützt auf eine ganzheitliche Gewässerdefinition verstanden[441].

Gewässerschutzrechtliche Bewilligungen können im Zusammenhang mit verschiedenen Nutzungen anfallen. Vorliegend interessieren insbesondere die gewässerschutzrechtlichen Bewilligungen im Sinne von rein abwassertechnischen Voraussetzungen für die Erteilung von Baubewilligungen gestützt auf Art. 17 f. GSchG[442]; daneben fallen aber auch andere raumwirksame Bewilligungen an wie beispielsweise für Wasserentnahmen gestützt auf Art. 29 ff. GSchG, Bewilligungen im Zusammenhang mit der Verbauung und Korrektion von Fliessgewässern gemäss Art. 37 GSchG oder dem Überdecken oder Eindolen von Fliessgewässern gemäss Art. 38 GSchG sowie Schüttungen gemäss Art. 39 Abs. 2 und 3 GSchG, der Spülung und Entleerung von Stauräumen gemäss Art. 40 Abs. 2 GSchG, der Zurückgabe von Treibgut in Gewässer gemäss Art. 41 Abs. 1 GSchG, Ausnahmebewilligungen für Beeinträchtigungen der vom Grundwasser abhängigen Vegetation gemäss Art. 43 Abs. 5 GSchG sowie für die Ausbeutung von Kies, Sand und anderem Material nach Art. 44 GSchG.

Über die ureigenen Interessen des Gewässerschutzes hinaus werden weitere Interessen berührt. So enthalten beispielsweise das Natur- und Heimatschutzgesetz und das Fischereigesetz Regelungen zur Verhinderung nachteiliger Einwirkungen auf Gewässer. Diese Bestimmungen sind jedoch auf die Zielsetzungen des jeweils betroffenen Spezialgesetzgebungserlas-

---

[439] Vgl. zum altrechtlichen Gewässerschutz *Schindler*, ZSR NF 84/II (1965) 379 ff.
[440] BBl 1987 II 1074 f., 1079 f. und 1084 f.; *Portmann*, S. 49
[441] BBl 1987 II 1086 und 1105
[442] Vgl. in diesem Zusammenhang auch die altrechtliche Darstellung bei *Sulliger-Jaccottet*, S. 11 ff.

ses ausgerichtet[443]. Der Gewässerschutz als Teilbereich der Wasserwirtschaft zeigt denn auch Parallelen zum Umweltschutzrecht. Formell zeigt sich dies im systematischen Aufbau des revidierten Gewässerschutzgesetzes vom 24. Januar 1991, der sich an demjenigen des Umweltschutzgesetzes orientiert. Im Hinblick auf eine Rechtsvereinheitlichung wurden die umweltschutzrechtliche Terminologie[444] und einige Bestimmungen[445] beinahe ohne Änderungen übernommen. Materiell finden sich Parallelen im Objektsschutz. So zielt das Gewässerschutzrecht auf den Schutz einer Existenzgrundlage ab[446].

Schliesslich besteht auch ein enger sachlich wechselwirkender Zusammenhang zwischen Gewässerschutz und Raumplanung[447]. Dieser äussert sich in Art. 22 Abs. 2 lit. b RPG, wonach die Erteilung einer baurechtlichen Bewilligung für Bauten und Anlagen ausnahmslos der Erschliessung bedarf[448]. So gewährleistet einerseits die Raumplanung die zweckmässige Nutzung des Bodens und eine geordnete Besiedelung des Landes, anderseits ist der Gewässerschutz selbst raumwirksam, dies vor allem im Zusammenhang mit der Abwasserbeseitigung (Art. 80 ff. GSchG i.V.m. Art. 11 ff. und Art. 15 ff. AGSchV), dem planerischen Gewässerschutz (Art. 19 ff. GSchG i.V.m. den Bestimmungen der VWF), der Sicherung angemessener Restwassermengen (Art. 29 ff. GSchG) sowie den besonderen gewässerschutzrechtlichen Anforderungen für die Erteilung von baurechtlichen Bewilligungen (Art. 17 f. GSchG i.V.m. Art. 24 ff. AGSchV).

2.2. Zur Kompetenzausscheidung zwischen Bund und Kantonen

Gegenüber dem altrechtlichen Gewässerschutz haben sich die Gesetzesdelegationen an den Bundesrat eher verringert. Am häufigsten finden sie sich im Zusammenhang mit der Reinhaltung der Gewässer. In diesem Bereich verpflichtet nämlich die Verfassung den Bund, konkrete Massnahmen vorzusehen. Da es auf Gesetzesebene unmöglich ist, sämtliche rechtserheblichen Sachverhalte tatbestandsmässig zu erfassen, ermächtigt der Gesetzgeber den Bundesrat, die Anforderungen an die Wasserqualität festzulegen (Art. 9 Abs. 1 GSchG) und zum Erlass von Vorschriften über die Einleitung von Abwasser in Gewässer (Art. 9 Abs. 2 lit. a GSchG[449]) über die Versickerung von Abwasser (lit. b) und über gewässerverunreinigende Stoffe (lit. c). Inhaltlich ist die Rechtsetzungsbefugnis des Bundesrates an Art. 1 GSchG ge-

---

443 BBl 1987 II 1085 ff.
444 Z.B. der Begriff "nachteilige Einwirkungen"
445 Z.B. Art. 50 betreffend Information und Beratung
446 Art. 1 GSchG nennt ausdrücklich die Erhaltung natürlicher Lebensräume für die einheimische Tier- und Pflanzenwelt.
447 *Iselin*, ZBl 75/1974 426 ff. zwar zum altrechtlichen Gewässerschutzgesetz, jedoch mit vielen Hinweisen auf die heute noch geltenden Grundsätze
448 *Sulliger-Jaccottet*, S. 98
449 Siehe auch die Verordnung über Abwassereinleitungen vom 8. Dezember 1975 (SR 814.225.21)

bunden. Dem Bund kommt folglich die Rahmengesetzgebung im Bereich des Gewässerschutzes zu[450].

Gemäss Art. 45 GSchG sind die Kantone - unter dem Vorbehalt von Art. 48 GSchG - zum Vollzug des Gewässerschutzgesetzes verpflichtet. Der Bund beaufsichtigt den Gesetzesvollzug durch die Kantone (Art. 46 Abs. 1 GSchG)[451].

2.3. Koordinationsrelevante Vorschriften für Bauten und Anlagen in gewässerschutzrechtlicher Hinsicht

2.3.1. Interessenabwägung für Wasserentnahmen gemäss Art. 33 GSchG

Wer in einem Fliessgewässer mit ständiger Wasserführung oder Seen bzw. Grundwasservorkommen, welche die Wasserführung eines Fliessgewässers mit ständiger Wasserführung wesentlich beeinflussen, über den Gemeingebrauch hinaus Wasser entnimmt, bedarf einer Bewilligung (Art. 29 Abs. 1 GSchG). Mit der Streichung des Subsidiaritätsgrundsatzes von Art. 29 Abs. 2 GSchG aus dem Gesetzesentwurf, wonach mit der gewässerschutzrechtlichen Bewilligungspflicht all jene Wasserentnahmen hätten erfasst werden sollen, die nicht gestützt auf das Wasserrechtsgesetz bewilligungspflichtig sind[452], geht der Bundesgesetzgeber von einem umfassenden Geltungsbereich aus. Die Bewilligungsvoraussetzungen werden in Art. 30 bis 36 GSchG geregelt.

Folgende Anforderungen sind für Wasserentnahmen zu beachten: Art. 31 GSchG statuiert die Mindestwassermengen, welche für das Überleben der Gewässer nach der Wasserentnahme gerade noch vertretbar sind. Ausnahmen sind gestützt auf Art. 32 GSchG zulässig. Mit der Festlegung der Mindestwassermengen sind jedoch die verfassungsmässigen Anforderungen hinsichtlich angemessener Restwassermengen noch nicht erfüllt. Die Restwassermengen sind vielmehr in Abwägung der in Art. 33 Abs. 2 und 3 GSchG aufgezählten[453] Interessen einzelfallweise zu bestimmen. Um die Interessen für oder gegen eine Wasserentnahme ermitteln zu können, hat der Gesuchsteller einen Bericht zu erstatten (Art. 33 Abs. 4 GSchG). So muss beispielsweise derjenige Gesuchsteller, der Wasser für die Energiegewinnung entnehmen will, ausführlich darlegen, wie sich grössere oder kleinere Dotierwassermengen auf die Preisbildung der zu produzierenden Energie auswirken. Diese gewässerschutzrechtliche Berichterstattung

---

[450] BBl 1987 II 1071; *Häfelin/Haller*, N. 318 f.
Demgegenüber gehen *Zimmerli/Scheidegger* (S. 57) von einer umfassenden Gesetzgebungskompetenz im Bereich des Gewässerschutzrechts aus.
[451] *Bussmann*, S. 247 bis 263 mit statistischen Angaben
[452] Z.B. für die Trinkwasserversorgung, Bewässerung oder zu Kühlzwecken; BBl 1987 II 1127 f.; vgl. auch § 73 WWG
[453] Es handelt sich dabei um eine nicht abschliessende Enumeration.

kommt für all jene Projekte zum Zug, für die mangels einer Umweltverträglichkeitsprüfung auch kein Bericht im Sinne von Art. 9 Abs. 2 USG zu erstellen ist[454]. Ansonsten umfasst der Umweltverträglichkeitsbericht auch die gewässerschutzrechtlichen Aspekte des fraglichen umweltrelevanten Bauvorhabens.

2.3.2. Kooperativer Föderalismus im Bereich des Gewässerschutzes

a) Allgemeiner Koordinationsauftrag

Art. 46 Abs. 2 GSchG enthält einen breit formulierten Koordinationsauftrag. Demnach hat der Bundesrat die Abstimmung der Gewässerschutzmassnahmen der Kantone (lit. a), unter den Bundesstellen (lit. b) und zwischen Bundesstellen und Kantonen (lit. c) zu regeln[455].

b) Organisation

Der schweizerische Gewässerschutz zeigt in organisatorischer Hinsicht ein starkes öffentliches und privates Beziehungsgeflecht[456]. Ein ausgebauter vertikaler und horizontaler kooperativer Föderalismus prägt den staatlichen Bereich:
- Organisatorisch wird dem zuständigen Departement des Innern (EDI) und dem BUWAL als Gewässerschutzfachstelle des Bundes[457] die Eidgenössische Gewässerschutzkommission[458] beigegeben. Neben der Beratung der Bundesstellen in wichtigen Belangen des Gewässerschutzes (Art. 4 Abs. 2 lit. a AGSchV) obliegt ihr die Förderung der Zusammenarbeit zwischen den Behörden von Bund und Kantonen einerseits und den Forschungsanstalten, den Organisationen der Wirtschaft sowie den Fachorganisationen anderseits (Art. 4 Abs. 2 lit. b AGSchV). Art. 6 ff. AGSchV statuiert die besonderen Aufgaben und Pflichten der Bundesverwaltung im Bereich des Gewässerschutzes. Insbesondere sind gemäss Art. 8 der besagten Vollziehungsverordnung die von Bundesbehörden zu beurteilenden gewässerschutzrechtlichen Gesuche um die Erteilung von Konzessionen und Bewilligungen sowie betreffend die Gewährung von Finanzhilfe dem BUWAL zur Begutachtung zu unterbreiten. Der Bundesrat seinerseits hat entsprechende Weisungen zu erteilen.
- Die Zusammenarbeit zwischen den kantonalen Fachstellen mit dem Bund wickelt sich im wesentlichen über das BUWAL ab.

---

[454] BBl 1987 II 1138
[455] *Zimmerli/Scheidegger*, S. 243
[456] *Bussmann*, S. 263 ff. ausführlich zur Zusammenarbeit betreffend den Vollzug des Gewässerschutzgesetzes, 360 ff.; auch zu den folgenden Ausführungen
[457] Art. 49 Abs. 2 GSchG
[458] Art. 4 Abs. 1 AGSchV; siehe auch das Reglement für die Eidgenössische Gewässerschutzkommission vom 9. August 1972 (SR 814.212.11)

- Die Zusammenarbeit zwischen den kantonalen Fachstellen wird vor allem von der Vereinigung kantonaler Gewässerschutzlimnologen (VkGL) und der Fachbeamten-Konferenz für Tankanlagen besorgt. Als weiteres für den Vollzug bedeutsames Organ horizontaler Koordination ist die Informationstagung für die Vorsteher kantonaler Fachstellen für Gewässerschutz (IVkFG), die auch vertikale Beziehungen vertieft. Ein- bis zweimal jährlich werden von den kantonalen und unter Umständen auch eidgenössischen Verwaltungsexperten wichtige Fachprobleme wie beispielsweise betreffend Kläranlagenbau und -betrieb, Tankanlagen und Finanzierung besprochen. Die Kantone erstatten über ihre Vollzugserfahrungen Bericht. Von Seiten des Bundes werden allfällige neue Bestimmungen und Projekte vorgestellt.
- Aber auch zwischen privaten und wissenschaftlichen Fachstellen sowie der Verwaltung besteht eine rege Zusammenarbeit. Vor allem in der Frühphase des schweizerischen Gewässerschutzes leisteten solche Fachorganisationen grosse Dienste. Erinnert sei in diesem Zusammenhang an die Wegleitungen und Richtlinien des Verbandes Schweizerischer Abwasserfachleute (VSA) und beispielsweise an die SIA-Norm 190 über die Dimensionierung der Kanalisationsrohre. Eine weitere die Kooperation fördernde Institution ist etwa die Eidgenössische Anstalt für Wasserversorgung, Abwasserreinigung und Gewässerschutz (EAWAG)[459], die Informationstagungen durchführt und Weiterbildungsmöglichkeiten anbietet. Im Rahmen der Abfallbeseitigung etwa können die Gemeinden die Erstellung und Betreibung der erforderlichen Beseitigungsanlagen u.a. auch Dritten übertragen (§ 26 Abs. 3 Satz 2 EG zum GSchG).

c) Anhörungsrechte der betroffenen Kantone und Behörden

Gemäss Art. 48 Abs. 1 (Satz 2) GSchG hat die zuständige Bundesbehörde, die ein anderes Bundesgesetz oder einen Staatsvertrag zu vollziehen hat, vor dem gewässerschutzrechtlichen Entscheid die betroffenen Kantone und die interessierten Bundesstellen anzuhören. Die Zuständigkeitskonzentration bei einer gewässerschutzrechtlich nicht spezialisierten Bundesbehörde bedarf demnach nach Auffassung des Gesetzgebers zumindest der fachtechnisch und bundesstaatlich-föderalistisch gewährleisteten Teilnahme der ausgeschalteten Fachstellen[460].

d) Zusammenarbeit bei interkantonalen Gewässern

Für den Schutz interkantonaler Gewässer auferlegt Art. 56 Abs. 1 GSchG den Kantonen die Pflicht, die notwendigen Massnahmen zu treffen. Bei der Wahl der adäquaten Massnahmen verlangt der Bundesgesetzgeber ausdrücklich die Rücksichtnahme auf die Interessen der vom fraglichen Gewässer ebenfalls berührten Kantone. Für den Fall, dass sich die von einem interkantonalen Gewässer betroffenen Kantone nicht über die verhältnismässigen Gewässerschutz-

---

[459] Vgl. z.B. die Berichterstattung über die Informationstagung der EAWAG vom 21. September 1993 in der NZZ vom 23. September 1993, Nr. 221, S. 22
[460] BBl 1987 II 1150; *Zimmerli/Scheidegger*, S. 243

massnahmen einigen können, sieht Art. 56 Abs. 2 GSchG subsidiär eine Kompetenzkonzentration beim Bundesrat vor.

e) Information und Beratung

Art. 50 Abs. 1 GSchG verpflichtet den Bund und die Kantone, die Auswirkungen der getroffenen Gewässerschutzmassnahmen zu prüfen. Zudem ist die Öffentlichkeit über den Gewässerschutz und den Zustand der Gewässer ins Bild zu setzen[461]. U.a. sind zu diesem Zweck Gewässerschutzfachstellen einzurichten, die Behörden und Private beraten[462]. In ihrer Funktion als Fachstellen empfehlen diese Ämter die Massnahmen zur Verhinderung und Verminderung nachteiliger Einwirkungen auf die Gewässer.

f) Grundlagenbeschaffung und Förderung des Gewässerschutzes

Gemäss den Vorschriften des 2. Kapitels werden den Gemeinwesen die jeweiligen Aufgaben im Bereich der Grundlagenermittlung zugewiesen. Das 3. Kapitel unter dem 3. Titel des Gewässerschutzgesetzes statuiert Vorschriften zur Förderung des Gewässerschutzes. Im Zentrum stehen die Bestimmungen über die allgemeinen Abgeltungen des Bundes an die Kantone (Art. 61 f. GSchG), die Risikogarantie für erfolgversprechende neuartige Anlagen und Einrichtungen im Dienste des Gewässerschutzes (Art. 63 GSchG) sowie die Abgeltungen und Finanzhilfen für die Grundlagenbeschaffung, Ausbildung und Aufklärung (Art. 64 ff. GSchG).

2.4. Koordinationsnormen im zürcherischen Gewässerschutz

2.4.1. Organisation

Gestützt auf das nunmehr ausser Kraft gesetzte Gewässerschutzgesetz vom 8. Oktober 1971[463] hat sich im Kanton Zürich ein spezialisierter Verwaltungsapparat für die Belange des Gewässerschutzes entwickelt. Der Vollzug des Gewässerschutzrechts wird dem Aufgabenbereich der Gemeinden zugeordnet. Gestützt auf § 7 EG zum GSchG obliegt ihnen die "unmittelbare Aufsicht und Kontrolle über die Gewässerschutzbestimmungen des Bundes und des Kantons". Ein wichtiger Aufgabenbereich der Gemeinden ist beispielsweise die Ableitung und Reinigung der Abwässer[464].

---

[461] BBl 1987 II 1151
[462] Im Bund ist das BUWAL die Gewässerschutzfachstelle (Art. 49 Abs. 2 GSchG i.V.m. Art. 3 AGSchV), im Kanton Zürich übernimmt das AGW diese Funktion (Art. 49 Abs. 1 GSchG i.V.m. § 4 Abs. 1 EG zum GSchG). Art. 49 Abs. 3 GSchG bietet überdies die Möglichkeit zu einem organisatorisch dezentralisierten Vollzug des Gewässerschutzes.
[463] Vgl. Art. 74 revGSchG
[464] §§ 14 ff. EG zum GSchG i.V.m. §§ 8 ff. GSchV

Auf kantonaler Ebene zeigen sich im Gewässerschutz eine differenzierte Kompetenzausscheidung und spezialisierte Verwaltungsstrukturen. Der Regierungsrat übt die kantonale Oberaufsicht über den Vollzug der eidgenössischen und kantonalen Bestimmungen aus (§ 2 Abs. 1 EG zum GSchG); er trifft die Entscheide, die gemäss § 2 Abs. 2 EG zum GSchG i.V.m. § 1 GSchV in seiner sachlichen Kompetenz liegen. Im übrigen steht ihm der Erlass der kantonalen Ausführungsbestimmungen zu (§ 2 Abs. 3 EG zum GSchG). Weitere Aufsichtsfunktionen kommen der Baudirektion gemäss § 3 EG zum GSchG i.V.m. § 2 GSchV zu. Insbesondere überwacht und koordiniert sie die kommunale und regionale Planung und Durchführung der Gewässerschutzmassnahmen. Daneben erlässt sie die erforderlichen technischen und organisatorischen Weisungen und Richtlinien. Für grundsätzliche Fragen des Gewässerschutzes und der Abfallbeseitigung steht der Baudirektion beratend die Gewässerschutz- und Abfallkommission bei (§ 6 EG zum GSchG i.V.m. § 7 GSchV). Diese Kommission dient der direkten Zusammenarbeit zwischen kantonalen Ämtern und Fachstellen, womit sie den koordinierten Gesetzesvollzug organisatorisch erleichtert. Die von Bundesrechts wegen[465] erforderliche kantonale Fachstelle für Gewässerschutz ist das Amt für Gewässerschutz und Wasserbau (AGW) gestützt auf § 4 EG zum GSchG i.V.m. § 3 GSchV. Das AGW ist neben der administrativen Überwachung des kommunalen Gesetzesvollzuges und der Gewässer, wobei es durch vom Regierungsrat für einen bestimmten Kreis gewählte Gewässerschutzinspektoren unterstützt wird (§ 4 GSchV), insbesondere auch zur gewässerschutzrechtlichen Beratung der Gemeinden verpflichtet. Es arbeitet mit dem kantonalen Gewässerschutzlaboratorium zusammen, welches u.a. die Gewässer systematisch chemisch und biologisch zu untersuchen hat (§ 5 EG zum GSchG i.V.m. § 6 GSchV).

Gestützt auf § 5 GSchV ist das AGW einerseits ausdrücklich zur Zusammenarbeit mit anderen kantonalen Stellen verpflichtet, wenn ihm zufallende Geschäfte auch den Aufgabenkreis anderer Behörden berühren und deren Mitarbeit erforderlich ist. Anderseits haben andere Amtsstellen rechtzeitig die Zusammenarbeit mit dem AGW in die Wege zu leiten, wenn geplante Massnahmen gewässerschutzrechtlicher Natur sind. Mit dieser wechselseitigen Kooperationsverpflichtung wird folglich die kantonale Zusammenarbeit im Bereich des Gewässerschutzes und in fachgebietsüberschreitenden Belangen sichergestellt.

2.4.2. Verfahrensrechtliche Besonderheiten

a) **Bau- und gewässerschutzrechtliche Bewilligungen**

Gestützt auf Art. 17 GSchG dürfen baurechtliche Bewilligungen für Neu- und Umbauten nur erteilt werden, wenn die abwassertechnischen Voraussetzungen erfüllt sind. Ausnahmen sind

---

[465] Nunmehr auch gemäss dem revidierten Recht gemäss Art. 49 Abs. 1 GSchG

nur unter den Anforderungen von Art. 18 GSchG zulässig. Diese Bestimmungen wurden lediglich einer formell-redaktionellen Revision unterzogen, ohne aber inhaltlich geändert worden zu sein[466].

Die vom Bundesrecht geforderte Bewilligungspflicht findet ihre kantonalgesetzliche Grundlage in § 8 EG zum GSchG. Die Bewilligung zum Abschluss von Abwasserleitungen an öffentliche Kanalisationen mit zentralen Reinigungsanlagen erteilt die Gemeinde (§ 17 Abs. 1 EG zum GSchG i.V.m. Art. 17 lit. a GSchG). Für ausserhalb der Bauzonen gelegene Bauten und Anlagen, die an die Kanalisation angeschlossen werden oder von denen keine Abwässer anfallen, muss vor Erteilung der baurechtlichen Bewilligung das Amt für Gewässerschutz und Wasserbau angehört werden (§ 19 EG zum GSchG i.V.m. Art. 17 lit. b GSchG). Vorgesehen ist eine Art Meldeverfahren, indem die Gemeindebehörde ein Doppel der Baueingabeakten an das AGW leitet und diesem gleichzeitig mitteilt, welche gewässerschutzrechtlichen Nebenbestimmungen sie im baurechtlichen Entscheid anzuordnen beabsichtigt (§ 13a Abs. 1 GSchV). Sofern bei der Gemeindebehörde nicht innert 30 Tagen eine Stellungnahme bzw. Mitteilung im Hinblick auf weitere Untersuchungen des AGW eintrifft, wird die zustimmende Kenntnisnahme fingiert, und die Anschlussbewilligung kann erteilt werden (§ 13a Abs. 2 GSchV). Jede andere Art der Abwasserbeseitigung als der Anschluss an das öffentliche Kanalnetz und an zentrale Reinigungsanlagen bedarf der Bewilligung des AGW (§ 20 Abs. 1 EG zum GSchG[467]).

Das verfahrensrechtliche Verhältnis der verschiedenen Bewilligungsverfahren zueinander wird auf Verordnungsebene geregelt. Gemäss § 13b GSchV wird die gewässerschutzrechtliche Bewilligung von Bauten und Anlagen innerhalb und ausserhalb des Bereichs öffentlicher Kanalisationen[468] mit der gewässerschutzrechtlichen Bewilligung des Kanalisationsanschlusses, einer sonstigen Beseitigung oder einer besonderen Abwasserbehandlung erteilt. Das Verhältnis zwischen der gewässerschutzrechtlichen und der baurechtlichen Bewilligung wird durch § 13c GSchV geregelt: Werden nämlich diese Bewilligungen nicht im gleichen Verfahren erteilt[469], so ist die gewässerschutzrechtliche Bewilligung deutlich als solche zu bezeichnen, und in die Baubewilligung ist die Nebenbestimmung aufzunehmen, dass mit den Bauarbeiten erst begonnen werden darf, wenn der gewässerschutzrechtliche Entscheid rechtskräftig erteilt ist. Diesbezüglich geht der verordnungsgebende Regierungsrat von einer Verfahrenskonzentration beim Gemeinderat aus. Subsidiär wird die baurechtliche Bewilligung unter Anordnung von Nebenbestimmungen erteilt.

---

[466] BBl 1987 II 1121
[467] Vgl. die besonderen Zuständigkeiten für weitere Besonderheiten anderer Arten der Abwasserbeseitigung gemäss § 20 Abs. 2 und 3 EG zum GSchG i.V.m. § 17 lit. c GSchG
[468] Hier sind die redaktionellen Differenzen zu beachten: Zu vergleichen sind Art. 19 aGSchG mit Art. 17 lit. a revGSchG und Art. 20 aGSchG mit Art. 17 lit. b revGeschG.
[469] Z.B. ist bei einer Tankanlage für die baurechtliche Bewilligung die Gemeindebehörde zuständig und für die gewässerschutzrechtliche eine kantonale Behörde (§ 2 lit. l die Baudirektion oder § 3 lit. o das AGW).

b) Bewilligungsverfahren für Tankanlagen und Gebindelager

Besondere Zuständigkeitsvorschriften bestehen für Bewilligungsverfahren von Tankanlagen und Gebindelager gemäss § 20 GSchV. Für solche Vorhaben ist eine kantonale Bewilligung erforderlich. Bei Anlagen bis zu 500'000 Litern Inhalt pro Tank entscheidet das Amt für Gewässerschutz und Wasserbau, bei grösseren Anlagen ist die Baudirektion zuständig (§ 20 Abs. 1 i.V.m. § 2 lit. l GSchV). Vorbehalten bleiben ausdrücklich Verfügungen und Auflagen anderer beteiligter Amtsstellen wie z.B. der Feuerpolizei, der Gebäudeversicherung, des Amtes für Zivilschutz und des Amtes für Industrie, Gewerbe und Arbeit (§ 20 Abs. 2 GSchV). Einzureichen sind entsprechende Gesuche beim Gemeinderat oder einer von der Gemeinde besonders bezeichneten Verwaltungsabteilung (§ 21 Abs. 1 GSchV). Diese haben die Gesuche auf ihre Übereinstimmung mit den Grundlagen gemäss § 19 und auf Aktenvollständigkeit gemäss § 21 Abs. 2 und 3 GSchV zu prüfen, wobei die Gemeinden ohne eigene Fachstelle private Fachleute beiziehen können (§ 22 Abs. 1 GSchV). Nach der Gesuchsprüfung haben die Gemeindebehörden die Unterlagen und ihren Antrag dem AGW einzureichen (§ 22 Abs. 2 GSchV).

c) Rechtsmittelverfahren

Werden erstinstanzlich die gewässerschutzrechtliche und die baurechtliche Bewilligung nicht im gleichen Verfahren erteilt, so ist die Gabelung des Rechtsweges zu beachten. Für gewässerschutzrechtliche Bewilligungen richtet sich der Rechtsschutz nach § 52 EG zum GSchG, wonach grundsätzlich auf das Gemeindegesetz und das Verwaltungsrechtspflegegesetz verwiesen wird (Abs. 1); gegen Verfügungen des AGW kann innert 20 Tagen bei der Baudirektion rekurriert werden (Abs. 2).

Gemäss § 2 lit. q GSchV handelt es sich bei gegen Verfügungen des Amtes für Gewässerschutz und Wasserbau erhobenen Einwänden und Einreden nicht um ein Einspracheverfahren im technischen Sinne, entscheidet doch die Baudirektion das Verfahren. Damit steht nicht primär ein Einigungsprozess zwischen dem AGW und dem betroffenen Verfügungsadressaten - wie er dem Einspracheverfahren typisch ist - im Mittelpunkt.

2.5. Kritische Würdigung

2.5.1. Zur Interessenabwägung

Als Teilgebiet der Wasserwirtschaftsordnung bezweckt das Gewässerschutzrecht den Schutz der Gewässer vor nachteiligen Einwirkungen. Der Zweckartikel (Art. 1 GSchG) zählt die wichtigsten in gewässerschutzrechtlicher Hinsicht zu berücksichtigenden Interessen beispielhaft auf. Diese Anliegen sind im Rahmen des Vollzugs generell zu berücksichtigen.

Im Hinblick auf eine umfassende Abwägung der in Frage stehenden Interessen trifft den Gesuchsteller von Wasserentnahmen mit der Berichterstattung i.S.v. Art. 33 Abs. 4 GSchG eine besondere Mitwirkungspflicht. Die wichtigsten Gründe für und gegen eine Wasserentnahme zählt der Bundesgesetzgeber in Art. 33 Abs. 2 und 3 GSchG beispielhaft auf. Je nach dem Ergebnis der umfassend vorzunehmenden Interessenabwägung ist die Erhöhung der Mindestrestwassermenge vorzunehmen (Art. 33 Abs. 1 GSchG)[470].

Von entscheidender Bedeutung im Hinblick auf die ganzheitliche Rechtsanwendung der Wasserwirtschaftsordnung ist im übrigen, dass der Gesetzgeber die grundsätzlichen Anforderungen nach Art. 30 bis 36 GSchG auch im Zusammenhang mit Wasserentnahmen zur Wasserkraftnutzung voraussetzt[471].

Die in Art. 29 GSchG vorgesehene Interessenabwägung ist inhaltlich umfassend[472]. Verlangen daneben weitere für die Bewilligung einer nachgesuchten Baute oder Anlage massgebliche Vorschriften ebenfalls eine umfassende Interessenabwägung, so bedarf es zur Sicherstellung der materiellen Koordination der Bestimmung eines Leitverfahrens bzw. die Bezeichnung einer besonderen Koordinationsstelle[473].

2.5.2. Zur Kooperation

Koordinationsbehörde ist im Kanton Zürich das Amt für Gewässerschutz und Wasserbau (§ 5 Satz 1 GSchV). Insbesondere dessen Beratungsfunktionen gegenüber den Gemeinden gemäss § 3 lit. h GSchV ermöglichen die freiwillige Zusammenarbeit zwischen dem Kanton und den Gemeinden mit dem gebührenden Respekt auf die Gemeindeautonomie. Demgegenüber sind kantonale Verwaltungseinheiten i.S.v. § 5 Satz 2 GSchV zur Kooperation mit dem AGW verpflichtet, sofern geplante Massnahmen die Belange des Gewässerschutzes berühren. Überdies zeigt sich im Gewässerschutz neben einer spezialisierten Fachverwaltung auf den verschiedenen Ebenen des Gemeinwesens auch die Mitwirkung am Vollzug von privater Seite her.

2.5.3. Zur verfahrensrechtlichen Koordination

Im zürcherischen Recht wird ausdrücklich unterschieden, ob die gewässerschutzrechtliche und die baurechtliche Bewilligung erstinstanzlich im gleichen Verfahren bzw. in verschiedenen Verfahren erteilt werden. Handelt es sich um verschiedene erstinstanzliche Verfahren[474], so sind

---

470 *Zimmerli/Scheidegger*, S. 245
471 BBl 1987 II 1128
472 *Zimmerli/Scheidegger*, S. 245
473 Siehe auch die Ausführungen unter § 4, 6.
474 Z.B. ist in den rein baurechtlichen Belangen die Gemeinde zuständig und für die Bewilligung jeder anderen Art der Abwasserbeseitigung als der Kanalisationsanschluss das AGW gestützt auf § 3 lit. n GSchV.

die bau- und gewässerschutzrechtlichen Anordnungen i.S.v. Art. 13c GSchV zu treffen. Damit ist im erstinstanzlichen Verfahren die verfahrensmässige Koordination gewährleistet.

3. Wassernutzung und Wasserbaurecht

3.1. Wassernutzung

3.1.1. Öffentliche Aufgabe und Zweck

Ziel des zweiten rein wirtschaftlichen Aspektes der Wasserwirtschaft ist die Nutzung der Wasserkraft öffentlicher Gewässer. Dabei ist insbesondere im Zusammenhang mit der Energiegewinnung von einer konzessionsbedürftigen und entschädigungspflichtigen Sondernutzung auszugehen[475].

3.1.2. Zur Kompetenzausscheidung zwischen Bund und Kantonen

Gemäss Art. 24bis Abs. 3 BV[476] bestimmt das kantonale Recht, wer für die Erteilung der Sondernutzungskonzession sachlich zuständig ist. Ergänzend schreibt die Verfassung in Art. 24bis Abs. 3 vor, die Kantone hätten die Abgaben in den Schranken der Bundesgesetzgebung festzusetzen. Ausnahmen von dieser Zuständigkeit bestehen nur bei Grenzkraftwerken und interkantonalen Wasserwerken für den Fall, dass sich die betreffenden Kantone über die Nutzung nicht zu verständigen vermögen (Art. 24bis Abs. 4 BV). Gemäss Art. 24bis Abs. 2 lit. e BV wird der Bund dazu ermächtigt, Bestimmungen betreffend die Inanspruchnahme von Gewässern für die eidgenössischen Verkehrsbetriebe der SBB und der PTT zu erlassen. Die Verfassung verpflichtet den Bund bei der Ausübung seiner Kompetenzen, die Interessen der Wasserherkunftsgebiete und der betroffenen Kantone - namentlich deren Bedürfnisse und Entwicklungsmöglichkeiten - zu bewahren (Art. 24bis Abs. 6 BV).

Demnach steht dem Bund gemäss Art. 24bis BV insbesondere im Zusammenhang mit der Hydrologie und der Benutzung der Wasservorkommen für seine Verkehrsbetriebe eine umfassende Gesetzgebungskompetenz zu. Bezüglich der übrigen Aspekte steht dem Bund im Hinblick auf eine angemessene Bewirtschaftung des Wassers eine Rahmengesetzgebungsbefugnis

---

[475] BBl 1984 III 1443
[476] Vgl. die gesetzliche Grundlage gemäss Art. 2 Abs. 1 WRG; vgl. auch Art. 2 WNG-E und die Erläuterungen, S. 7 f.

zu[477]. Die Kantone dürfen im bundesrechtlich vorgegebenen Rahmen folglich selbständig legiferieren.

Vollzugstechnisch übt der Bund gestützt auf Art. 1 Abs. 1 WRG[478] die Oberaufsicht über die Nutzbarmachung der Wasserkräfte der öffentlichen und der privaten Gewässer aus. Dies zeitigt insofern Folgen, als der Bundesrat befugt ist, die Pläne der anzulegenden Werke konkret zu prüfen, ob sie in ihrer generellen Anlage der zweckmässigen Nutzbarmachung der Wasserkräfte entsprechen (Art. 5 Abs. 3 WRG[479]). Generell-abstrakter Natur ist hingegen seine Befugnis, die erforderlichen allgemeinen Bestimmungen zur Förderung und Sicherung der zweckmässigen Nutzbarmachung der Wasserkräfte zu statuieren (Art. 5 Abs. 1 WRG).

Das geltende Wasserrechtsgesetz findet auf all jene Wasserwerke unbeschränkte Anwendung, die zusammen über 100 Pferdekräfte ergeben. Für kleinere Wasserwerke ist die Verordnung betreffend die beschränkte Anwendbarkeit des Bundesgesetzes über die Nutzbarmachung der Wasserkräfte auf kleinere Wasserwerke vom 26. Dezember 1917[480] zu berücksichtigen.

3.1.3. Koordinationsrelevante Vorschriften für Bauten und Anlagen zur Nutzbarmachung der Wasserkräfte

a) Interessenabwägung

Im Hinblick auf die Nutzbarmachung einer innerkantonalen Wasserstrecke hat der Bund in Ausübung seiner Befugnisse neben der kantonalen Gesetzgebung in billiger Weise auch die Vor- und Nachteile des Werkes für die betroffenen Kantone zu berücksichtigen (Art. 6 Abs. 2 WRG). Diese eine Interessenabwägung bedingende Rücksichtnahmepflicht versteht sich von selbst aus ihrer verfassungsmässigen Grundlage gemäss Art. 24bis Abs. 6 BV. Das Wasserrechtsgesetz sieht demgemäss die Berücksichtigung verschiedener möglicherweise betroffener Interessen vor[481]:
- In Art. 21 Abs. 1 WRG wird ausdrücklich die Rechtskonformität mit den eidgenössischen und kantonalen wasserbaupolizeilichen Vorschriften gefordert.
- Bei der Nutzung der Gewässer gilt es zudem die Schönheit der Landschaft zu wahren. Für jene Fälle, bei denen das öffentliche Interesse an den projektbetroffenen Naturschönheiten überwiegt, fordert der Gesetzgeber deren ungeschmälerte Erhaltung (Art. 22 Abs. 1 WRG)[482]. Er-

---

477 *Zimmerli/Scheidegger*, S. 56 f.
478 Vgl. Art. 79 Abs. 2 WNG-E
479 Vgl. Art. 53 WNG-E
480 SR 721.801
481 *Zimmerli/Scheidegger*, S. 61 ff. Neu ist eine allgemeine Abwägungsklausel in Art. 1 Abs. 1 lit. c des Vernehmlassungsentwurfes zum Bundesgesetz über die Bewirtschaftung und Nutzung der Gewässer (Wassernutzungsgesetz-Entwurf; WNG-E) vorgesehen; vgl. auch die Erläuterungen, S. 7
482 Diese interdisziplinär ausgerichtete Abwägungsklausel fehlt im WNG-Entwurf leider vollständig.

weist sich ein derartiges Bauverbot jedoch als unverhältnismässig, so obliegt dem Bauherrn eine das Landschaftsbild möglichst wenig störende Ausführung seines Vorhabens (Art. 22 Abs. 2 WRG). In einordnungsmässiger Hinsicht gilt folglich ein hoher Anforderungsstandard[483].

- Art. 23 WRG verpflichtet die Werkbesitzer die geeigneten Einrichtungen zum Schutze der Fischerei zu erstellen und sie, wenn es notwendig wird, zu verbessern sowie überhaupt alle zweckmässigen Massnahmen zu treffen.

- Im weiteren sind in diesem Zusammenhang die Interessen der Schiffahrt gebührend zu berücksichtigen. Wasserwerke sind so anzulegen, dass die Schiffbarkeit in ihrem bestehenden Ausmass nicht beeinträchtigt und auch auf deren künftige Entwicklung Rücksicht genommen wird (Art. 24 Abs. 1 WRG[484]).

- Bei der Verleihung von Wasserrechten hat die zuständige Behörde das öffentliche Wohl, die wirtschaftliche Ausnützung des Gewässers und die an ihm bestehenden Interessen zu berücksichtigen (Art. 39 WRG[485]).

- Im übrigen haben Wasserwerke auch die Belange des Umweltschutzes zu berücksichtigen. Gemäss Ziff. 21.3 Anhang zur UVPV ist bei Speicher- und Laufkraftwerken sowie Pumpspeicherwerken mit einer Kapazität von mehr als 3 MW eine zweistufige Umweltverträglichkeitsprüfung vorgesehen. Die Umweltverträglichkeitsprüfung erster Stufe erfolgt im Rahmen des Konzessionsverfahrens gemäss Art. 38 WRG; die Prüfung zweiter Stufe ist gemäss lit. D.1 Ziff. 2 Einführungsbestimmungen UVPV im kantonalen Konzessionsverfahren vor dem Regierungsrat vorzunehmen (vgl. §§ 36 ff. WWG). Eventuell ist die Eisenbahngesetzgebung massgeblich (Fussnote 1 zu Ziff. 21.3 Anhang zur UVPV). Liegen die fraglichen Anlagen an internationalen Gewässern, so sind beide Prüfungsstufen im Rahmen eines bundesrechtlichen Verfahrens durchzuführen (Fussnote 2 zu Ziff. 21.3 Anhang zur UVPV).

b)   Kooperativer Föderalismus auf dem Gebiete der Wassernutzung

Im Rahmen der eidgenössischen Zuständigkeit betreffend die Verfügung über die Wasserkräfte kommen den betroffenen Kantonen für verschiedene Tatbestände Anhörungsrechte, aber auch Zustimmungsrechte zu:

- So hat der Bundesrat gemäss Art. 6 Abs. 1 WRG[486] für den Fall, dass sich die beteiligten Kantone über nutzbar zu machende interkantonale Gewässerstrecken nicht zu einigen vermögen, erst nach deren Anhörung zu entscheiden.

---

[483] So verlangt § 2 Abs. 1 lit. h WWG u.a., bauliche Veränderungen seien gut zu gestalten.
[484] Vgl. Art. 10 Abs. 1 lit. a und Art. 11 Abs. 1 WNG-E und die Erläuterungen, S. 9 f.
[485] Vgl. Art. 33 WNG-E und die Erläuterungen, S. 13
[486] Vgl. Art. 5 Abs. 2 i.V.m. Art. 3 WNG-E und die Erläuterungen, S. 8

- Bei internationalen Gewässern steht es dem Bundesrat gestützt auf Art. 7 WRG[487] zu, nach Anhörung der beteiligten Kantone die Nutzungsrechte zu begründen oder die Nutzbarmachung der Wasserkräfte durch die Verfügungsberechtigten selbst zu bewilligen.
- Ein weiteres Anhörungsrecht steht den Kantonen im Hinblick auf die als schiffbar zu erklärenden Gewässerstrecken gemäss Art. 24 Abs. 2 WRG[488] zu.
- Der vertikale Föderalismus zwischen Bund und Kantonen im Bereich der Wassernutzung findet sein stärkstes Kooperationsinstrumentarium im kantonalen Zustimmungsrecht gemäss Art. 6 Abs. 3 WRG: Für den Fall, dass die geplante Wasserwerksanlage durch die Veränderung des Wasserlaufs oder durch die Inanspruchnahme von Grund und Boden die Ansiedlung oder die Erwerbsverhältnisse der Kantonsbevölkerung erheblich und unverhältnismässig beeinträchtigt wird, soll der Bundesrat die Verleihung nur mit Zustimmung dieses Kantons vornehmen. Ein ähnliches kantonales Anhörungs- und Zustimmungsrecht verlangt Art. 15 Abs. 1 WRG[489] im Zusammenhang mit der Ausführung von Arbeiten zum Abflussausgleich.

c) **Verfahrensrechtliche Koordinationsnormen**

Im Zusammenhang mit der Verleihung von Wasserrechten ist auf die besonderen Verfahrensvorschriften hinzuweisen.

Die Verleihungskompetenz ist je nach Lage des betroffenen Gewässers unterschiedlich. Die Verleihung an innerkantonalen Gewässerstrecken ist von der zuständigen kantonalen Behörde vorzunehmen (Art. 38 Abs. 1 WRG). Wasserrechte an interkantonalen Gewässern verleihen die betroffenen Kantone in gegenseitigem Einvernehmen. Kommt ein Einvernehmen nicht zustande, so entscheidet subsidiär der Bundesrat (Art. 38 Abs. 2 WRG). Schliesslich ist der Bundesrat auch für die Verleihung der Wasserrechte an Gewässerstrecken zuständig, welche die Landesgrenze berühren (Art. 38 Abs. 3 WRG); das Verfahren für die Verleihung durch die Bundesbehörde bestimmt der Bundesrat nach Massgabe von Art. 62 WRG[490]. Gemäss Art. 5 Abs. 3 WRG[491] ist der Bund gestützt auf seine Aufsichtskompetenzen befugt, die Pläne der anzulegenden Werke daraufhin zu prüfen, ob sie in ihrer generellen Anlage der zweckmässigen Nutzbarmachung der Wasserkräfte entsprechen. Diese Prüfung wird durch das Bundesamt für Energiewirtschaft vorgenommen[492].

Das Recht zur Nutzung der Wasserkräfte kann einer bestimmten natürlichen oder juristischen Person oder einer Personengemeinschaft eingeräumt werden. Über die allgemeinen

---

[487] Vgl. Art. 5 Abs. 1 i.V.m. Art. 3 WNG-E und die Erläuterungen, S. 8
[488] Vgl. Art. 9 WNG-E und die Erläuterungen, S. 9 f.
[489] Vgl. Art. 13 Abs. 1 WNG-E und die Erläuterungen, S. 10. In denjenigen Fällen, bei denen Regulierungsmassnahmen wesentliche Auswirkungen zeitigen können, sind Eingriffmöglichkeiten des Bundes vorgesehen.
[490] Vgl. Art. 56 WNG-E
[491] Vgl. Art. 53 WNG-E
[492] *Zimmerli/Scheidegger*, S. 60

und besonderen Voraussetzungen für die Beliehenen ist auf Art. 40 ff. WRG[493] zu verweisen.

Betreffend kantonale Gewässer gilt für die Konzessionserteilung grundsätzlich das kantonale Recht. Vorbehalten bleiben die bundesrechtlichen Minimalvorschriften gemäss Art. 60 Abs. 2[494] bis 4 WRG, wonach die öffentliche Bekanntmachung und ein Einspracheverfahren wegen Verletzung öffentlicher und privater Interessen vorgesehen ist. Betreffend interkantonale Gewässer ist in jedem betroffenen Kanton ein Verleihungsverfahren nach den jeweils geltenden Vorschriften durchzuführen (Art. 61 Abs. 1 WRG); daraus entstehende Anstände hat der Bundesrat zu entscheiden (Art. 61 Abs. 2 WRG[495]).

Besondere Verfahrensregelungen trifft das Wasserrechtsgesetz bezüglich der Enteignung. Gemäss Art. 46 Abs. 1 WRG[496] soll die Verleihungsbehörde dem Beliehenen das Enteignungsrecht gewähren, sofern dies das öffentliche Wohl verlangt. Das Enteignungsrecht umfasst das Recht, "die zum Bau, zur Umänderung oder Erweiterung seines Werkes nötigen Grundstücke und dinglichen Rechte sowie die entgegenstehenden Nutzungsrechte zwangsweise zu erwerben". Streitigkeiten über die Abtretungspflicht entscheidet das Bundesgericht (Art. 46 Abs. 2 WRG i.V.m. Art. 99 lit. c OG). Ist die Verleihung durch den Bundesrat erteilt worden oder müssen zur Ausführung eines Werkes Grundstücke in einem anderen Kanton in Anspruch genommen werden, so gewährt der Bundesrat das Enteignungsrecht. Das Enteignungsverfahren richtet sich grundsätzlich nach dem Enteignungsgesetz (Art. 47 WRG[497]).

Weitere Genehmigungen des Bundes verlangt das Wasserrechtsgesetz im Zusammenhang mit der Erstellung von Wasserwerken, die mit Hilfe von Bundessubventionen korrigiert worden sind; sie bedürfen der vorherigen Genehmigung des Bundesrates (Art. 21 Abs. 3 WRG). Weiter kann der Bund im Interesse einer besseren Ausnützung der Wasserkräfte und der Schiffahrt Arbeiten zur Regulierung des Wasserstandes und des Abflusses der Seen sowie zur Schaffung künstlicher Sammelbecken anordnen. Bis heute ist der diesbezügliche Art. 15 WRG[498] über den Abflussausgleich jedoch ohne praktische Bedeutung geblieben[499].

d) Koordination im Rechtsmittelverfahren

Konzessionsrechtliche Streitigkeiten betreffend Recht und Pflichten aus dem Verleihungsverhältnis werden im Fall einer kantonalen Verleihung erstinstanzlich durch eine kantonale Gerichtsbehörde und in zweiter Instanz vom Bundesgericht entschieden (Art. 71 Abs. 1

---

[493] Vgl. Art. 32 ff. WNG-E und die Erläuterungen, S. 13 f.
[494] Vgl. Art. 54 WNG-E und die Erläuterungen, S. 15. Die Einsprache ist gemäss dem WNG-Entwurf erst bei genügender Konkretisierung des Projektes vorgesehen.
[495] Vgl. Art. 55 WNG-E
[496] Vgl. Art. 34 WNG-E
[497] Vgl. Art. 34 Abs. 3 WNG-E
[498] Vgl. Art. 13 Abs. 1 und 2 WNG-E und die Erläuterungen, S. 10
[499] *Zimmerli/Scheidegger*, S. 60 (insbesondere Fussnote 52)

WRG[500]). Hat der Bundesrat oder mehrere Kantone gemeinsam das Recht verliehen, so entscheidet das Bundesgericht erst- und letztinstanzlich (Art. 71 Abs. 2 WRG i.V.m. Art. 12 Abs. 1 lit. a OG[501]).

Vor Baubeginn eines Wasserwerkes sind die Pläne unter Ansetzung einer angemessenen Einsprachefrist öffentlich bekanntzumachen (Art. 21 Abs. 2 WRG[502]).

Gemäss Art. 60 Abs. 2 bis 4 WRG ist im Zusammenhang mit der Verleihung von Wasserrechten ein Einspracheverfahren wegen Verletzung öffentlicher und privater Interessen vorgesehen.

e) **Ausblick auf die koordinationsrelevanten Änderungen des Wassernutzungsgesetzes**

Im Hinblick auf Verfahrensvereinfachung und -beschleunigung wird im Entwurf zum Bundesgesetz über die Bewirtschaftung und Nutzung der Gewässer auf die vom Bundesgericht entwickelten Koordinationsgrundsätze zurückgegriffen. Eine erste Vernehmlassungsvariante orientiert sich am Konzentrationsmodell; eine zweite Variante unterscheidet, ob kantonale oder eidgenössische Zuständigkeiten vorliegen. Auf Bundesebene sieht diese zweite Variante die Konzentration der Bewilligungsverfahren vor, wobei die Konzessionsbehörde die Zustimmung der Nebenbewilligungsbehörde einzuholen hätte. Auf kantonaler Ebene müsste mindestens die Koordination der Bewilligungsverfahren erfolgen[503].

3.1.4. Koordinationsnormen im zürcherischen Recht

Das Wasserwirtschaftsgesetz des Kantons Zürich vom 2. Juni 1991 regelt neben dem Hochwasserschutz, der Wasserversorgung und der Wasserbaupolizei auch die Nutzung der Gewässer (§ 1 WWG).

a) **Interessenabwägung**

§ 2 der allgemeinen Bestimmungen des Wasserwirtschaftsgesetzes zählt in Abs. 1 lit. a bis i die bei der Rechtsanwendung zu beachtenden öffentlichen Interessen auf. Widersprechen sich öffentliche Interessen, sind sie gegeneinander abzuwägen (§ 2 Abs. 2 WWG). Diese an sich vom kantonalen Gesetzgeber wertungsfrei aufgezählten öffentlichen Interessen werden vom Wasserwirtschaftsgesetz in verschiedenen Zusammenhängen besonders gewichtet:

---

500 Vgl. Art. 59 WNG-E
501 Vgl. Art. 60 WNG-E
502 Vgl. Art. 54 WNG-E
503 Vgl. Art. 72 f. WGN-E Variante 1 und 2 sowie die Erläuterungen, S. 2 und 16 f.

- Im Rahmen der Vorprüfung der eingereichten wasserrechtlichen Gesuche um Bewilligungs- bzw. Konzessionserteilung hat die Baudirektion als Koordinationsbehörde eine summarische Prüfung vorzunehmen, ob ein zustimmender Entscheid zum Vorhaben offensichtlich öffentliche Interessen in untragbarer Weise beeinträchtigt. Für den Fall einer absehbaren Beeinträchtigung ist das Gesuch gestützt auf § 38 Abs. 2 WWG abzuweisen.
- Gemäss § 43 Abs. 1 WWG dürfen Konzessionen und Bewilligungen zur Nutzung der öffentlichen Gewässer nur erteilt werden, wenn sie weder öffentliche Interessen erheblich beeinträchtigen noch die Rechte anderer Wassernutzungsberechtigter erheblich schmälern. Abs. 2 dieser Vorschrift billigt der Trinkwasserversorgung den Vorrang zu. Abs. 3 hebt die gestützt auf das Verhältnismässigkeitsprinzip selbstverständliche Anweisung hervor, unter mehreren Gesuchen gebühre jenem Projekt der Vorrang, welches die öffentlichen Interessen besser wahre.
- Gemäss § 59 WWG können Nutzungsrechte zur Wahrung wichtiger öffentlicher Interessen nachträglich eingeschränkt werden. Ein Konzessionär darf gestützt auf § 60 Abs. 1 WWG bei Vorliegen wichtiger Bedürfnisse eines anderen Berechtigten in der Ausübung seines Rechts nachträglich eingeschränkt werden, wenn dies gesamthaft im öffentlichen Interesse liegt.
- § 61 WWG gestattet vorübergehend die entschädigungslose Einschränkung des Wassernutzungsanspruchs bei Arbeiten im öffentlichen Interesse.
- § 63 (Satz 3) WWG beschränkt die Wasserkraftnutzung insofern, als er die zum Schutz und freien Durchgang der Fische erforderlichen Vorkehrungen verlangt.
- Bei der Erteilung von Konzessionen für Grundwasserentnahmen und Eingriffe in Grundwasserleiter fordert § 70 Abs. 2 WRG in Wiederholung und Ausführung von § 2 lit. a WWG, es sei dem natürlichen Wasserhaushalt Rechnung zu tragen.

b) Organisation

Hinsichtlich der sachlichen Zuständigkeit gilt es verschiedene Tatbestände zu unterscheiden: Im Zusammenhang mit der Wasserkraftnutzung einerseits entscheidet der Regierungsrat des Kantons Zürich über Konzessionen für Anlagen von mehr als 300 KW Bruttoleistung und die Baudirektion über die anderen Anlagen (§ 65 WWG). Grundwasserentnahmen von mehr als 50 l/min und nachhaltige Eingriffe und Veränderungen innerhalb des Grundwasserleiters andererseits bedürfen einer regierungsrätlichen Konzession; für Grundwasserentnahmen von weniger als 50 l/min ist die Baudirektion zuständig (§ 70 WWG).

Übrige Nutzungen - wie zu Wärme- oder Kühlzwecken, für die Wasserversorgung, für Bewässerungen oder zur Speisung von Weihern (§ 73 WWG) - bedürfen je nach der Nutzungsintensität einer Konzession oder Bewilligung der Baudirektion.

Die räumliche Inanspruchnahme von Oberflächengewässern i.S.v. § 75 WWG bedarf einer Konzession bzw. Bewilligung der Baudirektion (§ 76 Abs. 1 WWG).

c) Verfahrensrechtliche Koordination

Vorweg ist festzuhalten, dass eine bewilligungs- bzw. konzessionspflichtige Gewässernutzung i.S.v. § 36 Abs. 1 WWG eine rein wasserbaupolizeiliche Bewilligung für bauliche Veränderungen von Oberflächengewässern und in deren Abstandsbereich konsumiert. Mit dem Wortlaut von § 18 Abs. 1 WWG sieht der kantonale Gesetzgeber eine Entscheidungskonzentration vor.

Das Verfahren für die Erteilung einer Sondernutzungskonzession bzw. einer Bewilligung für eingeschränkten oder gesteigerten Gemeingebrauch von Gewässern ist in §§ 38 ff. WWG geregelt. Als wasserrechtliche Koordinationsbehörde wirkt die Baudirektion, der das Gesuch mitsamt den erforderlichen Unterlagen zur Vorprüfung einzureichen ist (§ 38 Abs. 1 WWG).

Koordinationsrechtlich ist im weiteren die prozessuale Möglichkeit bedeutsam, über Fragen der Nutzung der öffentlichen Gewässer einen Vorentscheid einholen zu können (§ 37 WWG)[504].

d) Koordination im Rechtsmittelverfahren

Soweit ein schutzwürdiges Interesse vorliegt, besteht ein grundsätzlicher Anspruch auf Feststellung nach dem Bestehen einer Bewilligungs- bzw. Konzessionspflicht. Der Beschwerde an das Verwaltungsgericht unterliegen folglich u.a. Streitigkeiten über die Pflicht zur Einholung einer behördlichen Bewilligung oder einer Konzession (§ 43 Abs. 1 VRG). Streitigkeiten aus Gemeingebrauch, gesteigertem Gemeingebrauch oder aus Sondernutzung öffentlicher Sachen sind gestützt auf § 43 Abs. 2 lit. c VRG der Verwaltungsgerichtsbarkeit unterstellt[505]. Hingegen entscheidet das Verwaltungsgericht als einzige Instanz vermögensrechtliche Streitigkeiten zwischen dem Inhaber einer behördlichen Konzession und der die Konzession erteilenden Körperschaft des kantonalen Rechts (§ 82 lit. b VRG), zwischen dem Beliehenen und anderen Nutzungsberechtigten oder der Verleihungsbehörde nach Art. 70 und 71 Abs. 1 WRG (§ 82 lit. c VRG) sowie wasserrechtliche Streitigkeiten im Zusammenhang mit dem Beitrittsrecht in freiwillige Genossenschaften gemäss Art. 35 WRG und betreffend die Statuten erzwungener Genossenschaften gemäss Art. 37 WRG (§ 82 lit. d VRG)[506]. § 64 WWG umschreibt die Anforderungen der Rechtsmittellegitimation im Zusammenhang mit wasserrechtlichen Streitigkeiten.

Streitigkeiten über Ersatzabgaben im Zusammenhang mit baulichen Veränderungen im Grundwasserleiter, bei denen ein genügender Durchfluss nicht möglich bzw. nicht zweckmässig ist, werden gestützt auf § 71 Abs. 2 WWG im kantonalen Enteignungsverfahren entschieden.

---

[504] Vgl. unter § 6, 3.
[505] *Kölz*, Kommentar VRG, § 43 N. 1 und 9 f.
[506] *Kölz*, Kommentar VRG, § 82 N. 17, 18 ff. und 21 ff.

Im übrigen sieht das zürcherische Wasserwirtschaftsgesetz in §§ 40 bis 42 ein besonders ausgestaltetes, eigenständiges Einspracheverfahren vor: Innert der Auflagefrist kann wegen der Verletzung öffentlicher oder privater Interessen Einsprache erhoben werden. Zur gütlichen Erledigung der Einsprache führt das Amt für Gewässerschutz und Wasserbau eine Lokalverhandlung durch[507]. Mit der schriftlichen Zustimmung der Beteiligten wird eine Einsprache erledigt (§ 41 WWG). Über die streitig gebliebenen Einsprachen entscheidet schliesslich die Konzessions- bzw. Bewilligungsbehörde gestützt auf § 42 WWG.

3.2. Wasserbaurecht

Die verfassungsrechtliche Grundlage der Wasserbaupolizei findet sich in Art. 24 BV[508]. In wasserbaurechtlichen Angelegenheiten ist zwischen dem sogenannten Hochwasserschutz sowie baulichen Veränderungen von Oberflächengewässern und im Gewässerabstandsbereich zu unterscheiden.

3.2.1. Hochwasserschutz

a) Öffentliche Aufgabe und Zweck

Der Hochwasserschutz dient dem Schutz von Menschen und erheblichen Sachwerten vor schädlichen Auswirkungen oberirdischer Gewässer. Es sollen Gefährdungen erfasst werden, die einerseits vom Wasser direkt ausgehen wie beispielsweise Überschwemmungen. Es soll aber auch Schutz vor indirekten Gefährdungspotentialen des Wassers gewährt werden wie beispielsweise vor Rutschungen von Seitenhängen und ähnlichen Bedrohungen. Abgeltungen und Finanzhilfen sollen schliesslich das vermehrte Anordnen von Schutzmassnahmen fördern.

b) Zur Kompetenzausscheidung zwischen Bund und Kantonen

Gestützt auf Art. 24bis Abs. 2 lit. b BV obliegt dem Bund die umfassende Gesetzgebungskompetenz im Bereich der Wasserbaupolizei (inklusive Gewässerkorrektionen und Schutz der Stauanlagen). Nach Art. 24 BV steht dem Bund zudem die Oberaufsicht über die Wasserbaupolizei und die damit verbundene Rahmengesetzgebungskompetenz zu[509].

---

[507] Unentschuldigtes Nichterscheinen gilt als Rückzug des Gesuches oder der Einsprache. Diese Rechtsfolgen sind in der Vorladung anzukündigen (§ 41 Abs. 2 WWG).
[508] *Jagmetti*, Kommentar BV, Art. 24 N. 38 ff. und N. 24 ff.
[509] *Mächler*, S. 34 (insbesondere Fussnote 36) sowie S. 39 und namentlich S. 49 f. (im Sinne einer zusammengefassten Schlussfolgerung gerade im Zusammenhang mit Art. 24 BV)

Seit 1968 ist die Frage der zweckmässigen Aufgabenverteilung zwischen Bund und Kantonen ein Thema der regierungspolitischen Richtlinien[510]. Ein erstes Paket von Massnahmen zur Neuverteilung der öffentlichen Aufgaben im schweizerischen Staatswesen wurde anfangs der achtziger Jahre erarbeitet und im Laufe jenes Jahrzehnts auch verwirklicht. Im Zusammenhang mit dem zweiten Paket von Massnahmen zur Neuverteilung der Aufgaben zwischen Bund und Kantonen galt es insbesondere auch die Kompetenzausscheidung betreffend den Wasserbau neu zu überdenken[511]. Die parallel verlaufenden Gesetzesrevisionen von sachverwandten Erlassen wie das Gewässerschutzgesetz, Fischereigesetz und Waldgesetz liessen eine Totalrevision des Wasserbaupolizeigesetzes als zweckmässig erscheinen. Der bewährte materielle Rahmen des bisherigen Rechts wurde dabei übernommen. Weitere Änderungen erfuhr das Wasserbaupolizeigesetz mit dem Erlass des Subventionsgesetzes. Die jüngste Änderung im eidgenössischen Wasserbaurecht zeichnet sich einerseits durch eine drastische Kürzung des Wasserbaupolizeigesetzes vom 22. Juni 1877 aus: Seit dem 1. Januar 1993 stehen im Zusammenhang mit der Oberaufsicht des Bundes betreffend die Wasserbaupolizei im Hochgebirge nur noch Art. 3bis betreffend die Talsperren[512], Art. 12bis betreffend die Bundesbeiträge bei Schäden an Flussgerinnen, Art. 13 als spezialstrafrechtliche Vorschrift sowie die Übergangs- und Schlussbestimmungen gemäss Art. 14 f. in Kraft. Anderseits besteht neuerdings im Sinne einer allgemeinen bundesgesetzlichen Grundlage betreffend den Hochwasserschutz das Bundesgesetz über den Wasserbau vom 21. Juni 1991[513].

c) **Koordinationsrelevante bundesrechtliche Vorschriften betreffend den Hochwasserschutz**

Aufgrund der grossen ökologischen Bedeutung der Gewässer und ihrer gegenwärtigen Bedrohung statuiert Art. 3 WBG hinsichtlich der Anordnung von Hochwasserschutzmassnahmen eine strikte Prioritätenordnung. Verbauungen und Korrektionen sollen aus gewässerschutzrechtlichen Gründen nur noch durchgeführt werden, wenn der Hochwasserschutz nur auf diese Weise sichergestellt werden kann. Nach Möglichkeit ist auch im Zusammenhang mit dem Hochwasserschutz der Versiegelung der Böden entgegenzuwirken[514]. Zu beachten gilt es wei-

---

510 *Mächler*, S. 12 ff. zu den Anfängen der Bestrebungen betreffend die Neuverteilung der Aufgaben zwischen Bund und Kantonen (1. Paket); BBl 1981 III 737 ff. und 1988 II 1336 f., auch zum Folgenden
511 Vgl. die Botschaft gemäss BBl 1988 II 1387 ff.
512 Vgl. diesbezüglich die Vollziehungsverordnung zu Artikel 3bis des Bundesgesetzes betreffend die Wasserbaupolizei vom 9. Juli 1957; Talsperrenverordnung (SR 721.102)
513 Vgl. auch die Ausführungsbestimmungen in der Verordnung über den Wasserbau vom 2. November 1994; Wasserbauverordnung/WBV (SR 721.100.1)
514 Hier findet in Wechselwirkung zwischen gewässerschutzrechtlichen Interessen und Hochwasserschutzanliegen vermehrt eine ganzheitliche Betrachtungsweise Berücksichtigung (vgl. hiezu auch die Botschaft zur Revision des GSchG gemäss BBl 1987 II 1110 f.): Vor allem in Siedlungsgebieten kann die Bodenversiegelung eine Verschärfung der Hochwassergefahr mit sich bringen. Nach neusten Erkenntnissen ist die Ver-

ter einen konsequenten Gewässerunterhalt. Raumplanerisch ist dem Hochwasserschutz mit der Ausscheidung von Gefahrenbereichen und Bauzonen Rechnung zu tragen[515]. Erst subsidiär sollen gemäss Art. 3 Abs. 2 WBG die traditionellen Mittel der Wasserbaupolizei - im Sinne der Erhaltung bzw. Wiederherstellung des natürlichen Verlaufs der Gewässer - verhältnismässig zum Zuge kommen. Art. 3 Abs. 3 WBG schliesslich ist als eigentliche Koordinationsnorm zu qualifizieren, sind doch die anzuordnenden wasserbaulichen Massnahmen mit jenen aus anderen Bereichen wie z.B. betreffend das Waldrecht, Meliorationen, den Strassenbau und des Gewässerschutzes gesamthaft und in ihrem Zusammenwirken zu beurteilen und gegenseitig abzustimmen[516].

Gemäss der Botschaft zum neuen Wasserbaugesetz hat sich die Zusammenarbeit zwischen dem Bund und den Kantonen weit über den gesetzlichen Minimalrahmen hinaus eingespielt[517]. Vorliegend interessieren die folgenden Erscheinungsformen der Zusammenarbeit:
- Art. 5 WBG hält die bereits bewährte Praxis betreffend die Abstimmung der wasserbaulichen Massnahmen für interkantonale Gewässer fest.
- Aufgrund der Neuerung des Wasserbaugesetzes, wonach die Bundesmittel auf Gebiete mit besonderen flussbaulichen Problemen begrenzt sind und den finanzstarken Kantonen kein Anspruch mehr auf Finanzhilfen zusteht, obliegt den Kantonen bezüglich geplanter Hochwasserschutzmassnahmen eine Mitteilungspflicht. Nur so ist der Bund überhaupt in der Lage, seine Vollzugs- und Aufsichtshoheit auszuüben. Solche Projekte sind der Wasserbaufachstelle des Bundes - dem Bundesamt für Wasserwirtschaft - mitzuteilen (Art. 12 Abs. 2 WBG).
- Mit dem Anhörungsrecht gemäss Art. 13 WBG wird der für den Wasserbau zuständigen kantonalen Fachstelle eine geringe vorbeugende Einflussnahme ermöglicht.
- Nach dem geltenden Wasserbaurecht erhalten nur mehr noch die finanzschwachen Kantone Subventionen für wasserbauliche Massnahmen (Art. 12bis Abs. 1 WBPG i.V.m. Art. 6 bis 10 WBG). Die Voraussetzungen und die Höhe der Abgeltungen und Finanzhilfen werden in Art. 9 f. WBG statuiert; im übrigen gilt das Subventionsgesetz.

d) Koordinationsrelevante Vorschriften betreffend den Hochwasserschutz im Kanton Zürich

Der Hochwasserschutz wird im Kanton Zürich in §§ 12 ff. WWG geregelt:

---

sickerung des Meteorwassers anzustreben. Damit kann einerseits die Hochwassergefahr gedämmt werden, andererseits wird die wurzeldurchwirkte Humusschicht gereinigt. Zudem sprechen ökologische und wirtschaftliche Gründe dafür.
[515] BBl 1987 II 1168
[516] BBl 1988 II 1389
[517] BBl 1988 II 1387

Gemäss § 13 Abs. 4 WWG hat der Regierungsrat die Hochwasserschutz- und Sanierungsmassnahmen aufgrund eines Gesamtkonzeptes, das auf die Gegebenheiten der einzelnen Gewässer, ihrer Zuflüsse und Vorfluter Rücksicht nimmt, zu koordinieren.

Im Zusammenhang mit der Ausscheidung von Gefahrenbereichen[518] hat die Baudirektion nach Anhörung der Gemeinden einen Plan auszuarbeiten; dieser ist bei den planungsrechtlichen Festlegungen zu berücksichtigen (§ 22 Abs. 2 und 3 WWG). Für Bauvorhaben im Gefahrenbereich ordnet die kommunale Baubehörde die im Einzelfall notwendigen Massnahmen in der baurechtlichen Bewilligung an; diese sind von der Baudirektion zu genehmigen (§ 22 Abs. 4 WWG).

§ 24 WWG regelt die Legitimationsvoraussetzungen zur Ergreifung der zulässigen Rechtsmittel. In Abs. 2 der besagten Vorschrift ist ausdrücklich das Behördenbeschwerderecht der Gemeinden vorgesehen, und Abs. 3 erklärt Natur-, Heimat-, Umwelt- und Fischereiorganisationen sowie andere Vereinigungen als rekurs- und beschwerdeberechtigt, die sich statutengemäss seit mindestens zehn Jahren gesamtkantonal mit Aufgaben des Gewässerschutzes und der Gewässernutzung befassen.

3.2.2. Übriges Wasserbaurecht

a)   **Zur Kompetenzausscheidung zwischen Bund und Kantonen**

Vorliegend sind all jene baulichen Veränderungen von Oberflächengewässern und im Gewässerabstandsbereich zu verstehen, die nicht dem Hochwasserschutz dienen. Praxisgemäss handelt es sich um die Erstellung, den Unterhalt und die Erneuerung von Landungs- und Hafenanlagen sowie Behelfsstegen.

Art. 24ter BV räumt dem Bund die umfassende Gesetzgebungskompetenz betreffend die Schiffahrt ein. Von dieser nachträglich derogatorischen Kompetenz hat der Bundesgesetzgeber mit dem Bundesgesetz über die Binnenschiffahrt vom 3. Oktober 1975 Gebrauch gemacht[519]. In Art. 8 Abs. 2 BSG werden diejenigen Anlagen enumeriert, die einer bundesrechtlichen Bewilligung bedürfen. Für solche Anlagen sind die folgenden Ausführungsbestimmungen von Bedeutung: die Verordnung über die Schiffahrt auf schweizerischen Gewässern vom 8. November 1978[520], die Verordnung des Bundesrates über die konzessions- und bewilligungspflichtige Schiffahrt vom 9. August 1972[521] und die Verordnung des Eidgenössischen Verkehrs- und Energiewirtschaftsdepartementes (EVED) über die konzessions- und bewilligungspflichtige Schiffahrt vom 20. April 1976[522].

---

518 Vgl. Legaldefinition gemäss § 22 Abs. 1 WWG
519 *Lendi*, Kommentar BV, Art. 24ter N. 8; *Zimmerli/Scheidegger*, S. 127 ff.
520 BSV
521 SR 747.211.1
522 SR 747.211.11

b) **Zuständigkeit und Verfahren im Bund**

Soweit nicht die Zuständigkeit eidgenössischer Behörden gegeben ist, fällt die Aufsicht über die Schiffahrt den Kantonen zu (Art. 25 bundesrätliche Verordnung über die konzessions- und bewilligungspflichtige Schiffahrt). Gemäss Art. 24 Abs. 2 der genannten Verordnung ist das Bundesamt für Verkehr (BAV) die Aufsichtsbehörde des Bundes über die öffentlichen Schiffahrtsunternehmen. Gemäss lit. c der genannten Vorschrift ist das Bundesamt zudem für die Erteilung, Erneuerung, Änderung und Aufhebung von Bewilligungen zuständig.

Bau und Betrieb insbesondere von Landungs- und Hafenanlagen richtet sich nach den Grundsätzen von Art. 29 bundesrätliche Verordnung über die konzessions- und bewilligungspflichtige Schiffahrt. Bauvorhaben sind dem Bundesamt für Verkehr zur Genehmigung vorzulegen. Das BAV hat vor der Genehmigung die interessierten eidgenössischen und kantonalen Behörden anzuhören[523]. Es sind sämtliche Interessen umfassend zu ermitteln und im Plangenehmigungsentscheid zu berücksichtigen (Art. 8 Abs. 2 Satz 2 BSG i.V.m. Art. 30 Abs. 3 bundesrätliche Verordnung über die konzessions- und bewilligungspflichtige Schiffahrt). Soweit die auf die kantonale Gesetzgebung gestützten Anträge mit der Bundesgesetzgebung übereinstimmen, müssen diese gestützt auf Art. 30 Abs. 3 bundesrätliche Verordnung über die konzessions- und bewilligungspflichtige Schiffahrt bei der Genehmigung berücksichtigt werden. Dabei handelt es sich namentlich um Anträge im Zusammenhang mit bau-, feuer- und gesundheitspolizeilichen Vorschriften. Gestützt auf Art. 30 Abs. 4 der Verordnung konsumiert die Plangenehmigung seitens des Bundesamtes die baurechtliche Bewilligung. Neue und geänderte Landungs- und Hafenanlagen bedürfen einer Betriebsbewilligung (Art. 32 Abs. 1 bundesrätliche Verordnung über die konzessions- und bewilligungspflichtige Schiffahrt).

Die Durchführung solcher Bauvorhaben berührt regelmässig eine Vielzahl von Interessen. Gemäss Art. 8 Abs. 3 BSG ist ein geplantes Vorhaben zu verweigern oder allenfalls nebenbestimmungsweise zu bewilligen, wenn dadurch öffentliche Interessen gefährdet werden. Einzig Art. 29 Abs. 2 bundesrätliche Verordnung über die konzessions- und bewilligungspflichtige Schiffahrt lässt ein Abweichen der massgeblichen Vorschriften im Interesse der Landesverteidigung zu. Hafenanlagen für Schiffahrtsunternehmungen des öffentlichen Verkehrs, Industriehafen mit ortsfesten Lade- und Entlade-Einrichtungen, Bootshafen mit mehr als 100 Bootsplätzen und die Schaffung von Wasserstrassen bedürfen gemäss Ziff. 13 Anhang zur UVPV der Umweltverträglichkeitsprüfung.

Gemäss Art. 24 Abs. 3 bundesrätliche Verordnung über die konzessions- und bewilligungspflichtige Schiffahrt i.V.m. Art. 44 ff. VwVG können Verfügungen des Bundesamtes für Verkehr mit Verwaltungsbeschwerde beim EVED gerügt werden; ansonsten verweist die obgenannte Norm auf die allgemeinen Bestimmungen der Bundesrechtspflege. Der Entscheid des

---

[523] Letztere haben die Gemeinden gestützt auf Art. 8 Abs. 2 BSG anzuhören.

EVED schliesslich kann mit Verwaltungsbeschwerde an den Bundesrat weitergezogen werden (Art. 99 lit. c OG i.V.m. Art. 72 ff. VwVG)[524].

c) **Koordinationsrelevante Wasserbauvorschriften im Kanton Zürich**
Nachfolgend ist auf die koordinationsrelevanten zürcherischen Vorschriften derjenigen Hafen-, Umschlags- und Landungsanlagen hinzuweisen, die der kantonalen Bewilligungshoheit unterstehen. Diese bedürfen einer baurechtlichen Bewilligung[525].

Die Aufgabenteilung im Bereich des Wasserbaus bedingt folgende kantonale Organisation: Wasserbaubehörde ist im Kanton Zürich die Baudirektion; Wasserbaufachstelle ist das Amt für Gewässerschutz und Wasserbau (§ 17 Abs. 1 WWG). Einzelne Befugnisse und Aufgaben kann der Regierungsrat an die Gemeinden oder an die kantonale Fachstelle delegieren (§ 17 Abs. 2 WWG). Die kommunale Wasserbaubehörde ist der Gemeinderat, sofern die Gemeinde nicht ein anderes Organ als zuständig erklärt (§ 17 Abs. 3 WWG und § 1 EG zum BSG).

Bauliche Veränderungen von Oberflächengewässern und in deren Abstandsbereich i.S.v. § 21 Abs. 1 WWG[526] bedürfen gestützt auf § 18 Abs. 1 WWG der Bewilligung der Baudirektion, sofern damit nicht eine konzessionspflichtige Wassernutzung i.S.v. § 36 Abs. 1 WWG verbunden ist. Letztere konsumiert demnach die wasserbaupolizeiliche Bewilligung i.S.v. § 18 WWG. § 18 Abs. 2 WWG nimmt eine gesetzliche Gewichtung massgeblicher öffentlicher Interessen vorweg. So ist die wasserbaupolizeiliche Bewilligung zu verweigern, wenn durch das Vorhaben der Hochwasserschutz beeinträchtigt oder ein anderes öffentliches Interesse erheblich verletzt würde. Bewilligungen schliesslich, die grössere Veränderungen an Oberflächengewässern zur Folge haben, können mit Auflagen zur Ausweitung des Abflussprofils verbunden werden. Es können auch andere Hochwasserschutzmassnahmen i.S.v. § 12 WWG oder anteilsmässig Kosten auferlegt werden (§ 18 Abs. 3 WWG). Auflageweise ist dem Bewilligungsinhaber auch Art und Umfang der Unterhaltspflicht zu überbinden (§ 19 Abs. 1 WWG) bzw. eine (einmalige oder wiederkehrende) Kostenbeteiligung aufzuerlegen, sofern das zuständige Gemeinwesen selber für den Unterhalt aufkommt (§ 19 Abs. 2 WWG). § 20 WWG regelt die Anpassungspflicht.

Auch im Zusammenhang mit wasserbaupolizeilichen Bewilligungen steht den Gemeinden gestützt auf § 24 Abs. 2 WWG das Behördenbeschwerderecht zu und den in Abs. 3 aufgezählten Natur-, Heimat-, Umwelt- und Fischereiorganisationen sowie anderen Vereinigungen das Verbandsbeschwerderecht.

---

524 Vgl. zu diesen Ausführungen ausführlicher *Zimmerli/Scheidegger*, S. 128 ff.
525 Vgl. das Urteil des Verwaltungsgerichtes des Kantons Luzern vom 23. Mai 1985 in LGVE 1985 II Nr. 3 (Bootshafenanlage Vitznau).
526 Im Einzelfall kann die Baudirektion - sofern dies besondere Verhältnisse rechtfertigen - den gesetzlichen Gewässerabstand von 5 m ausnahmsweise erhöhen bzw. reduzieren (§ 21 Abs. 2 WWG). Vgl. im Zusammenhang mit der Erteilung von Ausnahmebewilligungen auch § 21 Abs. 3 WWG.

3.3. Kritische Würdigung der koordinationsrechtlichen Lage im Bereich der Wassernutzung und des Wasserbaus

3.3.1. Zur Interessenabwägung

Wasserentnahmen im Rahmen der wirtschaftlichen Wassernutzung haben die gewässerschutzrechtlichen Voraussetzungen gemäss Art. 30 bis 36 GSchG zu erfüllen[527]. Hier gilt es namentlich auf die umfassende Interessenabwägung für und gegen beabsichtigte Wasserentnahmen gemäss Art. 33 GSchG im Zusammenhang mit der Gewährleistung der verfassungsmässig geforderten Mindestrestwassermengen hinzuweisen.

Auf die Erteilung einer Wassernutzungskonzession hat der Gesuchsteller keinen Rechtsanspruch. Die Konzessionsbehörde verfügt diesbezüglich über einen weiten Beurteilungsspielraum. Die in diesem Zusammenhang vorzunehmenden umfassenden Interessenabwägungen können neben anderen gleichfalls umfassenden Prüfungen zu widersprüchlichen Entscheiden führen. Um widersprüchliche Entscheidungen zu vermeiden, ist auf eine konzentrierte Interessenabwägung hinzuwirken[528]. Besondere Abwägungsformeln statuiert das kantonale Recht für nachträgliche Einschränkungen an verliehenen Wassernutzungsrechten im öffentlichen Interesse (§ 59 WWG) und im Interesse anderer Berechtigter (§ 60 WWG) sowie für vorübergehende Einschränkungen (§ 61 WWG).

3.3.2. Zur Kooperation

Kooperative Ansätze finden sich im Zusammenhang mit der Nutzung interkantonaler (Art. 6 und 9 WRG) und internationaler (Art. 7 f. WRG) Gewässer.

3.3.3. Zur verfahrensrechtlichen Koordination

Nach dem massgeblichen § 309 Abs. 2 PBG ist u.a. die baurechtliche Bewilligung für den Bau oder die Veränderung von Gewässern in der Projektgenehmigung gemäss dem zürcherischen Enteignungsgesetz[529] oder in vergleichbaren Verfahren (z.B. Quartierplan und Güterzusammenlegung) eingeschlossen. § 18a BVV ermöglicht auch bei Projekten betreffend Gewässern ohne Enteignung die Verbindung der baurechtlichen Bewilligung und der Projektgenehmigung[530].

---

[527] BBl 1987 II 1128
[528] *Zimmerli/Scheidegger*, S. 257 (insbesondere auch Fussnote 38) und die Ausführungen unter § 4, 6.
[529] AbtretungsG
[530] Kreisschreiben der Baudirektion vom 26. September 1990 (Ziff. 2); RRB Nr. 2975/1990 (Ziff. 2)

Die heute bestehenden Doppelspurigkeiten zwischen Baubewilligungs-, Projektgenehmigungs- und Enteignungsverfahren sind aus koordinationsrechtlichen Gründen soweit als möglich zu vermeiden. Dies wäre mit der Schaffung eines einheitlichen Projektgenehmigungsverfahrens für bewilligungs- und konzessionspflichtige Gewässernutzungen bzw. für deren hiezu erforderliche Bauten und Anlagen sowie für bauliche Veränderungen von Oberflächengewässern denkbar. Die Projektgenehmigung der zuständigen Behörde schlösse dann nicht mehr nur die baurechtliche Bewilligung mit ein, vielmehr auch die formelle Enteignung der betroffenen Privatrechte. Eine Verfahrenskonzentration zwischen dem Projektgenehmigungs- und dem Enteignungsverfahren ist namentlich für all jene Fälle denkbar, bei denen sich aus den Gesuchsunterlagen die zu enteignenden Privatrechte mit genügender Bestimmtheit ergeben.

Konkret erforderte diese koordinationsrechtlich bedingte Verfahrenskonzentration folgende Gesetzesänderungen:
- § 309 Abs. 2 PBG ist allgemeiner zu fassen, indem die Genehmigung von Projekten für den Bau und die Veränderung von Gewässern durch die zuständige Behörde die baurechtliche Bewilligung einschliesst.
- In verfahrensrechtlicher Hinsicht ist das bestehende Einspracheverfahren gemäss §§ 40 ff. Wasserwirtschaftsgesetz vom 2. Juni 1991 mit umfassenden Einsprachemöglichkeiten zu ergänzen. Die Einsprache soll demnach gegen die Enteignung an und für sich[531], das Entschädigungsbegehren und das Begehren um Durchführung von Anpassungsarbeiten erhoben werden können. Zeitlich ist von der Einsprache innerhalb der Auflagefrist des Projektes Gebrauch zu machen; wer die Einsprache unterlässt, verwirkt - unter Vorbehalt der Wiederherstellung i.S.v. § 12 Abs. 2 VRG - das Recht, den Projektgenehmigungsentscheid anfechten zu können. Im Enteignungsverfahren sind Einsprachen gegen das Projekt und gegen die Enteignung, soweit sie während der Auflagefrist hätten erhoben werden können, ausgeschlossen. Überdies ist die Einsprache Prozessvoraussetzung für die Ergreifung von Rechtsmitteln.
- Weiter ist zu prüfen, ob das bestehende Einspracheverfahren gemäss §§ 40 ff. WWG zu straffen ist. Wie bereits im allgemeinen Teil dieser Untersuchung dargelegt worden ist[532], sollten ohnehin rar vorgesehene kooperative Verhandlungsmöglichkeiten nicht ohne zwingende Gründe gestrichen werden.
- Die Einsprachelegitimation ist ausdrücklich auf den Kreis der Rechtsmittellegitimation zu beschränken.
- Der Projektgenehmigungsentscheid ist gemäss den Vorschriften der Verwaltungsrechtspflege weiterziehbar.

---

531 Im Vordergrund stehen die Rügen der fehlenden Voraussetzungen der Enteignung, des mangelnden öffentlichen Interesses sowie der Verletzung der Verhältnismässigkeit.
532 Vgl. unter § 4, 1.3. und § 5, 1.6.1.

§ 11 FISCHEREI

1. Öffentliche Aufgabe und Zweck

Zweck der Fischereiordnung ist die Erhaltung und Verbesserung der natürlichen Artenvielfalt und des Bestandes der einheimischen Fische und Krebse sowie deren Lebensräume. Es sollen bedrohte Arten geschützt, die Nutzung der Fisch- und Krebsbestände gewährleistet und die Fischereiforschung gefördert werden[533]. Die gesetzgeberischen Bemühungen haben sich von der Regelung der rein polizeilichen Eingriffe vermehrt zur rechtlichen Ausgestaltung der technischen Eingriffe in Fischgewässer wie beispielsweise durch Abwasser, Verbauung, Wasserkraftnutzung und Wasserableitung und zur vermehrten Berücksichtigung naturschützerischer Anliegen hin verlagert[534].

2. Zur Kompetenzausscheidung zwischen Bund und Kantonen

Art. 25 BV ermächtigt den Bund zum Erlass gesetzlicher Bestimmungen über die Ausübung der Fischerei. Mit dieser verfassungsmässigen Kompetenznorm aus dem Jahre 1874 wurde dem Bund erstmals ein verbindlicher Gesetzgebungsauftrag erteilt[535]. In erster Linie wird der Bund mit einem eigentlichen Schutzauftrag verpflichtet, bestimmte Tierarten als Polizeigüter durch den Erlass der notwendigen gesetzlichen Bestimmungen zu schützen. Eine weitere Verpflichtung des Bundes ergibt sich aus der Durchsetzung dieser Gesetzgebung. Mit Art. 25bis BV wurde für den Tierschutz eine eigene verfassungsmässige Grundlage geschaffen. Art. 24sexies Abs. 4 BV deckt im Zusammenhang mit dem Artenschutz ökologische Anliegen ab.

Die Kompetenzerteilung an den Bund im Sinne von Art. 25 BV ist mit der Tragweite einer Oberaufsicht des Bundes und einer Grundsatzgesetzgebung gleichzusetzen. Obwohl der Wortlaut eher auf eine unbeschränkte Kompetenz deutet, lässt sich entstehungsgeschichtlich lediglich eine beschränkte Gesetzgebungskompetenz erklären[536]. Nach einhelliger Auffassung ist die Ermächtigung des Bundes gemäss Art. 25 BV folglich als Rahmengesetzgebungskompetenz zu qualifizieren.

---

[533] Diese Zweckumschreibung kommt denn auch in Art. 1 FG betreffend die qualitative und quantitative Erhaltung der Wasserfauna zum Ausdruck.
[534] BBl 1988 II 1343 und 1392
[535] *Fleiner-Gerster*, Kommentar BV, Art. 25 N. 1
[536] *Hangartner*, S. 177 f.; *Mächler*, S. 48 f.; vgl. auch BBl 1988 II 1393

Das seit dem 1. Januar 1994 rechtskräftige Bundesgesetz über die Fischerei vom 21. Juni 1991 wurde im Rahmen des zweiten Pakets von Massnahmen zur Neuverteilung der Aufgaben zwischen Bund und Kantonen revidiert[537]. Das geänderte Fischereigesetz beabsichtigt diesbezüglich eine klarere Aufgabenteilung und die umfassendere Zuständigkeit der Kantone[538]. Demgegenüber widmet sich der Bund vermehrt den ökologischen Anliegen und der Durchsetzung der Schutzbestimmungen.

Gesetzgebungstechnisch wurde schliesslich eine deutliche Abgrenzung des Fischereirechts gegenüber anderen Erlassen (namentlich dem Gewässerschutz-, Umweltschutz- sowie Natur- und Heimatschutzgesetz) angestrebt.

3. Koordinationsrelevante Vorschriften im Fischereirecht

3.1. Interessenabwägung gemäss Art. 9 f. FG

Im Zusammenhang mit fischereirechtlichen Massnahmen für neue (Art. 9 Abs. 1 FG) und bestehende (Art. 10 i.V.m. Art. 9 Abs. 1 FG) Anlagen sind unter Berücksichtigung der natürlichen Gegebenheiten und allfälliger anderer Interessen alle Massnahmen zu ergreifen, die geeignet sind, günstige Lebensbedingungen für die Wasserfauna zu schaffen, die freie Fischwanderung sicherzustellen, die natürliche Fortpflanzung zu ermöglichen sowie solche die verhindern, dass Fische und Krebse durch bauliche Anlagen oder Maschinen getötet oder verletzt werden.

Bei Neuanlagen muss gemäss Art. 9 Abs. 2 FG nach Abwägung der Gesamtinteressenlage entschieden werden, wenn sich für bestimmte technische Eingriffe in Fischgewässer keine Massnahmen finden, die schwerwiegenden Beeinträchtigungen von Fischereiinteressen i.S.v. Art. 1 FG verhindern können. Solche Massnahmen für Neuanlagen müssen gemäss Art. 9 Abs. 3 FG bereits bei der Projektierung der technischen Eingriffe vorgesehen werden. Für bestehende Anlagen sind die anzuordnenden fischereirechtlichen Massnahmen gestützt auf Art. 10 FG im Hinblick auf ihre wirtschaftliche Tragbarkeit zu prüfen[539].

---

[537] Vgl. hiezu auch die Botschaft gemäss BBl 1988 II 1333 ff., 1392 ff.
[538] Vgl. Art. 1 Abs. 2 FG
In diesem Sinne regelt das revidierte Bundesgesetz den Fisch- und Krebsfang nur noch in den Grundzügen. Die Kantone haben namentlich den Besatz der Gewässer mit Fischen und Krebsen, die Massnahmen gegen das Überhandnehmen unerwünschter Fischarten und die Absatzförderung für inländische Fische in eigener Kompetenz zu regeln. Im weiteren wird die Ausbildung von Fischereiberufen im Berufsbildungsgesetz geregelt. Die Weiterbildung der Fischereiaufsichtsorgane wird im Rahmen regelmässiger Tagungen des Bundesamtes gewährleistet.
[539] Diese bewährten Interessenabwägungsmassstäbe wurden aus dem bisherigen Fischereigesetz übernommen (vgl. Art. 25 f. aFG und BBl 1988 II 1395).

3.2. Bewilligungspflicht für technische Eingriffe gemäss Art. 8 FG

Eingriffe in die Gewässer, ihren Wasserhaushalt oder ihren Verlauf sowie Eingriffe in die Ufer und den Grund von Gewässern bedürfen der Bewilligung der für die Fischerei zuständigen kantonalen Behörde, soweit sie die Interessen der Fischerei berühren können (Art. 8 Abs. 1 FG). Welche technischen Eingriffe eine fischereirechtliche Bewilligung benötigt, wird in Art. 8 Abs. 3 lit. a bis m FG nicht abschliessend aufgezählt.

Um die Berührungspunkte des Fischereirechts mit dem Gewässerschutzrecht klar abzugrenzen, wurden bereits im Zusammenhang mit der Revision des Gewässerschutzgesetzes vom 24. Januar 1991 einige Änderungen durchgeführt[540]: So ist u.a. gemäss Art. 8 Abs. 4 FG[541] für Wasserentnahmen nach Art. 29 GSchG keine fischereirechtliche Bewilligung erforderlich, da für die Erteilung der gewässerschutzrechtlichen die Voraussetzungen umfassend - demnach auch im fischereirechtlichen Sinne - zu prüfen sind. Koordinationsrechtlich hat sich der Gesetzgeber demnach für eine Entscheidungskonzentration entschieden.

In Übereinstimmung zum kürzlich revidierten Art. 24 Abs. 1 aFG[542] ist die fischereirechtliche Bewilligung gemäss dem massgeblichen Art. 8 Abs. 1 FG von der für die Fischerei zuständigen kantonalen Behörde zu erteilen, soweit die geplanten technischen Eingriffe in Fischgewässer die Interessen der Fischerei berühen können. Begründet allerdings ein anderer Bundeserlass die Zuständigkeit einer Bundesbehörde, so wird gemäss Art. 8 Abs. 2 FG die Bewilligung von dieser Behörde nach Anhörung des BUWAL erteilt. Hier geht der Gesetzgeber folglich von einer bedingten Zuständigkeitskonzentration bei der ersten Instanz aus.

3.3. Koordination im Rechtsmittelverfahren

Mit Art. 27 Ziff. 3 FG bewirkt der Bundesgesetzgeber eine Rechtsmittelvereinheitlichung, indem Konzessionen für die Nutzung von Wasserkräften gemäss dem neugefassten Wortlaut von Art. 99 lit. d OG der Verwaltungsgerichtsbeschwerde an das Bundesgericht unterliegen[543].

---

[540] Vgl. Art. 75 Ziff. 1 GSchG i.V.m. Art. 24 aFG bzw. Art. 8 FG; BBl 1987 II 1166 f.
[541] Vgl. Art. 24 Abs. 3 aFG
[542] Demgegenüber sah das Fischereigesetz noch vor der Änderung vom 24. Januar 1991 in Art. 24 Abs. 1 Satz 4 die Zustimmung des BUWAL vor. Bei Meinungsverschiedenheiten hatten die vorgesetzten Departemente bzw. nötigenfalls der Bundesrat zu entscheiden. In koordinationsrechtlicher Hinsicht wurde die Zuständigkeit erst bei der Aufsichtsbehörde konzentriert.
[543] *Zimmerli/Scheidegger*, S. 247 (insbesondere Fussnote 124); vgl. auch die Anregungen von *Saladin*, URP 5/1991, 290 ff. und die Ausführungen unter § 6, 6.3.3.

3.4. Koordinationsnormen im Fischereirecht des Kantons Zürich

3.4.1. Organisation

Die Finanzdirektion übt insbesondere die allgemeine Aufsicht über die Fischerei aus (§ 35 FG ZH). Der Fischereikommission obliegen beratende Funktionen (§ 36 FG ZH). Den unmittelbaren Gesetzesvollzug überwachen die Fischereiaufseher nach Massgabe von § 37 FG ZH; sie werden von den Polizeiorganen des Kantons und der Gemeinde unterstützt (§ 38 FG ZH).

3.4.2. Verfahrensrechtliche Besonderheiten

Das Fischereirecht in Anlagen zur Nutzung der Wasserkraft wird in § 63 WWG geregelt. Die Eigentümer solcher Anlagen sind u.a. verpflichtet, nach Anweisung der kantonalen Wasserbaubehörde die zum Schutz und zum freien Durchgang der Fische nötigen Vorkehrungen zu treffen.

§ 33 FG ZH[544] unterstellt alle technischen Eingriffe in Fischgewässer und Trockenlegungen der Bewilligungspflicht. Sachlich zuständig ist die Baudirektion im Einvernehmen mit der Finanzdirektion. Die Fischereiverordnung[545] verpflichtet den Verursacher, eine beabsichtigte Trockenlegung oder eine voraussehbare Beeinträchtigung eines Fischgewässers dem zuständigen Fischereiaufseher und dem Bevollmächtigten der Pachtgesellschaft mindestens drei Tage vorher zu melden (§ 30 FV ZH).

4. Kritische Würdigung

In all jenen Fällen, in denen eine Wasserentnahmebewilligung nach Art. 29 GSchG erforderlich ist und demnach eine umfassende Interessenabwägung vorzunehmen ist, bringt Art. 24 Abs. 3 FG eine Entscheidungskonzentration: Eine separate fischereirechtliche Bewilligung ist nicht mehr notwendig; sie geht in der Wasserentnahmebewilligung auf[546]. Diesbezüglich wurde die theoretische Möglichkeit widersprüchlicher Entscheide aufgrund von parallel vorzunehmenden Gesamtinteressenabwägungen ausgeschlossen[547].

---

[544] Noch gestützt auf das altrechtliche Bundesgesetz über die Fischerei vom 14. Dezember 1973
[545] Verordnung über die Fischerei vom 14. September 1977 (GS 923.11)
[546] *Zimmerli/Scheidegger*, S. 243
[547] *Zimmerli/Scheidegger*, S. 257

Im weiteren brachte die Revision des Fischereigesetzes auch die Änderung von Art. 99 lit. d OG: Demnach sind sowohl die fischereirechtliche Bewilligung wie auch die Wassernutzungskonzession letztinstanzlich beim Bundesgericht anfechtbar[548].

---

[548] *Zimmerli/Scheidegger*, S. 247

§ 12 ZIVILSCHUTZRECHTLICHE ANFORDERUNGEN AN BAUTEN UND ANLAGEN

1. Öffentliche Aufgabe und Zweck

Mit dem Schutzbautengesetz aus den frühen sechziger Jahren passte der Gesetzgeber den Schutz der Zivilbevölkerung an die rasante Entwicklung der zum kriegerischen Einsatz gelangenden Waffen an. Seither müssen Schutzräume namentlich gegen die "radioaktive Strahlung", gegen die "voraussichtlichen Luft- und Erddrücke einer in der Nähe explodierenden Atombombe" und gegen "Hitzestrahlen" schützen[549]. Beim sogenannten Normalschutzraum handelt es sich um einen "Aufenthaltsraum aus armiertem Beton mit verbesserten, zuverlässigen Abschlusselementen und Notausstiegen sowie einer mechanisierten Lufterneuerungsanlage". Weiter hat ein Schutzraum einem Überdruck von 1 Atmosphäre standzuhalten.

2. Zur Kompetenzausscheidung zwischen Bund und Kantonen

Art. 22bis BV weist dem Bund im Sachbereich des Zivilschutzes die Gesetzgebung zu. Die Vollzugskompetenz hingegen bleibt den Kantonen vorbehalten[550]. Die Zuweisung dieser Staatsfunktion an den Bund begründet eine teilweise bzw. unvollständige Kompetenz[551]. Die gestützt auf Art. 22bis Abs. 2 BV vorgesehene Oberaufsicht des Bundes hat keine selbständige Bedeutung; sie wird vielmehr erst durch die Bundesgesetzgebung - nämlich Art. 19 BMG begründet[552]. Im Zusammenhang mit der Armeereform 95 erhält das Zivilschutzrecht diverse Anpassungen; insbesondere das Schutzbautengesetz und die Ausführungsverordnung werden teilrevidiert. Die Änderungen des Schutzbautenrechts betreffen im wesentlichen die neue Umschreibung der Schutzraumbaupflicht, die Herabsetzung der Schutzplatzzahl, die Steuerung der Schutzplatzproduktion und die differenziertere Verwendung der Ersatzbeiträge[553].

---

[549] BBl 1962 II 702 f., auch zum Folgenden
[550] *Häfelin/Haller*, N. 294
[551] *Hangartner*, S. 176
[552] *Hangartner*, S. 180
[553] Vgl. BBl 1993 III 825 ff. sowie die Vernehmlassungsunterlagen betreffend die Schutzbautenverordnung vom 30. März 1994 und die Erläuterungen

3. Koordinationsrelevante Vorschriften für Bauten und Anlagen in zivilschutzrechtlicher Hinsicht

3.1. Organisation und Aufsicht

Der Bundesrat übt die Oberaufsicht für den Vollzug des Schutzbautengesetzes aus. Er erlässt die notwendigen Ausführungsbestimmungen (Art. 19 Abs. 1 BMG). Soweit die sich aus dem Gesetz ergebenden Aufgaben Bundessache sind, werden diese dem Eidgenössischen Justiz- und Polizeidepartement (EJPD) übertragen (Art. 19 Abs. 2 BMG). Ausführungsorgan für die schutzbaulichen Aufgaben des Bundes ist das Bundesamt für Zivilschutz (Art. 20 Abs. 1 BMG). Art. 20 Abs. 2 BMG berechtigt das Bundesamt zum Erlass administrativer und technischer Vorschriften; überdies übt es Kontrollfunktionen gegenüber den Kantonen, Gemeinden und Privaten sowie gegenüber den Verwaltungen und Anstalten des Bundes aus (Art. 20 Abs. 3 BMG).

Die Kontrolle über die erstellten Schutzräume und Spitalanlagen steht nach Massgabe von Art. 14 Abs. 1 BMV den Kantonen zu. Diese können die Kontrolle der privaten Schutzräume an die Gemeinden delegieren (Art. 14 Abs. 2 BMV). Gegenüber dem Bundesamt für Zivilschutz haben die Kantone den nach Art. 15 BMV einzureichenden Abrechnungen einen Kontrollbericht beizulegen (Art. 14 Abs. 3 BMV).

Im Zusammenhang mit konkreten Projekten wirkt sich die administrative Oberaufsicht des Bundes in Form einer Genehmigungspflicht für bestimmte Vorhaben aus (Art. 9 BMV). Neu sollen die organisatorischen Beurteilungskriterien von Projekten für öffentliche Schutzbauten und Spitalanlagen einheitlich gehandhabt werden, weshalb die Kantone solche Vorhaben dem Bundesamt zur Genehmigung vorzulegen haben (Art. 9 Abs. 1 BMV). Die im Anschluss an die durchgeführte organisatorische Beurteilung erfolgende technische und finanzielle Genehmigung der Projekte soll den Kantonen unter Berücksichtigung ihrer personellen Möglichkeiten übertragen werden können (Art. 9 Abs. 2 BMV). Projektänderungen bedürfen der Einwilligung der Genehmigungsbehörde (Art. 10 BMV).

3.2. Bewilligungsverfahren gemäss Art. 13 BMG

Art. 8 BMG ermächtigt den Bundesrat zum Erlass der materiellen Mindestanforderungen an die zu treffenden baulichen Schutzmassnahmen (Abs. 1 Satz 1) und betreffend die Ausrüstung der privaten Schutzräume (Abs. 2). In wirtschaftlicher Hinsicht hält der Bundesgesetzgeber zudem fest, die zivilschutzrechtlichen Anordnungen betreffend privaten Schutzraum dürften kostenmässig nicht mehr betragen als fünf Prozent der gesamten Baukosten ohne Landerwerb (Art. 8

Abs. 1 Satz 2 BMG). Weitere Regeln enthalten Art. 5 BMV über die Kostenbegrenzung und Art. 7a BMV über die Ausrüstung der Schutzräume.

Formellrechtlich darf die baurechtliche Bewilligung nur erteilt werden, wenn das nachgesuchte Projekt den vorgenannten Mindestanforderungen entspricht und von den zuständigen Stellen genehmigt worden ist (Art. 13 Abs. 1 BMG). Für die Sicherstellung der ordnungsgemässen Ausführung der Schutzräume können die Kantone Sicherheitsleistungen verlangen (Art. 13 Abs. 2 und 3 BMG). Demnach wird die zivilschutzrechtliche Genehmigung der Baubewilligung zeitlich vorgezogen und damit widersprüchlichen Entscheiden durch die faktische Kraft eines möglichen "Killerentscheides" vorgebeugt.

3.3. Rechtsmittel

Gegen Verfügungen nicht vermögensrechtlicher Natur der Gemeindebehörden kann bei der zuständigen kantonalen Behörde Beschwerde erhoben werden (Art. 14 Abs. 1 BMG), gegen Entscheide nicht vermögensrechtlicher Natur der kantonalen Behörden innert 30 Tagen beim EJPD als einziger Instanz (Art. 14 Abs. 2 BMG).

Der Rechtsmittelweg für die Geltendmachung vermögensrechtlicher Ansprüche ist in Art. 15 BMG geregelt: Betreffend Ansprüche gegenüber Gemeinden oder dem Kanton ist das kantonale Recht massgebend (Abs. 1). Vermögensrechtliche Ansprüche des Bundes oder gegenüber dem Bund entscheidet das Bundesamt für Zivilschutz in erster Instanz. Dessen Entscheid kann innert 30 Tagen an die Eidgenössische Rekurskommission für Zivilschutzangelegenheiten weitergezogen werden (Abs. 2).

3.4. Koordinationsnormen im zürcherischen Zivilschutzrecht

3.4.1. Zuständigkeit

Grundsätzlich sind die Gemeinden zuständig, Pflichtschutzräume mit weniger als 50 Plätzen zu bewilligen. Gemäss § 54 Abs. 1 i.V.m. Abs. 2 ZivilschutzV kann das Amt für Zivilschutz allerdings auch die Bewilligungszuständigkeit für grössere Projekte an die Gemeinden delegieren. Diese haben nach Weisung des kantonalen Amtes die technische Betriebsbereitschaft sämtlicher Schutzbauten periodisch zu überprüfen (§ 58 Abs. 1 ZivilschutzV). Im weiteren sind die Kantone zuständig für die Erteilung von Ausnahmebewilligungen betreffend die Erstellung von Schutzbauten und Fluchtwegen (Art. 2 Abs. 3 Satz 1 BMG). Ausserdem regeln sie die Ersatzabgaben (Art. 2 Abs. 3 Satz 2 f. BMG)[554].

---

[554] Vgl. auch die Kurzdarstellung bei *Fritzsche/Bösch*, S. 197 f.

3.4.2. Bewilligungsverfahren

Die Baupflicht für Schutzbauten wird in §§ 38 bis 45 ZivilschutzV geregelt.

Gemäss § 43 ZivilschutzV kann das Zivilschutzamt den Verzicht auf die Erstellung von Schutzräumen unter Anordnung einer Ersatzabgabe i.S.v. §§ 46 bis 49 verfügen. Die Ersatzabgabe ist im Baubewilligungsverfahren anzuordnen und vor Baubeginn der Gemeinde zu entrichten.

Die Baufreigabe kann - unter Vorbehalt eines Dispenses - erst nach der Projektgenehmigung durch die zuständige Behörde erfolgen (§ 52 Abs. 1 ZivilschutzV).

4. Kritische Würdigung

Zivilschutzrechtliche Anforderungen an Bauten und Anlagen stellen gemäss der geltenden Rechtsordnung koordinationsrechtlich keine grösseren Probleme dar. Für die Projektzulassung nimmt das baurechtliche Bewilligungsverfahren nämlich die Stellung eines Koordinationsverfahrens ein. Die zuständigen Baubehörden haben als Koordinationsorgane die zu treffenden Anordnungen von Gesetzes wegen aufeinander abzustimmen, wodurch der Bauherr bereits wesentlich entlastet wird.

Komplexer wird das Verfahren, wenn Privatrechte zu enteignen sind. Obwohl dadurch ein weiteres Verfahren zu durchlaufen ist, vereinfacht der Bundesgesetzgeber die Rechtslage insofern, als er gestützt auf Art. 10 Abs. 3 BMG für alle Fälle das abgekürzte Verfahren gemäss Art. 33 f. Enteignungsgesetz als anwendbar erklärt.

§ 13 ARBEITSSCHUTZRECHT

1. Öffentliche Aufgabe und Zweck

Das öffentliche Arbeitsrecht lässt sich mit drei besonderen Aufgabenbereichen umschreiben: dem gestaltenden öffentlichen Arbeitsrecht, dem Recht der Sozialversicherung und dem Arbeitsschutzrecht. Im vorliegenden Zusammenhang ist letzteres von besonderem Interesse, da die Zielsetzung des Arbeitsschutzrechts den in fremdem Dienst stehenden und damit in ihrer wirtschaftlichen Existenz von ihrem Arbeitgeber abhängigen Arbeitskräften Schutz und Sicherheit vor Gefahren des Betriebes bzw. vor der zu verrichtenden Arbeit bieten soll. Heute umfasst das Arbeitsschutzrecht Vorschriften über die Gesundheitsvorsorge, die Arbeits- und Ruhezeit und den Sonderschutz der jugendlichen und weiblichen Arbeitnehmer. Das Arbeitsschutzrecht ist im wesentlichen im Arbeitsgesetz und seinen Ausführungsverordnungen geregelt[555]. Kurz: Ziel des modernen Arbeitsschutzes ist der Schutz der Arbeitnehmer und ihrer Arbeit[556].

2. Zur Kompetenzausscheidung zwischen Bund und Kantonen

Wie der Ingress des Arbeitsgesetzes zeigt, stützt sich dieser Erlass auf verschiedene Verfassungsbestimmungen ab. Von zentraler Bedeutung ist für den Arbeitsschutz Art. 34ter BV. Grundsätzlich ist die Rechtsetzung auf dem Gebiet des Arbeitsschutzes - unter dem Vorbehalt der Anhörung der Kantone - Aufgabe des Bundes. Das Arbeitsschutzrecht basiert auf einer umfassenden[557] und abschliessenden Rechtsetzungskompetenz des Bundes[558]. Die kantonale Rechtsetzungsbefugnis beschränkt sich lediglich auf den Erlass von arbeitsschutzrechtlichen Vorschriften für die Arbeit in Betrieben, die nicht dem Arbeitsgesetz unterstellt sind und für die keine spezialgesetzlichen Bestimmungen bestehen sowie für die Arbeit in privaten Haushalten. Die Kantone können im weiteren öffentlichrechtliches Arbeitsschutzrecht für die kommunalen und kantonalen Verwaltungen (Art. 71 lit. b ArG), aber auch etwa für die Bereiche der Landwirtschaft und der Fischerei erlassen[559]. Vorbehalten bleiben u.a. schliesslich auch kommunale und kantonale Vorschiften über die Bau-, Feuer-, Gesundheits- und Wasserpolizei, über die

---

[555] Wichtige weitere Bestimmungen werden im Zusammenhang mit der Unfallversicherung geregelt. Diese speziellen Fragen stehen vorliegend jedoch nicht zur Diskussion.
[556] *Hug et al.*, Kommentar ArG, Einleitung N. 66
[557] *Hangartner*, S. 175
[558] *Hug et al.*, Kommentar ArG, Einleitung N. 47 f.
[559] *Hug et al.*, Kommentar ArG, Art. 71-73 N. 21

Sonntagsruhe und über die Öffnungszeiten von Detailverkaufsgeschäften sowie Gastwirtschafts- und Unterhaltungsbetrieben, sofern in diesen Erlassen arbeitsschutzrechtliche Zielsetzungen nebenbei verfolgt werden[560].

Der Vollzug des Arbeitsschutzrechts ist eine kantonale Aufgabe, soweit das Arbeitsgesetz nicht ausdrücklich den Bund als zuständig erklärt (Art. 32 Abs. 2 BV i.V.m. Art. 34ter Abs. 4 BV sowie Art. 41 Abs. 1 Satz 1 ArG). Auch Art. 75 ArGV 1 führt die einzelnen kantonalen Vollzugsaufgaben nicht ausführlich auf, sondern beschränkt sich darauf, die Kontrollen in den Betrieben und die Beratung von Arbeitgebern und Arbeitnehmern als wichtigste Vollzugsaufgaben aufzuführen. Daneben fallen weitere Aufgaben an wie z.B. die nachfolgend noch genau zu betrachtende Durchführung des Plangenehmigungs- und Betriebsbewilligungsverfahrens für industrielle Betriebe gemäss Art. 7 ArG[561]. Die Kantone haben die zuständigen Vollzugsbehörden und eine Rekursinstanz zu bezeichnen (Art. 41 Abs. 1 ArG). Alle zwei Jahre erstatten die Kantone dem Bundesrat Bericht (Art. 41 Abs. 3 i.V.m. Art. 76 Abs. 2 ArGV 1). Bestehen Zweifel über die Anwendbarkeit des Arbeitsgesetzes auf nicht industrielle Betriebe, für die kein besonderes Unterstellungsverfahren vorgesehen ist oder für einzelne Arbeitnehmer egal welcher Art von Betrieben, so entscheidet die kantonale Vollzugsbehörde gestützt auf Art. 41 Abs. 3 ArG. Werden Vorschriften oder Verfügungen nicht befolgt, so hat die kantonale Vollzugsbehörde die erforderlichen Massnahmen zur Erstellung des rechtmässigen Zustandes zu ergreifen (Art. 51 ff. ArG). Für bestimmte Vollzugsaufgaben ist jedoch der Bund zuständig. So hat das Bundesamt für Industrie, Gewerbe und Arbeit (BIGA) die Unterstellung von Betrieben und Betriebsteilen unter die Vorschriften für industrielle Betriebe anzuordnen (Art. 5 Abs. 1 ArG). Ferner erteilt es Arbeitszeitbewilligungen für industrielle Betriebe, es ordnet die Sperre oder den Entzug an[562] und erteilt generelle Verlängerungen der wöchentlichen Höchstarbeitszeit gemäss Art. 9 Abs. 3 ArG. Ein zentraler Vollzug durch die Bundesbehörden besteht nur für die dem Arbeitsgesetz unterstellten Bundesbetriebe (Art. 42 Abs. 2 i.V.m. Art. 9 ArGV 1). Das Eidgenössische Volkswirtschaftsdepartement (EVD) besorgt im Einvernehmen mit den weiter zuständigen Departementen den Vollzug des Arbeitsgesetzes in den Bundesbetrieben. Weiter obliegt dem Bund die Oberaufsicht über den kantonalen Gesetzesvollzug; gegenüber den kantonalen Vollzugsbehörden ist der Bund weisungsbefugt (Art. 42 Abs. 1 ArG).

---

560 *Hug et al.*, Kommentar ArG, Art. 71-73 N. 23 ff.
561 Vgl. die detaillierte, aber ebenfalls nicht abschliessende Aufzählung bei *Bigler*, Kommentar ArG, S. 117
562 Etwa gemäss Art. 10 Abs. 2, Art. 17 Abs. 2, Art. 19 Abs. 2, Art. 23 Abs. 1, Art. 24 Abs. 2, Art. 25 Abs. 1 i.V.m. Art. 53 Abs. 1 ArG

3. Koordinationsrelevante Vorschriften im Arbeitsschutzrecht

3.1. Kooperativer Föderalismus im Arbeitsschutzrecht

Neben dem BIGA stehen dem Bund weitere Vollzugsorgane zur Verfügung wie z.B. die Eidgenössischen Arbeitsinspektorate gemäss Art. 42 Abs. 4 ArG i.V.m. Art. 79 f. ArGV 1. Die Arbeitsinspektorate führen Betriebsbesuche durch; sie beraten die Kantone sowie die Arbeitgeber und die Arbeitnehmer. Zudem überprüfen sie kantonale Verfügungen. Wenn eine kantonale Verfügung dem Gesetz oder einer Ausführungsverordnung zuwiderläuft, steht dem zuständigen Arbeitsinspektorat ein Antragsrecht auf Änderung oder Aufhebung zu. Für den Fall, dass die kantonale Vollzugsbehörde dem Antrag nicht innert Frist nachkommt, hat das Arbeitsinspektorat das BIGA zu informieren, welches der kantonalen Behörde die erforderlichen Weisungen erteilen kann. Für den Kanton Zürich ist das Eidgenössische Arbeitsinspektorat Kreis 3 mit Amtssitz in Zürich zuständig (Art. 79 Ziff. III ArGV 1).

Ein weiteres Vollzugsorgan des Bundes ist der arbeitsärztliche Dienst gemäss Art. 42 Abs. 4 ArG i.V.m. Art. 81 ArGV 1. Diesem Organ stehen gegenüber dem Arbeitgeber die besonderen Anordnungsrechte gemäss Art. 82 ArGV 1 zu.

Weiter kann das BIGA für den Vollzug auch Fachinspektorate oder externe Sachverständige heranziehen (Art. 42 Abs. 4 ArG).

Schliesslich sieht das Arbeitsgesetz in Art. 43 (i.V.m. Art. 83 ArGV 1) eine Eidgenössische Arbeitskommission vor. Diese begutachtet zuhanden der Bundesbehörden Fragen der Gesetzgebung und des Vollzuges. Sie kann Ausschüsse bilden und für besondere Fachfragen Experten beiziehen. Sie tagt nach Bedarf.

Damit die zuständigen kantonalen und eidgenössischen Behörden das Arbeitsschutzrecht gebührend vollziehen können, bedarf es der Mitwirkung des Arbeitgebers und der Arbeitnehmer, wobei letzteren gegenüber den Behörden einzig die Auskunftpflicht gemäss Art. 45 Abs. 1 ArG obliegt. Der Arbeitgeber unterliegt neben dieser allgemeinen Auskunftspflicht gegenüber den Behörden der besonderen gemäss Art. 45 Abs. 2 ArG; er hat den Behörden den Zutritt zum Betrieb zu gewähren, die Tatsachenfeststellung zu ermöglichen und die Probenentnahme zu gewährleisten (Art. 34 ArGV 1). Weiter trifft ihn die Pflicht, Verzeichnisse und andere Unterlagen zur Verfügung zu stellen (Art. 46 ArG i.V.m. Art. 85 f. ArGV 1) sowie zur Einreichung von Bewilligungsgesuchen (Art. 49 ArG). Gegenüber den Behörden und den Arbeitnehmern hat der Arbeitgeber den Stundenplan bekanntzugeben (Art. 47 ArG). Schliesslich hat er die allgemeine Pflicht, vorsorgliche Massnahmen zum Schutz der Gesundheit der Arbeitnehmer zu ergreifen. Sofern es sich dabei um bau- und umweltschutzrechtliche Massnahmen handelt, sind diese bereits durch die fragliche Spezialgesetzgebung abgedeckt[563]. Die Angemessenheit der zu treffenden Massnahmen richtet sich nach dem neuesten Stand der Technik und den jeweiligen Betriebsverhältnissen. Gemäss Art. 6 Abs. 2 ArG hat der Arbeitgeber insbesondere die betrieblichen Einrichtungen und den Arbeitsablauf so zu gestalten, dass Gesundheitsgefährdungen und Überanspruchungen nach Möglichkeit vermieden werden. Im Interesse eines wirksamen Schutzes hat der Arbeitgeber die Arbeitnehmer heranzuziehen (Art. 6 Abs. 3 ArG). Der Umfang der Mitwirkung ist von den konkreten Verhältnissen abhängig. Demgegenüber haben die Arbeitnehmer ihrerseits den Arbeitgeber bei der Gesundheitsvorsorge zu unterstützen. Gemäss dem Auftrag von Art. 6 Abs. 4 i.V.m. Art. 40 ArG hat der Bundesrat die Verordnung 3 zum Arbeitsgesetz vom 18. August 1993 (ArGV 3)[564] erlassen.

Schliesslich haben auch die Wirtschaftsverbände wichtige Aufgaben zu erfüllen. Sie sind zur Anzeige von Widerhandlungen gegen das Arbeitsgesetz und zur Beschwerdeerhebung berechtigt. Auf die ausgehandelten Massnahmen im Rahmen von Gesamtarbeitsverträgen haben die Vollzugsbehörden Rücksicht zu nehmen. Mit je zehn Vertretern (von insgesamt 28 Mitgliedern) haben die Arbeitgeber- und Arbeitnehmerorganisationen Einsitz in der Eidgenössischen Arbeitskommission[565]. Ausserdem steht den Arbeitgeberverbänden und den Gewerkschaften gestützt auf Art. 58 Abs. 1 ArG das egoistische Verbandsbeschwerderecht zu[566].

Im Kanton Zürich[567] obliegt der Vollzug des Arbeitsgesetzes und seiner Ausführungsverordnungen der Volkswirtschaftsdirektion - mit Ausnahme des Arbeitsschutzes für Gastwirtschaftsbetriebe, für welche die Finanzdirektion zuständig ist (§ 1 ArGVVO). Die besagten Direktionen können Inspektionskreise festlegen, einzelne Vollzugsaufgaben an die Gemeinden delegieren und andere staatliche Organe beim Vollzug heranziehen (§ 1 Abs. 2 ArGVVO). Gemäss § 5 ArGVVO entscheidet die Volkswirtschaftsdirektion über Gesuche um Plangenehmigung für die Errichtung oder Umgestaltung von Anlagen industrieller Betriebe sowie über Gesuche um Betriebsbewilligungen. Für die Anordnung von Verwaltungsmassnahmen sind im Kanton Zürich grundsätzlich die Volkswirtschaftsdirektion bzw. die Finanzdirektion zuständig (§ 14 ArGVVO). Rechtsmittelinstanz ist im Kanton Zürich der Regierungsrat; es gelten die Regeln des Beschwerdeverfahrens gemäss Art. 56 ArG i.V.m. den Vorschriften des verwaltungsinternen Rechtsmittelweges gemäss dem Verwaltungsrechtspflegegesetz (§ 16 ArGVVO). Die kantonale Aufsichtsbehörde ist je nach der Sachzuständigkeit die Volkswirtschaftsdirektion

---

[563] *Bigler*, Kommentar ArG, S. 43; *Christian Mäder*, N. 66 (vgl. insbesondere Fussnote 16)
[564] Diese Verordnung regelt nunmehr rein arbeitsschutzrechtliche Anforderungen. Die Unfallverhütung, welche eine versicherungsrechtliche Regelungsmaterie darstellt, wurde aus systematischen Gründen ins Unfallversicherungsrecht ausgeschieden.
[565] Vgl. ausführlich bei *Hug et al.*, Kommentar ArG, Einleitung N. 57 und Art. 43 N. 2
[566] Z.B. BGE 100 Ia 99 E. 1.b; *Gundelfinger*, S. 158 ff.; *Gygi*, S. 119
[567] Vgl. auch den Anhang II zur ArGV 2 betreffend die kantonale Behördenorganisation und § 29 Ziff. 11 OG RR; *Fritzsche/Bösch*, S. 198; vgl. die Hinweise auf die Vollzugsaufgaben der Kantone und verschiedenen Arbeitsbehörden bei *Gundelfinger*, S. 81 (insbesondere Fussnote 53) und 82 f.

bzw. die Finanzdirektion (§ 2 Abs. 1 ArGVVO). § 2 Abs. 2 ArGVVO versteht sich als aufsichtsrechtliche Koordinationsvorschrift, wonach die Volkswirtschaftsdirektion bei Betrieben, die dem Arbeitsgesetz unterstehen, auch die Aufsicht über den Vollzug der Bestimmungen über die Luftreinhaltung ausübt.

3.2. Arbeitschutzrechtliche Plangenehmigung und Betriebsbewilligung

3.2.1. Allgemeines

Um die Arbeitnehmer wirksam vor Betriebsgefahren zu schützen, wird mit der Plangenehmigung präventiv sichergestellt, dass das Vorhaben für den Bau und die Einrichtung eines Betriebes entsprechend geplant wird. Die konkrete betriebliche Tätigkeit darf erst bewilligt werden, wenn festgestellt worden ist, dass die Bauausführung und die Einrichtung der Plangenehmigung entsprechen. Der Plangenehmigung und Betriebsbewilligung gemäss Art. 7 ArG unterstehen grundsätzlich nur industrielle Betriebe. Gestützt auf Art. 8 ArG kann der Bundesrat auch nicht industrielle Betriebe mit erhöhter Gefährdung der Arbeitnehmer diesen besonderen arbeitsschutzrechtlichen Verfahren unterstellen. Sie kommen jedoch nur dort zur Anwendung, wo keine spezialgesetzlichen Regelungen zum Schutz der Arbeitnehmer vorgesehen sind. Bezüglich der übrigen nicht industriellen Betriebe bleibt es den Kantonen vorbehalten, die erforderlichen polizeirechtlichen Vorschriften zu erlassen (Art. 71 ArG)[568].

3.2.2. Plangenehmigung[569]

Die Plangenehmigungspflicht trifft den Bauherrn, der einen bewilligungspflichtigen Betrieb errichten oder umgestalten[570] will (Art. 7 Abs. 1 Satz 1 ArG). Sachlich zuständig ist im Kanton Zürich die Volkswirtschaftsdirektion gemäss § 5 ArGVVO[571]. Diese hat den Bericht des Eidgenössischen Arbeitsinspektorates und durch dessen Vermittlung den Mitbericht der schweizerischen Unfallversicherungsanstalt (SUVA) einzuholen (Art. 7 Abs. 1 Satz 2 ArG). Die im Bericht und Mitbericht ausdrücklich als Weisungen bezeichneten Anträge hat die Volkswirt-

---

[568] Vgl. zum Ganzen *Bigler*, Kommentar ArG, S. 45 f. und 47; *Hug et al.*, Kommentar ArG, Art. 8 N. 1 ff.; *Rehbinder*, S. 153; *Zimmerli/Scheidegger*, S. 201
[569] Vgl. für die nachfolgenden Ausführungen *Bigler*, Kommentar ArG, S. 46 f. und *Hug et al.*, Kommentar ArG, Art. 8 N. 5 bis 15; *Gundelfinger*, S. 195 ff.
[570] Vgl. zum Umgestaltungsbegriff Art. 28 ArGV 1
[571] Das Gesuch ist schriftlich bei der Volkswirtschaftsdirektion einzureichen (vgl. auch Art. 22 ArGV 1). Vgl. betreffend die einzureichenden Pläne Art. 23 ArGV 1 und die Planbeschreibung Art. 24 ArGV 1. Es besteht ein Formular "Beschreibung über den Bau, Einrichtung und Umgestaltung von Betrieben". Daneben ist auch eine Emissionserklärung einzureichen; *Fritzsche/Bösch*, S. 198
Vgl. auch *Christian Mäder*, N. 240 i.V.m. N. 541

schaftsdirektion als Auflagen in die Plangenehmigung aufzunehmen (Art. 7 Abs. 1 Satz 3 ArG). Entspricht die geplante Anlage den Vorschriften, so erteilt die Volkswirtschaftsdirektion die Plangenehmigung, nötigenfalls unter Anordnung besonderer Schutzmassnahmen (Art. 7 Abs. 2 ArG)[572].

3.2.3. Betriebsbewilligung[573]

Vor der Aufnahme der betrieblichen Tätigkeit hat der Arbeitgeber bei der Volkswirtschaftsdirektion ein schriftliches Bewilligungsgesuch zu stellen (Art. 7 Abs. 3 Satz 1 ArG i.V.m. Art. 26 ArGV 1 sowie § 5 ArGVVO). Das gilt auch für die Wiederaufnahme der Betriebstätigkeit nach der Umgestaltung innerer Einrichtungen (Art. 28 ArGV 1). Wiederum hat die Volkswirtschaftsdirektion den Bericht des Eidgenössischen Arbeitsinspektorates einzuholen. Sie erteilt die Betriebsbewilligung, wenn der Bau und die Einrichtungen des Betriebes der Plangenehmigung entsprechen (Art. 7 Abs. 3 Satz 2 ArG)[574]. Erfordern ausreichende Gründe eine vorzeitige Aufnahme der betrieblichen Tätigkeit, kann die Volkswirtschaftsdirektion gestützt auf Art. 27 Abs. 1 ArGV 1 eine provisorische Betriebsbewilligung erteilen. Voraussetzung ist, dass die notwendigen Schutzmassnahmen getroffen worden sind. Ergibt die Gesuchsprüfung gemäss Art. 27 Abs. 2 ArGV 1 Mängel im Bau oder in der Einrichtung des Betriebes, die bei der Plangenehmigung nicht vorausgesehen werden konnten, so kann die Behörde nach Anhörung des Arbeitgebers die Bewilligung unter zusätzlichen Auflagen erteilen, sofern die festgestellten Mängel Leben oder Gesundheit der Arbeitnehmer gefährden oder in schädlicher oder lästiger Weise auf die Umgebung des Betriebes einwirken[575].

3.2.4. Nachträglich festgestellte Mängel

Die Betriebsbewilligung entbindet den Arbeitgeber nicht davon, auch später alle arbeitsschutzrechtlichen Massnahmen zu treffen (Art. 6 Abs. 1 ArG). Bei erst nachträglich festgestellten Mängeln haben die Vollzugs- und Aufsichtsbehörden gemäss Art. 29 ArGV 1 einzuschreiten.

---

[572] Den Entscheid samt genehmigtem Plansatz inklusive Beschreibung stellt sie dem Bauherrn zu. Das Doppel ist für mindestens zehn Jahre aufzubewahren (Art. 25 Abs. 2 ArGV 1). Die Doppel der Plangenehmigung sind dem Eidgenössischen Arbeitsinspektorat und der SUVA zu übermitteln (Art. 25 Abs. 3 ArGV 1).
[573] Vgl. für die nachfolgenden Ausführungen *Bigler*, Kommentar ArG, S. 47 und *Hug et al.*, Kommentar ArG, Art. 8 N. 16 bis 19; *Gundelfinger*, S. 195 ff.
[574] Gemäss Art. 27 Abs. 3 ArGV 1 hat die Volkswirtschaftsdirektion die Doppel der Betriebsbewilligung an das Eidgenössische Arbeitsinspektorat und an die SUVA zu übermitteln.
[575] Für die letztere Anforderung ist die arbeitsschutzrechtlich zuständige Behörde nur noch befugt, soweit der Schutz vor schädlichen oder lästigen Einwirkungen auf den Menschen und seine natürliche Umwelt nicht bereits vom Umweltschutzgesetz und seinen Ausführungserlassen abgedeckt wird. Vgl. auch *Bigler*, Kommentar ArG, S. 43 und *Mäder*, N. 566 (vgl. insbesondere Fussnote 16)

3.2.5. Rechtsmittel

Gegen eine Plangenehmigungs- bzw. Betriebsbewilligungsverfügung der Volkswirtschaftsdirektion ist nur der Rekurs an den Regierungsrat des Kantons Zürich möglich[576].

Gegen den kantonal letztinstanzlichen Entscheid des Regierungsrates ist gestützt auf Art. 98 lit. g und Art. 99 lit. c und e OG die Verwaltungsbeschwerde an den Bundesrat gemäss Art. 57 Abs. 2 ArG zulässig[577]. Art. 58 ArG gewährt die Beschwerdelegitimation neben dem Arbeitgeber und den Arbeitnehmern auch den entsprechenden Wirtschaftsverbänden sowie Personen mit schutzwürdigen Interessen i.S.v. Art. 48 lit. a VwVG und Art. 103 lit. a OG.

4. Kritische Würdigung

Das arbeitsschutzrechtliche Plangenehmigungsverfahren ermöglicht einen präventiven Schutz der sozial schwächeren Arbeitnehmerschaft. Wenn ein industrieller Betrieb bzw. ein gestützt auf Art. 8 ArG dem Plangenehmigungs- und Betriebsbewilligungsverfahren unterstellter nicht industrieller Betrieb im Rahmen seiner Errichtung oder Umgestaltung zugleich auch der Umweltverträglichkeitsprüfung unterliegt, ist das Vorsorgeprinzip sowohl in arbeitsschutz- als auch umweltschutzrechtlicher Hinsicht ohne weiteres in einem koordinierten Verfahren zu gewährleisten, zumal die Umweltverträglichkeitsprüfung gemäss Art. 9 Abs. 1 USG insbesondere vor dem behördlichen Entscheid über die Planung einer prüfungspflichtigen Anlage durchzuführen ist. Für etliche auch der Arbeitsgesetzgebung unterstehende UVP-pflichtige Anlagen hat der Bundesrat die Bestimmung des massgeblichen Verfahrens zur Durchführung der Umweltverträglichkeitprüfung dem kantonalen Gesetzgeber vorbehalten (vgl. den Anhang zur UVPV). Der Kanton Zürich hat in seinen Einführungsbestimmungen zur Durchführung der Umweltverträglichkeitsprüfung vom 12. April 1989 für einige energieerzeugende Anlagen (Ziff. 21.5 und 21.6), für bestimmte Anlagen zur Übertragung und Lagerung von Energie (Ziff. 22.3 und 22.4), für Entsorgungsanlagen (Ziff. 40.3) sowie für besondere industrielle Betriebe (Ziff. 70.1 bis 70.15) das Plangenehmigungsverfahren vor der Volkswirtschaftsdirektion als das massgebliche Verfahren bestimmt.

Damit bestehen gerade für Betriebe, die für den Menschen und seine Umwelt gefährlich sind, genügende Regeln für die Koordination arbeitsschutzrechtlicher Anliegen mit umweltschutzrechtlichen i.w.S. Für nicht industrielle Vorhaben, die nicht dem Arbeitsgesetz unterstehen, bietet das geltende Baurecht mit seinen besonderen hygienischen Anforderungen an Ar-

---

576 Art. 56 ArG; *Gundelfinger*, S. 93 ff.; *Kölz*, Kommentar VRG, § 47 N. 11
577 *Bigler*, Kommentar ArG, S. 141; *Hug et al.*, Kommentar ArG, Art. 8 N. 15; vgl. auch *Kölz/Häner*, N. 222

beitsräume § 11 BBV I insofern angemessenen Schutz, als nach Zahl, Grösse und Art der fraglichen Arbeitsräume genügende Belüftungen und Klimaanlagen, Aborte sowie zweckmässige Waschgelegenheiten und Duschen sicherzustellen sind. Für solche Vorhaben sind die arbeitsschutzrechtlichen Anforderungen lediglich als Richtlinien im Sinne von Auslegungshilfen heranzuziehen[578]. Ausserdem können gemäss § 12a BBV I neuerstellte Arbeitsräume in Neu-, An-, Auf- und Umbauten erst bezogen werden, nachdem die kommunale Baubehörde sie besichtigt und für bezugsfähig erklärt hat; die fraglichen Räume müssen genügend ausgetrocknet und die sanitären Einrichtungen benützbar sein. Hier erübrigen sich weitere koordinationsrechtliche Vorschriften, sind doch die hygienischen Vorschriften für Arbeitsräume gemäss §§ 239 und 299 ff. PBG als allgemeine Anforderungen an Bauten und Anlagen im Rahmen des Baubewilligungsverfahrens zu erfüllen.

---

[578] In diesem Sinn entschied die Baurekurskommission I im Entscheid BRKE I Nr. 651/1991 (insbesondere E. 4.d), welchen das Verwaltungsgericht mit VB 91/0144 bestätigte.

§ 14 Privatrecht

1. Traditionelle Abgrenzung zwischen Privatrecht und öffentlichem Recht

Das Bundesgericht stellt hinsichtlich der Abgrenzung zwischen privatem und öffentlichem Recht auf einen gestützt auf die Merkmale der Subordinations-, Interessen- und Funktionstheorie begründeten Methodenpluralismus ab[579]. Demnach liegt öffentliches Recht vor, wenn der Staat dem Privaten mit obrigkeitlicher Gewalt übergeordnet gegenübertritt und wenn die fraglichen Rechtsnormen vorwiegend öffentliche Interessen verfolgen bzw. auf die Erfüllung und Ausübung einer öffentlichen Aufgabe abzielen[580]. Mit den sogenannten Doppelnormen, die gleichzeitig privat- und öffentlichrechtliche Regelungsinhalte aufweisen, wird die Durchsetzung privater Ansprüche und die Erfüllung öffentlicher Interessen in einem angestrebt[581]. Gerade bei den gemischtrechtlichen Normen erweist sich der Methodenpluralismus als wertvoll. Mit Hilfe der verschiedenen Theorien ist eine gemischtrechtliche Norm zu qualifizieren und im Hinblick auf den zulässigen Rechtsweg der Entscheid zu treffen, welche Rechtsnatur überwiegt.

Bei der Unterscheidung der privaten und öffentlichrechtlichen Rechtsnatur handelt es sich um ein grundlegendes traditionelles organisatorisches Prinzip[582]. Von ihr hängt in der Folge der zulässige Rechtsweg ab[583]. Im vorliegenden Zusammenhang gilt es insbesondere die Möglichkeiten zu untersuchen, wie die privat- und öffentlichrechtlichen Verfahren allenfalls aufeinander abgestimmt werden können, um Übereinstimmungen zu fördern und ungerechtfertigte Unterschiede zu vermeiden[584]. Von besonderem Interesse ist, wie das Privatrecht die öffentlichrechtliche Rechtslage allenfalls zu beeinflussen vermag und welche Rechtsfolgen sich daraus ergeben[585].

Es gibt Normen, welche die planungs-, bau- und umweltschutzrechtliche Ordnung mit ihren Rechtsfolgen grundsätzlich ergänzen. Zum andern ist die Rechtslage umfassend zu beur-

---

[579] BGE 109 Ib 146 ff.
[580] *Häfelin/Müller*, N. 208 ff.; *Kölz*, Kommentar VRG, § 1 N. 3 ff.
[581] *Häfelin/Müller*, N. 214 ff.; *Kölz*, Kommentar VRG, § 1 N. 7; *Kuttler*, ZBl 67/1966, 267; *Wolfer*, S. 123 ff.; *Imboden/Rhinow*, Bd. I, Nr. 3; *Glavas*, S. 19 f.
[582] Vgl. diesbezüglich auch *Pestalozza*, DöV 1974, 188 ff.: Der Autor analysiert hier kollisionsrechtliche Aspekte der Unterscheidung von Privatrecht und öffentlichem Recht.
[583] *Kölz*, Kommentar VRG, § 1 N. 3; vgl. auch Kuttler, ZBl 67/1966, 270 ff. betreffend die gemischtrechtlichen Normen
[584] *Wurzburger*, S. 184
[585] Im Rahmen der vorliegenden Untersuchung ist vor allem diese Sichtweise der möglichen Lösungsmitbestimmung durch das Privatrecht aufzuzeigen. Die Darstellung beschränkt sich auf einige in der Praxis häufige und aktuelle Probleme.

teilen, wenn die gleichzeitige Rechtsanwendung beanspruchenden privat- und öffentlichrechtlichen Regelungen zu gegenseitig unvereinbaren Ergebnissen führen. Privatrechtlich stehen im vorliegenden Zusammenhang besondere Vertragsverhältnisse wie z.B. der Grundstückkauf, die Miete von Wohn- und Geschäftsräumen sowie das Bauvertragsrecht, aber auch die dinglichen Rechtsfolgen der Verfügung über das Grundeigentum und das nachbarliche Verhältnis zwischen betroffenen Grundeigentümern im Vordergrund[586].

2. Privatrecht in Ergänzung zu öffentlichrechtlichen Regelungen

2.1. Privatrechtliche Bauvorschriften

§ 178 EG zum ZGB z.B. bestimmt, dass "andere Einfriedungen" wie tote Hecken, Holzwände oder Mauern, welche eine Höhe von 150 cm übersteigen, um die Hälfte ihrer Höhe über 150 cm von der nachbarlichen Grenze zurückversetzt werden müssen, falls der betroffene Nachbar dies verlangt. Dieser Anspruch des Grundeigentümers, dessen Grundstück unmittelbar an die Bauparzelle angrenzt, ist rein privatrechtlicher Natur.

Abgesehen von baupolizeilich motivierten Vorschriften im Strassenabstandsbereich[587] kennt das zürcherische Planungs- und Baugesetz keine materiellen Vorschriften über die maximale Höhe von Grundstücksabgrenzungen. Mit andern Worten: Eine bauliche Grundstücksabgrenzung hat aus rein baurechtlicher Sicht die Grundanforderungen an Bauten und Anlagen[588] zu erfüllen. Im Falle einer Grenzmauer gilt es, in bauverfahrensrechtlicher Hinsicht etwa folgendes zu beachten: Mauern und geschlossene Einfriedigungen bis zu einer Höhe von 0.8 m sowie offene Einfriedigungen sind gemäss § 1 lit. d BVV nicht bewilligungspflichtig i.S.v. § 309 PBG. Einfriedigungen und Mauern von nicht mehr als 1.5 m Höhe ab gewachsenem Boden, die keinen Abstandsvorschriften gegenüber Strassen unterliegen, unterstehen gestützt auf § 6 Abs. 2 lit. e BVV dem Anzeigeverfahren. Die übrigen Einfriedigungen und Mauern unterstehen dem ordentlichen Bewilligungsverfahren (§ 309 lit. h PBG). Folglich ergänzt der kantonale Gesetzgeber mit § 178 EG zum ZGB die Rechtsordnung um einen privaten nachbarrechtlichen Anspruch.

---

[586] Vgl. in diesem Zusammenhang *Wurzburger* (S. 183 ff.), der allerdings das Schwergewicht auf die Einflüsse der öffentlichrechtlichen Rechtsordnung gegenüber privatrechtlichen Problemen andeutet.
[587] Vgl. § 265 Abs. 2 PBG i.V.m. der kantonalen Strassenabstandsverordnung
[588] In Streitfällen geben regelmässig die genügende Einordnung gemäss § 238 PBG oder Statikfragen gemäss § 239 PBG zu Diskussionen Anlass.

Ähnliche die Baufreiheit einschränkende Rechtsfolgen wie die Bestimmungen des öffentlichen Baurechts zeitigen Grunddienstbarkeiten wie z.b. ein Bauhöhenservitut[589] und etwa eine servitutarische Bau- und Gewerbebeschränkung[590]. Auch sie können die öffentlichrechtliche Ordnung demnach reibungsfrei ergänzen.

2.2. Öffentliches Baurecht in Abhängigkeit von privatrechtlichen Abreden

Gemäss § 270 Abs. 3 PBG, der anlässlich der Gesetzesänderung vom 1. September 1991 im Interesse einer verdichteten Bauweise statuiert worden ist, kann - unter Vorbehalt einwandfreier wohnhygienischer und feuerpolizeilicher Verhältnisse - durch nachbarliche Vereinbarung ein Näherbaurecht begründet werden.

Wird ein Vorhaben gestützt auf ein Näherbaurecht bewilligt, so ist mit der vorberatenden kantonsrätlichen Kommission davon auszugehen, dass nicht nur Grenzabstände, sondern auch vom Erfordernis der Einhaltung des Gebäudeabstandes gemäss § 271 PBG abgesehen werden kann[591]. Bei genauerer Betrachtung von § 270 Abs. 3 PBG zeigt sich, dass verdichtetes Bauen durch Näherbauen von einer privatrechtlichen Abrede abhängig gemacht wird. Bedeutet die nachbarliche Vereinbarung gemäss § 270 Abs. 3 PBG nun die Begründung einer Grunddienstbarkeit im sachenrechtlichen Sinne, oder genügt bereits eine vertragliche Abrede? - Den Materialien lässt sich diesbezüglich nichts entnehmen. Soweit es sich lediglich um die Zustimmung zu einem konkreten Bauvorhaben handelt, genügt eine schriftliche Erklärung des belasteten Grundeigentümers. Sofern die Parteien eine schriftliche Vereinbarung getroffen haben, genügt deren Vorlage gegenüber der Baubehörde. In bezug auf ein grundstücksinternes Näherbaurecht bedarf es keiner besonderen Erklärung zuhanden der Baubehörde[592]. Besteht im Zeitpunkt der Anspruchseinräumung kein konkretes Projekt oder soll das Näherbaurecht gegenseitig eingeräumt werden, so können die Parteien das Näherbaurecht mit einer Grunddienstbarkeit dinglich absichern. Dabei handelt es sich um ein nicht besonders geregeltes Servitut, das unter die allgemeinen Bestimmungen von Art. 730 ff. ZGB fällt. Es entsteht konstitutiv mit dem Eintrag ins Grundbuch[593]. Sofern die Parteien eine Grunddienstbarkeit begründen, genügt

---

[589] BGE 115 II 434 ff.
[590] BGE 113 II 506 ff.
[591] Kommission zur Beratung des Berichtes und Antrages des Regierungsrates vom 11. Oktober 1989 betreffend Planungs- und Baugesetz (Änderung), Vorlage 3027, S. 655 f. sowie Protokoll des Zücher Kantonsrates vom 18. März 1991, S. 13'434
Vgl. diesbezüglich BRKE II Nrn. 155 und 156/1992 = BEZ 1992 Nr. 34; *Wolf/Kull*, N. 179
Betreffend Grunddienstbarkeiten mit demselben Inhalt wie öffentlichrechtliche Eigentumsbeschränkungen *Rey*, Berner Kommentar, Art. 730 N. 68 ff.
[592] VB 92/0117 = BEZ 1992 Nr. 5
[593] *Riemer*, § 13 N. 15 und § 10 N. 12 ff.

gegenüber der Baubehörde die Vorlage des Grundbuchauszuges[594]. Schliesslich kann ein Näherbaurecht bei Bedarf auch gestützt auf § 321 Abs. 2 PBG im Grundbuch angemerkt werden.

3. Privatrecht im Widerspruch zu öffentlichrechtlichen Regelungen

3.1. Nutzungsordnungsbehindernde Servituten

Grunddienstbarkeiten können nicht nur ergänzend neben dem öffentlichen Recht Anwendung finden. Es gibt auch Fälle, bei denen ein Konflikt zwischen bestehenden Servituten und der öffentlichrechtlichen Ordnung entstehen kann. Illustrativ ist diesbezüglich die Rechtslage, wenn etwa ein Aussichtsservitut die zonenkonforme Nutzung faktisch verhindert bzw. so beeinträchtigt, dass eine wirtschaftliche Nutzung des Baugrundstückes nicht mehr als lukrativ erscheint[595]. Im weiteren ist im Rahmen eines Quartierplanverfahrens bei der flächenmässigen Zuteilung gestützt auf § 139 Abs. 1 PBG der Grundsatz des Realersatzes unter Berücksichtigung von Lage, Fläche und Wert des ehemaligen Grundstückes zu beachten. Dabei können nötigenfalls gesetzliche Eigentumsbeschränkungen des privaten Rechts, Dienstbarkeiten, Grundlasten oder vorgemerkte persönliche Rechte aufgehoben, geändert oder begründet werden. Auch hier muss die Lösung über eine Interessenabwägung gefunden werden: Das bestehende private Interesse am Servitut und das öffentliche Interesse an der Überbaubarmachung von Bauland bzw. an dessen Feinerschliessung ist jeweils festzustellen, zu bewerten, und anschliessend sind diese Interessen gegeneinander abzuwägen. Damit ermöglicht das Quartierplanrecht im Interesse der von ihm verfolgten öffentlichen Aufgabe recht weitgehende Eingriffe in die dingliche Rechtsstellung der betroffenen Grundeigentümer.

3.2. Durchsetzung der Nutzungsordnung gegenüber mietrechtlichen Erstreckungsvergleichen

Angenommen ein Grundstück unterstehe einem bestimmten nutzungsplanerischen Wohnflächenpflichtanteil[596], der nicht eingehalten wird, weil bestimmte Räume des fraglichen Gebäudes als Geschäftsräumlichkeiten vermietet werden. Auf entsprechende behördliche Aufforderung hin kündigt der Grundeigentümer in seiner Eigenschaft als Vermieter das fragliche Miet-

---

[594] Vgl. zum Ganzen auch *Kull/Wolf*, N. 189 ff.
[595] Vgl. BRKE II Nr. 242/1992 = BEZ 1992 Nr. 32 (bestätigt mit VB 93/0006)
[596] Vgl. zur Verdeutlichung *Pfisterer*, S. 459 ff.; *Schläpfer*, S. 38 f. und 139 ff; *Schumacher*, S. 20 ff., 33 f., 155 ff.

verhältnis. Daraufhin gelangt der Mieter an die zuständige Schlichtungsbehörde in Mietsachen, und Vermieter und Mieter vereinbaren unter deren Verfahrensleitung einen Erstreckungsvergleich. Wie beurteilt sich nun die Rechtslage, wenn der Wiederherstellungsbefehl im Hinblick auf die rechtmässige Wohnnutzung zeitlich vor Ablauf der vereinbarten Mieterstreckung durchzusetzen ist[597]?

Zum einen stellt sich die Rechtsfrage nach dem Verhältnis zwischen dem bundesrechtlichen Mieterstreckungsvergleich und dem kantonalen Verwaltungszwang. Während es sich beim Mietrecht gestützt auf Art. 64 BV um kompetenzgemäss erlassenes Bundesprivatrecht handelt, besteht für das Baurecht[598] mangels einer verfassungsmässigen Einzelermächtigung des Bundes und gestützt auf Art. 6 ZGB generell die kantonale Zuständigkeit. Die fraglichen kompetenzgemäss erlassenen miet- und baurechtlichen Normen schützen je verschiedene Rechtsgüter – zum einen den sozialmotivierten Kündigungsschutz der regelmässig schwächer gestellten Mieterschaft und zum andern das konkrete Gewährleisten von Wohnraum. Da weder eine Kompetenz- noch eine Normenkollision zwischen Bundesprivatrecht und kantonalem öffentlichen Recht vorliegt[599], bestehen an sich zwei eigenständige rechtmässige Rechtsanwendungsakte nebeneinander.

Folglich fragt sich, ob der Erstreckungsvergleich den Wiederherstellungsbefehl allenfalls vorfrageweise zu präjudizieren vermag. Beim Kündigungsschutzverfahren verbleibt die Verfahrenshoheit unter Vorbehalt der Verhandlungsführung durch die Schlichtungsbehörde[600] bei den Parteien. Ein Erstreckungsvergleich ist als Rechtsgestaltungsakt zu qualifizieren, der die privatrechtliche Rechtsbeziehung zwischen dem Grundeigentümer in seiner Eigenschaft als Vermieter und dem Mieter im Hinblick auf deren zeitliche Beendigung modifiziert[601]. Als Vertrag hat der Mieterstreckungsvergleich zudem zulässig zu sein. Gemäss Art. 20 Abs. 1 OR hat er namentlich keinen widerrechtlichen Inhalt aufzuweisen. Wird demnach das Mietverhältnis betreffend eines dem Wohnanteilplan unterstellten Objektes für die Gebrauchsüberlassung als Geschäftsräume verlängert, so wird die fragliche nutzungsplanerische Gebotnorm des massgeblichen Wohnanteilplans missachtet.

Zusammenfassend ist demnach festzuhalten, dass die Durchsetzung von Wohnflächenpflichtanteilen den Zielsetzungen des eidgenössischen Mieterschutzrechts nicht zuwiderläuft. Im Gegenteil: Die Einhaltung der Nutzungsordnung ist vielmehr eine Voraussetzung für die zulässige mietrechtliche Gebrauchsüberlassung.

---

[597] Siehe hinsichtlich den Sachverhalt und die umfassende Problemanalyse *Michèle Hubmann*, ZBl 94/1993, 298 ff. Nachfolgend seien die Ergebnisse zusammenfassend dargestellt.
[598] Dazu gehört namentlich auch die Wiederherstellung des rechtmässigen Zustandes gemäss § 341 PBG.
[599] Vgl. zur Vertiefung betreffend die derogatorische Kraft des Bundesrechts insbesondere *Imboden*, S. 1 ff.; *Widmer*, S. 1 ff., 55, 56 ff.; *Saladin*, Kommentar BV, Art. 2 UeB N. 1 ff.
[600] Die Schlichtungsbehörde steckt mit ihrem mietrechtlichen Fachwissen und ihrer genauen Kenntnis über die aktuellen Marktverhältnisse die Rahmenbedingungen für realistische Vergleichsverhandlungen ab.
[601] Vgl. auch die Ausführungen unter § 4, 4.3.4.

4. Kritische Würdigung

Für die Durchsetzung von Ansprüchen des privaten Baurechts verweist § 1 Satz 2 VRG strikt auf den Zivilweg. Praktisch bedeutet dies, dass die zuständige Baubehörde ein Gesuch allein auf dessen Rechtmässigkeit mit dem öffentlichrechtlichen Baurecht hin überprüfen darf. Über die privatrechtliche Zulässigkeit des Vorhabens äussert sich eine baurechtliche Bewilligung nicht. Allfällige privatrechtliche Anforderungen sind folglich keine Voraussetzungen für die Rechtmässigkeit des Vorhabens aus öffentlichrechtlicher Sicht; diese werden von eigens dafür zuständigen Behörden geprüft und durchgesetzt. Folglich geht es nicht an, dass die Baubehörde die Bewilligung etwa unter der Auflage erteilt, die Bewilligung für das nachgesuchte Vorhaben werde nur unter Erfüllung der zivilrechtlichen Anforderungen erteilt[602]. Zivilrechtliche Streitigkeiten sind folglich von den sachlich zuständigen Instanzen der Zivilgerichtsbarkeit zu entscheiden. Offenbar hat sich der Gesetzgeber ausdrücklich gegen eine Koordination entschieden. Zwischen den privat- und öffentlichrechtlichen Verfahren besteht er auf einer Separation, die in der grundlegenden organisatorischen Trennung des Privatrechts und des öffentlichen Rechts begründet liegt[603]. Diese Trennung der Rechtsordnung äussert sich namentlich auch im Bedarf nach einer Konfliktregelung zwischen Privaten und Verwaltungs- bzw. Gerichtsstellen und zwischen Verwaltungs- und Gerichtsstellen gemäss dem Konfliktgesetz. Obwohl die herkömmliche Unterscheidung aufgrund der zunehmenden Verflechtungen zwischen Staat und Gesellschaft an Bedeutung verloren hat, steht dieses Organisationsprinzip nicht grundsätzlich in Frage.

Der klaren Trennung in die privat- und öffentliche Rechtsnatur baurechtlicher Vorschriften folgt der kantonale Gesetzgeber auch im Planungs- und Baugesetz. § 218 PBG bezeichnet die Vorschriften dieses Gesetzes per se als öffentlichrechtliche Normen, die keine Privatrechte begründen (Abs. 1). Nur wo es ausdrücklich vorgesehen ist, sind die Bauvorschriften für die Baubehörden einer verbindlichen privatrechtlichen Regelung zugänglich. Demnach stellt z.B. § 270 Abs. 3 PBG eine gesetzlich ausdrücklich vorgesehene privatrechtliche Änderungsmöglichkeit für die fragliche öffentlichrechtliche Grenzabstandsvorschrift dar[604].

Diese klare Trennung in eine privat- und öffentlichrechtliche Ordnung mit separaten Rechtswegen bewirkt eine Doppelspurigkeit, mit welcher zwangsläufig auch widersprüchliche Entscheide in Kauf genommen werden[605]. Es fragt sich, ob die Verfahrensseparation zwischen

---

[602] Solche Nebenbestimmungen sind in der Praxis trotz der klaren Verfahrensseparation gemäss § 1 VRG nicht selten. Vgl. beispielsweise die angefochtene Auflage der örtlichen Baubehörde in BRKE II Nr. 0058/1993, der Bauherr habe hinsichtlich der Mauerhöhe über 1.5 m die nachbarliche Zustimmung beizubringen.
[603] Dies gilt umgekehrt auch bei den privatrechtlichen Verfahren. Vgl. *Bianchi*, S. 154 ff. und 280 ff.
[604] *Kull/Wolf*, N. 190
[605] Vgl. das alte, aber immer noch illustrative Beispiel VB 10/1961 = ZR 1962 Nr. 118. Dieser Fall betreffend einen Schreinereibetrieb und widersprüchlichen privat- und öffentlichrechtlichen Immissionsschutzentscheiden findet sich denn auch bei *Imboden/Rhinow*, Bd. I, Nr. 4 (S. 23). Gemäss dem heutigen massgeblichen

der privat- und öffentlichrechtlichen Ordnung und ihrer Durchsetzung nicht an der Einheit der Rechtsordnung vorbeigeht. Im Zusammenhang mit dem Immissionsschutz hält Liver[606] fest:

"Das privatrechtliche und öffentlich-rechtliche Immissionsverbot ... schützen die gleichen Interessen. Wenn ein Nachbar mit seiner Klage aus Art. 584 ZGB von den Gerichten abgewiesen wird, und er dann auf denkbar einfachstem Wege das Bauverbot des Gemeinderates erwirken kann, so ist das, wenn man nicht von einem Skandal sprechen will, jedenfalls eine üble Sache."

Glavas[607] plädiert im Bereich des Immissionsschutzes für eine rechtzeitige und wirksame präventive Durchsetzung des materiellen privaten wie öffentlichen Rechts, indem Art. 684 ZGB bereits im Planungsverfahren berücksichtigt werden solle. Im Rahmen des baurechtlichen Bewilligungsverfahrens seien die verschiedenen Regelungen des materiellen Immissionsschutzes miteinander zu koordinieren. In der Folge sei der Immissionsschutzkonflikt in allen seinen Aspekten in einem einheitlichen Verfahren zu lösen, wie sie beispielsweise der Kanton St. Gallen in Art. 86 BauG[608] aufgenommen habe:

<u>Art. 86 BauG SG</u>
"Privatrechtliche Einsprachen gegen die Erstellung von Bauten und Anlagen sind, soweit der Tatbestand einer übermässigen Einwirkung auf fremdes Eigentum gemäss Art. 684 des Schweizerischen Zivilgesetzbuches streitig ist, im öffentlich-rechtlichen Verfahren zu entscheiden.
Gleichzeitig mit dem Entscheid über die Baubewilligung ist in einer gesonderten Verfügung über die privatrechtliche Einsprache gemäss Art. 684 ZGB des Schweizerischen Zivilgesetzbuches zu entscheiden.
Im Verfahren vor Verwaltungsgericht sind neue Rechtsbegehren, Behauptungen und Beweisanträge, soweit sie den Tatbestand einer übermässigen Einwirkung betreffen, zulässig. Auf Begehren einer Partei hat das Verwaltungsgericht eine mündliche Verhandlung durchzuführen.
Gegen die Entscheide des Verwaltungsgerichtes über die Anwendung von Art. 684 des Schweizerischen Zivilgesetzbuches sind die gleichen Rechtsmittel an das Bundesgericht zulässig, die gegen privatrechtliche Entscheidungen des Kantonsgerichtes gegeben sind."[609]

Recht hat das eidgenössische Umweltschutzrecht (LSV) den kantonalrechtlichen Immissionsschutz weitgehend derogiert; letzterer hat nur noch in jenem Bereich selbständige Bedeutung, der gegenüber dem Bundesrecht weitergehende Regeln statuiert.
[606] S. 36
[607] Vgl. S. 151 ff. und 156 ff. (insbesondere den Hinweis in Fussnote 17 auf S. 158 f.): *Kuttler*, ZBl 67/ 1966, 265 ff.; *Fischli*, ZBGR 1970, 143)
[608] Gesetz über die Raumplanung und das öffentliche Baurecht vom 6. Juni 1972 des Kantons St. Gallen (GS SG 731.1); vgl. in diesem Zusammenhang auch die Änderung von Art. 359bis Gesetz über die Zivilrechtspflege vom 7. Februar 1939, wonach Klagen, durch die gestützt auf Art. 684 ZGB die Erstellung von Bauten oder Anlagen verhindert werden sollen, mit privatrechtlicher Baueinsprache im Baubewilligungsverfahren geltend zu machen sind.
[609] Art. 86 Abs. 4 BauG SG ist als bundesrechtswidrig zu beurteilen, zumal dem Kanton keine Regelungskompetenz im Zusammenhang mit bundesrechtlichen Rechtsmitteln zukommt.

Mit dieser Regelung ist eine beträchtliche Verfahrensvereinfachung entstanden, die sich in der Praxis bewährt hat[610].

Honegger[611] schliesslich geht noch einen Schritt weiter, indem er für die Anwendung sämtlicher nachbarschützender Normen ein einheitliches Verfahren vorschlägt. Die Lösung sei im baurechtlichen Verfahren zu suchen, da das privatrechtliche eine relativ geringe Bedeutung habe. Ein rasches und einfaches Verfahren könne dadurch sichergestellt werden, dass die privatrechtliche Seite eines nachgesuchten Bauvorhabens im Verwaltungsverfahren zu bereinigen sei. Unbegründete und aussichtslose Einsprachen könnten durch ein summarisches Verfahren ausgeschieden werden. Da die zuständige Verwaltungsbehörde demnach auch die massgeblichen privatrechtlichen Normen anzuwenden habe, könne über das Bauvorhaben abschliessend befunden werden.

Im Rahmen der laufenden Revision des zürcherischen Verwaltungsrechtspflegegesetzes ist eine solche Verfahrenskonzentration zu überdenken. Zum einen ist sie in koordinationsrechtlicher Hinsicht sicherlich erstrebenswert, zum andern bietet sie sowohl dem gesuchstellenden Bauherrn als auch dem betroffenen Nachbarn eine effiziente Rechtsdurchsetzung.

Mag die verfahrensrechtliche Vereinheitlichung privat- und öffentlichrechtlicher Fragen im Zusammenhang mit ein und demselben Bauvorhaben Zukunftsmusik sein, so ist zumindest die Tendenz zur Sektorialisierung und Spezialisierung in der Erfüllung privater und öffentlicher Aufgaben erkannt. Heute stehen wir "vor dem Phänomen einer wachsenden Spezialisierung, die massgeschneidert zu sein scheint, es aber letztlich nicht ist, weil die soziale und natürliche Wirklichkeit, auf die das Recht stösst, gerade nicht spezialisiert sind. Ihre Charakteristiken sind die soziale und ökologische Vernetzung"[612]. Damit das Recht der vielfältigen Wirklichkeit gerecht wird, bedarf es der ganzheitlichen Rechtsbetrachtung - der Berücksichtigung der gesamten Rechtsordnung.

---

[610] Erst der Rechtsmittelweg ans Bundesgericht erfährt durch die bundesrechtlich vorgesehenen Rechtsmittel der Verwaltungsgerichtsbeschwerde und der Berufung eine koordinationsrechtlich unerwünschte Gabelung.
[611] S. 43
[612] *Lendi*, Einheit der Rechtsordnung, S. 411 und nachfolgend S. 421

SACHREGISTER

Hauptfundstellen sind fett gedruckt.

A

Abgrenzung zwischen Bewilligungsanforderungen 53
Abstimmung
- der raumwirksamen Tätigkeiten 143, 145, 145 f., 150, 156, 174, 192, 207
- der wasserbaulichen Massnahmen 257

Akteneinsichtsrecht 35, 71, 182, 225
Alternativgesuch 51, 80
Amt für Gewässerschutz und Wasserbau 28, 243 ff.
Amt für technische Anlagen und Lufthygiene 28
Amtsbericht 6, 38
Amtshilfe 37 ff.
Änderung der Rechtslage 52, 130, 165, 191, 195
Änderung der Sachlage 130, 165, 191, 195
Änderung des Vorhabens 52, 73
Anfechtbarkeit eines fehlerhaften Verwaltungsaktes 87
Anfrage 38, 79
    siehe auch unter Auskunft
Anhörungsrecht 5, 22, 27, 55, 64, 66 f., 71 f., 152, 157, 160, 179, 180, 181, 185, 187, 204, 215, 217, 226, 232, 241, 244, 249, 257, 258, 259, 265, 272, 277
Anreiz, wirtschaftlicher 205
Anschlussvertrag 27
Antinomien bei der Erfüllung öffentlicher Aufgaben 8, 53, 149 ff., 211, 236
Antragsrecht 28, 30, 31, 69, 206, 208, 225, 259
Arbeitsablauf, verwaltungsinterner 38
Arbeitsschutzrecht 176, **272 ff.**
Artenschutz 175, 212, 263
Aufgabenerfüllung 5, 6, 13, 21 f., 23 f., 26 f., 38, 39, 42, 54, 123, 126, 181
Aufgabenübernahme 27
Aufgabenverteilung, bundesstaatliche 5, 55 f.
- im Arbeitsschutz 272 f.
- in der Fischerei 263 f.
- im Gewässerschutz 238 f.
- im Hochwasserschutz 255 f.
- im Katastrophenschutz 199
- im Natur- und Heimatschutz 211 f.
- in der Raumplanung 148 f.
- im Umweltschutz 176 ff.
- im Waldrecht 223 f.
- im Wassernutzungs- und Wasserbaurecht 247 f.
- im übrigen Wasserbaurecht 258
- im Zivilschutz 268

Aufsicht 4 f., 21, 25, 28, 32 f., 34 f., 36, 70, 71, 108, 109, 120, 156, 160, 178, 180, 197, 198, 199, 223, 226, 229, 231, 239, 242 f., 248, 250, 255, 259, 263, 266, 268 f., 273, 275 f.
Augenschein 35, 67, 68, 96, 118, 124, 255, 274
Ausgleich, ökologischer 212 f.
Auskunft 35, 38 f., 77, 138, 182, 198, 202, 274
Ausnahmebewilligung 3, 8, 12, 57, 62, 80, 90, 99, 101, 119, 144 f., 151, 189, 213, 215, 216, 227, 233, 234, 237, 244, 270
Aussteckung 63, 64
Auszonung 106

B

Bauamt 31
Bauausführung 74
Baubehörde 4, 61, 62, 63, 64, 66, 74, 79, 121
Baufreigabe 74, 167, 244
Baugesuch 47, 52, 61 f., 70, 76, 79
- Ergänzung 68
- Eventualgesuch 61
- Fehler/Mängel und Verbesserung 47, 62
- Gesuchsbegründung 62
- Gesuchstellung 61 ff.
- Teilgesuch 61

Baukommission 31
Baukontrolle 52, 74
Baurecht
- öffentliches 125, 144 f., 150 f., 274, 280'
- privates 281

Bausekretär 31
Bausektion II des Stadtrates von Zürich 31
Bauten und Anlagen 3, 162 ff.
Bau- und Niveaulinien 107 f., 112
Behandlungsfrist 70, 105
Behördenbeschwerde **108 f., 117**
- Gemeindebeschwerde 117, 258, 260
- im Natur- und Heimatschutzrecht 109, 216
- im Raumplanungsrecht 108, 151
- im Umweltschutzrecht 109
- im Waldrecht 109, 230

Beiladung 52, 113 ff.
Beizug weiterer beteiligter Behörden 75
Bekanntmachung, öffentliche 32, **64 ff.**, 67, 73, 75, 78, 137, 157, 164, 170, 216, 225, 252, 255, 262
Belastungsplanung 193

Beratung 22, 138, 151, 179, 182, 198, 202, 204, 208, 214, 220, 240, 242, 246, 266, 273, 274
Bereichsplanung 154
Bereinigungsverfahren 149, 153
Berichterstattung 35, 151, 239 f., 241, 246, 273
Beschwerde an das Verwaltungsgericht des Kantons Zürich 112 f., 116, 118, 119, 125 f., 251
Beschwerde, staatsrechtliche, ans Bundesgericht 99 ff., 105, 120, 157, 161
Betreiben gemeinsamer Einrichtungen 27
Betriebsbewilligung 259, 273, 275, 277
Beurteilungsspielraum 12, 64, 146, 159 f., 172, 186 f., 200, 261
Bewilligung
- arbeitsschutzrechtliche 273, 275, 276 ff.
- baurechtliche 3, 29, 46, 47, 61, 77, 90, 100, 101, 106, 112, 150, 184, 226, 234, 237, 238, 243 f., 246, 258, 256, 259, 260, 261, 262, 270, 271, 279, 285
- gewässerschutzrechtliche 29, 33, 113, 190, 237, 239 f., 244, 246 f., 266
- Deponiebewilligung 190
- für technische Eingriffe in Fischgewässer 70, 190, **265**
- Rodungsbewilligung 190, 223, 224 f., 226, 227, 228, 232, 234
- zur Beseitigung der Ufervegetation 190, 213, 216 f.
- wasserbaupolizeiliche 259, 260
- wasserrechtliche 253 f., 260
- zivilschutzrechtliche 268 f., 269
Bewilligungskonkurrenz 53
Bewilligungspflicht 3
Bewilligungsverfahren 3, 4 ff., 144, 159 f., 161 f., 162, 185, 188, 192, 193
- nachträgliches 59, 83, 90
Biotopschutz 212 f., 223

D

Denkmalpflege 210
Dienstanweisung, generelle 34, 35 f.
- betreffend die Rechtsstellung der Beamten 35
- organisatorische 35
- mit Aussenwirkungen 35
- verhaltenslenkende 35
Dienstgewalt 21, 25, 34
Dienstleistungscharakter der Verwaltungstätigkeit 39, 125
Differenzbereinigungsverfahren 55
Dispositionsmaxime 45 f.
Doppelnorm 280

E

Eingriffsverwaltung 122, 126
Einheitsbeschwerde 104

Einheit der Verwaltung 6, 21, 37, 42, 53
Einigung 69, 96, 131, 133, 156, 168, 221
Einsprache 50, **64 f.**, 76 f., 132, 225, 232, 245, 251, 252, 255, 262
Einzonung 150, 228
Empfindlichkeitsstufen 100, 158, 183
EMRK-Anforderungen 106 ff., 161
EMRK-Verfahrensgarantien 104 f., **105 ff.**, 119
Entscheideröffnung 10, 15, 52, 56, 59, 64, 72 ff., 118, 121, 166
Entscheidungskonzentration 54, 56, 59, 98, 113, 120, 254, 259, 260, 265, 266
 siehe auch unter Koordinationsmodelle/Konzentrationsmodell
Enteignung 76 f., 106, 107, 113, 161, 251, 261 f., 271
Erfolgskontrolle 198
Erläuterungsbericht 150, 195, 196, 207
Ermessen 21, 35, 48, 49, 118, **123 f.**, 215
Ermessensspielraum 45, 46, 65, 118 f., 186, 187
Erschliessung 36, 79, 80, 133, 144, 152, 158, 193, 224, 238
Erstellung gemeinsamer Einrichtungen 27
Eventualgesuch 61
Eventualmaxime 51

F

Fachberater, privater 31 f., 63, 245, 274
Fachstellen
- im Arbeitsschutz 274
- in der Fischerei 266
- im Hochwasserschutz 257
- im Gewässerschutz 240 f., 242 f., 245
- im Natur- und Heimatschutz 214 f., 217
- in der Raumplanung 152
- im Umweltschutz 30, 180, 182, 185, 187 f., 190, 191, **196 f., 202 ff.**, 206
- im Waldrecht 225, 231 f.
- im Wasserbau 257, 260
Fachverwaltung 4 f., 43, 44, 63, 72 f., 125, 182, 187, 214, 220 f., 231 f., 242, 246, 270, 274 ff.
fair trial 105, 120, 140
Fischerei 176, 177, 237, 249, 253, 256, **263 ff.**, 272
Fischereiorganisation 258, 260
Föderalismus, kooperativer
- im Arbeitsschutz 274 ff.
- im Gewässerschutz 240 ff.
- im Katastrophenschutz 200 f.
- im Natur- und Heimatschutz 213 ff.
- in der Raumplanung 149, **151 ff.**, 164
- im Umweltschutz 180 ff.
- im Waldrecht 225 f.
- im Wassernutzungsrecht 249 ff.
Forstrecht
 siehe unter Waldrecht
Fristverlängerung 167
Führung 21, 43 f.

G

Gebäudeversicherung 29
Gebindelager 245
Geltendmachung, adhäsionsweise, von Schadenersatzansprüchen 168
Gemeindeschreiber 31
Genehmigung 28, 29, 35, 36, 61, 63, 76 f., 112 f., 120 f., 133, 149, 150, 152, 153, **156, 160**, 179, 195, 199, 234 f., 251, 258, 259, 261., 262, 269 f., 271
Gesamtentscheid 15, 56, 59, 73, 74
Gestaltungsplan 57, 112, 118, 132 f., 152, 158 f., 160, 161
Gesuch um Zustellung der Baubewilligung 65
Gewaltenteilung 42
Gewässerschutz 147, 175 f., 177, 236, **237 ff.**, 256, 257, 264, 265
Gleichgewicht, ökologisches 145, 174
Grundsatz
- der Bindung an abgegebene Stellungnahmen 15, 68, 72, 165, 191
  siehe auch unter Vertrauensschutz
- der derogatorischen Kraft des Bundesrechts 11, 56, 62, 284
- Eigenverantwortung 205, 208
- der Einheit des Baugesuches und der baurechtlichen Bewilligung 8, 46, 61, 73, 111
- der Einheit der Rechtsordnung 10, 13, 54, 286
- der freien Beweiswürdigung 188, 206
- der ganzheitlichen Betrachtungsweise und Beurteilung 46, 60, 62, 68, 98, 114, 122, 143, 145, 146, 155, 161, 171, 174, 175, 185, 186, 188, 195, 201, 234, 246, 257, 287
- der Gleichrangigkeit der öffentlichen Aufgaben 56, 172, 225, 252
- der Koordinationspflicht 8, 94, 97, 98, 111, **163**, 166, 192, 208
- der Mittelbarkeit des Verfahrens 50, 96
- der Mündlichkeit des Verfahrens 50, 96
- der Öffentlichkeit 167, 185, 196
- des rechtlichen Gehörs 58, 65 f., 71, 75 f., 105, 115, 187
- der Rechtssicherheit 68, 83, 87 f., 91, 92, 114, 139, 168, 229
- der Schriftlichkeit des Verfahrens 50, 96
- der Subsidiarität 94, 119, 239, 242, 250, 257
- der Unmittelbarkeit des Verfahrens 50, 167
Gutachten 6, 38, 68, 214, 217

H

Hauptuntersuchung 156, 196, 198
Hochbauamt 28

I

Immissionsschutz 84, 183, 286 f.
Information 14 f., 17, 25, 35, 37, 138, 151, 156, 157, 160, 171, 179, 182, 185, 190, 195, 196 f., 201, 204, 205, 216, 242, 274
Integration interdisziplinärer Anordnungen 28 f.
Interesse 10 f., 21, 43, 46, 75, 122, 136, 171, 186, 200, 217, 236, 237, 239, 265
- öffentliches 8, 12 f., 38, 40, 56, 68, 91, 108 ff., 111, 126, 128, 129 f., 133, 146, 186, 194, 200, 211, 213, 219, 221, 247, 248 f., 251, 252, 259, 260, 261, 280, 283
- privates 8, 56, 72, 128, 130, 186, 200, 217, 219, 251, 259, 261, 283
Interessenabwägung 7, 8 f., 11, 12 f., 15, 31, 40, 60, 68, 94, 105, **128 f.**, 130, 146, 147, 283
- im Fischereirecht 264, 266 f.
- im Gewässerschutz 236, 239 f., 245 f.
- im Natur- und Heimatschutz 186, **212 f., 219 f.**, 221
- im Raumplanungsrecht **149 ff., 158** f., 172 f., 186, 207, 283
- im Umweltschutz 186, 200
- im Waldrecht 224 f., 233 f., 235
- im Wassernutzungsrecht 248 f., 252 f., **261**
Interessenclearing 10, 123

J

Jagdrecht 177, 226

K

Katastrophenschutz 40 f., 179, 186, **199 ff., 208 ff.**
Katastrophenschutzdienst 201
Killerentscheid 70, 270
Klage, verwaltungsrechtliche 131
Kognition 8, 16, 98, 105, 107, 125, 181, 188, 191, 195, 204
- der Genehmigung 29, 112 f., 120, 153, 157
Kommunikation 24, 25, 43, 123
Konfliktfähigkeit 43
Konfliktmittlung 122, **135 ff.**
Kontrollbericht 200
Konzentrationsbehörde 24, 57, 97
Konzentrationsmodell
  siehe unter Koordinationsmodelle
Konzept 123, 153, 183, 192, 194, 224, 258
Konzession 12, 102, 186, 216, 219, 240, 247, 249, 251, 253, 261, 265, 267

Kooperation 17, 19, 21, 22 f., 24, 37, 39, 40, 41. 43 f., 58, 94, 125, 138,
- im Gewässerschutz 240 ff., 246
- im Hochwasserschutz 257
- im Natur- und Heimatschutz 213 ff., 220
- in der Raumplanung 148, 151, 153, **164 f.**
- im Umweltschutz **179 f.**, 180 f., 185, **187 f.**, 201, 204, 205, 208
- im Waldrecht 233
- im Wassernutzungsrecht 261

Koordination
- antiziperte 17
- bei grundsätzlichem Konflikt 23
- bei grundsätzlichem Konsens 23
- bilaterale 23
- externe 23
- fortlaufende 16 ff., 233
- frühzeitige 14, 51, 59 f., 63, 64 f., 75, 77, 79, 109, 120, 122, 137, 139, 171, 185, 195, 234
- gleichzeitige 17 f., 61, 94
- horizontale 23, 151, 164
- informelle (auch Selbstkoordination und freiwillige Koordination) 23, 67, 73
- interne 23
- mehrstufige 16 f.
- multilaterale 23
- nachträgliche 16, 59, 94 ff.
- vertikale 23, 164

Koordinationsadressat 18
Koordinationsbedarf 5 f., 9, 11, 23, 63, 162
Koordinationsbegriff 7 ff.
Koordinationsbehörde 24, 32, **66 f.**, 72, 74, 97, 121 151, 164, **190**, 225, 233, 246, 253, 254
Koordination, formelle 8 ff., 13 ff., 164 f., 191
Koordinationsmängel 166 ff.
Koordination, materielle 7, 9 ff., 94 f., 97, 162, 164 f., 190, 219, 226, 233
Koordinationsmodelle **53 ff., 96 ff.**, 99
- Konzentrationsmodell 9, 54 ff., 57, 58, 59, 73, 95, 97 f., 99, 113, 120, 162, 208, 209, 224, 227, 241, 242, 244, 250, 254, 259, 260, 262, 265, 266, 286 f.
- Modell der materiellen Verfahrenskoordination 58, 99, 113
- Separationsmodell 17 f., **54**, 69, 93, **96**, 285 f.
Koordination im Rechtsmittelverfahren 16, **96 ff.**, 229 f., 251, 254 f., 265
Koordinationsstelle für Störfallvorsorge 202 ff.
Koordinationsstelle für Umweltschutz 28, 196 f.
Koordinationsursachen 4 ff.
Koordinationsverfahren 15, **66 ff.**, 73
Koordinationszuständigkeit 95
Kostenfolge 168
Kreisschreiben 35
Kurzbericht 204, 205
Kurzverfahren 118

L

Landschaftsschutz 175, 210, 219, 223, 226, 248
Legalitätsprinzip 12, 35, 48, 92, 126 f., 133
Legitimation 63, 65, 66, 108, 110, 114 f., 117, 254, 258, 262, 278
Leistungsverwaltung 24, 122, 126
Leitverfahren 10, 12, 55, 59, 94 f., 206, 220, 228, 233, 234, 246
siehe auch unter Verfahren, massgebliches

M

Massenverfahren 75 f., 167
Massnahmenplan 184
Mediation
siehe unter Konfliktmittlung
Meinungsverschiedenheiten 69 f.
Meldepflicht 35, 36, 205, 208, 274
Meldestelle 200 f.
Meldeverfahren 29, 36, 218, 244
Mitbenützung gemeinsamer Einrichtungen 27
Mitberichtsverfahren 24, 30, 55, **69 f.**, **198**, 205, 276
- grosses 69
- kleines (Vorverfahren) 69
Mitwirkung 21, 45, 75
- im Arbeitsschutz 274 f.
- im Gewässerschutz 241, 246
- im Natur- und Heimatschutz 214
- in der Raumplanung 157 f., 160 f., 167, **169 ff.**, 214
- im Waldrecht 225, **227**, 231, 233
- im Umweltschutz 180 f., 185, 205
Modell der materiellen Verfahrenskoordination
siehe unter Koordinationsmodelle

N

Näherbaurecht 85, 135, 282 f.
Natur- und Heimatschutz 109, 143, 146 f., 175, 177, 186, **210 ff.**, 223, 225, 226, 233, 237, 263, 264
Natur- und Heimatschutzorganisationen 73, 110, 115, 118, 216, 218, 258, 260
Nebenbestimmung 17, 29, 46 f., 52, 55, 74, 187, 191, 202, 217, 221, 244, 259, 260, 278, 285
Negotiation
siehe unter Verhandlungslösungen
Nichteinzonung 107
Nichtigkeit eines fehlerhaften Verwaltungsaktes 87 f.
Norm, offene 123, 139, 186

Normalien 36, 127
Normenkollision 53, 284
Normenkontrolle, akzessorische 36, 160
Normenwerk, privates 127
Nutzungsplan(ung) 8, 13, 27, 28, 57, 100, 101, 106 f., 112 f., 120, 143, 144, 150, 152, **158 ff.**, 170, 171, 183, 192, 193, 195, 196, 201, 207, 224, 228, 229, 234

O

Organisation 28 ff.
Organisationskriterien 40 ff.
Organisationshoheit 8, 56 f., 163, 172, 192

P

Petitionsfreiheit 64
Pflichtenheft 156, 187 f., 196
Plan 123
Planabstimmung 120
Plangenehmigungsverfahren 193, 259, 273, 275, 276 f., 278
Planung, forstliche 230 f.
- Waldentwicklungsplanung 231
- Ausführungsplanung 231
- Betriebsplan 231
Planungsgrundsätze 147, 150, 183
Planungsverband 26, 152
Planungsvereinigung 152
Planungszone 28, 112, 152
Pluralität der Verwaltung 21 f.
Projektfehler und -mängel 64 f.
Projektmanagement 95
Provokationsverfahren 217 f., 220

Q

Quartierplan 120, 133 f., 261, 283
Querschnittaufgabe 30, 39, 55, 143, 149, 174, 176, 182, 199

R

Rahmennutzungsplan 112, 154, 158
Raumplanung 8, 11, 45, 94, 125, 127, 136, 139, **143 ff.**, 174 f., 177, 182, 186, 194 f., 201, 205, 207, 210 f., 222 f., 224, 233, 238, 257, 258, 280
- koordinative 143, 147, 149, 169, 170, 183
- nutzungsplanerische 143, 147, 149, 169
Raumverträglichkeit(sprüfung) 155, 195, 224

Rechtsbegriffe, unbestimmte 48 f., **124**, 139, 186, 200
Rechtsbehelf 132
Rechtsgleichheit 48, 126, 127, 172, 177
Rechtskraft 74, 118
- von Verwaltungsentscheiden 90 ff., 118
- von Zivilentscheiden 89 f.
- Teilrechtskraft 167
Rechtsmittel 8, 35, 45, 60, 132, 157, 166, 167, 209, 229 f., 234, 245, 258, 270, 275, 278
Rechtsmittelbelehrung 73, 74, 166
Referentenaudienz 50, 96
Rekursverfahren 50, 112 f., 116 f.
- Kurzverfahren 50, 118
Richtlinie 36, 127, 191, 203, 226, 243, 256, 279
Richtplan(ung) 13, 27, 112, 143, 144, 149, 150, 151, 152, **154 ff.**, 169, 171, 192, 193, 201, 224
Risikokataster 201
Rücksichtnahmepflicht 111, 153, 181 f., 248
Rückweisung 46, 63, 70, **116 f.**, 168

S

Sachplan 146, 153, 184, 194, 224, 230
Sachverhalt, massgeblicher 14 f., 19, 45, 48, 49, 51, 52, 53, 62 f., 67, 68, 80, 83, 89, 91, 97, 116, 117, 160, 206, 207, 274
Sachzusammenhang, enger 7, 9, 10, 11, 13, 22, 42, 94
- im Gewässerschutz 148, 238
- in der Raumplanung 144, 145 f., 147, 148, 162
- im Waldrecht 222 f., 227, 234 f.
- im Umweltschutz 145, 183, 193, 194
Separationsmodell
 siehe unter Koordinationsmodelle
Servitut 283, 284
Sistierung 50, 96, 132, 167
Sonderbauvorschriften 152
Sondernutzungsplan(ung) 145, 158 ff., 189, 193
Spezialbewilligung 3, 29, 46, 52, 55, 58, 61, 62, 63, 102, 161, 166, 190
Spezialisierung 22, 40, 72 f.
Subvention 162, 189, 191 f., 215 f., 220, 223, 224, 226, 236, 240, 242, 255, 257
Synthesebericht 198

Sch

Schiffahrt 249, **258**
Schutzmassnahme 212, 217 f., 220 f., 230
- provisorische/vorsorgliche 215, 218, 221
- Schutzverfügung 221
- Schutzverordnung 27, 220 f.
- Schutzvertrag 134 f., 221
Schutzzone 228

St

Stabsstelle 24, 28, 30, 196, 203
Standortplanung 154 f., 172, 227
Standortsicherung 158 f.
Stellungnahme 6, 14, 18, 62, 67 f., 69 f., 71, 74, 96, 151, 165, 181, 190, 191, 214, 217, 220, 225 f., 244
Strassenbauvorhaben 76 f., 113, 257

T

Tankanlage 245
Technologie, optimale 186
Teilentscheid 92 ff.
Tiefbauamt 28

U

Überbaubarkeit 79
Überweisungspflicht 37, 63, 87
Untersuchungsmaxime 45 f., 51, 52, 140
Umweltschutz 3, 11, 45, 55, 94, 99, 100, 109, 125, 127, 136, 139, 143, 145 f., 150, 155, 158, **174 ff.**, 211, 223, 224, 233, 238, 249, 264, 274, 278, 280
Umweltschutzorganisation 73, 110, 258, 260
Umweltverträglichkeitsbericht 156, 159, 182, 185, 186, 188, 194, 196, 198, 202, 205, 206, 240
Umweltverträglichkeitsprüfung 30, 49, 56, 59, 60, 70, 97, 156, 159 f., 161 f., 179, **184 ff.**, 202, 204, **206 f.**, 234, 240, 249, 259, 278
Urteilsbegründung 118 f., 168

V

Verbandsbeschwerde
- egoistische 275
- ideelle 74, 109 f., 117 f., 161, 216, 230, 258, 260
- im Natur- und Heimatschutzrecht 109, 216
- im Planungsrecht 161
- im Waldrecht 230
- im übrigen Wasserbaurecht 258, 260
- im Umweltschutzrecht 110
Verbot der Vereitelung von Bundesrecht 10, 56
Verbot widersprüchlichen Verhaltens 10, 13
Vereinheitlichung der Rechtsmittelwege 10, 16, 56, 58, 97, 102, **103 f.**, **119 ff.**, 166, 167, 265
Verfahren gestaffeltes/mehrstufiges 59, 159, 188, **195 f.**, 249
Verfahren, massgebliches 10, 59, 95, 97, 162, 187, 188, 196, 204, 206, 208, 226, 228, 234, 278
siehe auch unter Leitverfahren
Verfahrensbeteiligte 51, 71 f., 74, 80, 110, 125, 131, 137, 167, 173, 187, 232

Verfahrenshoheit 4, 56 f., 63, 65, 78, 163, 172, 192, 284
Verfahrenskonzentration 55, 57, 59, 73, 98, 208, 224, 244, 262, 286 f.,
siehe auch unter Koordinationsmodelle/Konzentrationsmodell
Verfahrensmaximen 45 ff., 189
Verfahrensökonomie 48, **51 f.**, 61, 62, 63, 68, 70, 71, 73, 77, 80, 88, 92, 111, 114, 120, 129, 138, 181
Verfahrensrisiko 48, 65, 80, 93, 111, 114, 138
Verfahrensseparation 17 f., 69, 93, 285 f.
siehe auch unter Koordinationsmodell/Separationsmodell
Verfahrensvereinfachungen 93, 96, 162, 287
Verfahrensvereinigung 96, 98
Verfügung 102, 117, 123, 130, 131, 134 f.
- gemischte 119 f.
Vergleich 49, 136, 283 f.
Verhältnismässigkeit 35, 37, 48, 86, 90, 126, **129**, 130 f., 133, 134, 139, 157, 177, 253, 257, 275
Verhandlung 67, 68, 69, 96, **122 ff.**, 151, 156, 284
Verhandlungskultur 48
Verhandlungslösung **135 ff.**, 171 ff., 181, 205
Vernehmlassung 69 f., 165, 181, 203
siehe auch unter Stellungnahme
Verständigungsprinzip 48 ff., 52, 63, 77, 79, 96, **131**
Vertrag
- privatrechtlicher 138
- verwaltungsrechtlicher 26, 92, 123, 126 f., 130, 134 f., 138
Vertrauensprinzip 49, 63, **68 f.**, 126, 129 f., 191, 228
Verwaltungsbeschwerde an den Bundesrat 99 ff., 105, 270, 278
Verwaltungsgerichtsbeschwerde ans Bundesgericht 99 ff., 108, 119, 151, 171, 227, 251, 254, 265, 267
Verwaltungshandeln
- informelles 137 ff.
- kooperatives 122 ff.
Verwaltungswissenschaft 40 ff., 51, 58
Verzögerung 65, 93, 96, 116, 168, 227, 234
Vorbehalt 29, 61, 73 f., 277
Vorentscheid 18, 32, 34, 51, 52, **77 ff.**, 116, 167, 254
Vorfrage 16 f., 54, 82 ff., 96, 157, 193, 220, 233, 235
- Anerkennung 86 ff.
- Bindung an den Vorfrageentscheid 88 ff.
- Erkennung 83 ff.
Vororientierung 155
Vorprüfung
- des Baugesuches 29, 32, 52, 60, **62 ff.**, 66, 121
- des natur- und heimatschutzrechtlichen Beitragsgesuches 216
- des kantonalen Richtplans 151

- des Vorentscheidgesuches 79
- des Wasserrechtsgesuches 253, 254

Vorsorgeprinzip 145, 174, 185, 186, 193, 194, 208, 278

Voruntersuchung 156, 189, 196, 198

Zwischenentscheid 81, 96, 116
Zwischenergebnis 155

W

Waldbegriff
- dynamischer 223, 229
- kantonaler 230

Waldfeststellung 224, 229
Waldrecht 109, 143, 147, 175, 177, **222 ff.**, 256, 257
Wasserbau 177, **255 ff.**
- Hochwasserschutz **255 ff.**, 260
- übriges Wasserbaurecht **258 ff.**

Wasserbauvorhaben 76 f.
Wasserentnahme 237, 239 f., 246, 261, 265, 266
Wassernutzung 177, **247 ff.**
Wasserpolizeirecht 223, 236, 248, **257**, 272
Wasserrechtsstreitigkeit 103, 254 f.
Weisungsrecht 188, 240, 243, 273, 274
- fachtechnisches 34, 180, 207, 208, 209, 276

Weiterleitungspflicht 37, 61, 79, 190, 201, 244
Werkplan 107 f., 115 f.
Widerruf 195
Wiedererwägung 50, 132 f.
Wirtschaftlichkeit 41, 60, 138, 193, 264

Z

Zirkulationsverfahren 61
Zivilschutz 268 ff.
Zonenkonformität 79, 144
Zuständigkeit
- Baubehörde, örtliche/kommunale 5, 28, 32, 61, 64, 73, 121
- Baudirektion 28, 67, 70, 112, 119, 152, 217, 243, 245, 253, 254, 258, 260, 266
- Baurekurskommissionen 97 f., 112, 119, 121
- Finanzdirektion 266, 275 f.
- Gemeinde 31, 112, 144, 152, 160, 231, 242, 244, 245, 258, 260, 270
- Kantonsrat 152, 157
- Regierungsrat 28, 70, 97, 112, 119, 120 f., 152, 160, 217, 243, 253, 258, 260, 266, 275, 278
- Verwaltungsgericht 112
- Volkswirtschaftdirektion 64, 227, 231, 275 f., 276

Zuständigkeitskonflikt 87
Zuständigkeitskonzentration 42, 56, 59, 97, 113, 120, 227, 241, 242, 250, 265
siehe auch unter Koordinationsmodelle/Konzentrationsmodell

Zustimmung 22, 55, 70, 130, 134, 216, 249 f., 255, 266, 269

Zweckverband 26 f., 67, 152